CB062414

à procura da própria coisa

TERESA MONTERO

à procura da própria coisa

Uma biografia de Clarice Lispector

Rocco

Copyright © 2021 *by* Teresa Montero

Foto de capa: Acervo da família

Design de capa: Jorge Paes

Digitalização dos negativos de Recife: Thiago Barros

Direitos desta edição reservados à
EDITORA ROCCO LTDA.
Rua Evaristo da Veiga, 65 – 11º andar
Passeio Corporate – Torre 1
20031-040 – Rio de Janeiro – RJ
Tel.: (21) 3525-2000 – Fax: (21) 3525-2001
rocco@rocco.com.br
www.rocco.com.br

Printed in Brazil/Impresso no Brasil

preparação de originais
PEDRO KARP VASQUEZ

A autora e a editora não mediram esforços para rastrear, reconhecer, agradecer e contatar as fontes e/ou detentores dos direitos autorais de cada imagem. Qualquer omissão e/ou erro involuntário ocorrido será corrigido numa futura edição desta obra.

CIP-Brasil. Catalogação na publicação.
Sindicato Nacional dos Editores de Livros, RJ.

M786p Montero, Teresa
À procura da própria coisa : uma biografia de Clarice Lispector / Teresa Montero. – 1ª ed. – Rio de Janeiro : Rocco, 2021.

ISBN 978-65-5532-177-7
ISBN 978-65-5595-091-5 (e-book)

1. Lispector, Clarice, 1920-1977. 2. Escritoras brasileiras – Biografia. I. Título.

21-73606   CDD: 928.69
                                      CDU: 929:821.134.3(81)

Meri Gleice Rodrigues de Souza – Bibliotecária – CRB-7/6439

O texto deste livro obedece às normas do
Acordo Ortográfico da Língua Portuguesa.

*"Se eu tivesse que dar um título à minha vida seria:
à procura da própria coisa."*
(Clarice Lispector – "Aproximação gradativa" – novembro, 1962. Revista Senhor)

*"Na primeira página da minha vida há uma dedicatória assim:
À Tania."*
(Carta de Clarice Lispector
à irmã Tania Kaufmann.
Berna, 22/2/1947)

A Deus. À Nossa Senhora do Carmo e Santo Antônio, padroeiros do Recife.

À Clarice Lispector.

À família de Clarice Lispector agradeço muito especialmente o privilégio de poder contar essa história com o estímulo de vocês: Paulo Gurgel Valente, Tania Kaufmann, Marcia Algranti, Nicole Algranti e Elisa Lispector (mesmo sem tê-la conhecido).

Minha gratidão a todos que colaboraram comigo para eu conseguir escrever este livro. A lista é imensa. Os nomes são citados no corpo do texto, nos diários de bordo e nas referências bibliográficas. São parentes e amigos de Clarice Lispector, professores, pesquisadores, instituições, funcionários de arquivos públicos e privados.

Aos cientistas que desenvolveram a vacina da Covid-19 e aos profissionais de saúde.

Ao educador Anísio Teixeira e aos professores universitários de todos os continentes, especialmente os brasileiros.

Aos que resistem contra as injustiças e plantam a paz e o amor.

SUMÁRIO

Apresentação: Por que fazer uma nova edição de
    Eu sou uma pergunta? 11
Abreviaturas 30
Arquivos consultados 31
Depoimentos. 32

Primeira Parte – Itinerário de uma mulher escritora
A primeira entrevista para a TVE 39
Clarice Lispector fichada pela Polícia Política: 1950 e 1973 50
Perfil em 3 x 4 78
Clarice Lispector opina 92
Clarice Lispector espectadora 94
Clarice Lispector colaboradora 99
Clarice Lispector indica, Clarice leu 107
Clarice Lispector em manchete 109

Segunda Parte – Vida-vida e vida literária
A árvore genealógica 131
Culinária em família: Clarice Lispector,
    Marian Lispector e Marcia Algranti 159
Os laços com o pai: a herança literária, musical e judaica 174
Mães e filhos: Marian e Clara, da Ucrânia ao Recife 194
Os laços de família: Lispector, Krimgold, Rabin, Wainstok e Asrilhant 198
Os laços de amizade 221
Clarice diplomada mineira 266
Diário de Nápoles na Segunda Guerra Mundial
    por Clarice Gurgel Valente 284

A *maçã no escuro* e *A paixão segundo* G.H.:
   Marly de Oliveira, Paulo Mendes Campos e Fauzi Arap,
   um diálogo literário e existencial. 313
Os "tumultos criadores" na ficção de *Água viva* e
   na matriz de A *Águia*: um diálogo sobre a vida entre
   Clarice Lispector e Maria Bonomi 341
Pagu lê Clarice Lispector 367
"Soy loco por ti America": a América Latina lê Clarice Lispector
   nos anos 1970. 379
Memórias de um Caderno de Telefones 393
Clarice Lispector pela lente dos fotógrafos 406

Terceira Parte – EU SOU UMA PERGUNTA
   Uma biografia de Clarice Lispector
A resposta e a pergunta. 415
Recife, 1976 420
Ucrânia, 1920 446
Maceió, 1922-1925. 458
Recife, 1925-1935. 463
Rio de Janeiro, 1935-1944 490
Belém, 1944 523
Nápoles, 1944-1945 535
Berna, 1946-1949 556
Rio de Janeiro, 1949-1950 582
Torquay, 1950-1951 590
Rio de Janeiro, 1951-1952 595
Washington, 1952-1959 603
Leme, 1959-1977 628

Quarta Parte
Guia mapa de Recife e Maceió 713
Caminhos clariceanos no Recife 714
Caminhos clariceanos em Maceió. 734
Referências Bibliográficas. 737

APRESENTAÇÃO: POR QUE FAZER UMA NOVA EDIÇÃO DE *EU SOU UMA PERGUNTA?*

Retrospectiva de uma pesquisadora: da juventude à maturidade

Assim se passaram vinte e dois anos. Atingi a maioridade no campo clariceano. Não é fácil rever um livro que se escreveu por volta dos 30 anos de idade. A pesquisa começou aos 25 anos, o percurso completo durou quase uma década entre a pesquisa, a defesa da dissertação de mestrado, em janeiro de 1996, na PUC-Rio (Pontifícia Universidade Católica do Rio de Janeiro), e a publicação da primeira edição de *Eu sou uma pergunta. Uma biografia de Clarice Lispector* em 1999 pela editora Rocco.

Preparar a nova edição da biografia publicada há vinte e dois anos e que está esgotada desde 2010 exigiu-me uma atitude de renovação e perseverança. Depois de escrever dois livros sobre a escritora, organizar seis obras e participar de duas como colaboradora, chego à nova edição de *Eu sou uma pergunta*, que agora ganha novo formato e outro título: *À procura da própria coisa. Uma biografia de Clarice Lispector*. Por quê?

Eu sou uma pergunta. Uma biografia de Clarice Lispector começou a ser preparado em janeiro de 1990. Naquela época, não existia uma biografia da escritora. As publicações que traçaram seu itinerário eram raríssimas (sobre isso, ver os "diários de bordo" que abrem cada capítulo da terceira parte deste volume). Minha curiosidade de leitora, minha paixão pela literatura brasileira e pela obra de Clarice Lispector levaram-me a esse caminho onde eu podia exercer minha vocação de arqueóloga, meu faro de detetive, afinal eu fora uma menina fã de brincadeiras de caça ao tesouro. Após dois anos de pesquisas ingressei no mestrado graças a uma amiga, a escritora e professora Regina Souza Vieira, então doutoranda na PUC-Rio, que me estimulou a seguir esse percurso na universidade. Fui acolhida pelos meus professores: Eliana Yunes, Gilberto Mendonça Teles e minha orientadora, Rosiska Darcy de Oliveira. Meus colegas foram imprescindíveis. Ao ingressar no mestrado em 1992, aos 27 anos de idade, ganhei uma bolsa de estudos do CNPq (Conselho Nacional de Desenvolvimento Científico e Tecnológico), instituição que completou setenta anos em 2021 e que tem contribuído para o avanço das fronteiras do conhecimento e para a soberania nacional. Obtive também uma bolsa da Vice-Reitoria Acadêmica da PUC-Rio, sem remuneração, para finalizar o último ano da pesquisa, de modo que ficasse isenta de taxas acadêmicas. Sem as bolsas de estudo teria sido impossível sobreviver enquanto me dedicava a essa longa jornada concluída com a defesa da dissertação em 5 de janeiro de 1996.

A dissertação de mestrado virou livro em março de 1999, depois que o *Jornal do Brasil* publicou um caderno especial em memória dos vinte anos de falecimento de Clarice Lispector em 9 de dezembro de 1997. Ao ir à PUC entrevistar a professora Pina Coco, minha orientadora no doutorado, Alexandre Medeiros soube por ela de uma pesquisa inédita que originou uma biografia de Clarice Lispector no formato de dissertação de mestrado. O jornalista a escolheu para ser a matéria de capa do caderno. Tudo parecia conspirar a meu favor. Eu deixara os originais de *Eu sou uma pergunta* na Rocco, em 21/11/1997, pois li que a editora tinha comprado os direitos autorais da obra de Clarice Lispector. A matéria repercutiu. A Rocco, que já preparava a reedição de vinte e três livros da escritora, quis publicá-la. Lembro-me do dia em que nos reunimos na editora com a gerente editorial Vivian Wyler. Ela e Paulo Rocco disseram-se impressionados com a extensão da pesquisa e a minha pouca idade. Eram outros tempos. Eu concluí a dissertação com 31 anos. Foi tudo muito rápido. Tinha contatado a agente literária Lucia Riff para apresentar meu livro às editoras, mas a matéria do *Jornal do Brasil* antecipou essa etapa. Coube à Agência Riff Balcells (na época elas eram sócias) me agenciar na primeira edição de *Eu sou uma pergunta*.

Nesse momento, percebi o poder da imprensa. Quanto tempo esse livro poderia ter permanecido nas gavetas? Por causa da matéria, o apresentador do programa Globo News Literatura, Pedro Bial, me entrevistou para falar sobre Clarice Lispector. Pouco a pouco comecei a entender que eu pisava num campo de estudos muito especial, cobiçado por muitos à medida que o legado de Clarice Lispector foi se consolidando nas universidades e no mercado editorial ao longo dos anos 1990 e 2000. Eu estranhava e ao mesmo tempo sentia-me feliz com a repercussão de meu trabalho, com o modesto "sucesso" que eu fazia entre meus pares. Sucesso? Clarice Lispector ficava arrepiada com a simples menção a essa palavra. O tempo me faria entender o motivo.

Rosiska Darcy de Oliveira assinou o prefácio da biografia, minha orientadora me deu régua e compasso para ter determinação e coragem para empreender uma pesquisa que abriu caminhos em um terreno pouco explorado. Rosiska foi uma referência muito importante para aquela jovem descobrindo as questões do universo da mulher e do feminino na literatura. A sua paixão por Clarice Lispector casou-se com a minha.

Para assinar a orelha do livro convidei o jornalista e escritor Renard Perez (1928-2015). Uma figura cativante e doce, privilegiado por ter feito uma entrevista histórica com Clarice Lispector em 1961 que se tornaria uma referência para mapear seu itinerário biográfico. Renard Perez redigiu a orelha, extrapolou o tamanho determinado e, ao recusar-se a suprimir algumas linhas, inviabilizou sua publicação. Lamentei muito. Guardo até hoje esse texto. A orelha era uma maneira também de lhe prestar uma homenagem, ao homem de letras que ele foi. Ele gostou de saber que o seu trabalho deu frutos conforme comentou em um trecho da orelha: "Se devo à condição de autor de um conjunto de biografias de escritores brasileiros contemporâneos – duas séries, quarenta e sete nomes (1961/1965), da segunda destas fazendo parte Clarice Lispector a honra de estar assinando este texto – recebo tal honra com grande humildade. A mesma humildade com que dei, para a presente obra, meu depoimento sobre a escritora". Suas entrevistas com nossos escritores são apreciadas até hoje, os dois volumes editados pela Civilização Brasileira: *Escritores brasileiros contemporâneos* e sua obra ficcional estão disponíveis em sebos virtuais.

Assim começava a minha jornada com Clarice Lispector, não imaginava que seria tão longa. Ingressei no doutorado na PUC-Rio, em 1998, com um projeto para investigar a divulgação da obra de Clarice nos Estados Unidos (na época, um campo sem pesquisas). Obtive uma bolsa do CNPq, sustentáculo dos pesquisadores brasileiros. E novamente fui acolhida pelos professores: minha orientadora, Pina Coco, Eliana Yunes, Júlio Diniz e Heidrun Krieger Olinto. Foi quando transformei a dissertação no livro *Eu sou uma pergunta*. Eu já publicara na juventude, com amigos, um livro de poesias e outro de contos. Ser editada pela Rocco era algo que parecia um sonho.

Na edição de *Eu sou uma pergunta* fiz cortes e reescrevi trechos. A dissertação tem quatrocentas e cinquenta e nove páginas, 1.950 notas e um caderno com "Anexos" (com cópias de documentos). No modelo adotado pela editora não seria possível publicar o livro com tantas notas. Lembro-me da minha sensação quando vi o miolo com não mais do que dez notas. O livro tem trezentas e três páginas, sendo dez com fotos e fac-símile de documentos inéditos. Publicar uma obra no Brasil é artigo de luxo, e o número de páginas determina o valor do produto. Para uma pesquisadora isso significa retirar uma parte de seu trabalho. Nas notas ficam as marcas da pesquisa, as fontes primárias que se constituíram em material inédito e aquelas já publicadas por outros pesquisadores. É um trabalho sempre feito com muitas mãos. Nesse sentido, a contribuição dos depoimentos é essencial. A bibliografia supriu parte da ausência de notas, mas não foi suficiente.

Ao longo dos anos 2000 *Eu sou uma pergunta* circulou pelas universidades, foi uma fonte para as pesquisas de mestrandos e doutorandos, enfim, seguiu sua missão de narrar o itinerário biográfico de Clarice Lispector com uma infinidade de fontes primárias e um conjunto de oitenta e cinco depoimentos. Mas como eu mesma escrevi na apresentação: "uma biografia é o resultado da construção de um determinado olhar, num determinado momento".

Ao escrever *Eu sou uma pergunta*, me impus como objetivo principal o de levantar uma quantidade expressiva de fontes primárias para compor o itinerário biográfico de Clarice Lispector; na época, repleto de lacunas. Os trabalhos publicados anteriormente ("Entrevista de Clarice Lispector a Renard Perez" (1964); *Clarice Lispector* (1981), de Benjamin Abdala e Samira Campedelli; *Esboço para um possível retrato* (1981), de Olga Borelli; *Langue de Feu* (1990), de Claire Varin, e *Clarice – uma vida que se conta* (1995), de Nádia Battella Gotlib), foram referências muito importantes. Inclusive, *Clarice – uma vida que se conta* mostrou pela primeira vez um itinerário biográfico mais amplo, reunindo a bibliografia publicada aliada a novas pesquisas, mas sua proposta misturou análise da obra com informação biográfica, e as lacunas nesse campo não foram totalmente preenchidas.

Eu queria empreender uma pesquisa exaustiva dos fatos. Diante da bibliografia existente eu sabia como teria que avançar para chegar ao meu objetivo. Como mostro nos "Diários de bordo" na terceira parte de *À procura da própria coisa*, minha pesquisa foi atando um fio ao outro: o que eu descobria no Arquivo Clarice Lispector do Arquivo-Museu de Literatura Brasileira da Fundação Casa de Rui Barbosa era expandido com os depoimentos e as fontes primárias. Munida de rigor acadêmico e entusiasmo de leitora apaixonada, atravessei cem anos de um enredo familiar sempre acompanhado da devida e necessária contextualização histórica, não somente a história dos judeus na Rússia e no Recife como os eventos mais significativos na história do Brasil que atravessaram a trajetória de Clarice Lispector. Se a contextualização cultural e literária não teve o mesmo peso, se abstive-me de traçar aproximações entre vida e obra, foi fruto de uma escolha. Além de ser humanamente impossível agenciar tantos itens dentro de uma faixa temporal limitada: em média dois anos para se escrever a dissertação após a conclusão dos cursos. As minhas escolhas transgrediam o modelo de uma dissertação de mestrado. Um trabalho dessa natureza alcança no máximo 200 páginas. Não se elegia uma biografia como dissertação, *Eu sou uma pergunta* (1996) foi a primeira na PUC-Rio. Minha orientadora assumiu o desafio. Maria Helena Azevedo trilhou o mesmo caminho, defendeu logo em seguida sua tese de doutorado na PUC-Rio: "Um jóquei no seu cavalo. Uma biografia de Graça Aranha" (1997).

O percurso nômade como espinha dorsal do texto já estava definido desde 1992, ano em que ingressei no mestrado. Quando publiquei "Quem foi Clarice Lispector. Esboço para uma biografia", um artigo para o 2º Seminário da Pós-Graduação em Letras da PUC- Rio (16 a 18/11/1992), já estava determinada a escrever a biografia através dos diversos lugares onde a escritora viveu. Estão descritos no artigo: "Ucrânia, Alagoas, Recife, Rio de Janeiro, Europa e Brasil; a sétima e última, A Hora da Estrela Lispector". Na redação final da biografia troquei os três últimos itens pelos nomes das cidades correspondentes, pois isso daria unidade ao itinerário.

Sendo o projeto de uma biografia a reconstrução do passado pela memória alheia, daí a importância na seleção dos depoimentos; quis seguir um percurso diferente daquele normalmente encontrado em trabalhos dessa natureza: a postura do biógrafo ao interpretar os fatos, às vezes tentando forçar aproximações, algumas equivocadas, só porque deve-se encontrar uma explicação, estabelecer a relação causal entre vida e obra. Mesmo sabendo da impossibilidade de construir uma narrativa neutra, impossibilidade que os estudos da Nova História já mostraram amplamente, optei por narrar a história de Clarice Lispector distanciando-me do fato narrado. Narrei como se estivesse assistindo a um espetáculo. Minha escolha visou proporcionar uma leitura com poucas interferências do narrador. Queria que o leitor tivesse a sensação de estar acompanhando o itinerário biográfico da escritora. Por isso, procurei não antecipar os fatos. À medida que se desenvolve a narrativa, a vida da escritora vai passando cronologicamente. Cabe ao leitor tirar as suas conclusões. O resultado, na visão de alguns, pode gerar uma imparcialidade excessiva que enfraquece a narrativa repleta de fatos. O excesso de fatos pode esconder a voz narrativa, mas não torná-la imparcial.

Não pode haver imparcialidade quando se organiza uma narrativa que é o resultado da escolha de diversas fontes: documentos, depoimentos e bibliografia. Construí o meu objeto, propus um modo de ler a narrativa e mostrei a minha visão sobre o gênero biográfico ao inserir um subtítulo: "uma biografia de Clarice Lispector". Fui explícita no meu pacto com o leitor. Quem leu *Eu sou uma pergunta* sabia que estava lendo "uma biografia". Muitas outras poderiam surgir.

Quando escrevi na "Apresentação" ao *Eu sou uma pergunta* que "essa biografia foi escrita num momento em que eu tinha a ilusão de que uma obra podia contar a história de uma vida" e "três anos depois de ter colocado o ponto final nesta biografia, percebo que aquela Clarice com quem eu convivi diariamente desapareceu", eu demonstrava consciência das minhas limitações e uma postura que defendo até hoje: biógrafos não são donos da vida do biografado. Biógrafos não têm o direito de devassar a vida de uma pessoa porque ela é uma figura pública, porque ela "não pertence mais à sua família", porque existe o direito à liberdade de expressão e esse deve prevalecer diante do direito à privacidade do biografado. Existem, sim, limites, os que lidam com esse gênero sabem disso. O biografado não está mais aqui para dizer se o que escreveram ou disseram sobre ele é verdade. Sabemos o quanto a memória nos trai à medida que nos distanciamos do fato vivenciado. A ética e o bom senso devem nortear o nosso trabalho. Após fazer uma retrospectiva não teria como preparar a nova edição revista e aumentada se não fizesse outra proposta à editora. A Rocco propôs editar a versão original, a minha contraproposta foi À *procura da própria coisa. Uma biografia de Clarice Lispector.*

Eu sou uma pergunta está fora das prateleiras das livrarias há onze anos. À medida que outros trabalhos com o mesmo viés foram publicados, como *Era uma vez, eu. A não ficção de Clarice Lispector* (1997, Lícia Manzo), *Clarice fotobiografia* (2007) e a sexta edição revista e aumentada de *Clarice, uma vida que se conta* (2008), ambos de Nádia Battella Gotlib, e *Clarice,* (2008, Benjamin Moser), vi como *Eu sou uma pergunta* tornou-se uma fonte imprescindível, no que tange ao itinerário biográfico, para essas obras.

Lícia Manzo, na introdução ao seu trabalho (uma dissertação de mestrado na PUC-Rio, finalista do Concurso Nacional de Ensaios Prêmio Xerox – 1997, publicada pela Universidade Federal de Juiz de Fora em 2001), foi a única pesquisadora a reconhecer isso ao escrever que "*Eu sou uma pergunta* realiza o mais completo levantamento biográfico sobre Clarice Lispector de que se tem notícia (...) ela constrói a mais factual das biografias de Clarice Lispector". Lícia acompanhou de perto a minha pesquisa, fomos apresentadas por Carlos Mendes de Sousa no Arquivo-Museu na Fundação Casa de Rui Barbosa. O professor português Carlos (hoje um dos maiores especialistas em Clarice Lispector) então iniciava sua pesquisa sobre a escritora no Rio de Janeiro em 1992 quando nos conhecemos naquelas tardes agradáveis na Casa Rui. Imediatamente nos tornamos amigos e passamos a compartilhar nossas pesquisas com aquele frescor da juventude. Ao saber que Lícia começava a preparar o evento multimídia "A paixão segundo Clarice Lispector" (CCBB - Centro Cultural do Banco do Brasil, 1992) que ela idealizou com Ilse Rodrigues, com a curadoria de Gisela Magalhães e direção de produção de Júlia Peregrino, e precisava de uma pesquisadora para auxiliá-la, nos colocou em contato. O resultado da nossa (primeira) parceria foi a pesquisa que se materializou na exposição sobre Clarice Lispector no CCBB-RJ.

Diante do crescimento acelerado em uma década da bibliografia de natureza biográfica, *Eu sou uma pergunta* foi se deslocando das livrarias para os sebos. Ao anunciar o lançamento de biografias de Clarice Lispector, tanto as no formato "revista e aumentada" quanto as inéditas, a mídia não olhava para trás – como mostra a origem do termo latino "retrospectare", não fazia uma retrospectiva. É natural, pois sabemos do tempo escasso para se produzir uma pauta. Com o passar dos anos, *Eu sou uma pergunta* acabou se tornando "mais uma obra" e não "a obra" que reuniu pela primeira vez o maior conjunto de documentos que mostraram todo o percurso biográfico de Clarice Lispector (da Ucrânia ao Leme) a partir de fontes primárias, incluindo documentos e depoimentos. Esse foi o objetivo de *Eu sou uma pergunta*, como se pode ver na terceira parte deste volume. O objetivo foi cumprido e alguns esqueceram de dar nome aos bois; toda pesquisa tem uma assinatura.

Até chegar a esse estágio, *Eu sou uma pergunta* proporcionou-me muitas alegrias pela infinidade de professores, pesquisadores, alunos, intelectuais, jornalistas e artistas que conheci, com os quais compartilhei e adquiri conhecimentos. Entre tantos momentos, de um guardo uma lembrança especial, quando em 22 de setembro de 2002 recebi um e-mail do embaixador do Brasil na Ucrânia, Helder Martins de Moraes: "Por intermédio do jornalista Luis Edgar de Andrade tomei conhecimento de seu livro sobre Clarice Lispector. Visitamos juntos, eu e Luis Edgar, a cidade em que, segundo informações de seu livro, Clarice Lispector nasceu. (...) Gostaria de sugerir que a colocação dessa placa se fizesse até novembro com sua presença e a de Fernando Sabino (...)." O embaixador e Luis Edgar de Andrade falaram com o prefeito Olexandr Mihailovytch Ovchar sobre a ilustre cidadã. "Ele que nada conhecia se prontificou a colocar uma placa". O embaixador informou-me também que estava prestes a concluir sua missão diplomática na Embaixada do Brasil na Ucrânia, em dezembro, e tudo precisava ser resolvido em um curto espaço de tempo, que ele inclusive já escrevera um artigo sobre *Eu sou uma pergunta* em *O Estado do Paraná* em 1/9/2002.

Quando o embaixador telefonou-me, sugeri que o ideal seria que alguém da família de Clarice Lispector fosse à inauguração da placa. Helder Martins de Moraes convidou Paulo Gurgel Valente, que devido a compromissos de trabalho não tinha possibilidade de estar presente na data acordada. Nesse mesmo período, o jornalista Julio Lerner me procurou para conversar sobre a biografia de Clarice, contar-me sobre o filme que estava fazendo e o desejo de vê-lo realizado. Foi quando lhe falei da iniciativa do embaixador na Ucrânia. Passei-lhe os contatos. O relato de Lerner em *Clarice Lispector, essa desconhecida* demonstra que seu diálogo com Helder de Moraes rendeu frutos. O embaixador tornou a me convidar para ir à Ucrânia, Fernando Sabino não iria, nem um representante de sua família (a filha Mariana, como o embaixador pensara). Vontade não me faltava, mas devido a vários fatores, um deles o econômico, declinei do convite. O embaixador realizou a homenagem. Tudo foi registrado graças a Helder Martins de Moraes, que deu o caminho das pedras para o jornalista Julio Lerner reunir uma equipe composta por cinco profissionais. No discurso de inauguração da placa em 10 de dezembro de 2002, o embaixador registrou: "Para os estudiosos da literatura na busca da presença do autor na sua obra, no seu esforço de compreensão dos vínculos entre o autor e sua obra o significado da homenagem ora prestada à Clarice Lispector pode revestir outras dimensões, por exemplo, estimular pesquisas úteis na linha dos trabalhos que culminaram com a publicação da obra biográfica de Teresa Cristina Montero Ferreira, *Eu sou uma pergunta*, e a de Fernando Sabino, *Cartas perto do coração*, que nos trazem revelações valiosas."

Logo em seguida, em 12 de dezembro, Júlio Lerner publicou "Ucrânia homenageia Clarice Lispector" no jornal *O Estado de S. Paulo*, um breve relato sobre esse momento histórico. E só em 2007 Júlio Lerner reuniu pela primeira em um livro, *Clarice Lispector, essa desconhecida*, um relato sobre a cidade natal de Tchetchelnik, bem como tudo o que ocorreu no dia da inauguração da placa junto à porta da biblioteca pública com a presença de cerca de trezentas pessoas. Foram três dias em Tchetchelnik. O material que Júlio Lerner reuniu na Ucrânia e no Brasil (entrevistou, entre outros, Olga Borelli e Maria Bonomi) não existe mais. O jornalista faleceu em junho de 2007, e essa preciosidade ficou mofando em algum canto até ser jogada no lixo por pessoas que desconheciam o tesouro guardado naquelas latas de filme.

Que dor imensa ao saber disso!

Nessa faixa de tempo, entre 2002 e 2020, a editora Rocco expandiu o projeto editorial das obras de Clarice Lispector ao iniciar a publicação de sua correspondência, de textos inéditos e antologias sob a supervisão de Paulo Gurgel Valente, filho da escritora e curador de sua obra. Participei da organização de *Correspondências* (2002), *Outros escritos* (2005), com Lícia Manzo. *Minhas queridas* (2007), *Aprendendo a viver – imagens* (2007), com Luiz Ferreira. *Clarice na cabeceira – contos* (2009) e *Clarice na cabeceira – crônicas* (2010). E na função de colaboradora em *Clarice Lispector. Entrevistas* (2007), organizado por Claire Williams, como autora das notas, e de *Todas as cartas* (2020), como autora das notas e do prefácio. O projeto publicou mais quinze obras, entre páginas femininas, contos, crônicas, entrevistas e edições com manuscritos organizadas por outros pesquisadores como Pedro Karp Vasquez (editor da obra de Clarice Lispector na Rocco), Aparecida Maria Nunes, Roberto Corrêa dos Santos, Benjamin Moser e José Castello.

Foram vinte anos de dedicação a esse trabalho editorial ao qual sou muito grata. Ele me permitiu um aprofundamento do itinerário biográfico e literário de Clarice Lispector junto a outros pesquisadores e leitores de sua obra. Para chegar à nova edição de *Eu sou uma pergunta* passei por oito títulos da escritora. Incluindo *O Rio de Clarice – passeio afetivo pela cidade*, editado pela Autêntica, em 2018, são nove títulos. Em *O Rio de Clarice*, publiquei o roteiro do passeio que criei em 2008, uma proposta de estabelecer os caminhos clariceanos na cidade e de fortalecer a nossa cidadania. A criação do "Espaço Clarice Lispector" no Jardim Botânico e a estátua de Clarice Lispector e seu cão Ulisses no Leme, esculpidas por Edgar Duvivier, são frutos desse projeto com a participação de seus leitores, sinais da presença da escritora na cidade que a acolheu durante vinte e oito anos.

Caro leitor, essa retrospectiva é necessária para mostrar o lugar de *Eu sou uma pergunta* na bibliografia clariceana. Somente assim você poderá entender qual é o sentido de existir uma nova edição quando se celebra ainda o centenário de Clarice Lispector. Não, a trajetória de uma pesquisadora não é um mar de rosas, embora colhamos muitas flores. Ela é árdua e repleta de renúncias. Aquela jovem pesquisadora que decidiu empreender aos 25 anos de idade uma tarefa hercúlea sem ter a dimensão do que isso significaria caminhou muito, enfrentou muitos obstáculos. A pesquisadora renunciou a muitos prazeres, o mais banal, o de escolher entre um churrasco no fim de semana e a pesquisa. O pesquisador opta pelo segundo, não tem escolha.

O pesquisador precisa aprender a não ser seduzido pelas glórias da vida acadêmica. O pesquisador é fruto de um entrelaçamento de muitos fios, de muitas mãos. A busca do protagonismo me soa anticlariceano. Ao longo dos anos, fui entendendo por que Clarice Lispector disse: "O sucesso é uma gafe, é uma falsa realidade. Simplesmente não tenho compromisso com o sucesso." O sucesso hierarquiza as pessoas. A *paixão segundo G.H.* nos faz entender como é essencial o caminho da despersonalização.

E o que dizer do cenário nacional nesses trinta anos desde que comecei a preparar *Eu sou uma pergunta*? Era bem diferente de 2021. Após vinte anos de ditadura militar, o movimento das Diretas Já, a morte de Tancredo Neves e o governo José Sarney o país pôde ir às urnas em 1990. Votei pela primeira vez nesse ano com milhares de cidadãos brasileiros, mas as urnas trouxeram Fernando Collor de Mello como um furacão, que nos deixou sem poupança e com Itamar Franco. Curioso eu começar a pesquisa da biografia nesse contexto político. Aos poucos eu aprendi a ser uma cidadã, aproximar-me da biografia de Clarice Lispector significou também conhecer o Brasil sob diferentes ângulos. Fui uma leitora incansável nesse período. Pude conversar com personalidades que testemunharam vários momentos de nossa história literária, cultural e política. Esse foi um dos maiores presentes que recebi ao escrever *Eu sou uma pergunta*.

De lá pra cá, outros ventos circularam na política brasileira. O governo FHC (1995-2003) e o governo Lula/Dilma (2003-2016) trouxeram esperanças para novos caminhos onde o fantasma de regimes antidemocráticos parecia fadado à extinção. Foi quando me lancei em outra pesquisa no doutorado, a partir de 1998: "Yes, nós temos Clarice. A divulgação da obra de Clarice Lispector nos Estados Unidos" (PUC-Rio, 2001). O tema ainda não despertava interesse acadêmico, editorial e nem midiático. Confesso que não me empenhei muito para publicá-la, quando o fiz ouvi o "não". Ela permanece inédita, mas a primeira parte foi incluída em um livro com vários ensaios sobre Clarice Lispector: *Closer to the wild heart. Essays on Clarice Lispector*, organizado por Cláudia Pazos Alonso e Claire Williams, e publicado em 2002 na Inglaterra pela Legenda/European Humanities Research Centre da University of Oxford. Meu faro de pesquisadora não me enganou: a próxima década mostraria que a internacionalização da obra de Clarice Lispector e seu processo de tradução entrariam para o rol dos temas mais pesquisados.

Caro leitor, após esse longo relato você entenderá que pesquisar e escrever À *procura da própria coisa. Uma biografia de Clarice Lispector* entre 2019-2021 em pleno governo Jair Bolsonaro exigiu-me um esforço descomunal. Não sou mais aquela jovem cheia de gás, de sonhos, achando que posso mudar o mundo com a literatura. Nesses dois anos e cinco meses de trabalho, com alguns intervalos, pois eu me dedicava, também, ao livro *Todas as cartas*, eu continuo perplexa por morar em um país cujos valores democráticos são desafiados com frequência.

Ouvir discursos que questionam o caráter, a missão e o legado de professores relegando-os a apologistas de uma ideologia vermelha, desqualificando nossas universidades, chamadas de antros de perdição, é algo que jamais pensei que fosse vivenciar. É muito triste ver um país dividido, onde os interesses partidários parecem estar acima de qualquer outro. Onde há uma total inversão de valores, a falta de decoro e as *fake news* ganharam para alguns o status de liberdade de expressão.

Com as reformas trabalhistas no governo Temer, após o golpe contra o governo Dilma Rousseff, me vi desempregada na universidade onde trabalhei (como milhares de trabalhadores brasileiros), num momento da minha carreira em que estava prestes a me aposentar. Se isso tudo não me fez fugir da luta, porque trabalhar com educação, cultura e arte é uma luta permanente, o mais duro é ter que ouvir, ler e presenciar pessoas de diferentes estratos sociais e até com cargos nos altos escalões da República desqualificarem o pensamento científico, dizerem que a ditadura militar não fez mal ao Brasil, que os movimentos contra o racismo e a favor das políticas de gênero são "mi mi mi".

Caro leitor, ao escrever a nova edição revista e aumentada de *Eu sou uma pergunta*, agora intitulada À *procura da própria coisa*, sinto-me no dever de deixar registrado o meu depoimento como pesquisadora, como aluna que fui de universidades públicas e privadas (UFRJ, Veiga de Almeida e PUC-Rio), e professora de uma universidade privada, a Estácio de Sá. Mostro em cada parte deste volume a voz de quem caminhou pelas universidades brasileiras com alunos e professores durante trinta e seis anos para colaborar na construção de nossa cidadania, de nossa memória literária e cultural.

Diante dessa perplexidade, eis que a Covid-19 chega e instaura um novo paradigma na história da humanidade. Estar no mundo em 2021 é ser solidário. Sem isso, não vejo salvação para o planeta Terra. Portanto, o espírito que contagia esse volume é o da crença na solidariedade e na paz. A vida e a obra de Clarice Lispector são portadoras desses valores.

À procura da própria coisa.
Uma biografia de Clarice Lispector

Dividi o livro em quatro partes. Normalmente inseridos ao final do livro, junto às referências bibliográficas, optei por colocar os arquivos consultados e os cento e vinte e seis depoimentos na abertura do volume como uma forma de destacar sua importância em um trabalho de pesquisa, ainda mais como esse de natureza biográfica e nos moldes que sempre persegui: a busca de fontes primárias. Os arquivos públicos precisam ser valorizados, cuidados, sem eles a memória do Brasil pouco a pouco desaparecerá. País sem memória, povo sem história, caminho aberto para cenários antidemocráticos. *A procura da própria coisa* só pôde ser escrito porque existem arquivos públicos!

A primeira parte, "Itinerário de uma mulher escritora", é uma espécie de minibiografia em oito capítulos, em que o leitor pode apreender de uma forma sintética, muito adequada em tempos de internet, um pouco da personalidade da escritora através de seus posicionamentos registrados na grande imprensa.

O capítulo abre com um documento revelador e inédito, como se pudéssemos ter Clarice Lispector novamente entre nós: "A primeira entrevista para a TVE" (TV Educativa do Rio de Janeiro, atual TV Brasil) é um material cinematográfico que encontrei em minhas pesquisas no Arquivo Nacional, com ele se apresenta uma nova imagem de Clarice Lispector depois de tantas décadas a conhecendo pela tela da TV Cultura na entrevista marcante concedida a Júlio Lerner. Dessa vez, ela não está em um estúdio de televisão, mas no conforto de seu lar, no apartamento da Gustavo Sampaio ao lado do cão Ulisses. Araken Távora a entrevista para *Os Mágicos*, programa pioneiro em reunir escritores e personalidades que se destacavam no cenário cultural. Bastam somente seis minutos, o que restou da entrevista, para nos darmos conta de quem era aquela mulher que morava no Leme e fez da literatura o seu modo de existir.

Outros documentos foram descobertos em dois arquivos públicos, patrimônios de nosso país, o APERJ – Arquivo Público do Estado do Rio de Janeiro e o Arquivo Nacional. Eles estão em "Clarice Lispector fichada pela Polícia Política: 1950 e 1973". São documentos que atestam como a escritora Clarice Lispector incomodava os governos antidemocráticos nesse período. Essa descoberta permite uma revisão sobre um tema ainda não aprofundado na biografia da escritora: sua participação nos movimentos pelo fim da ditadura militar. A pecha de escritora alienada infelizmente ainda hoje circula, mesmo que de uma forma restrita, o que é inadmissível em se tratando de uma cidadã totalmente partidária da liberdade. A publicação de uma foto histórica e inédita de Clarice na "Passeata dos Cem Mil" é outra pérola trazida por este volume. A primeira parte do livro é concluída com seis capítulos: de um "Perfil em 3x4" à "Clarice Lispector em manchete", onde o leitor pode ter uma ideia dos gostos, dos hábitos culturais da escritora, de como ela se posicionava, de como a mídia a via.

Na segunda parte do livro, "Vida-Vida e Vida Literária", revisito alguns temas abordados em *Eu sou uma pergunta* com uma espécie de lente de aumento. São temas que julgo merecedores de pesquisas por conterem aspectos históricos, políticos, sociais e culturais extremamente importantes, pois revelam a escritora interagindo com sua herança judaica e nordestina renovada e transformada em sua vivência na Capital Federal, na Europa e nos Estados Unidos. São temas que me acompanham há anos e aqui os transformei em capítulos com o intuito não de oferecer análises aprofundadas, sua proposta e natureza são mais informativas do que propriamente hermenêuticas. Trata-se de temas que exigirão um olhar mais detido caso os pesquisadores queiram ampliá-los. Os depoimentos e a pesquisa nos periódicos na Hemeroteca Digital da Biblioteca Nacional foram fundamentais para construir essa parte do livro.

Nos cinco primeiros capítulos, a saber: "Árvore Genealógica", "Culinária em família: Clarice Lispector, Marian Lispector e Marcia Algranti", "Os laços com o pai: a herança literária, musical e judaica", "Mães e filhos: Marian e Clara, da Ucrânia ao Recife" e "Os laços de família: Krimgold, Lispector, Rabin e Wainstok", abordo a ligação de Clarice Lispector com seus ascendentes trazendo novas perspectivas para se pensar a sua formação como mulher e escritora, desde coisas mais cotidianas, como uma receita de suflê, até o modo como aqueles que integram a mesma raiz familiar a viam. Observar a configuração atual e pretérita da árvore genealógica é uma forma de entender como uma pessoa é o resultado de muitas mentalidades.

Em "Os laços de amizade" e "Clarice diplomada mineira" trago a voz de quem conviveu de perto com Clarice Lispector. Em "Os laços de amizade", os amigos abordam sob diferentes pontos de vista temas que nos ajudam a retratar a escritora. Muitos permaneceram inéditos em *Eu sou uma pergunta* e outros foram recolhidos para este livro. O resgate para este volume permite compartilhar com os leitores o que por força da proposta da primeira edição não coube usar. Em "Clarice diplomada mineira", mapeio a rede de amigos que foi tecida a partir de três escritores: Carlos Drummond de Andrade, Lúcio Cardoso e Rubem Braga. Mostro como Clarice Lispector se tornou Clarice Lispector, como a chamada "vida intelectual" no Rio de Janeiro foi construída no núcleo que a acolheu.

Em "Diário de Nápoles na Segunda Guerra Mundial por Clarice Gurgel Valente", revisito um momento do itinerário biográfico bastante significativo na formação da cidadã Clarice Lispector. As consequências desse fato histórico mais aterrorizante do século XX deixaram marcas profundas em intelectuais e escritores da geração de Clarice Lispector. Ao usar trechos de sua correspondência quando morou em Nápoles e compor um diário em diálogo com documentos que contextualizam esse fato histórico intento provocar também novas maneiras de se pensar sobre esse tempo de guerra que poderia ter mudado a humanidade para melhor. A julgar pelo que vivemos hoje na pandemia, parece que as lições da Grande Guerra ainda não ecoaram profundamente em nós. Em Clarice Lispector não tenho dúvidas que ecoou.

Em "A *maçã no escuro* e A *paixão segundo G.H.*: Marly de Oliveira, Paulo Mendes Campos e Fauzi Arap, um diálogo literário e existencial" e "Os tumultos criadores na ficção de *Água viva* e na matriz de A *Águia*: um diálogo sobre a vida entre Clarice Lispector e Maria Bonomi", proponho revisitar duas obras marcantes na trajetória de Clarice Lispector. Ao delinear os bastidores de sua criação em diálogo com outros artistas, proponho uma reflexão e uma revisão sobre a imagem da escritora genial acima de todos no panteão da criação literária. Como se um artista pudesse produzir sua obra desconectada de seus laços de amizade e de amor, de seus mergulhos nas obras de outros artistas, como se tudo o que o mundo lhe traz em forma de palavras, imagens, sensações e aprendizado não interagisse com o seu ser. A presença dos artistas que dialogaram com Clarice Lispector em *Água viva* e *A paixão segundo G.H.* é a prova de que ela só escreveu a sua obra porque pôde vivenciar momentos de vida a dois, a três e quantos foram necessários para ela liberar seus "tumultos criadores", expressão usada por ela. Minhas pesquisas revelam novos fatos sobre a criação das duas obras e podem ajudar a repensar o processo criador da escritora. A *Águia*, de Maria Bonomi, e *Matéria da Coisa*, de Clarice, obras evocadas nesse capítulo, são publicadas pela primeira vez nesse volume, em um trabalho de natureza biográfica; ambas pertencem ao acervo de Bonomi.

Em "Pagu lê Clarice Lispector" e "Soy loco por ti América: a América Latina lê Clarice Lispector nos anos 1970", pode-se ver a recepção da obra de Clarice Lispector em duas perspectivas. Sob o olhar de uma autêntica expressão de nosso modernismo, os textos inéditos de Pagu como crítica literária são uma grata surpresa, pois revelam que Clarice Lispector já era vista aos seus olhos como uma promessa de escritora rara, além de anunciar a estreia da escritora como "comentadora de livros", fato até o presente momento desconhecido pelos pesquisadores. "Soy loco por ti América" é um tema, infelizmente, pouco explorado na bibliografia clariceana, mas da maior importância por flagrar a circulação de sua obra em consonância com os movimentos políticos e culturais do Brasil, de países da América Latina e na França. Esse tema abre uma discussão sobre o lugar da obra de Clarice Lispector e de sua presença (pois ela foi testemunha da recepção nesse continente) num tempo onde as liberdades eram cerceadas e a literatura era um canal importante para se forçar a quebra das celas e do grito tantas vezes parado no ar.

"Memórias de um caderno de telefones" e "Clarice Lispector pela lente dos fotógrafos" são abordagens inaugurais como propostas porque se aproximam da escritora por um lado aparentemente sem importância. Em "Memórias de um caderno de telefones", procuro fazer uma síntese do cotidiano de uma cidadã escritora, moradora do Leme, na cidade do Rio de Janeiro. Olhar para um objeto que já caiu em desuso é restaurar um pouco de uma época em que as coisas não eram descartáveis, e um caderno de telefones até podia virar um bloco de anotações.

Em "Clarice Lispector pela lente dos fotógrafos", me detenho em algumas imagens que a tornaram a Clarice Lispector que imaginamos, procuro percebê-la pelo olhar de uma estética e de uma época. Os fotógrafos que a clicaram estavam em sintonia não somente com o padrão editorial da revista ou jornal em que trabalhavam como também com o espírito do tempo em que viveram.

A terceira parte do livro é uma nova edição da biografia *Eu sou uma pergunta. Uma biografia de Clarice Lispector*, publicada pela Rocco em 1999. Mantive o texto original com pequenas alterações de natureza estilística, e atenuei o tom romanceado da narrativa quando este provocava um entendimento ambíguo entre vida e obra, especialmente no capítulo "Recife, 1925-1935", onde as crônicas autobiográficas são uma fonte inevitável para se mapear a vida da escritora. Acrescentei um capítulo, "Recife, 1976", que na época da primeira edição não era possível existir porque se desconheciam os detalhes da volta da escritora à cidade de sua infância. Em minhas pesquisas, constatei a importância de contar a história desse momento na vida de Clarice, a viagem que a conectaria com as suas origens e repercutiria em sua obra derradeira *A hora da estrela*. Os demais capítulos foram conservados. A inserção de "diários de bordo" na abertura de cada capítulo atende ao meu objetivo de sinalizar o caminho da pesquisadora passo a passo. Na primeira edição, o percurso foi cronológico, começando pela Ucrânia e terminando no Leme. Neste volume, inicio por "Recife, 1976" e dou continuidade seguindo a ordem cronológica: da "Ucrânia, 1920" ao "Leme 1959-1977". Inseri títulos ao longo de várias partes de cada capítulo para você, leitor, apreender o texto de uma maneira mais dinâmica e num ritmo mais ágil, necessário em tempos de leituras aceleradas e fragmentadas.

O prefácio "A resposta e a pergunta", de Rosiska Darcy de Oliveira, ganha um novo significado após vinte e dois anos. Ele é um testemunho afetuoso do meu percurso como pesquisadora no mestrado. Rosiska é, sem dúvida, uma mulher essencial na minha formação. Suas aulas no curso de mestrado na PUC-Rio entre 1992-1994 foram a descoberta não somente da riqueza do universo de Clarice Lispector que eu tateava naquele momento, mas a tomada de consciência do meu lugar como mulher e cidadã na sociedade brasileira. Seu *Elogio da diferença: o feminino emergente* (1991) é um legado que ecoou em mim e nas minhas colegas do mestrado.

Com a edição revista de *Eu sou uma pergunta*, pude resgatar grande parte das notas que foram suprimidas, ou seja, as que se referem às obras de Clarice Lispector, sejam cartas ou textos não ficcionais. Elas são indicadas ao final da citação do texto e podem ser identificadas na lista das abreviaturas. Os diários de bordo também cumprem essa função, pois sinalizam parte dos documentos consultados e da bibliografia mais relevante que auxiliou na produção do capítulo. As referências bibliográficas no final do livro mapeiam a pesquisa.

Na quarta parte do livro, "Guia Mapa de Recife e Maceió", proponho ver a escritora a partir de outro ângulo. Como eu já fizera no livro *O Rio de Clarice – passeio afetivo pela cidade* (Autêntica, 2018), delineio agora seus caminhos no Nordeste. Através de ruas e lugares percorremos seu itinerário em residências, escolas, teatros, cinemas, sinagogas, praças e livrarias. A localização de sua geografia afetiva é um modo de ver os ecos da cidade na menina, e ao mostrar os caminhos clariceanos hoje pode-se constatar o legado de sua obra no cotidiano do Recife. Essa parte ganha uma dimensão especial com a publicação do conjunto de doze fotos inéditas da visita de Clarice Lispector ao Recife em maio de 1976. Só pude encontrá-las ainda em formato de negativos no Arquivo-Museu da Fundação Casa de Rui Barbosa porque Augusto Ferraz mostrou-me uma parte delas que ele recebeu da própria Clarice Lispector (cf. "Recife, 1976"). Thiago Barros digitalizou os negativos e revelou todas as imagens. Outra imagem rara é a publicação de uma foto de Clarice no Colégio Israelita, revelada pelo dr. Moisés Wolfenson, filho de Félix Wolfenson (amigo de infância de Clarice), do acervo de Flora Buchatsky.

O livro é dividido em quatro partes, três são independentes e podem ser lidas na ordem escolhida pelo leitor. Elas ampliam o material inserido em *Eu sou uma pergunta*. Trazem fontes primárias e novos depoimentos. *À procura da própria coisa* é um livro que não se contenta com a bibliografia existente sobre Clarice Lispector, a arqueóloga não perdeu o fôlego mesmo diante de tantos obstáculos.

A escolha do título deste volume, como mostro na epígrafe, é da própria Clarice Lispector. Quem melhor do que ela para dar o título a uma de suas biografias? O mesmo se deu com a escolha do título *Eu sou uma pergunta*, uma frase dita pela própria escritora em uma crônica publicada no *JB*.

Ao completar o centenário de Clarice Lispector, fecho um ciclo de trinta e um anos. *Eu sou uma pergunta* abriu o ciclo, *À procura da própria coisa* o fechou. Creio que essa vivência tão longa me abre outras formas de viver neste planeta, e mais do que nunca concordando com Clarice Lispector quando ela disse ao artista Genaro de Carvalho: "Acho que a arte, denunciando o sofrimento humano, consola o homem com sua compreensão. Acho que a arte serve de base para se poder mais profundamente sentir e pensar" (cf. *Manchete*, 896 – 5/7/1969 e *JB*, 31/7/1971).

Vivendo em um mundo em plena pandemia da Covid-19 é preciso mais do que nunca de muita arte. Defender os direitos humanos, combater o extremismo, a polarização, defender a democracia, denunciar a crise climática, proteger a natureza e a biodiversidade. Lutar por igualdade de gênero.

Desejo aos meus colegas professores e aos futuros pesquisadores um entusiasmo permanente e coragem para abrir novos caminhos. Foram esses lemas que cultivei e deram-me a alegria de percorrer a trilha do magistério e da pesquisa. E andar com fé, sempre.

Salve, Nossa Senhora do Carmo! Salve, Santo Antônio!, padroeiros do Recife.

Teresa Montero

ABREVIATURAS

Arquivos

ACL/IMS – Arquivo Clarice Lispector/Instituto Moreira Salles
AEL/IMS – Arquivo Elisa Lispector. Instituto Moreira Sales
AMLB – Arquivo-Museu de Literatura Brasileira
FCRB – Fundação Casa de Rui Barbosa
APGV – Arquivo Paulo Gurgel Valente

Obras de Clarice Lispector e outros autores

BF – *A bela e a fera* (Nova Fronteira, 1979)
CLE – *Clarice Lispector – Entrevistas* (Rocco, 2007)
DM – *A descoberta do mundo* (Rocco, 1999)
NE – *No exílio*, de Elisa Lispector (Ebrasa/INL, 1971)
OE – *Outros escritos* (Rocco, 2005)
PO – *Poesias*, de Lúcio Cardoso (José Olympio, 1941)
TCR – *Todas as crônicas* (Rocco, 2018)
TC – *Todas as cartas* (Rocco, 2020)
VC – *A via crucis do corpo* (Nova Fronteira, 1984)

ARQUIVOS CONSULTADOS

Públicos

Arquivo do Cemitério Israelita da Vila Mariana (São Paulo)
Arquivo do Cemitério Israelita do Barro (Recife)
Arquivo do Colégio Andrews (Rio de Janeiro)
Arquivo-Museu de Literatura Brasileira - Fundação Casa de Rui Barbosa:
– Arquivo Clarice Lispector
– Arquivo Lúcio Cardoso
Arquivo da Faculdade Nacional de Direito (Rio de Janeiro)
Arquivo Geral do Corpo de Bombeiros do Rio de Janeiro
Arquivo do Ginásio Pernambucano (Recife)
Arquivo Histórico do Itamaraty (Rio de Janeiro)
Arquivo Nacional (Rio de Janeiro)
Arquivo Público do Estado do Rio de Janeiro – APERJ
Arquivo Público Estadual Jordão Emerenciano – APEJE
Instituto Moreira Salles
– Arquivo Elisa Lispector
Biblioteca Nacional (Rio de Janeiro)
Hemeroteca Digital – Biblioteca Nacional (RJ)

Particulares

Arquivo Particular de Andréa Azulay (RJ)
Arquivo Particular de Armindo Trevisan (PA)
Arquivo Particular de Ary de Andrade (RJ)
Arquivo Particular de Boris Asrilhant Neto (RJ)
Arquivo Particular de Renard Perez (RJ)
Arquivo Particular de Augusto Ferraz (PE)
Arquivo Particular de Paulo Gurgel Valente (RJ)

DEPOIMENTOS

(Na primeira edição de *Eu sou uma pergunta*)

Adahyl de Mattos. Rio de Janeiro, 21 de março de 1995.
Alberto Dines. Lisboa, 15 de março de 1995 (carta).
Alfredo Oroz. Rio de Janeiro, 27 de fevereiro de 1991.
Álvaro Pacheco. Rio de Janeiro, 30 de outubro de 1991.
Ana Kfouri. Rio de Janeiro, 7 de agosto de 1991.
Anita Buchatsky Levy. Recife, 9 de maio de 1994.
Anita Rabin Bochner. Rio de Janeiro, 22 de janeiro de 1994.
Andréa Azulay. Rio de Janeiro, 4 de maio de 1992.
Antonio Callado. Rio de Janeiro, 31 de agosto de 1990.
Antônio Carlos Villaça. Rio de Janeiro, 10 de dezembro de 1993.
Armando Nogueira. Rio de Janeiro, 14 de dezembro de 1993.
Armindo Trevisan. Porto Alegre, 3 de abril de 1995 (carta).
Ary de Andrade. Rio de Janeiro, 29 de janeiro de 1994.
Augusto Rodrigues. Rio de Janeiro, 21 de agosto de 1990.
Autran Dourado. Rio de Janeiro, 15 de dezembro de 1993.
Bella Jozef. Rio de Janeiro, 12 de junho de 1995.
Bertha Lispector Cohen. Tel Aviv, 27 de junho de 1994 (carta); Rio de Janeiro, 10 de agosto de 1994.
Carlos Scliar. Rio de Janeiro, 4 de julho de 1990.
Cecília Wainstok Lipka. Rio de Janeiro, 5 de janeiro de 1994.
Celso Lanna. Rio de Janeiro, 14 de março de 1994 (telefone)
David Rabin Wainstok. Rio de Janeiro, 4 de agosto de 1994.
Edilberto Coutinho. Rio de Janeiro, 15 de dezembro de 1993.
Edith Vargas. Rio de Janeiro, 22 de junho de 1994 (telefone).
Eliane Zagury. Rio de Janeiro, 28 de janeiro de 1994.
Farida Issa. Rio de Janeiro, 1º de dezembro de 1993.
Fauzi Arap. São Paulo, 1º de fevereiro de 1991 (telefone).
Francisco de Assis Barbosa. Rio de Janeiro, 31 de agosto de 1990.
Ferreira Gullar. Rio de Janeiro, 16 de dezembro de 1994.
Gilda Philadelpho Azevedo. Rio de Janeiro, 23 de março de 1995 (telefone).

Gilda Murray. São Paulo, 26 de novembro de 1993.
Gilles (João Roberto). Rio de Janeiro, 10 de novembro de 1993.
Gisela Magalhães. Rio de Janeiro, 12 de novembro de 1993.
Hélio Bloch. Rio de Janeiro, 26 de maio de 1994.
Heloisa do Abiahy Azevedo. Rio de Janeiro, 19 de fevereiro de 1990; e 25/5/1994 (telefone).
Ilka Soares. Rio de Janeiro, 8 de novembro de 1993 (telefone).
Isaac Krimgold Asrilhant. Rio de Janeiro, 28 de janeiro de 1994.
Isaac Krimgold Chut. Rio de Janeiro, 7 de março de 1994.
Ivo Pitanguy. Rio de Janeiro, 8 de fevereiro de 1994.
Jacob David Azulay. Rio de Janeiro, 4 de maio de 1992.
Joel Silveira. Rio de Janeiro, 10 de dezembro de 1992 (telefone).
Jonas Rabin. Recife, 8 de maio de 1994.
José Luis Mora Fuentes. São Paulo, 13 de março de 1995 (telefone).
Dr. José Vieira de Lima Filho. Rio de Janeiro, 3 de dezembro de 1993 (telefone).
Lauro Escorel Rodrigues de Moraes. Rio de Janeiro, 25 de outubro de 1993.
Lêdo Ivo. Rio de Janeiro, 27 de agosto de 1990.
Dr. Luiz Carlos Teixeira. Rio de Janeiro, 3 de junho de 1993.
Luiza Lagôas. Rio de Janeiro, 17 de novembro de 1993.
Mafalda Verissimo. Porto Alegre, dezembro de 1994 (carta).
Maria Alice Barroso. Rio de Janeiro, 14 de junho de 1994 (telefone).
Maria Bonomi. São Paulo, 24 de novembro de 1993.
Maria Eugênia Soutello Alves. Rio de Janeiro, 21 de março de 1995 (telefone).
Dra. Maria Tereza Mello. Rio de Janeiro, 11 de novembro de 1993 (telefone).
Maria Theresa Walcacer. Rio de Janeiro, 1 de março de 1994.
Marly de Oliveira. Rio de Janeiro, 29 de novembro de 1995.
Marina Colasanti. Rio de Janeiro, 22 de junho de 1994.
Mariazinha Telles Ribeiro. Rio de Janeiro, 20 de maio de 1998.
Miriam Bloch. Rio de Janeiro, 4 de novembro de 1993.
Myriam Campello. Rio de Janeiro, 30 de novembro de 1993 (telefone).
Necys. Rio de Janeiro, 30 de janeiro de 1991 (telefone).
Nélida Helena de Meira Gama. Rio de Janeiro, 5 de novembro de 1993.
Nélida Piñon. Rio de Janeiro, 6 de julho de 1994.
Odete Issa. Rio de Janeiro, 1º de dezembro de 1994.
Olga Borelli. São Paulo, 26 de novembro de 1993.
Otto Lara Resende. Rio de Janeiro, 30 de outubro de 1991.
Paulo Gurgel Valente. Rio de Janeiro, 21 de junho de 1994.
Pedro Bloch. Rio de Janeiro, 4 de novembro de 1993.
Pedro Paulo de Sena Madureira. São Paulo, 24 de novembro de 1993.
Rachel de Queiroz. Rio de Janeiro, 13 de novembro de 1991.
Renard Perez. Rio de Janeiro, 17 de dezembro de 1993.

Regiana Antonini. Rio de Janeiro, 29 de maio de 1990.
René Wells. Rio de Janeiro, 18 de novembro de 1993 (telefone).
Rosamaria Murtinho. Rio de Janeiro, 29 de maio de 1990.
Rosa Cass. Rio de Janeiro, 7 de dezembro de 1993.
Roque Ricarte. Rio de Janeiro, 3 de junho de 1993.
Sarita Rabin Goldstein. Rio de Janeiro, 18 de janeiro de 1994.
Sergio Fonta. Rio de Janeiro, 12 de abril de 1994.
Samuel Lispector. Recife, 10 de maio de 1994.
Samuel Malamud. Rio de Janeiro, 17 de novembro de 1993.
Silvia Seixas Corrêa. Rio de Janeiro, 26 de agosto de 1994 (telefone).
Sonia Krimgold Charifker. Recife, 10 de maio de 1994.
Suzana Berenstein Horovitz. Recife, 11 de maio de 1994.
Tania Kaufmann. Rio de Janeiro, 29/4/1993, 23/6/1993, 10/11/1993 (telefone), 6/12/1993, 4/2/1994, 4/5/1994 (telefone), 27/10/1994 (telefone), 25/3/1995 (telefone).
Tati de Moraes. Rio de Janeiro, 31 de maio de 1994 (telefone).
Urbano Fabrini. Rio de Janeiro, 19 de maio de 1994.

DEPOIMENTOS
(Referentes às partes 1, 2 e 4 dessa edição: *À procura da própria coisa*)

André Guitcis. São Paulo, 6 de março de 2021 (e-mail); 8 e 9/4/ 2021 (WhatsApp).
Antônio Bernardo. Rio de Janeiro, 10 de fevereiro de 2014.
Augusto Ferraz. (vários depoimentos, um deles gravado, o primeiro está datado de setembro de 2008, no Rio de Janeiro. Em Recife, em julho de 2010 e 30 de julho de 2011 (gravado); o último em 10 de julho de 2019).
Boris Asrilhant Neto. Rio de Janeiro, 15 de fevereiro de 2021 (Skype).
Clarice Magalhães. Rio de Janeiro, 16 de outubro de 2015.
Demétrio Albuquerque. Recife, 11 de julho de 2019.
Eduardo Portella. Rio de Janeiro, 4 de fevereiro de 2014.
Evania Margolis. Recife, 14 de julho de 2019.
Gilda Murray. São Paulo, 19 de setembro de 2015.
Gilson Ludmer. Recife, 17 de julho de 2019.
Igor Barenboim. Rio de Janeiro, 4 de fevereiro de 2021 (por WhatsApp).
Israel Rosenthal. Rio de Janeiro, 12 de junho de 2015.
Jacques Ribemboim. Recife, 13 de julho de 2019.
João Carlos Assis Brasil. Rio de Janeiro, 5 de junho de 2019.
Mano Melo, Rio de Janeiro, 14 de dezembro de 2011 (por e-mail).
Marcia Algranti. Teresópolis, 12 de maio de 2012; 13/11/2020 (telefone); 28/1/2021 (e-mail); 18/4/2021 (e-mail); 21/4/2021(e-mail).

Maria Bonomi. São Paulo, 25 de janeiro de 2014 (e-mail e WhatsApp) 15, 18 de setembro e 9 de novembro de 2020.
Moisés Wolfenson. Recife, 3 de fevereiro de 2021 (Skype).
Newton Goldman. Rio de Janeiro, 25 de setembro de 2013.
Nicole Algranti. Rio de Janeiro, 22 de março de 2021 (telefone).
Raimundo Carrero. Recife, 19 de julho de 2019.
Robson Lispector. Recife, 13 de julho de 2019.
Sulamita Choze. Tel Aviv, 4 de junho de 2020 (e-mail).
Zilá Troper. São Paulo, 16 de fevereiro de 2021 (e-mail).

PRIMEIRA PARTE

Itinerário de uma mulher escritora

A PRIMEIRA ENTREVISTA PARA A TVE

Diário de bordo – Arquivos, essas joias raras do Brasil. Dezembro de 2020.

A entrevista a seguir é uma peça raríssima da filmografia sobre Clarice Lispector. Nesses anos só conhecemos uma entrevista, aquela concedida a Júlio Lerner, em fevereiro de 1977, no programa "Panorama", da TV Cultura. A frase "É a única entrevista que Clarice concedeu para a televisão" nunca me satisfez. Ao longo das minhas pesquisas, anotava as referências às entrevistas em reportagens e notas na imprensa. Obstinação de uma pesquisadora que não mede esforços para trazer novos ângulos de uma história. O rigor e o empenho de nosso trabalho é medido, também, pelos documentos que encontramos e revelamos para o público.

Há aproximadamente cinco anos encontrei a referência da entrevista de Clarice Lispector ao programa Os Mágicos, da TVE (atual TV Brasil), idealizado e apresentado por Araken Távora. O Jornal dos Sports (RJ) do dia 14 de dezembro de 1976, ao publicar a grade da programação dos canais 2, 4, 6, 11 e 13, informou que os participantes eram o diretor teatral Gianni Ratto, o cenógrafo e carnavalesco Fernando Pamplona e a escritora Clarice Lispector. O programa seria exibido às 21h, numa terça-feira.

A guarda e preservação desse documento audiovisual há 45 anos revela a importância de duas instituições públicas federais: a TV Brasil e o Arquivo Nacional. "Para que um documento cumpra sua função social, cultural e histórica, é necessário organizá-lo, descrevê-lo e preservá-lo", diz o vídeo institucional (2019) produzido pela equipe da Coordenação de Documentos Audiovisuais e Cartográficos sobre o Acervo Audiovisual do Arquivo Nacional. Este Arquivo é considerado o segundo maior acervo documental de imagens em movimento do país. Composto por cerca de cinquenta mil latas de filme, dez mil fitas vídeo-magnéticas e imagens em movimento digitais, um dos destaques do acervo é o da TV Tupi e o da TV Educativa (TVE).

Em plena pandemia, com a máscara e o frasco de álcool gel, tomei o ônibus 217 e fui ao Arquivo Nacional como se estivesse realizando uma expedição. O medo de ser contaminada pelo coronavírus ao sair de casa (exceção que abri na maior parte das vezes para as compras semanais ao supermercado) tinha que ser superado porque eu sabia o que estava prestes a ver na mesa de revisão do Setor Filmográfico. Eu entendi no sentido mais profundo o que chamam de "momento histórico". Na sala F 605, por aproximadamente duas horas, observei individualmente cada imagem imóvel, fotograma por fotograma, sem áudio; acompanhei cada passo da entrevista. Mesmo sendo avessa a entrevistas, Clarice em seu apartamento, em companhia de seu cão Ulisses, concedeu esta que entra para o rol de a primeira a ser concedida para a TV (até que apareça outra, e por que não?).

Foi numa segunda-feira, dia 30 de dezembro, o ano do centenário de Clarice Lispector terminava no dia seguinte. Antes de chegar ao sexto andar, segui os protocolos sanitários, passei pela medição de temperatura. Fui atendida pelo servidor Marcus Vinicius Torres. O Arquivo está fazendo o atendimento a distância por causa da pandemia. Devido à urgência da pesquisa, pois não havia outra forma de ver o material, fiz a visita presencial. Após ver os fotogramas percorri algumas salas do Arquivo, a meu pedido, pois quis conhecer como aquele tesouro centenário era guardado e conservado. E pensar que a seção de filmes do Arquivo Nacional nasceu com o acervo da Agência Nacional. Essa mesma agência onde Clarice Lispector iniciou seu ofício como jornalista no início dos anos 1940.

Mas ainda precisava passar pela etapa final: esse filme, que faz parte do acervo da Fundação Centro Brasileiro de TV Educativa, não está digitalizado, assim como a maior parte desse acervo, portanto está indisponível para consulta. O Arquivo Nacional oferece ao usuário a possibilidade de fazê-lo. O original é emprestado e o filme é digitalizado em laboratório especializado, sendo os custos pagos pelo usuário. O transporte da película é feito pelo próprio arquivo. Sem recursos para efetuar o serviço "bastante dispendioso", recorri à produção do documentário A descoberta do mundo, da pernambucana Taciana Oliveira. Não havia verbas. Mas como por um milagre, nesse exato momento, a cineasta recebeu (coincidência?) uma verba para realizar outro trabalho. E só assim ela pôde pagar, do próprio bolso, o serviço. A padroeira de Recife Nossa Senhora do Carmo deu a sua bênção, e Santo Antônio também. Afinal, Clarice era devota do santo. Dessa maneira, pude transcrevê-la para a biografia. O documentário A descoberta do mundo a exibirá de forma pioneira.

Em cento e oitenta e três anos de existência, o Arquivo Nacional enfrenta um problema geral de nossos acervos: a deterioração. Duas servidoras são responsáveis pela preservação. A equipe de outros setores é pequena. Há anos não há concurso público. Na live "Encontro com o Acervo Audiovisual", a cientista social e Técnica em Assuntos Culturais do AN, Ana Carolina Reyes, nos orienta sobre o funcionamento do setor filmográfico, que é mantido em depósitos isolados uns dos outros para evitar a contaminação do acervo pela síndrome do vinagre. Essa entrevista histórica foi salva da total deterioração, embora constatemos que algumas partes não foram preservadas, por isso só restaram somente seis minutos do material em suporte original analógico e magnético (película em acetato de 16 mm).

A origem desse documento coube a outra instituição de grande relevância para a televisão brasileira. A TVE exibiu o programa Os Mágicos, idealizado por Araken Távora (1931-1991), cuja estreia deu-se em 5 de outubro de 1976, segundo a coluna "Cidinha na Jogada" (Jornal dos Sports, 1/10/76).

Homenagem a Araken Távora – *Um parágrafo é pouco para "apresentar" o hoje esquecido paranaense de Ribeirão Claro, Araken Távora, que muito fez para divulgar a nossa literatura para os estudantes brasileiros. O programa Os Mágicos trouxe de forma pioneira para a TV a oportunidade de colocar nossos escritores em contato com o público e foi premiado com o Troféu Ana Terra (1978) e o Golfinho de Ouro (1980) do MIS – Museu da Imagem e do Som. Outro projeto idealizado e coordenado por Araken Távora se deu em parceria com a IBM – Brasil e Work Vídeo (1996): "Encontro Marcado com a Arte", com cinquenta e três programas reunindo os depoimentos de escritores. Segundo seu amigo, o jornalista Aramis Millarch (cf. Tabloide Digital 6/1/1992), o projeto inicialmente estava previsto para algumas universidades do Rio-São Paulo, "a ideia de levar escritores famosos para palestras-debates com um público jovem, especialmente, havia dado certo. Em seu espírito prático, com a experiência de produtor de uma série premiada em 1980 com o Golfinho de Ouro (MIS/RJ) na TVE – Os*

Mágicos, Araken realizava sobre cada escritor convidado um vídeo biográfico, que era exibido antes da palestra, dava ao público informações básicas e opiniões objetivas da personalidade que falaria e dialogaria a seguir. Poupava tempo e preservava em imagens um pouco da vida e obra de escritores como Sabino, Lygia Fagundes Telles, Paulo Mendes Campos, Antonio Callado e mais quarenta outras personalidades de nossa vida literária e jornalística que integraram o projeto". Essa preciosidade foi doada para a Biblioteca Nacional e o MIS.

Voltando a Os Mágicos – Apresentado por Marina Colasanti, o programa de estreia recebeu: Alfredo Volpi, Grande Otelo e Orlando Villas-Bôas. Nas poucas referências completas que os jornais informaram em 1977, localizei participações de Nelson Rodrigues, Jorge Amado, Cyro dos Anjos, Josué Montello e Pedro Nava. Portanto, Clarice Lispector foi uma das primeiras convidadas do time da literatura. A grade da TVE nessa época era basicamente noturna, a partir das 20h. A primeira transmissão experimental através de seu próprio canal foi no dia 5 de novembro de 1975. A emissora passou a funcionar em caráter definitivo em 4 de fevereiro de 1977. Isso dá a dimensão da raridade da preservação desta entrevista.

Antes de iniciar a busca no Arquivo Nacional, passei as informações da pesquisa para a equipe do programa "Caminhos da Reportagem", que me convidara para participar de um especial pelo centenário de Clarice Lispector que seria exibido em dezembro de 2020. A possibilidade de a TV Brasil encontrar a entrevista naquele momento, em pleno centenário, seria para mim uma dupla felicidade. Sou telespectadora dessa emissora desde a adolescência. "Plim Plim (o mágico do papel)", "Sem censura" e "De Lá Pra Cá" são programas que fazem parte da minha vida. Só pra citar três dos mais marcantes. Acompanho o nobre trabalho dessa emissora na divulgação de seu acervo como é o caso do "Recordar é TV", que tem exibido entrevistas de vários programas, um deles Os Mágicos, de Araken Távora. Cheguei a falar com a responsável pela Gerência de Acervos da EBC, Maria Carnevale, porém o programa que eu procurava não foi encontrado. Mas havia uma esperança. Eu localizara no Arquivo Nacional uma entrevista de Clarice Lispector pertencente ao Centro Brasileiro de TV Educativa (TVE), sem referências ao ano e ao programa. Minha intuição me levava a crer que poderia ser o programa Os Mágicos.

O *Arquivo Nacional e a TV Brasil (antiga TVE) proporcionaram esse momento. Meu desejo é que o poder público e os brasileiros valorizem esses patrimônios.*

O *"Recordar é TV" entra na quarta temporada (2021), e você, caro leitor, pode acessar algumas dessas entrevistas de Araken Távora no site da TV Brasil. Inclusive, conferir uma entrevista de 1977, com duração de treze minutos com uma amiga de Clarice Lispector: Nélida Piñon. Se a entrevista de Clarice Lispector tivesse sido preservada na íntegra, quem sabe poderia ter uma duração semelhante.*

A entrevista de Clarice Lispector a Araken Távora – um registro histórico – você lerá agora. O documento audiovisual muito em breve será veiculado no documentário A descoberta do mundo, *dirigido por Taciana Oliveira.*

A ENTREVISTA

Local: Edifício Macedo. Rua Gustavo Sampaio, 88. Apartamento 701. A única entrevista que registra a escritora Clarice Lispector em seu apartamento no Leme.

A câmera mostra Clarice Lispector com a máquina no colo, está datilografando algo. Esse é o lugar dedicado aos momentos de criação. Está sentada do lado mais próximo da janela, num sofá de três lugares, de cor escura, um tom cinza. Muitos papéis espalhados, um óculos, uma bolsa preta. Veste blusa vermelha, calça branca e está descalça. Ao seu lado, uma pequena mesa com muitos objetos espalhados: dois copos grandes, um com um pouco de líquido escuro (Coca-Cola?). Uma caixa de fósforos Olho, um maço de cigarros Hollywood. Um rádio grande, um abajur pequeno moldado de frisas de madeira. **Corta para outro take**: vê-se o quadro pintado por De Chirico. Volta para esse recanto da sala num plano mais aberto. Esse espaço é coberto por um tapete vermelho onde vemos Ulisses deitado, encostando a boca no tapete, parece estar comendo algo. Vê-se também parte da cadeira de balanço branca e o pé do entrevistador que está sentado em frente à Clarice. No centro há duas mesas pequenas. Em uma está o cinzeiro, a outra está vazia, onde em outras fotos publicadas na imprensa viu-se que fica a máquina de escrever. No sofá há vários papéis espalhados. A luminosidade que vem da janela ampla, que cobre toda a parede, é intensa, e do lado direito vê-se o ar-condicionado. O espaço que cobre a área, que é uma espécie de varanda, tem um chão com ladrilhos, são desenhos geométricos como fragmentos espalhados ao longo do piso. É o jardim de inverno, como era chamado na época. Clarice o chamava de terraço. Quatro vasos de plantas ornamentam esse local. O prédio em frente, os fundos do edifício Tietê (um dos primeiros da avenida Atlântica), é visto por quem está na sala.

O take seguinte mostra o outro lado da sala. Na parede localizada entre duas entradas vê-se: a do lado esquerdo, o corredor que leva à cozinha; a do lado direito, o que leva aos quartos. Em um sofá preto de três lugares estão o entrevistador, na ponta esquerda, e a entrevistada, na ponta direita. A parede tem vários quadros. Posicionados da esquerda para a direita, na parte de cima há um pequeno cuja figura é ilegível; ao lado, um grande semelhante à Catedral da Assunção no Kremlin, na Rússia, por causa de sua construção e do formato das cúpulas, e ao lado delas há um anjo de asas vermelhas. Em seguida, o retrato de Clarice (1972) por Carlos Scliar, seguido do quadro de Djanira (circa 1967) junto a outro sem identificação na mesma moldura. O próximo quadro é abstrato, são linhas expandidas em forma de "m", seguido da pequena escultura de motivos africanos. Na parte de baixo vê-se: o quadro de Grauben (1968), um com a imagem de um galo, em seguida outro que está ilegível. O próximo é o desenho que sugere uma Clarice jovem. Na sequência final, vê-se: o quadro pintado por De Chirico, e "Anunciação", de Angelo Savelli; pequena escultura de um anjo, o quadro de Lúcio Cardoso (circa 1965) e um retrato de Clarice de autoria desconhecida.

Diante de Araken Távora e Clarice Lispector há uma mesa de centro onde se vê a fumaça no cinzeiro. Em uma bandeja, há recipientes que parecem copos grandes com um líquido preto. Seria Coca-Cola? Podem ser também velas, pois uma chama de luz tremula em cada um. Clarice adorava Coca-Cola e também gostava de acender velas. Ela segura um copo e em um determinado momento, quando dá um gole, se vê que o líquido é escuro.

O entrevistador pergunta sobre seu nascimento, porém isso não aparece. Deduzimos pela resposta.

Clarice – Eu nasci na Ucrânia, numa cidade (ela se corrige), numa pequena aldeia chamada Tchetchelnik, exatamente meus pais pararam lá para eu nascer e prosseguiram viagem. Cheguei ao Recife com dois meses de idade. E antes dos sete anos eu já fabulava. Com sete anos, eu comecei a escrever.

Outro take. Vê-se, novamente, a cena inicial. Clarice batendo à máquina. Ulisses quietinho, com a cabeça encostada no tapete. Ela datilografa usando apenas um ou dois dedos das mãos. **Outro take.** Foco no seu rosto, de perfil. Está bem pintado. As sobrancelhas com traços finos, os lábios com batom vermelho. A maquiagem dá um tom suave ao rosto.

Em seguida, outro take. Vê-se quatro cadeiras e uma mesa redonda com uma toalha cor de laranja com alguns traços listrados. Um jarro com flores e um copo sob a mesa. A parede é coberta por quadros. Na parte alta, da esquerda para a direita, vê-se: *Retrato da senhorita Clarice Lispector* (1942); um quadro de Fayga Ostrower e um outro com traços que lembram os de uma criança. Há três figuras, uma delas parece um pinguim. Abaixo destes há quatro quadros: o primeiro e o segundo são abstratos, sem possibilidade de identificá-los. Entre eles há uma escultura pequena, o terceiro é *Maternidade* (1950), de Fayga Ostrower, e o quarto, uma imagem abstrata sem possibilidade de identificação.

A câmera segue mostrando os quadros. Na parede ao lado vê-se o retrato de Clarice (1974) por Ismailovitch, abaixo deste, uma moldura muito pequena sem possibilidade de identificar a imagem. Ao centro, o painel fotográfico "Açude da Solidão – Floresta da Tijuca", de Humberto Franceschi. Ao lado deste, no alto, uma foto do cachorro Ulisses. Abaixo, a foto de um cavalo correndo, e na mesma direção outro autorretrato colorido de Clarice cujo rosto é composto em formas geométricas. Não é possível identificar o pintor. Neste canto há um pequeno móvel com duas portas. Sobre este, vê-se um galo amarelo adornando, uma pequena televisão e, ao lado, um jarro com flores. Vê-se plantas ao lado do móvel. A câmera fez um close no retrato de Clarice feito por Ismailovitch e, em seguida, no "Retrato da senhorita Clarice Lispector" e fechou no autorretrato pintado por D. J. Oliveira, em outro canto da sala, na parede que leva para o corredor que desemboca nos quartos. A câmera volta a mostrar a "galeria" de Clarice na parede acima do sofá preto e foca o quadro de De Chirico e novamente seu retrato colorido cujo rosto é composto em formas geométricas, sem que possamos identificar o pintor.

O próximo take se detém nas obras. Os livros estão no tapete. Primeiro mostra os infantis: *A vida íntima de Laura*, *O mistério do coelho pensante*, e a edição em espanhol *El misterio del conejo que sabía pensar* (Ediciones de La Flor). Em seguida, *A paixão segundo G.H.* (Sabiá), *Perto do coração selvagem* (Sabiá), *O lustre* (Agir), *A maçã no escuro* (Paz e Terra), *Laços de família* (Círculo do Livro), *A via crucis do corpo* (Artenova), *La pasión según G. H.* (Monte Ávila, 1969), *Le batisseur des ruines* (Gallimard, 1970), *The Apple in the dark* (Knop, 1967), *Un aprendizaje o el libro de los placeres* (Sudamericana,1973), *Die nachahmung der rose* (Claassen Verlag, 1966), *Blizko divokého srdce zivota* (Odeon, 1973), *La legion extranjera* (Monte Ávila, 1971). A câmera faz um plano geral e mostra o conjunto das obras e vê-se também, além dos livros citados, *Près du coeur sauvage* (Plon, 1954), *Água viva* (Sudamericana, 1975), *El via crucis del cuerpo* (Santiago Rueda, 1975), *La manzana en la obscuridad* (Sudamericana, 1974) e *Family ties* (Texas University, 1972).

Um novo take retorna para Clarice sentada no sofá próximo da janela. A câmera passa através de umas plantas e flagra Clarice de perfil. Não há áudio, mas a imagem demonstra que ela falou algo. O ângulo foca as plantas e uma escultura de madeira: é um busto de homem.

O próximo quadro continua a entrevista.

Entrevistador – Com onze anos você já escrevia uma peça de teatro. Fale da infância de Clarice Lispector (há um corte, deduzimos ser uma falha técnica da película). Ouve-se ela dizer: "Bom", indicando que responderia a pergunta.

Continua.

Entrevistador – Com a série de livros que você já publicou e já desfrutando do prestígio internacional que você goza como escritora (nesse momento Clarice toma um gole de água), você consegue viver exclusivamente de literatura?

Clarice – De jeito algum.
Há um novo corte (supomos ser de natureza técnica da película) e a pergunta do entrevistador não é ouvida na íntegra. O trecho audível é:

Clarice – Simultaneamente, para adultos e crianças. Acontece isso.

Entrevistador – Existe um público de sua preferência? (outra falha de natureza técnica corta o áudio e não se ouve a resposta). Ouve-se Clarice: – Olha, eu não...

Entrevistador – Clarice, qual é o seu sistema de trabalho?

Clarice – Eu tomo notas.

Entrevistador – Você obedece a horários?

Clarice – Quando eu estou com bastante notas e o livro está praticamente pra ser montado, então eu trabalho quase que diariamente.

Entrevistador – Você se explicaria como uma escritora que escreve por vocação ou por necessidade?

Clarice – Olha, eu só escrevo porque não consigo deixar de escrever. É mais forte do que eu.

Novo take mostra o entrevistador e Clarice em um ângulo da sala próximo ao sofá onde estavam. Mas agora eles estão sentados em cadeiras. Ao fundo, entre eles, vê-se uma estante que fica na parede que segue para o corredor. Na mesa de centro próxima a eles vê-se papéis, dois jarros que parecem de cerâmica e uma parte da cabeça de Ulisses, que está no chão. À direita de Clarice, vê-se o sofá onde ela apareceu no início do vídeo; enfim, o local já descrito anteriormente.

Entrevistador – Clarice, o que você está preparando no momento?

Clarice – Eu estou ultimando uma novela. Não novela de televisão, é claro. Mas eu chamo novela uma história maior que um conto e menor que um romance. Eu não sei outra classificação. Eu tô ultimando ela. Há um corte que nos parece de natureza técnica, deduzimos que uma nova pergunta foi feita. O que restou da resposta foi:

Clarice – ...e não quando me mandam ou quando resolvo ou me comando. (aparece uma tela branca indicando que não há mais filme). O vídeo termina com 6:12.

(Equipe de processamento técnico de documentos audiovisuais, sonoros e musicais/CODAC do Arquivo Nacional: Aline Camargo Torres, Alexandre Bertalan Jr., Ana Carolina Reyes, Carlos Alfredo Linhares Fabio, Eliezer Pires da Silva, Janaína Ruivo dos Santos, Leandro Hunstock Neves, Marcus Vinicius Pereira Alves, Rafael Medeiros.)

Outras entrevistas... Memória guardada em alguma prateleira

Clarice Lispector foi entrevistada em outras ocasiões, mas se desconhecem os registros audiovisuais, quem sabe guardados nos arquivos públicos ou de TVs que a receberam em seus estúdios. Pesquisadores, aqui estão algumas pistas!

Porto Alegre – Programa "Jornal do Almoço", canal 12. Entrevistadora Célia Ribeiro. TV Piratini, TV Gaúcha, atualmente RBS TV, Rádio Guaíba e jornal *Zero Hora*. Na matéria do *Zero Hora*, em 8/12/2012, de Andréa Graiz: "Paulo Sant'Ana, Celia Ribeiro, Lauro Quadros, Tania Carvalho e Celestino Valenzuela se reencontram diante das câmeras". Apresentadores que fizeram história na RBS TV compartilharam recordações.

Celia Ribeiro: "Celia recordou também aquela que considera uma de suas mais tormentosas performances. Deveria entrevistar Clarice Lispector por vinte minutos, ao vivo, no *Jornal do Almoço*, mas a pauta tropeçou nos monossílabos pronunciados com dificuldade pela escritora. Clarice ainda se recuperava do acidente doméstico ocorrido em 1966, quando sofrera queimaduras graves ao adormecer com um cigarro aceso.

– Clarice não era famosa como se tornou depois. Claro que tive o suporte da produção, mas ela dizia só 'sim' e 'não'. É um dos maiores desgastes que um entrevistador pode sentir. Eu suava frio – contou Celia. – Deu dez minutos e preenchemos com outra coisa."

Rio de Janeiro – 1970 – Programa "Olho por Olho" – não foi possível identificar o entrevistador. O único registro foi publicado na Coluna "Preto no Branco", de Carlos Alberto. *Tribuna da Imprensa*, 26/5/1970, p. 9.

"Se um homem atravessasse o Paraíso num sonho, e lhe desse uma flor como prova de que estivera ali, e se ao acordar encontrasse essa flor na sua mão, a quem, Clarice, você daria? A escritora respondeu que daria aos seus filhos."

Hélio Polito entrevistou Clarice Lispector na TV Canal 2 (28/8/1968). Anotação sem identificação. Consta que Hélio Polito foi chefe de reportagem do "Jornal de Vanguarda", criado por Fernando Barbosa Lima.

CLARICE LISPECTOR FICHADA PELA POLÍCIA POLÍTICA: 1950 E 1973

DESPS/DPS – 1950

A primeira vez que se tem notícia de que Clarice Lispector foi fichada ocorreu em 1950, quando ela voltara a residir no Rio de Janeiro, então sede do Distrito Federal, no momento em que retornara de Berna em junho de 1949, onde vivera durante três anos. Ela foi fichada pela DESPS, isto é, Delegacia Especial de Segurança Política e Social, cuja transcrição foi realizada pela DPS - Divisão de Polícia Política e Social. Órgãos policiais do âmbito federal.

A ficha verde, como é denominada, foi aberta em 27 de janeiro de 1950. É sempre ordenada pelo sobrenome. A seguir, a transcrevemos mantendo os erros de grafia no item referente ao nome e à filiação. O número da ficha é 1743:

LISPECTOR – Clarisse Filiação: Priskas (Pedro) e Marian (Leispector)

Profissão: (em branco)

Loc. trabalho: (em branco)

Residência: Rua Senador Vergueiro, 189. Apto. 1204. Edifício Santa Alice.

Histórico –

27.1.1950 – seg. inf. a marg. é de nacionalidade russa, nascida em 10.12.1920, trabalhou alguns anos na "Empresa A Noite S.A.", em 1941 trabalhava no Departamento Nacional de Propaganda. Em 1946, publicou impresso pela Editora "Agir" um livro intitulado "O Lustre", publicando em seguida "A Cidade Sitiada" e "Perto do Coração Selvagem". É casada com Maury Gurgel Valente. Viajou para Suíça com passaporte diplomático nº 6.420, onde teve um filho registrado pelo casal com o nome de Pedro, no Consulado brasileiro.

Fichas verdes

As "fichas verdes", como são denominadas, integraram o arquivo inativo do último órgão de Polícia Política, o "Departamento Geral de Investigações Especiais". "Em 1969, foi feita a relação dos dossiês que pertenciam ao fundo "Divisão de Polícia Política e Social", que alterou a organização original, classificando-a de acordo com o método decimal.

O "Departamento Geral de Investigações Especiais" realizou avaliação e eliminação de documentos do acervo da Polícia Política, não se conhecendo sua intervenção na documentação deste fundo. O acervo da Polícia Política do Rio de Janeiro foi transferido para a Polícia Federal em 1983.

Polícia Política

A função de polícia política no Rio de Janeiro foi estabelecida desde 1900, mas a instituição da "Delegacia Especial de Segurança Política e Social" com a função única de polícia política, exercida principalmente pelas Seções de Ordem Política e de Ordem Social foi instituída pelo Decreto nº 22.332, de 10/01/1933. O Decreto-Lei nº 6.378, de 28/03/1944, extinguiu a "Delegacia Especial" e criou a "Divisão de Polícia Política e Social", subordinada ao Departamento Federal de Segurança Pública. Portanto, a "ficha verde" foi produzida durante o mandato do presidente Eurico Gaspar Dutra (31/1/1946 a 31/1/1951).

A descrição do conteúdo do arquivo do DPS na série "Fichas de Referência", conhecidas como fichas verdes (é o caso da de Clarice Lispector), contém informações sobre lideranças políticas, militares, comunistas, integralistas, associações, periódicos, entre outros.

Vale informar que esses acervos foram transferidos em 1992 para o APERJ – Arquivo Público do Estado do Rio de Janeiro – a partir da

Constituição de 1988, "que instituiu o direito ao *habeas-data* de modo a garantir os preceitos constitucionais, instada pelos grupos empenhados na defesa dos direitos humanos." Para realizá-lo foi criado um projeto de captação de recursos, objeto de financiamento pela FAPERJ, formado por uma equipe de historiadores, cientistas sociais, bibliotecários, conservadores e de auxiliares de pesquisa nas áreas de História, Ciências Sociais e Arquivologia (cf. "Os Arquivos das Polícias Políticas. Reflexos de nossa história contemporânea". Arquivo Público do Estado do Rio de Janeiro/ FAPERJ, 1994, p. 11).

Em janeiro de 1950, Clarice vivia no Distrito Federal havia sete meses com o marido e o filho Pedro no bairro do Flamengo, no edifício Santa Alice, situado à rua Marquês de Abrantes, 189, apartamento 1.204. Na "ficha verde", o nome e o número do edifício e do apartamento estão corretos, porém a rua não corresponde ao endereço do casal. A rua Senador Vergueiro, identificada na ficha, era bem próxima. Vê-se que a investigação não primava pela precisão. O que nos chama a atenção é o que teria levado a polícia política a fichar a escritora considerando-se que na ocasião ela não exercia nenhuma atividade fora do seu ofício como escritora que pudesse nomeá-la de "subversiva".

Hipóteses para entender o porquê do fichamento de Clarice Lispector

Em janeiro de 1950, Clarice Lispector ainda não colaborava no semanário *Comício*, cujos fundadores como Rubem Braga e Joel Silveira e colaboradores como Millôr Fernandes podiam ser incluídos na lista de intelectuais e jornalistas "de esquerda", antigetulistas e não identificados com o governo Dutra. No entanto, Clarice Lispector era amiga de Rubem Braga e frequentava muito o grupo de amigos mineiros do cronista, que se tornaram seus amigos: Fernando Sabino, Otto Lara Resende e Paulo Mendes Campos. Somente em julho ela passou a publicar no *Diário Carioca* alguns textos em uma seção intitulada "Children's Corner". Maury Gurgel Valente, seu marido, trabalhava no Itamaraty, na Divisão Econômica, e auxiliava a Comissão de Reparações de Guerra. Somente em 8 de setembro de 1950 ele foi convocado para integrar a delegação do Brasil para participar da Conferência Geral de Comércio e Tarifas, em Torquay, na Inglaterra, para onde o casal embarcou em 28 de setembro de 1950.

Podemos especular o que teria gerado esse "fichamento". Ser esposa de um funcionário do Itamaraty a tornava mais suscetível? Eles eram representantes do governo brasileiro no exterior e recentemente tinham voltado a residir no Distrito Federal. A amizade do casal com o jornalista Samuel Wainer e sua esposa Bluma poderia ter alguma influência? Ao voltar a morar no Rio em 1947, Bluma Wainer comentou, em uma carta para Clarice em 26/4/1948, que: "... há prisões, espancamentos e tudo mais que costuma acontecer nesta terra bendita do Senhor, sempre que a reação se assanha (...) todo aquele que for possuidor de qualquer livro subversivo mesmo na qualidade de 'Unidade-um' terá de 2 a 6 anos de prisão" (Lispector, 2002:172). Bluma e Samuel podiam ser classificados como "comunistas".

Outro fato não pode ser negligenciado: o de ter "nacionalidade russa", como destaca o texto (não mencionam que ela obteve a naturalização em janeiro de 1943). Nascer na Rússia era motivo para as autoridades policiais especularem possíveis vínculos com os ideais comunistas. O conjunto dessas hipóteses são o que destaco diante dos dados disponíveis sobre Clarice Lispector nesse momento de sua permanência no então Distrito Federal. Se há outras motivações, não temos conhecimento até o presente momento.

Outra possibilidade pode ser desenvolvida a partir da pesquisa de Esther Kuperman apresentada no artigo "ASA – Gênese e trajetória da esquerda judaica não sionista carioca" (2003) ao mostrar o vínculo entre um setor da comunidade judaica carioca com o PCB (Partido Comunista Brasileiro). Havia, inclusive, um Setor Judeu no PCB que garantia a segurança de seus militantes, visto "haver sempre a possibilidade de extradição, caso algum judeu comunista fosse preso pela polícia política de Vargas". E eles também contribuíam com fundos para o Partido. (Kuperman, 2003:2)

Ao resgatar as origens da ASA (Associação Scholem Aleichem), surgida a partir da BIBSA (Biblioteca Israelita Scholem Aleichem), a historiadora mostra como esse principal espaço de reunião da esquerda carioca foi extremamente visado pelo DOPS, a polícia de Filinto Müller, que, segundo o depoimento de Abraham Josef Schneider, "entre outras restrições às liberdades individuais, impedia-nos de falar ídiche. Para isso, enviava um indivíduo, Nicolau Zimmerman, de origem romena, delator e responsável pela prisão e assassinato de inúmeros companheiros nossos, operários, alfaiates, sapateiros, carpinteiros, ferreiros, vendedores, todos jovens, sedentos de uma sociedade mais justa" (Kuperman, 2003:2).

Em 27 de novembro de 1935 a polícia política invade e fecha a BRAZCOR (Socorro Vermelho Judaico) e a sede da BIBSA é mencionada pelos investigadores do DOPS como sendo na rua Senador Euzébio 59, sobrado, na Praça Onze. A maioria dos membros da BIBSA fazia parte dos quadros do PCB.

No artigo, Kuperman menciona registros do DPS (Departamento de Polícia Social) sobre a BIBSA em 1946 e 1947. E, em 1949, portanto um ano antes do "fichamento de Clarice Lispector", diz: "parece haver-se exacerbado a vigilância sobre a biblioteca, anota-se que a mesma recebeu de Varsóvia escritos em polonês editados pela Agência Judaica endereçados à biblioteca" (Kuperman, 2003: 11).

O temor do governo Dutra com os movimentos de esquerda judaica parece evidente. Essas informações foram colhidas em "fichas verdes" tal como as sobre Clarice Lispector. (A nota biográfica sobre "Clarisse Lispector", o nome foi escrito com "ss", se inicia da seguinte forma: "é de nacionalidade russa").

O professor Cláudio Beserra de Vasconcelos, doutor em História pela Universidade Federal do Rio de Janeiro, com quem mantive um diálogo profícuo sobre os temas desse capítulo, ratificou muitas das minhas reflexões e hipóteses. Ao dialogar sobre a "ficha verde" de Clarice Lispector e o contexto político desse período ele levantou a hipótese mencionada anteriormente ao ler o artigo de Esther Kuperman (uma sugestão dele): "A autora menciona (notas 35 a 38) investigações de 1946 sobre instituições judaicas e judeus de esquerda. E são justamente informações colhidas em "fichas verdes". Pode ser que a investigação sobre Clarice tenha relação com a preocupação que o governo Dutra demonstrava com os movimentos de esquerda judaica. É só uma hipótese, mas pode ser que o nome da Clarice tenha aparecido em algum momento, em função de uma rede de relações pessoais, mesmo ela não tendo um envolvimento político com o movimento", conclui o professor Cláudio de Vasconcelos.

SNI – Serviço Nacional de Informações.
Agência Rio de Janeiro. Confidencial – 1973

Considerado o principal órgão de inteligência da Ditadura Militar, o SNI foi criado pelo projeto de lei nº 1968, baseado no decreto-lei 4341, de 13 de junho de 1964. De acordo com Carlos Fico em *Como eles agiam: Os subterrâneos da Ditadura Militar: espionagem e polícia política* (Record, 2001), seu chefe tinha status de ministro de Estado e assessorava diretamente o presidente da República. O SNI produzia e mandava produzir informações. Além dos órgãos da chefia: o ministro-chefe, seu gabinete e uma Seção de Comunicações, o serviço contava com uma Secretaria de Administração, uma Inspetoria Geral de Finanças, uma Agência Central e Agências regionais como as de São Paulo, Minas Gerais, Brasília, Rio Grande do Sul, Paraná e Pernambuco, sendo a Agência Central (AC) no Rio de Janeiro. A organização da AC inspirava as das regionais. A Agência Central organizava-se segundo três seções: Informações estratégicas, Segurança Interna e Operações Especiais (Fico, 2001: 81).

Segundo o general Carlos Alberto da Fonseca (1969-1974), um dos chefes do SNI, o órgão contava com cerca de dois mil funcionários além de colaboradores espontâneos. Muitas atividades rotineiras eram desenvolvidas, a principal consistia em "abastecer a Presidência da República e seus assessores diretos de "informações necessárias" através de uma resenha semanal com seções como "assuntos econômicos", "assuntos políticos", "assuntos subversivos" etc. Essa resenha semanal era enviada ao presidente da República, ao secretário particular do presidente, ao chefe do Gabinete Militar, ao chefe do Gabinete Civil, às agências regionais e aos centros de informações militares (Fico, 2001: 83).

Em 6 de junho de 1973, a "Agência Central Rio de Janeiro" do SNI encaminhou dois documentos classificados com os termos "confidencial". Xerocópia de: "Requerimento da nominada ao Diretor Geral DIJ" (uma solicitação que Clarice fez para averbar em seu título de naturalização o nome que passou a usar após o casamento, ou seja, Clarice Gurgel Valente) e "A certidão de casamento e desquite da nominada".

Em seguida, foram anexados os documentos. O primeiro datado de 24/7/1967 e o segundo de 24/10/1966.

A documentação anexada são dois textos curtos em formato de telegrama e cinco telexes emitidos em 30 de maio de 1973. O telex era um sistema de comunicação de entrega imediata. Os terminais pareciam máquinas de escrever e eram ligados a uma rede similar à telefônica. Observa-se que os cinco telexes foram oriundos das agências regionais do SNI e dos serviços de informações do Exército, da Marinha e da Aeronáutica, que mapearam dados de natureza biográfica de "Clarice Gurgel Valente/ Clarice Lispector" e suas participações em eventos considerados "subversivos" pela Ditadura Militar, conforme se pode deduzir pela bibliografia sobre o tema e pela descrição nos documentos.

DOCUMENTOS

A seguir, transcrevemos cada documento em ordem cronológica, em letras maiúsculas, com os erros de datilografia, tal como aparecem nesse "Encaminhamento 016172/73/ARJ/SNI: Assunto: Clarice Gurgel Valente".

A seguir, o significado das abreviaturas dos documentos:

"ET" (= e), PT (= ponto) e VG (= vírgula). Quanto às siglas inseridas no cabeçalho, antes do texto, estas remetem aos órgãos das Forças Armadas que colhiam as informações: AC (Agência Central do SNI), CISA (Centro de Informações da Aeronáutica), CIE (Centro de Informações do Exército), CENIMAR (Centro de Informações da Marinha). Siglas iniciadas pela letra "A", como em ASP e ABH (veja abaixo), parecem remeter à palavra "Agência", já que os telexes eram emitidos pelas agências de cada capital. Não foi possível identificar todas as siglas.

Primeiro documento:

AC/ABS-AMA-ACG–ASP–ACT–APA –ABH –ARJ–ABE-ASV-AF2-ABE

0350/16 AC/73 05 291030 **ORIGINAL COM CEL TEN JUNQUEIRA**

SOLINCO CLARICE GURGEL VALENTE OU CLARICE LISPECTOR VG FILHA PEDRO LISPECTOR ET MARIAN LISPECTOR PT ESCLARECENDO DLN PT (observa-se que na primeira solicitação pedem "DLN", isto é, data e local de nascimento; na primeira linha onde aparecem as siglas há observações a caneta e cortes).

Segundo documento:

AC/CISA – CIE – CENIMAR

0351/16 AC/73 05 291030 ORIGINAL COM CEL TEN JUNQUEIRA

"SOL INFORMAR ANTECEDENTES ET OUTROS DADOS QUALIFICAÇÃO CLARICE GURGEL VALENTE OU CLARICE LISPECTOR VG FILHA PEDRO LISPECTOR ET MARIAN LISPECTOR PT CEL ANGELO CH /AC/SNI".

(Observa-se nessa segunda solicitação uma expansão dos dados, querem a "qualificação")

A seguir, transcrevemos os telexes:

1.

SNI BSB

ABS/AC NR 1067 60 N 06 060930

1643/73 REF MD 0355/16/AC DE 30 MAI 73, INFO:
1. CLARICE GURGEL VALENTE – NC. ABS.
2. CLARICE LISPECTOR – DLN 10 DEZ 1926. RECIFE/PE.

TR POR ZAN AS 1407 110673
REC POR XDF

2.

SNI SPO
SNI AC I BSB
ASP/AC NR 341 502/N 05 301820
RETEX 0350 /16/AC/73:

    CLARICE GURGEL VALENTE: NC.
    CLARICE LISPECTOR: PARTICIPOU DA PASSEATA DE ES-
    TUDANTES CONTRA A CENSURA NA GB, ONTEGRANDO
    O GRUPO DE INTELECTUAIS E ARTISTAS
    DIÁRIO POPULAR DE 27/06/68 – SP
    CT:...INTEGRANDO O GRUPO.....
    ============================
    TR POR ZNL DIA 30/05/73 AAS 18H50 HRS
    RC POR: ..? XWL D+
    SNI AC BSB

3.

SNI / AC / BSB
SNI BHE

ABH (ARQ) /AC (SS16) NR 1767 N 05 301100 73

RETEX NR 0350 /16 AC /73 REGISTRAMOS PEDIDO AC (TELEX PEDIDO NR 8825 /GT 70), ONDE CONSTA DLN, RECIFE-PE , 10 DEZ 1926 ET RESPOSTA NC (TELEX NR 1908 ABH/70).
======
TR POR ZJVAAS 1510 HS
SNI AC I BSB

4.

SNI RIO
ARJ/AC NR 218 672 N 060 61400
RETEX 350/16/AC 73:

– CLARICE GURGEL VALENTE – nascida Clarice Lispector, nasce 10 dez na Rússia, filha de Pedro Lispector e Marieta Lispector, casou-se a 23 de janeiro 43 com o diplomata Maury Gurgel Valente, tendo se desquitado por sentença de 13 de novembro de 1964 confirmada TJ em 2 abril 65 em que consta continuarah a usar o nome de casada. Romancista, contista, jornalista, figura no "Quem eh quem nas artes e nas letras do Brasil". Foi naturalizada brasileira por decreto de 12 de janeiro 1943. CONF TELEX 8825/AC/70, ESTEVE COGITADA PARA CARGO DE DIREÇÃO MEC. SEGUE ENCAMINHAMENTO 016172 DE HOJE.

==================
TRANS POR: ZNC / AAS 1424 HRS DE 060673
REC POR: XJA HR DT ACIMA
SNI AC BSB

(O trecho final citado acima: "**CONF TELEX 8825/AC/70**" levanta a hipótese de já existir uma "ficha de Clarice Lispector" em 1970. Pois ele dá a informação de que ela tinha sido cogitada para "cargo de direção no MEC" e informa data e local de nascimento Recife. AC significa Agência Central, 70 leva a crer que é o ano, pois é assim que aparece em outros telexes.)

5.

SNI /AC II BSB
C I E BSB
DE BRASILIA DF NR 171 – NIL – 301455P
S N I – AC
BRASILIA – DF

NR 1771 S 107/RB DE 30 MAIO 73 PT
RETELEX NR 351/16/AC DE 29 MAI 73 VG INFO CLARICE LISPECTOR VG EM 1968 SAIU AS RUAS COM AS ARTISTAS EM SOLIDARIEDADE AOS ESTUDANTES VG SEM AUTORIZAÇÃO DO GOVERNO DA GUANABARA PT DECLAROU NO JORNAL ULTIMA HORA DE 26 JAN 68 PT "ELES TEM TODA RAZAO EM LUTAR POR UM MUNDO MENOS PO-

DRE DO QUE ESTE QUE VIVEMOS ATUALMENTE". PT CEL CAMPELLO – SUBCH CIE ——

TRANS POR —(TCL) — DE 30 MAI 73 AAS 1525P
REC POR — (X W L
C I E BSB

6.

SNI/AC /BSB
CENIMAR RIO GB TLX NR 286 30-05-73 14,30 HS
CEL ANGELO CH AC/ SNI/BSB

RETELEX NR 0351 16 AC 73 DE 29 MAI 73 VG INFO NOMINADA VG EM 7 JUNHO 62 ASSINOU MANIFESTO INTELECTUAIS EM APOIO POLITICA EXTERNA CHANCELER SANTIAGO DANTAS EM 26 JUN 68 PT PARTICIPOU PASSEATA INTELECTUAIS EM SOLIDARIEDADE MOVIMENTO ESTUDANTIL VG AS 20:00 HORAS MESMO DIA PASSEATA VG PARTICIPOU REUNIAO COM RELIGIOSOS VG LIDERES SINDICAIS VG ARTISTAS E ESTUDANTES ET INTELECTUAIS VG REALIZADA NO COLEGIO SANTO INACIO VG QUANDO PRONUNCIOU DISCURSO SOBRE A NECESSIDADE DE UNIAO DE CLASSES CONTRA A DITADURA PT RESIDE RUA GUSTAVO SAMPAIO 88 APTO 701 GB SEM OUTROS DADOS QUALIFICATIVOS PT ....CENIMAR RIO
CTJ ARTO EEEE ARTISTAS VG ESTUDANTES ET INTELECTUAIS
TR AAS 1615 300573 POR BUK
RC POR + ? XJA
SNI AC / BSB

(Após esse telex aparece a palavra FIM escrita pela instituição que digitalizou o documento).

A abertura da ficha pelo SNI em 6 de junho de 1973 – hipóteses

Coluna no *Jornal do Brasil*

O que teria motivado a abertura do documento pelo SNI nesse momento da vida de Clarice Lispector e do contexto político brasileiro? Ela era colaboradora do *Jornal do Brasil* desde 1967, onde publicava crônicas semanais aos sábados. A imprensa estava sob censura. A visibilidade de uma coluna certamente motivava uma observação permanente pelos órgãos de informação. O redator-chefe era Alberto Dines, um jornalista vigiado de perto, conforme relatam documentos produzidos pelo SNI – Serviço Nacional de Informação entre 1969-1976 e, atualmente, sob a guarda do Arquivo Nacional (cf. Bibliografia – Documentos).

Analisando os textos de Clarice Lispector publicados na coluna do *Jornal do Brasil* no período de janeiro a junho de 1973, portanto mais próximos da data da investigação em maio e da abertura da ficha, em junho, busquei algo que pudesse insinuar conotações políticas que remetessem ao regime ditatorial; não encontrei nada explícito. Há alguns, sendo três em formato curto, em torno de um parágrafo, que podem nos levar a supor uma referência de uma forma metafórica, o que poderia indicar como Clarice Lispector se sentia vivenciando esse período. Não há notícia ou depoimento de que ela tenha sido incomodada pelos órgãos de repressão da ditadura militar.

Seguem as crônicas, com as respectivas páginas da edição de A *descoberta do mundo* (1999):

20 janeiro – O alistamento (p. 445)
3 março – Trecho (p. 454)
28 abril – Lucidez do absurdo (p. 459)
26 maio – Tarde ameaçadora (p. 464)

"O alistamento" e "Tarde ameaçadora" parecem os mais indicativos dessa hipótese. Selecionei a reprodução da entrevista com Millôr Fernandes (feita em 1969 para a revista *Manchete*) por ele ser um autor bastante censurado, portanto considerado de esquerda; como Clarice, ele também assinou o "Manifesto dos Intelectuais", em 1962.

No entanto, é importante destacar que nenhum dos telexes faz referência a sua coluna no *Jornal do Brasil*. A ênfase é a participação da escritora na passeata em apoio aos estudantes em junho de 1968, e um suposto discurso que teria feito no Colégio Santo Inácio (inclusive, fizeram questão de reproduzir trechos publicados em um jornal que demonstraram o posicionamento de Clarice contra a ditadura militar); além do fato de ela ter assinado o "Manifesto dos Intelectuais" a favor da política externa de San Tiago Dantas, em junho de 1962. A adesão de um grupo expressivo de artistas e intelectuais reflete como Clarice estava sintonizada coletivamente contra o regime ditatorial em vigência naquele período.

Isso por si só justificaria a abertura da ficha naquele momento?

Jornal do Brasil e Alberto Dines

Em dezembro de 1973, o editor-chefe Alberto Dines foi demitido e, com ele, vários jornalistas que integravam a sua equipe, como Clarice Lispector e Marina Colasanti. Este fato é o mais próximo da data da ficha que pode nos levar a uma hipótese para a abertura da ficha de Clarice Lispector. Com a proximidade do fim do governo Médici e a transição para o governo Geisel, já estariam sendo mapeadas as redações cariocas, quem era quem e se deveria haver mudança nos principais postos de comando, como, por exemplo, o de redator-chefe?

Depoimento de Alberto Dines

Em depoimento concedido por carta para *Eu sou uma pergunta*, em 6/12/1995 (o jornalista morava então em Lisboa), Alberto Dines justificou sua demissão da seguinte maneira:

"Fui demitido do *JB* no dia 6/12/1973 por um conjunto de razões. A diretoria acusou-me de chefiar a indisciplina da redação, mas, na verdade, o jornal queria agradar ao recém-"eleito" Geisel (cuja candidatura tentara evitar em conluio com o pessoal do Médici). Estávamos vivendo a grande crise do petróleo (decorrente da Guerra do Yom Kippur) e o novo presidente que viera da Petrobrás era um ardoroso defensor de uma aproximação com os árabes. Ora, o jornal fora um baluarte pró-sionista por determinação do dono (que comandava a linha editorial). Mas era preciso oferecer ao presidente que tomaria posse em seguida uma cabeça – a minha. Em meu lugar entrou uma equipe pró-Golbery/Geisel, notadamente o Elio Gaspari, biógrafo oficial da dupla. Foram demitidos nos dias seguintes algumas pessoas do "grupo Dines" (uma invenção, porque a redação em peso prestou-me solidariedade). E a Clarice foi incluída neste grupo (a Marina também). Como a versão da guinada pró-árabe transpirou, Clarice, se por um lado ficou preocupada com a perda da remuneração, por outro, ficou extremamente orgulhosa por este novo "pertencimento". Ela me disse naquele Réveillon em minha casa que era a primeira vez que se assumia como judia, por obra de outros, é claro."

Dines identificado como um jornalista "subversivo". Outros indícios

Antes do episódio de 1973, Alberto Dines já era visto como um jornalista "subversivo", "comunista" (para usar a expressão de um dos relatórios). Ele tinha sido indiciado em 1969 conforme o "registro de dossiês" sob a guarda do Arquivo Nacional. Em março de 1969, por exemplo, o IPM – Inquérito Policial Militar relatou que foram instaurados na jurisdição do I Exército um inquérito para apurar as atividades do jornalista Alberto Dines e do jornalista Antonio Callado. (Como a digitalização das folhas está ilegível, não podemos relatar o fato.) Em matéria do jornal *Última Hora* (4/1/1969) consta que Dines ficou detido 24h no Batalhão das Guardas em São Cristóvão.

Mas, em outro documento, na "Cópia de denúncia e arquivamento de Alberto Dines", consta que o inquérito podia ser arquivado, pois o indiciado não cometeu qualquer crime previsto na Lei de Segurança Nacional (Decreto-Lei nº314, de 13 de março de 1967). Mas há uma observação que demonstra o quanto Alberto Dines incomodava o Regime:

"O jornalista Alberto Dines deve ser mantido sob observação, seu comportamento vigiado de maneira a se poder em futuro próximo ter a certeza do seu procedimento..." (Ofício nº 1 de 21/3/1969 – Ministério da Marinha emitido por Eudo Guedes Pereira).

Em 1976

Registros posteriores, como o do documento confidencial do SNI de 26/3/1976, informam que há nos arquivos dessa instituição várias anotações sobre a conduta do jornalista, uma delas diz: "Alberto Dines foi um dos colaboradores do panfleto intitulado "Memórias do Exílio", editado na França, em 1975".

Em 26/3/1976, outro documento registra as críticas de Dines em um artigo na *Folha de S. Paulo* "aos demais jornais pela não divulgação sobre o suicídio de Vladimir Herzog e Manoel Fiel Filho".

Em 7/7/1976, outro documento refere-se ao jornalista: "Alberto Dines, jornalista da *Folha de São Paulo*, é reconhecidamente um elemento comunista. No entanto, jamais se filiou ou participou ostensivamente de qualquer atividade do PCB (...) Alberto Dines é suspeito de estar empregado como agente do governo soviético já há algum tempo".

Dines fala sobre a demissão no *JB* em *Memórias do exílio*

Complementando o depoimento de Dines para *Eu sou uma pergunta*, vale transcrever um trecho de *Memórias do exílio* (1975) transcrito no documento confidencial sobre o jornalista em 26/3/1976:

"Estou portanto entre os que foram exilados profissionalmente. A resistência à censura levou-me à prisão já em dezembro de 1968. Cinco anos mais tarde, a reviravolta na posição do governo em relação ao conflito no Oriente Médio ajuntou a gota que faltava para transbordar a taça. Já em 1968, havia recebido a pergunta provocadora do General Montagna durante o interrogatório policial: "Como é isto que um jornal católico como o *Jornal do Brasil* é dirigido por um judeu?" Depois da guerra de outubro de 1973, seguida da crise de petróleo, a insinuação da pergunta foi transferida em pressão de força, e foi aceita pelo dono do jornal, o Sr. Nascimento Brito."

A ficha de Clarice Lispector

É importante observar o mapeamento da ficha sobre a "participação política" de Clarice Lispector em duas décadas: a referência a um evento ocorrido em 1962, portanto há mais de dez anos, durante o governo João Goulart, considerado de esquerda, dá uma ideia de como essa investigação buscava identificar os atos do investigado norteados por uma coerência em suas adesões. É durante este governo que ocorre o golpe militar em 1964. Além de suas convicções ideológicas, a adesão de Clarice Lispector ao "Manifesto dos intelectuais" foi influenciada pela amizade com o chanceler San Tiago Dantas, desde os tempos em que residiu em Berna, conforme ela mesma relatou em cartas quando o conheceu em Paris. Mais de uma vez, o amigo fez parte de suas lembranças em crônicas no *JB*, mas foi na de 6 de janeiro, a primeira do ano de 1968, "San Tiago"(Lispector, 1999: 65-66), que ela narrou a história da amizade. Uma declaração de sua admiração por um homem público catalogado na lista de *persona non grata* pela ditadura militar, considerado um dos líderes da chamada "esquerda moderada". San Tiago havia falecido em setembro de 1964.

"O Manifesto dos Intelectuais" expressou solidariedade e apoio integral à orientação adotada pelo então ministro das Relações Exteriores de João Goulart, o chanceler San Tiago Dantas, à frente da Política Externa do país. Conforme lê-se no jornal: "Defendendo os princípios da autodeterminação dos povos, do respeito à soberania nacional, e da coexistência pacífica, com o alto objetivo de aliviar as tensões sociais que ameaçam o mundo com os perigos de uma guerra de extermínio total, o chanceler levou o Brasil ao primeiro plano do panorama internacional, valorizando ao máximo, no concerto das Nações, a expressão do nosso pensamento político que nos situa como uma nação realmente livre e soberana, econômica e politicamente independente". O documento foi assinado, entre outros, por Jorge Amado, Vinicius de Moraes, Millôr Fernandes, Antonio Callado, Di Cavalcanti, Eduardo Portela, Lúcia Benedetti, Barbosa Lima Sobrinho e Carlos Scliar.

Uma viagem à Europa após publicar *Água viva*

Desconhecemos outros fatos que podem ter contribuído para a abertura da ficha de Clarice Lispector em 1973. Uma viagem à Europa nesse ano, como ela o fez, poderia ser um sinal de que não estaria sofrendo nenhum tipo de pressão por motivos políticos, já que pôde sair do país sem restrições para uma viagem de lazer? Foi a primeira e mais longa que realizou com esse intuito desde que voltara a morar no Brasil em 1959. A viagem à Polônia, em 1962, guardava motivos afetivos, foi com os filhos visitar o ex-marido; assim como a do ano seguinte, em um congresso de literatura no Texas.

Um dado salta aos olhos no passaporte (cf. ACL/AMLB-FCRB), no campo reservado para a profissão, esta é identificada: "do lar", e não como seria lógico, "escritora". A observação se faz importante porque é o único documento com esse tipo de registro. Não se sabe se era uma forma de não ser identificada como escritora, pois ela sempre gostou do anonimato (inclusive, o filho Paulo afirma que a mãe continuou a adotar o nome de casada, mesmo depois de separada, por esse motivo).

Clarice Lispector comprou US$ 1.000,00 no Banco do Estado da Guanabara em 6/9/1973, conforme o registro na página 8 – vistos-visas – em seu passaporte n° A156799. É a data mais antiga, o que indica a emissão do passaporte por volta de setembro de 1973.

O carimbo de embarque é do dia 10 de setembro. Segundo o depoimento de Olga Borelli em *Esboço para um possível retrato* (1981), que a acompanhou nessa viagem, elas permaneceram "um mês, em visita a quatro países" (Borelli, 1981:42). Considerando os vistos, o itinerário da viagem deve ter sido: Inglaterra (desembarque em 11 de setembro no aeroporto de Gatwick). Seguindo em 15 de setembro, pegou um voo no aeroporto de Londres-Heathrow, provavelmente para a Suíça, segundo indicam as pesquisas sobre a distância entre os países, e também pelo fato de o último visto ter sido emitido em 23 de setembro ao desembarcarem no aeroporto de Orly, em Paris. Não conseguimos identificar qual seria o quarto país pelo passaporte (Olga pode ter se enganado, seriam três? Pela lógica, o quarto seria a Itália. Poderiam ter atravessado a Suíça rumo à Itália por transporte rodoviário). Olga sempre se referiu a essa viagem como uma volta no tempo, Clarice queria rever os lugares onde viveu.

O desembarque no Brasil se deu em 10 de outubro de 1973. Dois meses depois, Clarice foi demitida do *Jornal do Brasil*.

Clarice Lispector "subversiva" na revista *Fatos & Fotos*

Outro episódio importante, uma prova documental que confirma o quanto Clarice estava sob o controle pelos serviços de informação da época, foi quando ela entrevistou Ferreira Gullar em 16 de maio de 1977 para sua coluna na revista *Fatos & Fotos* (nº 821), cujos entrevistados eram especialmente personalidades do mundo cultural, muitos dos quais seus amigos. A coluna começara em dezembro de 1976. O poeta acabara de voltar do exílio em 10 de março de 1977, e o fato de ter sido detido para averiguações consideradas de praxe para os órgãos da polícia política, pois ele tinha sido indiciado em 1971, causou uma grande mobilização de intelectuais e artistas protestando contra a sua prisão de 48 horas. Ferreira Gullar relatou momentos nem um pouco confortáveis e bastante tensos.

A posição política da *Fatos & Fotos* nem sempre foi contrária aos atos do Governo Militar. Foi favorável às cassações e suspensões de direitos civis e políticos quando foi decretado o Ato Institucional nº 1, de 9 de abril de 1964. A mudança ocorreu a partir de junho de 1964, quando Juscelino Kubitschek foi cassado pelo AI 1. O ex-presidente foi um grande amigo e aliado de Adolpho Bloch, proprietário da revista.

No cenário político de 1977, a revista dava sinais de continuar opositora ao regime, haja vista a lista de entrevistados de Clarice Lispector.

A entrevista com Ferreira Gullar

Logo na abertura da entrevista, Clarice confessou o quanto gostava do poeta. "Sou fervente admiradora de Ferreira Gullar, desde os tempos de *A luta corporal* até esse escandalosamente belíssimo *Poema sujo*." E na primeira pergunta abriu espaço para mostrar quantos anos ele passara no exílio: "Há quanto tempo você não vinha ao Brasil?" – indagou Clarice. – "Há cinco anos e oito meses. Voltei no dia 10 de março deste ano" – respondeu Gullar.
A entrevista mostrou em alguns momentos de forma explícita como Clarice partilhava da visão de mundo de Gullar. Por exemplo, quando ele falou ter observado no Rio um "distanciamento maior entre as classes sociais" ao ver que os ônibus são o meio de transporte de "pessoas mais modestas".

O que ela imediatamente complementou: "O mesmo eu senti na Colômbia, Gullar, onde havia multimilionários e o resto era completamente abandonado por todos, inclusive pelo governo. Lá a miséria é maior do que no Brasil, porque, com o frio, tudo piora."

A ênfase de Clarice na admiração pelo *Poema sujo*, um livro cuja repercussão naquele contexto brasileiro foi imensa, publicado havia poucos meses no ano anterior, demonstrava uma adesão explícita aos valores em defesa da liberdade, em prol da democracia e contra as desigualdades: "O poema era sujo como o povo brasileiro, como a vida do povo brasileiro", diz um trecho.

E ao encerrar a entrevista pediu a Gullar que dissesse o poema que tinha escrito sobre a arquitetura de Oscar Niemeyer ("nós que gostamos tanto de você e de Oscar", disse Clarice). Fica evidente que entrevistar Ferreira Gullar naquele momento histórico era uma maneira de reafirmar os valores que uma grande parte dos intelectuais e artistas professavam, a favor de uma mudança estrutural onde não houvesse mais espaço para uma ditadura militar. Um verso diz: "Com seu traço futuro Oscar nos ensina que o sonho é popular (...) Nos ensina a sonhar mesmo se lidamos com matéria dura/o ferro o cimento a fome/ da humana arquitetura".

Oscar Niemeyer era um comunista histórico. Demonstrar tanta admiração por esses dois brasileiros era tudo o que os serviços de inteligência da ditadura militar não gostariam de ler em uma revista.

No prontuário de Ferreira Gullar, o nome de Clarice Lispector

O documento produzido pelo CIE (Centro de Informações do Exército) fez um histórico cronológico das atividades de Gullar desde setembro de 1962. E um dia após a publicação da entrevista do poeta na coluna de Clarice Lispector, na *Fatos & Fotos*, em 16 de maio de 1977, foi registrado:

17 Mai 77 – INFORME
CLARICE LISPECTOR, da mesma linha de seu entrevistado, FERREIRA GULLAR, procura tornar simpática a imagem deste "POETA" criado pelo PCB.
– Nas coisas que diz, GULLAR refere-se à recepção que lhe foi prestada por ANTONIO VILLAS BOAS CORREIA, quando da sua volta ao

BRASIL, confirmando que o "ESTADO DE SÃO PAULO", por intermédio de MÁRIO CUNHA e VILLAS BOAS, manteve reservado o seu lugar na redação da Sucursal/RIO, durante o tempo em que esteve refugiado no exterior. Também presta algumas informações sobre suas andanças fora do BRASIL.

Entrevistas na *Fatos & Fotos*: Clarice dá o seu recado através dos amigos

É importante observar que Clarice Lispector já publicara em pouco mais de um mês na *Fatos & Fotos* entrevistas com outros intelectuais que podiam ser agrupados em uma mesma linha ideológica dita de esquerda, irmanados pela luta em prol do retorno ao regime democrático. Antonio Callado, em 30 de janeiro; Hélio Pellegrino, em 14 de fevereiro; Darcy Ribeiro, em 14 de março; Carlos Scliar, em 21 de março. Gullar foi o quarto entrevistado após os citados. Em junho, ela entrevistou Maria Bonomi e Rubem Braga. Em julho, Antônio Houaiss; Lygia Fagundes Telles, em agosto, e Vinícius de Moraes, em setembro. Quase todos os entrevistados tinham relações de amizade com a entrevistadora (com exceção de Darcy Ribeiro).

Dessa lista, certamente Antonio Callado foi a entrevista mais provocadora ao lado da de Ferreira Gullar, por ser o entrevistado um dos intelectuais mais visados pela ditadura. Callado já fora alvo de inquérito em 1969 junto de Alberto Dines. Ao entrevistá-lo, Clarice não prima pela sutileza, tão característica de seu temperamento. Perguntas e respostas mostram que Brasil era aquele.

"Antonio Callado considera a censura uma obra-prima de desfaçatez. Por isso, em seu último romance, ele deixa os fatos falarem por si mesmos. Que fatos? A época dos sequestros de embaixadores."

Clarice demonstra intimidade com o entrevistado, e ao fazer a primeira pergunta provoca Callado para que ele comente o contexto político adverso da época.

"Antes de tudo, pergunto-lhe se tem alguma coisa a declarar."

A pergunta é tão abrangente que, saindo em primeiro lugar, representa a entrevista inteira:

"Eu tenho, Clarice, muito a declarar, mas acho melhor não ficarmos num plano tão arriscado. Vamos começar por um livro meu, que você está lendo, e que acaba de sair: *Reflexos do baile*" (Lispector, 2007:67).

Clarice provoca em outra pergunta, deixando margem para lermos nas entrelinhas:

"É bom viver apesar de tudo?" (Lispector, 2007:68).

E Antonio Callado fala da importância do jornal e de como pode ficar "perigosamente falso" quando existe censura. E "a autocensura" seria uma forma de se tornar um colaboracionista da censura.

Ao encerrar a entrevista, Clarice provoca mais uma vez o entrevistado: "Diga alguma coisa de esperança."

"Existe uma esperança que é arraigada na gente que independe de fatores externos. Quanto aos fatores externos do momento, ao redor da gente, deixemos a conversa para outro dia" (Lispector, 2007: 70).

No depoimento que Ferreira Gullar concedeu para *Eu sou uma pergunta*, disse que a entrevista a Clarice Lispector foi concedida no Leme, no apartamento da rua Gustavo Sampaio, 88. A mútua simpatia despertada após tantos anos sem se verem pode ter estimulado Clarice a convidá-lo mais uma vez para um bate-papo e um jantar. Mas dessa vez o assunto mais premente era, segundo Gullar, "os problemas psíquicos do filho Pedro". A atmosfera política da época pode ser percebida quando Clarice o convida para jantar no restaurante La Fiorentina, a poucos metros de seu edifício. Gullar relembra:

"Quando chegamos no restaurante, Glauber Rocha veio para a nossa mesa. E começou a falar uma porção de loucuras, e algumas coisas que Clarice achou uma provocação. Elogiou os militares. Eu acabava de chegar do exílio, tinha ido para o DOI-CODI, tinha sido submetido a um interrogatório de setenta e duas horas numa sala de tortura, seminu, com um aparelho de ar refrigerado ligado, com um aparelho ligado sem parar para me atordoar. Interrogado por uma equipe que se revezava. No final, eu já estava em quase estado de delírio.

"Nesse período, o Glauber tinha uma atitude bastante ambígua. Com pouca firmeza ideológica. Ele desenvolvia uma atitude anticomunista (...) Ele ia ao banheiro, fumava e voltava. Clarice me pediu: 'Não responde, acho que ele está maluco.' Ela mostrou indiferença. E Glauber saiu. Clarice comentou: 'Que coisa desagradável, chamei você para a gente ter uma conversa tranquila.'"

Mas as atitudes públicas de Clarice Lispector parecem não ter sensibilizado todos que militavam pela causa da democracia. O radicalismo era também cultivado, como se pode observar a seguir.

Clarice era vista pelos radicais como alienada, de centro ou de direita, apesar de sua obra e seu posicionamento demonstrarem o oposto

Essa visão equivocada vinha de setores mais radicais da esquerda, que não se contentavam com o seu posicionamento político, e certamente de quem não conhecia Clarice Lispector, como ela atuava em movimentos e ações contra a ditadura, inclusive, alguns, de forma pública. Por isso, soa estranho a postura do cartunista Henfil, que exigia dos escritores uma literatura engajada. Para ele, Clarice Lispector era "alienada", "vivia numa redoma". Seu parâmetro deviam ser os livros mais recentes publicados após o decreto do AI-5, em 1968, quando se aboliram os direitos essenciais dos cidadãos: *Uma aprendizagem ou o livro dos prazeres* (1969) e *Felicidade clandestina* (1971), obras que, para o cartunista, deviam se encaixar no modelo "arte pela arte". Em "Cemitério dos Mortos-Vivos", segundo explica seu biógrafo Dênis de Morais, Henfil enterrava personalidades que, a seu juízo, colaboravam ou simpatizavam com a ditadura, se omitiam politicamente ou eram porta-vozes do conservadorismo.

Sobre Clarice Lispector, Henfil declarou um ano depois em *O Jornal*, em 20/7/1973:

"Eu a coloquei no 'Cemitério dos Mortos-Vivos' porque ela se coloca dentro de uma redoma de Pequeno Príncipe, para ficar num mundo de flores e de passarinhos, enquanto Cristo está sendo pregado na cruz. Num momento como o de hoje, só tenho uma palavra a dizer de uma pessoa que continua falando de flores: é alienada. Não quero com isso tomar uma atitude fascista de dizer que ela não pode escrever o que quiser, exercer a arte pela arte. Mas apenas me reservo o direito de criticar uma pessoa que, com o recurso que tem, a sensibilidade enorme que tem, se coloca dentro de uma redoma."

A relação dos mortos-vivos abrangia de Nelson Rodrigues a Rachel de Queiroz. Passando por Bibi Ferreira, Pelé, Gilberto Freyre, Clarice Lispector e tantos outros. Dênis de Morais disse que houve protesto quando Clarice Lispector foi incluída na edição nº 138 de O Pasquim, de 22 a 28 de fevereiro de 1972.

O "proprietário" do "Cemitério dos Mortos-Vivos" era o Cabôco Mamadô, um personagem desenhado num traço fino com cabelos crespos, cuja boca se destacava em relação ao resto do corpo, tinha um formato de círculo parecendo um prato. Segundo uma das séries desse cartum onde aparece o personagem, ele é descrito como "filho natural de Exu com Tony Tornado". Inclusive na série onde o Cabôco fala com Clarice no "Cemitério", há antes do encontro uma alusão ao ritual de umbanda onde ele evoca uma entidade. Por aí já se deduz o perfil do personagem que tinha o poder de comunicar aos "escolhidos" o seu destino.

Seis edições após Clarice Lispector ter sido colocada pelo Cabôco numa posição ideológica com a qual ela não tinha nenhuma identificação, Henfil não se incomodou com as críticas que recebeu por tê-la incluído nessa lista. Ele publicou na edição nº 144 de O Pasquim em uma página intitulada "As pragas do Henfil" a "Praga Três":

"Pelo tipo de gente que protestou contra a traulitada que dei na Clarice Lispector, me convenci. Fiz muito bem!"

O uso da palavra "traulitada" (pancada forte, cacetada) dá a medida do intuito de Henfil, sem se preocupar com meias palavras.

Clarice respondeu de uma forma sutil, como era o seu estilo, em uma entrevista a Sergio Fonta para o *Jornal de Letras* nº 259, na coluna O *Papo*, em abril de 1972, um mês após a publicação. Ela, inclusive, guardou essa entrevista e, atualmente, podemos consultá-la no ACL/AMLB-FCRB:

"Sérgio – Você viu o que o Henfil falou sobre você n'O *Pasquim*?

Clarice – Vi. No começo fiquei muito zangada, porque ele não me conhece o bastante para saber o que eu penso ou não. Não estou isolada dos problemas. Ele não sabe o que eu penso. Fiquei meio aborrecida, mas depois passou. Se eu me encontrasse com ele a única coisa que eu diria é: Olha, quando você escrever sobre mim, Clarice, não é com dois esses, é com c, viu? Só isso que eu diria a ele. Mais nada."

O texto e os desenhos de Henfil retratando o "Cabôco no Cemitério" encontrando a morta-viva "Clarisse Lispector" (é como está escrito na sua lápide e quando a ela se dirige, com dois "ss") são agressivos. Clarice aparece chorando desesperada sem entender o motivo por ter sido escolhida. A sequência abaixo mostra o diálogo entre o Cabôco e "Clarisse Lispector":

"Ara Viva! Clarisse Lispector morta-viva!" (no túmulo está escrito "Clarisse Lispector". E o traço indica vindo de dentro deste: "snifinho! snifinho!").

Aparece a cabeça de Clarice com a seguinte fala: "Estou chocada! Traumatizada com tanta agressividade contra esta pura e ingênua poeta! Que fiz para receber este pontapé do jovem humorista Henfil?"

O Cabôco comenta: "Êta ferro! O filho da D. Maria não tá livrando a cara nem dos intelectuais do Centro..."

E Clarice: "Por quê? Por quê? Sou uma simples cronista da flor, dos pássaros, das gentes, da beleza de viver." O Cabôco tenta tirar o corpo fora: "Não entendo nada de ideologia! No regulamento diz que a poeta é morta-viva sujeita a reencarnação no passado!" Na tira seguinte o Cabôco, dando um grande sopro, diz: "Clarisse Lispector Reincarnation Passadorum est corrosion stress cum spiritu tum". Na tira final, em um tamanho correspondente ao dobro das demais, não há textos. Clarice está numa redoma de vidro lavando as mãos, cercada por pássaros e flores. Na outra ponta, em um plano mais alto, vê-se três cruzes. Na primeira, o soldado está crucificando o Cristo, logo atrás mais duas cruzes mostram os dois ladrões. Por que retratar Clarice Lispector em uma cena que remete a um episódio bíblico, fazendo um gesto de Pôncio Pilatos? Uma passagem da Bíblia que justifica a sentença de Pilatos com a crucificação de Cristo a partir da escolha do povo judeu, que elege Barrabás e não o Cristo por motivos explicados historicamente na Bíblia. Henfil sabia que Clarice era judia? Mesmo que não soubesse (o que daria a essa cena um tom mais cruel do que ela já desenha), o recado é claro: Clarice Lispector não se posicionava nos "tempos de chumbo". Os tempos eram radicais, Henfil sofria vendo seu irmão Betinho exilado no Chile desde 1971 ameaçado pela ditadura militar o que pode explicar sua atitude.

Somente anos depois, em um depoimento à Regina Echeverria, em *Furacão Elis* (1985), ele faz um *mea culpa* sobre o episódio partindo de outro semelhante, cuja vítima foi Elis Regina:

"Foi igualzinho a hoje. De repente, os artistas são arrebanhados pelo Governo, só que — eu não sabia — debaixo de vara, de ameaças, para fazerem uma campanha da Semana do Exército. O que eu vi, na realidade, foi o comercial de televisão. Me aparece o Roberto Carlos dizendo: 'Vamos lá, pessoal, cantar o Hino Nacional'. E, de repente, a Elis surge regendo um monte de cantores, de fraque de maestro, regendo o Hino Nacional. E nessa época nós estávamos no *Pasquim* e eu, mais que os outros, contra-atacando todos aqueles que aderiram à ditadura, ao ditador-de-plantão. (...). Eu só me arrependo de ter enterrado duas pessoas — Clarice Lispector e Elis Regina. (...) Eu não percebi o peso da minha mão. Eu sei que tinha uma mão muito pesada, mas eu não percebia que o tipo de crítica que eu fazia era realmente enfiar o dedo no câncer".

Henfil voltaria a citar Clarice Lispector no *Jornal do Brasil* em 10/9/1973 na Coluna "Zeferino" com um trecho do conto "Uma galinha".

1968 – solidária com os estudantes

O relatório do CENIMAR, um dos serviços de informação do Governo Militar, destacou a participação de Clarice Lispector em dois grandes eventos amplamente registrados pela imprensa nos quais ela demonstrou publicamente seu repúdio contra os atos antidemocráticos: em 22 de junho de 1968, esteve com cerca de trezentos intelectuais no Palácio das Laranjeiras para o encontro com o governador. Segundo Ferreira Gullar, um dos líderes do movimento formado por intelectuais e artistas, em depoimento para *Eu sou uma pergunta*, Negrão de Lima foi questionado sobre o que ele dissera em campanha: se durante seu governo alguém batesse à porta de um cidadão de madrugada, seria o leiteiro, jamais a polícia. Os confrontos de rua tinham chegado a um ponto limite com o assassinato do estudante Edson Luís em 28 de março de 1968. Uma foto bastante conhecida registrou os intelectuais na rua das Laranjeiras próximos ao Palácio do Governador. Clarice está de óculos escuros, veste um vestido estampado e aparece ao lado de Carlos Scliar, Oscar Niemeyer, Glauce Rocha, Milton Nascimento e Ziraldo.

Até chegar ao fatídico mês de junho que levou Clarice Lispector às ruas da cidade pela primeira vez para participar de uma manifestação contra a ditadura militar, ela já fizera em sua coluna no *Jornal do Brasil* um protesto contundente. Oito dias após o assassinato do estudante Edson Luis pela PM e dois dias após a sua missa de sétimo dia, na igreja da Candelária, quando os participantes foram cercados e atacados pela Polícia Militar ao deixarem o templo. O assassinato ocorrera durante um protesto dos estudantes contra o alto preço e a má qualidade da comida servida no restaurante Calabouço. As consequências foram uma sucessão de manifestações: paralisação de espetáculos teatrais, greve dos estudantes, luto por três dias no Rio de Janeiro. O protesto de Clarice veio em forma de solidariedade. Ela inseriu uma frase ao final dos textos da coluna com um "p. s.", isto é, um *post scriptum*: "Estou solidária de corpo e alma com a tragédia dos estudantes do Brasil." A escolha pôs a frase em destaque se comparada aos outros textos; uma estratégia para chamar a atenção dos leitores para o fato mais importante naquela semana.

Os desdobramentos do assassinato de Edson Luís foram se sucedendo ao longo de dois meses. Uma testemunha desse tempo, o jornalista e escritor Zuenir Ventura, ao reviver em seu livro tantos momentos desse "ano que não terminou", nos fala de um "semestre marcado pela rotina diária de choques violentos" e destaca, especialmente, a "sexta-feira sangrenta". O centro da cidade foi palco de inúmeras batalhas entre estudantes e policiais. "Durante quase dez horas, o povo lutou contra a polícia nas ruas." (Ventura, 2008: 122) A imprensa registrou fotos chocantes mostrando estudantes sendo humilhados e massacrados pela PM quando foram levados para o campo do Botafogo depois de uma assembleia no Teatro de Arena da Faculdade de Economia, na Praia Vermelha. Zuenir sublinha que o governo Costa e Silva perdeu a batalha pela conquista da opinião pública entre os dias 19, 20 e 21 de junho. Se a morte de Edson Luís e a repressão na porta da Candelária na missa de sétimo dia do estudante provocaram uma grande comoção, a "sexta-feira sangrenta" levou a população a tomar partido.

O 22 de junho no Palácio Guanabara não terminou bem depois que Márcio Moreira Alves quebrou o clima pacífico, mas tenso, ao afrontar o governador. Hélio Pellegrino, porta-voz dos intelectuais, fez sua amiga Clarice Lispector suar frio em vários momentos ao assistir seu diálogo com Negrão de Lima segundo o testemunho da produtora e atriz Tereza Aragão (hoje, tão pouco lembrada). É o que relatou Zuenir Ventura em *1968, o ano que não terminou* (1989). Tereza foi uma mulher extremamente atuante no cenário cultural carioca. Apaixonada pela música popular, trouxe o samba para a zona sul. Tereza, uma das fundadoras do Grupo e Teatro Opinião, era esposa de Ferreira Gullar.

Mas um consenso entre reformistas e revolucionários, como Zuenir denominou os grupos de intelectuais e artistas de esquerda, com Ferreira Gullar no primeiro grupo e Chaim Samuel Katz no segundo; mais o apoio de representantes do clero e das associações de mães e professores, conseguiram que o governador aceitasse a realização da passeata com um itinerário estabelecido.

No dia 26 de junho de 1968 ocorreu a Passeata dos Cem Mil, um desdobramento do encontro dos intelectuais com o governador Negrão de Lima. Clarice Lispector esteve presente e apareceu em pelo menos três fotos: na Cinelândia, onde ela está de pé cercada por um grupo de intelectuais e artistas como Paulo Autran e Odete Lara (foto de Alberto Ferreira); e outra ao lado de Tônia Carrero onde se lê a manchete: "A marcha da liberdade" (esta publicada no *Última Hora*). Na terceira foto, Clarice está sentada no chão ao lado de Dias Gomes ouvindo os discursos dos estudantes (imagem inédita desta pesquisa, cf. no Caderno de fotos deste volume).

Mas foi a sua participação na vigília no Colégio Santo Inácio (há uma foto, sem identificação do fotógrafo, que registra esse momento. Clarice, de pé, parece estar lendo um documento para os presentes. Ao lado, também de pé, a atriz Tônia Carrero, e sentado se vê Antonio Callado olhando um papel (Gotlib, 2008: 375), que mereceu destaque nos relatórios: "MESMO DIA PASSEATA VG PARTICIPOU REUNIAO COM RELIGIOSOS VG LIDERES SINDICAIS VG ARTISTAS E ESTUDANTES ET INTELECTUAIS VG REALIZADA NO COLEGIO SANTO INACIO VG QUANDO PRONUNCIOU DISCURSO SOBRE A NECESSIDADE DE UNIAO DE CLASSES CONTRA A DITADURA".

Sua coluna não silenciou após a Passeata dos Cem Mil. Em 12 de outubro, publicou "São Paulo", uma carta de Fernanda Montenegro que começa com as seguintes palavras: "Atualmente em São Paulo se representa de arma no bolso. Polícia nas portas dos teatros. Telefonemas ameaçam o terror para cada um de nós em nossas casas de gente de teatro". (Lispector, 1999:145).

Os sinais dos tempos de chumbo podiam ser adivinhados nas entrelinhas. Muito antes da Passeata dos Cem Mil, na coluna do *JB* de 3 de fevereiro de 1968, Clarice escreveu quatro trechos, um deles intitulado "Chico Buarque de Holanda". Ela encontrou Carlinhos de Oliveira e Chico Buarque em um restaurante. Sobre o compositor, comentou: "Chico é lindo e é tímido e é triste. Ah, como eu gostaria de dizer alguma coisa – o quê? – que diminuísse a sua tristeza. (...) Também achei Carlinhos triste. Perguntei: por que estamos tão tristes? Respondeu: é assim mesmo. É assim mesmo".

Ficou no ar qual seria o motivo da tristeza em pleno fevereiro de 1968. E curiosamente, na semana seguinte, em 10 de fevereiro, ela volta a mencionar Chico Buarque de Holanda na coluna, dessa vez lhe envia um recado, o de que gostaria de convidá-lo para ir ao seu apartamento e ressalta que ele tem "candura".

Em 17 de fevereiro publica "Carta ao Ministro da Educação" onde questiona as vagas excedentes, "um crime deixar que os estudantes que passaram no vestibular não possam ingressar por falta de vagas. E no final do texto: "Que estas páginas simbolizem uma passeata de protesto de rapazes e moças". (Lispector, 1999: 76)

Clarice Lispector assinou o telegrama que intelectuais e artistas enviaram ao presidente Costa e Silva em fevereiro de 1968. Foram quarenta e nove assinaturas. O telegrama "lembra as recentes promessas do ministro Gama e Silva de 'reformular a obsoleta legislação da censura' e expressa a ansiedade com que aguardam os intelectuais e artistas o decreto-lei nesse sentido." (*Jornal do Brasil*, 23/2/1968 – "Censura: Artistas passam telegrama a Costa e Silva lembrando promessa sobre a censura. 49 assinaturas").

Clarice Lispector não vivia numa redoma de vidro.

PERFIL EM 3 X 4

(Criado a partir de depoimentos de Clarice Lispector em entrevistas, crônicas, correspondências e documentos do ACL/AMLB-FCRB.)

Nome: Clarice, em português; Haia (significa Vida), em hebraico.

Sobrenome: Krimgold por parte de mãe. Lispector por parte de pai.

Altura: 1,68 m.

Cabelos: Louros.

Olhos: Verdes.

Estado civil: Desquitada.

Atividade profissional: Escritora. Colaboradora de jornais e revistas. Assistente de Administração na Secretaria de Administração do Estado da Guanabara (a partir de 7/10/1968). Transferida para a rádio Roquette-Pinto em 1/11/1972; e desta para a Divisão de Apoio Administrativo da Secretaria de Estado de Educação e Cultura em 15/7/1976.

Cargos honoríficos: Integrante do Conselho Consultivo do INL (Instituto Nacional do Livro – 1967). Conselheira no Conselho de Literatura do Museu da Imagem e do Som (MIS – 1967).

Aposentadoria: A partir de 14/08/1969.

Os primeiros livros: *A lâmpada de Aladim* e *O patinho feio*.

O livro mais desejado na infância: *As reinações de Narizinho*, de Monteiro Lobato.

Poetas: Carlos Drummond de Andrade, João Cabral de Melo Neto, Mário Quintana, Cecília Meireles e Marly de Oliveira.

Romancistas: Lúcio Cardoso e D. H. Lawrence.

Livros marcantes: *O lobo da estepe*, de Hermann Hesse; *A imitação de Cristo*, de Tomás de Kempis; *Crime e Castigo*, de Dostoiévski; *Dusty Answer*, de Rosamond Lehmann, e *O Encontro marcado*, de Fernando Sabino.

Livros de poemas: *Duas águas*, de João Cabral de Melo Neto; *Poema sujo*, de Ferreira Gullar e A *suave pantera*, de Marly de Oliveira.

Um livro de poemas excessivamente ótimo: *Claro enigma*, de Carlos Drummond de Andrade.

Um livro que provocou grande entusiasmo: *O braço direito*, de Otto Lara Resende.

Uma tradução: *Poemas*, de Emily Brontë, por Lúcio Cardoso.

Um livro que releu: *A porta estreita*, de André Gide.

Um livro de correspondências: *As cartas*, de Katherine Mansfield.

Grande sertão: veredas, **de Guimarães Rosa:** "Não sei até onde vai o poder inventivo dele, ultrapassa o limite imaginável. Estou até tola. A linguagem dele, tão perfeita de entonação, é diretamente entendida pela linguagem íntima da gente – e nesse sentido ele mais que inventou, ele descobriu, ou melhor, inventou a verdade. Que mais se pode querer? Fico até aflita de tanto gostar. Acho genial. Que outro nome dar? O livro está me dando uma reconciliação com tudo, me explicando coisas adivinhadas, enriquecendo tudo. Como vale a pena! A menor tentativa vale a pena. Genial. Que outro nome dar?"

Duas águas, **de João Cabral de Melo Neto**: "Li duas vezes, em ocasiões diferentes. Das duas vezes, com admiração integral, com respeito, com alegria, com esse espanto-surpresa que tenho diante de quem milagrosamente acha a palavra certa. Acha, não: de quem inventa a palavra certa, de quem nasceu com a possibilidade de descobrir a única palavra certa. Depois, a limpeza da construção. Não há um fio solto na sua poesia. Tão perfeita como uma mão, ou, se você quiser, u'a mão. Mão com os cinco dedos. Saio de sua poesia com um sentimento de aprofundamento de vida, com o espanto de não ter podido 'ver' antes, de ter precisado que você dissesse para que eu pudesse ver. Ao mesmo tempo 'reconheço' o que você diz. Este meu 'reconhecer', quando leio você, é a minha contribuição à sua poesia. Sou grata a você pelo fato de eu ler com tanta participação o que você escreve. Porque, de novo e evidentemente, a razão de eu poder 'contribuir' tão bem com minha leitura, a razão está na sua própria poesia. Tenho até aflição com o modo como você é perfeito, no sentido de não sucumbir a nenhum relaxamento, de não ceder a nenhuma palavra inútil, na sua falta de sentimentalismo — você não enfeita nenhuma emoção."

Um livro que quis ver escrito: *Vida-Vida* (memória), *Ed. José Olympio*, 1983, de Maria Helena Cardoso. (Sobre Lúcio Cardoso.)

Autores estrangeiros marcantes quando estava na faixa dos vinte anos de idade: Julien Green, Katherine Mansfield e Rosamond Lehmann.

Se não fosse escritora seria... "Gostaria de ser médica, o que me permite agir diretamente no mundo real, ter contato com o ser humano, ocupar de maneira mais útil as minhas horas."

A literatura lhe trouxe amigos... "Muitos, e sinceros e valiosos. Gente preciosa que se aproximou de mim e me deu o calor de uma amizade completa."

Sua obra vista pelos filhos: "Paulo (aos 11 anos) acha um amor, mas confessa que não a pode ler toda. Para sempre na primeira página, porque sente uma coisa! Pedro (aos 16 anos) também reage assim. Mas um dia após ter terminado uma página confessou: "Mãe, não entendo nada do que você escreve; mas é tão bonito como a Bíblia."

Sobre a tradução dos contos "Amor" e "Mistério em São Cristóvão": "Vi como é difícil me traduzir, deu trabalho convencer de que o melhor modo é me traduzir ao pé da letra, tanto quanto possível, e não o me trocar em miúdos, o de me 'interpretar'. Mas é coisa perfeitamente possível, quando se põe de lado a preguiça."

Compositor: Marlos Nobre.

Compositores clássicos: Chopin, Debussy, Bach.

Discos que comprou: *O pássaro de fogo* (Stravinsky), *A valsa* (Ravel) e *A sonata patética* (Beethoven).

Pianista: João Carlos de Assis Brasil.

Cravista: Wanda Landowska: "Tudo é raro nessa criatura única, ela mesma e o cravo que escolheu para exprimir-se. Muito poucas vocações encontram, numa coincidência perfeita, o seu próprio instrumento, quase um corpo onde se encarnar. É tão rara essa coincidência absoluta como o amor absoluto."

Músicas: "A banda", de Chico Buarque; "O pássaro de fogo", de Stravinsky.

Uma música que a acompanha desde a adolescência: "Sonata nº3 em B menor, Opus 58", de Chopin, especialmente o quarto movimento.

Um pintor: Van Gogh.

Uma pintora: Djanira.

Um quadro: *Vers Le soir*, do pintor holandês Eduard Karsen.

Um dos maiores filmes de todos os tempos: *Ladrões de bicicleta*, de Vittorio de Sica.

Uma peça que a emocionou muito: *The Lark,* de Jean Anouilh, com Julie Harris. É a história de Joana D'Arc.

Uma grande atriz: Julie Harris.

Uma atriz linda: Jennifer Jones.

Um ator que é uma uva: Danny Kaye.

Um ator que lhe parece muito belo: Marlon Brando (especialmente em *The Wild One* (O título em português é *O selvagem*).

Um dramaturgo: Jean Cocteau.

Um provérbio de estimação: Um pouco de perfume sempre fica nas mãos de quem oferece rosas.

Bondade: A bondade é uma forma de inteligência.

Uma frase que nos ajuda a viver de um modo mais inteligente: "O que um homem pensa a respeito de si mesmo determina, ou melhor, revela o seu destino." (Thoreau)

Em sala de aula: "Quando eu era aluna o professor perguntou à classe: para onde vai tudo o que a gente aprendeu e esqueceu? Houve um grande silêncio na classe. Leve angústia da ausência de resposta: tudo suspenso no ar. Então eu disse: incorpora-se à nossa personalidade. Houve um alívio geral. O professor também se descontraiu."

Sucesso: O sucesso é uma gafe, é uma falsa realidade. Simplesmente não tenho compromisso com o sucesso.

Simplicidade: É das coisas raras no ser humano, a ponto de constituir uma qualidade insólita.

Ser jovem... Ser jovem é estar pleno de planos construtivos para si próprio e para o Brasil.

Um pensamento: "Para chegares ao que não sabes, hás de ir por onde não sabes. Para chegares ao que não gozas, hás de ir por onde não gozas. Para ires ao que não possuis, hás de ir por onde não possuis. Para vires a ser o que não és, hás de ir por onde não és." (São João da Cruz)

Uma anotação: "Disse São Paulo: Tomar cuidado para que a vossa liberdade não seja escândalo para os fracos (Coríntios, I, 8:9)." (Anotado em uma crônica sobre a carta de um leitor a respeito da fundação do Clube Nacional de Poesia.)

Um lugar no Rio de Janeiro: Jardim Botânico.

Um dos seres humanos mais completos que conhece: O psicanalista e poeta Hélio Pellegrino.

Um professor que a marcou: O paraense Francisco Paulo Mendes.

Uma pessoa gostável: Aloísio Magalhães, designer.

Tania, sua irmã: "Ela tem, como em alguns personagens de D. H. Lawrence, a mesma vida-de-pensamento atraente, o mesmo viço, a mesma qualidade feminina intensa, que sempre encarou as coisas da vida com uma sabedoria e uma naturalidade que não vêm da pequena inteligência que se tem, mas da grande força de vida que poucas pessoas têm."

Duas qualidades que você tem: Confiança em quem merece e sinceridade.

É supersticiosa? Criei as minhas superstições: uma delas é não dizer quais são.

Coleciona alguma coisa? Não consigo guardar nada.

Faz esporte? Ando a pé e a cavalo.

Diversão preferida: Cinema.

Se fosse para uma ilha, que livros levaria? Não levaria livros; levaria gente, que faz melhor companhia.

Como vê seu próprio temperamento? Impaciente.

Um de seus defeitos: Impulsividade.

Quais as coisas que a alegram? Família, amizades e literatura.

E as que a aborrecem? Esperar qualquer coisa.

Quais os cronistas que lê comumente? Rubem Braga, Paulo Mendes Campos e Fernando Sabino.

Gostaria de viver em outra época? No futuro. **Por quê?** Porque detesto perder tempo.

Doces: Melado e beiju.

Frutas: Morango e cereja.

Restaurantes: La Fiorentina (av. Atlântica, Leme) e o restaurante russo Doubianski (rua Gomes Carneiro, Ipanema).

Um sabonete: Pai Jacob (atraidor de bons fluidos).

Perfumes: Scandal, da Lanvin, e Vert et Blanc (da Madame Carven).

Um presente que gosta de dar: Caixinha de música.

Um novo meio de fumar... Ir ao cinema.

Uma fantasia no carnaval... "Firmamento, uma túnica de renda negra cravejada de estrelas de brilhantes. Na cabeça, a meia-lua e, numa das mãos, uma taça de prata derramando estrelas." (Concebida por Clóvis Bornay quando Clarice lhe perguntou qual fantasia lhe cairia bem.)

Máquinas de escrever: Underwood semiportátil ("quando comecei a ser profissional de imprensa. Durou tanto que aguentou eu escrever sete livros"). Olympia portátil ("essa escreveu cinco livros, fora muitas outras coisas que escrevi"). Remington portátil ("fazia ao bater dos dedos um barulho de lata velha que me cansava. Troquei-a com Tati de Moraes por uma Olivetti".) Olivetti ("posso bater à noite porque ela não acorda ninguém").

Um rosto bonito: Elizabeth Taylor.

Um corpo bonito: Gina Lollobrigida.

Sex-appeal: Brigitte Bardot, Marilyn Monroe, Mae West, Marlene Dietrich, Eve Lavalliére, Line Renauld.

Uma mulher elegante: A duquesa de Windsor.

Um homem bonito: Tyrone Power.

Para ser bonita: Seja feliz.

Cachorros: Dilermando e Ulisses.

Um diplomata: João Augusto de Araújo Castro.

Uma diplomata: Dora Vasconcelos.

A escritora que deu um lugar ao sol à mulher brasileira: Dinah Silveira de Queiroz.

Hotéis em Paris: "O melhor" é: Hotel de L'Abbaye. Rue Cassette. Saint Germain. E Hotel Morgane. Rue Kepler (a um quarteirão do Champs--Elysees, perto da rue Bassen, de Gilda Collin).

Hotel no Leme: Luxor Continental (atual Novotel).

Deus escreve torto? "A esperança é que, em ordem maior e de paciência mais larga, as linhas tortas sejam o modo d'Ele escrever direito; acreditar nisso é o trabalho de viver. Mas antes é preciso dar a César o torto de César, e a Deus o torto de Deus; acreditar nisso é o trabalho de viver."

Diga o nome de uma mulher admirável: Muitas não têm nome conhecido; das que têm, admiro várias.

Salvador: Onde realmente senti que poderia escrever mais e melhor.

O melhor vatapá em Salvador: no restaurante de Maria de São Pedro, no Mercado Modelo. (Nota: Seu restaurante transformou-se no ponto de encontro de Jorge Amado, Dorival Caymmi, Camafeu de Oxóssi, Mirabeau Sampaio, de muitos outros intelectuais, comerciantes e políticos. Ao assumir a presidência da República, Getúlio Vargas a convidou para fazer o banquete de posse.)

Outro prato de sua preferência da culinária baiana: Siris moles (no restaurante de Maria de São Pedro).

Sua terra: Recife.

Um bairro: Leme.

Novelas: *A grande mentira*, de Hedy Maia, e *O sheik de Agadir*, de Glória Magadan.

Psicanalistas: Inês Besouchet e Jacob David Azulay.

Uma atriz que se parece com você: Barbara Laage (em *O corpo ardente*, de Walter Hugo Khouri).

O mundo terminará com um bang ou um soluço? "Segundo minha experiência, com um silêncio."

*

O apartamento – Edifício Macedo. Gustavo Sampaio, 88/701. Leme

Nos últimos anos de vida, Clarice viveu neste apartamento com seu cão Ulisses e Silea Marchi, que passou a acompanhá-la como uma espécie de governanta desde que Clarice sofreu graves queimaduras devido a um incêndio em seu quarto em 14 de setembro de 1966. A origem do nome do cão foi explicada pela própria Clarice neste documento inédito que encontrei em seu arquivo no AMLB-FCRB: "Ulisses é o nome de um homem que me amou e de quem eu só gostava. Dei o nome de Ulisses ao meu cão. O nome inteiro é: Ulisses Gueissler." (cf. "Crônica de Ulisses"). Diante disso, outras especulações ou afirmações sobre a identidade do verdadeiro Ulisses caem por terra. Clarice revelou em depoimento ao MIS (20/10/1976) que "ele era um estudante de filosofia" (OE, 144).

Um anúncio sobre o edifício Macedo, em 24/9/1961 no *Jornal do Brasil*, nos dá uma ideia de como era o lugar que abrigou Clarice Lispector e seus filhos durante doze anos. Ela contou em uma entrevista como adquiriu o lendário apartamento 701. O proprietário do imóvel localizado no recém-construído edifício Macedo propôs-lhe uma troca. Ele queria um apartamento menor, e o da General Ribeiro da Costa, 2/301, onde Clarice residia, era o ideal. "O difícil foi pagar a diferença", comentou Clarice ao repórter.

Exatamente: Simples e distinto

A PROLAR lança no mercado imobiliário mais um empreendimento digno das suas tradições.

O Edifício Macedo, notável e moderna obra em 3 blocos, situada magnificamente no LEME, à rua Gustavo Sampaio, 88, frente para a maravilhosa praia de Copacabana. Apartamentos de esmerado acabamento com todos os requisitos funcionais da moderna técnica arquitetônica. Nestes apartamentos V.S. encontrará o conforto procurado para sua residência dentro dos padrões sadios e funcionais da boa habitação.

Sala, living, 3 quartos, 2 banheiros, dependências completas de cozinha e empregada. Amplo terraço de serviço.

Realmente o melhor que se pode encontrar para moradia, no local e na presente época.

Condições – 10% de sinal – prestações trimestrais de 3 ½. E o restante grandemente facilitado em 5 anos.

PROLAR S.A.

Venha, pessoalmente, acertar em nossos escritórios esta magnífica aquisição.

Av. Rio Branco, 114/9º andar – 521611 – ou no local até às 23h diariamente.

Desde 2011, a cantora e atriz Zezé Motta mora no apartamento que pertenceu à Clarice Lispector. A cantora contou que certa vez Tania Kaufmann, irmã de Clarice, a abordou em um restaurante. Fez questão de cumprimentá-la e lhe disse que a irmã gostava dela. Tania referiu-se ao período em que Zezé Motta tornou-se conhecida nacionalmente por seu trabalho no filme *Xica da Silva* (1976). A atriz recebeu inúmeros prêmios e iniciou sua trajetória de sucesso que já dura sessenta anos. Desde então, o 701 do edifício Macedo passou a ser associado a Clarice e Zezé, um privilégio para os moradores do Leme.

Meu quarto

De cor verde-claro, tem duas janelas. A mais ampla dá para a rua Gustavo Sampaio; a outra, menor, para as quadras do Leme Tênis Clube. Um armário embutido ocupa toda a extensão da parede à esquerda de quem entra no quarto. No Leme é comum armários embutidos em apartamentos antigos. Há uma escrivaninha antiga, a cama, uma estante pequena sob a janela com caixinhas de cremes, maquiagem, e sempre um copo de água.

A sala

É ampla. No canto onde fica a janela havia uma porta que a separava da sala. É o que se chama de terraço. Em frente, há os fundos do edifício Tietê, um dos primeiros da orla da avenida Atlântica. Há um ar-condicionado acoplado à janela, à direita. O Gilles o chamava de "jardim de inverno". Era aí que ele maquiava Clarice. "Tinha muitas revistas, papéis, a máquina de escrever e um porta-retratos com a foto do Ulisses de chapéu e um cigarro na boca", recorda-se João Roberto. É o nome do Gilles. Ela preferia chamá-lo pelo nome.

Anos depois, a porta foi retirada, restou o portal que separa a sala do terraço, onde foram colocados alguns vitrais. A janela foi envidraçada. No mesmo canto do terraço, mais para dentro da sala, fica o local de trabalho. É no sofá de dois lugares, o mais fotografado nas entrevistas, que ela escrevia com a máquina Olivetti no colo. Ao lado, há uma mesa com alguns livros, textos datilografados, cinzeiro e um maço de cigarros Hollywood. Em frente, uma cadeira de balanço branca sobre a qual colocava, também, seus manuscritos.

No outro lado da sala, há um sofá preto entre a parede que faz a divisa entre o corredor que dá para a cozinha e a entrada do corredor que dá para os quartos. Em frente, há uma mesa. Já foi de mármore (como se vê em uma foto dos anos 1970), onde havia vários objetos: conchas, pedras, uma vela, um copo de água, uma escultura que parece um troféu.

Há três estantes e uma cadeira com braço de madeira.

Nélida Piñon recorda-se de um sofá na parede da esquerda e, à direita uma mesinha encostada, o De Chirico ficava aí. Naquele dente que dá para a janela tinha um sofá pequeno e, em frente, uma estante de livros. Uma estante em "l" que pegava aquele dente e aquela parte que vai da sala de visitas e que depois segue até o corredor. Ela lembra que aqui era o sofá onde ela escrevia o tempo todo. A máquina estava sempre no sofá de dois lugares. No sofá tinha um braço de madeira. E perto, já dentro do living principal, ela tinha um conjunto de vasos de barro, aqueles vasos grandes do Nordeste. Muitos retratos de Clarice. Ulisses ficava na sala o tempo todo.

Há vasos grandes com plantas próximo da porta, fazendo uma espécie de divisão entre a entrada do apartamento e o lugar de trabalho. Tinha muitas peças de artesanato indígena, segundo D. Heloísa, sua vizinha do 702.

Em "sua galeria" há quadros que ganhou de amigos, dos retratos pintados por Carlos Scliar, Ismailovitch, DJ Oliveira, Alfredo Ceschiatti e Giorgio De Chirico aos de Djanira, Fayga Ostrower, Grauben, Maria Bonomi, Lúcio Cardoso e Mora Fuentes. E dois que deve ter comprado quando morava na Itália com Maury, como os de Angelo Savelli: A *anunciação* e um "sem título" com dedicatória do pintor ("Alla signora Valente come cordiale ricordo").

Ao entrar no apartamento vê-se o painel de pinho-de-riga que reveste a parede que cobre da porta de entrada até o final, antes de iniciar o corredor que leva à cozinha. É um material muito usado nos anos 1960 em apartamentos e prédios do Rio. Nesse cantinho, Clarice revelou que colocou duas obras que a inspiram. O painel *Açude da Solidão*, de Humberto Franceschi, e a matriz da gravura de sua comadre Maria Bonomi: *A Águia*. O painel de Franceschi foi deslocado posteriormente para o canto da parede que antecede o local de trabalho, como registrado na entrevista ao programa *Os Mágicos*.

Banheiro

Tem uma minissauna com essência de eucalipto.

Plantas e flores

Flores do campo, rosas, rosas brancas de trepadeira e muitas plantas.

Biblioteca

Havia três estantes de livros na sala. Grande parte do acervo foi doada para duas instituições: o ACL/AMLB-FCRB – Arquivo-Museu de Literatura Brasileira (sob a direção de Rosângela Florido Rangel. Equipe: Eduardo Ribeiro e Luis Felipe Trotta), da Fundação Casa de Rui Barbosa, e o Departamento de Literatura do Instituto Moreira Salles/RJ (sob a coordenação de Rachel Valença. Equipe: Eucanaã Ferraz (Consultoria), Bruno Cosentino, Elizama de Oliveira, Jane Leite, Kátya de Moraes e Manoela D'Oliveira). Foram doados para o AMLB: obras em primeiras edições, algumas traduções, trabalhos publicados no estrangeiro, produção crítica sobre Clarice e livros de autores brasileiros com dedicatória à escritora (ACL/FCRB, 1993). O acervo disponível no AMLB indica duzentos e setenta títulos. Em sua maioria, são obras de autores brasileiros.

A lista pode ser consultada no site da FCRB.

Artigos

Recortados e guardados por Clarice Lispector, foram encontrados dentro de seus livros que estão em sua biblioteca sob a guarda do Instituto Moreira Salles (IMS).

Tradução do poema "Brisa marinha", de Stéphane Mallarmé. 13/8/1950, por Guilherme de Almeida: "A carne é triste."

"Experts Dispute White Supremacy." Nova York. 20 jan. 1957. s/a (Artigo sobre opiniões de psicólogos a respeito da teoria da inferioridade racial. Há notas manuscritas de Clarice Lispector referentes à data e ao nome do periódico.)

"Raça e civilização." Alfred Metraux. 22 jul. 1950. *Tribuna da Imprensa*. (Há notas de autor não identificado referentes à data e ao nome do periódico.) Nota do arquivista: Originalmente no livro *Réflexions sur la question juive*, de Jean Paul Sartre (tombo 00771), entre as páginas 72 e 73.

Discoteca

(Alguns itens do acervo de Clarice Lispector no IMS)

Richard Strauss. *Obras*, 1959. Nova York, Estados Unidos.

Frédéric Chopin. *Arte apaixonada*. 1974. São Bernardo do Campo.

Johann Sebastian Bach. *The Brandenburg Concerts n° 1-6*. Inglaterra. (Obras interpretadas pela Orquestra de Câmara Inglesa regida pelo maestro Johannes Somary: *Concerto n° 1 em Fá Maior; Concerto n° 2 em Fá Maior; Concerto no 6 em Si Bemol Maior.*)

Bruno Walter: Beethoven. *Sinfonia nº 9 em Ré Menor Coral*, Sinfonia nº 8 em Fá Menor. Argentina, s/d. (Obras interpretadas pela Orquestra Sinfônica Columbia regida pelo maestro Bruno Walter.)

Mozart: "Pequena Serenata/Schubert"; "Rosamunde", *Sinfonia nº 8 em Si Menor*. Rio de Janeiro, 1973. (Obras interpretadas pela Orquestra de Câmara da Rádio da Baviera, regida pelo maestro Eugen Jochum. Obras interpretadas pela Orquestra Filarmônica de Berlim regida pelo maestro Fritz Lehman.)

St. Matthew Passion. Johann Sebastian Bach. Países Baixos – Amsterdã, 1939.

Alguns itens descritos por Júlio Lerner "dos discos pessoais de Clarice" que estavam com Olga Borelli, quando ela lhe concedeu um depoimento para "Clarice Lispector, essa desconhecida" (2007, p. 56).

"Cravo bem temperado", de J. S. Bach – interpretação de Wanda – RCA Victor.

"Ibéria", de Debussy – Orquestra da Filadélfia – Regente: Eugene Ormandy – Columbia Records.

"Canções folclóricas judaicas" – Diversos intérpretes – RCA Victor.

"Concerto nº 2", Brahms – para piano e orquestra e sonatas para piano de Beethoven ("que Clarice amava", segundo Olga Borelli, p. 56).

CLARICE LISPECTOR OPINA
(sobre fatos, personalidades ou temas em evidência comentados em jornais e revistas)

Bichos – "Eles me parecem uma forma acessível de gente. As pessoas são inacessíveis, o animal não me julga... Parece-me que sinto os bichos como uma das coisas ainda muito próximas de Deus, material que não inventou a si mesmo, coisa ainda quente, do próprio nascimento e, no entanto, coisa já se pondo imediatamente de pé, e já vivendo toda, e em cada minuto vivendo de uma vez, nunca aos poucos, apenas, nunca se poupando, nunca se gastando" (*Correio da Manhã*, 21/3/1965. Entrevista concedida a Leo Gilson Ribeiro. "Tentativa de Explicação").

Censura – "Censurar a arte é uma das piores censuras que um país pode ter, porque tira a liberdade criadora de quem quer que seja" (*Correio da Manhã*, 12/7/1968. "Classe teatral se une para defender O rei da vela").

Vida literária – "Tenho muitos amigos escritores e gosto de estar com eles. Mas suponho que isso não se chama vida literária" (*Correio da Manhã*, 1/9/1968. Cícero Sandroni. "Quatro Cantos").

Escrever – "Escrever é viver, e viver muito mais intensamente. É doloroso, cruel, asfixiante, porém existe algo em mim que precisa ser expresso. Junto então toda a minha coragem, luto muito comigo mesma e finalmente consigo dizer aquilo que quero expressar. Mas essa dificuldade de enfrentar a si mesmo e transmitir o que se quer não termina no primeiro livro. Ela perdura por toda uma vida. O décimo livro é escrito com a mesma dificuldade que o primeiro. Quando alguém me diz que escreve, também, eu sinto pena daquela pessoa. É muito difícil a vida de um escritor.

Por isso, não gostaria que os meus filhos a seguissem. Eu espero que eles escolham uma carreira que ofereça mais segurança e mais paz de espírito. Mas se algum deles quiser sê-lo, não criarei obstáculos. Afinal de contas, não é o que venho fazendo toda a minha vida?" (*O Globo*, 27/3/1965. "O Rio e seus autores")

Martin Luther King – Sobre o assassinato do líder: "O que age em mim é uma intuição para a dor e para o prazer." Sem querer ser conselheira, Clarice disse que "os Estados Unidos precisam tomar cuidado para não se transformar aos olhos dos outros em algozes da humanidade. A morte de Martin Luther King me desanimou profundamente" (*Correio da Manhã*, 7/4/1968).

Pena de morte – Sobre a morte do presidiário-escritor Caryl Chessman. Clarice Lispector: "recusei-me a ouvir as notícias que estavam sendo transmitidas por todas as estações de rádio. A pena de morte é um verdadeiro crime contra o homem: é um crime para corrigir outro crime. Mesmo que um homem fosse culpado, não deveria pagar com a morte. Só nos resta agora ficarmos indignados por muito tempo" (*Última Hora*, 3/5/1960).

CLARICE LISPECTOR ESPECTADORA
(exposições, teatro, cinema, literatura, telenovela)

Exposições

1. Renina Katz. (exposição individual).Vernissage. Petite Galerie. Outubro, 1963.

2. Lúcio Cardoso. Galeria Goeldi. Vernissage. *JB*, 21/5/1965 (Coluna Lea Maria).

3. Solange Magalhães (Primeira mostra individual). Galeria Goeldi/RJ, 1968.

4. Retrospectiva Carlos Scliar. MAM, 1970. 15 de setembro a 30 de outubro. "Segunda retrospectiva do autor com mais de 800 obras" (*JB*, 17/10/1970).

5. Xilografias Maria Bonomi. Museu de Arte Moderna/RJ. Org.: Karl Hans Bergmüller, Maria Bonomi e Jayme Mauricio. Julho, 1971.

6. Xilografias Maria Bonomi (Transamazônica e China, série incompleta). Galeria Bonino/RJ. 16/9/1975.

7. Dimitri Ismailovitch. Espaço Dança (Botafogo/RJ). De 21 de outubro a 6 de novembro de 1976.

Teatro

– Textos de Clarice

Teatro Antológico, de Cecília Prada. Teatro Jovem (conto "Feliz aniversário") Cia Século XX de Responsabilidade Limitada (Yan Michalski, *Jornal do Brasil*, 30/8/1966).

– Obras traduzidas por Clarice Lispector

Os corruptos, de Lillian Hellman. Tradução de Clarice Lispector e Tati de Moraes. Cenários: Gianni Ratto. Com Tônia Carrero, Alzira Cunha, Célia Biar, Ary Coslov, Paulo Gracindo, Othon Bastos, Raul Cortez, Djenane Machado e outros. Teatro Maison de France. Estreia dia 23 de junho de 1967 (*JB*, 9/6/1967) (Crítica – Yan Michalski "As raposas corrompidas", 5/7/1967).

– Textos de outros autores

1. *Revolução na América do Sul* (1960). De Augusto Boal. Direção: José Renato. Teatro de Arena. Com Dirce Migliaccio, Nelson Xavier, Milton Gonçalves. Teatro de Arena.

2. *Os pequenos burgueses* (1965). De Máximo Gorki. Direção: José Celso Martinez Correa. Com Renato Borghi, Eugênio Kusnet, Beatriz Segall, Fauzi Arap, Ítala Nandi. Teatro Maison de France.

3. *A perda irreparável* (1965). Estreia em 17/02/1965. De Wanda Fabian. Direção: Ziembinski. Com Iracema de Alencar, Ziembinski, Marilia Branco, Souza Lima, José Augusto Branco, Miguel Garrano, Renatinho Montalverde e Susana de Moraes. (Clarice assistiu com Millôr Fernandes e o crítico teatral Van Jaffa.) Teatro Copacabana.

4. *Dois perdidos numa noite suja* (1967). De Plínio Marcos. Direção: Fauzi Arap. Com Nelson Xavier e Fauzi Arap. TNC – Teatro Nacional de Comédia.

5. *A volta ao lar* (1967). De Harold Pinter. Direção: Fernando Torres. Com Fernanda Montenegro, Sérgio Britto, Ziembinski, Paulo Padilha, Delorges Caminha. Teatro Gláucio Gil.

6. *LSD* e *O contrato azul* (1967). De Pedro Bloch. Direção: Antonio do Cabo. Com Sergio Britto e Isabel Teresa (Duas peças curtas, apresentadas sequencialmente em dois atos). Teatro Gláucio Gil.

Cinema

Ladrões de bicicleta (1948), direção: Vittorio de Sica. Com Lamberto Maggiorani, Lianella Carell e Enzo Staiola.

O corpo ardente (1966), direção: Walter Hugo Khouri. Com Barbara Laage.

Copacabana me engana (1968), direção: Antonio Carlos Fontoura. Com Odete Lara, Paulo Gracindo e Cláudio Marzo.

Como era gostoso o meu francês (1971), direção: Nelson Pereira dos Santos. Com Arduíno Colasanti e Ana Maria Magalhães.

Oito e meio (1963), direção: Federico Fellini. Com Marcello Mastroianni e Claudia Cardinale.

Mata, baby, mata (1966), direção: Mario Bava. Com Giacomo Rossi Stuart e Erika Blanc.

Teorema (1968), direção: Pier Paolo Pasolini. Com Silvana Mangano.

A noite dos desesperados (1969), direção: Sydney Pollack. Com Jane Fonda e Michael Sarrazin.

O último tango em Paris (1972), direção: Bernardo Bertolucci. Com Marlon Brando e Maria Schneider.

Shows

Dercy Gonçalves – Teatro Rival.

Maria Bethânia. "Rosa dos Ventos. Um show encantado." Direção e roteiro: Fauzi Arap. Cenário e figurinos: Flávio Império. Músicos: Terra Trio. Teatro da Praia, 1971.

Telenovela

O sheik de Agadir. De Glória Magadan. (De 18/7/1966 a 17/2/1967.) TV Globo. Direção: Henrique Martins. Com Yoná Magalhães, Henrique Martins e Leila Diniz.

O semideus. De Janete Clair. (De 22/8/1973 a 7/5/1974.) TV Globo. Direção: Walter Avancini e Daniel Filho. Com Tarcísio Meira, Francisco Cuoco e Glória Menezes.

Supermanoela. De Walther Negrão. (De 21/1/1973 a 2/7/1974.) TV Globo. Direção: Gonzaga Blota e Reynaldo Boury. Com Marília Pêra, Paulo José e Carlos Vereza.

Lançamento de livros

Livros de Clarice Lispector

"A noite do livro" (Agosto, 1961) – Noite de autógrafos organizada pelo diretório da PUC-Rio no evento "I Semana de Arte Contemporânea". Escritores convidados: Clarice Lispector, Carlos Drummond de Andrade (segundo a matéria, participou pela primeira vez de uma noite de autógrafos), Fernando Sabino, Rubem Braga, Maria Clara Machado, Cecília Meireles, Alceu Amoroso Lima, Guimarães Rosa, Sérgio Porto, Eneida, Rachel de Queiroz, Paulo de Castro, Anísio Teixeira e outros (*JB*, 23/8/1961, "Cad. B". "Livros e Autores – Pela primeira vez." Heráclito Salles).

"Clarice e Antonio Callado" (Outubro, 1964) – Palácio da Cultura (*JB*, 9/10/1964 – "Col. Segunda Seção" – Wilson Figueiredo – "Lance Livre"). Lançamento da 2ª ed. de *A cidade sitiada* e *Tempo de Arraes*, de Callado, ambos pela Editora J. Álvaro.

Na lista de presença: Augusto Frederico Schmidt, Alzira Vargas do Amaral Peixoto, Niomar Muniz Sodré, Luci e Adolpho Bloch, Millôr Fernandes, José Carlos de Oliveira, José Guilherme Mendes, Rubem Braga, Mimi de Ouro Preto, entre outros.

Livros de amigos

Vários autores – Editora do Autor (Dezembro, 1962) – Carlos Drummond de Andrade (*A bolsa e a vida*), Paulo Mendes Campos (*Um homenzinho na ventania*), Otto Lara Resende (*O retrato na gaveta*), Vinicius de Moraes (*Para viver um grande amor*) e Fernando Sabino (*A mulher do vizinho*). Clube dos Marimbás. Copacabana.

Nélida Piñon – *Madeira feita cruz* (1963). Livraria Camargo.

Armindo Trevisan – *A surpresa de ser* (1967). Galeria Goeldi. Dia 2 de agosto.

Eduardo Portella – *Teoria da comunicação literária* (Tempo Brasileiro, 1970). Noite de autógrafos no "Poeira", em Ipanema.

Marly de Oliveira – *Contato* (1975).

Dadá Carvalho de Brito – *Espaço-Tempo-Vivência* (1970).

CLARICE LISPECTOR COLABORADORA

A participação de Clarice Lispector, seja como autora com textos curtos em catálogos, shows e peças, seja como prefaciadora ou jurada em concursos de literatura e integrante de conselhos consultivos ainda não foi devidamente catalogada. Mostrar essa faceta permite ampliar o olhar sobre a cidadã e a escritora. Selecionei o que foi possível pesquisar na imprensa entre os anos 1940 e 1970, com exceção da participação em alguns catálogos, de um prefácio e de trechos incluídos em dois shows, a lista a seguir é inédita e demonstra como ela circulou de forma ampla entre artistas, instituições e veículos de natureza cultural.

Gostaria de destacar as colaborações na revista *O Cruzeiro*, que saúdo como descobertas nessas pesquisas, pois desconheço estudos que tenham apresentado esses textos. Essas pesquisas são feitas nos periódicos da hemeroteca digital da Biblioteca Nacional. Um canal acessível para todos os pesquisadores.

E as colaborações em *O Jornal*, descobertas pela pesquisadora e professora Flavia Vieira da Silva do Amparo (cf. "Clarice Lispector: dos recantos do poético à produção ficcional nos jornais dos anos 40 e 50", especialmente para os anais de um evento em Israel sobre a obra de Clarice Lispector em 2018).

Na primeira fase de sua trajetória literária, entre os anos 1940-1950, Clarice Lispector foi colaboradora de vários órgãos de imprensa onde publicou contos inéditos que depois apareceriam em livros e alguns seriam publicados em sua coluna no *Jornal do Brasil*. Do semanário *Pan*, passando pelas revistas *Vamos Lêr!* e *Dom Casmurro*, o "Suplemento de Letras e Artes" de *A Manhã* e *O Jornal*. Essas colaborações, incluindo as de *O Jornal*, com publicação dos contos "O crime" e "O jantar", respectivamente em 25 de agosto e 13 de outubro de 1946, já haviam sido identificadas por Aparecida Nunes em sua dissertação de mestrado ("Clarice Lispector jornalista", USP, 1991) publicada pela Editora Senac, em 2006. O que se nota é que houve uma continuidade nas colaborações em dezembro de 1946 e fevereiro de 1947 como mostrarei a seguir. Inclusive, Clarice Lispector comenta em cartas à sua irmã Tania: Em 26/11/1946: "Querida, a essa hora você já deve ter recebido 'Children's Corner' e saber que não é história de crianças, como se poderia com razão pensar, e eu esqueci de dizer a você. Você aprovou? Escreva." E em 2/12/1946: "Tania querida, quanto ao título do Children's Corner: pode botar um par de aspas: 'Children's Corner.' Não é preciso pôr subtítulo nem explicação – isso estragaria muito." E em 28/12/1946: "Fiquei contente em você dar o 'Children's Corner' para O Jornal. Espero que você não tenha mudado nada nele..." Clarice Lispector residia em Berna nesse período.

Publicar em O Cruzeiro a partir do final dos anos 1940 em uma seção com escritores veteranos como Rachel de Queiroz devia ser um feito para uma jovem escritora que acabara de publicar seu terceiro livro, A cidade sitiada.

Catálogos (apresentação)

Gastão Manoel Henrique (1963) – Apresentação no catálogo da individual, na Galeria Seta, em São Paulo. Segundo o crítico Jayme Maurício, foi o *début* de Clarice Lispector como crítica de arte. E no catálogo da "Exposição Óleos Relevos" na Petite Galerie, junho de 1964.

Solange Magalhães pinturas – "Solange, uma verdadeira inauguração". Galeria Goeldi. 5 a 16/8/1968.

Gravuras de Darel (álbum com 12 gravuras). Edição Julio Pacello. São Paulo. Agosto de 1968.

Vera Mindlin (1970) – Exposição de gravuras (28/7) na galeria do Copacabana Palace. (A artista vem altamente recomendada por textos de Clarice Lispector, João Cabral, Antonio Callado, Lucio Cardoso, Alfredo Souto Maior.)

Shows

– "Comigo me desavim" (1967). Com Maria Bethânia. Direção: Fauzi Arap.

Texto: "Mineirinho."

– "Rosa dos Ventos, um show encantado" (1971). Com Maria Bethânia. Direção e roteiro: Fauzi Arap. Cenário: Flávio Império. Teatro da Praia.

Texto: Trecho de *Objeto gritante*.

– "E Deus criou a varoa" (1972). Show e declamação. Com Maria Pompeu, Helder Parente, Fernando Lebeis, Oscar Felipe. Direção: Roberto de Cleto. Teatro Maison de France.

Textos: "A mulher que fizer hoje" e trecho de *Objeto gritante*.

– "Pássaro da manhã." Estreia em 13 de janeiro de 1977. Com Maria Bethânia. Direção: Fauzi Arap. Cenário Flávio Império. Teatro da Praia.

Textos: Trecho de A *hora da estrela*.

– "A Feiticeira" (1975). Com Marília Pêra. Show de Nelson Motta. Roteiro: Fauzi Arap. Direção: Aderbal Freire. Teatro Casa Grande.

Texto: Trechos de *Água viva* (em um manuscrito reproduzido em *Reencontres Brésiliennes* (Trois, 1987), de Claire Varin, p. 196, Clarice anotou: "Marília Pera, no seu show individual, diz frases minhas retiradas de *Água viva*").

Peças

Missa Leiga (1972) – de Chico de Assis. Direção: Ademar Guerra. Espetáculo com 30 atores. Produção de Ruth Escobar. Encenado em uma fábrica em São Paulo. (Clarice escreveu uma das epístolas a convite de Sérgio Britto e Ademar Guerra. Outros o fizeram, como Luiz Carlos Maciel, Carlos Heitor Cony e Flávio Rangel).

The little foxes (1967) – de Lillian Hellman. Tradução: Tati de Moraes e Clarice Lispector. Direção Gianni Rato. Com Raul Cortez, Celia Biar, Jorge Cherques e Othon Bastos.

Livros

Vida-Vida, (memória) (1973) – de Maria Helena Cardoso. Prefácio: Clarice Lispector. José Olympio/INL, 1973.

Cozinha para brincar (1970) – Org.: Cozinha Experimental do Centro Nestlé de Economia Doméstica. Desenhos: Odiléa Helena Setti Toscano. Prefácio: Clarice Lispector. Distribuição: Companhia Editora Nacional. Campanha Nacional da Criança.

Jurada

"Concurso de Contos" – promovido pela revista *Cadernos Brasileiros* em comemoração ao IV Centenário da Cidade do Rio de Janeiro. Júri: Eduardo Portella, Clarice Lispector e Adonias Filho (*JB*, 3/12/1964. "Caderno B." *Jornal do Brasil* – "Literatura", por Lago Burnett).

"Prêmio Esso de Literatura para universitários" (abril, 1968). Comissão julgadora: Adonias Filho, Clarice Lispector, Fausto Cunha, Aderaldo Castelo.

Instituições

Conselheira – Conselho de Literatura do Museu da Imagem e do Som.

São quinze membros que escolhem os agraciados com o Golfinho de Ouro (ao autor que tenha tido a maior repercussão no ano anterior) e o Prêmio Estácio de Sá (entregue a quem muito tem feito para incentivar a literatura). Em 1967, o Golfinho de Ouro foi para Octavio de Faria. O troféu Estácio de Sá coube a José Luiz de Magalhães Lins.

Conselheiros que compareceram à reunião para votar nos premiados de 1967: Adonias Filho, Antonio Olinto, Assis Brasil, Aguinaldo Silva, Clarice Lispector, Eduardo Portella, José Condé, Lago Burnett, Lêdo Ivo, Peregrino Junior e Valdemar Cavalcanti (*JB*, 10/1/1968 – Prêmios de literatura do MIS são para Octavio de Faria e José Luiz Magalhães Lins).

Conselheira – Conselho Consultivo do Instituto Nacional do Livro – INL, 1967.

O Jornal

As colaborações em *O Jornal* foram publicadas em duas ocasiões num total de onze textos curtos, sendo dois em formato de poema. Vale destacar que Clarice Lispector aproveitou cinco textos publicados em 1947 em uma obra publicada em 1974. O que denota que ela guardava as páginas desse jornal com desvelo. Como constatam os estudiosos, seu processo de reciclagem dos textos não parece ter limite de tempo. *Onde estivestes de noite* é um livro composto em sua maioria de textos reciclados, sinal de que o material publicado em *O Jornal* foi muito útil.

29/12/1946

"O lar", "O ballet da virgem", "Libertinagem do sábio", "A italiana na Suíça" e "A mágoa".

"A italiana na Suíça" é o mesmo texto publicado na segunda parte de *A legião estrangeira*, sob o título "Uma italiana na Suíça".

O poema "A mágoa" foi publicado depois, no *Diário de São Paulo*, em 5/1/1947, segundo a pesquisadora Claire Varin em "Línguas de fogo" (Limiar, 2002, p. 91).

Os demais textos são inéditos até que algum pesquisador os identifique em outros livros ou nas colaborações da imprensa. A prática de Clarice Lispector de reescrever textos e alterar seus títulos dificulta em muitos casos a possibilidade de identificá-los.

2/2/1947

"O menino", "O manifesto da cidade", "A rosa branca", "A velha alegre", "Au-dessus d'un certain vide" e "A margem da beatitude".

"O menino" foi publicado em forma de poema. Quando aparece em *Onde estivestes de noite* (1974) sob o título de "É para lá que eu vou", transforma-se em uma narrativa. Clarice acrescenta mais trechos.

"O manifesto da cidade" foi publicado em *Onde estivestes de noite* (1974). O título foi mantido. Clarice fez três inserções e identificou a cidade: Recife.

"A rosa branca" aparece junto com "O manifesto da cidade" em *Onde estivestes de noite* (1974), após esse, foi identificado com o mesmo título de *O Jornal*. O texto sofreu algumas modificações.

"A velha alegre" foi transformado em "A partida do trem" e publicado em *Onde estivestes de noite* (1974). O texto foi aproveitado, mas com várias alterações, ganhou novos parágrafos e uma personagem: Angela Pralini. Personagem que apareceria em *Um sopro de vida* (1978). Vale lembrar que esse romance póstumo foi escrito, segundo Olga Borelli, entre 1974-1977. Portanto, é curioso observar esse aspecto do processo de criação da escritora. Ao publicar "A partida do trem" como uma nova versão de "A velha alegre", ela cria Angela Pralini atuando em duas narrativas diferentes: um conto e um romance.

"Au-dessus d'un certain vide" e "A margem da beatitude" são inéditos, guardadas todas as ressalvas que fiz anteriormente.

Revista *O Cruzeiro* (1949-1951)

Na ficha técnica da revista constam como colaboradores: Ana Amélia Carneiro de Mendonça, Clarice Lispector, Lygia Fagundes Telles, Maria Luiza de Queiroz, Vera Pacheco Jordão, Dinah Silveira de Queiroz, Maria Eugenia Celso, Elza Cerante Bianchi, Lasinha, Luis Carlos de Caldas Brito, Adalgisa Nery, Mme. Leandro Dupré, Laura Austregésilo, Nelson Rodrigues, Agripino Grieco, Edgar de Andrade, Herberto Salles, Marques Rebelo, Teófilo de Andrade.

Considerando Clarice Lispector ao lado de sua contemporânea Lygia Fagundes Telles e de escritoras veteranas como Rachel de Queiroz, Dinah Silveira de Queiroz, Adalgisa Nery e Mme. Leandro Dupré pode-se cogitar como a essa altura ela já havia atingido certo prestígio.

As colaborações foram publicadas sempre na seção "Artigos", composta por textos de escritores renomados. Apesar de não haver uma regularidade entre as publicações, as primeiras guardam intervalos curtos: começam no período em que Clarice Lispector acabara de voltar a morar no Rio de Janeiro vinda de Berna: outubro e dezembro de 1949; seguem em fevereiro e maio de 1950. A última deste ano é em setembro. A interrupção coincide exatamente com o mês de sua mudança para Torquay, na Inglaterra, de onde só retornou no final de março ou início de abril de 1951. Somente em fevereiro de 1951 ela fez a última colaboração. O que leva a crer que a mudança para o exterior, pois seguiu para Washington em setembro de 1952, pode ter sido determinante para encerrar sua participação em O *Cruzeiro*.

1949

"Espanha – canto e dança flamengos." 29/10/1949, p. 3.

Os textos sempre são publicados na seção "Artigos" onde colaboravam também Rachel de Queiroz, Austregésilo de Athayde, Gilberto Freyre, Genolino Amado e J. Rego Costa. O texto foi publicado com algumas alterações no *Jornal do Brasil* em 28/11/1970.

"Esboço de menino." 10/12/1949, p. 3.

Publicado na seção "Artigos". O texto sofreu várias alterações ao ser publicado com outro título "Desenhando um menino", em "Fundo de gaveta", segunda parte da primeira edição de A *legião estrangeira*.

"Mocinha." 24/12/1949, p. 34 e p. 68.

Publicado na seção "Artigos". O texto sofreu pequenas alterações ao ser publicado sob o título de "Viagem a Petrópolis", em "Fundo de gaveta", segunda parte de A *legião estrangeira*. A parte final, publicada na p. 68, registra: "Setembro, 1941."

1950

"Pepe, el guia." 18/9/1950, p. 3.

Publicado na seção "Artigos". O texto sofreu ligeiras alterações ao ser publicado sob o título de "Um homem espanhol" em "Fundo de gaveta", segunda parte de A *legião estrangeira*

"O jantar." 13/5/1950, p. 43.

Publicado na seção "Artigos". O texto não sofreu alterações ao ser publicado em *Alguns contos* (1952). Em 1960 foi incluído em *Laços de família*.

"Uma alma caridosa." 23/9/1950, p. 3

Publicado na seção "Artigos". O texto sofreu alterações e a autora substituiu a narração em 3ª pessoa pela 1ª pessoa quando o publicou no *Jornal do Brasil* em 6/12/1969 sob o título "As caridades odiosas".

1951

"A moça tranquila." 3/2/1951, p. 3.

Publicado na seção "Artigos". O texto parece inédito, pois não consegui localizá-lo nas obras de Clarice Lispector. Pesquisadores, a conferir!

CLARICE LISPECTOR INDICA, CLARICE LEU

(As indicações dos livros foram publicadas na coluna no *Jornal do Brasil* entre 1967/1973.)

Livros

Carta a El Rey Dom Manuel, Pero Vaz de Caminha. Editora Sabiá, 1968. Prefácio Rubem Braga. Desenhos de Carybé.

Meditações de um feto inquieto. José Luís Silveira Neto (contos). Edições Saga, 1968.

Grandes enigmas da humanidade. Luís Carlos Lisboa e Roberto Pereira de Andrade. Editora Vozes, 1969. Orelha: Rose Marie Muraro.

Sexo grátis e novo. José Reznik. Editora Pergaminho, 1968. Prefácio de Oscar Niemeyer.

Literatura oral para a infância e a juventude: lendas, contos e fábulas populares no Brasil. Org.: Henriqueta Lisboa. Editora Cultrix, 1968.

Um Deus esquecido. Jacob David Azulay. Editora Freitas Bastos, 1969.

Contos da velha Rússia. Tchekhov (livro de bolso). Tradução: Tatiana Belinky, 1966.

Sete histórias curtas e uma não tanto (contos). Henrique Vale. s.d., s.e.1968.

Clarice leu

Humilhados e ofendidos e *Crime e castigo*, de Dostoiévski. Tradução: Oto Bandeira Duarte. Editora Civilização Brasileira, 1935.

Sem olhos em Gaza (1936), de Aldous Huxley. Tradução: V. de Miranda Reis. Coleção Nobel. Editora do Globo, 1938.

Mediterranée (Lever du soleil) (1934), de Panait Istrati. No Brasil: *Mediterrâneo (Nascer do sol)*. Tradução: Heitor Moniz. Editora Guanabara. E *Mediterrâneo*. Tradução: Marques Rebelo. Ed. Pongetti, 1944.

Escritores em ação (1968). Org.: Norman Holmes Pearson. Paz e Terra (coletânea de entrevistas da *Paris Review*. Um dos entrevistados é Ezra Pound, sobre quem comenta em "Dar os verdadeiros nomes" DM, p. 453).

Cem anos de solidão, de Gabriel Garcia Márquez. Tradução: Eliane Zagury. Editora Sabiá, 1968 (*JB*, 15/11/1969).

A automação e o futuro do homem, de Rose Marie Muraro (*JB*, 15/11/1969).

O complexo de Portnoy (1969), de Philip Roth (cf. "Preguiça", DM, p. 430, um dos temas do livro é a identidade judaica).

Essai sur les données immediates de la conscience (1889), de Henri Bergson (cf. "Um ser livre", DM, pp. 456-457).

Seminário dos ratos (1977), de Lygia Fagundes Telles. Ed. José Olympio (Entrevista *Fatos & Fotos*, 1977).

CLARICE LISPECTOR EM MANCHETE

Romance

Clarice Lispector, a jovem autora que se distinguiu com a publicação de seu livro lança A *cidade sitiada*.

(*Pan*, 28/8/1949)

Ida para Washington

Em companhia de seu esposo, o cônsul Maury Gurgel Valente, embarcou para Washington a romancista Clarice Lispector. A autora de *Perto do coração selvagem*, que está escrevendo um novo romance, deverá residir de quatro a seis anos no estrangeiro.

("Vida Literária" – *Diário Carioca*. "Suplemento de Letras e Artes", 7/9/1952)

No Rio

Encontra-se no Rio a escritora Clarice Lispector, que reside em companhia do marido nos Estados Unidos. Clarice Lispector é considerada uma das melhores escritoras atuais brasileiras.

("Sociedade" – "Coluna Jacinto de Thormes". *Diário Carioca*, 23/6/1955)

Escritores não são de carnaval; fogem ou ficam escrevendo

Os que ficaram no Rio: Antonio Olinto (escrevendo e lendo); Clarice Lispector (com os filhos); Eduardo Portella ("que brincará em tudo");

Lúcio Cardoso (escrevendo); Barbosa Mello, Eneida ("brincando, também, pois não"); Saldanha Coelho, Manuel Bandeira (resfriado, trabalhando); Ferreira Gullar (seu carnaval foi o Baile dos Pierrôs).

(Coluna "Vida Literária" – Mauritônio Meira. *Jornal do Brasil*, 1960)

Autora conhecida em todo país

Depois de um longo tempo, Clarice Lispector (*O lustre*) volta a publicar livros; e volta cercada de grande expectativa em face do movimento que se formou nos meios literários de um protesto generalizado pela recusa de seu livro *Maçã no escuro*, por parte de uma de nossas grandes editoras. Como se recorda, não foi a simples recusa que desencadeou o movimento: afinal de contas, qualquer editora pode recusar os originais que quiser. Foi a devolução dos originais especialmente solicitados para uma edição, quatro anos antes.

Resultado: de uma escritora de obra conhecida quase que por um pequeno grupo, Clarice Lispector passou à condição de autora conhecida em todo país, em face daquela onda.

Noite de autógrafos

Comentário geral ouvido durante a noite de autógrafos de Clarice Lispector, anteontem, na Eldorado, em Copacabana, que estava apinhada de gente: "A coqueluche agora é lançamento de livros." A noite chamada de autógrafos do Festival do Escritor. Clarice ficou feliz, mas não houve jeito de levá-la para um programa de televisão. Disse a autora: "Estou me sentindo muito sabonete. Mas quero ir aos poucos." Referia-se à propaganda que se está fazendo sobre seu (excelente) livro (de contos) *Laços de família*.

(Coluna "Vida Literária" – Mauritônio Meira. *Jornal do Brasil*, 31/7/1960)

Clarice na sociedade de seu tempo

Com qual mulher você gostaria de parecer?

Regina Duarte – 19,3

Marília Pêra – 7,4

Florinda Bulcão – 5,6

Elis Regina – 4,1

Clarice Lispector – 2,6

Djanira – 1,1

Teresa Sousa Campos – 0,7

Nenhuma delas – 59,2

("Caderno Mulher 73." *Correio da Manhã*. "O que ela quer, o que ela precisa, como ela se vê na sociedade de hoje." Elena Martins – Pedro Couto)

Os filhos

Se um homem atravessasse o Paraíso num sonho, e lhe desse uma flor como prova de que estivera ali, e se ao acordar encontrasse essa flor na sua mão, a quem, Clarice, você daria? A escritora respondeu que daria aos seus filhos. (Em entrevista para o programa "Olho por Olho".)

("Coluna Preto no Branco" – Carlos Alberto. *Tribuna da Imprensa*, 26/5/1970)

Madura para o público

Uma editora de São Paulo, a Francisco Alves, graças à inteligência e à argúcia do romancista Paulo Dantas, verificou que a escritora se achava, do ponto de vista comercial, "madura" para o grande público. Era só publicar um livro seu para vender à vontade. E o certo é que essa editora vai lançar *Laços de família*, de Clarice Lispector, entre julho e agosto, como volume 5 da sua coleção Alvorada, recém-iniciada. Alguns desses contos foram publicados no Rio, pela revista *SR*, e são de alta qualidade técnica e literária. A escritora juntou a esses outros inéditos e mais alguns que haviam saído em volume (de pequena tiragem) dos Cadernos de Cultura, de Simeão Leal.

Nenhuma outra publicou tanto e tão bom

Clarice Lispector nasceu numa pequena aldeia da Ucrânia e veio, criança, para o Brasil. Seus pais se fixaram em Recife, onde iniciou os seus estudos. Depois, no Rio, enquanto fazia jornalismo, estudou direito, casou-se com um diplomata, e publicou o seu primeiro romance *Perto do coração selvagem*. Vieram mais tarde *O lustre* e o livro de contos *Laços de família*, coleção de pequenas obras-primas. Seu terceiro romance *A maçã no escuro*, levou quatro anos em poder de editores, sem ser publicado. Lançou-o, por fim, a Livraria Francisco Alves, ao mesmo tempo com o livro de contos. Considerada uma grande pensadora, embora de leitura difícil, Clarice Lispector foi, sem dúvida, a mulher do ano no campo literário. Nenhuma outra publicou tanto, nem tão bom, em tão pouco tempo, como Clarice.

(Revista *Manchete* – "As mulheres do ano" – Ibrahim Sued – "Rompendo com a rotina das 'Dez mais elegantes', sobretudo pelas limitações que impõe, apresento desta vez, as 'Mulheres do Ano'. Aqui estão, escolhidas entre as damas da sociedade e figuras de outros setores, as que a meu ver mais se destacaram em 1962. Esta seleção é uma homenagem a todas as mulheres do Brasil" (inclusive às da nova geração)

Escritora alienada?

Você viu o que o Henfil falou sobre você n'*O Pasquim*? Vi. No começo fiquei muito zangada, porque ele não me conhece o bastante para saber o que eu penso ou não. Não estou isolada dos problemas. Ele não sabe o que eu penso. Fiquei meio aborrecida, mas depois passou. Se eu me encontrasse com ele, a única coisa que eu diria é: Olha, quando você escrever sobre mim, Clarice, não é com dois esses, é com c, viu? Só isso que eu diria a ele. Mais nada.

(Sergio Fonta. "Clarice Lispector. O Papo." *Jornal de Letras*, abril de 1972)

Ser mãe

Perguntei a meus filhos o que pensavam sobre o assunto "mãe". Meu menino menor, de nove anos, respondeu sem hesitar: "É uma coisa útil." Pausa. "É uma coisa da natureza." Pausa, dessa vez depois de um instante de meditação: "Mãe é uma coisa muito simples..." Silêncio mais prolongado, e depois: "Mãe é para ajudar." Meu filho de treze anos, idade das grandes fomes, respondeu: "Depois do jantar eu digo." No meio do jantar me disse: "Mãe é bom, pai é bom; talvez seja por tradição que se fala mais em mãe." (No que precipitamos o Dia do Papai.) Quanto às mães propriamente ditas, para elas é difícil falar sobre serem mães. É uma coisa da natureza e é muito simples, mas complicadíssimo para se falar. Minha vida se transformou inteiramente desde o instante em que comecei a esperar meu primeiro filho. O conceito de liberdade se transformou, o conceito de futuro, a noção de direitos e deveres. Mas ser mãe não envolve escolha, é alguma coisa fatal: amor é o destino. Em conjunto, ser mãe é ótimo. E é tão essencial dar esse tipo de amor, com todas as suas dores, que uma pessoa sem filhos devia adotar uma criança. Agora, quanto ao que valem, realmente, as mães, só perguntando aos comerciantes.

(Rosa Cass – "Todo dia é dia das mães." *Diário de Notícias*, 13/5/1962)

Obra pessimista?

Muitos acham que a obra de Clarice Lispector é pessimista, como se o encontro do homem consigo mesmo trouxesse a melancolia. Ela não gosta da ideia, preferindo acreditar que o impacto emocional do que escreve corre por conta da reinvenção do leitor. Seus livros seriam assim espécies de trilhas, de onde cada um partiria para suas próprias descobertas.

(Rosa Cass – "Clarice Lispector e A maçã no escuro: ... Esse modo como em certa hora o mundo nos ama." *Diário de Notícias*, 30/7/1961)

Beleza

Uma das mais agradáveis surpresas que *Manchete* me proporcionou foi a de ter publicado a foto de minha escritora favorita, Clarice Lispector. Como é bonita, meu Deus! A que sacrifício devo submeter-me para adquirir uma cópia da foto? Fabiano Guimarães – Belo Horizonte – MG.

*Compre outra *Manchete*.

("O leitor em Manchete." *Manchete*. Edição 558 – 1962)

Clarice não tem secretária

Clarice não tem secretária. Uma senhora de maus hábitos andou pedindo por telefone, em nome de Clarice, de quem se dizia secretária, entradas para *My Fair Lady*. Clarice não tem secretária e se um dia vier a ter exigirá que a mesma se "manque". Quem conhece Clarice sabe que ela jamais pediria favores desse gênero.

("Coluna Espetáculos" – Thereza Cesário Alvim. *UH Revista*, 5/3/1963)

Inteligência e beleza

Eram seis homens em volta de um bom papo e algumas garrafas de uísque. Dois escritores, um diplomata aposentado, um ator de teatro, um industrial mineiro e eu começamos a falar de política, mas como não se chegasse à conclusão alguma, e todos gritavam ao mesmo tempo, passamos para mulheres. Um dos escritores disse que as mais bonitas eram burras e que as raras que conseguiam ser bonitas e inteligentes já estavam casadas há muito tempo. No fim da conversa, chegou-se à conclusão, por voto quase unânime (o industrial foi do contra), que das mulheres inteligentes do Brasil, a mais bonita e, certamente a que tem mais charme, é a escritora Clarice Lispector.

(Coluna Jacinto de Thormes – *UH Revista*, 1960)

Na grande área

Agradeço à escritora Clarice Lispector pela homenagem de seu telefonema: sabê-la interessada em futebol é uma alegria para mim.

("Coluna na Grande Área", de Armando Nogueira – "Bolas de primeira." *Jornal do Brasil*, 27/3/1967. "Primeiro Caderno", p. 19)

O Brasil rapidamente

Modern Brazilian Short Stories é o título do volume que está sendo lançado hoje nas livrarias dos Estados Unidos, edição da Universidade da Califórnia, em tradução de William Grossman (o tradutor para o inglês de Machado de Assis). Trata-se de uma coletânea de contos e novelas de autores nacionais. Dentre eles: Magalhães Jr., Mário de Andrade, Luís Jardim, Marques Rebelo, Graciliano Ramos, Aníbal Machado. De mulheres: Clarice Lispector, Rachel de Queiroz, Marília Penna e Costa e Dinah Silveira de Queiroz.

(Coluna Lea Maria, *Jornal do Brasil*, 4/4/1967)

Intercâmbio literário Brasil – Portugal

(...) Amigo de José Lins do Rego, instituidor e patrocinador de um prêmio literário com o nome do romancista de *Fogo morto*, Sousa Pinto vem servindo há mais de vinte anos a difusão de nossos escritores na área portuguesa com uma dedicação exemplar.

Em Angola e Moçambique encontrei livros de Guimarães Rosa, de Gilberto Freyre, de Erico Verissimo, de Clarice Lispector, de José Condé, de Jorge Amado, de José Américo de Almeida, de Vianna Moog, de Agripino Grieco, lançados por ele em primorosa apresentação gráfica.

(Coluna de Josué Montello – Livros do Brasil. *Jornal do Brasil*, 10/8/1967)

Os mais lidos

Os mais lidos – "Entre os escritores brasileiros mais procurados..." As mulheres mais procuradas são Rachel de Queiroz (José Olympio), Lygia Fagundes Telles (Martins), Cecília Meireles (diversas editoras) e Clarice Lispector (várias). (Depoimento de Alberto Abreu Matias, 1º Secretário do Sindicato Nacional dos Editores.)

(Regina do Prado. "A luta de hoje por um direito antigo." *Jornal do Brasil*, 15/4/1967)

Entrevista

Peraí, ó gente: cês tão roendo a corda antes do tempo. Tem muita gente boa, ainzinho no Rio, para ser entrevistada. Exemplo? Clarice Lispector. Outra glória? Antonio Candido. (Luana de Carvalho, SP)
    Clarice, Luana, só a Índio do Brasil com dois ss. [O jornal refere-se ao endereço para o envio das cartas dos leitores, rua Clarisse Índio do Brasil.]

("As cartas." *O Pasquim*, 1972)

A paixão segundo G.H.

Clarice Lispector tem um romance inédito. Pensou, a princípio, em lhe dar o título de "A tentação no deserto": depois resolveu pôr "Germinal", como o livro de Zola. Afinal decidiu-se: *A paixão segundo G.H.* Ao seu livro de contos e crônicas, também a sair brevemente, Clarice pensou em chamar "Os desastres de Sofia", mas um de seus filhos ponderou que essa famosa tradução continua a ser editada. Título adotado: A *legião estrangeira*.

(Coluna Rubem Braga – "Perplexidade Lispector." *Jornal do Brasil*, 27/6/1964)

Vagarosamente devoro palavra a palavra o romance mais recente de Clarice Lispector. Na décima página já é necessário mandar um buquê de rosas a Clarice Lispector.

(José Carlos de Oliveira (Carlinhos Oliveira) – "O homem e a fábula." *Jornal do Brasil*, 2/12/1964. "Caderno B", p. 3)

A legião estrangeira

A poucos dias de lançar A *legião estrangeira*, volume de contos e crônicas de Clarice Lispector, a Editora do Autor apresenta a mais recente obra da mesma escritora: A *paixão segundo G.H.* Romance ou novela? A própria editora não sabe explicar. Esclarece, apenas: "É uma coisa, uma coisa profunda e intensa, com a forte marca Lispector." (Capa de Renato Vianna.)

(Coluna "Escritores e Livros" – José Condé. *Correio da Manhã*, 5/11/1964)

"... com admiração e o abraço amigo..."

Ôba, a coleguinha escritora Clarice Lispector envia dois livros logo de uma vez para a biblioteca do Lalau: A *cidade sitiada*, em nova edição, e A *legião estrangeira* (contos e crônicas), em primeira edição. Obrigada, amiga. Isto significa que Stanislaw vai passar algumas noites na alegria literária sem ter que sair por aí, em badalações. Livro de Clarice tem até esta vantagem: protege a minha saúde.

(Coluna Stanislaw Ponte Preta – *Última Hora*, 26/10/1964)

A via crucis do corpo de Clarice Lispector

"Talvez seu livro mais explícito e mais direto." Clarice fala da mulher que amava um anjo, das duas mulheres que viviam com o mesmo homem, e da outra que se vê envolvida no amor de um ser extraterreno. Volume de 99 páginas. Cr$ 19,00.

(*Jornal do Brasil*, 20/7/1974)

Uma aprendizagem

Clarice Lispector alegre. Seu último romance *Uma aprendizagem ou o livro dos prazeres* (1969) está agora em terceira edição.

(Coluna Gilda Serzedelo Machado. *Tribuna da Imprensa*, 30/3/1973)

Objeto gritante

Seus livros têm muito de autobiografia? Não, não tem, não. Nem mesmo esse que já entreguei ao editor. Chama-se *Objeto gritante*. Não é nem romance, nem conto, nem novela, nem ensaio, nem autobiografia. É apenas uma mulher falando. E essa mulher sou eu, que me assumo até como escritora. Nesse livro me refiro levemente a fatos da minha vida, mas não é autobiográfico, a minha vida pessoal não está lá.

(Sergio Fonta. "Clarice Lispector. O Papo." *Jornal de Letras*, abril de 1972)

Uma Lispector que se chama Elisa

(...) aberto o volume o pasmo foi total: o tão cobiçado prêmio foi conquistado por uma mulher e os homens ainda não se acostumaram às vitórias femininas. Além disso, o nome da laureada espicaçava a curiosidade. (...) Elisa Lispector terminara de escrever *O muro de pedras* há dois anos, mas deixara o livro guardado numa gaveta, como que amadurecendo.

Clarice, que lera num jornal a notícia do concurso – insistiu com a irmã para que ela apresentasse o seu romance. Faltavam poucos dias para se encerrar o prazo da inscrição. Era preciso entregar o original em três vias. A irmã não lera o livro, mas a instigava: "Você não tem nada a perder, a não ser que empenhe a esperança." Elisa resolveu se refugiar em Teresópolis e, num fim de semana, bateu a máquina as cem páginas de *O muro de pedras*.

(Texto de Vera Pacheco Jordão – *Manchete* – Edição 574 – 1963)

O IV Centenário do Rio de Janeiro

Pernambucana porque nasceu em Recife, mas carioca de toda a vida (embora conserve o sotaque), a escritora Clarice Lispector sente-se contente em ver que a literatura muito evoluiu nos últimos anos, em todo o Brasil e, sobretudo, no Rio. Embora fugindo a entrevistas, pois diz sentir-se como colegial recém-saída do internato quando tem que responder a perguntas, uma exceção em homenagem ao IV CENTENÁRIO. Afirma não estar "sentindo" a passagem destes quatro séculos do Rio, mas talvez as razões sejam todas de ordem pessoal. Mesmo assim, desacredita em grandes comemorações que venham a ocorrer, "pois não há vibrações no ar". E, finalizando, Clarice diz estar radiante por saber que pode ser incluída na lista daqueles que, de alguma forma, contribuíram para mostrar um pouco desta cidade maravilhosa. Com o seu magistral conto "São Cristóvão" – que ela também considera muito bom.

("Rio, amor de 400 anos – nomes que contribuíram para a atmosfera atual da terra carioca manifestam-se a respeito do IV Centenário." *Correio da Manhã*. Feminino. 24/1/1965 – Os outros perfis da matéria: Gisela Machado (figurinista dos shows de Carlos Machado, seu marido); Carmen Portinho e Berta Leitchic – engenheira)

Literatura de exportação

The New York Times Book Review, revista literária dominical do *New York Times*, publica um artigo de Antonio Callado sobre o atual panorama da literatura brasileira, onde se destaca a categoria exportável, já atingida pelos nossos autores. Guimarães Rosa é apontado como o maior escritor vivo do país e, entre outros, merecem atenção e comentários especiais os escritores Jorge Amado, Erico Verissimo (o único que pode viver do que produz), Viana Moog, Márcio Moreira Alves e Carlos Heitor Cony. Mas é Clarice Lispector, com A *paixão segundo G.H.*, que ocupa a maior parte do artigo. Callado lamenta a pouca familiaridade do público norte-americano com os livros da grande escritora.

("Segunda Seção." Wilson Figueiredo. *Jornal do Brasil*, 8/1/1965. "Primeiro Cad.", p. 8.)

Fatalidade fisionômica

A muitos nossa extraordinária escritora impõe distância. Diante daquela mulher que tem na estrutura fisionômica um esquema de Greta Garbo; que olha mais para dentro do que para fora, contemplando sua paisagem interior rica de ternura e originalidade; que sabe dar às palavras o peso das próprias coisas que elas representam; que tem pudor diante dos fatos, que nunca descreve, lidando com seus efeitos e ecos – diante desta mulher se criam lendas lisonjeiras, mas que ela recusa:

"Eu não quero ser particular. Acho que a ideia que as pessoas fazem de mim resulta de uma espécie de fatalidade fisionômica. Tenho essa cara esquisita que você está vendo. As pessoas adivinham coisas que não sinto nem sou."

E quando busco focalizar um fato que destacaria ainda mais a sua personalidade, corta:

"Não, Pedro, não faça isso. Não gosto de falar nisso, compreende? Uma coisa dessas enfeita muito a pessoa. Bota halo. Eu não gostaria de aparecer enfeitada."

(Pedro Bloch entrevista Clarice Lispector. *Manchete*, 1964)

La Fiorentina

Clarice foi almoçar no Fiorentina e ficou admirada quando o garçom que a servia começou a falar nos seus livros, mostrando que os havia lido e citando inclusive detalhes de A maçã no escuro e O lustre.

("Na hora H", de José Mauro. *Última Hora*, 19/11/1963)

Clarice, um gênio do romance

Clarice Lispector está para nossa literatura assim como Virginia Woolf está para a inglesa, e Gertrude Stein e Carson McCullers, para a narrativa norte-americana. Seu último romance, A maçã no escuro, tem linguagem própria e requintada. Em suas narrativas não há nada que possa ser qualificado de "literatura feminina". É literatura mesmo, de alta categoria, que confirma o seu gênio.

(*Manchete* 633 – Ibrahim Sued apresenta as 10 melhores)

Entrevistas...

A escritora Clarice Lispector negou-se a dar uma entrevista a um cronista literário carioca, dizendo-lhe pelo telefone: "Não estou escrevendo, não quero saber de escrever e tenho raiva de quem escreve."

("Na hora H." *Última Hora*, 16/9/1965)

Clarice... personalidade gótica

Zózimo define o estilo gótico destinado a dominar a década de 1970 em vários itens. Cito alguns:

"Como personalidades supergóticas podem ser citados: João Gilberto, Lúcio Costa, Flávio Rangel, Armando Marques, Clarice Lispector, Nélida Piñon, Dener."

"Rogério Sganzerla é gótico, mas a Helena Ignez não. O Glauber não é. Góticos são Marisa Urban, Luis Carlos Miele (Bôscoli não), Jô Soares, Betty Faria (se a Tania Caldas se esforçar muito poderá vir a ser), Maria Bethânia, Clóvis Bornay, Carlos Imperial, Danuza Leão."

"Passar férias em Petrópolis é supergótico, mas em Teresópolis não. Estão por fora também Cabo Frio e Búzios. Mas Angra já é gótico. Olinda, em Recife, também é. Friburgo, então, cai de gótico, mas já Guarujá não podia ser menos gótico."

"Banho de piscina ou ir ao cabeleireiro nunca, mas fazer surf, pesca submarina, ou exercitar-se na pelota basca é. O Renault, cabeleireiro, é gótico, mas a Oldy, não."

"Para terminar: mulher é gótico, e homem, não."

"P.S. Acreditar em tudo o que está escrito acima é muito pouco gótico."

(Coluna Zózimo Barroso do Amaral. "Ser ou não ser gótico." *Jornal do Brasil*, 28/2/1970)

Marcha da Liberdade toma conta da cidade

Esta madrugada, professores, mães e religiosos reuniram-se em assembleia geral, no Colégio Santo Inácio, ocasião em que confirmaram o comparecimento em massa. A escritora Clarice Lispector (foto) e a artista Tônia Carrero participaram do encontro, levando solidariedade aos manifestantes.

(*Última Hora*, 26/6/1968)

Clarice Lispector autografa em Belo Horizonte o *Coelhinho Pensante*

Andou à tarde pelas ruas, observou as vitrines, os mineiros e quase BH inteirinha. Tomou um carro e foi para Sabará. "Vi as igrejas, casas azuis, rosa e cansei-me mais ainda. Acho que até quando for dormir estarei ainda tonta de tanto olhar as igrejas, as casas rosa e azuis."

(*Jornal do Brasil*, 24/8/1968)

Independência financeira

"Não consegui a independência financeira pela literatura. Não fosse o ordenado como colunista numa revista e num matutino, morria de fome. Os 10% no preço de capa dos exemplares de minha obra não me permitiriam viver."

("Clarice, um diálogo quase impossível." *O Globo*, 2/7/1969)

Pelé e os intelectuais

A Superintendência da Borracha homenageia hoje o Pelé industrial com um jantar de 120 talheres no Marimbás. Da lista de convidados não consta nem um só cronista ou comentarista esportivo. O próprio Pelé pediu (...) sugeriu que lhe fosse dada melhor a oportunidade de conhecer os escritores, compositores e artistas do Rio. E assim foi feito, reunindo-se hoje ao redor do atleta nomes como Clarice Lispector, Di Cavalcanti, Tom Jobim, Otelo Caçador, Lúcio Rangel, Baden Powell, Paulo Mendes Campos e muitos outros.

(Coluna Zózimo Barroso do Amaral, *Jornal do Brasil*, 8/1/1971)

Henfil e Clarice

Em primeiríssima mão: Clarice entregou mais um original pros seus editores. Segundo a escritora, não é romance, nem conto, nem crônica, não se enquadra em nenhum gênero literário, o que também é ótimo. Título da obra: *Objeto gritante* (isso nem o Sabino e o Braga sabem). Por falar em Clarice: o que o Henfil fez no *Pasquim* nº 138 contra Clarice foi um negócio que não tem nada a ver, foi superfurado. Não sei o que deu no Henfil, um cara que costuma ser tão bacana. Ô Henfil, vê se conserta esse revertere.

(Sergio Fonta. "Mercado." *Jornal de Ipanema*. Março de 1972)

Clarice gravou um depoimento para o MIS de Curitiba

Clarice esteve em Curitiba há algum tempo para receber o prêmio que a Fundepar lhe ofereceu como uma das vencedoras do II Concurso Nacional de Contos (1969). Gravou um depoimento para o MIS que teve que ser extraído com muita insistência.

Autógrafos

Abri uma exceção em minha ojeriza pelas tardes de autógrafos para ver Clarice Lispector, que ficou menos de dez horas em São Paulo. Diverti-me muito com algumas gafes da escritora. Um seu colega, muito conhecido do público, comprou um livro e pediu o autógrafo. "Eu sou fulano de tal." Clarice escreveu o primeiro nome, e empacou. Vermelha de vergonha, balbuciou: "Fulano de quê?"

(Dia e Noite. Egidio Squeff)

Direitos autorais

Receita do escritor – Muito se repete que no Brasil não pode um escritor viver se não se dedicar a outro ofício diferente daquele a que o impele a sua pura vocação artística. Os editores pagam muitíssimo mal. Eis aqui um exemplo: de Clarice Lispector disse Alceu Amoroso Lima que seu romance de estreia *Perto do coração selvagem* "foi como um vento impetuoso que atravessasse nossas letras e viesse bruscamente revelar uma Emily Brontë das praias guanabarinas." Pois bem. Tal declaração não abalou as rígidas convenções contábeis dos editores de seu segundo romance, *O lustre*.

Senão vejamos. Clarice Lispector recebeu pela edição desse belo livro a importância de Cr$ 5.600,00, sendo Cr$ 2.800,00 por ocasião do lançamento e o restante em magras prestações semestrais.

Vejam agora se pode um escritor viver de literatura.

(Mosaico. Nelson Viana. Revista sem identificação. ACL/AMLB-FCRB)

Escritoras acham monótona mortalidade para mulher

"Eu me sentiria fora do meu ambiente lá. Não pretendo entrar para qualquer academia do mundo, isto está fora da literatura, para mim. Pode ser uma consagração, mas consagração não me interessa. O que me interessa é trabalhar."

(Recorte s.d, s.l. ACL/AMLB-FCRB)

Prêmio Machado de Assis

O que se comenta nos meios literários é que o próximo vencedor do Prêmio Machado de Assis será retirado da seguinte relação: Octavio de Faria, Ana Amélia, Clarice Lispector, Antonio Candido e Andrade Muriel. E o que se comenta também é que de todos reúne as maiores chances Octavio de Faria, que já figurou na relação de prováveis do ano passado.

(Coluna Zózimo Barroso do Amaral. *Jornal do Brasil*, 24/1/1970)

É proibido reproduzir

Jorge Amado, Carlos Drummond de Andrade, João Cabral de Melo Neto, Otto Maria Carpeaux, Fernando Sabino, Clarice Lispector, Vinicius de Moraes, Antonio Callado, Paulo Mendes Campos, Rubem Braga, os herdeiros de Manuel Bandeira e Sérgio Porto, entre muitos outros, assinaram um documento na União Brasileira de Escritores, juntamente com seu presidente Peregrino Júnior, pelo qual fica terminantemente proibida a reprodução (livros, periódicos, qualquer forma de divulgação) de textos de sua autoria sem autorização prévia. A proibição se refere também a reedições, inclusive de antologias e livros didáticos.

(Coluna Zózimo Barroso do Amaral, *Jornal do Brasil*, 24/6/1970)

Declaração de escritores

Os autores abaixo-assinados (...) tornam público para resguardo de seus direitos que a partir desta data não permitirão sejam reproduzidos por outrem (...) textos de sua autoria, sem expressa autorização prévia. (...) Firmam o documento: Vinicius de Moraes, Paulo Mendes Campos, Peregrino Júnior, Jorge Amado, Clarice Lispector, Fernando Sabino, Otto Maria Carpeaux, José Carlos Oliveira, João Cabral de Melo Neto, Autran Dourado, Eneida, Rubem Braga, Santos Morais, Antônio Houaiss, Hélio Pólvora, Stella Leonardos, Geraldo França de Lima, Otto Lara Resende, Íris de Carvalho, Fernando de Menezes. E, também, a Sra. Maria de Lourdes de Sousa e Dirce de Araújo Porto, como herdeiras, respectivamente de Manuel Bandeira e Sérgio Porto (Stanislaw Ponte Preta).

(Coluna Carlos Drummond de Andrade – *Jornal do Brasil*, 30/6/1970 – trecho)

Incêndio

Clarice Lispector, escritora e jornalista, que teve seu quarto incendiado, na noite de terça-feira, sofrendo queimaduras de até 3º grau nas pernas e braços, deverá deixar a Casa de Saúde Pio XII, dentro de quinze dias, após ser submetida a várias intervenções cirúrgicas.

O incêndio foi motivado, segundo a polícia, por uma ponta de cigarro acesa e destruiu por completo o quarto da escritora, no apartamento 701 do prédio 88, da rua Gustavo Sampaio, no Leme, destruindo parte de sua biblioteca e alguns trabalhos em vias de execução.

Presteza

Os vizinhos do prédio em frente, ao perceberem as chamas, acordaram o porteiro, Sr. João Medeiros Farias, que debelou o incêndio em pouco mais de meia hora. Segundo João, a chegada dos bombeiros deu-se com muito atraso e sua pronta intervenção, com baldes de água, evitou que o fogo se alastrasse a outras dependências do apartamento e mesmo a todo o edifício.

Clarice queimou pernas e braços, mas conseguiu despertar seus filhos, retirando-os a tempo do local. O porteiro, quando procurava descobrir as chamas, encontrou a escritora sentada num sofá, no apartamento vizinho, bastante calma, aguardando os bombeiros. As empregadas da casa, Maria Lêda Oliveira e Leiloni Barbosa, incumbiram-se de remover os restos carbonizados de objetos da escritora e segundo afirmaram D. Clarice terá que refazer grande parte de seu apartamento, cuja pintura foi totalmente estragada pelas chamas.

(*Correio da Manhã*, 17/9/1966. "Primeiro Caderno", p. 9. "Clarice queimada em incêndio teve várias operações")

Clarice Lispector demitida sumariamente do *Jornal do Brasil*

Inacreditável, mas rigorosamente verdadeiro: Clarice Lispector, considerada uma das maiores cronistas brasileiras e grande figura da nossa literatura (sem falar na sua categoria humana excepcional), foi demitida ontem do *Jornal do Brasil*. E demitida com um simples bilhete, acompanhado das 3 crônicas que estavam no jornal como adiantamento. O bilhete foi assinado pelo Sr.Walter (gate) Fontoura, que não tem gabarito profissional nem para se dirigir à Clarice Lispector, quanto mais para demiti-la. (...)

Logo no início da crise do *Jornal do Brasil*, dissemos que na raiz de tudo estava a briga entre árabes e judeus. Agora, o pânico maior na redação desse jornal é dos judeus ou dos que tenham nome arrevesado que possa parecer judeu. (...)

A demissão da escritora Clarice Lispector, da forma como foi feita e pela própria demissão em si, teve enorme repercussão. Clarice tem fabuloso prestígio intelectual e sua demissão provocou estarrecimento geral. (...)

O *JB* se recusou a pagar indenização a C.L., afirmando que ela era colaboradora e não tinha direito à indenização. Vários grandes advogados trabalhistas já se ofereceram para defender de graça os direitos de Clarice Lispector, pois a nova lei não faz distinção entre colaborador ou outra qualquer categoria. Escreveu em jornal, trabalhou, tem direito à indenização. Será mais uma ação...

(Coluna Hélio Fernandes – *Tribuna da Imprensa*, 4/1/1974)

Sobriedade e elegância

Dá gosto, às vezes, de ligar a televisão só para ver o comportamento no vídeo de uma figura como Clarice Lispector. Uma presença de rara elegância e sobriedade que só pode contribuir para elevar o nível de um programa.

(Coluna Zózimo Barroso do Amaral – *Jornal do Brasil*. "Contraponto." 13/3/1971)

SEGUNDA PARTE
Vida-vida e vida literária

A ÁRVORE GENEALÓGICA

"Suas existências não foram excepcionais, convenho, mas foram dignas por um certo aspecto sadio com que viveram nos períodos de relativa paz, e também pela parcela com que, até nos tempos adversos, souberam contribuir na observância e transmissão das tradições que asseguram basicamente a sobrevivência e a continuidade de um povo muitas vezes milenar. (...)
"Não que eu tivesse a preocupação de reconstituir a árvore genealógica da família. Para quem pertence a um povo que raramente chega a enterrar num mesmo solo os seus mortos de duas ou três gerações, em consequência dos surtos de perseguições e das migrações que fatalmente se impõem, mais fácil do que situar as raízes dos antepassados ainda que próximos, é invocar o testemunho dos Reis e Profetas Bíblicos, seus ancestrais."

(Elisa Lispector. *Retratos antigos – Esboços a serem ampliados*, pp. 82-83)

Tentativa de atualização

Coube a Elisa Lispector, a primogênita do casal Pedro e Marieta, registrar através da literatura os fatos que me ajudam a delinear os "retratos antigos" de seus ascendentes. Duas gerações que a antecederam: os avós e os pais. A principal guardiã da memória da família fez da ficção literária o seu modo de estar no mundo e um instrumento para deixar um testemunho sobre os antepassados de origem judaica, nascidos em solo ucraniano, de nacionalidade russa, que encontraram no Brasil a possibilidade de reconstruírem suas vidas.

Por isso, ao atualizar a "Árvore Genealógica" que construí e publiquei na primeira edição de *Eu sou uma pergunta* (1999), com a colaboração de membros das famílias Asrilhant, Wainstok e Rabin, recorro ao livro *Re-*

tratos antigos (2012), de Elisa Lispector. Embora desconhecido naquela época, *Retratos antigos* foi mencionado por Renard Perez no depoimento que me concedeu e no texto sobre Elisa Lispector intitulado "Lembrança de Elisa Lispector", escrito sob o estímulo de nossas conversas e que resultaram em seu depoimento. Ele me confiou uma cópia datada em 22/10/1996. Naquela ocasião, não indaguei a família sobre esse livro. Ao sublinhar que seus familiares "souberam contribuir na observância e transmissão das tradições que asseguram basicamente a sobrevivência e a continuidade de um povo muitas vezes milenar", Elisa Lispector mostrou a importância de se cultivar a herança que lhe foi transmitida. Ela tinha uma visão coletiva, escrever sobre sua família foi também contribuir para assegurar a sobrevivência cultural e histórica dos judeus que elegeram o Brasil como a sua pátria. Se ela disse que não teve a preocupação de reconstituir a "árvore genealógica da família", pelo menos estimulou esse movimento ao escrever *Retratos antigos*, assim como *No exílio* (1948), seu segundo romance, que narra em forma de ficção a saga da família Lispector da Ucrânia ao Brasil. Segundo a escritora Maria Alice Barroso, em depoimento a *Eu sou uma pergunta*, foi a partir de uma sugestão dela, então diretora do INL – Instituto Nacional do Livro, que Elisa submeteu *No exílio* ao INL. A segunda edição foi lançada em 1971, a partir de uma coedição da Editora Ebrasa com esse instituto. Elisa, inclusive, quando escreveu ao professor Pietro Ferrua, do Lewis and Clark College, em 30/9/1972, ofereceu-lhe para traduzir *Sangue no sol* e *No exílio*, mostrando sua preferência por este último (cf. AEL-IMS). Se Elisa tinha necessidade de compartilhar essa memória, Clarice não demonstrava o mesmo. Eliane Zagury, em depoimento a *Eu sou uma pergunta*, recorda-se de Clarice mostrar-se incomodada ao saber da reedição de *No exílio*. Zagury prestou serviços ao INL, foi assessora de Maria Alice Barroso. O conhecimento de Clarice sobre seu passado na Ucrânia lhe fora transmitido principalmente por Elisa, ela foi a fonte. Mexer nessa parte de sua história era reavivar passagens dolorosas da vida dos Lispector.

Retratos antigos foi escrito para os seus sobrinhos, um livro para ser lido somente em família, mas que se tornou público porque pesquisadores tiveram acesso aos originais através de Nicole Algranti, a sobrinha-neta que inspirou a tia Elisa a escrevê-lo. Lembro quando Nicole comentou ter encontrado em uma caixa da tia Elisa as cartas de Clarice para as irmãs.

Foi em 2006 quando nós estávamos construindo com a atriz Giovanna De Toni o evento "Clarice Multimídia", apresentado em janeiro de 2007 no Centro Cultural do Banco do Nordeste, em Fortaleza.

Retratos antigos: do baú de Elisa Lispector para a biografia de Clarice

Uma parte das cartas foi reunida em *Minhas queridas*, volume que organizei no final do ano de 2007. Nicole Algranti comentou sobre *Retratos antigos*, tive interesse em lê-lo, mas por ser um livro dirigido aos sobrinhos de Elisa, portanto à família, me fez temer entrar em uma seara que não me pertencia. Quando Benjamin Moser a entrevistou, Nicole Algranti fez uma cópia do datiloscrito para ele. O biógrafo norte-americano, autor de *Clarice*, (Cosac Naify, novembro, 2009), uma tradução de *Why this World?* (Oxford University Press, agosto, 2009), o usou como fonte de pesquisa pela primeira vez em uma biografia. Ele referiu-se às "memórias não publicadas" de Elisa Lispector, de onde extraiu informações sobre a vida dos Lispector na Ucrânia, muitas delas entrelaçadas com as narradas em *No exílio*. Ao se deter, especialmente, no relato de Elisa Lispector sobre a causa da invalidez de sua mãe, Marian Lispector, que progressivamente ficou paralítica: "foi o trauma decorrente de um daqueles fatídicos *pogroms*", o biógrafo deixou entrever a espinha dorsal de sua obra: percorrer o caminho literário e biográfico a partir da origem judaica de Clarice Lispector.

A *Retratos antigos*, o biógrafo norte-americano somou outras fontes como *No exílio* e a crônica "Pertencer" (*JB*, 15/7/1968), na qual Clarice relata as circunstâncias em que foi gerada, para explicar o episódio trágico sobre Marian Lispector. Além disso, o biógrafo incluiu suas pesquisas sobre as superstições na Ucrânia ligadas à gravidez de mulheres doentes e a interpretação de médicos quanto à evolução do quadro de sífilis em grávidas. E citou, em uma nota de rodapé, o depoimento da pesquisadora Claire Varin (autora de uma tese sobre a escritora defendida em 1986), no qual ela afirmou ter ouvido de uma amiga íntima de Clarice que lhe confessou que a mãe foi violentada. Esta amiga não foi identificada na nota. Parece-me que o biógrafo concluiu que houve a violação da mãe de Clarice por soldados russos em um *pogrom* baseado no depoimento de

Claire Varin. Quando Benjamin Moser procurou-me em 2005 ou 2006, falou-me de suas pesquisas e aludiu ao episódio sobre a mãe de Clarice. Queria saber se eu conhecia algo sobre o assunto. Não lhe revelei nada a respeito do que ouvira do primo Henrique Rabin. A nota de rodapé sobre o depoimento de Claire Varin passou despercebida, a passagem trágica da biografia de Clarice Lispector descoberta por ela, mas silenciada em sua tese, foi revelada na biografia de Benjamin. Essa revelação gerou muitos debates e alguns artigos de pesquisadores. A própria família de Clarice Lispector desconhecia esse fato, como ficou registrado em uma nota de rodapé. O biógrafo informou que não havia depoimentos das filhas Tania e Elisa que "confirmassem a hipótese de estupro", e acrescentou: "Outras fontes atribuem a paralisia de Mania a um choque traumático (possivelmente um espancamento) ocasionado por uma violência no *pogrom* ou por outra doença" (Moser, 2017: 476). Outros diagnósticos foram revelados pelas primas de Clarice, as médicas Sarita Rabin Goldstein e Bertha Lispector Cohen, e o primo, dr. David Wainstok (cf. capítulo "Os laços de família: Lispector, Krimgold, Rabin, Wainstok e Asrilhant" no tópico: A mãe de Clarice, Elisa e Tania).

Dentro desse contexto biográfico, *Retratos antigos* ficou mais associado a esse episódio da vida da família Lispector. O mais doloroso, certamente. No entanto, o relato de Elisa Lispector guarda "toda uma atmosfera a ser reconstituída", como ela escreveu, e isso só poderia ser percebido quando o livro fosse publicado. E aconteceu, mas, antes disso, o episódio trágico envolvendo a mãe de Clarice foi dissecado em vários ângulos.

O questionamento de leitores e pesquisadores sobre a veracidade desse episódio deve-se à metodologia adotada pelo biógrafo. Suas afirmações foram apresentadas e explicadas a partir de fontes que geraram dúvidas, e não certezas. O único documento oral que poderia corroborar sua tese, o depoimento de Claire Varin, ficou restrito a uma nota de rodapé.

Somente em 4 de dezembro de 2011, em uma matéria na *Folha de S. Paulo* sobre Elisa Lispector em que foi mencionada a edição de *Retratos antigos*, veio a público o depoimento de Claire Varin: "Era uma dor familiar muito bem guardada", como disse à *Folha* a canadense Claire Varin, renomada estudiosa de Clarice. Ela conta ter ouvido a história de Olga Borelli, amiga íntima da escritora (...) "Clarice contou a Olga. Nunca usei a informação porque não cabia nas minhas pesquisas. Acho a doença da mãe mais relevante que sua causa para entender Clarice", diz Claire, que Moser entrevistou para a biografia. Para ele, a dor de saber dessa violência também joga luz sobre textos da escritora (cf. "O que a irmã deixou para a história". Paulo Monteiro. *Folha de S. Paulo*, 4/12/2011).

O depoimento de Claire Varin não chegou a ecoar entre pesquisadores, eu tomei conhecimento em 2019, quando a pesquisadora Júlia Braga Neves falou-me sobre matéria da *Folha* porque ela estava escrevendo um artigo sobre as biografias de Clarice Lispector (cf. *Marketing Lispector: Life Writing as Literary Criticism*. (No prelo) para *After Clarice*, Ed. Legenda (Oxford), livro organizado por Claire Williams e Adriana Jacobs com diversos artigos, uma homenagem pela passagem do centenário da escritora).

Claire Varin voltou a recordar o episódio em "Clarice hoje", um bate-papo entre ela e Simone Paulino, mediado por Ovídio e organizado pela Embaixada da França em parceria com o Fórum das Letras e a Bienal Virtual do Livro de São Paulo, em 15/12/2020. O ensaio ao qual se refere é *Langues de feu* (Trois, 1990), uma compilação de sua tese de doutorado defendida em Montreal, no Canadá, em 1986:

"No meu ensaio eu usei elementos biográficos, mas só para esclarecer a obra. Só. Porque houve coisas que eu contei depois para Benjamin Moser que ele usou na biografia, que ele estourou, né?... ih... por causa daquela coisa que eu contei que tinha sido contada, pela Olga Borelli. Aquela coisa do... aquele acontecimento doloroso do estupro coletivo; quem me contou foi a Olga Borelli. Eu não queria usar isso, não. Mantive segredo anos, porque eu achava que não cabia contar isso num ensaio assim, porque não esclarecia a obra como tal. O que esclarecia a obra foi o fato de ela ter nascido em vão, digamos assim, porque ela não ajudou a curar a doença da mãe ao nascer porque era um desejo da... da... Você sabe da história, né? Então, isso eu usei porque me falava muito da relação com a língua materna, com a mãe, com a língua materna, e a culpa dela que ela tinha; que você vê essa culpa está ao longo da obra dela, a culpa de ter nascido em vão, a culpa disso, daquilo. Então falei muito disso no meu ensaio. Ela foi marcada por isso, então é importante, porque tem traços na obra."

Quando o dr. Henrique Rabin, primo de Clarice, concedeu um depoimento (gravado) para *Eu sou uma pergunta*, com informações sobre o passado dos Lispector na Ucrânia e em Maceió, fonte muito útil inserida na biografia, ele formulou uma hipótese para explicar a doença da mãe de Clarice: ela poderia ter contraído sífilis durante um estupro coletivo provocado pelos cossacos, pois isso poderia ocorrer nos *pogroms*. A hipótese de Henrique Rabin me fez perder muitas noites de sono naquele janeiro de 1994. Compartilhei esse episódio com amigas na PUC-Rio, onde eu elaborava minha dissertação sobre a biografia de Clarice. Somente quando tive um sonho que não me pareceu sonho, pois foi tão real que o interpretei como um sinal, eu cheguei a uma conclusão. Uma noite, num estado de sonho, vi a mãe de Clarice no meu quarto, ela me olhava fixo, sem dizer nenhuma palavra. Era a imagem da única foto que eu conhecia. Fiquei tomada por uma sensação de pavor, pois não me parecia um sonho. Foi muito forte. Pensar na possibilidade de ela estar ali... o episódio contado pelo dr. Henrique não saía da minha mente. Como abordar uma hipótese sobre um fato tão delicado? O tempo passou e cheguei à conclusão de que esse fato não devia constar na biografia. Tania Kaufmann jamais falou-me sobre isso em seus depoimentos quando lhe perguntei a respeito da doença de Marian Lispector. Não tinha respaldo em outras fontes. Outra biógrafa, a professora Nádia Battella Gotlib, também comentou esse episódio muitos anos depois em 2009, na sexta edição de sua biografia revista e aumentada: *Clarice, uma vida que se conta* (ao que parece lançada em abril de 2009). Mencionou o depoimento de Henrique Rabin em uma nota de rodapé (nº 49, p. 53), informando a mesma hipótese: "O processo infeccioso pode ter sido proveniente de uma sífilis contraída durante os *pogroms*, quando mulheres eram violentadas e aldeias inteiras eram destruídas."

Retratos antigos é publicado

Somente em 2012, *Retratos antigos* pôde dizer a que veio. Foi publicado pela editora da UFMG tendo como organizadora a professora Nádia Battella Gotlib. Marcia Algranti, filha de Tania Kaufmann e detentora dos direitos autorais de Elisa Lispector, permitiu que, a partir desse momento, o livro deixasse de ser exclusivo da família. A forma como foi organizado, com fotos e notas, tornou-o acessível para leitores e pesquisadores. Sua publicação é deveras importante, tanto para a bibliografia clariceana quanto para a de Elisa Lispector.

Estou relatando tudo isso para que você, leitor, entenda, a importância dessa obra de Elisa Lispector na atualização da árvore genealógica vinte e dois anos depois, como também na revisão da história dos antepassados. Com os retratos de seus avós e pais, ela ampliou e confirmou muitas informações que descrevera em *No exílio*, que por ser uma obra ficcional não pode ser interpretada como um retrato fiel da história dos Lispector, apesar de ela mesma ter revelado à professora Regina Igel: "*No exílio* tem muito de autobiográfico e de minha ligação com meus ancestrais. Ele representou para mim uma forma de liberação. Precisei expor as angústias, as tristezas de uma menina que viu os *pogroms*, os assaltos da multidão e a destruição sistemática de sua casa e a de outros judeus lá na Rússia. Aquela menina que não entendia nada daquilo ficou dentro de mim. A tristeza me acompanhou durante todo o fazer do livro, mas terminei-o num dia alegre para nós, quando foi aprovada pela ONU a criação de Israel" (cf. "O tigre de bengala. Os polos invisíveis da solidão humana". Regina Igel. *O Estado de S. Paulo*, 7/2/1985, p. 7).

Com *Retratos antigos*, o pacto com os leitores é outro. Ao retratar um perfil dos pais e avós através de um álbum de família, ela imprimiu a marca da história, não mais da ficção. Seu desejo se cumpriu, o de não deixar que essa memória se perca quando "os da minha própria geração não mais existirem" e "não houver mais ninguém para dar testemunho de suas vidas, de seus graus de parentesco" (Lispector, 2012: 81). Elisa Lispector devia ter consciência de que esses relatos poderiam um dia ser lidos em outra perspectiva, não somente como a história privada, mas a história coletiva de imigrantes judeus de origem russa. Nas palavras finais de *Retratos antigos*, ela afirmou que cumpriu o sonho que o pai não pôde realizar porque a vida "lhe negara". Ele lhe pedira para escrever sobre um tema: "Sobre um homem que se perdeu, que perdeu o caminho" (Lispector, 2012: 125-126).

O primeiro romance

A obra de Elisa Lispector nasceu de um desejo do pai. Inclinada à literatura, pois já escrevia histórias curtas, foi por causa de uma delas, publicada na revista *Esfera*, e mostrada ao pai, que decidiu escrever seu primeiro romance dedicado a Pedro Lispector: *Além da fronteira* (1945).

Somados aos livros de Elisa, temos os depoimentos dos primos de sua geração, que já faleceram, mas foram entrevistados em *Eu sou uma pergunta*. Isso permitiu ampliar, esclarecer e trazer novos dados para saber mais um pouco sobre a história dessas famílias, que poderiam ter ficado no limbo não fosse um de seus membros ter se tornado uma escritora talentosa e muito admirada.

Da Ucrânia para a Argentina – Chega de guerra!

Não foram os Lispector os primeiros a desembarcarem no nordeste brasileiro. A chegada dos ascendentes de Clarice Lispector começou pelo lado materno da família. Foram os sobrinhos de Tcharna Rabin Krimgold, a mãe de Marian Lispector, que saíram da Ucrânia em direção à Argentina. Isso foi possível porque os judeus criaram diversas iniciativas filantrópicas e atividades de beneficência, além de organismos internacionais prontos a acolher e ajudar aos imigrantes para enfrentarem as dificuldades no novo continente.

Os filhos de Leivi Rabin, irmão de Tcharna, segundo o depoimento de parentes das famílias Rabin e Krimgold (cf. Isaac Asrilhant, David Wainstok, Henrique Rabin, Sonia Krimgold Charifker para *Eu sou uma pergunta*) não suportaram mais as atrocidades da guerra Russo-Japonesa entre 8/2/1904 e 5/9/1905. Eles teriam que permanecer trinta anos no serviço militar. "Por serem judeus", enfatizou Isaac Krimgold Asrilhant, primo deles. Os Impérios russo e japonês disputavam os territórios da Manchúria e da China. A Rússia do Czar Nicolau sofreu uma derrota fragorosa. Foi nesse contexto de queda da monarquia somado a uma série de padecimentos para os judeus que cinco dos sete irmãos Rabin partiram da terra onde nasceram por volta de 1909.

O plano do Barão Maurice de Hirsch, fundador da Jewish Colonization Association (JCA), foi estabelecer colônias agrícolas na Argentina para os judeus perseguidos na Europa. Portanto, os primos de Clarice Lispector seguiram o itinerário da onda migratória para a Argentina e o Brasil. A iniciativa do Barão Hirsch era uma ideia partilhada por muitos, devolver o direito de os judeus possuírem terras e desenvolverem a agricultura, prática cultivada desde a Judeia. Com o intenso fluxo migratório da Europa, a Terra Santa e a América do Sul, especificamente a Argentina, foram as escolhidas. Depois a experiência se estendeu para o Brasil. (Dolinger, 2004: 21-22).

Os cinco irmãos Rabin foram para a Argentina e, em seguida, para o nordeste brasileiro. Abrahão ficou um período na Argentina, inclusive uma de suas filhas, Sara, nasceu nesse país em 1909. Pedro e Samuel, casados, fixaram residência no Recife, assim como Jorge, na época solteiro. A família Lispector imigrou para o Brasil em 1922, após os Rabin; seguida dos Krimgold, em 1927, o outro ramo da árvore do lado materno.

A árvore genealógica dos ascendentes de Clarice Lispector será apresentada em três etapas, uma família de cada vez, obedecendo ao critério cronológico segundo o ano de chegada ao Brasil. É uma forma de se entender como eles foram se inserindo em terras brasileiras e na comunidade judaica, de que maneira se estabeleceram suas relações com os pais de Clarice e suas primas: Elisa, Tania e Clarice.

Atualmente, seus descendentes residem em quatro cidades: Recife, Rio de Janeiro, São Paulo e Tel Aviv. No campo profissional, reúne médicos, engenheiros e advogados. Há os que seguiram na área das artes, alguns publicaram livros e artigos, um deles, David Rabin Wainstok, autor de uma autobiografia da qual se podem extrair memórias da família. Ao final do capítulo, há uma bibliografia com parte da produção de parentes de Clarice Lispector.

Não há notícia de que os membros dessas gerações, filhos e netos, tenham se dedicado somente à literatura, as irmãs Clarice e Elisa Lispector foram exceções; apesar de Elisa ter dividido sua trajetória durante um longo tempo como funcionária do Ministério do Trabalho. No entanto, a doutora Naomi Epel, a bisneta de Anita Krimgold Guitcis (a filha primogênita de Joel, irmão da mãe de Clarice) é autora de várias obras publicadas em Israel, onde ela reside. O mesmo ocorre com a engenheira Iara Margolis, neta de Pola Lispector Margolis (filha de Salomão e Mina Lispector), residente em Recife.

Primeira Geração na Ucrânia

Família materna: Rabin

Leivi Rabin casa-se com Sarah Schlemovic

O casal teve sete filhos. Leivi (Leib ou Leon) ficou viúvo de Sarah e casou--se com a também viúva Feiga Wainstok, a mãe de Israel Wainstok; este por sua vez casou-se com Dora Rabin, filha de Leivi. O casamento se justificou porque o hábito era o de todos viverem em família e os pais dos noivos não tinham onde morar. Era o costume da época, segundo o depoimento do neto David Rabin Wainstok em *Eu sou uma pergunta*. Leivi Rabin viveu um período em Maceió, pois acompanhou sua sobrinha Zinha Krimgold Rabin, que imigrou para esta cidade a fim de se casar com um de seus filhos, José Rabin, primo dela. Por volta de 1925, Leivi e Feiga mudaram-se para Israel, onde viveram até os seus últimos dias, segundo David Wainstok.

Seguem os nomes dos filhos de **Leivi** e **Sarah** em negrito como aparecem nos documentos. Ao lado do nome de cada um, encontram-se os das respectivas esposas; abaixo, os dos filhos e seus respectivos cônjuges.

Filhos:

Pinkas (Pedro – 5/5/1878) = Sara Wainsberg
Angelo
Sarita

Samuel (1881-1966) = Rosa
Jonas
Sarita = Otto Goldstein
Anita Bochner
Neco

Jorge (1885) = Rosa Rachel Rabin
Julio (1913-2006)

Abrahão (1889 – 5/10/1959) = Revecca Chichilnitsky (1889)
Sara Gilone (Argentina, 9/3/1909 – Israel, 12/1/2008) = Israel Arie Gilone

Moysés
Esther

Dora (+1952) = Israel Wainstok (+22/12/1978)
David (1914) = Enea
Jacob (1917)
Jonas (1918)
Anatolio (23/6/1924 – 21/8/1998) = Angela
Cecília (+8/12/2019)

José (1889 – 6/1/1947) = Zinha (25/4/1892 – 4/6/1946)
Sarah (16/5/1915 – 12/11/1976) = David Salomão Goldstein
Henrique (20/1/1917 – 1/3/2008) = Beatriz Gandelsman

Jacob (1889-1971)
Jonas

Família paterna: Lispector

Samuel Lispector casa-se com Echeved

O que se sabe até agora é que o casal teve sete filhos. Somente Pedro Lispector, pai de Clarice, e seu irmão caçula Salomão imigraram para o Brasil. Elisa Lispector cita outros quatro filhos dos avós Eva (ou Echeved) e Samuel Lispector em *Retratos antigos*: Yakiv, Rachel, David e Mechana. O neto Samuel Lispector mencionou também outra filha, Guitel. Inclusive, há um retrato dela com o marido e os filhos em *Retratos antigos*. Não há informações se faleceram na Ucrânia. O avô de Clarice, Samuel Lispector, era devotado ao estudo das escrituras sagradas. Era uma espécie de sábio, e procurado por muitos, segundo o relato da neta Elisa. A avó, que Elisa se lembra de ter visto uma vez, teve que assumir o papel de chefe da família, pois o marido Samuel faleceu precocemente com cerca de 40 anos.

Há mais dois familiares que não identificamos o grau de parentesco, como se deduz ao ler o relato do jornalista Júlio Lerner (que entrevistou Clarice Lispector na TV Cultura, em fevereiro de 1977), em *Clarice Lispector, essa desconhecida*. Uma informação raríssima! Parecem ser irmãos de Pedro Lispector: Shlioma e Iós. Ao solicitar uma pesquisa sobre a família Lispector a Duval de Vasconcelos Barros, Encarregado de Negócios da Embaixada do Brasil na Ucrânia, no Arquivo Estatal da Província de Vinnitsia, Lerner recebeu a seguinte resposta em 5 de maio de 2003: "Foram encontrados na lista dos eleitores para a Duma Estatal (Parlamento do Império Russo – nota do tradutor), de 1912, menção aos nomes de Pinkas Shmulevitch Lispector, proprietário de imóvel na cidade de Gaissin; Shlioma Shmulevitch Lispector e Iós Shmulevitch Lispector, pagadores do imposto industrial na cidade de Teplik, do *povit* (distrito) de Gaissin."

Confirma-se aqui que em 1912, um ano após o nascimento de Elisa Lispector, a família morava em Gaisin (no documento foi traduzido "Gaissin"). Júlio Lerner filmou na Ucrânia a inauguração de uma placa em homenagem à escritora, em 10/12/2003, idealizada pelo embaixador Helder de Moraes (cf. *Clarice Lispector, essa desconhecida*, pp. 98-99). Ele estava fazendo um filme sobre a escritora.

A história do lado paterno da família reúne um legado de fé e muita luta para imigrar e construir uma nova vida. Lispector é o sobrenome que identifica a descendente Clarice para o mundo da literatura brasileira e universal, mas é também o que lega à história um exemplo de superação, de imigrantes capazes de se adaptarem ao que poderia parecer impossível. A história dos Lispector no Brasil é uma passagem vitoriosa, mesmo diante dos momentos trágicos, tão difíceis de se vivenciar e relembrar. A geração das netas Clarice, Elisa e Tania, de seus filhos, netos e bisnetos demonstram isso.

Ao olhar a árvore genealógica, ouso concluir, muitos anos depois do relato de Elisa Lispector em *Retratos antigos*, que não se pode mais dizer, como ela o fez, aos seus parentes espalhados pelo Rio de Janeiro, Recife, São Paulo e Tel Aviv, que por pertencerem a "um povo que raramente chega a enterrar num mesmo solo os seus mortos de duas ou três gerações, em consequência dos surtos de perseguições e das migrações que fatalmente se impõem, mais fácil situar as raízes dos antepassados ainda que próximos, é invocar o testemunho dos Reis e Profetas Bíblicos, seus ancestrais". Elisa e suas irmãs Tania e Clarice testemunharam o início da formação de novas famílias. O encontro saboroso e criativo que estas vivenciaram com o nordeste brasileiro e o cosmopolitismo carioca, paulistano e israelense rendeu muitos frutos.

Evoco as palavras da escritora Nélida Piñon, também neta de imigrantes e, portanto, conhecedora dessas vivências entre dois mundos, ao analisar a inserção de sua amiga no mundo brasileiro em um depoimento a *Eu sou uma pergunta*: "Casando-se com um brasileiro, ela tenta sair do mundo sombrio do universo judaico. (...) Ir para a Faculdade de Direito já é uma transgressão. Está cercada de brasileiros. Ir para a Faculdade de Direito onde havia uma elite brasileira, ela sai da esfera judaica em busca de um país novo. Um olhar duplo, de brasileira recente. Ela devia olhar o Brasil com o olhar estrangeiro. Brasileiro, mas de longe. Um olhar de quem quer se incorporar e integrar (ou criticar?). Tinha uma atração profunda por esse universo (o mundo brasileiro) que a desaloja de sua origem. O casamento com Maury era uma atração natural. Era um universo solar, mais leve, o mundo brasileiro."

Clarice foi a única neta de Samuel Lispector a não se casar com um judeu.

A seguir, os nomes dos filhos do casal Samuel Lispector e Eva (Echeved ou Eived) em negrito, acompanhados das noras, seis netas e um neto.

Pedro Lispector (9/3/1885 – 26/8/1940) = Marieta Krimgold (1889-1930)

Filhas:

Elisa (Lea) (24/7/1911 – 6/1/1989)
Tania (19/4/1915 – 15/11/2007) = Willian Kaufmann (17/11/1909 – 13/5/1984)
Clarice (Haia) (10/12/1920 – 9/12/1977) = Maury (22/3/1921 – 27/12/1994)

Salomão Lispector (2/2/1891 – 17/11/1959) = Mina Svilichovsky (15/4/1895 – 13/7/1988)

Filhos:

Bertha (2/2/1920 – 23/9/2016) = Moises Cohen
Samuel (30/10/1922 – 16/7/2011) = Rosa (Nita Rachel) (9/7/1931 – 27/11/2006)
Pola (4/11/1923 – 10/08/1999) = Moisés Margolis (4/12/1931)
Vera = Mauricio Choze (14/10/1925)

Família materna: Krimgold

Isaac Krimgold casa-se com Tania (Tcharna) Rabin

Antes de casar-se com Tcharna, Isaac fora casado e dessa união teve três filhos. Segundo Elisa Lispector, o filho mais velho do primeiro casamento chamava-se Mosche (Lispector, 2012, p. 99). Os parentes disseram que os filhos do primeiro casamento de Isaac imigraram para os Estados Unidos e que Tcharna teve um filho no primeiro casamento. Ao ficarem viúvos, Isaac e Tcharna casaram-se e tiveram cinco filhos. Um deles a mãe de Clarice. Atualmente, o designer de joias e ator Andree Guitcis, neto de Anita Krimgold Guitcis, está pesquisando os ascendentes da família Krimgold nos Estados Unidos. As pesquisas estão sendo bem-sucedidas.

A transcrição abaixo é do nome dos filhos do casal Krimgold seguido, entre parênteses, do nome original. Na certidão de nascimento da neta Sarah Rabin em 16/5/1915, filha de Zinha e José, consta que a avó Tcharna já era falecida. Isaac Krimgold faleceu em 1919. Na foto do casamento da filha Sara com Marcos Chut, Isaac Krimgold está presente. Supõe-se que este casamento tenha ocorrido por volta de 1917, segundo Boris Asrilhant Neto (cf. a foto em Gotlib, 2009).

Filhos

Joel (**Ivil**), Marieta (**Marian/Mania**), Zinha (**Zicela**), **Sara** e Anita (**Hona**).

Todos os filhos do casal imigraram para o Brasil. Zinha foi a primeira, casou-se com o primo José Rabin e fixou residência em Maceió. Em seguida, veio Marian Lispector com a família; os irmãos seguiram o mesmo itinerário. Sara faleceu na Ucrânia (talvez por volta de 1926), mas seu marido Marcos Chut mudou-se para Maceió com os filhos pequenos provavelmente entre 1927-1928, segundo Boris Asrilhant Neto. Com exceção dos filhos de Zinha, Sarah e Henrique, que nasceram em Maceió, todos os netos de Isaac Krimgold e Tcharna Rabin nasceram em território ucraniano. A média da faixa etária deles quando desembarcaram no Nordeste era ampla, de bebês de um ano e três meses, como foi o caso de Clarice, a netos com vinte anos, como Anita Krimgold Guitcis.

Joel Krimgold (20/1/1885 – 1950) = Beila (Bertha) Titievsky (23/8/1886 + 19/1/1977)

Filhos:

Hana (Anita) (14/08/1907 – 1974) = Simão Guitcis (15/12/1905 – + 1974)
Jankel (Jacob) (5/10/1909 – 1984) = Paulina Bacal
Bossia (Sonia) (08/07/1912 – 2004) = Mauricio Charifker (1908-1981)
Tcharna (Tania) (1917-1950)
Clarice (Haia) (1/5/1925 – 31/3/1976) = Valdemar Ludmer (1922-1988)

Marian (Mania, Marieta) Rabin Krimgold = Pedro Lispector

Filhas:

Elisa (24/7/1911 – 6/1/1989)
Tania (19/4/1915 – 15/11/2007) = William Kaufmann (17/11/1909 – 13/5/1984)
Clarice (10/12/1920 – 9/12/1977) = Maury Gurgel Valente (22/3/1921 – 27/12/1994)

Zicela (Zinha) Krimgold Rabin (25/4/1892 – 4/6/1946) = José Rabin (1889 – 6/1/1947)

Filhos:

Sarah (16/5/1915 – 2/11/1976) (farmacêutica)
Henrique (20/1/1917 -1/3/2008) (médico)

Sara Rabin Krimgold (entre 1893 – 1897? – 1926?) = Marcos Chut

Filhos:

Isaac Krimgold Chut (4/9/1925 – 29/12/2010) (engenheiro)
Clarice Miriam Chiffert (12/3/1926 – 20/6/1992) = Marcel Rene Chiffert

Anita Rabin Krimgold (1900 – 1979) = Boris Asrilhant (1895)

Filho:

Isaac Leizer Asrilhant (1922-2006) (advogado) = Anna

Sara Krimgold Chut faleceu na Ucrânia. Ao ficar viúvo Marcos Chut imigrou para Maceió com os filhos Isaac e Clarice ainda pequenos. O próprio Isaac Chut relatou em *Eu sou uma pergunta* que desconhecia o ano de nascimento da mãe, seu pai não falava sobre o passado na Ucrânia, alegando querer esquecer o que vivenciaram. No Brasil, Marcos Chut casou-se com uma pernambucana chamada Sara (Alcalay?), com quem teve dois filhos: Eliahu Chut (1933-2011) e Soshana Chut Hei. Eliahu foi empresário, jogador de vôlei e basquete; como jornalista foi um dos fundadores da revista *Menorah* e criou a revista *O Hebreu*. Participou do movimento Macabeu Mundial. (Fonte: geni.com/people árvore genealógica. Baseado em suas pesquisas sobre a história da família, Boris Asrilhant Neto supõe que Clarice Chut deve ter nascido entre 1920-1921 e Isaac Chut entre 1924-1925.)

As novas gerações se encontram: os ramos dos Lispector, Krimgold, Rabin, Wainstok, Chut e Ludmer e Asrilhant

Em 2016, uma parte da família se reuniu para celebrar os 100 anos da foto histórica tirada no casamento de Sara Krimgold, irmã da mãe de Clarice, com Marcos Chut. A foto pertence ao arquivo particular de Eliahu Chut, já falecido, filho do segundo casamento de Marcos Chut e pode ter sido tirada por volta de 1916, 1917, segundo Boris Asrilhant, neto de Anita Krimgold Asrilhant, a tia de Clarice, Tania e Elisa Lispector. A mesma tia que Elisa recorreu para ajudá-la a esclarecer e conhecer mais um pouco da história da família de sua mãe quando escrevia *Retratos antigos*.

O encontro foi idealizado e organizado por Boris Asrilhant Neto no Hotel Everest, na rua Prudente de Morais, 1.117, em Ipanema. Um dos primeiros hotéis da cidade, inaugurado em 1975. Atualmente, encontra-se fechado.

Boris Asrilhant Neto pode ser considerado hoje o guardião da memória da família. Como Elisa Lispector, ele se interessa em conhecer a história de seus antepassados. Assimilou muitas histórias contadas por seu pai Isaac Asrilhant e chegou a fazer uma pesquisa bem-sucedida sobre a avó Anita, na Biblioteca Central de Vinitsa. Sua iniciativa ao reunir os primos é uma prova de que o desejo de Elisa Lispector não ficou retido nas páginas de *Retratos antigos*, "o de não deixar que essa memória se perca quando os da minha própria geração não mais existirem". Ao encontro compareceram representantes de todos os ramos da árvore genealógica, moradores do Rio de Janeiro e Recife. A lista é extensa:

Boris Asrilhant Neto, filho de Isaac Asrilhant, neto de Anita Krimgold Asrilhant, que era a irmã caçula da mãe de Clarice.

Marcos André Chut e José Guilherme Chut, filhos de Isaac Chut, que era filho de Sara Krimgold Chut, irmã da mãe de Clarice.

Paulo Gurgel Valente, filho de Clarice Lispector, neto de Marian Krimgold.

Gilson Krimgold Ludmer e Roberto Krimgold Ludmer, filhos de Clarice Krimgold Ludmer, filha de Joel Krimgold, que era o irmão mais velho da mãe de Clarice.

Zilá Rabin Troper e Lena Priscila, a primeira é filha de Sarah Rabin Goldstein, a filha de Zinha Rabin, irmã da mãe de Clarice. E Lena é filha de Henrique Rabin, também filho de Zinha Rabin. Lena veio com as filhas Astrid, Luciana e Betina.

Cecilia Wainstok Lipka, filha de Dora Rabin Wainstok, que era prima da mãe de Clarice. Cecília faleceu em 2019.

Tamara Wainstok, filha de David Rabin Wainstok, filho de Dora Wainstok. Tamara trouxe os dois filhos.

Diana, Dora (que trouxe a filha Renata) e Leonardo, filhos de Jacob Rabin Wainstok, filho de Dora Wainstok.

Roberto, Gisele e Leo, filhos de Jonas Rabin Wainstok, filho de Dora Wainstok.

Beck, esposa de Anatolio Rabin Wainstok, filho de Dora Wainstok.

Silvia Rabin Goldstein, filha de Sarita Rabin Goldstein, que era filha de Samuel Rabin, primo da mãe de Clarice. E a filha de Anita Rabin Bochner, filha de Samuel Rabin.

Os bisnetos e trinetos: esperança e realizações

Um mapeamento incompleto mostra como os descendentes das famílias que compõem a árvore genealógica encontraram seus caminhos no Brasil. Em seus ofícios demonstram como podem estar no mundo, na vida brasileira, e guardando, cada um a seu modo, suas raízes judaicas. Ao trazer esse mapeamento no final do capítulo, quero deixar registrada uma outra possibilidade de se ver a história das famílias judaicas como essas aqui retratadas que fizeram do Brasil a sua pátria. Creio que livros como os de Samuel Malamud *Recordando a Praça Onze* e *Escalas no tempo*; de Rachelle Dolinger, *Mulheres de valor*, e a tese de doutorado de Paula Ribeiro, "Cultura, memória e vida urbana: judeus na Praça Onze" nos dão a certeza de que os imigrantes de origem judaica são vitoriosos. Suas vidas são um exemplo de superação e de coragem. A marca de dor que tantas vezes acompanha a história de vida desses imigrantes como a única possível de ser contada não é a que eu gostaria de deixar nesse livro. Para mim, que convivo há tantos anos com essas histórias, posso afirmar que as vejo como um símbolo de luta. Elas me ajudaram a entender vários aspectos da vida.

A seguir, mostro os integrantes das novas gerações.

De Samuel e Eva, pais de Pedro Lispector

1. Netos de Clarice e Maury, filhos de Paulo Gurgel Valente e Ilana Kaufmann (1955)

Bruno (1983) (economista); Mariana (1987) (artista plástica)

2. Netos de Tania e William, filhos de Marcia e Jacques Barki Algranti (1937-1991) (*Marcia casou-se em segundas núpcias com Sigfrido Borenstein)

Patricia (1961), Marcos (1962), Nicole (1966) (cineasta e antropóloga)

3. Netos de Salomão e Mina, filhos de:

– Samuel e Rosa

Leila (1956), Robson (1958) (engenheiro) e Flávio (1964)

– Pola e Moisés Margolis

Paulo (1952-1976) Ernesto (1954) (engenheiro) filhos: Paula (1983), Marcelo (1986), Andréa (1991)

Evania (1957) (engenheira) filhos: Flávio (1983), Iara (1985), Laura (1988)

– Vera e Mauricio Choze

Sergio (1953) filhos: Karina, Rafael e Tiago; Lana (1956) filhos: Jonathan e Mauricio; Sulamita (1960) filhos: André, Guilherme e Marcos

– Bertha e Moises Cohen

Paulo, Eliane, Simha e Marcelo

Da família Krimgold

Há parentes de Clarice Lispector nos Estados Unidos, afirma Boris Asrilhant Neto, que ouvia essa história de seu pai Isaac Asrilhant. Estes seriam do lado paterno do primeiro casamento de Isaac Krimgold. Não se sabe o ano em que imigraram. Isaac Asrilhant, sobrinho de Marian Lispector, relatou a *Eu sou uma pergunta* que a tia Zinha e a tia Sonia se correspondiam com eles. Elisa identificou dois parentes em *Retratos antigos*, mas não se referiu à mudança para outro país. Eles seriam, portanto, irmãos de Joel, Marieta, Zinha, Sara e Anita, quer dizer, tios de Clarice. André Guitcis, neto de Anita Krimgold Guitcis, vem pesquisando sobre esses descendentes nos Estados Unidos. Nas pesquisas preliminares foram, identificados o pai e o avô de Isaac Krimgold.

HILLEL Krimgold (1791) – pai de DAVID Krimgold (1822-1881) e de ISAAC Krimgold (1852-1919 – avô de Clarice). Consta que ISAAC Krimgold e sua irmã ESTER faleceram em 1919 em um *pogrom*. Os parentes que estão identificados e residem nos Estados Unidos pertencem ao tronco da família de outro filho de HILLEL, ABRASHKO. (Este vivia em Krivoye Ozero, Savran.) E era tio de Marian Lispector.

A seguir, os bisnetos de Isaac Krimgold e Tania Rabin nascidos no Brasil e seus respectivos pais. Não foi possível obter a lista completa

Netos de Joel e Bertha, filhos de:

*Anita e Simão Guitcis

– Tuba (28/6/1930 – 19/10/2000) = Jaime Avebuch (12/8/1929 – 13/6/2019)

Filhos: Ioeil (Joel) (1959) e Iair (Jair) (1960)

– José 1932 – 29/1/2012) = Clara Maria Moreira Reis (1937-2009)

Filhos: Talma (1959), André (1961) e Eduardo (1962)

– Miriam (7/9/1938 – 9/1/2019) = Benjamin Roysman (Gemico) (9/12/1932 – 10/1/2000)

Filhos: Yehuda (1967), Naomi Epel (1966) e Shimon(1971-1988)

– Sonia (27/2/1940) = Heliu Niremberg (Che) (1939-2019) filhas: Vania (1967) e Imi (1970)

*Jacob (1910-1984) e Paulina Bacal

Bernardo Krimgold (engenheiro)

*Sonia e Mauricio Charifker (12/7/1908 – 03/12/1981)

Sarita (+15/6/2003) (médica) = William Gamer filhos: Gilberto Gamer e Israel (1948-1995) (engenheiro) = Isa Lilian Charifker (1954)

*Clarice e Valdemar Ludmer

– Ieda (1950) (médica) = Antônio Carlos Guedes Alcoforado (1947)

Filhos:

Renato (1977) (advogado)

Fábio (1979-1998)

Leonardo (1981) (médico)

– Roberto Ludmer (1952) (empresário) = Bela Ludmer (1958)

Filhos:

Paulo (1976) (empresário)

Sérgio (1978) (advogado)

Luiz (1980) (engenheiro)

– Gilson Ludmer (1954) (professor universitário) = Márly Ludmer (1959)

Filhos:

Clarice (1981) (empresária)

Eduardo (1982) (advogado e escritor)

– Claudio Ludmer (1956-2014) (empresário) = Rosângela Pessoa Ludmer (1960)

Filhos:

Breno (1985) (nome artístico: Ben Ludmer, mágico e comediante)

Beatriz (1996) (produtora de eventos)

– Sérgio Ludmer (1959-1965)

– Iana Ludmer (1966) (jornalista)

Netos de Anita Krimgold Asrilhant e Boris Asrilhant, filhos de Isaac Asrilhant:

Boris Asrilhant Neto (1961) (engenheiro)

Clarisse Marcia (1950)

Vera (1950-2000)

Netos de Zinha Rabin, filha de Sarita

Silvia Bronstein (8/11/1942 – 11/3/1977) (arquiteta) = Paulo Bronstein. Filhos: Alessandra (1974), André (1976) e Sérgio (1977)

Zilá Goldstein Troper (1946) (professora de língua e literatura francesa; artista plástica) = Shneir Troper. Filhos: Cyro (1979) e Diana (1982). Netas: Lia e Rachel

Netos de Zinha Rabin, filhos de Henrique

Ivete (1941), Lena Priscilla (1944) e Arisio (1946)

A Arte na família – esboços: colagens, joias, filmes, humor e pinturas

Esse esboço é o resultado de pesquisas e depoimentos de integrantes da Árvore Genealógica.

Mariana Valente, artista visual e designer gráfica, neta de Clarice Lispector. A cineasta e indigenista Nicole Algranti, neta de Tania Kaufmann, o comediante e mágico Ben Ludmer, o designer de joias e ator Andree Guittcis, e a médica e escritora Naomi Epel, bisnetos de Joel Krimgold. A artista plástica Zilá Troper, neta de Zinha Krimgold Rabin, e Iara Margolis, neta de Pola Lispector Margolis, também estão entre os integrantes do núcleo artístico da geração nascida no Brasil.

Somente as produções artísticas de Mariana Valente e Nicole Algranti dialogaram com a obra de Clarice Lispector.

A neta de Clarice Lispector, Mariana Valente, fez da paixão pela colagem a sua linguagem gráfica. Em entrevistas, revelou que seus temas preferidos giram em torno da memória inventada e sobre questões da subjetividade feminina. Da reunião de objetos com materiais impressos ela cria, por exemplo, uma série de colagens 3D organizadas em caixas de vidro e madeira. Mariana Valente participou de projetos ligados à avó como a ilustração de A *mulher que matou os peixes* (Rocco, 2017) da coleção Pequenos Leitores. De janeiro a maio de 2014, ela foi convidada pela Fábrica de Porcelanas Vista Alegre para desenvolver em Ílhavo, Portugal, uma peça em homenagem à obra de Clarice Lispector. A peça foi feita com decoração de colagem em decalque para fazer parte da coleção 1+1=1. (1 autor escolhe 1 artista para ilustrar 1 peça Vista Alegre.) Essa colaboração artística deu origem à peça de edição limitada a 1.000 exemplares que é acompanhada por uma edição especial de A *paixão segundo G.H.*, com capa e ilustrações de Mariana Valente.

Mariana Valente também foi a autora do selo comemorativo lançado pelos Correios no centenário de Clarice Lispector em 2020.

Nicole Algranti, filha de Marcia Algranti, realizou três filmes sobre a obra da tia-avó Clarice. O último foi *De corpo inteiro – entrevistas*, uma adaptação do livro homônimo lançado por Clarice Lispector, em 1975. A maior parte de sua filmografia é dedicada aos povos indígenas, especialmente os Katukina e Ashaninka com quem conviveu no Acre durante um longo período entre 1992-1999. Foi ao ver o trabalho do CD que Nicole e sua equipe haviam realizado coletando músicas do povo Ashaninka que André Sherê Katukina a convidou para coletar as canções de seu povo.

Pela primeira vez no Brasil um indígena foi capacitado para se tornar diretor de cinema graças ao trabalho de Nicole Algranti (cf. "Líder katukina será primeiro índio diretor de cinema no Brasil." Pib.socioambiental.org). Ela tem em comum com a tia-avó Clarice a paixão pelos animais e pelo cinema. Nicole guarda traços físicos da bisavó Marian Lispector.

Andree Guittcis é o nome artístico do pernambucano André Guitcis, neto de Anita Krimgold Guitcis. Designer de joias premiado internacionalmente, um traço de seu trabalho é buscar o inusitado criando peças de múltiplos usos, utilizando materiais inovadores e recriando lapidações de gemas para valorizar suas joias. Entre as suas inúmeras obras criou uma pulseira, a primeira joia 3D do planeta, em 1994; e um pingente em homenagem às vítimas de acidentes em minas e cavernas ao redor do mundo que pode ser usado como broche ou pedantif. Quando vi o anel "Clara" em uma foto o associei a um caracol com sua concha, uma espécie de casa onde abriga a sua família e preserva a sua memória. Percebi uma grande força emanando dessa peça, que logo interpretei como um símbolo da coragem e da força que acompanha essa "Árvore Genealógica". O artista revelou-me que fora feito em homenagem à sua mãe. Em 1987, "Clara" foi destaque junto ao par de brincos "Anjo Alado" usado por Vera Fischer (Jocasta) no penúltimo capítulo da novela "Mandala", quando Guitcis fez parte da cena do casamento de Jocasta. Quando expressa sua faceta de ator, ele gosta de aliar às performances seus trabalhos como designer de joias. Andree Guittcis sugere várias possibilidades criativas para dialogar com outras culturas e com as suas raízes judaicas. Tanto em sua performance interpretando o "Nosferatu Judeu" caminhando por lugares turísticos de

Nova York (personagem de um curta que fez em 2004), assim como na escultura "Alef", que representa a Estrela de Davi, feita para a Escola Gran Talmud, em São Paulo, que mostra na parte externa o muro das lamentações e na parede interna a letra Alef vazada.

Outro pernambucano é Breno Pessoa Ludmer, conhecido artisticamente como Ben Ludmer, mágico e comediante. Ele estudou comédia e mágica nos Estados Unidos. Sua avó, a médica Clarice Krimgold Ludmer, era prima em primeiro grau de Clarice. Em um de seus vídeos no YouTube ele diz em uma performance: "Sou judeu e gordo. Quer me deixar feliz? Me dá uma moeda de chocolate." Ben Ludmer faz rir e pensar. As referências a sua origem judaica suscitam debates sobre as chamadas "minorias". Ele tem traços do bisavô Joel. Em um vídeo de 2018, está com a barba longa como a do tataravô Isaac Krimgold e do bisavô Joel. No vídeo "O segredo das cartas do baralho", reporta-se às suas origens judaicas ao dizer que o rei de espadas representa o rei David, de Israel; a dama de ouros, Rachel, a esposa de Jacó. E comenta: "Vou perguntar isso pro rabino depois."

Zilá Troper é o nome artístico da artista plástica, filha de Sarita Rabin, neta de Zinha, irmã da mãe de Clarice. Seus trabalhos em aquarela e gravura podem ser apreciados em São Paulo, na Pinacoteca do Estado e na Assembleia Legislativa, e na Itália, no Gabinete de Gravura Antiga e Moderna do Museu Cívico de Alessandría. Em "Árvore da vida", os traços que delineiam uma árvore são atravessados com letras em hebraico que significam ETZ HÁ HAIM: Árvore da Vida. "As árvores já evoluíram", explica Zilá Troper, e transformaram-se em outros temas. Ela está trabalhando agora as "raízes". "Essas raízes se entrelaçam e têm junto a palavra em hebraico HAHAIM ou seja 'Vida'. São as minhas raízes, talvez, algo que venho procurando há algum tempo."

"Ancestralidade", que está no acervo da Assembleia Legislativa de São Paulo, situa-se numa fase em que Zilá Troper pintava os guetos judaicos da Espanha, de Portugal e de Veneza: "Esses lugares me encantaram muito, porque trazem até hoje marcas indeléveis nos umbrais das portas, onde ficavam as *mezuzots* (símbolo judaico que costumamos prender nos umbrais das portas, com uma reza, que, ao entrarmos e sairmos, nos lembram de Deus). Alguns conservam ainda aquelas ruelas estreitas, bucólicas, lembrança de gerações passadas", conclui Zilá Troper.

Ao pensar na "Árvore da vida", Zilá Troper reconecta-se com sua mãe Sarah, que gostava de cultivar os laços com os parentes. Com as primas Elisa e Tania quando se encontravam no Rio, ocasião em que Sarah vinha a passeio, ou em São Paulo, quando Tania e Elisa participaram das festas dos casamentos de suas filhas, Silvia e Zilá, ou das bodas de Sara e David Goldstein. Quando Clarice faleceu, o marido de Sarah, David, então viúvo, foi para o enterro e homenageou a família ajudando a segurar o caixão, "que para nós judeus é uma grande homenagem e só os parentes próximos o fazem", conta Zilá Troper. No relato de *No exílio*, de Elisa Lispector, a narradora Lizza revela conflitos nas relações familiares com os parentes, no entanto, em uma carta à Tania, em 23/6/1946, Clarice mostra um olhar de afeto ao referir-se ao falecimento da tia Zina (ou Zinha), mãe de Sarah e irmã de sua mãe: "A notícia da morte de tia Zina me deixou triste. Eu pensava às vezes nela. Fiquei perplexa como se isso não pudesse acontecer" (Lispector, 2020: 234).

Tantos anos depois do registro de *Retratos antigos* a "Árvore Genealógica" pode responder a uma das indagações de Elisa Lispector: "Que restou dos personagens desses retratos, além de uma descendência não muito numerosa? Talvez a memória. (...) O que será deles, quando os da minha própria geração não mais existirem, e não houver mais ninguém para dar testemunho de suas vidas, de seus graus de parentesco." (Lispector, 2012: 81).

Olhando essa "Árvore" hoje não há como não se lembrar do episódio contado por Elisa Lispector em seu livro *No exílio*, quando sua mãe "sem uma palavra, introduziu a mão no seio e tirou um pequeno volume enrolado num lenço que entregou ao marido, Pinkas. Ele não acreditava no que via. Só tocando-as. Pegou as joias, uma a uma, revirou-as entre os dedos, e disse à esposa: "Como ousaste? Se 'eles' tivessem revistado, que teria sido de nós?" (Lispector, 1971: 63). As joias que Marian Lispector costurou na bainha do vestido (fato confirmado por sua filha Tania Kaufmann) eram a única moeda de troca para a família transformar em comida e colaborar para a longa travessia que os traria para o Brasil. Passado um século, as joias são transformadas em arte por Andree Guittcis, cuja avó Anita Krimgold Guitcis testemunhou, na Ucrânia, até os vinte anos de idade, a história de sua família ao lado de seus pais Joel e Bertha, de seus irmãos Jacob, Sonia, Tania e Clarice. Já morando no Brasil, Anita passou a vender joias em casa para as amigas.

A neta de Pola Lispector Margolis, a engenheira pernambucana Iara Margolis, filha de Evania, com mais de vinte títulos dedicados ao público infantil, em *Lembranças da vida,* segue o caminho de Elisa Lispector: "Uma dedicatória – A minha avó Pola Lispector (Z"L) que tão cedo nos deixou e que tanto me ensinou. Até hoje guardo uma caixinha no guarda-roupa. Um dia espero poder contar as nossas historinhas para sua bisneta e, assim, permitir que a sua linda memória siga por mais uma geração. Com muita saudade. Sua neta Iara." Pola Margolies incutiu na neta a paixão pela valorização da família e da memória. Iara recorda-se com carinho da avó lhe contando histórias, das idas a concertos, balés, teatros com ela em Israel, para onde Pola mudou-se em 1977 e viveu até 1992. E o piano da avó Pola (mais uma da família a cultivar o instrumento) acordava a neta Iara quando ela passou uns tempos em Israel para um tratamento médico. Hoje, Pola Lispector Margolis deixa sua presença no piano que ficou com Iara. E seu nome foi perpetuado na bisneta. No Simchat bat (cerimônia em que damos o nome judaico a uma filha menina), Iara homenageou a avó.

A certa altura de *Retratos antigos,* Elisa cita uma frase do pai: "Há sonhos que se realizam, profecias que se cumprem. Já então tinha Pinkas ideias sionistas, embora pessoalmente jamais lhe tivesse ocorrido emigrar para a Palestina." (Lispector, 2014: 116) O trecho descreve uma conversa de Pedro Lispector com um amigo sobre o plano de reconstrução do "Lar Nacional", Israel.

As profecias se cumpriram. Elisa iniciou seu relato em *No exílio* com a voz de um jornaleiro apregoando: "Proclamado o Estado Judeu!" E completou: "E nesse momento estava mais tranquila do que nunca. Nascia-lhe uma doce esperança nos destinos do mundo. (...) Quantas lágrimas, quanto sangue derramado. Eles não morreram em vão" (Lispector, 1971: 8).

Muitos integrantes da "Árvore Genealógica" moraram em Israel durante um curto período, como Nicole Algranti e André Guitcis, e outros imigraram, como Anita Guitcis e Simão, seu esposo, e seus filhos Tuba, com o marido Jaime Averbuch, e as outras duas filhas do casal Guitcis: Mirian e Sonia. Uma nova geração do tronco dos Krimgold/Averbuch nasceu em Israel. Inclusive, eles fizeram parte da primeira geração de brasileiros a irem para o kibutz. Consta que Tuba e Jaime Averbuch fizeram a "aliá" ("aliyah" – "retornar à terra") em 1958 (cf. "A vida em coletividade exige modernização", 18/5/2008). Há membros da família Lispector que também moraram em Israel, como Bertha e Pola Lispector. Atualmente, Sulamita Choze Botler (filha de Vera Lispector Choze e Mauricio) reside em Haifa, e é desse tronco da árvore que nasceu uma outra "Clarice" no ano do centenário de Clarice Lispector em Tel Aviv, em 1/8/2020. Ela é filha de dois pernambucanos, a professora da Universidade Hebraica de Jerusalém Laís Maria Rosal Botler e Guilherme Botler, um dos filhos de Sulamita.

É... o mundo dá voltas. Será que Elisa Lispector poderia imaginar que a história seguiria esse curso entre Pernambuco, Israel, São Paulo e Rio de Janeiro?

É o ciclo da vida! ETZ HÁ HAIM. A "Árvore da Vida" nas tintas de Zilá Troper pinta novas e antigas histórias no destino dessas famílias. Tudo começou por aqui quando um dia seus avós José e Zinha Rabin desembarcaram em Maceió e ali construíram o seu "Lar Nacional".

Retratos Antigos, Retratos Novos.

Livros. Um pouco de Clarice e Elisa em Paulo, Marcia, Iara, Naomi, David, Eduardo, Anatolio

Alguns livros publicados por membros das famílias Lispector, Krimgold, Rabin, Wainstok, Margolis e Ludmer. Uma prova de que o sonho de Elisa Lispector em *Retratos antigos* deu muitos frutos literários.

Paulo Valente – economista

O leão de tanto urrar desanimou. Ilustr. Rogério Soud. (Rocco, 2012). *Pedro e a onça*. Ilustr. Kammal João. (Rocco, 2013). *Lealdade a si próprio*. (Rocco, 2014).

Marcia Algranti – escritora

Cozinha para homens e mulheres que gostam de seus homens. (Imago, 1994). *A incrível aventura de Ernesto, o honesto* (Imago, 1995). *Pequeno dicionário da gula* (Record, 2000). *Conversas na cozinha* (Senac, 2008). *Cozinha judaica: 5.000 anos de histórias e gastronomia*. (Record, 2018).

David Rabin Wainstok – médico pediatra

Caminhada: Reminiscências e reflexões. (Editora Lidador, 2000). *O mestre César Pernetta* (ensaio biográfico – Editora Atheneu, 2002).

Iara Margolis – engenheira de produção e designer industrial

Lembranças da vida. (com Andrea Fischler) Ilustr. Iara Margolis. Jaboatão de Guararapes, 2020. (Dedicado à avó Pola Lispector Margolis.) Ela escreveu vinte e oito historinhas sobre diversos temas como bullying, família, relacionamentos. Essas obras podem ser acessadas gratuitamente em www.hi88.com.br. Seu livro mais recente é sobre a morte: *By Me: o mal de uma forma que você nunca viu.*

Eduardo Ludmer – advogado e escritor

Prática Contratual V.1: Contratos de Propriedade Intelectual e Tecnologia (Editora Revista dos Tribunais, 2018). *A arte do contrato: 7 dicas para ser foda em todo tipo de contrato.*

Naomi Epel – médica e escritora

A dra. Naomi Epel é assistente social. Reside em Israel. É filha de Miriam e Benjamin Roysman e gosta de escrever. Obteve seu PhD da Universidade de Tel-Aviv e é uma especialista respeitada em seu campo, bem como uma médica supervisora de Terapia Cognitivo-Comportamental (TCC). Pratica terapia individual, de casais e família. É diretora do Shitot Institute, professora da Escola de Medicina da Universidade de Tel-Aviv. Publicou *Writers Dreaming* (Ed.Knopf Doubleday Publishing Group, 1994), no qual vinte e cinco escritores falam de seus sonhos e processos criativos. Escreveu *Talking CBT with Parents and Children. A guide for the cognitive-behavioral therapist* (Editora Contento Now, 2016) entre outros livros. No campo dos livros infantis já são quatro os publicados: *Vovô Jamico's Secret Jar*; *Ofi Tofi – the Beauty Queen*; *Grandfather Jamico's Light Switch* e *Zizee and Lalee Discover What Friendship Is.*

Anatolio Wainstok – advogado

Guia do inquilino e do proprietário. Coleção Guias nº 2, 1970. *Guia dos direitos da criança e do adolescente.* Niterói. Imprensa Oficial (1990).

CULINÁRIA EM FAMÍLIA: CLARICE LISPECTOR, MARIAN LISPECTOR E MARCIA ALGRANTI

"Quando nossas almas estão contentes, falam de cozinha", disse o poeta iugoslavo Charles Simic. Esta foi a epígrafe escolhida por Marcia Algranti na abertura de seu livro *Conversa na cozinha* (2008). Hipócrates, o pai da medicina, disse que nós somos o que comemos. Tomando isso como uma verdade quase incontestável, fiz uma pesquisa sobre os pratos prediletos de Clarice Lispector. Quais receitas ela mostrou nos jornais, nos livros, nas cartas? Conhecer o espaço doméstico é entender melhor a história de uma família, como já nos ensinou o mestre pernambucano Gilberto Freyre em *Casa-Grande & Senzala* (1933), que, mais do que contar a história das casas e das pessoas, mostrava maneiras de se fazer a comida.

É um panorama sucinto sobre a mistura de sabores e saberes da culinária judaica, pernambucana e de outras culturas que passaram pelo paladar de Clarice Lispector e de sua família. A historiadora Tania Neumann Kaufmann observa que os judeus imigrantes, como os Lispector, reformularam seus hábitos na gastronomia judaica ao entrar em contato com os pernambucanos. O sincretismo cultural nordestino-judaico passou a reger a sua mesa. (Kaufmann, 2000: 98).

Considero como fonte inicial o relato da primogênita das irmãs Lispector em *Retratos antigos* (2012). Elisa descreveu os pratos típicos da cozinha judaica preparados por Marian, sua mãe. Pratos esses que fazem parte de obras de sua sobrinha, Marcia Algranti, filha de Tania e William Kaufmann, como *Cozinha judaica. 5.000 anos de histórias e gastronomia* (2001). Nesse livro, é possível conhecer a receita de inúmeros pratos citados por Elisa, mas vale ressaltar que não seguem a receita original da avó de Marcia.

A sobrinha na cozinha

Autora de seis livros cuja temática é a culinária, Marcia Algranti declara no prefácio ao *Pequeno dicionário da gula* (2004) que sua paixão por essa arte milenar começou aos oito ou nove anos: "Quando passei a fazer estranhas misturas com tudo que encontrava na cozinha, misturas que, na verdade, nem tinha coragem de experimentar após aprontá-las" (Algranti, 2004: 9).

Nessa época, em torno de 1949, ela já ingressara no Colégio Andrews e cursava o quarto ano primário. Marcinha ou Marçuska, como a chamava tia Clarice, morava na Vila Saavedra, na rua Silveira Martins 78, casa 11, no Catete, onde as tias Elisa e Clarice moraram um período a convite de Tania após o falecimento do pai, Pedro Lispector, em 26 de agosto de 1940.

Enquanto Marcia fazia suas experiências na cozinha da casa na Vila Saavedra, onde também tia Clarice escrevera seu primeiro romance, *Perto do coração selvagem*, tia Elisa já residia em seu apartamento na rua São Clemente, em um prédio colado ao Colégio Jacobina. O convívio com a tia Clarice fora interrompido após os primeiros quatro anos de vida. Nessa época, ela residiu em Berna com o tio Maury. Pedrinho ainda não tinha nascido, portanto, Marcinha era a "criança da família", a "holandezinha" como Clarice a chamava nas cartas endereçadas às irmãs.

Antes da paixão pela culinária, Marcia quis ser professora. Seu desejo de lidar com crianças bem pequenas, antes de ingressarem no jardim de infância, a levou a cursar o Colégio Bennett, na rua Marquês de Abrantes. No meio do curso, que durava três anos, ela ganhou uma bolsa de estudos para ir aos Estados Unidos. Segundo Marcia Algranti, a bolsa era ofertada pelo *American Field Service*, recém-instalado no Brasil, em 1956. A origem da instituição retrata o espírito daquela época. Foi criado em meio à Primeira Guerra Mundial por jovens que se recusaram a combater e se transformaram em motoristas de ambulância para socorrer feridos. Após a Segunda Guerra Mundial, tornou-se um programa de intercâmbio e trocou de nome. Através de uma "imersão cultural" o AFS Intercultural Programs foi criado em 1947 com a crença de diminuir a intolerância entre os povos e promover o entendimento e a irmandade internacional.

Marcia Algranti estudou durante o último ano do *High School*, ou seja, fez o *Senior High*, que correspondia a um ano antes de ingressar em uma faculdade. Foi nesse período que voltou a conviver com tia Clarice, que residia em Washington. "Filomena", a "flor da família", expressão usada pela tia, foi para os Estados Unidos em julho de 1957. Clarice já concluíra *A maçã no escuro*, o enviara para o Rio e estava à espera de um editor. As cartas a partir desse período indicam grandes transformações em Clarice. Sem paciência para a rotina da vida diplomática, com catorze anos de vida conjugal, seis anos longe do Brasil e sem o convívio com Erico e Mafalda, que retornaram para Porto Alegre. Desfrutar da companhia da sobrinha em sua própria casa em Chevy Chase durante as férias da primavera foi um alento. Como uma tia zelosa, acompanhou os passos de "Filomena" e os relatou nas cartas. Elogiou seu senso de humor e sua beleza, e a comparava à primeira Miss Brasil eleita em 1954: "Nunca vi como ela se parece com Martha Rocha" (Lispector, 2020: 684). E fez questão de destacar como as cartas da sobrinha eram bem escritas. Clarice parecia antever o potencial de Marcia no mundo dos livros.

Durante o período de um ano longe dos pais, Márcia não deixava de dar notícias e, sempre que queria demonstrar seu afeto, chamava os pais e as tias por apelidos: William era "Papudo". Tania, "Mamuda". Tia Elisa, "Titoia" ou "Tia Elisabem" e tia Clarice, "Clarimunda". Muito apegada às tias, as considerava como a segunda mãe. As lembranças com a tia "Clarimunda" em Washington são muitas, principalmente nas férias da primavera, Marcia a descreve como uma tia muito amorosa. Quando se recorda dessa época dos tempos da escola, a "Farra de fim de ano" proporcionada pela outra tia, também lhe traz doces recordações. Todo final de ano a "Titoia" lhe oferecia a "Farra": "Ela me levava na Livraria Freitas Bastos, que ficava perto do 'Tabuleiro da Baiana', onde se pegava o bonde. Lá ela dizia: "Escolha 5 livros, os que você desejar." Marcia delirava de felicidade. Depois almoçavam num bom restaurante; em seguida, iam ao cinema. Saindo do cinema, lanchavam em uma confeitaria.

Quando voltou para o Brasil, Marcia concluiu o curso para professora pré-primária e foi trabalhar na Escola Americana, na rua General Urquiza, no Leblon. Em seguida, casou-se com Jacques Algranti e tornou-se mãe. Pouco a pouco, o mundo da culinária tornou-se uma parte de sua vida. Os filhos e a mãe a estimularam: "À minha querida e dedicada mãe, Tania Kaufmann, que tanto contribuiu para eu poder ser e fazer o que gosto. Aos meus filhos Patrícia, Marco e Nicole, que arriscam e apreciam paladares inusitados." (Algranti, 2008: 5).

Muitos anos depois, Marcia decidiu ingressar no universo dos livros. As tias eram escritoras, e a mãe já publicara três livros sobre temas palpitantes para a época: velhice, administração do lar e empregadas. Assim nasceu seu primeiro livro: *Cozinha para homens e mulheres que gostam dos seus homens* (Cultrix, 1994; Imago, 1997). Marcia não parou mais. Até uma parceria com o Senac Nacional originou um livro: *Conversas na cozinha* (2008) onde ela traçou um panorama da culinária nacional e internacional e selecionou receitas criadas por ela. A essa altura, Sig, seu marido, já se tornara "cobaia" das intermináveis pesquisas e experiências gastronômicas.

"Comer tem ramificações simbólicas que transcendem a biologia." Essa epígrafe de Sheldon Cashdan no capítulo "Formigando a língua...", de *Conversas na cozinha*, diz muito sobre as relações que tentamos estabelecer entre as culinárias de Lispector, Kaufmann e Algranti.

Guiada sob o paladar da sobrinha, nutrido por suas árduas pesquisas, muitas horas de reclusão e os incontáveis momentos de "água na boca", me vi diante das raízes dessas famílias como Marcia revelou no prefácio ao seu quinto livro: *Cozinha judaica. 5.000 anos de histórias e gastronomia*. Como o livro começou a nascer?

"Começou a germinar quando terminei de escrever um longo dicionário gastronômico. Na procura febril de verbetes, tornei-me apaixonadamente envolvida em redescobrir minhas raízes e, nesse processo, a mergulhar com profundidade na culinária e história do povo da minha ascendência. Fiquei fascinada e concluí que não se trata apenas de entrar em contato com uma cozinha que demanda um estudo sério e com a história de um povo sofrido ao qual pertenço" (Algranti, 2018: 21).

Já no primeiro livro, *Cozinha para homens e mulheres que gostam dos seus homens*, Marcia dedicou à sua mãe, que lhe propiciou entrar na cozinha e ficar totalmente à vontade para fazer "as misturas mais absurdas". Dedicou-o, também, à tia Elisa "que por sua bondade e abnegação está viva na minha memória". As fotos dos pratos foram feitas por Nicole, a filha caçula. A cada seção do livro, das saladas às aves, passando por sopas, sanduíches e biscoitos, Marcia inseriu trechos de obras literárias. De tia

Clarice, escolheu "A repartição dos pães": "A mesa fora coberta por uma solene abundância. Sobre a toalha branca amontoavam-se espigas de trigo...". De tia Elisa, escolheu um trecho de "O muro de pedras": "Com o tempo, começou a engordar, a adquirir belas cores. Agora tomava o alimento não apenas como quem satisfaz a fome do corpo, mas com uma seriedade muito grande..."

Tania Kaufmann

Mesmo constatando que sua mãe não devotava à cozinha as suas melhores horas do dia, pois como funcionária do IAPI Tania trabalhava em tempo integral, Marcia se recorda dos domingos em que a mãe, às vezes, fazia um *borsch*, uma sopa de beterraba de origem russa; mas há também quem evoque suas raízes ucranianas. "Era o único que ela fazia." Esse é um dos pratos citados em *Escalas no tempo*, memórias de Samuel Malamud, ao referir-se à sua infância na Ucrânia: "borsch de beterraba bem quente com carne e batatas" (Malamud, 1986: 111). A escolha de Tania pode ser resultante de um sabor que lhe marcou na infância. Ela morou na Ucrânia até os seis anos de idade. Márcia Algranti revela que o prato especial mais frequente na mesa da família Kaufmann, na rua Senador Vergueiro, era galinha assada e batata amassada com banha de galinha frita. Isso nos faz lembrar o conto "Uma galinha", escrito por Clarice nos anos 1950, segundo o depoimento de Tania para *Eu sou uma pergunta*, inspirado em um fato que ocorreu em seu apartamento. Há testemunhos de que qualquer prato que incluísse "galinha" era sempre bem-vindo nos almoços do apartamento de Clarice na rua Gustavo Sampaio, no Leme.

Culinária na Ucrânia

Na Ucrânia, nas lembranças da pequena Elisa, sua mãe "Marian", como a chamava (ou "Márim", como o pai a chamava carinhosamente), é descrita como a mais culta, a mais elegante e a mais generosa das irmãs. Ao descrever as suas lidas diárias em torno da mesa, rememorou o chá e as iguarias que despertavam os sentidos gustativos. O pouco que sabemos de sua mãe nos chega através dos sabores que ela inventava e preparava com tanto desvelo: os bolos de mel, biscoitos de chocolate, de fécula, *strudel* de maçãs e nozes, as tortas ou *blintzes* (espécies de panquecas, geralmente de queijo) e a geleia de rosa-chá. Tudo acompanhado pelo chá da Índia.

E o sábado? Recorda o ritmo da criação divina do universo, ensina Elisa: "Dia santificado destinado à leitura e à meditação, à prática do lazer feito de elevação e autoestima" (Lispector, 2012: 106). Enquanto o pai na sexta-feira fechava a loja e se encaminhava para casa, a fim de trocar de roupa e apanhar os paramentos religiosos para ir à Sinagoga, a mãe supervisionava o preparo dos pratos: *guefilte fish* (peixe recheado), *goldene youch* (caldo dourado, na expressão literal, que era o caldo de galinha), e o kiguel (espécie de pudim).

Havia também os *halot* (pães trançados em número de dois, para recordar a dupla ração de maná que os judeus recolhiam no deserto à véspera do Sábado) e a preparação do *cholent*. O sábado se repetia semana a semana e se constituía numa "renovação de vida", como sublinha Elisa. Quando o pai chegava, dava a bênção às filhas. A mãe acendia as velas, "cuja luz simboliza que um dia de regozijo se aproxima". O hábito de acender velas era cultivado por Clarice. Amigos o testemunharam; fotos registraram.

Durante a festa de Rosh Hashaná (Ano-Novo) Elisa relata que o pão – a halá – era redondo por analogia com o ano, "pão e maçãs embebidas em mel, que se comem no início da refeição para simbolizar o ano 'doce e prazenteiro'". Uma fruta da estação que não se comeu ainda completa o ritual anunciando a iniciação do ano novo. Marian preparava o pescado com esmero.

Elisa também lembrou-se das grandes fatias de pão cobertas de "generosas camadas de geleias deliciosas", de várias qualidades: "das grandes ameixas de um azul roxeado, de cerejas pretas, peras, maçãs, damascos, até as delicadas pétalas de rosa-chá. Eram armazenadas no porão da casa junto com "grandes barris de conservas de arenque, pepinos salgados, chucrute e vinho". (Lispector, 2012: 108).

Na Páscoa, à mesa, os *matzot* eram dispostos numa bandeja, e mais as ervas amargas "para rememorar as amarguras que sofreram os antepassados no Egito". Os *charoiset*, mescla de maçãs e nozes trituradas, canela e vinho – sua cor evoca a do barro com que os israelitas, durante a escravidão no Egito, preparavam os ladrilhos para a construção das fortalezas de Píton e Ramsés. E ainda o ovo cozido, "lembrança de oferenda festiva, um símbolo da luta quando da perda do Templo". (Lispector, 2012: 109)

Você, leitor, pode conhecer e provar dessa culinária que alegrou uma fase da família Lispector na Ucrânia no livro de Marcia Algranti: *Cozinha judaica. 5.000 anos de histórias e gastronomia*. Além da receita, ela acrescenta uma pitada de sua história, a autora conta curiosidades sobre os hábitos e as origens dos pratos que um dia também foram feitos por sua avó materna.

A receita selecionada para este livro foi a "blintzes de queijo" porque Elisa não escondeu o prazer que tinha ao provar esse prato: "Ah, os blintzes (panqueca de queijo de massa finíssima) que a mãe fazia. Era de derreter na boca" (Lispector, 2012: 110). Se você, leitor, quiser provar poderá sentir e entender os momentos felizes da família Lispector na tão distante Ucrânia.

Receitas

BLINTZES DE QUEIJO

Elisa Lispector relatou que os blintzes são espécies de panquecas, geralmente de queijo. Marcia complementou dizendo: "Eles são muito apreciados pelos judeus de origem europeia por ocasião da festa de *Shavuot*, quando produtos feitos com queijo são enaltecidos." O recheio também pode ser de maçã ou cerejas, "como se fazia na Rússia", informou Marcia.

Ela relata que esse doce é parente dos *Blinis* imperiais russos e do *Blinchiki* (pequenos crepes feitos de farinha de sarraceno, usualmente servidos com caviar, no Palácio do Inverno). Outra origem é atribuída aos húngaros, conhecidas como *Palacsinta*.

A receita para as panquecas
- 1 xícara de farinha de trigo
- 1 ¼ de xícara de leite
- 2/3 de xícara de água

- 1 ovo
- ½ colher de chá de sal
- 1 colher de sopa de óleo e mais para untar a frigideira

Para o recheio
- 500 g de queijo ricota fresco tipo cottage
- 250 g de cream cheese
- ½ xícara de açúcar ou a gosto
- Casca ralada de 1 ½ limão
- 3 gemas de ovo
- Gotas de baunilha
- 100 g de passas brancas embebidas em rum
- 2 a 3 colheres de sopa de manteiga sem sal derretida
- Açúcar de confeiteiro para polvilhar (opcional)
- Creme de leite azedo para acompanhar

Modo de preparar
Misturar o leite e a água com a farinha de trigo aos poucos. Juntar o ovo, o sal e o óleo. Deixar a massa descansar durante uma hora. Esquentar uma frigideira não aderente, de preferência, e que possua aproximadamente 20 cm de diâmetro, e pincelar o fundo ligeiramente com óleo. Deitar uma porção de massa, espalhando-a na frigideira até preencher toda a superfície do fundo. Assim que a panqueca começa a dourar, virar para cozinhar o outro lado. Proceder assim que a panqueca começar a dourar, virar para a cozinhar o outro lado. Proceder assim até fritar todas as panquecas, formando uma pilha. Para o recheio, misturar o queijo com o *cream cheese*, o açúcar, a raspa de limão, as gemas de ovos e a baunilha e passar no processador. Depois, retirar e acrescentar as passas. Pegar uma panqueca de cada vez e colocar duas colheres de sopa do recheio espalhando, evitando, entretanto, que o recheio chegue às extremidades. Enrolar as panquecas e colocá-las uma ao lado da outra numa forma refratária untada com manteiga. Na hora de servir, levar ao forno pré-aquecido a 190° por vinte minutos. Servir quente, polvilhando com açúcar de confeiteiro e canela (se gostar). Deve ser acompanhada com creme de leite azedo. (Algranti, 2001: 411-414)

A receita do Borsch preparado por Tania Kaufmann pode ser conferida também em *Cozinha judaica. 5.000 anos de histórias e gastronomia*

BORSCH 1 (gelado)
Rende 6 porções

Ingredientes
- 1 kg de beterrabas cruas e descascadas
- Um pouco de sal e pimenta
- Suco de 1 limão
- 2 colheres de sopa de açúcar ou a gosto
- 6 batatas descascadas (opcional)
- 250 g de creme de leite fresco

Modo de preparar
Descascar as beterrabas, cortá-las em pedaços e colocá-las para cozinhar com dois litros de água, sal e pimenta, por cerca de uma hora e meia. Deixar a sopa esfriar, bater no liquidificador, reservando alguns pedaços de beterraba para amassar com um garfo. Levar a sopa para gelar e adicionar limão e açúcar, o que só deve ser feito com a sopa bem fria, pois, estando quente, é difícil determinar a intensidade do sabor. Pode ser servida com uma batata cozida no centro com creme de leite em volta. (Algranti, 2001: 214)

Clarice e a culinária judaica

E os pratos preferidos de Clarice da culinária judaica? Em seu depoimento para *Eu sou uma pergunta*, Alberto Dines contou que, ao encontrar Clarice no avião que os conduziu a Recife, em maio de 1976, ela lhe disse que ia rever uma tia muito judia, e "falou-me dos quitutes que iria comer". Não mencionou quais eram os quitutes. Em outra ocasião, ele se recordou do que lhe contou Rosa Cass, grande amiga de Clarice: nos últimos dias antes de morrer, "Clarice pediu para comer aqueles pepinos em vinagrete, aliás, de origem alemã, mas que os judeus asquenazitas incorporaram nos seus hábitos", informou Dines.

Clarice também apreciava "Kasha com caldo de galinha", segundo o filho Paulo. Marcia Algranti revela a origem desse alimento: da Sibéria e da Manchúria. Segundo ela, representou para os judeus da Rússia, Lituânia e Ucrânia "um dos alimentos básicos para consumo diário". A Kasha, pão e batata ou sopa de repolho eram alimentos que mais se viam na mesa do judeu pobre da Rússia e da Polônia.

Seu preparo é fácil e pode ser um "ótimo acompanhamento para pratos de carne nos dias de hoje, funcionando como substituto do arroz, com muito mais vitaminas", ensina Marcia Algranti. Antes de ser cozida deve ser tostada. Os judeus acrescentam um ovo batido ao cereal antes de prepará-lo, deixando secar um pouco. Dessa maneira, os grãos ficam mais soltos.

A receita do prato pode ser apreciada a seguir em *Cozinha Judaica*, de Marcia Algranti.

KASHA OU SARRACENO
Rende 4 a 6 porções

Ingredientes
- 1 ovo
- 1 xícara de Kasha ou sarraceno torrado
- Sal
- 2 xícaras de caldo de galinha ou água (ou a combinação dos dois)
- 2 colheres de sopa de Schmaltz, manteiga ou margarina (estas duas últimas dependendo com que será servido)

Modo de preparar
Bater o ovo numa tigela pequena e misturar na Kasha com o sal. Colocar a Kasha numa frigideira de ferro pesada sem gordura e torrar grãos em fogo bem baixo, até começar a sentir um cheiro de noz torrada. Sem parar de mexer, acrescentar o caldo de galinha e mexer adicionando ao mesmo tempo a gordura. Diminuir o fogo para o mínimo, tampando a panela até que o grão absorva o líquido, o que deve durar 20 minutos, no máximo. (Algranti, 200: 317-318)

Receitas e comidas preferidas

Quando morava em Berna, Clarice descreveu em carta às irmãs o cardápio do almoço: bife com cenoura, salada de tomate, pêssego e café. (MQ, p. 133) Quando ia, aos sábados, ao restaurante La Fiorentina (Av. Atlântica, 454 – A), com Rosa Cass, Clarice dividia com a amiga o "Supremo de frango com batata grisette". Já com a comadre Maria Bonomi pedia pizza. O filho Paulo lembra-se da mãe escolhendo sempre "Coquetel de camarão" na Fiorentina. Ela também gostava de comer cachorro quente no Bob's de Ipanema (rua Garcia D'Ávila, 66), recorda-se Nélida Piñon. E Otto Lara Resende: "Clarice adorava pipocas e café." Em uma carta para Mafalda (COR, p. 234), depois de lhe pôr a par sobre tudo o que se passava em Washington e sobre o cotidiano da filha Clarissa, ela lembra de lhe enviar a receita de "soufflée de chocolate": "Vou procurar uma anotação exata dos ingredientes, pois a receita já não é de livro já é Gurgel." A dona de casa Clarice Gurgel Valente gostava de compartilhar com as amigas as suas preferências na culinária.

Olga Borelli se recorda da cozinheira Geni perguntando à patroa: "O que vai ser para o almoço?" E Clarice: "Galinha, petit pois." Era quase sempre a mesma comida, recorda-se Olga em *Eu sou uma pergunta*. Uma vez, ela fez "Ovas de peixe". E em outra lhe disse: "Eu sei fazer um prato judaico: 'Ovos nevados.'"

Suas dicas de receitas são conhecidas na imprensa através das páginas femininas que assinou sob pseudônimo em *Comício*, no *Correio da Manhã* e no *Diário da Noite*, mas foi em uma matéria no *Jornal do Brasil*, de 29 de setembro de 1963, publicada na *Revista de Domingo*, que há um comentário, sem assinatura, que julgo ser do editor do Caderno, que revela as preferências da escritora: "Clarice Lispector, mulher cheia de talento, romancista de primeira água, toda charme e simpatia, segredou-me suas preferências culinárias em informal e agradável bate-papo em nosso Petit-Club".

Foram três receitas.

CAMARÃO À CLARICE LISPECTOR

Ingredientes
- 2 abacates
- Sal
- 2 folhas de gelatina branca
- Água
- 1 ovo cozido
- 15 azeitonas sem caroço (pretas)
- ½ quilo de camarões
- 2 tomates sem pele e sem sementes
- 1 limão
- 1 cebola ralada
- 2 colheres de sopa de azeite
- 1 xícara de água fervente
- 1 copo de vinho branco seco

Modo de preparar
Descasque, lave, tire as tripas dos camarões, esprema limão e reserve.
Leve uma panela ao fogo com o azeite, os tomates e a cebola, deixe refogar, acrescente os camarões previamente cortados em pedaços pequenos, deixe dourar, junte o vinho e deixe reduzir.
Descasque o abacate, corte em pedaços pequenos e leve-o ao liquidificador. Bata na velocidade 2 durante três minutos. Derreta a gelatina na água fervente, misture ao abacate, acrescente os camarões e refogado. Arrume no fundo de uma forma os ovos cortados com o cortador próprio, enfeite com as azeitonas e derrame dentro o abacate com os camarões. Leve à geladeira durante duas horas. Desinforme sobre folhas de alface e sirva.
Segredando: à parte, faça um molho bem picante para acompanhar o prato. É delicioso e bonito.

QUINDINS

Ingredientes
- 1 coco ralado
- 12 ovos
- 12 colheres de sopa de açúcar
- 2 colheres de sopa de manteiga
- Canela em pó o quanto baste

Modo de preparar
Misture os ovos com o açúcar, junte a manteiga (temperatura ambiente), misture mais, acrescente o coco, revolva bem com uma colher de pau e reserve.
Unte forminhas (altas) com manteiga e leve ao forno pré-aquecido em banho-maria de água fervente.
Segredando: Pode usar a mesma receita com queijo de minas (duro) abolindo apenas as claras, e no lugar da manteiga junte 1 copo de leite.

GALINHA AO MOLHO PARDO

Ingredientes
- 1 galinha gorda, nova e viva
- Sal
- 2 tomates sem peles e sem sementes
- 1 cebola ralada
- 2 colheres de sopa de azeite
- 3 colheres de sopa de manteiga
- 1 copo de vinho branco seco
- 2 colheres de sopa de vinagre
- Água o quanto baste
- 1 colher de chá de maisena
- 1 limão
- 1 pitada de açúcar

Modo de preparar

Mate a galinha, aproveite o sangue num prato fundo com o vinagre; misture bem para o sangue não talhar. Depene muito bem a galinha, corte-a em pedaços (pelas juntas), esprema limão e reserve.

Leve uma panela ao fogo com o azeite e a manteiga, deixe dourar, junte os tomates, a cebola e a galinha, acrescente o açúcar e doure mais. Tampe a janela, diminua o fogo, junte o vinho e a água aos poucos, até que a galinha esteja bem cozida e com bonito molho. Junte a maisena, deixe engrossar um pouco e no momento de servir acrescente o sangue misturando com a colher de pau. Deixe mais 10 minutos sobre fogo brando e sirva.

Segredando: Se gostar de molho mais ralo, não adicione a maisena Duryea; se preferir mais grosso, em vez de 1 colher das de chá, junte 1 colher das de sopa de maisena.

Culinária nordestina

Do período em que residiu no nordeste pouco sabemos dos pratos preferidos da menina Clarice. Olga Borelli se lembra de sua amiga na Feira de São Cristóvão, onde ela sempre provava um prato da culinária nordestina e comprava biju e melado.

Entre tantas receitas selecionadas em suas colunas das páginas femininas, uma se destaca por ser um prato nordestino: a tapioca. Clarice indica a "Tapioca nevada" em sua coluna no "Correio Feminino", em 26/8/1959.

Ingredientes
- ¼ de xícara de tapioca
- 2 ½ xícaras de leite quente
- 1/2 xícara de leite frio
- 2 ovos
- 1/3 de xícara de açúcar
- 1 colherzinha de sopa de baunilha
- 1 pitada de sal

Modo de preparar
Põe-se de molho a tapioca durante dez minutos. Ajunte-se o leite quente e se cozinha em banho-maria até que a tapioca dissolva por completo. Batem-se as gemas com o açúcar e o sal. Ajunta-se gradualmente o líquido quente revolvendo a mistura com uma colher, enquanto isto continua-se a cocção até que a mistura comece a engrossar, tirando-se então da chama. Batem-se as claras em ponto de neve, junta-se essência de baunilha, põe-se com cuidado a mistura quente dentro das claras enquanto se revolve com uma colher, suavemente. Deixa-se esfriar e serve-se.

Se depois desse capítulo, caro leitor, ainda estiver se perguntando qual a importância de se falar sobre culinária em uma biografia, aqui vai uma frase de um filósofo da gastronomia: "A descoberta de um novo manjar causa mais felicidade ao gênero humano que a descoberta de uma estrela." (Jean Anthelme Brillat-Savarin – magistrado e escritor)

OS LAÇOS COM O PAI:
A HERANÇA LITERÁRIA, MUSICAL E JUDAICA

Hino de Louvor (rezado nas sinagogas)

Louvado sejas Tu, ó Senhor, nosso Deus, e Deus dos nossos pais,
Deus de Abraão, Deus de Isaac, Deus de Jacob,
Grande, poderoso, venerado Deus, supremo.
Concedeste a misericórdia com uma grande generosidade.
Não te esqueceste das ações dos nossos pais,
Enviarás o resgate para os filhos dos seus filhos,
Por causa do teu amor e pelo amor da tua glória.
Tu és o Rei que ajuda, que salva e protege.
Louvado sejas tu, ó Senhor, Escudo de Abrahão.
O teu poder, ó Senhor, é eterno;
Sustentas os vivos com misericórdia;
Com grande bondade dás nova vida aos mortos.
Ajudas os abatidos, curas os doentes, libertas os cativos,
Confias naqueles que dormem sobre o pó.
Quem se pode comparar ao teu poder, ó Senhor e Rei?
Tu és o Senhor da vida, da morte e da salvação.
Generosamente, deste inteligência ao homem;
Ensinaste-lhe a sabedoria e a compreensão.
Dá-nos sempre a sabedoria, o conhecimento e a inteligência.
Louvado sejas tu, generoso Senhor.
Salva-nos das nossas angústias e liberta-nos;
Dá-nos uma rápida redenção,
Pois Tu és o poderoso Redentor de Israel.
Cura-nos, ó Senhor, e ficaremos curados;
Ajuda-nos e salva-nos, pois em ti está a nossa glória.

Clarice Lispector transcreveu esse hino de louvor em sua coluna do *Jornal do Brasil* em 19/12/1970, com orações de outros credos. Talvez seja a mais explícita demonstração de seu conhecimento das tradições judaicas. Conhecido como "Amidá", o hino é considerado a oração central da liturgia judaica. Em outra coluna, em julho de 1971, transcreveu o Salmo nº 4 de Davi. Os ensinamentos do pai neste campo da religião não foram verbalizados em forma de crônicas tal como ela fez ao contar suas memórias da infância em Recife. São nos depoimentos da irmã, Elisa, ou de parentes que se pode vislumbrar as marcas da herança de Pedro Lispector na literatura, na religião e na música.

Elisa Lispector foi quem deixou pistas para entendermos como seu pai tinha enorme apreço pela leitura e pela música. Em seu relato em *Retratos antigos* (2012), recorda-se: "Muitas vezes entrava em casa radiante, comprei entradas para assistirmos ao concerto de Yehudi Menuhim. Ou era Brailowsky, ou Arthur Rubinstein. Era sempre dele que partia a iniciativa para irmos ao teatro ouvir boa música" (Lispector, 2012: 124).

As filhas seguiram à risca as preferências do pai. Elisa e Tania estudaram no Conservatório de Música em Recife; Tania, inclusive, revelou em depoimento para *Eu sou uma pergunta* que se quisesse poderia se tornar uma concertista, como o maestro Ernani Braga lhe dizia. O maestro destacou-se na formação de jovens que seguiram os caminhos da música clássica no Recife, ele chegou, inclusive, a participar da Semana de Arte Moderna em São Paulo, em 1922. Elisa também nunca escondeu seu vínculo estreito com o universo da música clássica. Tania revelou que a família tinha um piano na casa da rua Conde da Boa Vista, em Recife. Para acompanhar as irmãs, Clarice cursou também aulas particulares de piano com as irmãs Kurka Hotton e chegou a se apresentar em concertos de fim de ano no Real Gabinete Português com as alunas do curso, entre as quais suas irmãs e a prima Sarita Rabin (cf. Capítulo "Guia Mapa de Recife e Maceió").

David Wainstok recorda-se de ver Pedro Lispector pedindo a uma das filhas (talvez Tania) que tocasse piano em uma das visitas que fez à casa de tia Marieta.

Se Elisa e Clarice jamais se distanciaram da música, Tania foi mais longe adquirindo um piano do qual sua filha Marcia se recorda na casa da Silveira Martins. A própria Marcia foi introduzida nesse instrumento e chegou a se apresentar em escolas; quando residiu nos Estados Unidos, tia Clarice relatou em uma carta para Tania um desses concertos musicais. Porém Márcia confessa que gostava mesmo é de improvisar e criar suas músicas, o estudo sistemático não a entusiasmava. Ela se lembra de uma música que criou: "O sol vermelho." A música também vinha pelas aulas de canto, Marcia estudou com a cunhada de Villa-Lobos, que aliás morou com Dona Mindinha, sua esposa, no mesmo prédio de tia Clarice e do tio Maury, no edifício Alice. Dona Julieta Strutt foi sua professora no Colégio Bennett.

A literatura

Pedro Lispector "lia de tudo quanto podia trazer das grandes livrarias nas suas frequentes viagens. Mas, além de Bialik e Dostoiévski, entre outros autores, também lia, ou melhor: estudava a Guemurah (o Talmud)". É assim que Elisa nos conta a paixão do pai pelos livros no tempo da Ucrânia.

E no Brasil? É patente a influência de Pedro Lispector no cultivo pela leitura. A caçula Clarice já demonstrava seu elo com a literatura desde menina em Recife. Olga Borelli recorda-se em depoimento a Júlio Lerner: "Clarice me dizia sempre que ela tomou gosto pela leitura desde criança de tanto ouvir seu pai dizer que os livros guardavam histórias maravilhosas, que quem lia acabava sendo uma pessoa melhor... Isso era bem judaico, essa valorização do livro pelos imigrantes..." (Lerner, 2007: 45)

Elisa contou como publicou seus primeiros escritos incentivada pelo pai:

"Lembro-me de certa noite em que, após ler um de meus primeiros escritos numa revista literária, pensando e repensando com a revista na mão, falou:

"Vou lhe sugerir um tema. Escreva sobre um homem que se perdeu, um homem que perdeu o caminho."

Esse episódio lembrado em *Retratos antigos* foi relatado em uma entrevista concedida à professora Regina Igel, ao *Estado de São Paulo*, em 1985, quando Elisa tinha 75 anos. A professora já estava na época pesquisando para escrever *Imigrantes judeus – escritores brasileiros* (1997):

"Eu era mocinha e trabalhava muito. Houve uma época que fiquei doente de tanto trabalhar e me obrigaram a ficar de cama. Um pouco antes disto, eu tinha escrito um conto e enviado para uma revista aqui do Rio, eu sem conhecer ninguém e ninguém me conhecendo. Mas foi publicado. Mas quando o conto saiu, meu pai o leu. Com a revista na mão, ele veio até o quarto, e sentou-se numa cadeira, junto à minha mesinha de trabalho, perto da cama. Então me disse: 'Filha, seu conto está muito bom. Agora vou lhe dar um tema para você desenvolver em outro conto. Por que você não escreve por exemplo uma história sobre um homem...' Aí ele fez uma pausa, como se estivesse tirando as palavras de muito de dentro de si, '... um homem perdido que perdeu seu caminho... ou que se perdeu no caminho...' Se ele não tivesse sido proibido de prosseguir seus estudos como se fazia aos judeus na Rússia, sob ameaças de cruéis punições, ele teria sido matemático ou físico. Então, seria dele próprio a história do homem perdido que ele pediu... Comecei a elaborar o conto pensando em mostrá-lo quando estivesse terminado. Foi quando, de repente, ele foi operado da vesícula. E morreu de choque pós-operatório."

O primeiro conto publicado por Elisa Lispector

O conto mencionado por Elisa Lispector pode ter sido "Tédio", publicado na revista *Esfera*, em novembro/dezembro de 1938, conforme descobri em minha pesquisa. No conto, narrado em terceira pessoa, o personagem é flagrado num passeio de bonde onde ele indaga o que se passa em cada um daqueles passageiros. É o primeiro texto publicado por Elisa de que se tem notícia.

É o que se deduz ao ler um relato semelhante sobre esse episódio na carta-questionário escrita a pedido de seu amigo, o crítico e escritor Almeida Fischer, transcrita na dissertação "Elisa Lispector – registro de um encontro" (2015), de Jeferson Alves Masson, um especialista na obra de Elisa Lispector. O documento foi dado ao pesquisador por Tania Kaufmann.

Na carta-questionário, escrita a pedido do crítico, escritor e amigo de Elisa, Almeida Fischer, ela menciona o nome da revista: "Já no Rio, onde novamente não conhecia ninguém, mandei um dia à revista *Esfera* um conto, ou coisa que o valha, para experimentar-me. Se fosse publicado... E, para minha surpresa, foi. Mostrei-o ao meu pai, – cuja inteligência e firmeza de caráter muito influíram em minha formação. – Ele o leu, releu, pensativamente, e sugeriu-me escrevesse sobre um homem que se perdeu..."

Em *Retratos antigos*, Elisa relata que o pai permaneceu um bom tempo calado, depois retirou-se para o seu quarto. Nada mais acrescentou. "E eu fiquei a imaginar o que o teria feito sentir-se como um náufrago, em que ponto de suas dúvidas ele se havia extraviado, ao oscilar entre dois mundos, perdido entre várias culturas".

Elisa então relata que começou a tomar notas considerando a sugestão do pai. Antes de finalizar *Além da fronteira* (Leitura, 1945), Pedro Lispector faleceu sem saber que "eu me empenhava em cumprir o que ele me havia pedido, de transpor para o papel o sonho que a vida lhe negara realizar." (Lispector, 2012: 126)

O mesmo tema apontado por Pedro Lispector foi citado por sua filha caçula em uma carta enviada a Fernando Sabino em 14 de agosto de 1946. Ao comentar com o amigo que o pai não queria que ela "entrasse na faculdade" porque "tinha medo que eu terminasse pensando demais e me exaltando", Clarice escreveu: "Uma vez, ele disse: se eu escrevesse, escreveria um livro sobre um homem que viu que se tinha perdido. Não posso pensar nisso sem que sinta uma dor física insuportável." (Lispector, 2000: 54)

Pedro Lispector e a comunidade judaica carioca

Quando a família Lispector chegou ao Distrito Federal, em janeiro de 1935, seu primeiro endereço foi a rua Honório de Barros, no Flamengo, segundo o depoimento de Samuel Malamud para *Eu sou uma pergunta*, em 1993, quando esse grande líder da comunidade judaica carioca tinha 85 anos. Malamud não precisou quantos dias seus pais acolheram a família Lispector, nem deu detalhes sobre esse fato. Em suas memórias, *Escalas no tempo*, relatou que residia no Rio de Janeiro desde novembro de 1923, quando desembarcou aos 15 anos com seus pais Nathan e Frida, provenientes de Mogilev-Podolski, uma cidade da região de Vinitza, na Ucrânia. Citou os vários endereços onde residiu na Capital Federal até se casar em 1932, mas não o da Honório de Barros, provavelmente porque não morou nessa rua; este foi o endereço de seus pais. Nathan Malamud tinha uma grande atuação na comunidade judaica e há vários registros fotográficos de sua presença em momentos importantes como a admissão do rabino Mordechai Tzekinovsky no final dos anos 1920 como rabino chefe da comunidade asquenazita do Rio de Janeiro. Ele foi um dos integrantes da diretoria da RELIEF a partir de 1934 (no cargo de fiscal) na gestão do doutor Nathan Bronstein, eleito presidente da instituição (cf. *Diário de Notícias*, 9/5/1934 p. 8. – "Sociedade Beneficente Israelita e Amparo aos Imigrantes"). Quando os Lispector chegaram em janeiro de 1935, é provável que Nathan Malamud ainda ocupasse um cargo na direção da RELIEF, pois sua posse ocorrera um ano antes.

E foi Nathan Bronstein quem assinou um atestado de vacina contra a varíola para Clarice Lispector em 8/3/1937. No receituário, o endereço de seu consultório era na rua Afonso Pena, 145, na Tijuca, bem próximo da casa de Clarice. Até hoje pode se ir a pé.

Antes de concluir o curso de Direito em 1932, Samuel Malamud propôs uma sociedade ao seu colega de turma, Paulo de Oliveira Botelho: "Enquanto ele faria a parte profissional (...) usaria o seu relacionamento com os advogados, com os quais lidava com maior intimidade, para solicitar-lhes a sua cobertura quando precisássemos, eu, de início, usaria as minhas relações na comunidade, conseguindo clientes" (Malamud, 1986:151). Eles obtiveram a licença para o exercício da função de solicitador. A intensa atuação de Samuel Malamud dentro da comunidade judaica o fez participar da direção e fundação de entidades juvenis, beneficentes, culturais e educacionais. Entre outros, atuou como secretário e vice-presidente do Centro Hebreu Brasileiro de Socorro aos Israelitas Vítimas da Guerra, criado em 1943. Tornou-se o primeiro cônsul honorário do Estado de Israel no Brasil, cargo que permaneceu até março de 1952. A família Lispector manteve os laços com os Malamud, pois seu escritório com o sócio Paulo Botelho, amigo de Elisa Lispector, cuidaria do processo de naturalização de Clarice Lispector em 1942.

Pedro Lispector e a Praça Onze no Rio de Janeiro

O itinerário das residências da família Lispector me leva a especular porque eles moraram primeiro no Flamengo, durante poucos dias; depois em São Cristóvão e, por fim, na Tijuca. Tudo indica que a origem judaica foi determinante na escolha desses endereços. A tese de doutorado "Cultura, memória e vida urbana: judeus na Praça Onze no Rio de Janeiro (1920-1980)", de Paula Ribeiro (PUC-SP, 2018), ao mostrar os modos de vida de imigrantes judeus e seus descendentes, apontou aspectos da cultura e das relações sociais engendradas nessa parte da cidade, como isso se conectava com outros bairros onde as famílias judias residiram. A experiência urbana desenvolvida na Praça Onze ajuda a entender e a especular sobre como teria sido a vida de Pedro Lispector e suas três filhas entre 1935-1940 em contato com os seus conterrâneos.

Quando Pedro Lispector compareceu a audiência para a "Justificação da prova de idade" de Clarice Lispector em 6 de outubro de 1939 convidou Jacob e Jonas Wainstok, filhos de Dora Rabin e Israel Wainstok, para serem as testemunhas. Dora e Israel conviveram com os Lispector em Recife. Dora era prima de Marian Lispector. Seu pai, Leivi Rabin, era irmão da mãe de Clarice. Jacob e Jonas residiam na Praça Onze, na rua Santana, 126. A família Malamud residiu na região na mesma rua no número 15, a partir de 1927 (Malamud, 1986: 117); o rabino chefe da comunidade judaica asquenazita no Rio de Janeiro, Mordechai Tzekinovsky, também. A Sinagoga Beit Israel e o Grande Templo Israelita eram duas referências no local. A redação do *Imprensa Israelita*, fundado por Aron Bergman, ficava situada à rua Santana, 40; jornal onde Samuel Malamud, Nathan Bronstein, entre tantos outros, foram colaboradores.

A chegada dos Wainstok e Rabin à Praça Onze

O primeiro parente de Clarice Lispector que veio ao Rio foi Dora Rabin Wainstok, por causa de uma cirurgia no rim. Segundo David Wainstok, isso ocorreu em 1930, portanto antes da vinda de Pedro Lispector e as filhas. Há fortes indícios de que os primeiros a se mudarem de Recife para o Rio de Janeiro foram Jacob e Jonas Rabin Wainstok. Como estavam sendo importunados pela Polícia Política que queria saber o paradeiro do irmão mais velho, resolveram se transferir para a Capital Federal (Wainstok, 2000: 81), onde se matricularam na faculdade de engenharia. David Wainstok fora preso em Recife, em junho de 1936, durante o levante comunista, e cumpriu pena durante um ano. Foi ele mesmo quem justificou o motivo da vinda de seus irmãos em seu livro de memórias (Wainstok, 2000: 80). Não se sabe o ano da vinda de Jonas e Jacob, mas é provável que tenha sido em 1937. Após ser libertado nesse ano, David voltou para a casa dos pais, mas devido ao cenário político turbulento com a implantação do Estado Novo, em novembro, decidiu se mudar para uma cidade do interior nordestino. Foram dois meses de refúgio, o retorno a Recife foi temporário. A mudança para o Rio de Janeiro, em 1938, era uma maneira de protegê-lo de futuros reveses, já que a polícia não admitiria a sua presença na cidade. David Wainstok embarcou num ITA da marinha mercante, de forma clandestina, pois seus documentos tinham sido apreendidos pela polícia. Jonas e Jacob o receberam no porto e o levaram para morar na pensão de estudantes onde eles fixaram residência, na rua Santana, na Praça Onze.

A prisão de Jacob Krimgold e a imigração dos parentes

Outros parentes da família Rabin vieram para o Rio no mesmo período. Todos após a Intentona Comunista, em novembro de 1935, que gerou episódios dramáticos para os parentes de Clarice: os Wainstok e os Krimgold com a prisão de seus filhos. Jacob Krimgold (filho de Joel e Berta Krimgold), sobrinho da mãe de Clarice, ficou preso durante dois anos e foi submetido a torturas. Segundo os documentos sob a guarda do Arquivo Nacional, Jacob Krimgold aos 27 anos foi preso em 14/4/1936 e recolhido ao Presídio Especial. Um dos documentos sobre os envolvidos no levante relata: "A atuação do PC na preparação do movimento, explodido em novembro de 1935, junto às classes trabalhistas foi exercida ainda pelos seguintes agitadores, filiados a esse credo partidário: José Bezerra da Silva, Jacob Krimgold, russo, vulgo Reginaldo, Manoel Batista Cavalcanti, vulgo Ferro e Muniz, José Francisco de Oliveira, vulgo Cerqueira e Hermes, Henrique Acioli Lins da Silva, Godofredo Severino de Brito, Demócrito

Ramos da Silveira e João Alfredo Gibson." (Francisco de Paula Leite Oiticica Filho. Recife, 3 de junho de 1938). No depoimento de Silo Meireles, um dos principais responsáveis pela articulação, orientação e deflagração do movimento, ele descreve em detalhes sua passagem pela prisão. E ao se referir à cela 10 da 1ª do Raio Leste, apropriada para suplícios, descreve o que passou por 17 dias. Ao mencionar os presos que passaram por lá, cita Jacob Krimgold (cf. Silo Meireles. 17/3/1938. Ao auditor da 1ª Circunscrição de Justiça Militar).

Não se sabe se a vinda de grande parte da família Rabin e Wainstok para a Capital Federal nesse período foi impulsionada pelas consequências da Intentona Comunista em Recife e Maceió. O fato é que a vinda de Jonas, Jacob e David Wainstok acabou trazendo seus pais para Niterói. Os tios Samuel, Pedro e Abrahão também vieram. Somente José Rabin e a esposa Zinha permaneceram em Maceió, mas seu filho Henrique Rabin se mudou para o Rio de Janeiro entre 1936-1937 após cursar dois anos de Medicina em Recife, conforme relatou em *Eu sou uma pergunta*. Segundo sua sobrinha, Zilá Troper, ele veio com a irmã Sarah, ambos moraram juntos na rua Paissandu, no bairro do Flamengo. Em 1939, segundo o depoimento de Sarita Rabin Goldstein para *Eu sou uma pergunta*, mudaram-se para o Rio de Janeiro ela, sua irmã Anita e a mãe Rosa Rabin. O pai, Samuel Rabin, veio depois. A médica Sarita Rabin Goldstein revelou que o pai frequentava o Grande Templo, a sinagoga da rua Tenente Possolo, nº 8, na Praça Onze. Os pais de Jonas e Jacob Wainstok mudaram-se de Recife para Niterói por volta de 1940 ou 1941. Cecília Wainstok recorda-se das idas à sinagoga da Tenente Possolo; e Henrique Rabin, dos bailes, no Clube Azul e Branco, fundado em 1928, e dirigido por moças sefarditas e asquenazitas. Sua sede era no Bene Herzl – Sociedade Israelita Brasileira, na rua Conselheiro Josino, nº 14, na Praça Onze.

O pai de Cecília Wainstok, Israel Wainstok, é apontado como integrante da primeira geração de imigrantes de Niterói que exerceram a profissão de prestamistas entre 1940-1960. Samuel Rabin e Abrahão Rabin, irmãos de Dora, cunhados de Israel, são citados como colaboradores na Campanha de Emergência, a Haganá, em 1940. Residiam também em Niterói (cf. Andréa Telo da Costa. "Os judeus em Niterói. Imigração, cidade e memória". 1910-1980. UFF, 2009).

A Praça Onze foi um importante centro de vida judaica para os judeus de origem asquenazita que emigraram para o Rio de Janeiro nas primeiras décadas do século XX. Ali formaram uma rede de relações, recriaram um núcleo onde se ajudavam, rezavam, estudavam, trabalhavam. Muitos judeus que viviam em outros bairros iam para lá em busca desse "pedaço judaico" no Rio de Janeiro. (Ribeiro, 2008: 19).

A família Rosenthal na Praça Onze e na Lúcio de Mendonça

Amigo de adolescência de Clarice na rua Lúcio de Mendonça, na Tijuca, José Rosenthal e seu irmão Israel nasceram na Praça Onze. José foi colega de turma de Clarice e Tania no colégio Sylvio Leite. Ele, o irmão caçula, e os pais Rubin e Clara moravam na rua Lúcio de Mendonça, 21, casa 4. Clarice, o pai Pedro e as irmãs Elisa e Tania moravam no número 36, casa 3.

A família Rosenthal mudou-se para a rua Lúcio de Mendonça cinco anos antes dos Lispector chegarem ao Rio de Janeiro. Depois que saíram da Praça Onze, moraram cerca de quatro anos na rua Jorge Rudge, em Vila Isabel. Os endereços dessa família seguem um percurso que ajuda a situar e entender as escolhas e as motivações da família Lispector.

Pedro Lispector ia para a rua do Matoso

Quando Pedro Lispector declarou o endereço de destino ou residência na lista de passageiros do navio *Highland Monarch*, o situou na "rua do Matosa 75" (houve um erro de datilografia por quem emitiu o documento. É rua do Matoso, na Praça da Bandeira, bairro vizinho à Praça Onze – cf. Gotlib, 2008:503). Desconhecemos os motivos pelos quais eles não foram para a rua do Matoso. Essa mesma rua onde no número 170 Israel Rosenthal declarou ter estudado no colégio Minerva (o nome correto é Instituto Minerva) assim que se mudou para a Tijuca. A distância da rua do Matoso para a Lúcio de Mendonça é curta, em torno de vinte minutos a pé.

Israel recorda-se em suas memórias *Tenente Rosenthal, Vovô Israel* (2021): "Meu avô materno frequentava uma das sinagogas na Praça Onze que depois foi demolida." E mais: "Um tio da minha esposa, irmão do pai dela, que era tão religioso que, na sexta-feira, quando tinha que sair, ele que morava na rua Lúcio de Mendonça, ia a pé de lá até a Praça Onze, porque não podia pegar bonde, como mandamento religioso. Para ele era proibido pegar bonde nesse dia. Uma caminhada enorme!" (Rosenthal, 2021: 16).

Se a família Rosenthal frequentava a sinagoga na Praça Onze, é plausível levantar a hipótese de que os Lispector também seguissem o mesmo itinerário. "Com treze anos de idade, fui fazer o Bar Mitzvá (...) Eu fiz lá no templo onde ficava aquela sinagoga na Praça Onze. Era um templo pequeno. Com entrada por uma rua lateral que não lembro o nome, perto da estrada de ferro" (Rosenthal, 2021: 16).

Isso ocorreu em 1934, um ano antes de Clarice morar na rua Lúcio de Mendonça. Com dezesseis anos, Israel Rosenthal frequentava o Clube Cabiras, em 1937: "Era um clube que ficava perto do Grande Templo Israelita [localizado à Rua Tenente Possolo, no Centro, próximo do Campo de Santana]. Era um salão alugado. Nós íamos aos bailes de lá das 20h às 2h. Meninas vinham de Madureira, saíam de lá e pegavam o trem nesse horário. Não tinha nada de mais na rua, era tudo seguro. Pegávamos o bonde" (Rosenthal, 2021: 25).

Em uma carta para a irmã Elisa em 17 de maio de 1940, quando ainda morava na Lúcio de Mendonça, Clarice lhe fala da vontade de ir a um baile. Ir aos bailes era um programa da juventude da época, e é possível que Clarice frequentasse, também, os do Clube Cabiras.

A Praça Onze era tão representativa da comunidade judaica no Rio de Janeiro que foi nela que ocorreu em fins de 1929 uma marcha de mil e quinhentos judeus organizada por Aron Bergman até a sede do Consulado Britânico para "entregar um memorial dirigido ao governo inglês em nome da comunidade judaica do Brasil, em protesto contra a atitude passiva do poder mandatário em face dos *pogroms* levados a efeito pelos árabes contra a população judaica em Eretz Israel" (Dolinger, 2004: 80). Foi considerada a primeira demonstração sionista de rua no Brasil. Nesse mesmo canto da cidade foi criada a BIBSA – Biblioteca Israelita Brasileira

Scholem Aleichem, em 1915, a primeira entidade cultural da comunidade judaica carioca, cuja sede permaneceu na praça até 1955.

Ao relembrar sua formação judaica, mais cultural e histórica do que propriamente religiosa, o jornalista Alberto Dines, então morador de Vila Isabel, em uma rua que atualmente é identificada pelo mercado imobiliário como no bairro da Tijuca, a Senador Soares, mencionou que frequentava com a família uma pequena sinagoga da Praça Onze, a "Iavne", em que o rabino Mordechai Tzekinovsky, líder espiritual dos asquenazitas da linha tradicional, fazia suas orações no Yom Kippur. Seu pai, Israel Dines, trabalhou vinte e cinco anos na RELIEF. Em seguida, passou a administrar a Policlínica Israelita (o primeiro projeto médico da comunidade no Brasil), onde médicos judeus e não judeus atendiam pela manhã as famílias carentes e forneciam remédios gratuitamente.

A sede da RELIEF (Sociedade Beneficente Israelita de Amparo aos Imigrantes) era na rua São Cristóvão, 189, depois denominada rua Joaquim Palhares 595, um velho casarão na Praça da Bandeira. Nesta última, também funcionou a sede da Policlínica Israelita, onde o dentista Israel Rosenthal trabalhou em 1944.

Vizinho de Clarice na rua Lúcio de Mendonça

Rubin Rosenthal, pai de Israel e José, integrou a diretoria da RELIEF e do Colégio Scholem Aleichem, como se vê no livro *Recordando a Praça Onze*, onde ele aparece em duas fotos. Parece plausível supor que se Rubin era vizinho de Pedro Lispector e mudou-se para a rua Lúcio de Mendonça, em 1930, pode ter intermediado a ida dos Lispector para essa aprazível rua tijucana. Em depoimento para o meu livro *O Rio de Clarice – passeio afetivo pela cidade* (2018), Israel Rosenthal nunca mencionou essa hipótese, e na época eu desconhecia os fatos sobre a ligação de seu pai nas citadas instituições, mas é preciso lembrar que o pai de Israel faleceu em 1938, o que pode ter abreviado o tempo necessário para transmitir aos filhos sua vivência na comunidade judaica. Rubin Rosenthal morava no número 21 e Pedro Lispector no 36. Inclusive, a matrícula de Clarice e Tania no Colégio Sylvio Leite pode ter sido uma sugestão de Rubin, pois

José, seu filho mais velho, foi colega de turma delas. Além de Rubin, Samuel Malamud também trabalhou na RELIEF. Ele também é outro elo importante, aproximou o pai de Clarice da comunidade judaica carioca como já comentamos anteriormente.

É evidente como a localização geográfica das instituições judaicas que acolheram os imigrantes foi traçada nas décadas de 1920 e 1940 entre a Praça Onze e a Praça da Bandeira. Por isso, parece lógico que o endereço de destino da família Lispector no Rio de Janeiro registrado na lista de passageiros do navio tenha sido a rua do Matoso, localizada muito próxima da sede da RELIEF.

Em *Identidade e cidadania: como se expressa o judaísmo brasileiro*, na página 323, Helena Lewin narra a história de um imigrante judeu que chegou ao Rio de Janeiro em 29 de dezembro de 1929, e foi conduzido do Porto para a RELIEF, situada à rua São Cristóvão, onde ficou um dia.

As famílias Rosenthal e Dines, moradores da Tijuca e Vila Isabel, são dois exemplos de membros da comunidade judaica que fizeram parte de seus itinerários de vida circulando por essas regiões, mesmo não residindo na Praça Onze. Não nos parece despropositial inferir o mesmo para Pedro Lispector, que conviveu com os primos de sua esposa que residiam na rua Santana.

Tijuca – núcleo judaico

O bairro da Tijuca era uma ramificação da Praça Onze, nele funcionavam algumas instituições judaicas como o Colégio Hebreu Brasileiro, na rua Desembargador Isidro; o colégio Scholem Aleichem, na General Roca e o Lar da Juventude Israelita, na rua Haddock Lobo. Sem esquecer que a sociedade do Cemitério Israelita teve sua primeira sede nos anos 1920 na rua Mariz e Barros, 292, casa 9. Lembremos que a sede do Colégio Sylvio Leite, onde Clarice completou o ginasial, abrangia do número 256 ao 268.

O segundo endereço dos Lispector permanece desconhecido. Tania Kaufmann revelou que moraram num casarão no bairro de São Cristóvão, perto do Campo de São Cristóvão, mas não identificou o nome da rua. Em uma carta de Clarice (Berna, 5/5/1946) à Tania, ao descrever um domingo na cidade diz: "É tão esquisito estar em Berna e tão chato este domingo... Parece com domingo em S. Cristóvão" (Lispector, 2020: 215).

São as únicas impressões de Clarice sobre o bairro onde viveu, além de ele ter sido o cenário de um de seus contos: "Mistério em São Cristóvão."

A referência ao bairro de São Cristóvão aparece quando se fala em imigrantes judeus. A família de Manoel Malin, por exemplo, estabeleceu-se no bairro quando chegou à cidade por volta de 1918. Tania informou que a estada foi curta até fixarem residência na Lúcio de Mendonça. E registrou, também, terem morado na rua Mariz e Barros, elas ocuparam parte de uma casa (Gotlib, 1995: 136).

Depoimentos revelam que o bairro da Tijuca foi um dos núcleos judaicos nos anos 1930. É o que atesta Samuel Malamud. Os judeus economicamente bem situados começaram a deixar a Praça Onze para outros bairros criando núcleos judaicos em Vila Isabel, na Tijuca, nas áreas da Central do Brasil e da Leopoldina, onde se formaram centros religiosos e culturais. Residir na Praça Onze era mais barato, depois as famílias foram migrando para a Tijuca, Flamengo e Praça da Bandeira. Com a demolição da Praça Onze as famílias judias já tinham constituído uma pequena comunidade asquenazita em torno do Flamengo e do Catete.

Tania, Elisa e Clarice na comunidade judaica carioca

Catete e Flamengo. Esses bairros foram os escolhidos por William e Tania Kaufmann para morarem a partir de 1938. O primeiro endereço foi na rua Silveira Martins, 77, no Catete; bairro onde dezenas de lojas de móveis de membros da comunidade judaica foram instaladas – várias oriundas da Praça Onze que se tornaram referência na cidade, como informa Paula Ribeiro em "Cultura, memória e vida urbana: judeus na Praça Onze no Rio de Janeiro". Bernardo Zagarodny, genro de um dos fundadores da Sinagoga Beit Israel, e Isaac Goldberg, casado com Manhia Goldberg, abriram uma loja na rua do Catete. O segundo endereço de Tania e William foi no Flamengo, na rua Marquês de Abrantes, edifício Val de Palmas, apartamento frequentado por Clarice, Maury e Pedrinho quando voltaram de Berna e residiram no Rio. Mais tarde, em 1956, o casal Tania e William comprou o imóvel na Senador Vergueiro 88, no mesmo bairro.

A ligação de Clarice Lispector com instituições da comunidade judaica no período em que viveu na Tijuca entre 1935 e 1940 é desconhecida.

Mas ela se relacionou com personalidades influentes que tinham origem judaica ou eram simpatizantes das causas do povo judeu como o antropólogo e psiquiatra Arthur Ramos, com quem se correspondeu ao se mudar para Belém do Pará, demonstrando proximidade e admiração, como ela revela em um cartão que lhe foi enviado. Clarice foi sua aluna na Casa do Estudante do Brasil em um Curso de Antropologia entre 16 de junho e 15 de setembro de 1942.

Clarice Lispector também foi aluna do psiquiatra Jaime Grabois, fez um curso de Psicologia com o eminente médico pioneiro no ensino dessa ciência no Rio de Janeiro, mencionado em um de seus *curricula vitae*. No entanto, ela não identificou o ano e o local (inferi que deva ser nesse período). Sabe-se que, em 1940, ele ofereceu cursos de Psicologia no Instituto de Psicologia e que este tinha sido reativado na Universidade do Brasil (onde Clarice estudava) em 1937. Portanto, há uma possibilidade do curso ter se realizado na própria universidade. Como os Lispector, a família Grabois viera da Rússia. E foi a mesma guerra russo-japonesa de 1905 que fez a família Rabin imigrar para a Argentina que levou os Grabois para Buenos Aires. Jaime era irmão de Maurício Grabois, um dos fundadores do Partido Comunista do Brasil, eleito deputado pelo PC, em 1946, e com muitos votos da comunidade judaica, como relata sua filha Victoria Grabois em depoimento ao CPDOC da FGV, em 2015. Bernardo Grabois, o outro irmão, participava de eventos da comunidade, é o que se pode inferir ao vê-lo em uma foto com outros membros ativos na recepção oferecida pela RELIEF ao delegado da União ORT Mundial, I. Suruvitch, por ocasião de sua visita ao Brasil nos anos 1940 (Malamud, 1988: 52).

Foi Elisa Lispector quem declarou em *Retratos antigos* os vínculos de seu pai com o movimento sionista: "um ativista convicto". O pai trabalhava para o *Keren Kayemet* (Kéren Kayemet LeIsrael (Fundo Nacional Judaico), ou simplesmente KKL, uma organização fundada em 29 de dezembro de 1901.

"Ele trabalhava para o *Kéren Kayémet*, o *Kéren Haissod*, e contribuía para auxiliar os refugiados de guerra, e sofria na carne as perseguições aos judeus na Alemanha de Hitler, mesmo sem ter estado lá, e a invasão da Rússia, mesmo sem a haver presenciado, pois, quando, através da Cruz Vermelha, procurou notícias dos seus, já não as havia" (Lispector, 2012:

125). As instituições citadas por Elisa angariavam fundos para a reconstrução da Palestina. Em maio e junho de 1934, o *Correio da Manhã* anunciava na coluna "Correio Israelita" uma convocação para a reunião de um Comitê Central e noticiou uma manifestação da juventude sionista em favor do *Keren Kayemet*.

Por meio de doações, o objetivo inicial era adquirir terras como fator-chave para o retorno do povo judeu à sua pátria. As primeiras compras de terras foram feitas na Baixa Galileia e na Judeia. Os recursos eram captados por meio do "Cofrinho Azul e Branco". Já o *Keren Hayesod* é a principal organização mundial de arrecadação de recursos para Israel. Foi criada em Londres em 1920, com o objetivo de servir como organismo de arrecadação de recursos para o povo judeu e o Movimento Sionista. É uma Instituição Nacional (Organização de Utilidade Pública), que goza de um status legal especial, de acordo com a Lei Keren Hayesod promulgada pela Knesset em 1956, lei que lhe confere uma posição única de ser a conexão entre Israel e os judeus no mundo, bem como com os Amigos de Israel.

Tania contou que o pai mantinha vínculos com a Federação Sionista. "Tínhamos a caixinha em nossa casa, onde sempre que podia ele punha moeda para os judeus da Palestina" (Moser, 2017: 118). Pedro Lispector também serviu ao comitê executivo da Federação Sionista por ocasião da preparação da Terceira Conferência Nacional (Gotlib, 1995: 136). Essa instituição foi fundada em 1922, na rua Senador Eusébio, 132, na Praça Onze, onde se reunia, também, segundo Samuel Malamud, o Grêmio Juvenil Kadima. (Malamud, 1988: 20). Em fevereiro de 1934, a coluna "Correio Israelita" informou que o endereço da Federação Sionista era na Praça Vieira Souto, 38. Sobrado. Não conseguimos localizar em que bairro estava situada essa rua. Em face da nova legislatura de 1938, a Federação Sionista Brasileira foi dissolvida. O *Correio da Manhã* informou em 7/8/1934 que "a Federação tinha como primacial objetivo uma finalidade política de ordem externa – a da criação de uma lei para os israelitas na Palestina – e assim se contrapunha as leis em vigor no país".

Tania contou que o pai tinha muita cultura bíblica. "Celebrávamos três ou quatro datas do calendário judaico. Meu pai conhecia os rituais. Conhecia ídiche muito bem. E recebia o jornal de New York, *The Day*, em ídiche.

Tinha ideias muito avançadas. Era um homem avançado. Nunca deu um tapa em filha sua. Era excepcional. Se não fossem as circunstâncias, poderia ter tido melhor situação na vida" (Gotlib, 1995: 84). Após o falecimento de Pedro Lispector, suas filhas, cada uma a seu modo, procuraram preservar os valores culturais, históricos e religiosos de sua formação judaica.

Tania e William Kaufmann casaram-se na Praça Onze

Tania casou-se com William Kaufmann. Seu nome original era Wolf Vladimir Koifman, e no Brasil passou a ser William Koifman. Posteriormente virou Kaufman, e mais tarde foi acrescentado mais um "n" no sobrenome. Originário da região da Bessarábia, na pequena cidade onde nasceu e na qual viviam muitos judeus, eles a chamavam de "Brichone", à moda ídiche. Como havia muitas perseguições aos judeus, e para não entrar para o exército, pois sendo judeu iria para a linha de frente para morrer logo, saiu apressadamente com um primo para a América. William gostaria de ter ido para a América do Norte, mas como não havia mais cota, veio para a América do Sul, precisamente o Brasil. Em 18 de janeiro de 1938, casou-se com Tania Lispector no recém-inaugurado Grande Templo, da Tenente Possolo, na Praça Onze.

Após ficar sem notícias de sua família por longo tempo, no final da Segunda Guerra Mundial, William foi aos Estados Unidos (episódio citado nas cartas por Clarice), procurou a Cruz Vermelha, em 1945, para saber notícias de sua família de Briceni, e soube que todos os judeus da cidade haviam sido levados para campos de concentração nazistas.

Tania matriculou a filha Marcia no Colégio Israelita Brasileiro A. Liessin. O nome é uma homenagem a um dos maiores expoentes da poesia ídiche-americana: Avraham Liessin (1872-1938), participante do movimento trabalhista da diáspora judaica.

Fundado na rua Barão de Itambi, nº 14, no Flamengo, em 1945, Marcia fez os três primeiros anos do curso primário entre 1946 e 1948. "O colégio tinha poucos alunos, estava iniciando", recorda-se Marcia Algranti, portanto tinha poucas matérias. "Não se ensinava naquele tempo a não ser a alfabetização em português, aritmética (não se falava na palavra matemática), talvez um pouco de história, e ídiche. Aliás, o professor de ídiche que eu tinha, sinceramente nem sei se era uma pessoa com formação didática. Tenho uma vaga lembrança de que era um homem que falava a língua e precisava trabalhar e havia chegado da Europa, como vários imigrantes. Também não tínhamos matérias, por exemplo, como educação física. (...) O esforço era grande, mas tudo ainda estava muito nos primórdios. Também não me lembro de ter tido aulas de música. Aprendíamos umas canções, mas não havia a matéria de música. E, principalmente, aprendemos o hino judaico que depois tornou-se o hino oficial de Israel, quando o país foi criado em 1948."

Em uma carta à Tania, escrita em Berna em 8 de maio de 1946, Clarice demonstra seu ponto de vista sobre a transmissão da tradição judaica para a criança. Referia-se aos primeiros meses da sobrinha no A. Liessin.

"Tania, querida, se o colégio não é bom por algum motivo, não há necessidade de deixá-la lá; ela pode ter um professor particular, quando for mais crescidinha, que lhe dê através da língua uma noção do que ela e nós somos sem que seja preciso desde já marcá-la com uma diferença. Marcia é muito pequena, querida; não é necessário que lhe deem problemas desde já e que ela ouça desde já, através dos professores, histórias tristes. Pense nisso, querida. Conversando com o Wainer, rememorando coisas, também ele achou que não era necessário desde logo ensiná-la coisas e que um professor particular mais tarde resolve" (Lispector, 2020: 221).

Wainer era o jornalista Samuel Wainer, que conviveu com ela e Maury quando morava em Paris com a sua esposa Bluma. Oriundos das mesmas raízes judaicas, Clarice certamente ouviu dele experiências semelhantes às dela vivenciadas na educação escolar em um colégio israelita. Clarice estudou no Colégio Hebreu Ídiche Brasileiro em Recife.

Ao recordar o tempo passado na escola israelita, Marcia Algranti reflete: "O intento dos pais era que seus filhos estudassem numa escola judaica e convivessem com crianças judias."

Já as celebrações do calendário judaico eram vivenciadas geralmente em casa dos amigos ("meus pais eram muito simpáticos, todos gostavam deles", recorda-se Marcia), a vida atribulada de Tania, trabalhando a semana toda, a impedia de ter tempo disponível para se dedicar a preparação das festividades. Segundo a filha caçula de Marcia, Nicole Algranti, sua mãe não se lembra da família Kaufmann cultuar o ritual do *Shabat* onde se acendem velas. Inicia-se no final da tarde de sexta-feira com o acendimento das velas e um kidush à noite, em casa ou nas sinagogas. É o "dia do descanso", quando se rememora o sétimo dia após os seis dias da criação, segundo o Gênesis. A tia Elisa costumava passar os dias festivos do calendário judaico com a família de Cecília Wainstok, filha da tia Dora. A filha caçula de Marcia, Nicole Algranti analisa: "Meus avós, Tania e William, tinham o sentimento de pertencimento às raízes judaicas, mas eram o que se chama de judeu secular, não eram ortodoxos." Ela lembra que o avô William era leitor assíduo da revista *Menorah* (fundada em 1960, a mais antiga publicação dos judeus na América Latina). Nicole não se recorda da vovó Tania preparando pratos da culinária judaica. O cultivo dessas tradições do mundo dos sabores vinha da parte da outra avó, da família Algranti, de origem sefaradita.

William Kaufmann conviveu com judeus que eram proprietários de lojas de móveis no Catete. Foi nesse bairro que começou a trabalhar em lojas, e depois se tornou proprietário e sócio. Tido como simpático e comunicativo, era excelente dançarino. Foi membro atuante da Maçonaria e integrou várias entidades judaicas, além de cantar num coro israelita situado no Colégio Eliezer Steinbarg.

Clarice Lispector, vínculos com o judaísmo

Clarice não seguiria a mesma trilha de Tania, pois ao casar-se com um goi teve que se dividir entre duas heranças culturais e religiosas na formação de seus filhos. No entanto, identificamos uma iniciativa no campo da educação do filho caçula que poderia ser um sinal de aproximação com suas raízes. Paulo colaborou com um texto no jornalzinho da Escolinha de Arte do Colégio Israelita Eliezer Steinbarg, em outubro de 1961. No entanto, Rosa Cass, amiga de Clarice, era a responsável pelo jornal, o que pode indicar ser somente uma mera iniciativa da amiga.

Tanto a Escolinha de Arte quanto o Colégio Israelita Eliezer Steinbarg foram acolhidos na sede do Instituto Israelita Brasileiro de Cultura e Educação, este último criado em 1946.

Elisa Lispector fez colaborações na imprensa judaica para o jornal sionista *Nossa Voz*, com trechos de *No exílio*, no ano de sua publicação em 1949.

É notória a atuação de alguns diplomatas que ajudaram a salvar muitos judeus do nazismo criando uma rota de fuga da Europa rumo ao Brasil. O caso do embaixador Souza Dantas é emblemático, assim como o da esposa de Guimarães Rosa, Aracy, funcionária do Itamaraty. No que diz respeito a Clarice Lispector, há um episódio pouco esclarecido em uma carta de 23/6/1947 dirigida à Tania, que parece referir-se a um casal de refugiados. Clarice tentava atender a um pedido da irmã para o casal Joseph Sztern, que estava em Roma. Clarice promete tentar ajudá-los através de seus contatos diplomáticos. É uma hipótese serem refugiados judeus considerando aquele contexto histórico (Lispector, 2020: 235).

Os laços da família Lispector e os demais parentes com a comunidade judaica carioca são temas que podem e devem ser aprofundados em futuras pesquisas.

MÃES E FILHOS: MARIAN E CLARA, DA UCRÂNIA AO RECIFE

Uma chamava-se Clara Goldsman. A outra, Marian Krimgold. Clara era a caçula de uma família de catorze filhos do casal Marcos e Anna Golzman (no Brasil, o nome adotado foi Goldsman). Um dia tornaram-se amigas. Clara Goldsman casou-se com Isaac Wolfenson, e Marian Krimgold com Pedro Lispector. Todos moravam na Ucrânia. Após o casamento, o casal Wolfenson foi morar em Kiev. O patrimônio da família de Clara Goldsman era imenso, Cheiva Sonia, a caçula de Isaac e Clara Wolfenson, sempre contou aos netos que eles eram proprietários de moinhos de trigo na região. Foi através de suas recordações registradas pelo neto Igor Wolfenson Beremboin que a história da família na Ucrânia foi reconstituída.

Segundo o cirurgião plástico pernambucano Moisés Wolfenson, neto de Isaac Wolfenson, seu avô tinha uma loja em Kiev. Elisa Lispector relatou em *Retratos antigos* que Pedro Lispector era proprietário de uma loja em Teplik e que ia a Kiev com frequência, para adquirir "calçados, chapéus, tecidos finos". Há possibilidades de ser na loja de Isaac Wolfenson. Elisa se recorda da loja bem grande, com muitos fregueses a ponto de o pai e os dois empregados mal darem conta de atendê-los quando a "loja fervilhava" (Lispector, 2012: 114).

Marian Lispector, sua mãe, era culta e elegante. "Sabia falar, sabia pisar. Só se vestia em modistas de Kiev e de Odessa". Moisés Wolfenson desconhece como sua avó Clara e Marian teriam se conhecido. Supomos, considerando o seu relato, que poderia ser em uma dessas idas a Kiev.

Clara e Isaac perderam Augusta, a primeira filha, em um episódio trágico. A menina caiu do colo da babá. Vieram outros filhos. Félix, em 1919, e Ana, em 1921.

Marian e Pedro Lispector tinham duas filhas, Elisa e Tania. Uma diferença de quatro anos entre o nascimento das duas. Nasceram em cidades diferentes. Elisa nasceu em 24 de julho de 1911 em Savran, cidade onde moraram parentes da família Krimgold, o que indica a proximidade da mãe de Clarice com seus pais e irmãos nesse período. Todos os irmãos moravam ainda na Ucrânia, mas os Rabin já tinham imigrado. Teplik é o local de nascimento de Tania, em 19 de abril de 1915, cidade natal de Pedro Lispector, o que pode indicar a proximidade do pai de Clarice com sua família. Clarice, a terceira filha, nasceu durante a longa travessia da Ucrânia para o Brasil, em 10 de dezembro de 1920. Tchetchelnik foi o local de nascimento da caçula, situada na fronteira com a Vinnitsa.

Segundo o relato de Elisa Lispector em *Retratos antigos*, cessaram o conforto e a prosperidade dos primeiros anos de casamento. As notícias graves e assustadoras comentadas por Pedro Lispector e um amigo de uma loja vizinha revelaram temor pela queda do Czar Nicolau II.

Após a Revolução de 1917, o tempo da alegria e prosperidade, mesmo temporária, acabou. Os bolcheviques confiscaram as propriedades. A loja de Isaac Wolfenson foi saqueada, ele reagiu e não teve alternativa senão fugir. A Romênia era o caminho para deixar a Ucrânia. Moisés Wolfenson relatou que o patrimônio da família foi dilapidado, muitas coisas foram doadas, mas como eram ricos foi possível custear a fuga pelo porto de Odessa. Clara e Isaac Wolfenson vieram com o filho Félix, com pouco mais de um ano. A segunda filha, Ana, nasceria durante a viagem em 23 de novembro de 1921.

A família tinha duas alternativas: emigrar para os Estados Unidos através da família Goldsman, ou para Recife, pois o irmão de Isaac, David Wolfenson, fixara residência nessa capital no bairro da Boa Vista.

Pedro e Marian tinham rotas semelhantes. Marian tinha parentes, os Krimgold, nos Estados Unidos; e no Brasil viviam os Rabin, entre Maceió e Recife.

Os Wolfenson e os Lispector foram para o nordeste brasileiro entre 1921 e 1922. Consta no processo de naturalização de Isaac Wolfenson que a data de chegada ao Recife foi 21/8/1921. Enquanto Isaac e Clara fixaram residência na Travessa do Veras, no bairro da Boa Vista, ao lado do Banco Israelita, Pedro e Marian mudaram-se para a rua do Imperador, em

Maceió, em 1922. A irmã de Marian, Zinha, e o cunhado e primo, José Rabin, os acolheram na cidade onde já viviam havia uma década.

Os Wolfenson tiveram mais três filhos. Todos no Recife (apesar de no processo de naturalização de Isaac Wolfenson constar que "todos os filhos nasceram no Brasil"). Moisés, Samuel e Cheiva Sonia. Moisés Wolfenson relatou as recordações de seu pai, Félix, sobre a amizade com os Lispector, que sua avó Clara teria convencido Marian e Pedro Lispector a vir para Recife. "Ela intermediou a locação do casarão na Praça Maciel Pinheiro." O ano da vinda da família Lispector para o bairro da Boa Vista não pode ser precisado, especula-se em torno de 1925 e 1926. Neste último ano, o jornal A *província* (6/12/1927) informou que Clarice faria exame de promoção para o "segundo período" da classe infantil no Grupo Escolar João Barbalho. O que leva-nos a deduzir que estudava no colégio desde 1926.

Depois, David Wolfenson conseguiu uma nova moradia para o casal Isaac e Clara e os filhos na rua Barão de São Borja, 212, relata Moisés Wolfenson. E completa: e os Lispector também mudaram de endereço, para a rua da Imperatriz.

Cabe uma observação nesse episódio da vida dos Lispector até então desconhecido por nós pesquisadores. Quando a família de Clarice mudou-se para Recife já tinham parentes de sua mãe residindo havia anos na cidade. Há registros na imprensa pernambucana datados de 1920. Eram os irmãos Rabin: Pedro, Jorge e Abrahão. Desconhecemos os documentos que ajudariam a afirmar com precisão o ano da chegada ao Recife e como se deu a mudança de endereço, da praça Maciel Pinheiro para a rua da Imperatriz. O fato de amigos, como Isaac e Clara Wolfenson, terem estimulado Pedro e Marian a virem para o Recife e não os Rabin parece-nos incompleto. Não podemos narrar esse episódio de forma completa sem conhecer a outra parte da história, que tudo levaria a crer na interferência dos Rabin na mudança e instalação da família de Pedro Lispector no bairro da Boa Vista. Mais um trabalho para os pesquisadores.

Clarice e Félix

A convivência entre os filhos de Clara e Marian se deu com Félix e Clarice. O encantamento parecia recíproco. Félix e Clarice adoravam ir às livrarias. Frequentavam a Livraria Imperatriz, dos Berenstein, cuja filha Reveca era amiga de ambos. E a livraria Ramiro Costa, na rua Primeiro de Março, nº 14 a 24, no bairro do Recife. Na frente dessa livraria existia o restaurante Flutuante, muito frequentado pela sociedade da época.

Segundo Moisés Wolfenson, Clarice e Félix estudaram juntos no Colégio Hebreu Ídiche Brasileiro. Em uma foto da "Festa do Purim", neste Colégio, estão Félix e Clarice no meio de muitas crianças. Quase todas fantasiadas. Clarice tem um laço preto, seu rosto está de perfil. Sua roupa é preta e branca. Não se consegue ver os detalhes. Félix porta uma cartola imponente, preta. São muitas crianças, as faixas etárias diversas. As bem pequenas estão sentadas no chão. As primas Pola e Vera Lispector estão também na foto, segundo a aluna Flora Buchatsky, estudante do Colégio Israelita nesse período e atualmente com mais de 90 anos. A festa do Purim é celebrada no décimo quarto dia do mês de Adar, é a data mais alegre do ano judaico. Comemora a salvação do povo judeu na antiga Pérsia da trama de Human. Geralmente é celebrada em fevereiro ou março. É uma espécie de carnaval. A foto com Clarice e Félix é da festa de 1931. O laço preto pode ser um sinal do luto da menina Clarice, que perdera a mãe em setembro de 1930 (cf. Foto inédita. Caderno de fotos).

Quando Moisés Wolfenson relembrou as memórias do pai, ressaltou que ele era bonito e paquerador, gostava de dançar o charleston e demonstrar suas habilidades na dança. Clarice era, segundo Félix, muito comunicativa, alegre, perguntadeira. Ela gostava das demonstrações dançantes de Félix. E o carnaval era uma paixão de ambos.

E foi na vitrine da Sloper, na rua Palma, 157, na esquina com a rua Nova, que Clarice e Félix viram a lança perfume Rodouro que estava sendo lançada em Recife. O dia tornou-se inesquecível para Félix porque anos depois ele viria a ser representante da Rodouro no Recife.

A amizade de Clarice e Félix não teve vida longa. Em 1935, ela mudou-se para o Rio de Janeiro. Nunca mais se viram. Marian Lispector já havia falecido. A amizade entre Félix e Clarice deixou muitas recordações no dr. Moisés Wolfenson e apenas uma foto. Um pena...

OS LAÇOS DE FAMÍLIA: LISPECTOR, KRIMGOLD, RABIN, WAINSTOK E ASRILHANT

A história das famílias contada por três mulheres: Anita, Sonia e Elisa

"Parece-me um relicário que seria um sacrilégio destruir." Assim Elisa Lispector referiu-se ao velho álbum de família que guardou durante toda a vida e a partir do qual compôs o livro *Retratos antigos*.

O que sabemos sobre a história dos Krimgold e os Rabin, família materna de Clarice Lispector na Ucrânia, em Maceió e no Recife, foi contada por três gerações. Da primeira geração, por Anita Krimgold Asrilhant; da segunda, por Sonia Krimgold Charifker e Elisa Lispector. As duas primeiras, respectivamente, irmã e sobrinha de Marian (Marieta), mãe de Clarice.

Foi a prima Sonia Krimgold Charifker quem contou a Isaac Krimgold Asrilhant *"coisas até que eu não sabia"*. Ele recorda-se de uma visita que lhe fez: "Ela era a mais bonita das irmãs". E o que a prima lhe contou foi também transmitido a outro primo, Gilson Krimgold Ludmer, filho de Clarice Krimgold Ludmer, irmã de Sonia, ambas filhas de Joel Krimgold, o irmão mais velho de Marian Lispector. Como Elisa Lispector visitava a tia Anita, conforme o depoimento de Isaac Asrilhant, deduz-se que as histórias que Elisa sabia, além das que seu pai Pedro lhe contou, têm como fonte a caçula dos Krimgold. É a mesma tia Anita que revelou a Clarice, no dia do casamento de seu filho Paulo, que sua mãe Marian (Marieta) escrevia diários. Anita era a única tia viva, morava no Rio com o marido Bóris e o filho Isaac. Isso se confirma no relato de Elisa escrito para seus descendentes: "Recorri à ajuda da única sobrevivente da geração anterior à minha: uma tia, irmã de minha mãe" (Lispector, 2012: 83).

A terceira geração reconta a história: Isaac Asrilhant

Na ausência das três, todas falecidas, a memória da família chegou até nós através dos sobrinhos. Em *Eu sou uma pergunta*, tive o privilégio de conversar com Isaac Asrilhant (o depoimento foi gravado), em 1994, filho de Anita Krimgold Asrilhant e Boris Asrilhant. Seu depoimento guarda uma grande importância por ele ter conseguido descrever com mais detalhes do que seus primos Henrique Rabin, David Wainstok e Gilson Ludmer os episódios dessa história na Ucrânia, em Recife e em Maceió. Isaac Asrilhant faleceu em 2006, e este foi o único depoimento que ele concedeu para uma biografia de sua prima Clarice Lispector.

As recordações de Sonia Krimgold Charifker eram trágicas, segundo Isaac Asrilhant. O avô materno de Clarice e Sonia, Isaac Krimgold, morava em um lugar onde "havia muitos banditismos nas vilas, homens armados. (...) O meu avô [Isaac Krimgold] era muito conceituado. Vendia querosene. Ele trazia aquele óleo, botava o tonel para vender. A garotada abria a torneira do óleo e saía correndo. Um dia pegaram moças e rapazes e ele se ofereceu para ficar no lugar dos reféns. Acabaram fuzilando Isaac e outros".

Isaac Asrilhant relata que a tia Sonia mantinha correspondência com os irmãos Krimgold nos Estados Unidos. Já sua mãe, Anita, ao falar sobre o pai, dizia-lhe:

"Isaac era muito alto. Homem do interior. Ele e o irmão tinham uma propriedade, umas terras. Eles eram arrendatários dos condes, barões. Eles tinham dinheiro. Judeu que vivia nas terras não era bom partido, não era considerado. Ele gostava de Tania (Tcharna), mas a família não deixou. Ele casou-se com uma senhora, teve vários filhos que imigraram para os Estados Unidos. É o que a minha mãe [Anita Asrilhant] me contou.

Minha tia Zina tinha retratos na casa dela dos irmãos por parte de pai, e tinha correspondência com eles, de Maceió para os Estados Unidos.

Quando ele ficou viúvo, acho que ela continuava solteira*. E aí casou com ela e teve os cinco filhos: Joel, Marieta, Sara, Zinha e Anita."

(*Já Elisa Lispector relata em *Retratos antigos* que tanto Isaac Krimgold quanto Tcharna Rabin casaram-se quando ambos enviuvaram.)

O nome da avó materna de Clarice – Haia ou Tcharna? Clarice ou Tania?

"Uns podiam dizer que era Clarice e podia ser traduzido para Tania, porque essas eram as duas vertentes para esse nome. Haia e Tcharna são nomes como Clara, Clarice, dá para botar Haia também. Mas eu acho que era Tcharna", explica Isaac Asrilhant.

"No judaísmo, isso não é da religião, nos usos e costumes, geralmente eles não gostam que o filho case com uma moça que tenha o mesmo nome da mãe dele. Então, vai ver que minha avó paterna chamava-se Haia, que pode ser Clarice ou Clara. E a outra chamava-se Tcharna, que pode ser Haia também. Então, minha mãe vai ver que nunca usou a palavra Haia para a mãe dela por causa disso, talvez."

"O nome dela, segundo minha mãe, era Tcharna."

"Os filhos falavam entre si Ídiche". Isaac Asrilhant, filho único, falava com os pais em ídiche. "No meio da conversa podia vir uma palavra em russo, como acontece com outras nacionalidades", explica.

Maceió: a tia Zinha, o tio José Rabin e os Asrilhant

"Meu pai e minha mãe pararam primeiro em Recife, não tinha porto naquela época em Maceió. Tia Zinha quis que eles ficassem em Maceió, junto com o tio Joel. Tio José era tão conhecido em Maceió que o motorneiro perguntava: 'Sr. José, o senhor quer ir para Jaraguá? Moravam no bairro do Farol. Isolado. Uma casa enorme (...)'."

Sobre o pai, Boris Asrilhant, em Maceió: "Meu pai foi mascate durante muitos anos. Batia de porta em porta vendendo à prestação. Ele tinha um ajudante, Dionísio, crioulo forte que carregava uma caixa pesadíssima com os produtos. Ele saía às 7h e voltava às 7h da noite. Depois de um tempo, na casa onde morávamos, meu pai abriu um bangalô e começou a vender à prestação. Naquela época, os comerciantes portugueses não vendiam à prestação, era uma vergonha vender fiado. Então, os mascates prosperaram. Depois começaram a imitá-los. As lojas começaram a fazer vendas a prazo. Nós tínhamos pouco contato com a família de Clarice.

Meu pai comprava seda em Recife. Lembro-me que ele foi convidado para ver uma representação de Clarice".

Quanto à veia artística da família: "Minha mãe não tinha veia artística. Os meus primos, filhos de tia Zinha, sim. Henrique tocava violino, e Sarita, piano. Eles gostavam que os filhos tocassem para as visitas." Isaac lembra que "Zinha era cardíaca, ao conversarem com ela via-se a aorta dela fazendo assim (mostra o pulsar da veia)".

"A Maceió do nosso tempo era um ovinho. Tinha bonde, cinema. A rua do Comércio, a rua do Livramento. Nada era urbanizado. Nem nas estradas, nem na orla marítima. Tinha a praia principal, 'avenida da Paz'. Parece que agora chama-se Duque de Caxias", completa Isaac Asrilhant.

De passagem por Recife, na casa do tio Pedro e da tia Marieta

"Fui à casa de Clarice, eu tinha uns 18 anos. Na rua Conde da Boa Vista. Não havia refrigerador, tomava-se água de moringa (a quartinha, de barro). No almoço, tio Pedro estava na cabeceira. Eu quis tomar água e tentei pegar a moringa, mas o tio me disse que ele que botava a água no copo." Achou o tio vistoso, bonitão e imponente. "As duas filhas, Elisa e Clarice, puxaram a minha tia; e a Tania a ele."

"Tia Marieta pegou paralisia infantil e ficou entrevada. Lembro dela numa cadeira de rodas. Dois olhos azuis. (...) A Elisa era uma espécie de irmã-mãe. Todos eles são muito bons."

Sobre a mãe de Clarice: "Todas as irmãs eram claras. Minha mãe era loura, tia Zinha, também, tia Sara."

E sobre o irmão de Pedro Lispector e sua esposa: "Salomão Lispector era simpático, atencioso. Mina era muito boa, gostava de agradar. Nunca vi criatura tão boa."

No Rio de Janeiro, visita as primas Tania e Elisa

"Fui visitar a Tania em dezembro de 1945, estava de férias. Eu queria arranjar transferência para o Rio. E consegui. Fui à rua Silveira Martins,

Clarice estava lá*. Ela elogiou o italiano, disse que era uma língua muito bonita. No início, fiquei em uma pensão, mas minha mãe vendeu tudo o que tinha para vir atrás de mim. Vendeu as duas casas. Ela dizia o que vinha à cabeça. Ela comprou o apartamento na rua São Salvador, uma mesa de cozinha e duas cadeiras."

"Elisa mantinha contatos com a minha mãe. Eu cheguei a visitá-la em sua casa na rua São Clemente. Tive mais contatos com a Tania e com o William, marido dela."

(*A visita de Isaac deve ter ocorrido entre janeiro e março de 1946, quando Clarice esteve no Rio para lançar O lustre, e preparou-se para ir para Berna.)

A terceira geração: relatos feitos pelos primos

Nessa parte, extraí trechos de depoimentos de Tania, irmã de Clarice, e de seus primos, que foram concedidos a *Eu sou uma pergunta*. Quando citados naquela edição na maioria das vezes apareciam encobertos pela minha voz de narradora, pois procurei criar uma narrativa com um ritmo estável, sem interrupções, onde o leitor tivesse a sensação de ler um romance. Por isso, vários trechos não foram incluídos. Agora, para essa edição, inseri novas passagens, repeti outras, com o intuito de apresentá-las dentro de determinados temas que nos ajudam a delinear um retrato não só de pessoas importantes na constituição da identidade de Clarice como a mãe, o pai e as irmãs Tania e Elisa, como também de apresentar aspectos do dia a dia da família na Ucrânia, em Maceió e no Recife, sejam os de natureza cultural, sejam os de cunho educacional. A extensão dos trechos varia. Muitas vezes, uma frase contém o essencial que deve ser dito sobre o tema em questão. Como seres históricos, cada integrante dessas famílias nos dá a sua visão e uma forma particular de vivenciá-la. Ao final do capítulo, os depoentes são identificados com uma nota biográfica que situa o lugar de cada um na história das famílias.

O pai de Clarice, Elisa e Tania: Pedro Lispector

O tio Pedro me passava uma ideia de pessoa séria, simpática, não era expansivo. Inteligente, sabia ter diálogo com as filhas, às quais era muito ligado. Dizia que se emborcassem Clarice de cabeça para baixo só saía anedota. Realmente seu repertório de anedotas finas e inteligentes era enorme. (Bertha Lispector Cohen)

*

... O pai dela era mais ou menos um senhor meio alto. Ele acompanhava muito as filhas. Naquele tempo começou esse negócio de cinema. O pai acompanhava muito as filhas ao cinema. Eu me lembro que o pai dela sempre perguntava à empregada: "Olha, pode comer leite com banana?" Ela era muito consultada. (Anita Rabin Bochner)

A família Lispector na Rússia: avós paternos, Eva e Samuel Lispector

Meu pai dizia que ele tinha outro irmão que fugiu também do comunismo. Ele mudou o sobrenome porque eles faziam todo o arranjo para cair fora, para despistar às vezes que nem era judeu. (Samuel Lispector)

*

Meu avô faleceu cedo deixando filhos menores, inclusive meu pai (Salomão), que cedo teve que enfrentar a vida. Era comerciante, porém grande parte do seu tempo era dedicado a estudos, que imagino ser a Bíblia. Era conhecido na sua cidade natal, Teplik, como grande estudioso e por isso muito considerado. Cheguei a conhecer a minha avó Eva que morava muito simplesmente com a sua filha Guitel. Seu tipo físico era moreno, magra e carinhosa com os netos. Mamãe (Mina) dizia que na sua juventude era muito elegante e bem vestida. No que eu me lembro havia um tio que era cantor de sinagoga "hazan" e outro tio comerciante dono de uma loja grande em Uman. (Bertha Lispector Cohen)

A mãe de Clarice, Elisa e Tania: Marieta (ou Marian)

Ela tinha tido encefalite letárgica, que acabou a paralisando. Uma inflamação do cérebro. Por fim, ela tinha Parkinson. Ela podia andar sempre com auxílio. Andava arrastada. (Sarita Rabin Goldstein)

*

A mãe dela eu me lembro sempre doente. Era paralítica, vivia presa numa cadeira de rodas. Cadeira de rodas, não. Não havia cadeira de rodas naquele tempo. Era uma poltrona. Ela não falava, era pelos gestos. Gorda. E o pai era muito dedicado a ela. Carregava no colo. Com aquele peso todo, ele era também um homem forte. Levantava ela e levava para cama. Me lembro sempre ela assim, era uma pessoa com quem a gente não tinha diálogo, não tinha conversação. A gente se visitava muito. Sempre ia na casa delas e tudo, mas a mãe dela era, vamos dizer, era uma imagem ausente. E isso é uma impressão pessoal minha e não sei se expressa a realidade. Pelo que eu me recordo a mãe dela ficou paralítica pouco depois ou na época em que ela, a Clarice, nasceu. Me parece que isso deixou algum trauma nela, um sentimento de culpa na Clarice. E isso talvez tenha se refletido na vida dela posterior também.
[Teresa: Uma de suas primas, Sarita Rabin, comentou que Marieta teria tido Mal de Parkinson.] É, ela realmente tinha o Mal de Parkinson, agora que ela falou... eu me lembro que naquele tempo eu não sabia o que era Mal de Parkinson, mas me lembro que ela tinha aqueles tremores. Quando ela ficava em pé estava sempre tremendo. Tinha que dar apoio aos braços e às pernas por causa dos movimentos, se era o Mal de Parkinson não sei, mas o sintoma era sugestivo. Ela não conseguia nem falar. Ela tinha movimentos desritmados, descontrolados. Mas não era o único sintoma. Ela tinha mesmo... assim, ela era parada, a gente não tinha condições de diálogo com ela. (David Rabin Wainstok)

*

Marieta tinha paralisia. Já veio da Rússia com a doença, não tão grave. Já veio incapaz de se mover. Há uma suspeita, não sei bem o que aconteceu, no período em que Pedro Lispector estava se especializando na saboaria e deixou a família e houve um ataque de soldados de tal facção. Elisa deve ter assistido alguma coisa e ficou traumatizada, e depois, então, tia Marieta adoeceu. Isso é suposição. Sabe-se que paralisia geral progressiva como ela teve é de natureza sifilítica, vai progressivamente avançando. Não tinha como aparecer uma paralisia geral progressiva, se sabe-se que isso é uma doença sifilítica, de uma síndrome nervosa que ataca a medula, então vai progressivamente avançando. (Henrique Rabin)

*

Ela sempre muito preocupada com a mãe. Então, sempre de vez em quando a gente fazia uma história que de repente acontecia alguma coisa e a mãe ficava boa, a mãe dela. Me lembro muito... Uma coisa que marca muito. Que ela realmente era muito pequena, acho que não conheceu a mãe boa. É muito triste essa parte. Da mãe eu me lembro... ela ficava numa cadeira. Ela era praticamente cuidada pelas duas irmãs da Clarice. Pode ser que elas entendiam o que ela falava, mas até falar ela falava com dificuldade. E não se mexia pra nada. Sentada. Não sei se a Clarice chegou a ter algum intercâmbio com ela. Eu via mais as outras botando ela numa cadeira, qualquer coisa assim. Mas era como se fosse uma estátua numa casa. Não tinha a menor iniciativa. A gente estava sempre preocupada com isso, fiquei imbuída também daquele sonho de que alguma coisa a fizesse ficar boa. Eu ficava pensando assim: "Coitada, que pena." Acho que as irmãs praticamente tomaram o lugar da mãe dela. (Anita Rabin Bochner)

*

Lembro-me da tia Marieta sentada numa cadeira sem poder se levantar só, paralisia oriunda provavelmente de um parkinsonismo que contraiu na Rússia. Decorrente dessa situação, Elisa e Tania teriam que participar nos cuidados da Clarice. (...) Clarice era uma criança muito cheia de imaginação e humor. Fazia a tia Marieta rir com as suas macaquices. Dada a sua imaginação fertilíssima, Clarice humanizava nas suas atividades lúdicas os lápis de cores, os azulejos do banheiro dando nome a cada lápis, a cada azulejo e dramatizava.

Voltando a tia Marieta, apesar de sua enfermidade que influi na articulação e ritmo da fala, era uma pessoa muito inteligente e sábia, a minha mãe [Mina Lispector] a tinha em grande conceito. (Bertha Lispector Cohen)

O dia do falecimento da mãe de Clarice

Lembro-me do dia que a tia Marieta faleceu. O tio Pedro veio do hospital onde a tia Marieta faleceu e disse para Clarice: "você não tem mais mãe", e a tristeza tomou conta de nós. (Bertha Lispector Cohen)

Tia Mina

Lembro-me que a mamãe sempre levava os seus quitutes para a família do tio Pedro. Tínhamos bastante contato, mas a mamãe jamais cuidou propriamente da Clarice. (Bertha Lispector Cohen)

A família Rabin no Recife

Pedro Rabin veio primeiro para o Brasil. Ele tinha um armazém de fazendas na rua da Imperatriz. Ele tinha um primo "Waisberg" (Aron Waisberg). Ele foi trazendo a família para o Brasil. (Jonas Rabin)

Clarice Lispector menina

Ela era muito imaginativa. As brincadeiras sempre ela inventava. Por exemplo, os azulejos ela dava personalidade, isso eu me lembro bem. Esse azulejo representa isso, aquele aquilo. Como se fosse um personagem. Esse vai ser, digamos, o pai ou o tio. A gente brincava, sempre a criança faz uma história, ou era um médico, ou isso ou aquilo, não é? Então, ela sempre procurava trazer mais personagens, porque só era eu e ela. E isso eu me lembro bem. Ela sempre imaginava coisas. Ah, nós também estávamos na história. (Anita Rabin Bochner)

*

Fiz parte do curso primário com a Clarice quando nós duas fomos transferidas do colégio público que estudávamos para o colégio israelita. A Clarice se destacava pelo seu talento em declamar. Lembro-me que ela foi muito aplaudida numa festa da colônia. Isso ela devia ter na época uns nove a dez anos. (Bertha Lispector Cohen)

*

Quando a nossa mãe morreu, um dia vi Clarice na janela sozinha, chorando. Vi naquele instante que Clarice precisava de alguém para cuidar dela. E a partir daquele instante adotei Clarice. Ela mudou muito depois que mamãe faleceu. O contato com a morte para uma menina de nove anos é marcante. Usou luto durante um ano, como era o costume. Clarice era uma menina alegre, inventiva, imitava, falante. Na escola imitava a professora e falava com os ladrilhos como se fossem alunos. Ela era líder no grupo. (Tania Kaufmann)

*

Meu único contato foi quando ela era mocinha, linda. Impressionou-me muito. Foi no casamento de uma das filhas do Joel Krimgold. (Jonas Rabin)

*

Clarice era uma criança muito viva. Muito conversadora. O pai dizia: "Vai ser advogada." Era muito expansiva. Muito comunicativa. Falava muito. (Sarita Rabin Goldstein)

Elisa Lispector

A Elisa era a mais velha das irmãs e dada as circunstâncias da família teve que dedicar grande parte do seu tempo em cuidar da mãe e por isso sua infância e adolescência foram bastante sacrificadas, inclusive não havia tempo para estudar e brincar. A Elisa estava sempre aflita com a mãe, não é? E a Tania era mais com a Clarice. Seus conhecimentos foram adquiridos após a fase da adolescência, não impedindo de ser muito bem classificada nos estudos e no trabalho onde se destacou com grande brilhantismo. Conseguindo até ganhar prêmio com seu primeiro livro, *No exílio*. Pessoa muito séria e compenetrada. (Bertha Lispector Cohen)

*

Elisa foi uma alta funcionária do governo. Quando se aposentou, o Ministro Jarbas Passarinho deu-lhe de presente uma caneta, acho que de ouro. Elisa era mais reservada. Quando ela lançou o primeiro livro eu me assustei, pois não esperava. (Tania Kaufmann)

Tania Kaufmann

A Tania era a que mais ficava com a Clarice, ajudando-a em todos os sentidos. Portadora de um senso prático, que faltava na Clarice, Tania cuidava a seu modo de Clarice, principalmente após a morte de tia Marieta.

A Tania acompanhava os estudos da Clarice e por vezes explicava assuntos que não estavam claros. Na época, frequentávamos a biblioteca do Ginásio que era bem sortida. Mas jamais algum professor recomendou livro algum. (Bertha Lispector Cohen)

O aprendizado do português e o uso do ídiche

Com as aulas do Colégio Israelita dava base para falar o ídiche. Na cidade onde a gente nasceu (Kitaigorod) só se falava o ídiche. Os judeus viviam confinados. As crianças quase não sabiam falar russo. Os judeus não tinham o direito de morar em Kiev, nem em Moscou. E para entrar no ginasial ou universitário era uma porcentagem muito pequena que o governo deixava por ser judeu. Em função disso, os judeus ficavam confinados e só falavam ídiche. Quando chegamos ao Brasil, fomos para o colégio e aprendemos logo o português. Meus pais falavam em ídiche e nós respondíamos em português. Depois de uns anos os pais falavam o português. (Samuel Lispector)

*

Nós falávamos o ídiche em casa. Elisa sabia mais, depois pela falta de uso ela acha que esqueceu. Eu sabia poucas palavras. (Tania Kaufmann)

Passeios no Recife

Quando morávamos no Recife não existia televisão. E quando não tínhamos dinheiro para o cinema, para nos distrairmos aos domingos visitávamos a casa das empregadas. Nessas visitas vi muita miséria. (Tania Kaufmann)

O Recife: comércio e transporte

O leiteiro vinha com o cavalo na porta e entregava o leite. Passavam de vez em quando homens com o balaio cheio de frutas. Passavam de manhã cedo vendendo milho, tapioca. Andávamos de ônibus, quando surgiu o carro uma pessoa ou outra tinha carro, era raro. Depois que eu já era mocinha muitos tinham. Meu pai até falava: "Vou comprar um carro." O rádio, acho que eu já tinha uns cinco, seis anos. Era raro alguém ter. Todos tinham empregada. (Anita Rabin Bochner)

Clarice estudante no Recife: do primário ao ginásio

Ela esteve em uma escola pública e eu numa outra. Ela, no João Barbalho. Eu estudei no Manoel Borba. Depois os pais combinaram e nós fomos para o Colégio Hebreu-Brasileiro. Aí, nós fizemos até o admissão. Depois da admissão passamos para o Ginásio Pernambucano.

Naquela época, o admissão era depois de quatro anos. Depois estudava com um professor, se preparava para o admissão, prestava exame... Nós fizemos alguns meses o admissão, estudamos e passamos lá para o ginásio. Quer dizer, dois só. Não foi mais do que dois que nós passamos na escola. Terceiro e quarto ano nós ficamos no Colégio Israelita.

Por isso que dois anos de colégio público a gente conseguia estudar língua estrangeira, não é? E a vantagem de estudar profetas. Estudamos até o hebraico antigo. Nós estudamos para decifrar o hebraico antigo. Tínhamos aula de ídiche, também. Além de hebraico e ídiche tínhamos todas as disciplinas. Era um colégio normal. Tanto que de lá eu fui para o ginásio. O hebraico era só a língua hebraica e a Bíblia. Todas as matérias do programa oficial. Senão como é que nós tínhamos entrado? Nós entramos bem no ginásio. (Bertha Lispector Cohen)

*

Naquele tempo não havia assim uma escola que ensinasse a nossa religião. Então, meu pai, o pai dela também, vários contribuíram, compraram uma casa, até mais longe, e a gente ia lá de tarde. De manhã estudava na escola. Ela estudou no mesmo que o meu, mas em turmas diferentes (o primário). Naquele tempo as crianças não tinham muita oportunidade de ler porque os pais não compravam muitos livros. Havia revistas também, mas só gente muito grã-fina que gastava dinheiro com livro. Lembro perfeitamente que nós fizemos... não sei quem organizou, mas quem tomava conta eram as próprias crianças; nessa escola onde a gente estudava religião, hebraico. Havia uma biblioteca e a gente tirava livros, por exemplo, lá eu lia livros de Monteiro Lobato, e ela devia ter lido também. Não me lembro exatamente os livros assim de criança. Já tivemos oportunidade cedo. No curso ginasial aí já era mais fácil, já havia bibliotecas. A gente tinha meios de consultar, enfim.(Anita Rabin Bochner)

O Ginásio Pernambucano

Estudamos na mesma classe. O ginásio era bom. Era muito mais puxado do que os outros, por exemplo, tinha outros colégios particulares. Tinha a Escola Normal, mas ela não dava, dali não se podia ir para a faculdade. Era um nível muito bom, o do Ginásio Pernambucano. Era o melhor que existia no Estado.

No Ginásio ela não era reservada. Eu sentia uma força dela. Você sabe que menina tem às vezes lá uns meninos que ficam contra a gente. E eu me sentia protegida por ela. Era ela que trazia as novidades para mim. Ela na certa talvez perguntasse para a Tania, e a Tania explicava a ela. Porque a Tania era mais próxima. E ela vinha sempre com umas novidades, com umas explicações meio absurdas, que na hora eu engolia, não é? Mas agora eu me lembrando... (Bertha ri).

No tempo do Ginásio eu ficava mais de banda em relação aos meninos. Observando os meninos. Tinha o Leopoldo Nachbin, que depois ela fez uma entrevista com ele. Nos livros ela fala. Ela era muito ligada ao Leopoldo. Tinha um outro que era integralista, mas estava lá na cola dela. Eu era mais retraída naquela época. Não estava aberta pra essa coisa de menino e menina. Parece que ela (Clarice) desabrochou mais cedo. (Bertha Lispector Cohen)

As primas Lispector no Ginásio Pernambucano

Elisa era uma aluna excepcional. Lembro que o padre Cabral nunca viu alguém escrever tão bem o português como a Elisa e a Tania Lispector. Quando ele fazia a chamada: "Samuel Lispector": "Presente." "O que você é delas?" Era uma consideração danada, mas quando ele viu as minhas notas... Elas tiravam a nota máxima. (Samuel Lispector)

Clarice declamadora no Colégio Israelita

Ela declamava na escola. Os professores treinaram uma peça de teatro. Eu me lembro que participei de uma peça com ela. Eu era a tia, e ela era um menino. Eu me lembro muito bem. Fazíamos peça de teatro. E ela declamava sozinha. Uma vez, eu me lembro... era uma festa, não me lembro onde. Mas era um salão grande. Esses colégios às vezes não conseguem se sustentar, aí eles fazem em benefício da escola. E eu não sei nem se ela era pra ir. Porque foi assim... eu me lembro como se fosse no meio do salão, ela declamou, mas foi tão aplaudida e eu me lembro também que eu fiquei maravilhada com a declamação dela. Ela tinha também muito jeito para canto. Ela tinha talento. É artista, mesmo. Ela era uma artista. (Bertha Lispector Cohen)

O professor de Hebraico, Moyses Lazar

Ele era especial não só pela maneira de explicar as coisas, como pela maneira de se comunicar com o aluno. A gente sentia ele muito perto. Era uma pessoa perto da gente. Nós éramos pequenos e acho que a criança sente mais porque compreende. Ele era muito inteligente. Inteligentérrimo. Como que numa dúvida para uma criança de nove, dez anos, você vê tanta coisa, ele explicava muito bem. A aula dele era disciplina. Disciplina não quer dizer: "cala a boca". Esse professor e a esposa morreram cedo e deixaram dois filhos. (Bertha Lispector Cohen)

*

Tivemos um professor de hebraico e de ídiche. O de hebraico, tivemos parece primeiro uma professora, mas depois um professor que marcou muito. Me parece até que nos livros dela ela fala nesse professor. Ele era realmente um professor muito pra frente. Me lembro ainda de perguntas que a gente fazia: "Ah, mas como é que foi? Deus entregou de mão a Torá na mão dele, não sei que.." Então, ele dizia: "Olha, ninguém viu." Quer dizer, já pra frente. Um homem muito inteligente. Ele era um homem assim tão interessante nele mesmo que quando... ele morreu cedo, a gente devia ter uns nove ou dez. Ou ia fazer dez. Então, eles passaram o de ídiche para ensinar o hebraico, ninguém gostou. Ele era o professor de hebraico, a religião era o que mais importava para os pais que a gente aprendesse. Mas em religião ele era muito pra frente.

A gente ficava horrorizada com certas coisas e ele não era como essas pessoas dizem: "Não, vocês têm que acreditar." Já era mesmo liberal. Nós ficamos, acho que pelo menos até perto de dez anos porque ele estava aqui. Isso eu me lembro bem porque quando eu entrei para o ginásio eu pedi para o meu pai não ir mais, porque ninguém suportava o outro professor. O professor era moreno, boa estatura, um pouquinho, meio corcunda. Ele era um tipo de judeu daqueles assim bem morenos, como se fosse aqui um mulato claro, não muito claro. Cabelo assim encaracoladinho e um pouco pesado, um pouco gordo. Ele tinha assim um carisma.

Mas além disso ela já devia ter a carência (Clarice). O pai, ela era muito ligada ao pai, mas acontece que ele trabalhava o dia todo. Naquele tempo, como meu pai, também, saía às 7h da manhã e chegava às 7h da noite.

Naquele tempo perguntava-se muito pouco, porque não havia como hoje em dia que eles solicitam a criança a participar. Era mais o professor dando aula e todo mundo quieto ouvindo. Mas eu me lembro que essa parte de religião ele não enfatizava... a criança cega de jeito nenhum. Falava dos filhos dele também de vez em quando, quer dizer, botando lá no céu. Era muito ligado. Tinha um bom coração, também, a gente notava. Naquele período, a gente só fazia as perguntas em hebraico. A gente lia em hebraico. A gente tinha que copiar. Hebraico eu não me lembro mais, nem do alfabeto, porque acontece que eu estudei muito nova e não tornei mais a estudar. A gente cantava. No início a gente cantava o hino nacional e o hino de Israel, não é? Junto. A gente perguntava assim, e quando ele falava alguma coisa era em hebraico. E ele falava em hebraico e a gente, eu me lembro que a gente entendia. A aula era dada em hebraico. Ele nem sabia o português. Ele veio lá de não sei onde, talvez soubesse outra língua, mas português não sabia. (Anita Rabin Bochner)

*

Nós tínhamos um professor chamado Moysés Lazar, que está enterrado aqui no Recife e os filhos estão em Israel, que era uma capacidade. Então, na hora do recreio eu passando assim perto deles, até parei para ouvir, e eu lembrei que a Clarice perguntou para esse professor: "Mas por quê?" Estava se referindo, talvez, à parte intelectual, claro, só podia ser, qualquer coisa. Falávamos hebraico na hora da leitura. Marcava aquele texto, a gente lia e aprendia hebraico como a gente aprendia inglês, francês. Dava para a gente conversar, porque a gente conversava em casa. A gente aprendia a escrever, a ler, gramática. O tipo físico dele era alto, forte, usava óculos, acho que era pince-nez. (Anita Buchatsky Levi)

O Cinema Polytheama e o Parque

Tinha o Polytheama, que a gente chamava de "Polipulga". Era um cinema assim fuleiro. Ah, tinha o Parque. O Parque era melhor. Mas eu me lembro que no Polytheama ainda tinha cadeiras. Eu me lembro que às vezes, ia com a Clarice, com a Tania, com a Elisa. E eu achava chato, quando tinha lugar eu deitava em três cadeiras e dormia ali mesmo. A gente ia muito ao cinema. Era a família que ia muito ao cinema. Ele, o pai, levava as meninas muito ao cinema. Meu pai não era tanto, não. Mas tio Pedro era muito assim, esse lado de levar... essas coisas assim culturais. Em matéria de cinema ele era assim. Era uma pessoa retraída, mas era uma família dada a diversões, a frequentar teatro, cinema, o que tinha no Recife. (Bertha Lispector Cohen)

A casa na Praça Maciel Pinheiro

Foi a primeira casa que ela morou. Tinha uma mercearia lá embaixo e tinha uma senhora já idosa, D. Belisa. Elas se davam com ela. (Bertha Lispector Cohen)

*

Moramos na praça Maciel Pinheiro uns três anos. Os preços das casas variavam conforme o andar. O segundo andar era mais barato. Era uma casa colonial autêntica, mas por ser muito velha as tábuas corridas do assoalho balançavam muito, e nós tínhamos receio de que o chão cedesse. No primeiro andar havia um clube onde moravam duas senhoras idosas que costuravam. Nós três fazíamos vestidos com elas. Como o assoalho tinha frestas, nós olhávamos a casa das costureiras para verificar se a roupa estava pronta. (Tania Kaufmann)

A casa da Avenida Conde da Boa Vista

Era grande, tinha cinco quartos, tinha piano. Papai comprou e reconstruiu. (Tania Kaufmann)

Dúvidas sobre a data do nascimento de Clarice

No dia 23 de novembro ela ganhava um presente. Quando Clarice entrou no ginásio viu nos papéis que a data de seu aniversário era outra. Clarice brincou com uma amiga que ela era mais moça. Ficou feliz em descobrir que tinha nascido em dezembro. (Tania Kaufmann)

Mulheres na universidade e no mercado de trabalho nos anos 1930 em Recife

No meu tempo tinham cinco ou seis. Naquela época não tinha muita gente fazendo faculdade, havia discriminação. Sentia um pouco. Não era completamente igual, igual, não. Sentia um pouco de machismo. (Bertha Lispector Cohen)

*

No Recife, era raro ver mulher trabalhando. Elisa e mais duas moças trabalhavam como secretária, batiam à maquina fazendo correspondência o dia inteiro. No Recife, as moças faziam o curso primário e depois paravam. Ficavam esperando o casamento. Elisa, assim que terminou o Curso Comercial, foi trabalhar num escritório, o que era raro. (Tania Kaufmann)

No Rio de Janeiro: os laços com o tio Pedro Lispector e as primas

Desde a mudança da família do tio Pedro para o Rio o único contato que tive com tio Pedro foi quando ele veio passar alguns dias em Recife e hospedou-se em nossa casa. Quando eu me mudei para o Rio em 1944, o tio Pedro havia falecido e Clarice estava na Europa. De modo que só vi Elisa e Tania, com as quais eu me dava. Cheguei a ver Clarice uma vez quando esteve de visita ao Rio, mas nosso contato foi rápido, foi numa festa de noivado da Márcia, sua sobrinha. A distância geográfica e o passar dos anos nos separou. Mais tarde, quando veio a fixar residência no Rio, tivemos vários contatos. A Clarice era uma pessoa que gostava de se isolar e não era dada a visitas sociais. Mas todos os contatos que tivemos me deu muito prazer dado seu humor e conversa interessante. (Bertha Lispector Cohen)

O casamento de Clarice

É que meu tio Pedro havia morrido. Naquele tempo não se concebia um judeu casar-se com um goy. (Samuel Lispector)

*

Quando a Clarice se casou, a Tania foi comunicar à família de Anita, em Niterói. A tia Dora ficou surpresa ao saber que Clarice se casou com um goy. (Sarita Rabin Goldstein)

Festas judaicas

Meu pai frequentava a sinagoga, principalmente nos dias festivos. Os dias mais importantes para nós como o Ano-Novo, o Dia do Perdão. Ele frequentava, não reunia em casa. Eu só me lembro que quem vinha muito na minha casa era o Abrahão, porque a família dele viajou para Israel, emigrou para Israel e ficou lá muitos anos, e ele ficou trabalhando aqui. Meu pai convidava muito esse irmão. (Sarita Rabin Goldstein)

A dança: Cecília Wainstok Lipka e as primas Tania e Elisa Lispector

"Quando comecei a dançar havia muito preconceito, e minha mãe [Dora Wainstok] pediu a Elisa para ela me convencer a mudar de carreira. Elisa foi assistir aos ensaios porque minha mãe pediu.

Ela e Tania me incentivaram. Quando eu me apresentava em uma academia no Cassino Icaraí, Tania ia me ver. Ela dizia para mamãe que eu deveria continuar na carreira.

Em Recife, vi no Cinema Parque um cartaz com bailarinas. Fiquei maravilhada. Eu queria ver o filme que estava anunciando, mas nunca fui. No colégio havia uma menina que estudava balé. Eu vi numa peça infantil do Waldemar de Oliveira e havia um número com uma menina que dançava. Eu cheguei em casa e procurei imitar, meus irmãos caçoaram. Procurei saber com ela onde aprendia balé. Soube de um conservatório que dava aulas, mas não havia professoras. Somente no Rio fui estudar dança. Em Niterói soube que havia um colégio particular que havia dança, saí do colégio público e fui estudar neste.

Depois eu comecei a fazer esculturas." (Cecilia Wainstok Lipka)

A preparação de *Perto do coração selvagem*

Clarice morava comigo na Silveira Martins. Ela ficava no último quarto que seria o da empregada, porque ficava mais isolada e ela podia ter mais privacidade. Elisa ficava no quarto da frente. Lembro que Clarice estava escrevendo o livro. Como a casa estava barulhenta porque a Marcia tinha um ano, a Clarice alugou um quarto na rua Marquês de Abrantes para terminar o livro. (Tania Kaufmann)

Clarice, Elisa e a religião

Clarice e Elisa eram muito místicas, mas Clarice não tinha religião. Eu sou mais materialista. Não sou religiosa. Não nego que sou judia. Sou judia até debaixo d'água. Se me colocassem num campo de concentração e me perguntassem se sou judia, eu diria que sim. Não acredito em reencarnação, nem em outra vida. (Tania Kaufmann)

*

Os problemas judaicos ou a questão judaica entrava nas cogitações de Clarice, pois ela chegou a me dizer: sobre o problema judaico não consigo chegar a conclusão alguma. (Bertha Lispector Cohen)

Clarice e vaidade

Clarice não se achava bonita. Ela era vaidosa, sim. Queria ser bonita. (Tania Kaufmann)

Nota biográfica (por ordem de entrada no capítulo)

Isaac Asrilhant – filho de Anita Krimgold Asrilhant e Boris Asrilhant, primo de Clarice. Morou em Maceió na infância. Mudou-se para o Rio na juventude. Conviveu principalmente com Tania e William Kaufmann.

Anita Rabin Bochner – filha de Samuel e Rosa Rabin. Conviveu com Clarice no Recife. Essa prima era a amiga com quem Clarice inventava histórias que não tinham fim, conforme ela revelou na entrevista ao MIS. Seu nome foi citado na entrevista que concedeu a Pedro Bloch (*Manchete*, n°637 – 4/7/1964): "Desde pequenina brincava de contar histórias com uma amiga: – Anita." Anita acha que devia ter uns cinco, seis anos e morava na Praça Maciel Pinheiro. Os encontros eram sempre em casa, "na minha ou na dela". Clarice e a prima nasceram no mesmo ano.

Samuel Lispector – filho de Salomão e Mina Lispector. Primo de Clarice. Esteve com a prima em sua visita a Recife em 1976 ao lado da esposa Rosa e dos filhos.

Sarita Rabin Goldstein – filha de Samuel e Rosa Rabin. Irmã de Anita Rabin Bochner. Conviveu com a família Lispector em Recife. Formou-se na Faculdade de Medicina do Recife, em 1937, em uma turma onde havia somente duas mulheres sendo que uma delas desistiu do curso. Em 1939, mudou-se com a família para o Rio de Janeiro. Fixaram residência na avenida Beira Mar. Manteve contato com os Lispector, mas era muito próxima da tia Dora Wainstok, irmã de seu pai Samuel Rabin. Sarita acompanhava a tia à prisão onde o primogênito de Dora, David, esteve preso em Recife após o levante comunista de 1935 por ocupar um cargo na Juventude Comunista, como secretário de propaganda: "Lá estavam – para a minha total surpresa – minha mãe acompanhada de minha prima Sarita. Minha prima olhou-me com expressão jovial e alegre, enquanto minha mãe escondia sua emoção através do camuflado estoicismo. Eu estava com a mesma roupa com quem deixara a casa; suja e amarrotada, muito abatido e desfeito (...) Minha prima, que era então estudante de medicina, aproximou-se dizendo que trazia as injeções receitadas pelo médico que me atendera. Recebi então na veia um coquetel de Gaduzan, Cálcio e Vitamina C. Era o que então se ministrava para doentes debilitados, para tísica e outros males (não havia na época antibióticos) (...) Sarita voltou várias vezes para aplicar-me as injeções, com o que melhorei bastante. Ela foi para mim um verdadeiro anjo de aparição. Entre os 18 primos e primas, ela era a mais chegada. Minha mãe tinha por ela uma afeição como se fosse sua filha" (Wainstok, 2000: 46).

David Rabin Wainstok – O primogênito de Dora e Israel Wainstok conviveu com a família Lispector em Recife. Matriculou-se na Escola de Medicina, foi integrante da Juventude Comunista. Por seu envolvimento com o Partido Comunista sofreu as consequências do levante de novembro de 1935. Foi preso em junho de 1936. O período que permaneceu no cárcere foi relatado em suas memórias: *Caminhadas – Reminiscências e Reflexões* (Ed. Lidador, 2000). Encontrou-se na Pediatra onde se tornou uma das maiores referências no Rio de Janeiro como médico e professor. Mudou-se para Niterói, em 1942, a pedido dos pais, que precisavam de seu auxílio nos negócios da família, a administração de uma loja de móveis cujas finanças estavam claudicantes. Antes morou em São Paulo, a partir de 1938, onde conviveu com o primo Julio Rabin, engenheiro químico. Na pauliceia, retomou os estudos de medicina interrompidos pela prisão em Recife. Ao mudar-se para Niterói para a casa dos pais, passou a conviver com Anatólio e Cecília, seus irmãos mais novos.

Henrique Rabin – filho caçula de Zinha Krimgold e José Rabin. Viveu em Maceió com seus pais até mudar-se para o Rio de Janeiro para concluir o curso de Medicina nos anos 1940.

Bertha Lispector Cohen – filha de Salomão e Mina Lispector. Estudou com Clarice e Tania no Ginásio Pernambucano. Formou-se na Faculdade de Medicina do Recife. Mudou-se para o Rio de Janeiro, em 1944, onde conviveu com as primas Tania, Elisa e Clarice.

Jonas Rabin – filho de Jacob Rabin.

Anita Buchatsky Levi – estudante do Colégio Hebreu Idiche Brasileiro, amiga de Pola Lispector, prima de Clarice.

Cecília Wainstok Lipka – filha de Dora e Israel Wainstok. Conviveu particularmente com Elisa Lispector e Tania Kaufmann. Sua trajetória como bailarina foi muito bem-sucedida. Em 1959, alcançou através de concurso o posto de primeira bailarina do Corpo de Baile do Theatro Municipal do Rio de Janeiro.

OS LAÇOS DE AMIZADE

"Amigo é alguém que gosta da gente", Clarice Lispector destacou essa frase, título da obra da escritora Joan Walsh Anglund, como a verdadeira definição de amizade. Foi ao apresentar aos leitores de sua coluna "Só para mulheres", no *Diário da Noite*, em 27/7/1960, outro livro da mesma autora sobre o amor. Clarice assinava a coluna sob o nome de Ilka Soares, de quem era *ghost writer*. Encantada com o modo "todo especial de explicar" de Joan Anglund, assim ela terminou a nota: "E para fechar com chave de ouro esse achado, essa verdade que todos nós reconhecemos: "Você sabe que o amor está presente porque, subitamente, você não se sente mais só."

É assim, caro leitor, que muitos amigos e amigas preencheram a vida de Clarice Lispector. Nesse capítulo, sigo o mesmo critério do anterior. A maioria dos depoimentos aqui registrados foram concedidos a *Eu sou uma pergunta*, quando utilizei pequenos trechos para delinear um retrato de Clarice Lispector. Para este livro, resgatei de forma pontual muitos trechos inéditos e alguns já publicados. Inseri novos depoimentos (cf. Bibliografia). O critério de editar essas vozes valeu-se da forma como o depoente se expressa. Há os que desenvolvem falas longas, sem passar de um assunto para outro e depois retornar, como é o caso de Nélida Piñon. Há outros que falam de forma mais concisa, às vezes, fragmentada, e usam as entrelinhas para se expressar. Maria Bonomi e Augusto Rodrigues se adequam a esse formato. Elegi temas, em um formato sucinto, capazes de traçar um panorama sobre como os amigos, dos mais íntimos aos de contatos mais esporádicos, viam Clarice Lispector sob diferentes perspectivas: na vida privada, no trabalho na imprensa e na literatura e em episódios como o incêndio e seus últimos dias no Hospital da Lagoa.

Clarice

Clarice era uma pessoa <u>excessivamente lúcida.</u> Ora, os lúcidos excessivos correm o risco de se matarem, de se autodestruírem, caso não se façam crianças por causa do Reino dos Céus. Só a Revelação, ou então, uma sorte de graça íntima, indefinível, a da Poesia, pode salvar pessoas desse tipo. Ora, Clarice era assim. Por isso, o simples fato de ela não se ter autodestruído significa para mim, um ato de adoração, de aceitação-de-si-mesma à luz do Mistério, mesmo que este não seja passível de definição. Penso que não precisamos fazer uma imagem de Deus para saber quem Ele é, para "sentir" a possibilidade do seu Amor. Creio que, no caso de Clarice, se deu isso. Ela <u>intuía</u> Deus, à sua maneira, e (por favor não pasme!) sua humildade (numa criatura que aparentemente era orgulhosa) a salvou. Concordo, pois, com Alceu Amoroso Lima – Clarice estava perto de Deus por não buscar evasivas, por <u>não trapacear</u>. Ela recusava toda e qualquer hipocrisia, não aderia a soluções postiças, não se dobrava a ideologias messiânicas. O que ela queria, de todo o coração, era encontrar o verdadeiro sentido da vida, noutras palavras, o <u>mistério</u>, incompatível com o absurdo. Digamos mais claramente: Clarice recusava o absurdo da existência, embora não negasse a <u>noite escura</u> dos místicos, que é uma fenomenologia da existência momentaneamente posta entre parênteses, ou seja, momentaneamente excluída da presença de Deus. Ela era – ouso afirmar – uma <u>mística selvagem</u>. Estava realmente, <u>perto do coração selvagem</u> (da vida).

Clarice foi uma das criaturas mais frágeis, mais geniais, mais puras, mais excêntricas, mais humanas, mais fortes, mais belas, mais amorosas que já conheci. Uma contradição? Sim. Que importa isso? Ela foi <u>yin e yang</u>, ela foi <u>sim e não</u>, ela foi – *tout court* – mais do que um gênio literário, <u>uma mulher</u>, um <u>ser humano</u>, totalmente humano, desses que a gente não esquece nunca. Às vezes, tenho a impressão de que vou encontrá-la numa das ruas de Porto Alegre, sombreadas por jacarandás em flor (em outubro, no mês da "Feira do Livro"), ou em março, quando as paineiras da cidade enchem o céu de sua cor rosada... Tenho certeza de que, sem ênfase, sem pretensão, com os seus silêncios imensos. Aliás, nunca conheci uma pessoa que falasse tanto com o seu silêncio.

Só olhar para a gente, como ela olhava, já era falar! Enfim, com tudo o que de difícil, de incomunicável, de instransponível, de inacessível havia nela, ela – a Clarice – era, no fundo, uma menina que, como diz o Mário Quintana, tinha envelhecido de repente... Envelhecido? Não diria... Que tinha amadurecido, de repente! (Armindo Trevisan)

*

A Clarice foi entristecendo com o tempo. (...) Clarice tinha uma personalidade muito forte. Ela ria muito, contava muitos casos engraçados, da vida diplomática, gafes. A separação foi um drama para Clarice. A incompatibilidade com a vida diplomática. Naquela época, não se usava separar. Ela era muito sentimental, muito apegada à família. Ela tinha uma perspicácia muito grande. Ela convidava para uma conversa mais densa. Rubem Braga gostava muito de Clarice. A relação de Rubem com a vida não era através do livro. A Clarice também era assim. Ela ia muito pela intuição. A amizade com Clarice se aproximava com o lado do entendimento sem a inteligência. Não tinha um julgamento prévio das coisas. Clarice não decepcionava quem a conhecia. Quem admirava a obra depois de conhecê-la ficava mais fascinado. A maneira de ela falar era quente. Ela fascinava todo mundo. Isso dificultava até a relação com os próprios amigos que a mitificaram a partir de um determinado momento. (Otto Lara Resende)

*

Eu era uma leitora constante dela. Era uma mulher estranha, muito envolvida com ela mesma. Tinha pouca ligação com a realidade exterior. Eu brincava com ela: "Você ataca de judia, a gente é só cearense e não pode concorrer com você." Ela achava graça. (Rachel de Queiroz)

*

Era uma pessoa socialmente perfeita, extremamente educada, simpática, agradável. Uma pessoa que sabe se colocar. E ela sempre muito razoável. De repente foi dando uma certa degringolada, não sei se também pela fama. A pessoa fica mais sob a ótica do que os outros veem. Você via que todo mundo no Rio sabia quem era Clarice Lispector. Todos os lugares que eu fui com ela. Eu me lembro de estar no cinema Riviera e eu fui beber água. Eu e Inês [Besouchet]. Gilda Grillo e Norma Bengell a viram e tiveram comportamento de tiete. Se você tivesse que definir uma pessoa com alto grau de narcisismo e uma péssima autoestima. Óbvio, uma mulher muito bonita. Chamava atenção. Aquela reportagem que... TV Cultura. Aquilo é típico da narciso com baixa estima. Eu acredito nisso. O narcisismo viria assim... Uma pessoa que publica crônicas na *Senhor*, que todo mundo fala. Ela era uma escritora de escritores. Ela era parâmetro para Nélida Piñon, Myriam Campello. Essa excelente admiração são um incentivo. Mas, no fundo, o interior: "Como eu não conquisto o homem que eu queria, como eu tenho um filho assim. Como não consigo ter paz." Na análise de grupo, sempre muito presente a imobilidade da mãe e o fato de se sentir culpada. Ao lado disso você tem a incensada porque você está se revelando uma impostora. Eu estou dando uma imagem pública que eu não sou. Essa coisa atávica, judia, tão firme, tanto ela quanto Inês [Besouchet] tinham. Essa rigidez moral. Eu nunca diria que ela fazia tipo. Ela era autêntica. Uma ocasião eu dei uma desculpa pra não fazer uma prova de Estatística na faculdade. Ela me chamou de covarde. Quando me despedi da Cruz Vermelha, ela chegou na casa da Inês e disse: "Com você não quero nem falar." Ela tinha esse tipo de coisa. Não deixava passar uma coisa pela outra. (Newton Goldman)

*

Ela se sentia meio devassada se as pessoas observavam que ela era diferente. O que ela tinha de enigmático era absolutamente espontâneo. Uma pessoa extremamente sensível, muito voltada para a literatura, para coisas do espírito. Ela era uma mocinha muito bonita. Ela tinha aquela cara muito estranha, bonita. Muito amiga do Lúcio Cardoso, conversavam muito. Os dois tinham uma tendência pela coisa espiritual. O Lúcio era mais exaltado. (Antonio Callado)

*

Nada na verdade a satisfazia porque ela era um ser muito inquieto. Mas eu não sei se ela realmente amava alguém. Ela estava a procura de alguma coisa diferente, que eu acho que ela nunca encontrou na vida. Ficou sempre aquela angústia, que aliás os livros dela retratam muito bem. Ela sempre muito delicada, com aquela vozinha, com aquele...um tique de falar, era aquele sotaque meio... mas ela não parecia nem estrangeira e, sobretudo, não tinha nada de judia. Ela queria ser católica, mas nunca conseguiu. Interessava a ela o ser humano, a condição humana. O que era, por exemplo, a vida de um adolescente, de uma criança. Como naquelas coisas que ela faz, aquela eterna pergunta. A Clarice para mim era um ser que não era desse mundo. Era uma coisa assim... uma deusa que apareceu assim. A Clarice era uma menina que... ela não tinha nada de judeu. Ela veio de Pernambuco. Era uma pau de ararazinha. Mas ela era uma mulher superior, ela escrevia muito bem. Ela tinha uma personalidade realmente extraordinária e ela realmente tinha um recado. Ela deixou um recado importante. (Francisco de Assis Barbosa)

*

Era uma pessoa muito reservada e ao mesmo tempo uma espécie de mãe. Ela era um pouco mãe de todos. Ela se preocupava com todos. Ela foi um instante de consciência e sensibilidade da mulher brasileira. Tenho uma tremenda gratidão a obra e a ela. A obra dela correspondia a uma visão subterrânea que ela tinha do Brasil. (Carlos Scliar)

*

Era uma pessoa extremamente sofrida, tinha uma via crucis muito pesada. Mas dava uma expressão extremamente forte, inclusive fisicamente. Não a vejo como esfinge. O texto de Clarice sempre me dá a impressão de estar sangrando. O texto foi a forma que ela teve de se relacionar com o mundo. Como não se usasse ver um texto assim, as pessoas a colocavam como esfinge. Era uma outra dicção. (Eliane Zagury)

*

Ela tinha uma coisa diferente. Toda mulher tem um mistério. Ela tinha um temperamento muito livre. Ela tinha uma preocupação muito intensa, eu sentia que tinha muita espontaneidade e guardava. Em certos momentos podia parecer abrupta. (Ivo Pitanguy)

*

Clarice era reservada, não tímida. Ela não conversava com qualquer um. Ela conversava com quem tinha algo de interessante. (Miriam Bloch)

*

Ela conversava dependendo do assunto, e de quem fosse o interlocutor. Clarice soube usar a palavra com a quarta-dimensão. Ela dizia: "A palavra é a minha quarta dimensão." O que ela dizia não era banal. Tinha o poder de falar as coisas de forma não rebuscada. Era uma pessoa simples. Não gostava de vangloriar-se, mas sabia de seu valor. Tinha consciência de seu talento. (Pedro Bloch)

*

Ela tinha senso de humor, embora muito tensa, angustiada. Ela gostava de se arrumar. Muito teatral. Gostava de ser reconhecida. Fazia caras e bocas com muito humor. Uma figura muito complexa e instigante. Ela falava pouco de si mesma. Ávida de saber dos outros. Falava pouco da obra. O texto era visto como um trabalho. Ela falava do texto como uma tecelã fala do seu tecido que ela estava produzindo eternamente. A sensação que passava era de uma artesã. A escritora costura para dentro. A noção de trabalho, de estar fazendo. Mais o ato de estar escrevendo, do que da obra acabada. É o gosto de fazer o texto. (Pedro Paulo de Sena Madureira)

*

Certa vez, Clarice me disse que filme ruim não tinha direito a final bom. Clarice tinha ao mesmo tempo um lado deprimido e tinha também senso de humor. Ela tinha receio de ser expulsa do Brasil. Ela não teve sorte nos romances (amores). Ela era humilde. Pediu a sua empregada, que já tinha sido empregada da Rachel de Queiroz, para que lhe apresentasse a Rachel. Eu disse a Clarice: "Mas você não precisa pedir a ela que te apresente a Rachel." Ela pagou muito alto por seu talento. Eu não queria. Clarice tinha medo de ser expulsa do Brasil por ser estrangeira. (Tati de Moraes)

*

A conheci num jantar na casa de Samuel Wainer. Era a visão daquela mulher bela dizendo coisas muito simples, mas que alguém que tivesse sensibilidade perceberia que o simples nela era o transcendente. Uma pessoa iluminada, tinha uma aura. Bluma [Wainer] era tão fantástica quanto Clarice. Passaram-se os anos e nos encontramos ocasionalmente. Um dia, o anjo Clarice baixou aqui no Largo. Todos os sábados (ou domingo) ela vinha cedo, oito horas, nove, saía meio dia ou uma hora da tarde. Nessa ocasião eu tentava fazer uma experiência com a poesia. Mostrei a Clarice, e ela disse: "Muito bom." Depois li no *Jornal do Brasil* ela dizendo que eu era um poeta.

A foto que tirei de Clarice. O interessante nessa foto é que tem uma figura atrás. Nessa figura eu me lembrei do Oswaldo Goeldi, do gravador. Aquelas figuras isoladas. Era um componente da personalidade de Clarice. Ela tinha ao lado do contar coisas simples, às vezes ela tinha, ela às vezes penetrava na coisa terrível da solidão, do desamor. Aquilo me impressionava. Essa figura que estava no fundo me dava a oportunidade de fixar ela e uma realidade sombria dentro de um espírito goeldiano, do Oswaldo Goeldi. E talvez Oswaldo Goeldi fosse algo assim, tivesse alguma ligação com Clarice. Por mais estranho que pareça a mim que os outros pensem o que possam pensar... eu estou diante de uma figura excepcional: Clarice Lispector. Ela queria que eu fizesse o retrato dela. É a mesma coisa da minha relação com o Largo do Boticário. O importante não é aquilo que a gente vê, mas aquilo que a gente viu. Eu tinha receio que ela puxasse as conversas para as coisas transcendentais. Era um jogo em que ela era a mestra e eu o discípulo. Eu entrava no jogo porque era misterioso. Eu procurava no fundo entender as coisas através de Clarice. Aquilo não era um *divertissement*. Era uma pessoa falando de outras pessoas. (Augusto Rodrigues)

*

Era muito generosa, muito Poliana. Ela não fazia nada para ir para o pódio. (Maria Bonomi)

Dificuldade de reconhecer o próprio valor

Ela não reconhecia o próprio valor. Um dia eu falei seriamente com ela, dizendo do valor que ela tinha, que ela não podia ficar só voltada para os próprios sofrimentos, ignorando que tinha um potencial literário incrível. Clarice me perguntou: "Mas que valor?" Fui firme, disse que ela não era idiota, incapaz de perceber. Clarice ficou espantada: "Você nunca falou assim comigo." Isso angustiava ela. Ela não achava que tinha valor. O Padre Ávila [Fernando Bastos de Ávila] também lhe deu um sermão alertando-a sobre isso. (Nélida Helena de Meira Gama)

Tipo físico

Fisicamente Clarice era uma pessoa muito especial também. Ela tinha porte, era uma mulher alta e bem lançada, e eu achava engraçado ela não querer ser alta e bem lançada. Eu dizia "mas Clarice, você tem que assumir a sua altura, é lindo mulher alta". (Rosa Cass)

Autorreferente

Como a gente tinha amizade de ir ao cinema ou amizade de coisas de psicanálise porque a gente frequentou o mesmo grupo, nossos embates eram mais do dia a dia. Ela tinha muito também uma coisa de autorreferência: eu, eu, eu. E isso é que na realidade acabou também contribuindo muito para uma infelicidade existencial. Você se enxerga o tempo todo. Você fica se reexaminando, o que é que tem que fazer. Essa coisa que a Inês [Besouchet] também tinha da moral rígida. São duas mulheres que se casaram fora da religião. O esposo de Inês não era judeu. (Newton Goldman)

Clarice e o filho Pedro

"Eu queria que você viesse porque com você eu posso falar essas coisas, com as outras pessoas não dá para falar. É muito difícil conviver com a doença do meu filho. Eu não sei o que fazer. É uma coisa que me dilacera. (...)" Gullar: "Talvez não será que a gente pede da vida um pouco mais do que a vida pode dar? A gente tem que admitir que ninguém é super-homem ou supermulher. A gente é ser humano, gente. Nós erramos, nós temos fraquezas, nós não aguentamos tudo. A gente tem que admitir que em certo momento nós não aguentamos tudo. Então a gente tem que admitir que não aguenta tudo." "É isso, mesmo." Gullar: "Talvez a gente peça da gente mais do que a gente pode dar, e aí resulta essa tortura. O que é que você vai fazer? Vai resolver o problema?" "Não, esse problema não tem solução." Gullar: "Também você não pode se destruir por causa do teu filho. Como eu não posso me destruir por causa do meu." (Ferreira Gullar)

Ser judia

Nunca falei sobre isso, explicitamente, com Clarice. Alguma vez ou outra, abordamos tal assunto em relação à Bíblia. Minha impressão é que Clarice não queria enfatizar, de modo especial, sua condição de judia. Ela era fundamentalmente uma humanista, e por essa razão preferia acentuar o lado humano genérico, mais evidente num país como o nosso, multirracial. Eu sentia ela desligada formalmente, meio agnóstica. Na obra há uma cultura judaico-cristã. Ela trabalha mitos cristãos, também. O embasamento cultural judaico foi forte, mas ela ficou na cultura mestiça que vivemos. Casou-se com um não judeu. Viveu na Europa em plena guerra. O receio de ser rotulada de escritora judia podia ser o que justificava o silêncio de Clarice em relação às suas origens, eu acho. Ou o medo do preconceito. E o fato de dizerem que era esquisito o que ela escrevia. Clarice nunca conversou sobre isso comigo. (Armindo Trevisan)

Elisa defendeu Clarice quando D. Esther da revista *Aonde vamos* disse que Clarice era menos judia do que Elisa. Elisa ficou uma fera. (Ary de Andrade)

*

Ela não tinha medo de rotular-se judia. Simplesmente não gostava de rótulos, não era óbvia, repito. Ironizava os estruturalistas, ironizava todas as etiquetas que lhe queriam pespegar. Nunca escondeu o seu judaísmo, mas também não o ostentou. Não precisava. Falamos muito sobre o assunto numa viagem de avião para Recife. Ela ia encontrar-se com uma tia, muito judia, falou-me dos quitutes que iria comer. Contou-me a Rosa Cass, grande amiga de Clarice, que nos últimos dias antes de morrer, Clarice pediu para comer aqueles pepinos em vinagrete, aliás de origem alemã, mas que os judeus asquenazitas incorporaram nos seus hábitos. Em outra ocasião, falamos sobre o judaísmo entranhado na sua obra. Ela perguntou-se se isto era muito evidente – não que ela tivesse medo de ser judia, mas não queria exibir-se inteira, preferia a sombra. Era uma opção literária e existencial. Por isso, dizia-se ucraniana, e não russa (a Ucrânia não existia naquela época). Aliás, seu rosto era tipicamente eslavo. Era a sua maneira de encobrir-se com um véu, de não escancarar-se como se faz hoje. Na mesma ocasião disse-lhe que Franz Kafka também era muito judeu embora não fizesse uma literatura obviamente judaica. Gostou da comparação. Posso dizer que a fiz porque assim pensava mesmo, e não para massagear o seu ego. (Alberto Dines)

*

A Clarice tinha um lado judeu que ela mesma desconhecia, aquele humor judeu trágico da crônica, do diário, que a gente brincava muito porque eu também sou judia. Tem um aspecto da Clarice ao qual poucas pessoas tiveram acesso. Ela, por sua profunda solidão ou por temperamento, "dava o tom" mas, ao mesmo tempo, por timidez, por querer a ponte em que ela estabelecia contato com o outro, às vezes se ajustava ao temperamento e à condição do outro. Então, comigo, que era judia, nós tínhamos certas coisas que só um judeu pode entender o outro. Muita gente quis transformar a Clarice em escritora judia, mas ela nunca foi judia nesse sentido. A Clarice foi uma escritora do mundo. Ela foi uma escritora universal, cósmica até, ela chegou a atingir um espaço cósmico que talvez ela nem tenha se dado conta. Ou, talvez, ela tenha se dado conta porque seus livros foram uma resposta a muitas pessoas que pensavam que ela não sabia fazer essa literatura. (Rosa Cass)

A marca da hereditariedade judaica na obra e as questões sobre Deus

Há qualquer coisa de judaico na obra de Clarice. Diria mais: ela é essencialmente uma escritora judia. Não me perguntem por quê. Respondo com Santo Agostinho quando lhe perguntaram o que é o tempo: "Se me perguntam, não sei; se não me perguntam, sei." Creio que considero (é um palpite) judaico, o <u>interesse essencial</u> de Clarice pelo destino humano, pelo que dá transcendência ao ser humano. Tenho certeza de que ela acreditava, no íntimo, que a vida humana não é um <u>ludus</u> celular, um jogo de azar – como pretende um biólogo, François Jacob, também judeu, que ganhou o Nobel com Jacques Monod. Nada disso. Acreditaria em Deus? Aparentemente não; secretamente, no fundo do coração, era uma descendente daquele mesmo Abrahão fiel, que abandonou a Caldeia nativa, e empreendeu a sua caminhada para a Terra Prometida. Ela cria em Deus, e cria nisso com profundidade. Não aceitava as contrafações de Deus, suas imagens caricaturais. Ela estava mais na linha de um Buber, embora – talvez – nunca tivesse ouvido falar nesse autor. Ela procurava um Tu Absoluto, que fosse uma Pessoa, mas não um monstro triturador, um rolo-compressor tirânico. É difícil falar nisso. Tenho receio, inclusive, de extrapolar o pensamento de Clarice. Mas, na minha opinião, ela buscava, ardentemente, Aquele Ser, que um dia, falou a Moisés (na tradução do mesmo Martin Buber, que é considerada, hoje, pelos exegetas, a mais fiel): "Eu sou Aquele que sempre está presente." (Armindo Trevisan)

*

Clarice evitava falar do mundo judaico, não era um mundo com o qual ela se identificava oficialmente, mas no seu íntimo. E Clarice nos últimos anos teve uma atração profunda pelo Cristo. Conversávamos muito sobre Cristo. Ela achava que o meu cristianismo era muito suave. Havia uma atração pelo mistério. Fazia-lhe bem pôr a mão no mistério, nem que fosse por algum momento. A vida estava imersa no mistério. As origens judaicas eram um tema tabu. Acho que Clarice me idealizava, eu tinha uma inquietação intensa. Talvez ela não quisesse trazer essa trilha de dor para mim.

Ela entrou no mundo brasileiro e temeu ser discriminada. Discriminação dupla: a do mundo judaico e a sua linguagem singular, atribuída ao fato de ela ser estrangeira e não a um mérito estético. É provável que ela visse e entendesse que o mundo brasileiro a discriminasse. Ela sabia que por trás de cada coisa tem uma sombra, uma terceira dimensão. Eu tinha dezessete anos a menos do que Clarice. (Nélida Piñon)

Na Agência Nacional

Ela andava quase sempre de preto no tempo da Agência Nacional. Magrinha, aquela carinha bonitinha, tímida. Ela não era tímida de conversa. Uma vez que ela se interessava por conversar com uma pessoa, não se fazia de rogada, não, ela conversava. Mas ela era tímida até você ter o contato com ela. (Antonio Callado)

No jornal *A Noite*

Eu já era redator mais antigo, fazia reportagem popular que vai desde um caso de polícia mais assim sofisticado que passavam para gente tratar. E ela também fazia entrevistas com pessoas que apareciam, que faziam coisas assim: um livro que era publicado, ou um político que tinha dado alguma entrevista e chamado a atenção do público. Não era comum mulher fazer esse tipo de reportagem. Eugênia Álvaro Moreyra era repórter. Em geral, as senhoras, moças que trabalhavam no jornal, escreviam sobre tricô, sobre moda, dar uns conselhos de civilidade, seção de modas, seção social. Não havia a crônica social tipo Ibrahim Sued. A Clarice trabalhava na redação do jornal. Ela se vestia muito simplesmente. Como ela era muito bonita e alta, ela usava um cabelo assim muito grande, cabelo bonito. Ela era bonita, exótica, andava sempre de salto baixo. A redação d'*Noite* era o seguinte: tinha um grupo de velhos jornalistas, e um grupo assim que estava começando, mas gente muito pouco a fim a esse negócio de letras. Eram pessoas muito tacanhas. As pessoas queriam se defender na vida. Arranjar um emprego. (Francisco de Assis Barbosa)

*

Eu era colaborador na revista *Vamos Lêr!* Vi Clarice na redação da revista. Ela era conhecida do Antonio Buono Jr, paginador da *Vamos Lêr!* Buono era apaixonado por Clarice. Quando a vi pela primeira vez, fiquei muito impressionado. Ela não era bonita, era estranha. Magrela, comprida, louraça. Sempre encontrava com ela no A *Noite*. Era raro mulher na redação. Não lembro de ver outra mulher na redação a não ser a Clarice. (Ary de Andrade)

Diário da Noite

Conheci Clarice na redação do *Diário da Noite* (do Rio) que dirigi entre 1960 e 1961. O vespertino em papel verde que já vendera duzentos mil exemplares agora estava com escassos oito mil e o dr. Assis, já paraplégico, convidou-me para fazer uma reforma radical. Converti-o num vespertino de fato, formato tabloide (o único que se publicou no Rio), nos padrões ingleses. A parte não noticiosa, dita leve, deveria ostentar grandes nomes para tentar chamar a atenção do público. Convidamos Ilka Soares para escrever a página feminina e a cantora Maysa Monjardim (ex-Matarazzo) para a crônica pessoal. Como não se tratava propriamente de pessoas habituadas a escrever, aproveitamos o sistema de *ghost writers*. Não lembro quem havia me pedido para aproveitar a Clarice (recém-separada e acidentada), passando dificuldades. Pode ter sido o Otto Lara, o Wilson Figueiredo (que dirigia "O Jornal" da mesma empresa) ou outra pessoa. Falamos, ela veio à redação, fiz a proposta, ela achou divertido, topou: foi uma colaboradora impecável. (Alberto Dines)

*

O Alberto Dines me convidou para emprestar o meu nome no *Diário da Noite*. A Clarice escrevia e eu dava o material. Como eu era manequim, recolhia modelos de vestidos e passava para ela. Ela dava a pauta. Trocávamos receitas. Esse tipo de coluna fazia sucesso. Era um tabloide dinâmico. A remuneração era separada, cada uma ganhava a sua parte. Eu acho que a Clarice achava divertido escrever essa coluna. Nós éramos vizinhas no Leme. Eu fazia isso para ganhar dinheiro. (Ilka Soares)

No *Jornal do Brasil*

O nosso segundo encontro profissional deu-se no *JB*, em 1967. Também não recordo como aconteceu, acho que ela me telefonou (então já tínhamos uma razoável relação pessoal, inclusive eu conhecia muito bem a irmã Tania Kaufmann, que era vizinha dos meus pais). Lembro que ela começou contando as desventuras que vivera na *Manchete* com os Bloch. A grosseria deles era famosa. Quem a levara para lá fora o Pedro Bloch, o lado bom da família (irmão do Hélio), grande médico fonoaudiólogo, bela figura (e autor teatral de sucesso). Eram amigos, talvez da mesma geração. O *JB* estava iniciando o seu período mais glorioso. Tínhamos os melhores jornalistas e os melhores colaboradores não jornalistas. Imediatamente contratei-a para escrever uma crônica semanal no Caderno B dos sábados (criado posteriormente e que precisava fixar-se como uma espécie de suplemento cultural, mas sem este nome já que o dr. Nascimento Brito tinha aversão a tudo que fosse "suplemento cultural", episódio à parte). Ela escreveu praticamente todos os sábados. Nas férias, a Marina Colasanti (grande jornalista, também escritora, subeditora do "B" que ficou amiga de Clarice), republicava crônicas antigas. Não era uma leitura fácil, tipo

João Ubaldo. Ali estava a magnífica Clarice, com todo o seu universo de sombras e mistérios. (Alberto Dines)

Fui demitido do *JB* no dia 6/12/73 por um conjunto de razões. A diretoria acusou-me de chefiar a indisciplina da redação, mas, na verdade, o jornal queria agradar ao recém-"eleito" Geisel (cuja candidatura tentara evitar em conluio com o pessoal do Médici). Estávamos vivendo a grande crise do petróleo (decorrente da Guerra do Yom Kippur) e o novo presidente que viera da Petrobrás era um ardoroso defensor de uma aproximação com os árabes. Ora, o jornal fora um baluarte pró-sionista por uma determinação do dono (que comandava a linha editorial). Mas era preciso oferecer ao presidente que tomaria posse em seguida uma cabeça – a minha. Em meu lugar entrou uma equipe pró-Golbery/Geisel, notadamente o Elio Gaspari, biógrafo oficial da dupla. Foram demitidos nos dias seguintes algumas pessoas do "grupo Dines" (uma invenção, porque a redação em peso prestou-me solidariedade). E a Clarice foi incluída neste grupo. (A Marina também.) Como a versão da guinada pró-árabe transpirou, Clarice, se por um lado, ficou preocupada com a perda da remuneração, por outro, ficou extremamente orgulhosa por este novo "pertencimento". Ela me disse naquele Réveillon em minha casa que era a primeira vez que se assumia como judia, por obra de outros, é claro. (Alberto Dines)

O prefácio de *A hora da estrela*

Eu sempre admirei Clarice. Desde os primeiros livros. Depois eu vim a escrever sobre ela. Há aquele artigo que está naquele livro que estou lhe dando que é sobre *Uma aprendizagem ou o livro dos prazeres*. Esse livro, aliás, começa com um ponto e vírgula, o que mostra que ela... a história com princípio, meio e fim da ficção de outrora, que tinha que obedecer aquele padrão, aquele modelo. Ela, não. Então eu manifestei sempre uma grande admiração por ela. Então ela me chamou para um bate-papo [quando ele publicou seu primeiro artigo sobre *Laços de família*, em setembro de 1960]. Depois *Uma aprendizagem* consolidou nossa relação. Ela veio dizer pra mim que eu era o crítico que mais a entendia.

Então eu disse: "Mas não, Clarice, não é assim." E então ficamos muito amigos. Parece que foi uma predestinação porque ela virou para mim e disse: "Eduardo, estou querendo que você faça um prefácio da *Hora da estrela*." "Clarice, eu não vou escrever. Você não precisa de prefácio. Você não precisou em *Perto do coração selvagem*, quanto mais agora. Eu é que vou lhe pedir no próximo livro um prefácio." E ela: "Não, não..." Esse foi o último livro dela, saiu pela José Olympio. Eu demorei a escrever, e ela começou a me ligar. Aí a Célia, minha mulher, disse: "Olha, você vai acabar perdendo a amizade da Clarice, ela vai ficar achando que você não está querendo. Aí eu apressei e escrevi. Escrevi com a sensação de total inutilidade. E mandei. Ela me telefonou: "Olha, Eduardo, recebi, gostei muito, mas eu quero te dizer uma coisa." Eu disse: "Não, Clarice. Se você quiser tirar algo, tira. Se não quiser publicar, não publica. Eu escrevi só para te atender. Não acho nenhuma necessidade de escrever uma introdução para te atender. O livro fala por si só." Então ela disse: "Tem uma frase que eu fiquei com inveja." Eu disse: "Inveja, Clarice? Pensei que ela estivesse me gozando. Que frase é essa?" "Nós somos o que nos falta." "Mas, Clarice, você não tem que ficar com inveja porque essa frase é clariceana. Essa frase só foi possível por causa de você. Escrevi dentro da sua influência, vivendo a sua atmosfera." Então você veja o nível de afinidades que nós tínhamos. (Eduardo Portella)

Macabéa

Ela fez a Macabéa, e ela é um pouco da Clarice, é uma parte da Clarice, uma Clarice carente, menina assustada pela vida. Ela sempre foi uma pessoa de coragem enorme dentro do seu próprio medo da vida, dentro do susto. Ela nunca se impediu de ir, ela sempre foi. Sempre procurou. (Rosa Cass)

Perto do coração selvagem

Sempre foi um caso à parte. Ela estourou. O talento novo dá impressão de novidade, de frescor. As pessoas comentavam o livro. (Rachel de Queiroz)

*

Eu lia os capítulos do livro, achei inclusive que o livro era muito bom. Naquele tempo, o Álvaro Lins dirigia uma coleção chamada Joaquim Nabuco, de uma editora de um francês chamada *Americ Edite*. Esta editora estava publicando coisas importantes que apareciam na ocasião. De modo que então eu disse ao Álvaro Lins que... Era uma coleção que publicava romance, ensaio, poesia, tudo. Então, ele queria publicar um romance. Aí eu disse pra ele: "Eu acho que tenho um romance pra você publicar. Eu conheço uma moça que acaba de escrever um romance. Ela é inteiramente desconhecida, é quase uma menina, mas acho que escreveu um romance forte, embora ache não seja um romance muito bem realizado do começo ao fim. Mas é um romance de impacto." "Então me traz o romance." Ele ficou muito impressionado, mas quanto ao valor do livro ele ficou indeciso, se realmente aquele livro tinha valor. Ele resolveu consultar o [Otto Maria] Carpeaux. Era um sujeito que era um escritor conhecido. Conhecia muito bem literatura francesa, inglesa. O Carpeaux leu o livro e disse o seguinte: "É uma porcaria." O Álvaro Lins teve escrúpulo de publicar o livro. Nós n'*Noite* fizemos um movimento: redatores, até o pessoal que trabalhava na oficina. A Clarice circulava lá pela redação e aquela figura impressionava. Ela era muito dada com todo mundo. Não, ela era tímida, mas ela era interessante, exótica, era simples. Era uma boa pessoa. Todo mundo que se aproximava dela, ela tratava com urbanidade, era muito bem educada. Todo mundo gostava dela. Uma menina numa redação de jornal naquela época era um fato novo, diferente. Ela trabalhava na minha frente, e nós tínhamos lá um colega que era redator de polícia que dizia três palavras e quatro palavrões. Então, cada vez que ele dizia um daqueles palavrões bem arretados, a Clarice tinha um estremecimento. Então houve um movimento na redação e nós então fomos ao diretor da Editora A Noite, que editava pouco, e pedimos que o livro dela fosse publicado. E acabaram editando o livro dela. Mas não pagaram nada, é claro. Era muito difícil uma pessoa desconhecida publicar um livro. Era um livro que aparentemente não teria público. Eu acho que o livro termina mal, o livro termina assim esgarçado. Ele tem começo, meio, mas não tem fim. O livro saiu, teve boa crítica. Acho que não teve boa venda. O primeiro artigo que elogia Clarice foi Álvaro Lins. (...) Quando eu comentava os capítulos, ela não gostava de reescrever. Eu dizia pra ela: "Você devia reescrever esse capítulo, não está muito bom." Mas ela disse que não. Não queria. E quando chega no final do livro que eu achava que ela tinha que escrever um final, digamos... porque faltava um fecho do livro, ela disse que, quando relia o trabalho dela, ela tinha a impressão que estava engolindo o vômito. De modo que ela chegava e saía aquilo daquela maneira. Ela não queria rever. (Francisco de Assis Barbosa)

*

Eu fiquei siderado pelo livro. Uma coisa nova, diferente. No Brasil, tudo antes de Clarice parecia literatura do século XIX, a não ser o Erico Verissimo. A Clarice foi uma alteração na linguagem. (Autran Dourado)

*

Aos dezoito anos, li *Perto do coração selvagem* e fiquei fascinada. Naquela época, eu era da juventude comunista, e o meu marido [Paulo Magalhães] comentou como era possível eu ler aquele tipo de livro. Isso porque ele era comunista ferrenho, mas eu não abri mão de ser leitora de Clarice. (Gisela Magalhães)

A cidade sitiada

A *cidade sitiada* saiu com muito erro de revisão, não sei se ela reeditou esse livro. Não sei se mexeu nesse livro. Mas esse livro é muito ruim. O primeiro livro dela é realmente uma revelação, mas A *cidade sitiada* não é grande coisa. (Francisco de Assis Barbosa)

Água viva

Ela pediu um exemplar de *Toda poesia* e me deu *Água viva*. Eu disse para ela que esse livro é o livro que o Rimbaud escreveria se não tivesse abandonado a literatura aos dezessete anos. E ela: "Mas isso é uma maravilha.

É o maior elogio que eu já recebi." Mas é isso mesmo. O Rimbaud era um garoto, um garoto genial, então, o que ele escreve é uma coisa genial e imatura. O que você escreveu é uma coisa genial, só que é madura. Não é uma coisa construída racionalmente. É, de fato, uma narrativa de iluminação, como as iluminações de Rimbaud, só que é uma coisa bem mais amadurecida, mais profunda, mais densa. Ela me disse que não, mas que era uma mentira que a agradava. (Ferreira Gullar)

Escritora e mãe

Clarice fazia o trabalho dela na frente dos filhos na ponta do pé. Era muito discreta. Não havia aquele clima de "escritora". (Maria Bonomi)

Direitos autorais

Quanto à condição econômica, Clarice tinha um belíssimo apartamento no Leme, com três excelentes quartos, uma suíte, um pequeno jardim de inverno, um salão enorme, três banheiros sociais, uma cozinha enorme que era copa-cozinha, vaga na garagem, área de serviço. Morava ao lado do Leme Tênis Clube e não devia um tostão naquele apartamento. Clarice juntou dinheiro em Washington. Entretanto havia a estrutura brasileira, na qual uma pessoa internacionalmente conhecida como a Clarice não podia viver de direito autoral. Isso porque ela não escrevia telenovela, não trabalhava para a televisão. O direito autoral no Brasil não remunera o autor para ele viver do seu trabalho. Embora ela fosse citada em antologias piratas e os autores dessas antologias recebessem dinheiro, Clarice nada ganhava. Ela não viveu do trabalho dela no sentido de ter uma vida milionária. Talvez por uma questão pessoal, Clarice nunca quis depender de ninguém.

Quando alguns amigos se cotizaram para ajudá-la durante sua enfermidade, eu quis entrar no grupo e os amigos disseram que não era necessário. Os pouquíssimos amigos que fizeram isso o fizeram em caráter pessoal, sem pedir lista para ninguém. E a remoção dela para o Hospital do INPS da Lagoa, na qual participei, foi no sentido de despreocupá-la, porque nós não sabíamos e ninguém sabia quanto tempo ela teria de sobrevida. E, realmente, para pagar hospital no Brasil e sustentar uma doença como câncer, é preciso ser milionária. A não ser que ela ficasse no Hospital do Câncer, como indigente, quando não era o caso, porque ela trabalhou a vida toda, contribuiu para o INPS, era uma figura de prestígio nacional. Ela tinha direitos pois pagou o INPS a vida toda, inclusive tinha aposentadoria, não era favor, era direito como contribuinte e um direito como pessoa que só deu nome e projeção ao Brasil. Até hoje ela é um nome de orgulho para o Brasil e para a nossa cultura. Eu acho realmente triste que uma pessoa da cultura dela, da posição dela na literatura brasileira não recebesse direito autoral suficiente para dispensar o INPS, porque, se ela fosse norte-americana ou europeia, ela teria ganho muito dinheiro e talvez pudesse ter ficado numa suíte especial. (Rosa Cass)

O tema dela era a vida

Em alguns momentos nós conversamos sobre literatura, mas o tema dela era a vida. O forte dela era a vida. Ela tem uma frase, linda, não me lembro em que livro, ela diz: "A vida é tão curta, e eu não estou conseguindo viver." Então, ela falava muito sobre a vida. Um dia, ela me disse: "Eduardo, você presta muita atenção na vida, não é, nas coisas, no cotidiano? Eu disse: "Presto." "Você não fica muito cansado no fim do dia? Porque eu sou assim também e à noite eu estou exausta." E eu disse: "Eu também, Clarice." Você nota pela narrativa dela que é uma narrativa de detalhes. Ela vai captando pequenos sinais da vida. Não é que ela fosse infensa à literatura. Ela gostava de Virginia Woolf, e fazia seus comentários. Mas ela não era uma literata *full time*. (Eduardo Portella)

Intelectual

Ela era uma intelectual, sim. Ela dizia isso [eu não sou intelectual, eu sou uma amadora] porque ela não se considerava o clássico intelectual chato que em tudo que é reunião quer falar e dar opinião. Ela não era disso, era discreta. Ela só falava se instada pelas circunstâncias ou inflamada dentro de um diálogo. Mas ela nunca tomava a iniciativa de opinar sobre alguém. Não era o feitio dela. Ela era reservada. Por isso que ela dizia isso. Mas não havia um desinteresse dela. Havia um despreendimento. Despreendimento é diferente de desinteresse. (Eduardo Portella)

O modo de ser de Clarice

Extremamente arguta, inteligente, mas hipersensível. Ela captava as mínimas manifestações, os gestos. Olha, Clarice, você criou o código dos gestos. Ela tinha muitas afinidades com Kafka. O lado subterrâneo da vida, o lado não explícito. Clarice não era uma mulher da gargalhada, era no máximo de um sorriso. Berros não era com Clarice. O bom humor dela não lidava com a linguagem da extroversão. Ela não atropelava ninguém com o humor dela. Porque tem umas pessoas que ... Ela era aquele bom humor contido. Ela era uma pessoa contida, mas contida no bom sentido, no sentido de não jogar fora a palavra. Saber até onde pode ir. Ela era muito atenta, muito cortês no convívio. Muito generosa, de maneira que é pouco provável que ela deixasse alguém falando só. Não contasse com a cumplicidade dela para a extroversão. Os extrovertidos que me perdoem, mas a contenção é fundamental. (Eduardo Portella)

Ela era antissistema

Com Clarice você consegue perceber o drama do intelectual brasileiro. Uma pessoa que não estando de acordo com o jogo do sistema ela foi rejeitada. Porque ela não gostava desse tipo de coisa. (Maria Bonomi)

Um modo de estar no mundo

Ela tinha uma tendência a se preservar, talvez também porque ela tivesse uma certa fragilidade. Então os contatos eram perigosos. Ela percebia tudo. Se alguém dizia uma palavra a mais, ela se tocava. Se alguém tinha uma expressão exagerada e sensível, ela registrava. De modo que ela prestava atenção às mínimas coisas. A maneira de uma pessoa sentar. Nada do que era humano era indiferente a Clarice. Os gestos, as coisas, os olhares. Ela não grita. O que a Clarice tem de diferente em relação a outros escritores: o culto do silêncio. Clarice é o mais dizer, e é tudo aquilo que se diz naquilo que se cala. Ela não grita. Ela não tem nada a mais. O a mais nela é o silêncio. Ela era uma pessoa que sabia operar o silêncio. Os desvãos da alma humana, ela frequentava com assiduidade.

Clarice era muito modesta. Ela não suportava falar algo dela que implicasse num elogio dela mesma. Ela era muito severa, muito polida, muito cuidadosa. Ela não gostaria de se ver elogiando. Não é Clarice. Ela tinha essa discrição, sobretudo em relação a elogios. É preciso respeitar os silêncios de Clarice.

O tema Deus não muito, a transcendência, sim. Ela falava como escrevia. Era preciso conhecer Clarice para entender Clarice, ela habitava a terceira margem do rio. A terceira é a margem da literatura, ela era residente da terceira margem.

Clarice era muito polida ela não se antecipava, não era autoritária, não era arrogante. Um ser humano excepcional. Que grandeza! Uma pessoa especial. Especialíssima. O que ela falava e o que não falava. O bom dela eram as entrelinhas. Quem não souber ler entrelinhas não procure Clarice.

A consciência social era também muito importante, ela era contra a injustiça social, a distribuição injusta da renda, isso machucava Clarice. (Eduardo Portella)

Uma essencialidade

Ela cobrava da gente uma coerência, uma essencialidade que era uma dificuldade total. Ela me cobrava muito. Eu achei que isso era um pouco de "ela-eu" [refere-se a crônica "Carta sobre Maria Bonomi"]. Ela era muito heroica. E ela sofria muito. Eu era mais italiana, quer dizer, sou, né? No fim ela me dava um pouco de aflição. Ela cobrava muito também. (Maria Bonomi)

As traduções

As traduções eram mal pagas. Eu fazia a tradução e na hora da revisão fazia junto com a Clarice. Não lembro se foi a Clarice quem trazia os textos para serem traduzidos ou se fui eu. Algumas vezes lembro-me que eu dava o texto, pois era importante Clarice estar com a cabeça ocupada. (Tati de Moraes)

A obra no exterior

A Universidade de Boston, através do professor Gotlib, através de autores e escritores. Ele já deve ter falecido. Ele escreveu uma carta para ela. E ela passou para mim. Ele pediu pra ela mandar as cópias. Ela não queria nada. Eu me correspondi com esse senhor entre 1964 e 1970. (Newton Goldman)

Clarice no teatro: um texto de Brecht

Eu fui num espetáculo com a Inês [Besouchet] e a Clarice da Fernanda Montenegro. Um espetáculo feito pelo Millôr [Fernandes]. Acho que era Ítalo [Rossi], Sérgio [Britto], e Fernanda. No final do primeiro ato tinha um monólogo do Bertold Brecht sobre uma mãe que prefere matar o filho porque estava passando fome. E isso causou nas duas um impacto muito grande. Quando acabou a cena, lembro-me da cara das duas tão impactadas, sem conseguir chorar.(Newton Goldman)

Clarice passeando pelo Rio

Eu fui com ela uma vez num ensaio, porque o Fauzi Arap fez uma peça dela. Com o Zé Wilker, a Dirce Migliaccio e a Glauce Rocha. Eu fui ao ensaio com ela. Ela me levou junto com ela. Eu andava muito com ela. Eu me lembro muito bem que teve uma Copa do Mundo que o Brasil perdeu, nós estávamos os dois assim em Copacabana, e ela disse assim: "Nunca vi o Rio de Janeiro tão parado, é outro Rio de Janeiro. Porque é a depressão, né, da Copa." (Newton Goldman)

Clarice e os jovens autores

Aí pelo início dos anos 1970, havia uns encontros culturais no Teatro Jovem, no Mourisco, Praia de Botafogo, organizados pelo Fauzi Arap. Nesta época, eu era um jovem estudante de teatro e fazia um trabalho de teatro e poesia com o pessoal da Casa das Palmeiras, da dra. Nise da Silveira, que funcionava ainda na rua Dona Delfina, na Tijuca. E preparava o primeiro livro de poemas, rodado no mimeógrafo da Casa das Palmeiras, com a ajuda de todos que estavam em tratamento por lá. Houve um sábado que o pessoal da Casa foi me ajudar, botando as páginas em ordem, rodando no mimeógrafo, colando. José Paixão, que coordenava o grupo de artes plásticas da Casa, fez umas ilustrações belíssimas. O livro tinha por título O *Evangelho de Jimi Rango*. Numa dessas reuniões do Teatro Jovem eu interpretei o poema título e depois uma pessoa veio falar comigo perguntando se eu tinha o poema publicado. Contei, então, que estava preparando uma edição de cem exemplares em mimeógrafo, que ainda não estava pronta, que eu pretendia vender para me capitalizar, pois estava de passagem marcada para a Índia. Ela me deu o telefone dela e disse que quando o livro estivesse pronto, queria um exemplar. Esta pessoa era a Clarice Lispector.

Quando o livro ficou pronto, telefonei para ela. Ela então marcou comigo para que eu fosse deixar o livro em casa. Era um apartamento no Leme, se não me falha a memória, na rua Gustavo Sampaio. Me recebeu com muita gentileza em um quarto que parecia seu lugar de trabalho. Foi numa tarde típica do mês de dezembro, dia claro com forte calor. Fiquei fascinado pela beleza de seus olhos, que pareciam captar tudo que acontecia em redor, e tinha um brilho de quem também estava se enxergando por dentro, assim como os felinos. Falei muito, estava super-excitado, porque estava com a passagem e horário marcado para ir pra Índia, passagem só de ida. Portanto, um momento muito especial na minha vida. Clarice foi de extrema paciência e gentileza para com o jovem poeta. Eu mostrava o livro e vez em quando ela me pedia para ler um dos poemas. Nosso encontro durou cerca de duas horas. Houve um momento em que ela disse que reconhecia o poeta que existia em mim, que meu dom para a poesia era algo natural. Foi determinante para mim ouvir isto vindo de uma pessoa por quem nutria uma forte admiração (havia acabado de ler *Perto do coração selvagem*). Clarice comprou um exemplar de meu livro mimeografado. Sinto orgulho de imaginar que um dos cem exemplares do Jimi Rango ficou em suas estantes. Imagina o que foi tudo isto na cabeça de um poeta com seus vinte anos de idade, em vias de pegar um voo sem passagem de volta para o outro lado do mundo, com cem dólares no bolso! (Mano Melo)

Entrevistar Clarice Lispector

Eu levei uma série de perguntas escritas, para não ficar ofuscada pelo brilho da estrela que eu já admirava enormemente. Ela não respondeu a uma pergunta e disse, "olha, Rosa, não é por mal, eu não consigo responder". A Clarice, de frente, não respondia nada, tinha que ser de acordo com o estilo dela, ela era meandrosa, era por meio de consequência, por via indireta.

Cheguei à conclusão que se eu fosse perguntar as minhas coisas eu não ia conseguir nada. Então, começamos a conversar e falamos de uma porção de coisas, de educação e outros assuntos. Ela me convidou para jantar e eu fui guardando, confiando na minha memória e logo eu já tinha material, já estava com a cabeça quente, e então pedi, "Clarice, vamos fazer a entrevista?" "Mas eu não sei dar entrevista", ela disse. Conclusão: no dia seguinte, no jornal, foi uma loucura. A impressão que eu tinha era de ter ouvido música. Eu me lembro que naquela ocasião ela me disse que queria fazer música, "a maravilha que podia ser você ouvir o silêncio". Lembro que comecei a matéria assim, quase em estado de graça, comparando Clarice a uma fuga de Bach, na qual vozes individuais formam uma tessitura maravilhosa. Eu não fiz a parte da escritura em si, porque eu tinha mais curiosidade da pessoa de Clarice, no processo de criação dela. Então, fiz a matéria como se fosse música, eu sentia a Clarice como se fosse Bach, porque foi essa a impressão que eu tive quando li *A maçã no escuro*. (Rosa Cass)

Clarice e as consequências do incêndio que sofreu em seu quarto

Depois que ela sofreu o incêndio, ela tinha vergonha de mostrar as mãos. Foi Ivo Pitanguy quem a operou. Nessa época, Clarice se fechou. Quando nós a convidávamos para ir a Cabo Frio ela perguntava se íamos sozinhos, pois tinha vergonha das queimaduras. Muitas vezes ela foi conosco para a casa de Cabo Frio, onde há uma lagoa em frente à nossa casa e onde Clarice tomava banho. (Pedro Bloch)

*

Minha relação com Clarice foi de médico para paciente. Lembro-me que ela falava pouco. Ela fez uma cirurgia na mão direita, que recebeu enxerto do abdômen. Depois ela vinha à clínica para fazer curativos. A queimadura na mão foi de terceiro grau. Ela teve sorte, podia ter perdido a mão direita. Não recuperou todos os movimentos da mão. Recusou-se a fazer todos os exercícios necessários. "Foi rebelde" nesse aspecto. De resto aceitou bem o tratamento, que deve ter durado uns três meses. Ela me presenteou com alguns livros de sua autoria. As visitas eram proibidas para evitar a contaminação. (dr. Urbano Fabrini)

*

Ela não era uma pessoa infeliz, ela tinha um cansaço de se carregar, de estar naquela casca ("eu vejo demais, eu ouço demais"). Essa mulher está sempre em carne viva. No começo de nosso relacionamento não era assim. Acho que depois da queimadura o primeiro sintoma foi: "Vamos botar pra fora o sofrimento que está dentro." (Newton Goldman)

*

Foi então que conheci uma terceira Clarice, e acho que foi uma das coisas mais dolorosas que eu já presenciei na minha vida. Clarice com os braços e as pernas queimados, toda enfaixada, sem poder fazer um movimento. Ela não precisava ter sofrido tudo aquilo. Ela, voltou ao seu quarto e apagou o fogo com as mãos, para proteger seu filho. Por isso ela se queimou. Ela passou três meses no hospital. Quando fazia curativos, era de cortar o coração. Ela urrava de dor porque não podiam anestesiá-la. Escovavam as feridas com escova e sabão. Nos primeiros dias esteve em perigo de vida, ameaçada de ter amputada uma das mãos. Depois do acidente, ao voltar para casa, quando ela começou a andar de novo, sentia dores terríveis, as mesmas que ela sentia no hospital, além do medo de andar, e de uma tremenda sensação de defesa e desconforto. E ela, com tão poucas distrações. A Clarice quando saiu do hospital foi se espiritualizando de tal maneira que ela saiu belíssima, magrinha, mas saiu uma madona. Ela ainda estava com as mãos sem operar, aquelas mãos belíssimas que ela tinha, de gestos muito bonitos. (Rosa Cass)

Clarice dizia que não era uma escritora

Quando ela dizia isso acentuava a autenticidade da criação literária. Não se trata de uma habilidade, de um produto, de uma técnica. É isso que a literatura dela expressa e é isso que dá a dimensão extraordinária na literatura dela. Não se trata de que eu sou uma escritora no sentido de que está bom, existe o ferreiro, o pedreiro e o escritor. Então, eu tenho uma profissão de escritor. Aprendi a escrever romances. A literatura para ela era uma coisa mais profunda do que a carreira de escritor. É a própria vida dela. É o modo de se relacionar com a existência. O modo de indagar, revelar, o sentido da existência. É pouco ser escritor. Dizer que isso é coisa de escritor confunde, sobretudo na época dos best-sellers, os livros produzidos deliberadamente para o comércio. Então, ser confundido com o profissional da literatura era uma coisa que ela não podia aceitar. Porque ela não era isso. Ela era um poeta no sentido mais puro e pleno do termo. No sentido do mergulho da existência na busca de um significado. A literatura não é uma profissão. É um modo de indagação do mundo. Isso não é produzir literatura. Em cada livro dela há uma busca mais profunda de ir além dos limites. É uma indagação sempre no nível em que a razão, a filosofia, não dá para responder. Lidar com os limites da existência. Ao dizer que não era escritora ela funda a literatura numa condição mais grave, mais importante do que vulgarmente se entende literatura. (Ferreira Gullar)

Clarice e a literatura

A sensação que eu tenho de Clarice, talvez pelo pelo fato de não ter convivido cotidianamente com ela, foi tudo mágico. O primeiro encontro que me deixou deslumbrado. A relação com a literatura dela. Havia lido *O lustre, A cidade sitiada, Perto do coração selvagem*. O conto que fala num jardim à noite. Uma coisa mágica. A literatura de Clarice é basicamente... ela descobria o lado maravilhoso da realidade. Mesmo quando voltava-se para a coisa mais cotidiana, como é na *Hora da estrela*, mas para transformar naquela coisa mágica. Uma coisa bem banal, bem cotidiana, mas por trás há uma coisa mágica. Toda a literatura dela tem esse sopro. Ela em relação a mim virou isso. Acho que a Clarice não aguenta a realidade. Ela passava para os leitores essa visão do misterioso e deslumbrante e meio ardente. Por que é também uma coisa muito intensa, de uma grande intensidade, que transfigura as coisas. Ou é uma intensidade que vai até a morbidez em alguns momentos. Na verdade, é pra ir ao fundo das coisas, os sentimentos, dos pensamentos. Uma pessoa que viveu na fímbria ardente da vida. No limite, no limite ardente. É isso que ficou da Clarice. No meu lado, uma frustração dessa coisa final, de ter ido lá, de ter abraçado ela, de ter sido carinhoso, de tê-la enganado fingindo que estivesse apaixonado para ela morrer contente. Acho que no fundo ela devia achar que a gente estava namorando. Ela era muito fascinante. Foi uma coisa bastante clariceana. (Ferreira Gullar)

*

Você tem uma percepção do que é uma pessoa famosa, você idealiza a pessoa famosa. Ela não fez uma carreira, como eu diria, como Nélida Piñon ou Dinah Silveira de Queiroz. Apresentação: escritora. Pode ser uma forma de não competir com os homens. Um viés de ela dizer: "Eu não sou escritora..." Uma vez ela me disse: "As pessoas tem a tendência a querer me comparar com Virginia Woolf, e não é a escritora. O escritor com quem me identifico é D. H. Lawrence." Poucas pessoas falam isso. O que Virginia Woolf fazia como escritora, ela exercia o métier de escritora diariamente (é só ver os diários dela). Ela não parava de escrever. Não sei se Clarice tinha essa compulsão. (...) Lawrence é mais seminal, mais terra a terra, mais força da natureza. Woolf é mais raciocínio lógico. Katherine Mansfield, ela admirava muito. Ela tinha uma grande capacidade de entender o humano sem grande rebuscamento. (Newton Goldman)

Clarice e Lúcio Cardoso

O Lúcio Cardoso criava em torno dele uma atmosfera. Ele tinha muita afinidade com Clarice. O caminho literário de Clarice tinha muita influência do Lúcio. Alguém, um dia, vai estudar isso. Lúcio era a pessoa mais próxima do universo literário de Clarice. (Otto Lara Resende)

*

Ela fez um concurso para a Agência Nacional de redatora e passou. Aí, ela conheceu o Lúcio Cardoso. E aí, ela ficou fascinada pelo Lúcio Cardoso. Ele foi amigo de Clarice, eles conversavam muito. E a Clarice naquela paixão. Ela conversava muito comigo, eu já era casado naquele tempo. Eu disse: "Mas é impossível você namorar um homossexual." E ela: "Ele é um sujeito formidável." O Lúcio Cardoso vivia naquela inquietação, e isso atraía muito a Clarice. Eles tinham uma grande afinidade literária. Eles liam os mesmos autores ingleses, franceses. (Francisco de Assis Barbosa)

*

Ela fantasiava muito, como o Lúcio Cardoso. Ele contava o que estava criando. Nesse sentido, era muito parecida com o Lúcio Cardoso. (Autran Dourado)

Clarice com Inês Besouchet em um restaurante

Elas foram a um restaurante que existia na Gomes Carneiro que se chamava... [Doubianski] era um restaurante russo e as duas certamente acharam muito adequado comerem em um restaurante russo. E Clarice pediu frango a Kiev. Clarice forçou a faca e a manteiga espirrou na roupa dela. Ela ficou uma fera. Ela era muito consciente de sua integridade exterior, muito arrumada, sempre. (Newton Goldman)

Clarice solidária

Também falamos muito pelo telefone quando voltei dos EUA (1975) e converti-me em cronista político. Telefonava-me (foi quando falou no [Álvaro] Pacheco) e falamos sobre literatura. Foi uma das pessoas que mais me incentivou a continuar escrevendo fora do jornal. Um dia contei-lhe um episódio acontecido com os originais de um livro. Ficou chocada, telefonou-me várias vezes para falar no assunto e deu-lhe a dimensão dramática como só ela sabia fazer. Senti, além da solidariedade, que ela já incorporara o episódio como assunto. Não teve tempo para escrever sobre ele. (Alberto Dines)

*

Eu fiz um concurso de vestibular de Ciências Sociais para a UFRJ, que era onde hoje é ali o Consulado Italiano. E eu passei, mas passei entre os quatro excedentes. Minha tia [Inês Besouchet] falou com a Clarice, e ela me levou para conhecer o Alceu Amoroso Lima, que tinha escritório onde era o IPASE, ali na Araújo Porto Alegre. Na rua México, quase esquina com a Araújo Porto Alegre. E ela me levou pra conhecer o Alceu Amoroso Lima para ele falar com o reitor da faculdade pra ver como me colocar como excedente. Ela saía também de seus cuidados para cuidar dos outros. [Alceu enviou uma carta e Newton conseguiu]. (Newton Goldman)

Tinha uma "aura"

A presença dela como mulher. Ela tinha uma aura. Chama a atenção. Era uma pessoa que não passa despercebida. É indefinível. Quantas pessoas que eu conheci e eu não me lembro como foi a primeira vez. Ela tocava outro diapasão. Ela deve ter causado esse impacto em outras pessoas. (Newton Goldman)

Vaidade

Clarice era uma mulher vaidosa. Morreu vaidosa. Ela sempre foi uma mulher preocupada com a beleza e, felizmente, morreu bonita, sem perder o charme, sem perder a vitalidade. (Rosa Cass)

O mundo diplomático

Clarice era uma mulher interessantíssima. Muito bonita, muito chique. Tinha uma elegância natural. Era muito meiga, carinhosa comigo. Um ar um pouco distante. Para quem não a conhecesse poderia achá-la seca. Ela separava a vida de escritora da vida de esposa de diplomata. Não falava sobre literatura. Havia uma conversa de bom nível intelectual na embaixada, o embaixador Carlos Muniz era especialista em Hegel. Eu era mais nova do que a Clarice. Vivíamos com conforto, sem luxo. Todos nós morávamos em casas, tinha jardim. Vivia-se decentemente. Washington era muito provinciana. Não havia teatro, cinema, as pessoas visitavam-se umas às outras. A minha melhor amiga era a Maria Laura Ferreira Lobo. A esposa do embaixador Carlos Muniz era preparada para a diplomacia, já d. Alzira Vargas não tinha experiência com a vida diplomática. (Maria Eugenia Ribeiro Soutello Alves)

*

Conheci a Clarice, em 1944, no Rio. Eu recebi o *Perto do coração selvagem* na época de seu lançamento enviado por ela. Gostei do livro e escrevi sobre ele no *A Manhã*. Clarice me enviou um cartão de agradecimento. Ela passou a me enviar seus livros. Quando ela voltou de Belém, me telefonou e eu a convidei para ir a minha casa na avenida Epitácio Pessoa. Na ocasião, João Cabral de Melo Neto, meu amigo, também estava. Eu a achei muito bonita e inteligente. Ficamos conversando sobre assuntos comuns.

Depois voltei a reencontrá-la em Washington, quando em 1952 Maury e Clarice foram morar lá. Eu já estava em Washington desde 1946 (fiquei até 1953). Nesse período convivemos com eles. Um dia, eu, João Cabral, Araújo Castro (talvez) estávamos conversando na sala. A cozinheira interrompeu a conversa chamando a Clarice. Quando ela retornou à sala, disse: "Então, vamos voltar a falar na morte?" Disse em um tom sério. Não me lembro se todos riram, mas achamos a fala dela completamente inusitada. Clarice era discreta e não se vangloriava de ser uma escritora. No meio diplomático ninguém sabia que ela era escritora. Os diplomatas começavam o trabalho às 9h da manhã. Muitas vezes ficávamos até tarde porque tínhamos que decifrar os telegramas que chegavam na embaixada. Clarice dizia não gostar da vida de esposa de diplomata. Eu a achava especial. Uma pessoa singular, fundamental na literatura brasileira, um marco. Por volta de 1967, a reencontrei depois de ela ter sofrido o incêndio. Achei-a diferente. Nos encontramos na casa do Aluísio Magalhães num jantar. Ela estava meio mole, com sono. (Lauro Escorel)

*

Chegamos a Washington em 1956 e ficamos até 1961. Clarice era a decana entre as esposas dos diplomatas. Maury já estava no posto há mais tempo. Nós perguntávamos a Clarice como devíamos nos vestir; qual era o chapéu usado. Ela atuava como porta-voz das demais esposas dos diplomatas. Certa vez, perguntamos a ela se deveríamos comparecer a uma reunião com ou sem chapéu. Ela consultou d. Alzira do Amaral Peixoto, a embaixatriz, e esta disse que aquela que tivesse chapéu novo podia vir com o mesmo, quem não tivesse, não precisava se preocupar, vinha sem o chapéu. Clarice transmitiu o recado de d. Alzira rindo muito. Ela e a embaixatriz eram muito amigas. Clarice era o seu braço direito. Ela era uma pessoa criteriosa, afável, muito discreta, reservada. As esposas dos diplomatas frequentavam-se constantemente. Clarice convidava para almoços. Tudo muito informal. Eu levava minhas filhas para brincar com os filhos dela. Na intimidade, Clarice era bem humorada, parecia alegre. Mas eu percebia uma tristeza nela. Ela passava um ar misterioso. Ela não fazia comentários sobre os seus livros, nem sobre literatura. Ela ficava em casa escrevendo. Não era de fazer compras excessivamente. Andava bem vestida, sem luxo. Não parecia ser vaidosa, tinha uma beleza exótica. A casa onde morava em Bethesda ficava na periferia de Washington, era uma casa muito funcional, tinha jardim. Simples. As recepções na Embaixada aconteciam em datas comemorativas, por exemplo, 7 de setembro, ou para receber alguma autoridade. Como Maury ocupava um cargo mais alto e tinha mais tempo de Washington do que os outros, é provável que ele e Clarice fossem mais solicitados. A frequência era de uns dois almoços por mês. Clarice demonstrava que não gostava da vida diplomática com comentários como: "Ai, vamos ter outra recepção." No Natal era comum os diplomatas se reunirem. (Sylvia Maria de Seixas Corrêa)

Clarice analisada

Clarice fez quatro anos de análise em Washington, antes de ser minha analisanda fez análise com outros psicanalistas. Ela era uma pessoa muito ansiosa. Eram sessões de quatro a cinco vezes por semana. Eu tinha 42 anos. Ela era uma pessoa que não era analisável. Não tinha ego que a acompanhasse. O que deu alento foi escrever. Ela teve uma infância conturbada; a vida pregressa foi importante para esse modelo trágico que ela escreveu. Era uma pessoa sofrida, tinha o apoio da Siléa, a Olga era uma companhia para sair. Em 1974, Clarice parou o tratamento comigo. Foi fazer análise em grupo por recomendação minha. Depois fez análise com outro psicanalista por uns três meses. Chegou a me procurar pedindo para voltar. Eu disse-lhe que seria melhor outro analista, outra linha. E ela disse-me: "só uma vez por semana". Eu me comovi e decidi que a partir daquele instante não seria mais o psicanalista, mas sim um amigo. Foi o período mais tranquilo que ela viveu. Eu a aconselhava sempre. Clarice tinha uma fixação pela morte. Quando ela se internou, ligou para mim. "Vou morrer como a sua mãe, com problema intestinal". Eu quis visitá-la, ela me pediu que não fosse. Não gostaria que eu a visse com tubos. Ela morreu sem eu vê-la. Fui ao hospital. A vi morta na cama, descoberta. Olga me disse: "Não parece com a Macabéa?" Eu disse-lhe que não parecia com ninguém e cobri o seu corpo. Clarice não era uma mulher religiosa, mas tinha uma identidade judaica bem formada. Considerava-se judia. Ela me pediu: "Não quero data de nascimento quando eu morrer." As pessoas queriam ser amigas da escritora e não da mulher. Isso a perturbava. Eu fiquei com a pessoa humana. Ela me telefonava todos os domingos. O maior dinheiro que ela ganhou foi um calendário que fez para a Nestlé. Ela comentou comigo no consultório: "É a maior quantia que ganhei de uma só vez com literatura." No conto "Danúbio azul", no original, ela dizia: "Ela que se masturbe." Ao publicar, escreveu: "Ela que se satisfaça." Ela tinha necessidade de escrever coisas mais eróticas, mas acho que as irmãs a patrulhavam. Uma vez Clarice perguntou a minha esposa se ela tinha medo de morrer. Ela disse que sim, mas achava que "vou ter saudade de mim quando morrer". E Clarice usou a frase. Outra vez, eu falei uma frase e Clarice pediu pra ela. (dr. Jacob David Azulay)

*

Chegou uma época na nossa vida de Clarice fazer análise de grupo. Era o grupo de análise de Catarina Kemper. Era o meu grupo de análise. Eu ia na casa da Clarice na General Ribeiro da Costa. Eu ia buscá-la e ela foi comigo, que eu a levei. Fui o padrinho. Ela frequentou uns três ou quatro meses. Depois ela não quis mais. A dinâmica de um grupo de análise talvez não correspondesse ao que ela quisesse e ela estava numa época também de não dormir. O problema da insônia. Eu tinha uns amigos médicos e ela pedia receitas para Rohypnol, acho que era... sonífero. (Newton Goldman)

Na Faculdade de Direito

Ela era mais tranquila do que eu, que era extrovertida. Ela vinha mais tarde, às vezes frequentava o turno da noite. Havia três turnos. Às vezes, algum colega do turno da manhã, por exemplo, assistia a alguma aula à tarde. Depois que Clarice passou a trabalhar deve ter ido para o turno da noite, pois não me lembro de ver Clarice muitas vezes. Nós sabíamos que ela trabalhava em um jornal. Ela sempre me pareceu uma pessoa interessante, diferente. Não era uma beleza clássica, as maçãs do rosto salientes, os olhos puxados. Trinta moças passaram para a faculdade. Não havia discriminação contra as mulheres na faculdade. Os melhores alunos eram o Paulo Pinto e a Leda Albuquerque. A Romi Medeiros de Albuquerque, nossa colega de turma, casou-se com o professor Arnaldo de Medeiros. O primeiro ano do pré-jurídico foi no Catete. No segundo ano, houve uma divisão: alguns foram para o Andrews e outros para a Praia Vermelha, no Colégio Universitário. Estive com Clarice em Berna, na Suíça, onde fui visitar parentes. No jantar de vinte e cinco anos da turma de Direito, o Hélio Bello Cavalcanti levou Clarice em casa. Tive alguns contatos esporádicos no Rio e a última vez foi em 1975, a vi passar em Ipanema acompanhada de uma pessoa. Fiz muita festa quando a vi: "Quando nós vamos nos encontrar?" Ela estava debilitada. Foi uma despedida. Pouco depois, Clarice faleceu. Eu e alguns colegas fomos à missa de sétimo dia. (Gilda Philadelpho Azevedo)

*

Clarice era uma moça reservada, discreta, simpática. Era bonita. Ela trabalhava em um jornal, daí suponho o fato de ela andar sempre apressada e ser pouco assídua às aulas. O turno da manhã era de 8h ao meio-dia. Ela trabalhou com o dr. Júlio Barata (ao que parece no DIP). Ele comentava comigo sobre o estilo de Clarice. O Curso Complementar era na rua do Catete. O segundo ano foi num prédio na Praia Vermelha. Não me lembro de Clarice fazendo o Complementar. Os estudantes de Direito reuniam-se no Catete e eu me recordo que Clarice morava na rua Silveira Martins. Eu a via passar pela rua, mas ela não ficava nas rodas com os estudantes. Ela não era muito envolvida com o Curso de Direito. O professor Philadelpho de Azevedo ministrava Direito Civil (foi posteriormente Ministro do Supremo Tribunal Federal). Sua filha Gilda era nossa colega de turma. Eu assistia às aulas de San Tiago Dantas, professor de Direito Civil, em outra turma. A turma da faculdade era composta em sua maioria por rapazes. As moças eram minorias. Leda Maria de Albuquerque era a mulher que mais se destacava. O Maury Gurgel Valente era calado, estudioso, estava sempre lendo, vivia com o rosto fechado. Era pouco assíduo às aulas. Os rapazes encaravam naturalmente a presença de mulheres no curso de Direito. As aulas eram formais. Nós íamos de terno e gravata. O professor Alfredo Valadão (Direito Internacional Privado) era um dos que faziam chamada. O professor não dialogava, dava a aula sem abrir para o debate, com exceção do professor Arnaldo de Medeiros (ele casou-se com uma feminista, Romy Martins Medeiros da Fonseca) que certa vez fez um debate. A faculdade era paga, uma quantia simbólica. O Curso Complementar, também. Eu sabia que Clarice era judia. Desconfiava por causa de seus traços físicos. Na época, estava muito em voga o tema do judaísmo. Não havia discriminação na faculdade, mas a questão dos judeus era comentada. Cheguei a pensar que Clarice podia ter receio de sofrer discriminação por ser judia russa (na época, o comunismo era algo aterrorizante e podiam associar suas origens russas ao comunismo na URSS). (Celso Lanna)

*

Nós íamos juntos para o pré-jurídico. Eu morava na rua Mariz e Barros (onde tem a Casa Milton) O curso era de manhã. Pegávamos um bonde na Mariz e Barros, saltávamos na Praça Tiradentes e pegávamos outro no Tabuleiro da Baiana até a rua do Catete, onde ficava o pré-jurídico. Ela era muito inteligente, tinha um defeito na fala, os olhos eram meio fechados. Era muito pacata. Ela chamava a atenção pela beleza. Certa vez, por sugestão dela passamos o ponto no bonde, pois tínhamos uma prova. Caiu o que estudamos. Clarice tirou dez e eu tirei nove. Ninguém sabia que ela escrevia. Nossa turma foi a primeira, inaugurou o curso na Moncorvo Filho. O horário do curso à tarde era de 15h às 18h. Na festa dos vinte e cinco anos da nossa turma no Clube Federal, a Clarice foi. Mas ela quis ir embora ("eu não gosto de festas"). O Hélio a levou embora para casa. Clarice parecia estar dopada. (Adahyl de Mattos)

Beleza e maquiagem

Eu conheci a Clarice quando uma cliente, sobrinha de uma advogada que era tia de Aparecida Marinho, nora do Roberto Marinho, pediu que eu maquiasse a Clarice. Não lembro o nome dela. Em 1974, quando passei a maquiar a Clarice, deixei de maquiar a tia de Aparecida Marinho. Clarice se maquiava uma vez por mês. Eu ia em sua casa e ficava em torno de no máximo trinta minutos. Ela gostava de cílio postiço, batom cor de carne, traço louro. Ela pedia sempre a mesma maquiagem. Umas seis ou sete vezes Clarice me ligou de madrugada para marcar hora para ser maquiada. Ela ligava uma hora da manhã sem a maior cerimônia. Era, por exemplo, dia primeiro, ela marcava para o dia 25. Eu reclamava com ela que era tarde, que eu estava dormindo, que ligasse depois. E no outro dia ela ligava. Em algumas ocasiões, umas três ou quatro vezes, acontecia de ela marcar comigo à noite, e como ela tomava remédio para dormir, ela dizia à Silea que eu a maquiasse dormindo. Era uma situação completamente inusitada. A dificuldade que eu tinha para colocar o cílio postiço. Clarice passava uns vinte dias com a mesma maquiagem. Ela dizia que gostava de ficar maquiada. Gostava de se ver no espelho maquiada. No local onde se maquiava era um jardim de inverno, próximo à janela. Ali havia revistas, a máquina de escrever, e muito papel. Uma bagunça enorme. Havia um porta retrato com foto de Ulisses de chapéu com um cigarro na boca. Ela adorava o cachorro. Ele ficava comportado quando eu estava lá. Lembro-me da Olga Borelli frequentando o apartamento. Clarice me dizia que queria morrer, não via mais graça na vida. Ela conversava assuntos do dia a dia. Ela me dizia que Caetano e Chico lhe ligavam de madrugada, perguntavam se ela não fumava maconha. Ela ria, dizia para mim: "Eles pensam que eu fumo maconha." Eu achava Clarice uma mulher angustiada, triste, séria. Tinha alguns momentos de humor, ironia. Eu a maquiei para o casamento do filho Paulo. Ela comentou comigo que queria colocar treze títulos em A *hora da estrela*, mas teve problemas com a editora. Perguntou para mim o que eu achava do nome Macabéa. Ela disse que se separou do marido porque queria ser escritora. Ficava trancada no quarto, e não tinha como conciliar. O rosto da Clarice não se parece com ninguém. É um rosto diferente. Acho que a vaidade dela era o gostar de estar maquiada. Ela se vestia simples. Mencionou uma plástica que fez. Ela fez questão de ser fiadora do apartamento que eu ia alugar. Quando ela esteve em Buenos Aires, trouxe um disco de Gardel para mim. (Gilles – João Roberto)

Olhar duplo: de brasileira recente

Clarice é uma fiel intérprete dessa estranha mistura entre o Antigo e o Novo Testamento. Ela quase poderia ser a figura de Ana. Por que Clarice escrevia na sala com a máquina no colo? A formação patriarcal, antiga, lhe pesava. Talvez ela sentisse estar traindo esse lado. Ela não queria que diante da família e dos filhos a vissem como alguém que traísse o seu destino de ser mulher e esposa. Ela só poderia ser mulher sendo esposa e mãe. A escritura para ela foi um ato de sobrevivência. Era o fio invisível que a ligava profundamente à vida. Ela não fazia nada que ferisse a tradição judaica e tampouco a fé cristã. Nos atos humanos de Clarice havia sempre a presença da tradição. O conflito. A geração de Clarice. Para ela deve ter sido agônica a separação; no fundo, ela nunca se perdoou por ter privado os filhos de uma família para a qual se preparara. Ao casar-se com um não judeu, era a busca da sanidade que ela imaginou existir no Brasil. Ela ficava indignada quando diziam que ela não era brasileira. Tinha grande mágoa por isso. O Brasil era esplêndido. Ela usava expressões nordestinas, ela amava o Brasil. Casando-se com um brasileiro, ela tenta sair do mundo sombrio do universo judaico.

Ir para a Faculdade de Direito já é uma transgressão. Está cercada de brasileiros. Ir para a faculdade de Direito onde havia uma elite brasileira, ela sai da esfera judaica em busca de um país novo. Um olhar duplo, de brasileira recente. Ela devia olhar o Brasil com o olhar estrangeiro. Brasileiro, mas de longe. Um olhar de quem quer se incorporar e integrar (ou criticar?). Tinha uma atração profunda por esse universo (o mundo brasileiro) que a desaloja de sua origem. O casamento com Maury era uma atração natural. Era um universo solar, mais leve, o mundo brasileiro. (Nélida Pinõn)

Ser mulher e escritora

Clarice foi muito ajudada pela beleza, juventude. Não havia o feminismo na época de Clarice. Ela não se autointitulava escritora, adotava uma postura de não competição com os homens. Ela era uma extravagância, não ameaçava. Ela não estava dentro da esfera literária. Clarice tinha preconceitos da geração dela. Clarice era dividida, lealdade à família, aos filhos.

Ela ficou chateada quando a Marly de Oliveira casou-se com um diplomata, pois achava um absurdo viver fora do Brasil. O longo período no exterior a esgarçou muito. A resistência de Clarice. Ela trouxe essa mancha de angústia dentro dela. Ela sofreu muito. Elisa era uma mulher de talento, ela elogiava. Eu chamei a atenção sobre o fato de que Elisa seria muito mais reconhecida se não tivesse o sobrenome Lispector. Clarice não gostava de falar sobre isso.

No início saíamos muito, no início da tarde com os filhos. Tempos depois, saíamos à noite. Depois do incêndio ela mudou muito. Às vezes, ela estava numa angústia tão grande que não falava uma palavra e eu falava sem parar para animá-la. Antes do acidente ela falava muito mais. Não foi logo depois. Nos últimos anos ela falava pouco. Quando ela me chamava no seu apartamento falava mais.

Clarice teve uma trajetória brilhante dentro daquele momento histórico, no qual poucos autores eram traduzidos, a Clarice teve uma trajetória de algum modo brilhante. Ela já morreu mito. É difícil amar um mito, um mito é um ser distante. (Nélida Piñon)

Compartilhar seus escritos

De vez em quando ela mostrava trechos. O texto que eu mais li foi *Água viva*. Umas três ou quatro vezes. Ela ficou com receio que pudessem imaginar que era um depoimento pessoal. No primeiro projeto a personagem era uma escritora. Clarice ficou com receio que a identificassem com a personagem e mudou para pintora. Eu a ajudei a cortar trechos repetidos. Clarice esquecia de eliminar os papéis, por isso, às vezes, os textos apareciam mais de uma vez.

Em *A hora da estrela*, Clarice fez muito mistério em torno do livro. Ela parecia estar com grandes hesitações. Clarice estava triste de ser acusada de hermética ou alienada. Era como se quisesse dar prova do quanto ela estava no mundo. Todas as vezes que esteve no mundo ela estava de uma forma legítima e profunda. Acho que Clarice se violou para escrever algo que estava nela e que era uma resposta das possibilidades dela, uma resposta à crítica. Ao julgamento que faziam dela. Viam-na como uma mulher singular, mas distraída. Era alguém que olhava a realidade de uma forma contundente.

A *paixão segundo G.H.* foi numa fase difícil. Marly de Oliveira ia muitas vezes [ao apartamento de Clarice], ela deu a sugestão [do capítulo] terminar com uma frase e começar com a mesma. (Nélida Piñon)

Agente literária e destino editorial

Clarice vivia o conflito do próprio talento. Ela não sabia que o talento iria invadir-lhe a consciência. Ela frequentava a minha casa na Cupertino Durão, 173 no Leblon. Eu fazia declarações de amor à literatura. Ela me achava vital, cheia de amores, tudo aquilo talvez que ela desejasse ter sido. A nostalgia da aventura sendo posta em prática por mim.

Clarice estava muito preocupada com dinheiro nos últimos anos. Confessou-se angustiada quanto ao seu destino editorial. Num dia, a caminho de Ipanema passando pela avenida Atlântica, ela me pediu: "Quero que você seja a pessoa que no futuro cuide da minha obra." E eu: "De comum acordo com os seus filhos." Eu propus lhe apresentar a Carmen Balcells. Ela reagiu muito. Ela não tinha noção do que era uma agente. Era muito desconfiada. Eu disse: "Seus livros são os tijolos teus." Insisti muito para ela ser agenciada por Carmen Balcells. Eu disse: "Eu tenho certeza que você vai viver dos seus tijolinhos." Eu sugeri que ela expurgasse títulos como *A imitação da rosa*. Sugeri separar *A legião estrangeira* em *Para não esquecer*. Apresentei-a ao editor da Ática, o Jiro Takahashi. (Nélida Piñon)

No hospital da Lagoa

Clarice ligou para mim do hospital dizendo que tinha sido operada. "Venha aqui." Tive um choque ao vê-la no quarto, somente com Olga. "Você vem amanhã?" "Venho." Na hora de despedir-se, Olga disse que me acompanharia até o elevador. "Não, não precisa." E Olga fez um sinal. No elevador, Olga muito triste: "Os médicos abriram e disseram que é um câncer adiantadíssimo". Houve dois diagnósticos. Um disse dois meses, outro, dois anos. Eu pedi ao Paulo para tomar providências. Liguei para o ministro Nascimento e Silva. Ele atendeu meu pedido e pôs à disposição sua esposa Vilma. Vários amigos (como Rubem Fonseca) se juntaram para criar uma espécie de poupança para colaborar nas despesas que poderia haver no hospital.

No hospital, ela fez uso da astúcia. "Engraçado, a Nadir não falou nada dessa minha doença." Mas, Clarice, você é engraçada: "Você mesma dizia que não queria saber de doença, que naturalmente não era nada." Clarice não quis saber ou não pensou que morreria. (Nélida Piñon)

*

A Olga Borelli me ligou, "queria te informar que a Clarice está internada". Eu disse que queria visitá-la e a Olga me deu o número do quarto. Pediu que quando viesse apresentasse o documento na entrada e não falasse para onde iria, já que não era permitido visitas fora do horário. Isso foi num dia. Um dia depois eu iria visitá-la. Foi o dia marcado. Recebi um recado. Clarice pediu que eu não fosse visitá-la. Eu liguei. A Olga me disse que Clarice estava abatida, acho que é por causa da vaidade, não queria que a visse assim. Depois o Otto me disse que a Clarice estava mal e não voltaria para casa. Fiquei num dilema entre ir e não ir. Não passaram poucos dias, eu me preparava para ir a São Paulo para dar uma conferência. Tocou o telefone, atendi: "A Clarice morreu." Eu fiquei muito abalado. Fui pela Lagoa porque eu tinha que pegar um amigo. Aquele sol, aquele dia deslumbrante, as árvores, aquela alegria e a Clarice morta. Uma coisa que o poema traduz. Ela está morta e a natureza muito viva. (Ferreira Gullar)

*

Lembro da paciência da Clarice no Hospital da Lagoa. Ela nunca foi assim. Na Clínica onde esteve hospitalizada após o incêndio, quando ela só recebia as irmãs e a mim, ela esteve muito sem paciência, mesmo para os amigos mais queridos. Mas na Lagoa ela só reclamou uma vez, quando o médico foi vê-la. Essa foi a única vez que ela deu a impressão de saber da sua doença. Nesse dia ela perguntou não sei o quê sobre câncer para o médico e eu disse: "que besteira, Clarice, que pensamento bobo", e passei um pito nela. Quem não sabia da amizade da gente podia estranhar pensando que era ousadia minha, mas eu sempre a tratei assim. No Hospital da Lagoa a gente tinha a impressão de que ela estava esperando o tempo vir. Depois daquele rompante com o médico, eu acho que ela sabia do seu mal. Sabia e sempre ficou quieta. Um dia, alguém falou em Natal e Ano-Novo e ela virou-se para a Nélida e disse que não estaria dando trabalho dali a não sei quantos dias. Ela teria tido a premonição da morte. (Rosa Cass)

Nota biográfica

(Para situar o nível de ligação com Clarice Lispector.)

Adahyl de Mattos – Colega da faculdade de Direito. Morava na rua Mariz e Barros, na Tijuca. A acompanhava no bonde até o Catete no Curso Complementar e foi seu colega no Curso de Direito.

Alberto Dines – Jornalista. Foi editor do *Diário da Noite* e do *Jornal do Brasil*, jornais em que Clarice Lispector foi colaboradora. Fazia parte de um grupo de amigos que reunia Pedro e Miriam Bloch.

Antonio Callado – Jornalista e escritor. Conheceu Clarice na Agência Nacional. Voltou a reencontrá-la ao longo da vida em várias ocasiões. Foi entrevistado por ela para a *Fatos & Fotos*.

Armindo Trevisan – Poeta e professor. Clarice Lispector foi a madrinha de seu primeiro livro: *A surpresa de Ser* (1967). Autor de "Adeus às andorinhas – Preito de veneração e carinho a Clarice Lispector" (2008). Foi citado por Clarice na crônica "Mário Quintana e sua admiradora" (*JB*, 16/11/1968).

Ary de Andrade – Jornalista e poeta. Conheceu Clarice Lispector quando ele trabalhava na revista *Vamos Lêr!* e ela no jornal *A Noite*. Era colega de trabalho de Tania Kaufmann, irmã de Clarice e daí um vínculo mais estreito se fez nos primeiros anos de sua trajetória literária.

Augusto Rodrigues – Artista plástico. Fundador da Escolinha de Arte do Brasil. Clarice Lispector o visitava nos fins de semana no Largo do Boticário.

Autran Dourado – Escritor. Conheceu Clarice no início dos anos 1960 apresentado por Lúcio Cardoso. Ela costumava visitá-lo em seu apartamento em Botafogo em companhia de Olga Borelli.

Celso Lanna – Advogado. Colega da faculdade de Direito.

Eduardo Portella – Professor e crítico literário. Não só conviveu mas também escreveu sobre a obra da amiga. O prefácio de A *hora da estrela* foi escrito por ele a pedido de Clarice.

Eliane Zagury – Tradutora. Conviveu com Clarice Lispector no círculo de amigas de Nélida Piñon.

Ferreira Gullar – Poeta, dramaturgo, crítico de arte. Conviveu com Clarice esporadicamente. Os primeiros encontros datam dos anos 1950. Seu encontro de fato se deu quando voltou do exílio em 1977 e recebeu um convite de Clarice para ser entrevistado em sua coluna na *Fatos & Fotos*.

Francisco de Assis Barbosa – Trabalhou com Clarice no Jornal A *Noite*. Leu os originais de *Perto do coração selvagem*. Continuou a manter contatos esporádicos com Clarice ao longo da vida.

Gilda Philadelpho Azevedo (casada passou a assinar Gilda de Azevedo Becker Von Sothen) – Colega de turma na faculdade de Direito e filha do eminente jurista Philadelpho Azevedo, professor de Clarice Lispector. Reencontrou Clarice em Berna, onde seu pai exerceu o cargo de Juiz da Corte Internacional de Justiça de Haia.

Gisela Magalhães – Arquiteta, colaborou com Oscar Niemeyer em diversos projetos em Brasília. Foi apresentada à Clarice por uma amiga em comum: Inês Besouchet. Apaixonada pela obra da escritora, foi a curadora da exposição "A paixão segundo Clarice Lispector" (CCBB-RJ, 1992).

Ilka Soares – Atriz e manequim. Aproximou-se de Clarice Lispector quando dividiu com ela a coluna "Só para mulheres" no *Diário da Noite*. Ilka Soares foi vizinha da escritora no Leme, moradora do edifício Cáceres na rua Aurelino Leal.

Ivo Pitanguy – Cirurgião plástico. Muito amigo dos amigos mineiros de Clarice: principalmente Fernando Sabino e Hélio Pellegrino. Clarice foi sua paciente em algumas ocasiões, uma delas quando sofreu uma mordida no rosto do cão Ulisses.

Lauro Escorel Rodrigues de Moraes – Diplomata. Saudou *Perto do coração selvagem* em um artigo que deu muitas alegrias a Clarice. Conviveu com ela e Maury em Washington.

Mano Melo – Poeta, ator, romancista. *O Evangelho Segundo Jimi Rango* é um de seus livros. Consagrou-se interpretando seus poemas em bares e palcos de todo Brasil.

Maria Alice Barroso – Uma das escritoras que despontou nos anos 1960 com o premiado "Um nome para matar". Foi colega de Elisa Lispector no Ministério do Trabalho. Teve contatos esporádicos com Clarice e foi entrevistada por ela em *Fatos & Fotos*.

Maria Bonomi – Artista plástica. Conheceu Clarice quando era muito jovem e se tornou sua comadre e uma de suas grandes amigas.

Maria Eugênia Ribeiro Soutello Alves – Esposa do Lauro Soutello Alves, segundo secretário na embaixada do Brasil em Washington.

Miriam Bloch – Fonoaudióloga. Esposa de Pedro Bloch, recebia Clarice Lispector em seu apartamento em Copacabana e na casa em Cabo Frio.

Newton Goldman – Tradutor. Sobrinho da psicanalista Inês Besouchet, filho biológico da escritora Lídia Besouchet e do jornalista Newton Freitas (cf. sobre seus pais – Lívia de Azevedo Silveira Rangel. "Intelectuais fronteiriços: Lídia Besouchet e Newton Freitas: exílio, engajamento político e mediações culturais entre o Brasil e a Argentina (1938-1950)". Tese de doutorado. USP, 2016).

Nélida Helena de Meira Gama – Pedagoga. Conheceu Clarice na noite de autógrafos de *Laços de família* no clube dos Marimbás. Amiga íntima, lembrada por Clarice na crônica "Noite de natal".

Nélida Piñon – Conviveu com Clarice a partir da publicação de seu primeiro romance *Guia Mapa de Gabriel Arcanjo* (1961). Acompanhou de perto o dia a dia da amiga.

Otto Lara Resende – Jornalista e escritor. Conviveu com Clarice ao lado dos amigos mineiros Fernando Sabino, Hélio Pellegrino e Paulo Mendes Campos.

Pedro Bloch – Fonoaudiólogo e escritor. Passou a conviver com Clarice quando a entrevistou para a revista *Manchete* em 1964.

Pedro Paulo de Sena Madureira – Quando conviveu com Clarice, era editor da Imago e seu vizinho no Leme. Editou sua obra na Nova Fronteira.

Rachel de Queiroz – Romancista e tradutora. Uma das nossas maiores escritoras. Foi uma referência para as escritoras da geração de Clarice Lispector.

Rosa Cass – Jornalista. Conviveu com Clarice desde que leu A *maçã no escuro* (1961). Foi tema de uma crônica de Clarice (sem ser identificada): "Flores para uma amiga." Acompanhou-a de perto até seus últimos dias no hospital da Lagoa.

Sylvia Maria de Seixas Corrêa – Esposa do diplomata Jorge Alberto de Seixas Corrêa, segundo-secretário na embaixada do Brasil. Conviveu com Clarice Lispector em Washington.

Tati de Moraes – Tradutora. Esteve próxima de Clarice Lispector principalmente por compartilhar traduções de peças como *Hedda Gabler*, de Ibsen, *A casa de Bernarda Alba*, de Federico Garcia Lorca. Foi casada com Vinicius de Moraes.

Urbano Fabrini – Cirurgião plástico. Tratou de Clarice Lispector durante o período em que ficou internada na Clínica Pio XII em Botafogo.

CLARICE DIPLOMADA MINEIRA

Geografia das amizades: Drummond, Rubem Braga e Lúcio Cardoso

"O Rubem Braga morreu, acabou a vida intelectual no Rio de Janeiro." A constatação da atriz Tônia Carrero, em dezembro de 1990, soa trágica e dá a dimensão do que o cronista significou nos círculos literários cariocas.

Tomarei a afirmação de Mariinha, como a atriz era chamada pelos íntimos como Rubem, como base para fazer uma reflexão sobre a geografia das amizades de Clarice Lispector. Quero dizer, contar a história das amizades auxilia-me a compreender como Clarice pensou a si mesma. O que determinou a escolha desses vínculos afetivos e quais os reflexos em sua vida pessoal e literária.

Na história da geografia das amizades da escritora, elegi Lúcio Cardoso, Carlos Drummond de Andrade e Rubem Braga como pontas de lança. Isso significa que com eles, integrantes de uma mesma geração e anterior à de Clarice, posso mapear a rede de amigos que eles teceram e mostrar como Clarice Lispector se tornou Clarice Lispector, como a chamada "vida intelectual" no Rio de Janeiro foi sendo construída no núcleo que a acolheu. Meu propósito é estimular um campo de reflexão, de pesquisa, de balanço, talvez, sobre esse tempo de Clarice no qual os três escritores foram pontos de convergência para estimular o aparecimento de uma série de escritores incluindo Clarice Lispector.

Os escritores escolhidos – Lúcio e Drummond, mineiros; Rubem, capixaba – construíram suas trajetórias literárias no Rio de Janeiro. Isso se explica, estamos nas décadas de 1930 e 1940, um tempo de consolidação e difusão das práticas modernistas, um estímulo para a migração de autores do norte, nordeste, sul e sudeste (Minas Gerais) para a Capital Federal. Segundo Rosângela Florido Rangel em "Sabadoyle: uma academia literária alternativa"(FGV, 2008), aí começou a se delinear o espaço para o autor nacional. Até a década de 1920, os livros eram importados para pequenos editores. Com a crise da Bolsa em 1929, as dificuldades de importação forçaram a mudança no incipiente mercado editorial. Nesse cenário, surgiu a Livraria José Olympio, em dezembro de 1931, em São Paulo. Lá, o comércio de livros restringia-se aos comprados do advogado e bibliófilo Alfredo Pujol; só quando se mudou para a capital federal e instalou a livraria na rua do Ouvidor, José Olympio começou a criar um catálogo de escritores nacionais com a ajuda de Humberto de Campos e Amando Fontes: Graciliano Ramos, Rachel de Queiroz, José Lins do Rego, Jorge Amado, Carlos Drummond de Andrade.

Minas e a Revolução de 1930

O terreno começava a ser preparado para o florescimento da literatura brasileira, a capital federal era o seu território, e a Livraria e Editora José Olympio, a sua guardiã. Clarice Lispector era ainda uma menina fabulando as primeiras histórias em Recife, não imaginava que ela também seguiria o mesmo rumo de seus colegas de ofício, deixar a terra natal e tomar posse de um destino literário no Rio de Janeiro. Com a Revolução de 1930, os mineiros alcançaram um lugar privilegiado no setor educacional, cultural e literário. Não esqueçamos que nesse momento tínhamos paulistas, mineiros e gaúchos em disputa pelo governo do país. Ao recusar a alternância de poder na chamada política do café com leite, isto é, paulistas e mineiros, o presidente paulista Washington Luís nega a estes a sua vez. E é da terra de Carlos Drummond de Andrade que se posiciona a liderança do governador Antônio Carlos delegando a Francisco Campos a articulação da candidatura gaúcha à presidência da República. A aliança é derrotada com a eleição do paulista Júlio Prestes, mas o movimento armado de outubro, a Revolução de 1930, coloca o gaúcho Getúlio Vargas no poder.

Minas não ficou com o "leite", mas teve o queijo "da educação e da cultura" saboreado pelos intelectuais e escritores que migraram para a capital federal. O mineiro Francisco Campos foi nomeado para o recém-criado Ministério da Educação e Saúde com as credenciais de quem tinha feito uma reforma educacional em seu estado. E será nessa pasta que ocorrerão as ações mais marcantes do período do governo varguista no que tange aos caminhos da educação e da cultura e, por tabela, da literatura brasileira. A pedido de seu irmão Alberto Campos, quando exerceu a função de Secretário do Interior em Minas, Francisco Campos conseguiu uma vaga para Carlos Drummond no *Diário de Minas* como redator-chefe. Amigo de Alberto Campos, o poeta conviveu no jornal com Afonso Arinos de Melo Franco, João Alphonsus e Cyro dos Anjos.

Na rede de amizades mineiras surgiu, também, Gustavo Capanema, amigo de Carlos Drummond de Andrade e de vários integrantes da turma modernista de Belo Horizonte. Pelas mãos de Capanema, que substituiu Francisco Campos no ministério, Drummond mudou-se para a capital federal e se tornou seu chefe de gabinete.

Abgar Renault foi outro integrante do "Grupo do Estrela" (um Café localizado na rua da Bahia), como era conhecido o grupo modernista de Belo Horizonte formado por 22 integrantes, segundo Pedro Nava, dentre os quais Drummond, Emilio Moura, Pedro Nava, Francisco Martins de Almeida, Aníbal Machado. Renault também mudou-se para o Rio para trabalhar com Francisco Campos no Ministério da Educação e Saúde. O professor Abgar Renault criou laços sólidos com educadores como Anísio Teixeira e Darcy Ribeiro. Ele destacou a influência do político Milton Campos como uma espécie de orientador do "Estrela" e a Drummond o surgimento do grupo devido sua atuação como poeta e crítico.

Na gestão de Capanema, o ministro conseguiu "recrutar vários intelectuais com filiação moderna, que acreditavam ser o Estado ou, ao menos seus setores progressistas o lugar da renovação e da vanguarda naquele momento, vislumbrando a possibilidade de aplicar na realidade conceitos de reinterpretação ou reinvenção de um país – ideias que estavam sendo lançadas nas páginas de seus livros" (Cavalcanti, 2018: 17-18).

O bairro que acolheu, inicialmente, o poeta Drummond e sua esposa Dolores foi o Leme, que um dia seria o Leme de Clarice. Só depois Copacabana entraria definitivamente em sua vida.

Mário de Andrade e seu olhar sobre as Minas Gerais

A aliança política refletirá na cultural, mas o olhar amoroso dos modernistas paulistas para as montanhas mineiras vinha sendo gestado desde os anos 1920, quando Mário de Andrade fez sua primeira viagem a Minas Gerais para estudar as construções civis e religiosas de Ouro Preto, onde reconheceu os indícios de uma arte brasileira genuína. Caio Meneguello Natal afirmou que o escritor elegeu os conjuntos arquitetônicos baiano, carioca e, principalmente, o mineiro com destaque para Ouro Preto e as obras de Aleijadinho como os legítimos representantes do que seriam as primeiras manifestações artísticas nacionais ("Mário de Andrade em Minas Gerais: em busca das origens históricas e artistas da nação". História Social, (13), 193-207).

Mário de Andrade vê o começo de uma identidade nacional, de uma tradição histórica em Minas Gerais. Havia um discurso que defendia que Minas forjou o Brasil moderno. De certa forma, Mário de Andrade acreditava nisso sob certos aspectos. Sua correspondência com os escritores mineiros e o impacto que exerceu sobre eles abre margem para os vermos como herdeiros e continuadores dos postulados e das ousadias do movimento modernista. Mário trocou cartas com Drummond, Fernando Sabino, Henriqueta Lisboa, Otto Lara Resende, Paulo Mendes Campos, Hélio Pellegrino, Pedro Nava, João Etiene Filho; mas com Carlos Drummond de Andrade ele formou uma aliança de irmãos mais velhos, inclusive eles o são em relação aos outros escritores. Dessa troca epistolar se desenhou parte da história das gerações posteriores. E Fernando Sabino, ao escrever para Mário em 10/3/1942, parece demonstrar isso: "Preciso muito da orientação que você pode me dar."

A viagem que marcaria a passagem dos modernistas por Minas Gerais data de 1924, é a caravana modernista por Belo Horizonte com Mário de Andrade, Tarsila do Amaral e o marido Oswald de Andrade; o filho do casal, Nonê, Blaise Cendrars, René Thiollier, Godofredo da Silva Teles e Dona Olivia Guedes Penteado. No Grande Hotel, na rua da Bahia, aconteceu um encontro que mudaria para sempre a história da literatura brasileira. A história das vidas de Carlos Drummond, Mário de Andrade, Fernando Sabino, Paulo Mendes Campos, Otto Lara Resende e Hélio Pellegrino.

Os paulistas foram conhecer as terras de Minas. O roteiro abrangia o Rio de Janeiro e cidades como: São João del-Rei, Congonhas do Campo, Ouro Preto, Mariana e Belo Horizonte. Amiga da trupe modernista, Olivia Guedes Penteado representava a aristocracia cafeeira paulista.

A lendária rua da Bahia que seria tantas vezes evocada pelos escritores mineiros de várias gerações foi o lugar de pouso da caravana. O Grande Hotel os recebeu na tarde de 24 de abril de 1924. Drummond sabia da chegada dos paulistas e tratou de trazer o seu grupo, os rapazes do Estrela, para conhecê-los: Pedro Nava, Emílio Moura e Martins de Almeida. Todos já tinham lido *A pauliceia desvairada*. Depois de jantarem, saíram a pé pela avenida Afonso Pena, momento em que eles realmente descobriram Mário de Andrade, conforme relata Drummond em *A lição do amigo*.

A partir desse encontro o mestre Mário de Andrade passaria a se corresponder com o jovem poeta e funcionário público Carlos Drummond de Andrade. Uma troca epistolar que durou até a morte do autor de *Macunaíma*, em 1945, e reunida em *A lição do amigo*. Ano emblemático para visualizar como caminhava a geração de Drummond e a dos mineiros que o sucederam. Drummond jamais conviveu com Mário de Andrade a não ser por meio de cartas.

Carlos Drummond leva Minas para a Capital Federal

A mudança do poeta para o Rio de Janeiro, em 1935, foi o ato decisivo para trazer a literatura de Minas Gerais para a capital federal. No Ministério da Educação e Saúde, Drummond ampliou sua rede de amizades.

Ele teria uma missão importante como funcionário público, ocupou o cargo de chefe da Seção de História na Divisão de Estudos e Tombamentos, mas, na prática, foi chefe do arquivo. A pedido de Gustavo Capanema, foi trabalhar com Rodrigo Melo Franco de Andrade no recém-criado SPHAN (Serviço do Patrimônio Histórico e Artístico Nacional). Segundo o biógrafo José Maria Cançado, em *Os Sapatos de Orfeu* (1993), o poeta era o terceiro ou quarto na hierarquia do Patrimônio. No SPHAN, se reuniu uma corrente de proteção ao acervo cultural e artístico nacional, uma bandeira que ganhou um colorido singular nas mãos do presidente e dos que com ele partilharam uma ideia de Brasil. A luta pela preservação de nosso patrimônio não foi uma invenção dos modernistas, as ideias já vinham de longe, de diferentes partes do país, mas foi na Capital Federal que o tema ganhou foros institucionais a partir da criação da Inspetoria de Monumentos Nacionais (1934 a 1937) no Museu Histórico Nacional, idealizada e dirigida por seu diretor, o escritor e professor Gustavo Barroso.

Incompatibilidade de olhares, mas todos voltados para Minas

Com a implantação do governo Vargas e o ministério de Gustavo Capanema, apresentam-se diferentes perspectivas sobre os monumentos nacionais e a construção da nossa memória. A historiadora Aline Montenegro Magalhães em "Culto da saudade: Casa do Brasil" observa que a incompatibilidade de olhares sobre a questão levou a uma disputa pela institucionalização da preservação do patrimônio cultural brasileiro, da qual os modernistas saíram vencedores com a consolidação do SPHAN.

As Minas Gerais pareciam fadadas a tornar-se um espaço de culto e de modelo das melhores coisas do Brasil. Minas do século XVIII, das obras do Aleijadinho. Por que esse momento do Brasil Colônia fascinou os "antigos" e os "modernos"? A Inspetoria de Monumentos Nacionais, criada no Museu Histórico Nacional, defendia a preservação do patrimônio sob a lógica do culto da saudade, da valorização dos vultos históricos desse momento da história brasileira; já o SPHAN olhava as montanhas mineiras povoadas na Colônia com marcas de brasilidade mestiça. A obra de Tarsila do Amaral seria uma constatação desse novo matiz.

Mas o que isso tem a ver com o círculo de amigos mineiros de Clarice e a formação de uma mentalidade mineira na capital federal? Tudo.

As reformulações características da modernidade geravam tensões entre a permanência e a ruptura; "querelas entre 'antigos' e 'modernos' pela hegemonia de suas concepções no cenário político e cultural." Os dois grupos partiram do passado para construir suas definições de nação. "Uns o criticaram e propuseram inovações, outros o enalteceram e procuraram revivê-lo", explica a historiadora Aline Montenegro Magalhães. "Os modernos voltavam-se para o passado colonial identificando as raízes da sociedade brasileira, tendo na miscigenação um aspecto positivo da nação. O povo era a genuína expressão da brasilidade. Povo significando as camadas mais pobres da população, principalmente as oriundas do interior do país. A cultura seria o principal instrumento para "forjar uma integração entre campo e cidade, popular e erudito". Os intelectuais da Semana de Arte Moderna são agentes dessa nova busca da autêntica nação brasileira por intermédio da cultura e das artes" (Magalhães, 2006: 20).

Era uma década de consolidação das bases modernistas, ainda tão criticadas pelos passadistas. Um dos pais do modernismo, Mário de Andrade idealizou e fundamentou o papel do SPHAN em longas missivas com Rodrigo Melo Franco de Andrade. Por isso, ao lado deste encontramos Manuel Bandeira, Portinari, Lúcio Costa e Oscar Niemeyer. Todos frutos e pontas de lança desse momento de afirmação dos ideais modernistas.

Rodrigo Melo Franco de Andrade era conhecido de longa data de Gustavo Capanema e foi chefe de gabinete de Francisco Campos no Ministério da Educação e Saúde. Inicialmente, ele foi convidado por Capanema, segundo Drummond, para escrever o anteprojeto para proteger obras de artes; depois é que surgiu a ideia de sua escolha para a criação do SPHAN. Rodrigo Melo criou uma "rede de sociabilidades" pautada pela amizade e devoção à causa do Patrimônio. Ele pertenceu à bancada mineira da UDN com Milton Campos (1900-1972). Portanto, a turma que geriu o SPHAN e o Ministério da Educação e Saúde e colaborou em instituições importantes na preservação de nosso patrimônio cultural como a Fundação Casa de Rui Barbosa foi a de amigos de juventude, a turma de Drummond: Gustavo Capanema, Rodrigo Melo, Abgar Renault, João Alphonsus, Cyro dos Anjos, Afonso Arinos de Melo Franco, Negrão de Lima, Emilio Moura e Pedro Nava.

Mário de Andrade, o padrinho paulista. A aliança café com leite

Se na política a aliança do Café com Leite foi dissolvida com a Revolução de 30, no campo literário deu-se o oposto.

A geração de Fernando Sabino teve vários padrinhos, mas a presença de Mário de Andrade é mais fácil de constatar por causa das missivas trocadas com Sabino, a partir de 1942, quando este residia ainda em Belo Horizonte.

Os mineiros da geração de Clarice: Fernando Sabino, Otto Lara Resende, Paulo Mendes Campos e Hélio Pellegrino sempre declararam sua admiração por Mário de Andrade e Drummond: "Não houve um rompimento entre nós e a geração anterior", afirma Fernando Sabino. E Otto Lara Resende relata: "[João] Etienne [Filho], ponto de encontro para nós" (...) O Drummond, Mário de Andrade, Rodrigo Melo Franco, Guilhermino César, Cyro dos Anjos, Aníbal Machado, Murilo Mendes" (Sabino, 2002: 309).

E Paulo Mendes Campos: "Tem um aspecto do nosso grupo que é muito importante: nós éramos muito moleques. Nunca fomos tão sérios, até hoje. (...) Vinicius e Rubem se identificaram com essa irreverência" (Sabino, 2002: 309-310).

Fernando Sabino relatou em carta datada de Belo Horizonte, em 1º de setembro de 1942, o impacto da conferência de Mário de Andrade pronunciada no Rio, onde fez um balanço do movimento modernista e da atuação de sua geração: "Essa história de guerra, a gente na iminência de ser convocado, o curso do C.P.O.R. apertadíssimo por causa disso, etc. etc." (...)

Fernando Sabino revela o quanto sua geração se sentia desesperançada: "Senti nas suas palavras a impressão cruel de ter de pronunciá-las um dia, quando estiver se esbatendo, já na memória da gente, a luta sustentada à procura daquilo que afinal nunca se conseguiu achar. Ainda mais agora, Mário, quando a gente sente tão bem que é chegado o fim, que nada mais é possível fazer, que minha geração, desnorteada e pervertida, está fadada a destruição total. Que vontade a minha de ter vivido a sua época em que havia para onde olhar. Se ainda restasse alguma esperança, Mário, um ponto mínimo que fosse de otimismo, então, assim, a gente se esforçava, estudava, escrevia, viveria enfim. Mas, de que adianta viver hoje?" (Sabino, 2003: 74)

Em outra carta, em 29 de outubro de 1942, demonstrou seu incômodo com o que chamou de pessimismo de Mário e a importância de o mestre que mostra um caminho na arte. Se é notório que Fernando, Paulo, Otto e Hélio interagiam e trocavam ideias sobre Mário de Andrade, é possível tomar como um parâmetro dessa geração de mineiros o legado de Mário: "Esse pessimismo é profundamente contagioso, envenena a gente...Você não imagina com que interesse, com que ansiedade de participação quase, a gente se debruça sobre sua vida, para acompanhá-lo avidamente, como se ela trouxesse algo de decisivo para todos nós, moços. Muito mais do que significa para você, a nossa vida e as nossas tentativas, os nossos momentos de desânimo e as nossas vitórias, significam para nós a sua experiência, a sua arte, os seus menores atos intelectuais (...)."

"Não pode calcular a minha satisfação ao sentir seu entusiasmo de moço. (...) Hoje, para nós, você é menos palpável, embora mais humano, é como um símbolo (desculpe) de nossa vida mesma, que você está vivendo. Só um homem encontrei que me desse essa impressão de eu estar vivendo antecipadamente a minha própria vida: Octavio de Faria (E quis a sorte que eu contasse com a amizade e o auxílio de vocês dois" (Sabino, 2003: 84).

Clarice Lispector não ficou infensa a essa admiração e também buscou a aprovação de Mário de Andrade, como se vê na carta de 27/6/1944. Ela deseja ouvir sua opinião sobre *Perto do coração selvagem*. "Acostumei-me de tal forma a contar com o senhor que, embora temendo perturbá-lo e não lhe despertar o menor interesse, escrevo-lhe esta carta. O fato do senhor não ter criticado meu livro serve evidentemente de resposta, e eu a compreendo. No entanto, gostaria de bem mais do que o silêncio, mesmo que para sair deste sejam necessárias certas palavras duras" (Lispector, 2020: 76). A resposta de Mário de Andrade nunca chegou à Clarice no Central Hotel, onde morava em Belém, mas Fernando Sabino lhe garantiu que o autor de *Macunaíma* leu *Perto do coração selvagem*.

A admiração era recíproca. Mário de Andrade também nutria grande simpatia pelos mineiros. Em carta datada a Fernando Sabino de 23 de janeiro de 1943, confessa: "Eu adoro os mineiros, a maneira de sensibilidade dos mineiros, a qualidade intelectual derivada disso. Não tem dúvida que os mineiros são as inteligências mais sensíveis e também mais completadas do Brasil. Mas disso tudo deriva uma consciência que não é mais exatamente lógica mas excessiva, uma clarividência que não é mais dinâmica mas céptica e tendendo para a inatividade e o esconderijo (...)."

"Eu gosto muito de certas qualidades de vocês, a timidez, a falta de brilho exterior, o pudor, a ironia, a esperteza (...).

"Não há dúvida que pra mim vocês sejam, sempre em geral, a inteligência mais completa do Brasil, a que mais harmoniosamente reúne todas as qualidades e caracteres da Inteligência. No entanto, seria a maior das falsidades dizer que vocês têm realizado uma criação intelectual maior do que a dos outros brasileiros em igualdade de situação produtiva. Vocês, sobretudo, e justo pela maneira intelectual mineira, nunca vem à frente. Passado o momento da chamada 'Escola Mineira', vocês se limitam sempre a vir na cauda do cordão. Vocês desconfiam demais. Falta ingenuidade a vocês. Não é ter consciência que prejudica a vocês, mas ter excesso de consciência" (Andrade, 2003: 92-98).

Através da correspondência entre Mário e Fernando, temos notícia de que Sabino esteve no Rio em julho de 1943 e deixou seu novo romance com Carlos Drummond de Andrade. Devia ser A marca, novela publicada em 1944. O que indica como Drummond não perdeu o contato com os jovens escritores depois de ter se mudado para o Rio. Fernando também comentou com Mário ter contato com os jovens críticos da revista Clima, Antonio Candido e Gilda. Enviou-lhes uma colaboração e pediu a Mário de Andrade para estabelecer contato com eles. Sabino buscava criar uma rede de amizades no meio literário carioca e paulista.

Clarice e o diploma de mineira

Parece-me muito significativo que Clarice Lispector ao lembrar do escritor mineiro Lúcio Cardoso, presença essencial na sua vida, assuma a sua condição de "mineira", ela que sempre fez questão de demonstrar suas raízes pernambucanas, inclusive nos documentos escolares, mesmo sendo natural da Rússia: "Foi Lúcio que me transformou em mineira, ganhei o diploma e conheço os maneirismos que amo nos mineiros" (Lispector, 1999: 167).

A filiação foi admitida, em 1968, na crônica "Lúcio Cardoso", publicada no Jornal do Brasil (11/1/1969) por ocasião do seu falecimento.

Em 13 de outubro de 1944, Clarice residia em Nápoles. Chegara em agosto. Tinha enviado o seu Perto do coração selvagem a Fernando Sabino em 8 de janeiro de 1944. ("A Fernando Tavares Sabino, homenagem sincera, da Clarice"). Dedicatória padrão para aqueles a quem não se conhece pessoalmente.

Enquanto ela começava a ver a nova cidade na qual passaria a residir, Fernando Sabino já tinha deixado a sua Belo Horizonte e fixado residência no Rio, já casado com Helena Valadares, e onde começaria sua trajetória como escritor.

Nesse 13 de outubro ele estava comemorando secretamente seu aniversário no Alcazar, restaurante localizado na avenida Atlântica 3.530, na esquina com a rua Almirante Gonçalves, ponto de encontro de escritores situado embaixo do prédio onde morava o poeta Augusto Frederico Schmidt, editor que lançou as primeiras obras de Jorge Amado, Graciliano Ramos e Lúcio Cardoso. Paulo Mendes Campos captou a atmosfera do lugar em "Copacabana-Ipanemaleblon":

No princípio, era Copacabana, a ampla laguna dos poetas, dos pintores e das prostitutas, três pês que parecem andar juntos há muito tempo e por toda parte. O Alcazar do Posto 4 era tudo em nossa vida: o bar, o lar, o chope emoliente, a arte, o oceano, a sociedade e principalmente o amor eterno/casual. A guerra se liquidava, o Estado Novo não podia assimilar a glória da Força Expedicionária, o sorriso era fácil e todos exalavam odores revolucionários, dos mais líricos aos mais radicais. Augusto Frederico Schmidt, que habitava o décimo andar do edifício do Alcazar, com janelas abertas para os ventos atlânticos, uma noite desceu do enorme automóvel, cravo na lapela, charuto entre os dedos, e proferiu com dramaticidade: "Caiu como um fruto podre". Getúlio Vargas fora deposto (Campos, 2000: 95).

"Na minha frente está o Manuel Bandeira, o Oswaldo Alves, ao lado, o Pedro Nava, o Rodrigo Melo Franco, o Paulo, o Vinícius, o Heitor dos Prazeres, o Aníbal Machado, a Mariinha, mulher do Thiré, o Rubem e outros cavaleiros da mais nobre estirpe. (E ainda, como se fosse pouco, o Carlos Drummond)".

O relato da carta de Fernando a Otto Lara Resende de 13 de outubro de 1944 revela sua proximidade com uma roda literária que se tornaria influente nos caminhos literários daqueles tempos. Ao referir-se ao grupo como "cavaleiros" da mais nobre estirpe, os nomeou com uma expressão que Otto Lara Resende usaria anos mais tarde, quando batizou os integrantes de seu grupo de amigos mineiros Fernando, Hélio e Paulo, como os "quatro cavaleiros de um íntimo apocalipse".

A expressão de Otto Lara tem origem em Carlos Drummond, que assim se referiu aos escritores mineiros em sua coluna no *Jornal do Brasil* (12/10/1983) na crônica "Carta a Fernando" ao rememorar como os conheceu: "Em 1943 foi que nos conhecemos, numa inquieta mesa de bar, em Belo Horizonte, a qual se sentavam também o Otto, o Paulinho, o Hélio, seus companheiros de geração (...). Conhecer toda uma geração de vinte anos, numa noite, através de seus elementos, que, sem sombra de dúvida, seriam os mais representativos foi oportunidade rara em minha vida. Um grupo inteiro, formado por quatro cavaleiros, não sei se da Távola Redonda ou do Apocalipse – pois de tudo vocês tinham um pouco, em mistura de sonho, desbragamento, fúria, ingenuidade, amor, pureza. Como vocês falavam, como diziam sobre cada coisa a palavra irreverente, imprevista, que os distinguia da mediocridade e do conformismo!"

O termo cavaleiro usado por Fernando e Drummond e eternizado por Otto é uma escolha reveladora de como os escritores se viam nesse mundo literário. O cavaleiro porta vários significados como nobreza, lealdade, coragem; no caso do Rei Arthur, para além do mérito de estabelecer a paz na Grã-Bretanha, consideremos o estabelecimento de uma espécie de irmandade, cujo diálogo com seus seguidores se daria na távola redonda que impedia os conflitos entre os nobres que o seguiam, permitindo que todos ficassem no mesmo nível devido ao formato da mesa, pois ninguém queria ser menor do que o outro. A mesa de bar belorizontina poderia ser uma metáfora da távola onde se sentavam os mineiros.

Outra acepção de cavaleiro pode ser o andante tal como Dom Quixote de la Mancha, dotado de nostalgias e sonhos. A imagem remete a muitas considerações.

Clarice conhece os "cavaleiros" através de Rubem Braga

Clarice demoraria dois anos para conhecer os cavaleiros. Foi em 1946, quando veio de Nápoles para o Rio de Janeiro e lançou seu segundo romance *O lustre* enquanto aguardava a mudança para Berna. Rubem Braga, que a conhecera em Nápoles, onde foi correspondente de guerra, a apresentou aos cavaleiros. Um trecho da primeira carta remetida a Fernando Sabino em 19 de junho de 1946 revela o impacto desse encontro:

"Só agora é que vejo que vocês no Rio eram uma das garantias que eu procurava." Clarice não se enganou, os anos confirmariam isso.

O curto convívio instilou em Clarice alguns hábitos que ela menciona na primeira carta enviada de Berna em 21 de abril de 1946: "Oto, aqui você não precisaria 'puxar angústia' (é assim?), ela viria sozinha com a primeira moça em Berna" (Lispector, 2020: 209).

Ela se referiu ao hábito cultivado no banco na Praça da Liberdade, onde os quatro escritores encerravam a noite, às vezes já nascendo o dia "puxando angústia", espécie de ritual daquilo que chamamos parodiando Unamuno, de "sentimento trágico da vida", explica Fernando Sabino em *Cartas na mesa*, reunião da correspondência dos três parceiros de vida.

A geração de Clarice começava a publicar; Fernando, primeiro, com *Os grilos não cantam mais* (1941) e *A marca* (1944). Em seguida, Clarice com *Perto do coração selvagem* (1943). As inquietações típicas dessa fase de formação são tema de diálogos epistolares entre Clarice e Fernando, os quais certamente também foram compartilhados durante o convívio inicial em 1946: pensar-se como integrante de uma geração, como sinaliza em carta de 14 de agosto de 1946. Clarice escreveu: "E diz que Marques Rebelo deu uma entrevista dizendo: "temos de passar o bastão 'geração moderna' para os que vêm chegando em novas levas", e que "nosso tempo passou, o que fizemos foi isso que está por aí, se foi pouco a culpa foi nossa e o prejuízo do povo - os outros que chegam que prossigam" (Lispector, 2020: 266).

Ou indagar-se por que escreve, como comenta em 13 de outubro de 1946: "Talvez seja orgulho querer escrever, você às vezes não sente que é? A gente deveria se contentar em ver, às vezes. Felizmente tantas outras vezes não é orgulho, é desejo humilde" (Lispector, 2020: 270).

O quinto cavaleiro: Lúcio Cardoso

O quinto cavaleiro pode ser Lúcio Cardoso. Ele reúne todos os atributos para fazer parte da nobre estirpe. Ele provavelmente fez a primeira aproximação de sua amiga Clarice, colega de redação na Agência Nacional, com seus confrades mineiros. Quando Clarice o conheceu, ele já vivia havia uma década na capital federal. Lúcio Cardoso chegara aos círculos literários pelas mãos de seu tio Oscar Neto, proprietário de uma companhia de seguros, a Equitativa, localizada no mesmo prédio da editora do poeta Augusto Frederico Schmidt. O tio mostrou os poemas do sobrinho e se tornou sócio de Schmidt na Metrópole Seguros, onde Lúcio foi empregado. Schmidt pediu um romance para Lúcio. E *Maleita* (1934) foi publicado. No mesmo período, conheceu o romancista Octavio de Faria, de quem se tornou um irmão próximo para toda vida, segundo palavras do próprio Octavio. Apesar de Schmidt ter forte vínculo com o Centro Dom Vital e ser defensor de ideais católicos, lançou autores das mais variadas tendências literárias e políticas, tendo publicado *Casa grande e senzala*, de Gilberto Freyre, *Cacau*, de Jorge Amado e *Maquiavel*, de Octavio de Faria.

Dessa amizade entre Octavio e Lúcio nasceu um grupo ou para usar o jargão crítico uma corrente literária denominada intimista ou psicológica. Octavio de Faria seria uma espécie de mestre desse grupo que reunia Lúcio Cardoso e Cornélio Pena. Segundo Mario Carelli, o Bar Recreio era um ponto de encontro dessa turma que agregava também Rachel de Queiroz e Adonias Filho. Inicialmente, Lúcio deixara sua Curvelo e radicara-se em Belo Horizonte como os mineiros que vieram para o Rio.

Segundo Mario Carelli, em *Corcel de fogo – vida e obra de Lúcio Cardoso*, ele frequentava regularmente o Bar Recreio em companhia de Octavio de Faria, Adonias Filho, Cornélio Pena, Rachel de Queiroz e Clarice Lispector. Não temos outras fontes que confirmem essa informação, se de fato Clarice participava dessa roda e onde o bar se localizava. Lúcio anotou em seu *Diário* lembranças de encontros com Rachel de Queiroz no "Café Cinelândia".

Em Belo Horizonte, o romancista deixou amigos como João Etienne Filho, responsável por encaminhar Fernando, Paulo, Otto e Hélio pelos labirintos de sua biblioteca e por lhes estimular sua paixão pela literatura. Outros amigos como Jacques do Prado Brandão, Sábato Magaldi (primo de Hélio Pellegrino), Francisco Iglésias, Autran Dourado, e a prima Vanessa, várias vezes citada nas cartas de Otto e Fernando, demonstrando ser uma admiração coletiva.

A ascendência que exerceu sobre Lúcio Cardoso tornou também Octavio de Faria uma referência importante para aqueles que fizeram parte do círculo de amizades do escritor. Ao tornar-se amiga de Lúcio, Clarice aproximou-se e partilhou, mesmo de forma indireta, dessa rede intelectual influente que tomou parte em acontecimentos relevantes da história brasileira. Essa roda de amigos inseriu-se num ambiente cultural marcante para a história política, social e econômica. Foram intelectuais e escritores que fizeram parte do serviço público e da imprensa, o que não implicava necessariamente que tivessem um compromisso ideológico com as matrizes do Estado Novo.

Como Octavio de Faria se inseria na corrente intimista

Integrante da turma da faculdade de Direito de Vinicius de Moraes, Octavio de Faria foi um dos principais apoiadores da renovação católica no Brasil. Foi colaborador da revista A *Ordem* do Centro Dom Vital. Cunhado de Alceu Amoroso Lima, líder dessa corrente, segundo Alexandre Garcia da Silva, as figuras que lhe servem de modelo intelectual e existencial para a vida cristã são os católicos "León Bloy, o protestante Kierkegaard e o católico ortodoxo Dostoiévski. Autores cuja ênfase está nessa experiência pessoal de Deus e que alguns momentos teceram severas críticas à religião institucional e que pôs grande ênfase na experiência individual".

Mario Carelli destacou como leituras importantes para Lúcio Cardoso: Katherine Mansfield, D. H. Lawrence e Julien Green. Será coincidência Clarice Lispector ser admiradora desses romancistas conforme destacou em suas cartas às irmãs e a Lúcio?

Os mineiros estavam ligados também a esse grupo, quando não pelos laços de amizade, pelos de uma espécie de parentesco. Jackson de Figueiredo foi padrinho de Otto Lara Resende, figura fundadora dessa vertente católica, mesmo não tendo convivido com o afilhado, já que morreu precocemente, exerceu uma influência na formação de Otto através do pai do escritor, o professor Antônio Lara Resende. Alceu Amoroso Lima mantinha contato com Fernando Sabino, como este mencionou em sua correspondência, e o incentivou em seus caminhos literários. A Agir publicou *O lustre*, ao que parece, porque Amoroso Lima reconheceu o talento de Clarice Lispector, a despeito da "ausência de Deus" no referido romance, como atestou o crítico literário.

As origens dessa criação literária centrada na problemática religiosa, segundo Juliana Santos, em "Ficção e crítica de Lúcia Miguel Pereira: a literatura como formação", está localizada no final do século XIX, quando surge na Europa uma enorme movimentação que viria repercutir em nosso meio. Personalidades, obras e conversões como as de Claudel, Léon Bloy, Péguy, Maritain, Bernanos, Mauriac, entre outros. Ela afirmou que "uma agitação dessa ordem nas ideias e na literatura mundiais não passou despercebida em nosso país, e foi ainda em 1922 que vieram a público duas obras fundamentais para a renovação do pensamento católico no Brasil. Os escritores começaram a se posicionar diante do problema religioso".

A constituição espiritual do homem era um caminho para os impasses sociais. Entre os escritores da vertente intimista há os que dialogaram mais proximamente com a questão da religiosidade e da formação individual. Dentro do ambiente literário da década, essa narrativa esteve voltada para a perquirições de ordem íntima e filosófica.

No centro da geografia das amizades está Rubem Braga

Segundo seu biógrafo, Marco Antonio de Carvalho, em *Rubem Braga – um cigano fazendeiro do ar*, o cronista circulou por Minas quando estudante de Direito, curso que iniciara na capital federal. Seu irmão Newton se formara em Direito em Belo Horizonte. E em terras belorizontinas conheceu a futura esposa, Zora Seljan. Casaram-se em 14 de agosto e foram morar no Régio Hotel, na rua da Bahia, 504. A rua da Bahia por onde passara a caravana modernista que encontrara Drummond. A rua da Bahia cantada na prosa de Fernando Sabino no romance de uma geração: *Encontro marcado*. A geração de Clarice Lispector.

Rubem Braga começou sua trajetória na imprensa mineira no *Diário da Tarde* pelas mãos de seu irmão Newton. Sua trajetória nômade antes de fixar pouso definitivo no Rio de Janeiro o levou a passar também por São Paulo no tempo da Revolução Constitucionalista quando colaborou no *Diário de S. Paulo*, onde conheceu figuras mineiras do campo político como Benedito Valadares, então Chefe de Polícia do teatro de Operações, o médico da Força Pública Mineira, Juscelino Kubitschek, e o comandante do batalhão mineiro Octacílio Negrão de Lima. No *Diário de São Paulo*, com a amizade de Antônio de Alcântara Machado conheceu Oswald de Andrade, Mário de Andrade (seu colega de redação) e Pedro Mota Lima, que viria a ser editor de A *Manhã* mais tarde no Rio, onde Rubem se tornaria colaborador.

Quando voltou a morar no Rio de Janeiro já casado com Zora, Rubem Braga passou um tempo em uma pensão na rua Correia Dutra, 164. O casal arranjou um quarto no estabelecimento para Graciliano Ramos, onde escreveu *Vidas secas*, depois de sair da prisão em 1936.

É o tempo de Mário de Andrade na cidade. Ele também morou no Catete, na rua Santo Amaro. A jovem Clarice passaria a frequentar esse bairro em 1937 ao ingressar no Curso Complementar de Direito, na rua do Catete.

Antes de conhecer Clarice em Nápoles, Rubem passaria por sua terra, o Recife, onde residiu na pensão de d. Bertha, mãe de Noel Nutels, na rua Gervásio Pires. Local de moradia de figuras como Valdemar Cavalcanti, Manuel Diegues Jr, João e Saulo Suassuna, irmãos de Ariano Suassuna. Rubem conheceu também Fernando Lobo e Abelardo Barbosa, o Chacrinha. Ele não poderia imaginar que a futura amiga Clarice vivera nesse bairro. Foram cinco meses, entre maio-setembro. A célebre crônica "O conde e o passarinho" foi publicada nesse período no *Diário de Pernambuco*. A família Nutels também estaria ligada aos parentes de Clarice. Miriam Ludmer Kelner, cunhada de Clarice Krimgold (prima de Clarice pelo lado materno), era casada com o dr. Salomão Kelner, amigo de Noel Nutels.

A turma do *Comício* e a formação de um grupo cultural

Quando Clarice Lispector voltou a morar no Rio, em junho de 1949, retomou o contato com os amigos mineiros e Rubem Braga. E mais uma vez foi Rubem que fez a ponte entre eles ao convidá-la para colaborar no semanário *Comício* assinando uma página feminina. Até o pseudônimo, Teresa Quadros, foi escolhido por Rubem Braga. Compartilhamos com Samantha dos Santos Gaspar, a tese de que houve a formação de um grupo cultural com a criação desse periódico que durou seis meses. Rubem Braga, Otto Lara Resende, Paulo Mendes Campos, Hélio Pellegrino, Millôr Fernandes, Sérgio Porto e Antonio Maria. Em "Rubem Braga e o semanário *Comício*: cidade, política e imprensa no segundo governo Vargas", a antropóloga observou que há o encontro de duas gerações, uma mais velha e formada por personagens nascidos no Rio de Janeiro ou advindos de outros estados do país e outra geração mais nova formada por escritores vindos de Minas Gerais.

Ao formular essa ideia de um grupo cultural ela chamou a atenção para a posição social do grupo. As mesmas origens sociais e semelhantes processos de socialização. Ocuparam posições similares na sociedade carioca: todos intelectuais de classe média que moraram no Rio e perto de círculos intelectuais. Se juntaram por laços de amizade e compartilharam hábitos e valores semelhantes. Alguns desses contribuíram diretamente para sua formação e distinção como um grupo. Rubem Braga foi o eixo aglutinador. *Comício* reuniu homens de imprensa antigetulistas dos anos 1950, embora não se possa garantir que todos concordassem com as opiniões expressas.

A ligação de Clarice com os mineiros não terminou. Foi interrompida durante o tempo em que morou em Washington. Ao voltar definitivamente para o Brasil em 1959, pegou de volta o diploma de mineira. Foi autora nas editoras do Autor e Sabiá, de Fernando e Rubem, virou tema de reportagens no *Diário Carioca* e na *Manchete* pelas mãos de Paulo Mendes Campos, por quem se apaixonou e com quem viveu um breve romance. Encontrou no psicanalista Hélio Pellegrino amparo para superar os traumas do incêndio em seu quarto em 1966. Com Otto Lara Resende, sempre encontrou uma palavra amiga.

Clarice se tornou a sexta cavaleira do Apocalipse.

DIÁRIO DE NÁPOLES NA SEGUNDA GUERRA MUNDIAL POR CLARICE GURGEL VALENTE

"É com mulheres como esta que contamos para reconstruir a Itália."

(Extraído da crônica "O maior elogio que já recebi" publicada no *Jornal do Brasil*, em 9/3/1968. Clarice Lispector estava andando com o marido em Nápoles e um homem disse isso bem alto para outro. Ele queria que ela ouvisse) (Lispector, 1999: 82).

Campanha na Itália

Antes de Maury Gurgel Valente e Clarice Lispector mudarem-se para Nápoles, os Aliados já haviam tomado parte do território italiano. Em 1º de outubro de 1943, a Batalha de Nápoles consolidou a entrada dos americanos na cidade onde o casal moraria durante um ano e quatro meses. Exatamente os últimos meses da guerra mais sangrenta da história em termos de perdas de vidas humanas, com cerca de um total estimado de 54,8 milhões, incluindo as mortes em batalhas e civis. Uma guerra cujo custo material estima-se em US$ 1,5 trilhão, conforme dados do "Dia da Vitória. 60 anos" (cf. Câmara Municipal de Jundiaí, 2005).

Quando chegou a Nápoles, em agosto de 1944, Clarice ficou sem receber cartas das irmãs durante muito tempo, conforme contou a Lúcio Cardoso em 5 de outubro: "Eu mesma até hoje nada recebi de minhas irmãs, o que me desespera" (Lispector, 2002: 57).

A essa altura, *O lustre* já estava concluído: "Meu livro se chamará *O lustre*. Está terminado, só que falta nele o que eu não posso dizer. Tenho também a impressão de que ele já estava terminado quando eu saí do Brasil; e que eu não o considerava completo como uma mãe que olha para a filha enorme e diz: vê-se que ainda não pode casar", confidenciou a Lúcio Cardoso em uma carta de outubro de 1944 (Lispector, 2002: 56).

O momento exigia uma pausa na literatura. Diante de um cenário de guerra, Clarice ofereceu-se para ser voluntária nas seções hospitalares junto aos hospitais norte-americanos onde nossas enfermeiras serviram. Esse lado solidário certamente é um reflexo do exemplo paterno, como foi visto na atuação de Pedro Lispector na comunidade judaica. Quando morou na Suíça, também procurou trabalhar na Cruz Vermelha. "Ainda não tenho resposta, mas parece que será negativa pois eles só aceitam suíços – e a Cruz Vermelha Internacional, onde aceitariam estrangeiros, fica em Genebra" (Lispector, 2020: 403).

O Serviço de Saúde da FEB reconheceu os serviços prestados voluntariamente por Clarice Lispector através de dois ofícios, um deles agradeceu o "ato de patriotismo e humanidade" (cf. na terceira parte desta biografia), mas foi a Associação dos Ex-Combatentes do Brasil e, ao que parece, as enfermeiras, que lhe prestaram uma homenagem sete anos após o término da guerra. É o que sugere o documento datilografado sob o título: "Saldando uma dívida de gratidão" depositado no arquivo de Clarice Lispector do Arquivo-Museu de Literatura Brasileira da FCRB. Aludindo à partida de Clarice ao lado de Maury Gurgel Valente em missão diplomática – certamente para Washington, em 1952 – o texto em forma de um discurso retrata a atuação da esposa de Maury.

SALDANDO UMA DÍVIDA DE GRATIDÃO

Há sete anos que os Ex-Combatentes, e o Brasil em geral tem uma dívida, e mister se faz que após tantos anos seja a mesma resgatada.

Consiste essa dívida em gratidão para com uma criatura que durante a guerra, estando na Itália e embora sendo civil, prestou relevantes serviços aos nossos pracinhas.

Trata-se da Sra. Clarissa (sic) Gurgel Valente, esposa do dr. Maury Gurgel Valente, cônsul do Brasil.

Porque devemos gratidão

Muitos estranharão que se preste uma homenagem depois de tantos anos a uma dama brasileira que se encontrava no estrangeiro durante a guerra, mas aqueles que receberam de suas mãos o carinho, de sua voz o consolo de uma palavra amiga, dos seus lábios o sorriso bom e reconfortante, ficarão satisfeitos em ver que, embora sendo esquecida pelos poderes públicos, os ex-combatentes não se esqueceram de quem com tanto carinho os tratou.

Historiando os fatos

Um histórico de suas atividades durante a campanha da Itália se faz mister, e é com prazer que o faço.

D. Clarissa, esposa como já disse, do cônsul do Brasil na cidade de Nápoles, cheia de ocupações sociais, e vendo que infelizmente o nosso exército não contava com o corpo de assistentes sociais, tão necessárias durante uma situação como a que nos encontrávamos, solicitou das autoridades, quer brasileiras, quer americanas, autorização para visitar diariamente o hospital e conversar um pouco com os doentes. Difícil foi obter essa autorização, pois se tratava de uma civil, que, embora refletindo a nossa representação diplomática, não estava enquadrada nos regimentos militares. Depois de muito batalhar, foi conseguida a autorização. Passou então dona Clarissa a vir diariamente para o hospital, fazendo o verdadeiro trabalho de Samaritana. De leito em leito, ia aquela figura graciosa, sempre com um sorriso alegre bailando nos lábios, conversando com um e com outro pracinha, lendo-lhes as cartas de casa, dando conselhos, escrevendo para aqueles que não sabiam ou não podiam fazer, promovendo jogos e brincadeiras entre os baixados, distribuindo as pobres coisas que podíamos oferecer aos nossos doentes.

Como verdadeira fada, circulava horas inteiras incansavelmente de uma enfermaria para outra.

Lembro-me bem de um dia, que chegando a uma enfermaria onde se encontravam baixados alguns de nossos oficiais mutilados, surpreendi uma palestra de d. Clarissa com os pacientes, os quais estavam para ser evacuados para os Estados Unidos da América do Norte, onde deveriam permanecer por longos meses, a fim de se reeducarem com membros mecânicos. Dizia um deles:

— Ah! Dona Clarissa, como eu gostaria de comer uma comidinha brasileira antes de embarcar para os Estados Unidos, estou com tantas saudades do Brasil, das comidinhas de lá, e ainda vou passar tanto tempo sem ver um feijãozinho à brasileira, um arroz sem molho doce.

D. Clarissa ficou parada, pensou, pensou, e tomando uma decisão respondeu:

— Pois bem, se o médico assistente de vocês consentir, vão amanhã almoçar no consulado, que eu vou ver se consigo, com as rações que temos, improvisar uma comidinha à brasileira.

Lendo-se isto agora parece uma coisa muito vulgar, porém só quem esteve em um país assolado pela guerra pode avaliar o sacrifício que este convite representava, pois nem mesmo para o corpo diplomático, as dificuldades alimentares eram menores. Ainda mais em se tratando de mais cinco pessoas e de alimentos diferentes dos fornecidos pelas rações.

Não mediu sacrifícios a nossa boa fadinha e, no dia seguinte, os nossos mutilados encontraram uma missão calorosa na sede do consulado, com boas comidas abrasileiradas, carinhosamente preparadas por d. Clarissa.

Assim agia esta boa senhora, sempre sorridente, procurando minorar os sofrimentos dos nossos doentes, auxiliando as enfermeiras brasileiras que, sendo em número muito pequeno, não podiam prestar tanta assistência moral aos baixados, quando era do desejo de cada uma.

Agora que parte, em companhia de seu esposo dr. Maury Gurgel Valente, em missão diplomática, vimos saldar essa dívida tão antiga juntando às homenagens da Associação dos Ex-Combatentes do Brasil, às nossas homenagens.

Em nome daqueles que receberam de suas mãos tanto conforto, tanto carinho tão desinteressado, queira DONA CLARISSA GURGEL VALENTE, receber a nossa gratidão e o nosso MUITO OBRIGADO, por tudo que fez em prol de nossos irmãos que sofriam em hospitais americanos, em terras da Itália. QUE DEUS A GUARDE E A ABENÇOE.

2ª Ten. Enf. R/2 Elza Cansanção de Medeiros

No texto datilografado estava escrito à caneta com uma letra que sugere ser a de Clarice: "1945 1952?". As datas indicam provavelmente os dois momentos em que a Major Elza Cansanção quis prestar essa homenagem, em 1945, após o término da guerra; e em 1952, ano em que esteve com Clarice, então prestes a partir para Washington. Isso justifica o fato desse documento encontrar-se no arquivo de Clarice Lispector no AMLB.

Clarice e Maury Gurgel Valente sem Medalha de Guerra

O discurso permite conhecermos aspectos da vida "missionária" de Clarice em Nápoles. Quando menciona que ela foi "esquecida pelos poderes públicos", Elza Cansanção poderia estar se referindo ao fato de ela não ter sido incluída na lista dos que receberam a "Medalha de Guerra". A Major sempre mostrou indignação contra aos que não reconheceram o valor daqueles que entregaram momentos de sua vida para ajudar ao Brasil na guerra. Em seu livro de memórias *E foi assim que a cobra fumou* (1987), constatou: "Enquanto em todos os países do mundo que estiveram em guerra se cultua e respeita a figura dos veteranos, aqui os menosprezam" (Cansanção, 1987: 232).

O que a major Elza não devia saber é que não somente Clarice, mas Maury Gurgel Valente não foi incluído no decreto assinado pelo presidente Eurico Gaspar Dutra em 27 de junho de 1946, de acordo com o Decreto 16.821 de 13/10/1944, em que o corpo diplomático brasileiro lotado na Itália, as enfermeiras da FEB, as irmãs de Caridade, os Capelães Militares, as Auxiliares Voluntárias da Diretoria de Saúde e as funcionárias da Cruz Vermelha foram agraciadas com a Medalha de Guerra, além de oficiais do Exército Português e Norte-Americano. O motivo é ignorado. Clarice comentou o fato em tom indignado em uma carta à Tania em 14/8/1946: "Saiu no boletim do Ministério, saiu que todo o pessoal masculino da Itália foi condecorado com cruz de guerra por serviços prestados à FEB. Estão incluídos personagens que chegaram à Itália depois da guerra terminada, e uma datilógrafa também. O nome de Maury foi excluído, não se sabe por quê, talvez porque ele esteja na Suíça; é uma vergonha. Tinham falado que até eu ia ser condecorada pelo trabalho no hospital..." (Lispector, 2020: 268).

Na lista constam os dois diplomatas que serviram no consulado de Nápoles com Maury, o cônsul Narbal Costa e o vice-cônsul Luiz Nogueira Porto, além daqueles vinculados à Embaixada de Roma, o encarregado de Negócios Vasco Leitão da Cunha, o embaixador Maurício Nabuco, e os secretários Mozart Gurgel Valente (irmão de Maury) e Landulpho Borges da Fonseca. Foi incluída, também, a consulesa em Livorno: Zoraima de Almeida Rodrigues.

Nápoles não estava prevista no mapa de Clarice

Quando Clarice e Maury se casaram em 23 de janeiro de 1943, cinco dias depois, foi realizada a "Conferência de Natal" que definiu a participação do Brasil na Segunda Guerra Mundial. Em 22 de agosto de 1942, o Brasil já estava em estado de guerra contra a Alemanha e a Itália. A FEB foi criada em agosto de 1943, e o Brasil declarou guerra à Alemanha e à Itália.

A vida diplomática de Maury foi traçada nesse cenário. Na carta de 19/8/1944, quando se encontra em Argel a caminho de Nápoles, Clarice comentou em tom otimista para às irmãs: "Certamente quando eu chegar a Nápoles já encontrarei alojamento arranjado, lavadeira e lugar para comer...". E mesmo os batons ela esperava obtê-los em Roma. Seu cunhado Mozart estivera em Nápoles e lhe avisara: "As coisas lá não estão tão difíceis assim." A essa altura, Roma já guardava os destroços dos bombardeios alemães havia um ano e dos quinhentos e vinte e um aviões aliados que a bombardearam para expulsar os alemães.

Provavelmente ela precisava alimentar esse tom para tranquilizar as irmãs. Mesmo distante dos campos de batalha, seu dia a dia não tinha o conforto que se poderia almejar. Desde que se mudara do Rio para Belém, em janeiro de 1944, Clarice passou a morar em quartos. O primeiro, no Central Hotel, em Belém, e agora no Consulado no primeiro andar da Via Gianbattista Pergolesi nº 1, onde também residiram outros funcionários. Somando o período de Belém do Pará foram dois anos sem o conforto e a falta de privacidade de viver em um apartamento, pois ela e Maury só desfrutaram desse direito durante o primeiro ano de casamento no Rio de Janeiro.

O dia a dia dos hospitais em Nápoles

De acordo com Elza Cansanção, o Serviço de Saúde era dividido em três grupos: a Chefia de Serviço de Saúde da FEB, o da Divisão e o das Unidades (regimentos e grupos). O da FEB tinha sob o seu comando todos os demais serviços de saúde, tais como o serviço dentário de próteses, os laboratoriais, o de neuropsiquiatria e as seções hospitalares.

O Serviço de Saúde Brasileiro não dispunha de um hospital próprio, formando grupos suplementares em hospitais norte-americanos onde funcionavam as seções brasileiras.

Para se entender como Clarice transitou nesses locais, é importante conhecer o funcionamento dos quatro tipos de hospitais e a estrutura sobre a qual eram edificados.

Equipes médicas e cirúrgicas de brasileiros e norte-americanos formavam uma cadeia hospitalar dividida em cinco grupos: o Hospital de Campo em Valdibura recebia os feridos mais graves. O Hospital de Evacuação realizava cirurgias e atendimentos médicos nas especialidades de oftalmologia, doenças infectocontagiosas, entre outras. No Field Hospital eram internados os feridos mais graves. O Evacuation, mais centrado em Pistoia, funcionou também em outros lugares como Pisa, Corvella e Marzabotto. Havia outras unidades hospitalares, como a de Convalescentes e os Hospitais de Retaguarda em Nápoles. Além dessas seções, havia um hospital de Neuropsiquiatria dos Grupos Hospitalares e o Serviço de Prótese Dentária, visto a precariedade dentária da grande maioria dos recrutas (cf. As enfermeiras brasileiras e o Serviço de Saúde da FEB).

Havia, em Nápoles, o Hospital Geral ("General Hospital") localizado à retaguarda. Nele, eram realizados os últimos cuidados para a repatriação do ferido via aérea. Eram eles: o 45th e o 182th, chamados hospitais de Guarnição, e o 300º Hospital Geral de Nápoles, todos de maior porte, havendo em cada um deles uma Seção Brasileira.

O hospital de estacionamento, como o 7th, estava situado em Livorno; o de evacuação era de porte médio, com barracas de lona, e recebia feridos do Field Hospital. Desse tipo, eram o 38th (Pisa e S. Luccia) e o 16th (em Pistoia, com quatrocentos leitos), e no final da guerra, o 15th.

Na linha de frente, encontrava-se o 32th Field Hospital, o chamado Hospital de Campo. Instalado em Valdibura, no sopé do Monte Castelo. Segundo a major Elza, eram vinte e cinco leitos utilizados para atendimento dos casos de máxima urgência, como os polifraturados, ferimento de crânio, arrancamento de membros etc. (Cansanção, 1987: 101).

Um hospital como o 38th funcionava em barracas de lona. Inicialmente, funcionou em Vada com capacidade para quatrocentos pacientes, foi transferido para Pisa onde foi invadido pelas águas após os alemães represarem o rio Arno até que estourassem as comportas.

O 7th Station Hospital, em Livorno, foi instalado em um prédio construído por Mussolini para uma colônia de férias feminina, cuja capacidade era de mil e duzentos leitos. O Station Hospital era instalado em edifícios com mais recursos, quantidade de leitos, equipe especializada e isolamento de doenças infecciosas.

O 45th General Hospital ficava localizado nas antigas instalações da Feira Mundial de Nápoles. Dotado dos mais modernos requisitos da época para a recuperação dos pacientes, frisa a Major Elza. Era vizinho do 182th Station Hospital onde havia pacientes brasileiros. O primeiro escalão ao chegar a Nápoles deixou cerca de trezentos pacientes internados distribuídos nesses dois hospitais. O 45th contava com lago, cinema, e suas enfermarias eram amplas e bem ventiladas. Esse hospital servia para pacientes de longa recuperação (Cansanção, 1986: 108). Era nesse hospital que os doentes e feridos recebiam os últimos cuidados na Itália e se preparavam para a viagem de repatriação. Terminado o tempo regulamentar de permanência, o paciente era evacuado para o país de origem, segundo a capitã-enfermeira Olimpia Camerino. "Alguns brasileiros foram evacuados para os Estados Unidos para cirurgia de plástica e adaptação de membros mecânicos" (Camerino, 1983: 118).

Foi no 45th, segundo o depoimento de Elza Cansanção, que Clarice Gurgel Valente prestou seu serviço voluntário como "assistente social", como a Major a nomeou em "Saldando uma dívida de gratidão".

A Guerra em números

Segundo a capitão-Enfermeira Olímpia de Araújo Camerino em suas memórias A mulher brasileira na Segunda Guerra Mundial, a rotina das enfermeiras, no 7th Station Hospital, era a seguinte: "Acordávamos cedo, ao toque de um estridente corneta, substituída, com o correr do tempo, por um apito. Como devíamos, estávamos às 6h30min no refeitório, para o café matinal e, às 7h, nas enfermarias, a fim de iniciarmos a jornada de trabalho que se estendia até as 19h, com o tempo para almoço e jantar. (...) Por turmas, dávamos serviço de pernoite por quinze dias consecutivos, após o que entrávamos no serviço diário de rotina" (Camerino, 1983: 54-55).

Olímpia Camerino relata que a folga era quinzenal, quando aproveitavam para limpar as barracas, abastecer de água os cantis, engraxar os sapatos, lavar as roupas e fazer pequenos passeios. Em ocasiões de combates mais intensos, como os de Monte Castello e Montese, as enfermeiras trabalhavam dias seguidos, com poucas horas para repouso. Nos períodos mais calmos, mediante escala de pequenos grupos, elas obtinham cinco dias de licença para passearem em Roma ou Florença.

No balanço geral de mortos e feridos durante os onze meses de permanência dos brasileiros na Itália, 10.776 homens baixaram nos hospitais, o que dá uma média diária de 32,7, ou seja, 1,3% do efetivo da FEB (25.500 aproximadamente).

Faleceram nos hospitais 49 pacientes. Total de mortos na FEB: 443, dos quais 364 em combate, 1.577 feridos em combate e 1.145 acidentados.

O Serviço de Saúde da FEB contou com 166 médicos, 26 dentistas, 6 farmacêuticos, 44 enfermeiros, 6 manipuladores de farmácia, 6 manipuladores de radiologia, 2 protéticos, além de 67 enfermeiras, as quais formaram o primeiro corpo feminino de enfermagem do Exército Brasileiro (cf. FEB: Entre ganhos e perdas simbólicas: a (des)mobilização das enfermeiras que atuaram na Segunda Guerra Mundial).

Clarice levava flores para enfeitar a enfermaria

Em 1986, a Major Elza Cansanção tornou pública a participação de Clarice Lispector em seu trabalho voluntário nos hospitais, ao narrar em suas memórias *E a cobra fumou*. Contou em detalhes não somente o que já expressara no discurso "Saldando uma dívida de gratidão", mas mostrou os bastidores de um almoço que é digno de entrar para os anais da história do Itamaraty. Um grupo de soldados mutilados: Tulio Campelo, Ery Bandeira, Wilke, Germano Travassos e outros foram convidados para almoçar no Consulado do Brasil, onde estava o Embaixador Maurício Nabuco "tendo como auxiliar Mozart Gurgel Valente, casado com Clarice Lispector, já na época notável escritora. Os rapazes não tinham uniforme de rua completo, pois andavam de pijama e robe, de forma que para se apresentarem no Consulado o problema foi resolvido pelas enfermeiras".

Cada uma das enfermeiras emprestou uma peça do uniforme. "Não é por falta de uniforme que os 'meninos' deixariam de atender ao maravilhoso convite daquela senhora que é digna de preito e agradecimento de todos nós."

A Major Elza trocou o nome do marido de Clarice. Mozart era seu cunhado e estava lotado na Embaixada de Roma, onde também se encontrava o embaixador Nabuco.

Ela descreveu a rotina da esposa do vice-cônsul Maury Gurgel Valente: "Todas as tardes, terminados seus afazeres diplomáticos, vinha nos ajudar na parte de assistência social, lendo, escrevendo cartas para os pacientes, conversando com outros, procurando amenizar as saudades do lar etc. Quase sempre trazia flores para enfeitar a enfermaria" (Cansanção, 1986: 109).

Ela prossegue contando como foi uma "verdadeira bênção dos céus" para aqueles rapazes. Na última hora, surgiu um obstáculo. O Major Ernestino, com quem Elza não se dava por causa do temperamento pouco solidário do Chefe, negou o transporte, pois ele já estava programado para uma saída. Com muito humor, ela conta que conseguiu levar os "meninos" para o Consulado: "Ao subir a rampa de acesso à varanda do Consulado, Túlio escorregou, e se não fosse o fato de eu vir atrás e ele ser menor que eu, teria sido uma tragédia. Consegui sustentá-lo e o levei para dentro, no colo como um bebê."

"Cheia de ocupações sociais"

Foi assim que a Major Elza referiu-se à esposa do vice-cônsul ao mostrar como ela se tornou também uma espécie de "assistente social" no hospital de Nápoles. Clarice quase nada conta nas cartas às irmãs sobre que espécie de ocupações sociais tinha que cumprir, mas o depoimento de Israel Rosenthal, o mesmo vizinho da rua Lúcio de Mendonça, cujo irmão José foi seu colega de turma no Sylvio Leite, me revelou uma delas. Israel Rosenthal serviu no Serviço Dentário onde havia três postos com dois dentistas cada. Ele atendia em média vinte e cinco pessoas por dia. "o atendimento odontológico era com motor a pedal, tinha um soldado que pedalava. O esterilizador era uma caixa metálica com uma lamparina à gasolina, que mantinha a água fervendo. Tinha um recipiente com água para lavar as mãos e o instrumental. Não tinha luva, avental, nada disso. O paciente cuspia em um balde ao lado da cadeira de metal, que não subia nem descia, a gente é que tinha que fazer toda a movimentação" (Rosenthal, 2021: 57).

Ao retornar ao Brasil no navio brasileiro Duque de Caxias, o dentista Israel Rosenthal teve a grata surpresa de reencontrar a sua vizinha. Clarice Gurgel Valente subiu a bordo para cumprimentar os pracinhas. "Ela me reconheceu, do tempo que éramos vizinhos, veio falar comigo, perguntou pelo meu irmão" (Rosenthal, 2021: 66).

Durante a guerra também se lia

O ambiente literário da Itália foi acompanhado por Clarice, mesmo com todas as limitações impostas pela guerra, conforme ela relatou na entrevista que concedeu a Solena Benevides Viana para o jornal A *Manhã* (2/12/1945) quando destacou o interesse despertado pelo romance social:

"Editam-se aqui muitos livros antigos, fazem-se inúmeras traduções da melhor qualidade. Quanto a um movimento literário italiano, parece-me que há um interesse especial pelo romance social; é do que se ocupam os mais jovens. Mesmo durante o fascismo havia essa tendência, velada, nos romances, o que a censura permitia por não compreender. Agora mesmo, o romancista Ignazio Silone, que esteve fora da Itália durante anos e cujos livros eram desconhecidos pelos italianos por ordem fascista, está tendo sucesso e despertando simpatia sobretudo pela intenção boa, política e social. Em relação a uma surpresa literária no mundo de após-guerra, nada notei que me fizesse esperá-la; essa surpresa virá amanhã ou daqui a cem anos. É provável que venha amanhã, não sei."

E prossegue:

"Tem ouvido falar de algum escritor novo que, no momento, esteja despertando a atenção da crítica europeia?"

"A crítica europeia esteve tão regular e congestionada como a vida europeia. Mal acabou a guerra, e o último tiro de canhão infelizmente não pôs a funcionar todas as delícias da paz. Leem-se muitos poetas franceses da resistência, que também são conhecidos no Brasil; as poesias deles estão espalhadas em revistas e jornais, creio por toda a Europa. Não falando dos novos, um novo que cada vez mais ganha em evidência e importância é o de Jean Paul Sartre, que tem escrito para o teatro e vai se ocupar do cinema também."

Dez anos depois... a imprensa brasileira e a atuação de Clarice nos hospitais

Foi quando Clarice esteve no Rio, em 1954, época em que ela residia em Washington, que Maria Luzia a entrevistou em julho para *A Cigarra*. É a segunda entrevista onde seu itinerário biográfico foi exposto com mais detalhes, a entrevistadora parecia conhecer bem a entrevistada (suponho que foram colegas de faculdade, Clarice tinha uma com o mesmo nome). Em certo trecho, Maria Luiza contou de um modo bem humorado como Maury "descobriu" Clarice e a levou para Nápoles: "A verdade é que no meio das afobações e da unha roída no momento das provas, descobriu-a Maury, seu colega de turma, e os dois se casaram em princípios de 1944. E foram para Belém (ainda era o tempo da guerra) e depois para a Itália, onde Clarice (ela não gosta de falar nisso, mas foi realmente assim) passava os dias ajudando no hospital onde estavam os rapazes da FEB que haviam sido feridos."

Maria Luiza deixou claro como Clarice não fez nenhuma questão de ser reconhecida pelo governo brasileiro por seu trabalho voluntário.

Diário de Nápoles

O "Diário de Nápoles" que apresento, a seguir, é uma síntese do cotidiano de Clarice Lispector a partir de trechos extraídos das cartas que escreveu nessa cidade para às irmãs Tania e Elisa, e para o escritor Lúcio Cardoso. É importante destacar que a correspondência sofria censura. A ausência de comentários sobre o dia a dia da guerra e as atribuições de esposa de diplomata podem ser um sinal de precaução.

A Major Elza Cansanção contou que passou meses sem receber carta, pois os "ilustríssimos senhores censores do correio da FEB atrasavam a remessa de nossa correspondência para o *front*" (Cansanção,1987: 83). Queixou-se que jamais recebeu uma encomenda sequer das que todas as semanas lhe eram enviadas. Clarice também se queixou, algumas vezes, do extravio de cartas e encomendas.

A explicação para isso era o temor que algum combatente ou pessoa da família descuidadamente enviasse informações que caíssem em mãos inimigas, servindo de pistas para a localização das tropas.

Segundo a major Elza, o serviço postal brasileiro recebeu do Brasil até 31 de dezembro de 1944, um total de 232.775 cartas, duzentas e cinquenta e oito malas postais, 18.045 encomendas enviadas pela LBA. Foram enviadas da Itália para o Brasil 335.472 cartas remetidas por mala e novecentas e sessenta e uma encomendas (Cansanção, 1987:97). Cansanção observou a falta de lógica nessa estatística ao notar que foram remetidas da Itália mais cartas do que recebidas, pois os pracinhas não dispunham de tanto tempo para isso, mesmo com a ajuda de Clarice que redigiu muitas, como se viu.

Clarice escreveu 34 cartas de Nápoles, Roma e Florença num período de um ano e quatro meses. Quantas se perderam?

O "Diário de Nápoles" abrange um ano e dois meses e finaliza em 26 de novembro de 1945, seis meses após o término da Grande Guerra na Europa. A seleção dos trechos justifica-se com o intuito de observar alguns aspectos do cotidiano de Clarice: a rotina diária, o trabalho no hospital, como era morar no consulado, as dificuldades no envio e no recebimento da correspondência, as impressões sobre a guerra, as trágicas consequências na vida dos napolitanos e os contatos com os artistas plásticos. Inseri entre parênteses alguns comentários para identificar pessoas ou contar algumas curiosidades para situar o contexto histórico e cultural. A fonte das cartas aparece ao final do trecho selecionado através da abreviatura das obras onde foram publicadas originalmente: *Minhas queridas* (MQ), e *Correspondências* (COR). As cartas também estão publicadas na edição de *Todas as Cartas*.

Diário

1944
30 de SETEMBRO – Nápoles

(A Tania e Elisa)

As coisas continuam igual. Eu quase não saio, levo uma vida dentro de casa, o que não me desagrada. Quando saio gosto muito. Fico ou procuro ficar o mais tempo possível no meu quarto, o que me agrada. Procuro fazer e cumprir um programa de certa pureza; o que é difícil pelas contínuas interferências, mas não impossível.

Procuro também fazer com que minha vida não seja cercada de excessos cômodos, o que me abafaria. Todas as vezes em que cedo e converso demais com as pessoas fico com penosa impressão de devassidão e entrega. Não conheço pessoas, senão um rapaz amigo nosso, do Maury e de mim, Fabrizio Napolitani, que escreve e é muito simpático. Amanhã, domingo, vamos ao S. Carlo ouvir a "7ª Sinfonia" de Beethoven (MQ, 55-56).

(*Pelo menos desde 1º de outubro de 1944, Clarice assistia a concertos e óperas no Teatro di San Carlo, bombardeado durante a Guerra e reparado em seis meses pelos aliados. Foi reaberto em 16 de dezembro de 1943, conforme conta às irmãs em carta de 30 de setembro. É uma casa de ópera localizada ao lado da central Piazza del Plebiscito e ligado ao Palácio Real.*)

Estou agora procurando acordar às seis e meia e tomando café no quarto.

Agora são meio-dia e 15 minutos. Tenho que me vestir para o almoço. Em seguida, espero dar uma pequena volta e entrar de novo no quarto. O quarto é muito simpático, dá para o mar, para um pequeno recanto de jardim. Por favor, escrevam sobre a saúde, sobre o trabalho, sobre a vida de vocês, sobre a vida da Marçuska, sobre os errinhos dela e sobre as descobertas que ela faz. Tem chovido durante alguns dias, está frio, mas eu me agasalho bem. Não sinto nada, senão raiva de pessoas. Não fui a nenhum cinema e certamente perderei esse hábito; mas tenho saudade de um bom de um mau filme. E tenho saudade de romances policiais em português mal escrito. Vou fechar a carta, porque Maury acaba de bater na porta dizendo que é hora do almoço.

Vou beber um pouco de vinho. Por favor, sejam felizes; eu o sou, a meu modo (MQ, 56).

5 de OUTUBRO – Nápoles

(A Lúcio Cardoso)

Isso aqui é lindo. É uma cidade suja e desordenada, como se o principal fosse o mar, as pessoas, as coisas. As pessoas parecem morar provisoriamente. E tudo aqui tem uma cor esmaecida, mas não como se tivesse um véu por cima: são as verdadeiras cores. Um edifício novo aqui tem um ar brutal. Às vezes eu me sinto ótima; às vezes simplesmente não vejo nada, não sinto nada. Estou lendo em italiano porque é o jeito. A palavra mais bonita da língua italiana é *gioia*, embora alegria também seja bonito.

Estamos num apartamento grande, com todos do consulado que são ótimas pessoas; mas nunca precisei de ótimas pessoas. Mas enfim por enquanto nada há a fazer (COR, 56).

Sem data. NOVEMBRO – Nápoles

(A Lúcio Cardoso)

No envelope ponha meu nome, e Consulado do Brasil em Nápoles. Não é fácil? Não consigo lhe dar a ideia do que é isto aqui. Nem de mim mesma. Não sei o que está me fazendo triste e cansada. Talvez eu precise começar a trabalhar de novo, certamente é isso – mas tenho que me conter um pouco também. (...) Lúcio, você pode me mandar seu livro, se é que já foi publicado. Faça o embrulho e deixe no Itamaraty.

Continuamos morando todos no Consulado; em parte é bom porque me tira a responsabilidade de pensar em casa. Mas nós bem gostaríamos de estar num apartamento nosso. Embora se possa com esforço arranjar para não ter uma vida por demais misturada com a dos outros (COR, 58).

13 de novembro – Nápoles

(A Elisa)

Passei uma semana em Roma e de lá escrevi para vocês; mas, antes que a mala partisse, tirei de lá as cartas para mandá-las pelo meu colega Silvio da Fonseca, correspondente de guerra, e que vai ao Brasil. Quando cheguei em Nápoles vi as cartas chegadas. Elas vão para o Vaticano e em um ou dois dias, ou uma só manhã, conforme seja o dia do carro do correio brasileiro, chega aqui o envelope destinado a Nápoles. É facílimo e não há por que vocês não possam escrever. Até pessoas que não são da família podem fazê-lo. É só deixar a carta no Itamaraty, na seção conveniente (MQ, 57).

Estamos esperando um funcionário do Itamaraty, um tal Neves da Rocha (agora sei que ele não deve trazer cartas suas, estou satisfeita), por esses dias. Talvez ele traga cartas para mim. E se não trouxer é outra decepção para mim. E se não trouxer é outra decepção porque a oportunidade seria ótima. Não repare na caligrafia de máquina: o frio dificulta o trabalho dos dedos. Estamos no outono e as folhas caem realmente. Mas o inverno será bem difícil. Não se perturbem, nós tomamos muito cuidado, temos roupas. Desde há muito que faz frio e eu não me resfriei nenhuma vez. A casa onde nós moramos tem aquecimento; por enquanto não está funcionando com força, mas no inverno melhorará. Continuamos morando no consulado. Minhas atividades de dona de casa são nulas, felizmente. Eu não decido nada e só às vezes me meto; porque senão tudo cairia em cima de mim e mesmo o que fosse ruim por ser naturalmente ruim seria explicado como sendo erro meu. Tenho mais o que fazer do que cuidar de uma espécie de pensão: por exemplo, ficar sentada olhando para a parede. Estou lendo bem em italiano e até romances policiais eu arranjei. Parece que a questão de cinema se resolve aos poucos. Tem um hotel aqui requisitado onde passam filmes americanos em quase primeira mão. Antes de ir a Roma, fomos uma vez e agora pretendemos ir mais (MQ, 58).

Não me dou com quase ninguém. Num dentista encontrei uma mulher simpática que quis vir aqui e veio.

Lembrei-me de uma coisa engraçada. O primeiro escalão de soldados brasileiros inventou um sambinha a bordo do navio (eles inventam mil). Era sobre o Nabisco: é uma espécie de bolacha americana, dura, que embebida em leite, fica mole; serviam isso no *breakfast* e os soldados, acostumados com a caneca de café e o pão com manteiga, ficavam danados. Fizeram o seguinte samba:

De covarde podem me chamar,
O fato é que já passei o Gibraltar.
Este "shiipe" pode até afundar,
O que eu quero ver é o Nabisco boiar (MQ, 59).

DEZEMBRO
18 de dezembro – Nápoles

(A Elisa)

Recebi sua carta de 26-11-44 ontem, dia 17-12-44. Você vê como demora, mas felizmente chega. E quando chega é o meu melhor dia, pode acreditar. A última carta que eu tinha recebido de vocês era datada de 30 de outubro, imagine. O que vocês mandaram por um portador, que eu não sei quem é, não nos chegou ainda. É possível que ainda venha ter às nossas mãos. Não mandem nada mais de agasalho porque nós temos suficiente. O frio não está sério, é como o inverno do Rio. (...)

– Hoje o irmão de Maury casou aqui no Consulado. Eu mandei fazer um grande almoço, ao qual compareceram o dr. Vasco Leitão da Cunha, vindo de Roma, os noivos naturalmente, nós naturalmente, o pessoal do consulado naturalmente e dois rapazes do Banco do Brasil que serviram de testemunhas. Eu mesma fui comprar coisas, o cuoco (cozinheiro) esmerou-se, enfim – foi um almoço excitante, alegre e meio chato como todos os almoços em geral. Compramos um peixe que custou 700 liras – por aí você pode ver o preço das coisas. Para nós não sai assim porque as rações vêm dos americanos, mas quando se quer comprar alguma coisa fora das rações é assim. O povo vive claramente em contrabando, mercado negro, prostituição, assaltos e roubos. A classe média é que sofre (MQ, 64).

1945
JANEIRO
Sem data - Nápoles

(A Lúcio Cardoso)

Aqui as ruas são atapetadas de bambinos, principalmente os becos. A gente fica boba para passar entre eles (nos becos todos vivem na rua, cozinham até), crianças que engatinham, crianças que já tem ar sabido, imundas, com aspecto saudável na maioria, com a carinha vegetativa, sentadas ao chão. Tem feito bem frio, de vez em quando cai um pouco de neve. O Vesúvio está com as encostas brancas. Mas ainda não vi neve caindo propriamente dita, em flocos. Quando vejo já está no chão, e como é pouco fica logo meio derretida, não muito branca. A primeira vez o chauffeur do consulado veio me dizer que o carro estava com nevinha. (...)

Hoje está fazendo um bom sol, mas minha janela está quebrada e eu não posso abrir. – A lavadeira de casa, uma signorina, está esperando bebê e vive espionando a nossa cozinha e tremendo com os olhos enormes. Um dia desses fui pedir uma xícara de chá e só ela estava lá. Quando pedi que ela fizesse, ela tremeu de alegria e disse: *Faccio una anche per me!* (*anche* é também) (e faccio não sei se se escreve assim...) (COR, 64-65).

3 de janeiro – Roma

(A Elisa)

Aqui em Roma está um frio louco, que nem se compara ao de Nápoles. Nós viemos passar uns dias, inclusive o Ano-Novo. Na Embaixada do Vaticano (que não fica na cidade do Vaticano), o embaixador Nabuco reuniu alguns brasileiros para uma ceia numa festa bem simpática. Nós não temos passeado muito por causa do frio. Mas tomamos bastante cuidado para não pegarmos uma gripe. (...)

Mas, voltando para Nápoles, no meu novo quarto, vou me pôr a recozer toda a minha vida... Encontrei um livro de Tolstói. *Qu'est-ce que c'est l'art?*, em 2ª edição francesa de 1898, e fiquei boba. Ele diz que não entende Baudelaire e Verlaine, chama Beethoven de "o surdo Beethoven" e cita D. Quixote ao lado de livros de Alexandre Dumas pai, mete o pau em Wagner e na arte moderna de então, que para nós já é clássica. Não parece incrível? Ele fala mal até de Michelangelo. Não sei como ele fica, o diabinho, que por sinal é tão grande romancista. Agora interrompi um segundo pra tirar uma fruta cristalizada que eu ganhei de um rapaz do Banco do Brasil, e que ele recebeu do Rio. Compre para vocês que são muito boas, em caixinhas da Colombo... E assim eu faço propaganda do Brasil, como boa brasileira e divina senhora de diplomata. Sobre a vida de senhora de diplomata há muitas palavras a dizer, e na verdade, pela sutileza própria do assunto, inteiramente indizíveis (MQ, 46-47).

7 de janeiro – Nápoles

(A Elisa)

Hoje é domingo, felizmente de novo pé de chachimbo (em vez de cachimbo a máquina escreveu chachimbo, o que é muito mais elegante e muito mais próximo para este domingo – na verdade parece que eu ia escrevendo pé de chato, o que é mais certo). Hoje de noite vão passar no Parco Hotel um filme chamado *Strange Affair*, de Walt Disney (mas não sei se é isso mesmo porque falei por telefone e não ouvi bem).

Acho que não vamos ver. São mais ou menos cinco horas; daqui a pouco vou me vestir para jantar. Aqui, aos domingos, inovei um jantar frio para os empregados poderem dar o fora; sou ou não uma grande dona de casa? (MQ, 67).

12 de janeiro – Nápoles

(A Elisa)

Eu gostaria aqui de ajudar um pouco, mas é impossível. Pedir dinheiro às pessoas para dar a outras é dificílimo porque a quem eu pediria? Ao Matarazzo? Ele começaria por dizer que tem casa requisitada e etc. Ele não precisa, mas todos precisam pouco ou mais. Porque me ofereci para fazer alguma coisa, estou agora trabalhando em datilografia com o coronel Júlio de Moraes. Vou lá todas as manhãs e salvo a humanidade copiando numa letra linda à máquina, umas coisas. Pretendo também visitar feridos. Ajudamos pessoalmente e em cada caso como podemos e isso não é nada. Os casos aqui são inúmeros e cada família tem o que contar. É verdade que se culpa a guerra de muita coisa que sempre existiu aqui. A prostituição, por exemplo, sempre foi aqui um grande meio de vida. Contam-nos que agora os meninos na rua oferecem as irmãs, o marido que diz que tem uma moça muito bonita e no fim sabe-se que é a mulher dele, etc.; mas todos dizem que é isso sempre. Tem aqui e que o povo napolitano é o + sem vergonha do mundo. Os italianos dizem que a vergonha da Itália é Nápoles. Roubam como podem, e não sou eu quem os acusaria. Aliás, quando estive em Lisboa, que não está em guerra, fiquei boba. Não se dá um passo sem que alguém não peça esmola. E me disseram que a prostituição lá é terrível, abundantíssima e desde a idade de 13, 14 anos. A guerra é boa talvez no sentido de chamar a atenção para certos problemas. Talvez incorporem estes na resolução de outros propriamente de guerra (MQ, 69).

(O Cel. Júlio de Moraes, com quem Clarice começou a trabalhar em serviços de datilografia, era um oficial da reserva convocado, cidadão bastante conhecido do povo brasileiro como piloto em provas automobilísticas, como o Circuito da Gávea. Ele representou o Rei Netuno

com uma corte de sereias e tritões na passagem da linha do Equador em 27 de setembro de 1944, segundo o depoimento do soldado Ruy, um dos pracinhas: "Saiu-se bem o distinto velhinho e sua trupe, que distribuiu generosos baldes d´água aos que lhe chegavam mais perto. Desse batismo, foram distribuídos diplomas que atestam a presença de cada expedicionário nas cerimônias e que está assinado por um tal Davy Jones – pseudônimo do Rei Netuno" (FONSECA, 2002).

22 de janeiro – Nápoles

(A Elisa)

Vários brasileiros foram para o Brasil, tudo organizado de repente, de modo que também eu ajudei, como pude. No meio de tudo havia uma baronesa ou marquesa ou o que seja, que, quando viu que as senhoras iam todas dormir na mesma sala, disse que se soubesse que era assim não teria ido. Um rapaz conhecido disse que na hora teve vontade de lhe pisar o pé. Nada mandei pelas pessoas que embarcaram porque não tive tempo de providenciar. Mesmo, com mala frequente, não era tão grande perda (MQ, 71).

29 de janeiro – Nápoles

(A Elisa)

Estou posando para uma pintora brasileira, há muitíssimos anos na Itália, Zina Aita. Por enquanto nada se pode dizer, é preciso paciência. Vocês receberam os retratinhos levados pelo correspondente de guerra? Telefone para o DIP, talvez o encontre lá, na Agência Nacional (MQ, 74).

(Até onde se sabe, esta foi a primeira vez que Clarice posou para uma pintora. Uma prática que ela gostava de cultivar. Zina Aita foi precursora do modernismo em Belo Horizonte, fez parte da Semana de Arte Moderna, em São Paulo, e passou a viver na Itália a partir de 1924. Dirigiu a tradicional fábrica de cerâmica Freda, e trocou a pintura pelas

artes industriais. Segundo a carta de Mário de Andrade para Anita Malfatti, o endereço de Zina Aita em Nápoles em 30 março de 1924 era a via Antonina Ravaschieri – 3º Palazzo. Em carta, Manuel Bandeira revelou que Zina era amiga de Anita Malfatti, dele e de Ronald de Carvalho. Bandeira pediu a Clarice em uma carta de 20/3/1945 que fizesse chegar dois livros às mãos de Giovanna Aita, irmã de Zina.(COR, 68). Clarice também conheceu na Itália Leonor Fini, como revelou a Elisa na carta de 3/12/1945, que definiu como uma "grande pintora". Fini nasceu na Argentina e foi criada em Trieste. Pintora surrealista, deu-se com Giorgio de Chirico, Dali e Picasso. Nada se sabe sobre a ligação entre as duas.

O correspondente de guerra que trabalhava na Agência Nacional era Silvio da Fonseca, cinegrafista.)

7 de fevereiro – Nápoles

(A Lúcio Cardoso)

Fez há uma semana mais ou menos um grau abaixo de zero. Alguns dias depois, eu desconfiei que o tempo estava bom e fui para a terrasse. Ainda estava frio e ficará assim até março, mas estava tépido e fresco, com um perfume que só se sente mesmo depois do inverno por causa das folhas que desde o começo do outono caem e ficam no chão. Eu respirei tanto que Deus me castigou e por isso no dia seguinte eu estava com a moleza de gripe e li Emily Brontë... Você vê que as coisas se completam perfeitamente na Itália (COR, 66).

19 de março – Nápoles

(A Elisa)

Quanto à vida em geral... ela vai em geral mesmo. Não há novidades. Continuo trabalhando no hospital indo lá todas as manhãs. Me canso um pouco, mas corpo e alma foram feitos para na hora de dormir estarem cansados. Pretendemos ir a Roma em breve, já que a primavera está por aqui. Aqui dizem: marzo pazzo, o que quer dizer sem rima:

março é louco. Porque ora faz frio, ora esquenta, ora nevica, ora tem tempestade. Este ano a loucura de março deu apenas para esfriar o tempo e esquentá-lo, sem a menor ordem. Maury disse: dê a ela alguma coisa feita de lava do Vesúvio. Mas, ontem, domingo, fomos com dr. Ubezzini Bueno para a casa de um médico italiano, casa essa que fica perto do Vesúvio, para vermos as lavas que caíram e desceram do Vesúvio, para vermos as lavas que caíram e desceram no passado. Ontem fazia exatamente um ano, a erupção. Destruiu dois terços de uma cidadezinha, S. Sebastiano e grande parte de outra, Massa. A gente vê de longe o Vesúvio e na encosta a lava que desceu e se bifurcou, cobrindo inteiramente casas e tudo. É um mar de lava que agora está seca em pedras. (...)

Não tenho lido muito; ando ocupada com o hospital e com a dispersão de minha vida. Fiz ondulação permanente e pareço um carneiro. Como se vê, a História realmente se repete. Estou eu às voltas com óleos e raivas, sendo que nenhum dos dois alisa meu cabelo. O tempo se encarregará de amainar a fúria onduladora do cabeleireiro (MQ, 77-78).

25 de março – Nápoles

(A Elisa)

Recebemos um convite para irmos a Florença e por causa de mim Maury recusou, pelo menos para já, porque não quero largar o hospital quando mal comecei. Quem sabe se depois da guerra ainda veremos Florença juntas... Não tenho lhe falado de você vir para cá porque me parece absurdo por enquanto, uma vez que tudo aqui está convulsionado e difícil (MQ, 81).

26 de março – Nápoles

(A Lúcio Cardoso)

Estou trabalhando no hospital americano, com os brasileiros. Visito diariamente todos os doentes, dou o que eles precisam, converso, discuto com a administração pedindo coisas, enfim sou formidável. Vou lá todas as manhãs e quando sou obrigada a falar fico aborrecida, tanto os doentes já me esperam, tanto eu mesma tenho saudade deles.

Um dia desses fui ver a lava do Vesúvio. Tenho um pedaço feio de lava para você. Depois de um ano ainda estava quente; é uma extensão enorme, negra, de vinte a trinta metros de altura; a gente anda sobre casas, igrejas, farmácias soterradas. A erupção foi em março de 1944 e quando chove sai fumaça ainda. Com certeza eu já lhe disse que o mar aqui é absolutamente azul; mas como estou com a porta do quarto aberta para o terraço, vi o mar e me lembrei de dizer de novo (COR, 70).

12 de abril – Nápoles

(A Elisa)

Não quero perder a oportunidade surgida pela gentileza do tenente Des Champs (um verdadeiro herói de guerra, que eu conheci no hospital). Mando-lhe uma pequena coisa: espero que seja do seu gosto e que lhe traga boa sorte. (...)Continuo no hospital (MQ, 82).

20 de abril – Nápoles

(A Elisa)

Eu estava no fim do almoço, esperando pelo café, assoando o nariz vermelho de um ligeiro resfriado, quando tocaram a campainha e um rapaz do Banco do Brasil veio entregar cartas vindas por intermédio do capitão Sena Campos. (...)

O rádio está ligado para Roma, para a Academia Santa Cecília, onde há um concerto de música moderna contemporânea, de autores italianos. Estamos ouvindo harpa. (O autor não ouvi bem.) A música é de 1939. (...)

Transcrevo aqui um ofício que acabo de receber do Chefe da Seção Brasileira de Hospitalização em Nápoles antes dele passar a chefia a outro. Lá vai o elogio: "Ao deixar a Chefia da Seção Brasileira de

Hospitalização em Nápoles, cumpro o grato dever de agradecer a V. Excia., todo o serviço que tão espontaneamente vem prestando a nossa organização, colaborando na sua Seção de Serviço Social, trazendo ao nosso soldado ferido ou doente o grande consolo do seu serviço e da sua graça. Nunca seriam demais as palavras que eu poderia dirigir a V. Ex. para expressar a minha admiração pela contribuição que trouxe a todos nós nestes momentos em que o Brasil precisa tanto de seus filhos. Em nome destes homens, de todos os que aqui labutam e no meu próprio, beijo, agradecido às vossas mãos dadivosas. Nápoles, 17-abril-1945 – dr. Sette Ramalho, Tte. Coronel Médico."

Que acha? Parece muito pouco um ofício n° 473-5; parece mais a homenagem de um cavalheiro andante à donzela (MQ, 83-85).

1 de maio – Roma

(A Elisa)

– Também eu, com a morte de Roosevelt, sofri. E usei expressões como as suas, de que o mundo estava abandonado. São tão poucas as pessoas decentes e num momento em que + se precisa delas, desaparece uma. Não sei se lhe escrevi, fomos a uma cerimônia numa igreja protestante em Nápoles em memória dele. Falaram um padre, um pastor protestante e um rabino. Foi muito bela a cerimônia; um rapaz com voz divina e puríssima cantou coisas lindas com órgão. Também saí meio tonta (MQ, 48).

9 de maio – Roma

(A Elisa e Tania)

Elisa, você recebeu a caixinha de pó levada pelo Tenente Deschamps? Não sei ainda se ele partiu porque não estou em Nápoles. Tenho em Nápoles duas caixas de madeira feita em Sorrento, muito bonitinhas, mas não arranjei ainda portador. (...)

Uma das coisas de que eu estou surpreendida e vocês certamente também é que no bilhete de hoje de manhã não falei no fim da guerra. Eu pensava que quando ela acabasse eu ficaria durante alguns dias zonza. O fato é que o ambiente influiu muito nisso. Aposto que no Brasil a alegria foi maior. Aqui não houve comemorações senão feriado ontem; é que veio tão lentamente esse fim, o povo está tão cansado (sem falar que a Itália foi de algum modo vencida) que ninguém se emocionou demais. Naquele filme *Wilson*, vocês viram a parte natural do fim da guerra de 14: uma alegria doida. Mas agora, não. Eu estava posando para De Chirico quando o jornaleiro gritou: *É finita la guerra!* Eu também dei um grito, o pintor parou, comentou-se a falta estranha de alegria da gente e continuou-se. Daqui a pouco eu perguntei se ele gostava de ter discípulos. Ele disse que sim e que pretendia ter quando a guerra acabasse... Eu disse: mas a guerra acabou! Em parte a frase dele vinha do hábito de se repeti-la, e em parte de não ter mesmo a impressão exata de um alívio (COR,73-74).

(O Tenente Deschamps se destacou por sua bravura especialmente na batalha para a tomada final de Monte Castelo. "Ao sair com uma patrulha em Gorgolesco, uma granada alemã atingiu-o no rosto causando-lhe ferimentos profundos. Levado para um hospital em Pistoia, foi operado em emergência. Logo depois foi enviado para um hospital de cirurgia plástica no Alabama, nos Estados Unidos. Lá ficou internado durante meses". Por sua bravura ele recebeu a "Cruz de Combate", a "Silver Star" dos Estados Unidos e a "Ordem do Mérito Militar" no Grau de Cavaleiro.

O ateliê onde Clarice foi retratada por Giorgio de Chirico não foi na sede da Casa Museu Giorgio de Chirico, na Piazza di Spagna 31, em Roma, como a princípio se poderia pensar, e tem sido divulgado, pois nesse endereço está situada a Casa-Museu Giorgio de Chirico. Esse museu fica localizado no Palazzetto del Borgognoni do século XVI e o apartamento do pintor nos últimos três andares do edifício. Foi aí que ele viveu os últimos trinta anos de sua vida com a esposa Isabella Pakszwer Far. Em 1947, ele mudou seu estúdio e no ano seguinte também sua casa. A viúva a deixou ao estado e o museu foi inaugurado em 1998 (cf. Thecanadianclubfrome.blogspot). A casa foi adquirida em 1948, anos depois de retratar Clarice Lispector em

1945. Qual é o endereço do ateliê do pintor quando esteve com Clarice? Via Gregoriano.

Rubem Braga na crônica "Uma reportagem fora da guerra", publicada no Diário Carioca em 18/1/1945, relata que ao permanecer em Roma 2 dias viu uma exposição de vinte e cinco artistas italianos modernos: "Uma conversa de exposição me levou à casa de De Chirico na Via Gregoriano. Encontrei o famoso artista com a sua mulher – uma russa inteligente – e um amigo italiano."

24 de julho – Nápoles

(A Elisa)

(...) no dia 23, eu e Maury estávamos doentes... Não é nada de grave, é a mordida de um mosquito especial que dá febre por 3 dias. No dia 24, Maury ficou melhor e pôde se ocupar do telegrama. Também eu estou bem. Não sei o que querem do Brasil: fala-se no calor e nos mosquitos de lá. A Itália cheia de civilização, fascismo, renascença, tem no verão um calor às vezes acima do carioca, e quanto a mosquitos, você vê, de todas as qualidades (MQ, 86).

13 de agosto – Nápoles

Elisa, eu tenho escrito várias cartas que não chegaram aí. Uma com fotografia na praia, vocês não acusaram e foi há muito tempo por portador, e não posso reclamar porque não o conheço. Outra foi com encomenda por um rapaz do Banco do Brasil: na encomenda mandei 2 canetas-tinteiro e mais outras coisinhas. Outra carta, grande, está retida em Roma, à espera da maldita mala que não está seguindo normalmente. E outra, com várias fotografias, não chegou a Roma e penso que esteja perdida. Essa história de ter que mandar carta para a embaixada em Roma pôr na mala e a história de ter que esperar que as cartas de vocês cheguem antes a Roma e sejam mandadas para Nápoles me irrita horrivelmente. Espero ansiosamente o dia em que as comunicações postais da Itália e com a Itália se regulem e eu desprezarei então essa mala. Imagine, em 12 a 15 dias receber carta de vocês, diretamente! Você vê que eu não peço muito, me parece um sonho o período de Belém, quando recebia carta às vezes em 2 dias. Cada vez mais, parece, o passado "foi" melhor que agora. Elisa querida, eu tenho a impressão de que no dia em que vier do Ministério um telegrama para Maury transferindo-o para o Brasil eu fico maluca. Penso que adiarei então a viagem por + duas semanas só para aproveitar da certeza de ir para o Brasil...Enfim, isso será daqui a 3 ou 4 ou 5 anos. Espero que 3 (MQ, 87-88).

22 de agosto – Nápoles

Elisa, é pena eu não poder contar coisas engraçadas e chatas que acontecem: você haveria de rir ou então dizer: não gosto de saber. Embaixo de um casaco de peles esconde-se cada tipo... Parece que o calor do casaco faz com que alguma coisa prolifere com mais liberdade, é uma fecundação doida e cansativa. Em Roma é um tal de um convidar o outro e o outro se surpreender por que não se respondeu convidando...Muita coisa está precisando de bomba atômica nesse mundo. – E por falar em bomba atômica, o fim da guerra no mundo não abalou os italianos: ninguém ligou muito, não houve festejos, nem alegria. Essa "terra de artistas" está meio indiferente, ao que parece. E por falar em "terra de artistas", tem aqui artista medíocre que não é vida. É possível que + do que em qualquer parte, porque aqui o pessoal tem muita facilidade de cantar, pintar, poetar, sei lá (MQ, 91-92).

1º de setembro – Nápoles

(A Tania)

Na verdade não tenho ido a festas, que Nápoles tem pouca vida social. (...)

O cachorro pegou uma doença, fui com ele ao veterinário e um burro me disse que era incurável. (...)

Estou vendo se vou a Castelmare, onde há fontes minerais, fazer uma rápida estação de águas, porque sinto que minha colite se acordou um pouco.(...)

Aqui continua fazendo calor. Parece que em breve as casas serão desrequisitadas, então procuraremos um apartamento (COR, 75-76).

26 de novembro – Florença

(A Elisa)

O coronel Brauguer, adido militar à embaixada, estava aqui com a senhora e nos convidou para irmos no dia seguinte a Pistoia, Porreta e ver o célebre Monte Castelo. Cansados da viagem, passamos de novo o dia seguinte viajando. E depois passamos até hoje em Florença, andando desde manhã até de noite. Eu peguei uma gripe e ontem meu cansaço nervoso era tão grande que, recebendo convite de ir de carro até Veneza (7 horas de viagem) eu não pude aceitar com medo de chegar a um acúmulo desagradável (MQ, 97).

A MAÇÃ NO ESCURO E *A PAIXÃO SEGUNDO G.H.*: MARLY DE OLIVEIRA, PAULO MENDES CAMPOS E FAUZI ARAP, UM DIÁLOGO LITERÁRIO E EXISTENCIAL

Clarice Gurgel Valente volta a ser Clarice Lispector

Clarice Lispector vivenciou uma nova experiência em seu processo de criação literária quando voltou a morar no Brasil em 1959. Havia seis anos que ela não escrevia um romance, já que o ponto final em A *maçã no escuro* fora em maio de 1956, ela se viu diante de uma nova narrativa: "*Eu não poderia viver sem escrever. Mas passei uns oito anos de aridez. Sofri muito. Pensei que não escreveria mais, nunca mais. E aí veio de repente um livro inteiro, que escrevi com muita satisfação: A paixão segundo G.H.(...)*"

Esse hiato, sem criar um romance, entre maio de 1956, em Washington, e julho de 1962, no Rio, justifica-se porque corresponde ao período de crise em sua vida conjugal. A correspondência para as irmãs, Tania e Elisa, e para a cunhada Eliane atesta isso. Clarice e Maury estavam casados havia doze anos, os filhos pequenos exigiam toda a atenção, e ela não se enquadrava no perfil de mulher de sua geração. Ela não entendia e não aceitava por que os maridos não se comprometiam totalmente na educação dos filhos. Além do mais, ela descobriu que o comportamento idiossincrático de Pedro exigiria acompanhamento médico. Os papéis de homens e mulheres no território familiar eram bem delimitados, a mulher que ousasse questioná-los agiria como Clarice e pagaria um preço muito alto. Ainda não chegáramos aos anos 1970 quando o movimento feminista proporia novas formas de se pensar o lugar da mulher no mundo.

Clarice precisava continuar a escrever, era vital, mas a maternidade foi algo muito desejado. O período árido, sem escrever, somado a esse cenário de rupturas, leva-nos a acreditar que foi a gota d'água para fazê-la tomar a decisão de voltar para o Brasil com os filhos. O percurso existencial de Martin em *A maçã no escuro* parece-me muito semelhante ao momento em que a escritora vivenciava em Washington, um momento de grandes reflexões, escolhas e mudanças de rumo.

Considerando tudo isso, é possível ter a dimensão do que significou para ela a recepção excepcional de críticos e leitores a *Laços de família* (1960). Entrevistas, notas nas colunas, e o livro esgotado em poucas semanas, conforme noticiou Heráclio Salles no *Jornal do Brasil* (6/12/1961); a publicação, em seguida, de *A maçã no escuro* (1961) a alçou ao patamar de a escritora do momento. Como lidar com o sucesso se ela era uma escritora antissucesso? A revista Manchete contribuiu deveras para a exposição frequente do nome de Clarice Lispector. Inclusive, as fotos que foram feitas para a revista nesse período são as que a identificam até hoje no nosso imaginário. Clarice, aos 41 anos, no auge da beleza e da elegância (cf. capítulo Clarice Lispector pela lente dos fotógrafos).

A maçã no escuro sacode o mercado editorial

Foi também na *Manchete* que o poeta Paulo Mendes Campos fez uma reportagem em julho de 1961 intitulada "A escritora mais cara do ano", na qual temos a evidência do que representava esse momento na trajetória literária de Clarice. "Aos poucos, as novas gerações passaram a considerá-la uma das mais importantes escritoras do Brasil", escreveu o poeta. Porém, além de traçar um perfil biográfico da escritora, ele se deteve no assunto do momento: "O livro, uma brochura de 370 páginas, teve o seu preço fixado em 980 cruzeiros." Tratava-se de *A maçã no escuro*, publicado pela Francisco Alves, que provocou protestos por causa do preço; alguns livreiros se recusaram a pedi-lo, e os leitores, ao verem o preço, desistiram da compra. Paulo Mendes Campos relatou como Clarice se posicionou: "A própria romancista, deprimida, procurou a Alves, pedindo uma redução no preço." Para Mendes Campos, isso colocava em evidência a situação da indústria brasileira do livro: "E morrendo a indústria brasileira do livro haverá esperança cultural?"

Ele relatou que a escritora Rachel de Queiroz escreveu uma carta pública ao presidente Jânio Quadros: "... só lhe peço, Presidente Jânio, que volte os olhos para nossa terrível situação." Paulo Mendes Campos fez do lançamento de A maçã no escuro um retrato do mercado editorial naquele momento, refém do preço do papel. O título da reportagem fala por si: "A autora mais cara do ano."

Marly de Oliveira, revoltada, sai em defesa de *A maçã no escuro* e questiona Wilson Martins: "uma cegueira absoluta e desrespeitosa"

A *maçã no escuro* foi alvo de outra polêmica na imprensa, dessa vez no campo da crítica literária. Mas a boa notícia é que gerou uma nova amizade entre Clarice Lispector e a poeta Marly de Oliveira, com quem ela compartilharia um diálogo literário e existencial ao escrever A *paixão segundo G.H.*

Ao ler o artigo "Estilo e assunto", de Wilson Martins, sobre *A maçã no escuro* no Suplemento Literário de O *Estado de S. Paulo* (11/11/1961), a ainda estudante de Letras da PUC-Rio, jovem poeta, escreveu "Crítica da crítica" no *Jornal do Brasil* em 2 de dezembro de 1961.

Wilson Martins ocupava o espaço que fora de Sérgio Milliet no *Estadão*, crítico que saudara com entusiasmo a estreia de Clarice Lispector em *Perto do coração selvagem*. Isso nos dá a dimensão da coragem de Marly de Oliveira ao contestá-lo publicamente. Martins disse que a literatura brasileira não se renovava. Faltava a Campos de Carvalho o assunto, e isso "falta também a Clarice Lispector (que tem estilo), a Lidia Besouchet, a Geraldo França de Lima e tantos outros". E observa que em *A maçã no escuro* "até a originalidade de estilo da escritora decai sensivelmente, submissa ao rastro estilístico do 'como se'...".

Marly de Oliveira, então com 26 anos, autora de dois livros *Cerco da primavera* (1957) e *Explicação de narciso* (1960), prestes a se formar em Letras Neo-latinas pela PUC-Rio, escreveu sobre a crítica de Wilson Martins: "Ele é um academizante a ditar normas, esquecido de que a crítica não se antepõe, antes se pospõe à criação artística." Para ela, o equívoco de Martins estava nas definições tão pessoais de conto e romance, por isso argumentou ser fundamental distinguir entre o conceito tradicional e o conceito atual de conto e romance, "como faz a crítica de hoje", e citou como exemplo Luiz Antonio de Assis Brasil, em sua opinião o maior conhecedor da obra de Clarice Lispector "entre nós": "O romance moderno escapa a qualquer fórmula pela amplitude de seus recursos." Uma coisa evidente é a concentração do romancista na personagem. O romancista apreende o personagem. E citando Ortega Y Gasset ("Ensaio sobre o romance"), diz que "o futuro do romance estava não na invenção de ações, mas de almas interessantes".

Admitindo que houve erros de julgamento em todas as épocas, mas no caso de Wilson Martins: "É uma cegueira absoluta e desrespeitosa." Ao longo do artigo, ao mostrar o itinerário de Martim, protagonista de *A maçã no escuro*, e a importância da ideia de liberdade expressa por Clarice Lispector em seus personagens, ela afirmou de uma forma contundente: "É a esse complexo mundo, a cuja luminosidade se chega através de obscuros, tortuosos, indiretos caminhos... (...) é a isso que Wilson Martins chama diário íntimo, a esse romance mais importante quanto muitos prêmios Nobel de literatura como Gabriela Mistral ou Grazia Deledda".

E completou: "Se se tratasse de outro crítico de jornal, nada haveria a dizer, pois muitos são os absurdos que normalmente circulam pelos suplementos, mas trata-se de um dos maiores e mais sérios periódicos brasileiros, O *Estado de São Paulo*. Por isso é que a revolta não se conteve e parecia-nos justo advertir os leitores e pô-los em guarda quanto aos perigos de uma crítica facciosa."

É importante informar que, quando Wilson Martins escreveu sobre *Laços de família* (*O Estado de S. Paulo*, 26/11/1960), afirmou que o livro seria o "reencontro de Clarice consigo mesma". O principal "erro da crítica teria sido aceitar como qualidades os defeitos mais indisfarçáveis da sua técnica". Martins referiu-se aos romances da escritora, ele apreciava a Clarice contista. Com *Laços de família*, "Clarice encontra um gênero à exata proporção do seu fôlego narrativo sem que isso em nada se prejudiquem as suas extraordinárias virtudes de escritora".

O começo de uma amizade nas linhas da criação literária

Considerando a data da publicação do artigo de Marly de Oliveira, em dezembro de 1961, não demorou muito para as duas escritoras se conhecerem. Marly de Oliveira relatou em *Eu sou uma pergunta* que logo tornaram-se amigas. Em 1962, a poeta publicou A *suave pantera*, dedicado à Clarice Lispector, cujo título é um poema em sua homenagem. Clarice tornou-se sua madrinha de casamento com o diplomata Lauro Moreira, em 20 de janeiro de 1964, ao lado de Manuel Bandeira. Seu carinho pela jovem amiga (havia uma diferença de quinze anos entre as duas) ficou registrado publicamente na coluna no *Jornal do Brasil*, em 6 de março de 1971: "Eu mesma não sei como consegui quebrar o pudor que Marly de Oliveira tem de aparecer em público. E nem todos talvez saibam quem ela é. Vou apresentá-la com grande alegria: trata-se de um dos maiores expoentes de nossa atual geração de poetas, que é rica em poesia. É muito jovem, mas, quando ainda mais jovem, já era professora de língua e literatura italiana e de literatura hispano-americana na PUC, na Faculdade Católica de Petrópolis e na Faculdade de Letras de Friburgo, o que a obrigava a cansativas viagens semanais. Ao citar as obras de Marly, Clarice revela: A *suave pantera* foi "dedicado a mim e, segundo ela, em mim inspirado porque eu tinha a suavidade e a possibilidade de violência de uma pantera...!?" (Lispector, 2018: 370-371).

Marly de Oliveira também foi alçada à categoria de "melhor exegeta" da obra de Clarice Lispector, na opinião de Otto Lara Resende. No poema "Autorretrato", publicado em *Aliança* (1979), ela escreveu: "Sou filha de Cecília Meireles, Drummond, Bandeira, Augusto Meyer. Irmã de Clarice, Nélida Piñon, José Guilherme Merquior". Parece-me plausível que a aliança firmada entre Clarice e Marly serviu como estímulo para Clarice encontrar um canal de expressão, sair do longo silêncio de seis anos e voltar a escrever um novo romance. Em 13 de março de 1972, Marly terminava sua carta à Clarice, já residindo em Genebra, para onde Lauro Moreira fora transferido, de uma maneira que traduz seus laços de amizade: "Beijos carinhosos para você e todo o carinho imenso, e a gratidão e o amor de sua Marly" (cf. ACL/AMLB-FCRB).

Seis anos na busca de *G.H.*

O que A *paixão segundo G.H.* teria de diferente se comparado aos romances anteriores? Para muitos críticos literários e leitores, é o ponto alto da obra de Clarice Lispector. Aqui, interessa-me delinear o contexto em que ele foi escrito, há detalhes importantes revelados pelo diretor, ator e dramaturgo Fauzi Arap em seu livro de memórias intitulado *Mare Nostrum* (1998) – que eu desconhecia quando publiquei a primeira edição da biografia *Eu sou uma pergunta* – e, também, no depoimento que o tradutor Newton Goldman, amigo de Clarice, concedeu-me para esta nova edição em 25 de setembro de 2013, ao comentar *en passant*, sem que eu perguntasse, um episódio que corrobora a tese de Fauzi Arap.

A recepção de A *maçã no escuro* e o contexto da escritura de A *paixão segundo G.H.*, sua publicação e repercussão instauram um novo momento na trajetória literária de Clarice Lispector e coincide com a presença de novos amigos: Marly de Oliveira, Paulo Mendes Campos e Fauzi Arap.

As memórias de Fauzi Arap, o livro O *colunista do morro*, de Paulo Mendes Campos e suas crônicas na revista *Manchete* em 1962; o depoimento de Clarice a Affonso Romano de Sat'Anna, Marina Colasanti e João Salgueiro ao Museu da Imagem e do Som, e os depoimentos sobre a amizade de Clarice e Marly são minhas fontes para abordar alguns aspectos da gênese de A *paixão segundo G.H.*

O processo de criação de *G.H.*

A primeira vez que ouvi algo sobre o processo de criação de A *paixão segundo G.H.* dito por outra pessoa que não a própria Clarice Lispector foi quando, em dezembro de 1992, assisti a uma palestra de Marly de Oliveira e Nélida Piñon, em "A paixão segundo Clarice Lispector", no Centro Cultural do Banco do Brasil no Rio de Janeiro. Eu participara como pesquisadora na exposição desse evento multimídia idealizado por Lícia Manzo e Ilse Rodrigues. Marly mencionou um diálogo com Clarice, de o romance ter surgido a partir de um jogo de perguntas e respostas por escrito. Em novembro de 1995, entrevistei Marly de Oliveira, de maneira informal, quando a encontrei na noite de autógrafos de A *noite escura e mais eu*, de Lygia Fagundes Telles. Ela confirmou que Clarice escreveu A *paixão* a partir de um jogo de perguntas e respostas entre as duas. "Clarice respondia às perguntas por escrito e desse material construía-se o romance" (cf. *Eu sou uma pergunta*, 1999: 220).

Marly de Oliveira não entrou em detalhes, deu-me a impressão de ser uma pessoa retraída, dotada de uma grande delicadeza, diria mesmo uma figura etérea. Lamento não ter tido outra oportunidade de conversar com ela, problemas de diversas naturezas de sua vida privada não possibilitaram esse encontro.

Lauro Moreira, pai de suas filhas, fez referência a esse processo de criação no vídeo "Meus encontros com Clarice", postado no YouTube em dezembro de 2020: "E um certo fim de semana em Teresópolis onde vi nascer literalmente as primeiras passagens de A *paixão segundo G.H.* ditadas pela autora à sua amiga querida Marly de Oliveira com quem eu havia me casado há pouco, tendo justamente Clarice e Manuel Bandeira como padrinhos".(...) Ele e Marly foram convidados por Clarice para passarem o fim de semana na casa de Elisa, irmã de Clarice, nos idos de 1964. Lauro levou todos em seu fusquinha: Marly, Clarice, os filhos dela, Pedro e Paulo, e a empregada do casal, Isabel. No dia seguinte, ele assistiu ao que chamou de "uma epifania": "(...) Ao me levantar e chegar à sala, encontro Clarice sentada no sofá e Marly em frente, no chão, formulando perguntas e anotando em folhas de papel sob uma mesinha de centro as respostas que Clarice ditava. Das anotações desses diálogos de duas amigas escritoras que se entendiam como ninguém e intensamente se admiravam nasceu a obra prima que veio a se chamar A *paixão segundo G.H.*"

Nélida Piñon também se recordou de um momento desse processo de criação: "Foi Marly... Clarice estava muito deprimida quando estava fazendo A *paixão*. Então, íamos para a casa dela e a Marly com aquela vozinha suave, maviosa: 'Clarice', como se tivesse falando um italiano renascentista da Toscana, sabe, ela dizia assim: 'Clarice, a frase final dessa parte sua, pega essa frase começa o outro capítulo com essa frase.' Isso foi feito. Foi uma sugestão maravilhosa de Marly pra impulsionar a Clarice, para a Clarice seguir adiante" (cf. Fliaraxá, 2020). Curiosamente, Marly de Oliveira utilizou a mesma técnica quando escreveu o poema A *suave pantera*. O verso final de quase todas as dezesseis partes do poema é repetido na primeira linha da parte seguinte. Teria Marly escrito o poema A *suave pantera* (1962) enquanto dialogava com Clarice no processo de A *paixão segundo G.H.*?

A observação de Nélida Piñon, "Clarice estava muito deprimida quando escrevia A *paixão*", ganha ressonância nas palavras da própria Clarice quando afirmou no depoimento concedido ao MIS: "*É curioso, porque eu estava na pior das situações, tanto sentimental como de família, tudo complicado, e escrevi* A paixão..., *que nada tem a ver com isso, não reflete!*" (Lispector, 2005: 155)

Aqui cabe um parêntese no que diz respeito à vida familiar. O momento era delicado; embora separada, Clarice ainda não cortara definitivamente os laços que a unira a Maury perante a lei. Na carta de 28/7/1959, Maury demonstra sua intenção em tentar uma reconciliação (cf. APGV). Ele chegou a morar em Brasília, a partir de março de 1961, para onde foi designado como Chefe de Gabinete do Ministro das Relações Exteriores, Afonso Arinos (*Correio Braziliense*, 7/4/61). Durante um ano e dois meses, na recém-inaugurada capital, recebeu uma visita de Clarice e dos filhos Pedro e Paulo. Em abril de 1962, Maury foi transferido, assumiu o posto de embaixador na Polônia, em Varsóvia.

Segundo a reportagem de Severino Francisco e Vanessa Aquino, "A alma brasiliense captada por Lispector" (*Correio Braziliense*, 14/9/2014), Clarice Lispector veio pela primeira vez à Brasília em fins de 1961, com os filhos, Pedro e Paulo. Ela ficou hospedada na casa do casal Rubens e Marisa Ricupero. O diplomata Ricupero tinha sido transferido para Brasília em março daquele ano, nomeado como terceiro-secretário e oficial de gabinete do ministro Afonso Arinos e, também, assessor do chefe do Serviço de Relações com o Congresso Nacional. Sobre a visita de Clarice, disse o diplomata: "Naquele tempo, a cidade era muito vazia. A Asa Norte praticamente não existia. Ela era uma pessoa fascinante, com uma imensa capacidade de observação. Uma das coisas que ela disse sobre a cidade, que não soa muito simpática, é que Brasília parece comida de avião. Eu não sei bem em que contexto ela disse isso."

Foi a esposa do diplomata, Marisa Ricúpero, quem acompanhou de perto esses dias. Afirmou que passou três dias com Clarice Lispector durante o Natal de 1961. "Certo dia, tentaram ir conhecer os arredores da cidade, mas era mal sinalizada, e elas se perderam próximo a Planaltina, em carro dirigido por motorista do Itamaraty, e ficaram no meio da estrada: 'Encontramos um capiau que tinha caçado um tatu e estava com ele debaixo do braço. Pedimos a direção para ele, que nos respondeu apontando com o queixo. Não adiantou muito.' Ela começou a divagar sobre o tatu, ela dizia umas coisas muito engraçadas, muito estranhas. Foi uma coisa impressionante, merecia ser gravada." E completa: "Outro episódio teve como palco o Hotel Nacional, o único hotel da cidade na época. Um rato apareceu e Clarice subiu em cima da mesa. Fomos ao Catetinho, ela caminhava, olhando as pedras, em silêncio. Era uma pessoa muito encantadora. Era muito tímida, sem quase falar. Em outro momento, na hora que desceu do avião, ela disse: 'Em Brasília, a gente tem a impressão que a gente ainda não desceu do avião; porque sempre havia aquele horizonte imenso.' Me impressionava o interesse dela pelas pessoas. Cada vez que ela olhava, era um olhar novo. Olhava tudo de uma maneira muito original, muito dela. Era uma pessoa muito simples, muito próxima de todos."

Somente em fevereiro de 1963, Clarice publicou: "Brasília, cinco dias" na revista *Senhor*. O título sofreu variações à medida que foi publicado no *Jornal do Brasil* e no livro *Visão do esplendor – impressões leves* (1975). Ela afirma ter estado em Brasília em 1962, o que o depoimento de Marisa Ricupero não confirma e parece de fato corresponder a realidade. No Natal de 1962, Maury não estava residindo mais em Brasília.

Apesar de Lauro Moreira situar o encontro em Teresópolis nos idos de 1964, não temos como comprovar a data. Como ele e Marly se casaram em 20 de janeiro de 1964, e pelo relato de Lauro Moreira, deduz-se que isso ocorreu quando eram recém-casados (ele menciona a ida da empregada Isabel com eles no passeio), pode se inferir que teria sido nesse período. O que fica sob interrogação é o estágio em que estaria a escritura de *A paixão segundo G.H.* no momento relatado pelo ex-marido de Marly de Oliveira. E lanço essa dúvida pelo motivo que relatarei logo a seguir.

Durante o depoimento de Clarice ao MIS, quando João Salgueiro afirmou: "Depois vem um livro de 1964, *A paixão segundo G.H.*" Clarice respondeu: "Mas foi escrito em 1963."

Ao descobrir dois fragmentos de *A paixão segundo G.H.*, na revista *Senhor*, em agosto e dezembro de 1962, houve um avanço nas reflexões sobre o processo de criação

Ao ler o volume *Todas as crônicas* (2018), organizado por Pedro Karp Vasquez, com pesquisa textual de Larissa Vaz, li entre os textos inéditos selecionados extraídos da revista *Senhor* "Uma tentativa de sentir" e "Em direção ao caminho inverso" e constatei serem ambos de A *paixão segundo G.H.*

"Uma tentativa de sentir" corresponde ao capítulo vinte e sete de A *paixão segundo G.H.* Foi publicado na *Senhor* em agosto de 1962. O livro tem trinta e três capítulos, mas não são identificados por números. Clarice fez pequenas alterações como a troca de palavras, mas sem que interfiram no sentido do texto; ampliou os parágrafos, pois quando publicado na *Senhor* o texto foi dividido em dois parágrafos. Ela também acrescentou mais três parágrafos novos no final do texto num total de dezesseis linhas. O trecho publicado na *Senhor* não começa com a reprodução daquela primeira linha que corresponde à última do capítulo anterior (procedimento adotado em todos os capítulos de A *paixão segundo G.H.*). Essa frase inicial no capítulo mencionado é: "Aumentar infinitamente o pedido que nasce da carência." O trecho inicia-se: "Não é para nós que o leite da vaca brota, mas nós o bebemos." O tema de "Tentativa de sentir" versa sobre "Deus". A narradora faz essa reflexão a partir de sua experiência em atingir "a vida mais profunda, antes do humano".

"Em direção ao caminho inverso" foi publicado em dezembro de 1962. Ele corresponde ao capítulo 32, ou seja, as duas últimas páginas do penúltimo capítulo cujo parágrafo inicial diz: "Falta apenas o golpe da graça – que se chama paixão", e aos dois primeiros parágrafos do capítulo 33, o último do livro. O título do texto aparece em uma frase do livro localizada dois parágrafos antes do trecho escolhido por Clarice para ser publicado na *Senhor*. O "caminho inverso" aludido no título é mostrado como um "caminho em direção à destruição do que construí, caminho para a despersonalização".

O fato de esses dois trechos terem sido publicados entre agosto e dezembro de 1962 e "Em direção ao caminho inverso" corresponda a parte final do romance – estão entre os seis últimos capítulos – não nos autoriza a afirmar que A *paixão segundo G.H.* estaria quase pronto nesse momento, principalmente porque o método de composição das obras de Clarice Lispector costuma ser pela reunião dos fragmentos, das anotações, como ela mesma contou em entrevistas. Ela publicou várias vezes no jornal trechos de livros como se fossem crônicas quando estes ainda estavam sendo gestados, refiro-me a *Uma aprendizagem ou o livro dos prazeres* e *Água viva*.

A publicação dos trechos abre margem para levantar várias hipóteses sobre o processo de criação dessa obra. Isso revela como a reflexão sobre a despersonalização estava presente dois anos antes da publicação de A *paixão segundo G.H*. Ela já poderia ter iniciado o relato que seria convertido em romance e, quem sabe, estaria em um estágio avançado, pois o que a narradora concluiu no texto é o resultado da experiência que vivenciou e narrou ao entrar no quarto da empregada Janair. Ela atinge o que nomeia de "despersonalização". Essa hipótese faz sentido quando lemos na coluna "Escritores e Livros", de José Condé, em 12/3/1963, três meses após a publicação do trecho na *Senhor*, a seguinte nota: "No prelo da Livraria Francisco Alves, a segunda edição de A *maçã no escuro*, de Clarice Lispector. Enquanto isso, a escritora já tem bastante adiantado um novo romance: *Uma tentativa de sentir*." Observa-se que o título do romance nesse momento, "Tentativa de Sentir", corresponde ao título do texto publicado na *Senhor* em agosto de 1962. Condé era um velho amigo, trabalhou com Clarice Lispector na Agência Nacional e, frequentemente, dava notas sobre ela em sua coluna. A informação tão detalhada é de quem sabia o que estava escrevendo.

No entanto, outra hipótese é a de que ela pode ter escrito essas partes inicialmente e em outros momentos começado a anotar o itinerário de G.H., que corresponde principalmente aos primeiros sete capítulos, quando ela situa o leitor, a quem ela pede a mão, narra o que lhe aconteceu após tomar o café da manhã e decide arrumar o quarto da empregada Janair, que acabara de ser demitida. Se em março de 1963 o romance já está bastante "adiantado", como indica a nota, isso abre margem para se pensar que entre agosto de 1962 e fevereiro de 1963 foi um período importante no processo de composição da obra.

Seguindo o meu propósito de tecer algumas considerações a respeito de como Clarice Lispector foi criando A *paixão segundo G.H.*, chamo a atenção para o primeiro parágrafo de "Em direção ao caminho inverso" (Lispector, 2018: 594). Há uma frase que foi alterada quando o texto passou a fazer parte do livro A *paixão segundo G.H*. Podemos dizer a única, pois as outras alterações foram insignificantes, em geral de palavras.

Quando o narrador reflete sobre a "despersonalização", mostrando que ela é a "destituição do individual inútil", é tirar de si tudo o que caracteriza o indivíduo, como se tirasse a própria pele, ele exemplifica na versão da

Senhor: "Assim como há um momento em que M. vê que a vaca é a vaca de todas as vacas, assim ele quer de si mesmo encontrar em si o homem de todos os homens."

Em A *paixão segundo G.H.*, a personagem-narradora escreveu: "Assim como houve o momento em que vi que a barata é a barata de todas as baratas, assim quero de mim mesma encontrar em mim a mulher de todas as mulheres" (Lispector, 1979: 170).

Houve duas substituições: o nome abreviado como M. torna-se no livro a voz que narra A *paixão segundo G.H.* A palavra "vaca" é substituída por "barata". A experiência e o desejo de M. é o mesmo da narradora G.H.

Suponho que a referência a M. e às vacas seja uma alusão ao personagem Martim em A *maçã no escuro*, especialmente considerando as reflexões do oitavo capítulo da segunda parte deste romance (Lispector, 2020: 104-110).

A maneira como Clarice desenvolveu essa versão do texto pode caber no formato descrito por Marly de Oliveira ao dizer que, num jogo de perguntas e respostas por escrito, Clarice respondia às perguntas. O discurso guarda esse traço especialmente quando, para explicar-se com mais clareza, ela cita um exemplo de M. e as vacas.

Se *A paixão segundo G.H.* poderia estar sendo escrito pelo menos desde agosto de 1962, a hipótese de Fauzi Arap pode ser considerada

Diante da descoberta dos trechos de A *paixão segundo G.H.* publicados na *Senhor*, passei a considerar com mais força a hipótese levantada por Fauzi Arap em seu livro *Mare Nostrum* quanto ao processo de criação de A *paixão segundo G.H.* e que "G.H. relata uma experiência lisérgica". Clarice lhe confidenciou que participara de uma experiência com LSD no consultório do dr. Murilo Pereira Gomes com outros escritores e Paulo Mendes Campos.

Depois da publicação de A *paixão segundo G.H.*, em 1964, o ator Fauzi Arap conheceu Clarice em 1965, quando foi convidado a se juntar ao Grupo Oficina na encenação de *Os pequenos burgueses* no Rio de Janeiro. Foi nesse período que leu A *paixão segundo G.H.* e A *legião estrangeira*:

"Aquele livro retratava minha própria viagem lisérgica, de forma elegante e completa. Para mim, desde o início, não se tratava de literatura, mas quase de um milagre" (Arap, 1998: 66-67).

Fauzi acabou escrevendo um roteiro, que incluía "A *paixão*, fragmentos de A *legião estrangeira* e dois diálogos de *Perto do coração selvagem*" (Arap, 1999: 68). Assim nasceu a peça *Perto do coração selvagem*, em 1965, a primeira adaptação para teatro de textos de Clarice Lispector, encenada no Teatro Maison de France. Porém, a amizade entre os dois só se consolidou em 1971. Anos depois, Clarice lhe deu para ler os originais de *Água viva* (intitulado na época de *Atrás do pensamento: monólogo com a vida*), e ele inseriu um trecho no roteiro do show de Maria Bethânia, *Rosa dos ventos*: "E foi a partir daí – entre 1971 e 1974 quando ficamos grandes amigos, e aí eu era mais um companheiro solidário com quem ela podia se abrir e desabafar. E foi numa dessas vezes que ela acabou me fazendo uma revelação espantosa – que ela havia experimentado o LSD, como eu, em companhia do mesmo dr. Murilo Pereira Gomes, num grupo de escritores" (Arap, 1998: 71).

A ligação com Fauzi Arap mostra como a obra de Clarice Lispector desde A *paixão segundo G.H.* desencadeou várias conexões com outras linguagens artísticas e estava em sintonia com o desejo de muitos artistas da geração de Fauzi Arap, todos na faixa etária entre vinte e trinta anos: como Flávio Império e Maria Bethânia. Compartilhar a mesma experiência coordenada pelo dr. Murilo denota provavelmente mais do que buscas existenciais, mas também questões concernentes àquela época. A obra de Clarice Lispector passou a circular no universo teatral e nos shows. Em 1967, em *Comigo me desavim*, Fauzi Arap inseriu o texto *Mineirinho* no show de Maria Bethânia, sob sua direção.

A experiência de Clarice Lispector com a "dietilamida do ácido lisérgico", segundo Fauzi Arap

"Ela me disse ter aceito experimentar o ácido num grupo de escritores, que incluía Paulo Mendes Campos, devidamente acompanhados pelo dr. Murilo, mas que ela não havia sentido absolutamente nada. Disse até que se ofereceu para descer e comprar sanduíches para todos. Foram precisos muitos anos, e ter me tornado seu amigo, para descobrir que a forte impressão que eu tivera de que A *paixão segundo* G.H. relatava uma experiência lisérgica não havia sido nada gratuita. Eu já sabia que, no caso de A *paixão*, ao contrário de outros romances como A *maçã no escuro*, que ela reescrevera quarenta vezes, a feitura fluíra de forma espantosa. Ela me havia contado que a cada dia ditava um capítulo para uma amiga, e que não havia retocado nem uma linha" (Arap, 1998: 71).

É muito semelhante o relato de Fauzi Arap publicado em seu livro um ano antes de eu publicar o depoimento de Marly de Oliveira em *Eu Sou Uma Pergunta* (1999): "O romance ia surgindo a partir de um jogo de perguntas e respostas por escrito e desse material construía-se o romance." Fauzi afirmou que Clarice ditava para a amiga. Marly contou-me que o jogo de perguntas e respostas gerou o livro. O ditar a que Fauzi se referiu, segundo Clarice lhe contou, podia ser a resposta dela às perguntas de Marly. O fato é que houve um diálogo entre as duas.

Quando Fauzi Arap afirmou que Clarice "não havia retocado nem uma linha", é preciso fazer uma observação. Quando indagada se reescrevia suas obras, Clarice dizia não, mas fazia cortes ou acréscimos. É o que ocorreu em "Em direção ao caminho inverso". Em obras como *Água viva*, em que três versões foram preservadas, vê-se um trabalho de cortes de trechos, acréscimos de palavras e deslocamentos de partes. Se é dessa maneira que Clarice costumava trabalhar, podemos inferir que em A *paixão segundo* G.H. deve ter sido realizado um processo semelhante.

Como a experiência de Clarice no consultório do dr. Murilo poderia ter provocado a gestação de *A paixão segundo G.H.*, segundo Fauzi Arap

Fauzi Arap explicou que o dr. Murilo Pereira Gomes tinha o cuidado de espaçar as sessões com um intervalo mínimo de quinze dias, porque muitas vezes o ácido agia de forma retardada, informação que constava do folheto explicativo da Sandoz, fabricante do comprimido. "Nos dias subsequentes a uma sessão, a qualquer momento, poderia acontecer de aflorar do inconsciente mexido algum tipo de resposta ou *insight*, mesmo que durante a sessão o indivíduo não tivesse se permitido o reconhecimento.

Eu já conhecia outros casos de pacientes que não reagiam ao ácido, mesmo que as doses ministradas pelo dr. Murilo fossem aumentadas e muito. No meu modo de ver, apesar de Clarice não ter sentido nada na reunião propriamente dita, com certeza foi o LSD que catalisou mais tarde o estado de verdadeira inspiração em que ela escreveu o livro, considerado a sua obra-prima. A aparente coincidência vivida por mim, em 1965, ao encontrar o livro, não havia sido nada fortuita" (Arap, 1999: 72).

Fauzi Arap explicou que o LSD facilita o abandono interior, se instala um estado de consciência diferenciado; "a personagem G.H. atravessa um verdadeiro processo iniciático que a leva à estranha descoberta de que "a condição humana é a paixão de Cristo". Disse que esse tipo de descoberta não está associada necessariamente ao ácido e tem sido vivenciada por místicos de todos os tempos, e dentro de circunstâncias as mais diversas. Muitas das tradições místico-esotéricas ensinam que o mais importante é "reconhecer a existência de um estado de consciência diferenciado no qual existe um tipo de amor que já não consegue discernir entre o si mesmo e o outro" (Arap, 1999: 72). Fauzi escreveu: "Não consigo ver *A paixão segundo G.H.* apenas como literatura. Embora Clarice tenha criado a personagem como um tênue disfarce sobre si mesma e suas percepções espontaneamente transcendentes, o livro não passa do relato da viagem essencial dela mesma, Clarice Lispector. Raras vezes a arte atinge essa capacidade de mergulho análoga a certos êxtases dos santos e capaz de provocar a chamada "suspensão da descrença". Fauzi viu o livro como um "relato iniciático"; explicou que na literatura sobre o assunto a Iniciação é descrita como um processo de expansão da consciência, que raras vezes se alcança sozinho, embora possa acontecer. "Embora Clarice tenha simplesmente escrito (ou ditado) o livro, a essência das descobertas de sua personagem coincide com o que se tenta ensinar nesse tipo de tradição" (Arap, 1999: 74).

Em entrevista ao *O Estado de S. Paulo* ("Fauzi busca a essência atrás da cortina", 26/12/1998), Fauzi Arap destrincha mais um pouco sua percepção sobre G.H.: "Clarice reescreveu quarenta vezes *A maçã no escuro* e *A Paixão segundo G.H.* apenas uma vez, e ainda assim ditando o livro para uma amiga. De qualquer forma, toda a obra da Clarice tem uma natureza espontaneamente lisérgica. Ela não precisaria tomar ácido para escrever seus livros. O LSD deve ter agido apenas como desinibidor."

Fauzi Arap se submeteu à mesma experiência de Clarice, em 1963, em dois espaços, no consultório do dr. Murilo, em Copacabana, e uma vez no apartamento do médico em Laranjeiras. Ele atuava em A *mandrágora*, dirigida por Augusto Boal, no Teatro Santa Rosa, quando conheceu uma atriz que (palavras dele) o seduziu para o "mundo da Psicanálise". Ela descobriu "um novo tipo de terapia que se valia de uma nova substância chamada LSD". Ele imaginou ser algum tipo de remédio muito eficaz, e complementa: "Paulo Mendes Campos havia escrito uma série de artigos sobre o assunto para a revista *Manchete*, mas a referência mais célebre até então, era, sem dúvida, o livro de Aldous Huxley – As *portas da percepção*."

Ela ficou sabendo que, além de uma série de artistas plásticos paulistas que vinham se submetendo à experiência para terapia e experiências visuais, também no Rio outros tantos, que incluíam o citado Paulo Mendes Campos, vinham participando com sucesso. "As linhas gerais do tratamento seriam sessões com intervalos de quinze dias; a cada vez haveria uma entrevista preparatória na véspera, e outro encontro no dia seguinte à sessão propriamente dita. Se necessário, mais entrevistas seriam feitas" (Arap, 1998: 30).

Em seu encontro preparatório com o médico, este definiu o que seria a sessão seguinte: "Eu seria apresentado à minha essência! Foi o que ele disse, simplesmente." Nada mais disse e propôs que a sessão fosse feita a dois, com a amiga que lhe apresentou. E a consulta deveria ter duração aproximada de quatro horas. A forma de ingestão não foi oral, receberam "uma injeção muscular" (Arap, 1998: 31).

Newton Goldman comenta a experiência de Clarice com o ácido lisérgico

Clarice Lispector também compartilhou essa experiência com outro jovem amigo, da mesma geração de Fauzi Arap: Clarice era catorze anos mais velha do que Newton Goldman. Sobrinho da psicanalista Inês Besouchet, sua grande amiga, ele morava na casa da tia. Newton passou a conviver com Clarice a partir de 1964. Sem que eu perguntasse, ele comentou: "Ela me contou o *affair* dela com o Paulo Mendes Campos. Uma vez eles tomaram LSD e ela foi atravessar a rua num sinal e, em função de sinais e do LSD, ela tinha ficado atrapalhada." Newton comentou que na época era comum esse tipo de experiência. "Eu lembro que naquela época, e era a época da repressão da ditadura, havia esse negócio de tomar LSD. Certas pessoas ultrapassaram essa barreira e foram internadas. Eram umas bolotas, o Luis Jardim, pintor, distribuiu e a gente tomou. [refere-se a uma situação sem a presença de Clarice]. Realmente era uma sensação estranha. Os pelos do braço ficam individualizados, a cor do verde é outra. Há uma coisa persecutória, bem descrito pelo Aldous Huxley naquele peiote... não lembro bem." Newton certamente se referiu ao círculo de pessoas mais próximas de seu convívio, pois não há notícia de que o chamado também "ácido lisérgico" circulasse de forma tão ampla na população brasileira. Newton Goldman comentou que, quando começou a conviver com Clarice, em 1964, seu *affair* com Paulo Mendes Campos tinha acabado.

Clarice entrevista Darel, que se submeteu a um tratamento com o dr. Murilo Pereira Gomes

O depoimento de Newton Goldman ratificou o que Fauzi revelou em suas memórias. Sinal de que Clarice não guardava a sete chaves essa experiência. Inclusive, em 1969, ao entrevistar o artista plástico Darel para a sua coluna em *Manchete* (edição nº 899, em 12/7/1969), confessou que seu interesse era "entrevistá-lo no papel de analisando. Isto é: ele se submete à psicanálise e eu queria saber como se sentia". Na resposta à primeira pergunta ("Darel, que é que fez com que você procurasse um analista?"), o artista plástico revelou que se submeteu a uma experiência lisérgica com o dr. Murilo Pereira Gomes porque tinha fortes dores de cabeça. Era hipocondríaco e ficou curado. O interesse de Clarice pela experiência de Darel, o fato de ele, também, ter passado pelo consultório do dr. Murilo podem apontar o caminho que ela palmilhava quando se interessou em realizar essa experiência. Outras duas perguntas a Darel sinalizam quais eram as questões de Clarice quando o tema era a psicanálise e, por tabela, o fato de ter se submetido a experiência com a dietilamida do ácido lisérgico. "Você aconselharia análise para um artista, no sentido de libertá-lo da cruz que quase todos os artistas carregam?" e "Você imagina que será, depois da análise, uma pessoa pronta a viver ou uma pessoa perfeita?". A entrevista foi reproduzida quatro anos depois, em 17/3/1973, o que pode ser um sinal do quanto o tema ainda fazia parte das reflexões de Clarice.

"Já tive vontade de fazer a experiência com o LSD..."

Em uma entrevista concedida a Celso Arnaldo Araújo na *Manchete* (edição 1.202), em 1975, o tema voltou à baila. O jornalista escreveu: "Toda obra de Clarice é confessadamente fruto do inconsciente, e isso tem sido objeto dos mais variados estudos". "Já tive vontade de fazer experiência com o LSD. Mas um amigo meu me disse uma coisa definitiva: 'Pra que isso, Clarice? Você já tem LSD dentro de você.' Eu acho que tem razão. Nunca li nenhum dos meus livros. Mas quando tento reler algumas frases chego a sentir náuseas. Reconheço um outro eu escondido dentro de mim."

Mesmo não declarando publicamente a sua experiência demonstrou que era um desejo que acalentava; uma forma de revelar nas entrelinhas o que poderia provocar polêmicas, coisa que sempre esteve fora de cogitação em suas ações. Ela agia sempre com discrição, é o que os amigos mais próximos dizem.

Dr. Murilo e os artistas plásticos

Em 21 de maio de 1963, o colunista de Artes do *Correio da Manhã*, Jayme Maurício, citou o dr. Murilo, mostrando que: "o médico adquirira algum trânsito entre integrantes da classe artística. As experiências dos artistas e colecionadores – os críticos de arte não querem – com o ácido lisérgico (uma espécie de mescalina de Huxley – *As portas da percepção* – aperfeiçoada) vai alcançando sucesso crescente. Depois de [Marcello]

Grassmann e Darel, vários outros tentaram e ficaram deslumbrados com os resultados. Os mais recentes: o marchand Franco Terranova e o pintor Olímpio de Araújo estão entusiasmados. O último disse que conseguiu em cinco horas incorporar todas as vivências do seu ciclo de vida – feto, ameba, larva, etc., e 'pintou' furiosamente ainda sob o efeito do ácido e na presença do já famoso dr. Murilo."

A nota na coluna de Jayme Maurício foi no mesmo ano em que Fauzi Arap realizou a experiência com o dr. Murilo.

"Configuração de uma psicoterapia com o uso do LSD 25", artigo de Murilo Pereira Gomes

Publicado no periódico científico A *Folha Médica*, em fevereiro de 1963, seu artigo é fruto de uma comunicação apresentada na sessão "Temas livres de Psiquiatria" do XI Congresso Nacional de Medicina, realizado no Rio de Janeiro, em julho de 1962, e apresenta suas posições sobre o tema. Já na introdução, o médico disse que o trabalho apresentado não é conclusivo, por trazer dados coletados a partir de poucas experiências, com os artistas Marcelo Grassmann e Darel Valença Lins.

O tempo de pesquisa era insuficiente: ele vinha pesquisando o LSD havia apenas dez meses. Portanto, de acordo com o próprio médico, suas experiências começaram em 1961. Nesse artigo, Murilo Gomes relata ter experimentado "a droga", "atendendo ao convite de um colega", "em setembro do ano passado", ou seja, de 1961. "Percebi que se abriam de par em par as portas de um campo inteiramente novo e promissor que oferecia a possibilidade de compreender o modo de vivenciar o mundo e a sua patologia, o significado existencial da eternidade e os caminhos de uma terapêutica por estes conhecimentos norteada", afirmou Pereira Gomes. É possível observar aqui algo que também Cesário Hossri (1984) e Alberto Fontana (1969) destacam em seus livros, do que se pode deduzir que era uma prática comum entre médicos nesse campo: a experimentação em si mesmos da substância e do próprio método psicoterápico de tratamento (cf. *História social do LSD no Brasil: os primeiros usos medicinais e o começo da repressão*, de Júlio Delmanto, 2018).

Uma experiência de análise com o ácido lisérgico
por Paulo Mendes Campos

Se o dr. Murilo divulgou em julho de 1962 que ele vinha realizando esse estudo havia somente dez meses, e cita como pacientes os artistas plásticos Darel e Marcello Grassmann, quando Paulo Mendes Campos e Clarice Lispector participaram do processo já se passara um ano e meio.

Um mês após as três sessões, Paulo Mendes Campos passou a relatar a experiência com a "dietilamina do ácido lisérgico" no consultório do dr. Murilo Pereira Gomes em sua coluna na revista *Manchete*. Foram dez crônicas sobre o "LSD-25" publicadas entre 15 de setembro e dezembro de 1962. Nos dois últimos, ele publicou a entrevista que o médico lhe concedeu. Além de explicar a diferença entre a análise comum e a análise com LSD, o psiquiatra também citou grupos que faziam experiências semelhantes em Londres, França, Nova York, Los Angeles, Itália, Suíça e São Paulo. Inclusive, revelou que no Brasil as primeiras experiências tinham acontecido havia uns oito anos (cf. *Manchete*, edição 555. "Fim da conversa final").

Em 1965, as crônicas foram inseridas na terceira parte de *Colunista do morro*, sob o título "Uma experiência com ácido lisérgico", que aparece também como subtítulo da obra. Publicado pela Editora do Autor, a quarta obra de Paulo Mendes Campos o encontra no auge de sua popularidade como um dos mais celebrados cronistas daquele momento. Na edição em livro, as crônicas publicadas *Manchete* sofreram pequenas alterações e alguns acréscimos, e as duas últimas com o depoimento do dr. Murilo não foram publicadas.

A primeira crônica, intitulada "Primeiros passos de uma experiência", nomeado na edição de *Colunista do morro* como "Primeiros passos", situa dia, hora, local e o primeiro procedimento: "No último sábado de agosto de 1962, às 14h30, eu entrava num apartamento da Rua General Glicério pela primeira vez. Diante do dr. Murilo Pereira Gomes ia submeter-me à experiência da dietilamina do ácido lisérgico. Cinco ou dez minutos depois, já tinha ingerido três bolinhas coloridas e aguardava. Por quê?" (Campos, 1965: 131).

O dia 25 de agosto foi o último sábado desse mês de 1962. A experiência se realizou na sala do apartamento do médico, em Laranjeiras.

O relato de Paulo Mendes Campos é rico em detalhes. Antes de contar os primeiros sintomas das "três bolinhas coloridas", revelou que seu interesse pelo tema vinha desde os 20 anos quando leu na biblioteca onde trabalhava um tratado de um médico francês sobre um princípio ativo: o *Anhalonium Lewinii*, extraído da raiz dum cacto mexicano chamado *peyot*. O entusiasmo de Paulo pelo tema foi compartilhado com médicos e leigos, mas na época o desconhecimento da mescalina era total.

Quando *As portas da percepção* (1954), de Aldous Huxley, foi publicado, Paulo foi um de seus leitores. O mundo científico e cultural então passou a considerar as experiências com a mescalina um tema merecedor de amplos debates. A experiência do escritor Aldous Huxley foi determinante para Paulo Mendes Campos vivenciar um processo semelhante. Campos releu o livro poucos dias antes de estar com o dr. Murilo. Huxley também descreveu suas percepções ao entrar em contato com a mescalina, assistido pelo psiquiatra britânico Humphry Osmond. O dr. Osmond administrou a mescalina e o LSD a voluntários e médicos para que descrevessem suas experiências. Desta forma, acreditava poder entender melhor o alcoolismo e a esquizofrenia e cuidar melhor de seus pacientes.

A narrativa do cronista Paulo Mendes Campos é extremamente articulada, e descreve as várias etapas dos efeitos do ácido lisérgico: "Dou com sinceridade um depoimento leigo (...)." "Se tento tirar conclusões da experiência, em vez de relatá-la simplesmente, é porque me desagradaria fazer de outra maneira, sem utilidade visível." Seu contato com o ácido lisérgico lhe pareceu "um elemento útil à pesquisa da natureza humana, no sentido de redescobri-la para melhor". E fez questão de marcar as diferenças entre a visão de Aldous Huxley e a sua: "Não chego a achar que a mescalina deva ser facilitada à deprimida sociedade moderna, substituindo outras formas de evasão. Dentro das limitações que eu mesmo imponho a essa ideia, não vejo bem o caráter de evasão no ácido lisérgico, mas uma concentração da realidade, o antônimo da evasão, pelo menos uma concentração de certos aspectos da realidade."

E concluiu: "(...) O ácido lisérgico, a meu ver, deveria ser um ponto de partida para uma recuperação da realidade, dos dons da percepção e acomodação à vida. Não só nos indivíduos de psiquismo anormal ou prejudicado há um terreno a ser recuperado. Também a recuperação de espaços amortecidos no indivíduo normal é socialmente relevante e imprevisível como energia psíquica" (Campos, 1965: 135).

Ao longo do relato, o cronista, ao descrever suas sensações, diz ser impossível, por exemplo, conceituar a vivência cromática que experimentou: "Era como se eu houvesse sido aceito na sociedade secreta das cores e estas me admitissem profundamente." (...) "Era como se *fundasse* de novo o meu ser através da vista" (Campos, 1965: 136-137).

Paulo Mendes Campos afirma que a experiência lisérgica aclarou a "disponibilidade perceptiva, a certeza de que posso ampliar o campo de minha percepção do universo". (...) "Sou hoje (semanas depois da primeira experiência) um homem mais desamarrado, sobretudo mais livre de mim mesmo. (...) Despertei certa manhã de domingo, logo depois da primeira experiência, muito mais curioso do universo e muito menos angustiado pela catástrofe humana. Existir ficou um pouco menos difícil" (Campos, 1965: 141).

Paulo formula conceitos como uma tentativa de síntese:

"Não sei nada. O alívio decorrente dessa conclusão de aparência negativa paga a pena: é uma regressão à inocência animal. Negando em mim a sabedoria, talvez tenha feito pela primeira vez com o meu ser integral um gesto sábio" (Campos, 1965: 141).

Consciente da impossibilidade de "descrever o que então se passa", fala que a experiência é "a hora do grande mergulho nas raízes do meu próprio ser" (Campos, 1965: 144).

Em nenhum momento, Paulo Mendes Campos disse que havia outras pessoas na mesma sessão. A Fauzi Arap, Clarice tinha dito que teria participado dessa experiência com Paulo e outros escritores. Não há nenhum relato sobre isso. É possível que a versão de Clarice fosse uma forma de ocultar que estava com Paulo Mendes Campos, com quem vivia uma relação amorosa. Rosa Cass, quando se referiu a esse relacionamento, deu a entender que teria sido no período inicial em que ela conheceu Clarice, o que deve ter sido entre os anos de 1961 e 1962.

Por onde andou Clarice Lispector após o dia 26 de agosto até a publicação do segundo trecho de *A paixão segundo G.H.*, em dezembro de 1962, na *Senhor*?

Consideremos três fatos.

Admitamos que Clarice participou da experiência com o dr. Murilo ainda na primeira sessão em 26 de agosto de 1962. Paulo Mendes Campos disse que compareceu a três sessões sem especificar os dias e se em cada uma teria tomado o ácido lisérgico. (Já em entrevista ao O *Pasquim* em janeiro de 1970, ele conta: "Eu fiz quatro ou cinco experiências, um curso de madureza, de autoanálise e me conheci muito melhor".) Em seu depoimento, Fauzi Arap disse que as sessões deveriam ter um intervalo de quinze dias. Se considerarmos esse prazo, fica claro que Paulo Mendes Campos não se submeteu a essa experiência com os mesmos critérios ou tornou pública somente a primeira sessão. Em suas crônicas, relatou somente "a primeira experiência" (conforme se lê na parte "O mundo do silêncio", onde escreveu: "Já tomara a droga há algumas horas (ainda me refiro à primeira experiência) quando reparei certa qualidade diferente na minha comunicação auditiva com o mundo.").

Em 29 de outubro de 1962, a poeta norte-americana Elizabeth Bishop em uma carta a Robert Lowe (Bishop, 1995: 725), disse que Clarice tinha um editor em Nova York, que a conhecera e ia traduzir seus contos. A poeta morava no Rio, no Leme, mesmo bairro onde Clarice vivia.

Dois meses depois, na carta de 8 de janeiro de 1963, menciona que "Clarice sumiu". A *New Yorker* está interessada em seus contos, a *Encounter*, a P.R. Alfred Knopf quer ver o livro inteiro. Bishop mostra-se aflita, pois ia despachar pelo correio todos os contos menos um e "Clarice sumiu completamente" (Bishop, 1995: 729).

Nesse intervalo entre novembro e dezembro, Clarice poderia estar começando a anotar as primeiras páginas de *A paixão segundo G.H.* O ano que ela declarou na entrevista ao MIS como o da feitura da obra, 1963, deve ser considerado, pois a proximidade com a data desse trecho publicado é muito curta.

A data de 7 de dezembro de 1962 tem muita importância. Foi quando Lúcio Cardoso sofreu um derrame que deixaria sequelas até os últimos anos de sua vida: ele perdeu a fala, e seu modo de expressão a partir daí foi através da pintura. A importância de Lúcio na constituição de Clarice como artista e mulher é motivo suficiente para especularmos o quanto essa tragédia a pode ter levado a mergulhos mais profundos no campo da criação literária, que é no fundo a sua própria existência.

A hipótese do término do namoro entre Clarice e Paulo Mendes Campos ter acabado nesse período não pode também ser descartada. Quando Nélida Piñon referiu-se ao momento em que a amiga escrevia A *paixão segundo G.H.* frisa que ela estava muito angustiada. E Clarice revelou na entrevista ao MIS: "Estava na pior das situações, tanto sentimental como de família." Os fatos apresentados abrem margem para se delinear o período entre 1962 e 1963 e, parte, de 1964 como dedicados à escrita e revisão de A *paixão segundo G.H.*

A criação em parceria afetiva: uma via de mão dupla

Especular sobre esse momento criativo é aventar possibilidades que podem expandir a análise crítica da obra clariceana. É preciso que se registre, também, que os originais de A *paixão segundo G.H.* foram lidos por uma amiga íntima de Clarice: Nélida Helena de Meira Gama como ela declarou em *Eu sou uma pergunta*. Apesar de não se sentir habilitada para opinar (Nélida era pedagoga), para Clarice isso não importava. Nélida Helena começou a ler os contos da amiga na revista *Senhor*, foi isso que a impulsionou a querer conhecê-la pessoalmente. Ao relatar sua reação ao ler, em algumas ocasiões, em primeira mão, o que Clarice escrevia, disse que às vezes não dizia nada, só pelo olhar Clarice entendia; ou chorava depois de ler algum texto. Nélida Helena recorda-se que o final de A *paixão segundo G.H.* foi modificado, como ela constatou ao ler o livro publicado.

O depoimento de Nélida Helena é um sinal de que a criação dessa obra passou por várias etapas. O comentário de Clarice em uma entrevista de que após um longo período sem escrever "veio um livro inteiro" nos dá a impressão de sua criação ter vindo num único fluxo. As reflexões que aqui propomos abrem outra possibilidade de entendimento. Em entrevista a Clelia Pisa e Maryvonne Lapouge em *Brasileiras* (Éditions des Femmes, 1977), disse que A *paixão segundo G.H.* foi escrito em menos de um ano, e frisa: "se bem me lembro".

Argumentando nessa direção, o ato criador de Clarice Lispector pode ser percebido não exclusivamente como um ato solitário. O que os depoimentos de Nélida Helena de Meira Gama, Marly de Oliveira e Fauzi Arap revelam (este uma reprodução do que lhe contara Clarice) é a possibilidade de escrita de uma obra como A *paixão segundo G.H.* ser gestada e estimulada por ligações afetivas, no campo da amizade e da paixão amorosa. Seja no diálogo com Marly de Oliveira, seja estimulada pela experiência com o ácido lisérgico com o dr. Murilo (segundo a tese de Fauzi Arap) ao lado de um escritor com quem mantinha um vínculo amoroso. Chama a atenção um ponto em comum entre Marly de Oliveira e Paulo Mendes Campos: ambos expressavam suas inquietações existenciais através da poesia; ainda que ele fosse mais reconhecido como cronista, o autor de *O cego de Ipanema* fazia questão de mostrar a dissolvição das fronteiras de gênero no seu texto. Em *O colunista do morro*, as duas primeiras partes do livro são intituladas: "Prosa prosa" e "Prosa poema". Paulo e Marly também primavam pelo talento analítico quando se debruçavam sobre um tema. A vertente de crítica literária em Marly de Oliveira ao analisar a obra de Clarice Lispector demonstra isso. Não por acaso, Paulo Mendes Campos revelou em uma entrevista sua vocação para ser crítico literário.

A tese de Fauzi Arap pode fazer sentido, isto é, a busca de Paulo Mendes Campos encontrou ressonância em Clarice ao ponto de ela participar da experiência e, como ele, materializá-la por escrito, mas em forma de ficção. No entanto, se o gênero escolhido por ambos foi diferente, Paulo o fez em forma de um relato jornalístico, a forma de contar a experiência vivenciada, o objetivo da narrativa, guarda muitas semelhanças, pois ambos se propõem a narrar o que aconteceu e expressam o como é difícil fazê-lo. Em trecho na *Manchete*, Paulo fala "no grande mergulho nas raízes do próprio ser". E anos depois ao *O Pasquim* em janeiro de 1970, relata: "Durante uns dois ou três anos, eu me senti com uma segurança muito maior, e vi profundidades minhas horrendas que me levaram a me conhecer melhor e como consequência a me conduzir melhor: isso alterou muito a minha vida. Inclusive tem uma frase de um dos médicos que iniciaram as experiências dizendo que 'o homem que tomava LSD nunca mais seria o mesmo'. G.H. descreve a sua experiência radical. No entanto, o pacto autoral é distinto, *A paixão segundo G.H.* é um romance", afirmou Clarice.

As buscas de ambos têm uma sintonia, o que os uniu em forma de diálogo amoroso e existencial resultou em literatura, quem sabe até em uma parceria literária de forma inconsciente. Mais do que a curiosidade de vivenciar uma experiência radical também experimentada por outro escritor como Aldous Huxley, Paulo Mendes Campos não escondeu que esse foi o momento de "grande mergulho nas raízes do próprio ser". A experiência de G.H. não poderia ser lida nos mesmos termos? A empregada Janair é o canal de diálogo para estimular a experiência de G.H. Dotada de uma escrita inquiridora, não se poderia esperar algo diferente dessa busca. Os relatos de Paulo Mendes Campos na *Manchete* entre agosto e dezembro de 1962 podem ter sido também um estímulo para Clarice deixar vir à tona a experiência de G.H. e, como interpreta Fauzi Arap, a sua própria experiência. Em se tratando de dois escritores, não se poderia esperar algo diferente. Artistas transformam suas vivências em arte.

Quando a obra foi publicada, em meados de novembro de 1964, há indícios de que os dois já não estavam mais juntos. Hipótese que levanto a partir do comentário de Otto Lara Resende em uma carta a Fernando Sabino em 7 de outubro de 1964, quando ele fez referência à noite de autógrafos da segunda edição de A *cidade sitiada* pela Editora José Álvaro: "Clarice e Callado deram autógrafos ontem no Palácio da Cultura. É o nome pomposo da livraria do Adonis, perto da Siqueira Campos. Rubem me disse que a Livraria do Autor afinal mudou de nome. (...)Não tenho ido à Editora do Autor. Mas vejo que livros têm aparecido. O da Clarice tem uma capinha da Maria Roberto. O Rubem gostou. (...) Pouco tenho visto o Paulo, que continua aquilo mesmo. Soube que não foi ontem aos autógrafos. Parece que acabou. Deus sabe se provisoriamente" (Resende, 2011: 232).

Confirma-se pelo exemplar autografado para Callado: "A Jean e Antonio Callado, com antiga e grande amizade de Clarice Lispector. Rio, 6 outubro 1964" (cf. Levyleiloeiro.com.br).

Apesar de não identificar o "Paulo" com o nome completo, Otto Lara Resende citava geralmente os amigos nas cartas só pelo nome ou pelo apelido. Na correspondência com Fernando Sabino, que era Adido Cultural do Brasil na Embaixada de Londres, Paulo Mendes Campos foi inúmeras vezes citado. A forma como Otto narra o fato deixa margem para se especular que Paulo Mendes Campos e Clarice Lispector tinham rompido o relacionamento. O depoimento de Newton Goldman ratifica essa hipótese.

Clarice em conexão com o pensamento científico de seu tempo através da psicanálise

O interesse de Clarice pelos caminhos da mente pode também ter se acentuado à medida que se submetia ao processo psicanalítico. Foi em Washington que ela começou a se submeter às sessões de análise, como relatou nas cartas às irmãs. Clarice sempre se demonstrou aberta a trilhar os caminhos da psicanálise como uma forma de entender a si mesma e conseguir estar no mundo de uma maneira mais equilibrada. E estimulava os que buscaram o mesmo caminho; basta ler a carta enviada ao cunhado Mozart Gurgel Valente com comentários nesse sentido: "Você tem à sua disposição um homem que se especializou em aceitar a natureza humana. Se você decidir que sua alma deve ficar aberta a ele, não é imediatamente que isso acontecerá: mas muita coisa lhe ocorrerá, se você resistir menos" (cf. Lispector, 2020: 651), e chegava a aconselhar a terapia para quem, em sua opinião, poderia se beneficiar desse campo científico como ela demonstrou em carta à sua irmã Tania.

Refletir sobre o processo de criação de A *paixão segundo G.H.* em sua relação com outros escritores é ampliar a nossa visão sobre seu legado como artista, como uma mulher que dialogou com diversos campos da ciência e das artes, com as grandes questões de seu tempo.

No entanto, mesmo diante de tudo isso que foi exposto, apesar de toda a abertura de Clarice Lispector para o campo da psicanálise, ela não quis tornar público o fato de fazer análise como comentou com Marly de Oliveira em uma carta de 1968: "Nunca conte a ninguém da minha análise: escrevi todos os meus livros antes de d. Catarina, exceto O *mistério do coelho pensante*, que estava aliás escrito desde o tempo em que [Paulo] tinha seis anos; de modo que é uma pista fácil me explicar dizendo que escrevo assim por causa da análise" (Lispector, 2020: 735-736). Sua correspondência revela outra possibilidade, durante uma parte do processo de feitura de A *maçã no escuro*, ela fazia análise em Washington.

Seu receio de associar sua obra ao processo analítico, de que seu processo criativo poderia dever algo ao analítico implicaria em diminuir a força da criação? Clarice sempre negou as afirmações da chamada crítica de influências desde o primeiro livro, quando tentaram filiá-la a James Joyce e Virginia Woolf. Ela não gostava de estabelecer vínculos literários entre o que escrevia com outras obras, o que poderia tirar de si a força de seu próprio texto. O comentário de Affonso Romano de Sant'Anna esclarece nesse sentido: "O que a crítica sempre exaltou no seu trabalho é que você surgiu com um estilo pronto: não era um estilo em progresso" (Lispector, 2005: 144).

Ao mostrar alguns momentos dos bastidores da criação de A *paixão segundo G.H.* e a possibilidade do entrelaçamento entre o caminho psicanalítico e o da troca literária com outros escritores, não se cai no modo "mais fácil de explicar o que Clarice escreve por causa de" (do processo analítico via LSD ou do diálogo literário e existencial com Marly de Oliveira e Paulo Mendes Campos); aponta-se para como os artistas e até Clarice Lispector ("que surgiu com um estilo pronto") criam suas obras interagindo com aqueles ou aquilo que lhes é apresentado ou vivenciado. Essa possibilidade de reflexão tira a escritora da torre de marfim movida pelas inspirações. Ela foi uma artista, aberta às questões de seu tempo e disposta a experimentar as inúmeras possibilidades da narrativa. Investigar o processo de criação é atestar um traço fundamental da personalidade de Clarice Lispector: ela não se contentava com o que via. Mostrava-se aberta a pesquisar sempre e por isso ela escreveu essa obra que fascina e intriga até hoje.

OS "TUMULTOS CRIADORES" NA FICÇÃO DE *ÁGUA VIVA* E NA MATRIZ DE *A ÁGUIA*: UM DIÁLOGO SOBRE A VIDA ENTRE CLARICE LISPECTOR E MARIA BONOMI

(Aos leitores: ponha a "Sonata nº 3 Opus 23" de Scriabin – se possível tocada por Vladimir Horowitz e leia esse capítulo. Esta foi a sugestão de Maria Bonomi antes de responder às perguntas de Clarice Lispector por carta para uma entrevista à revista *Fatos & Fotos*) (cf. *Correspondências*. Rocco, 2002, pp. 310-314).

> *Maria, este é o meu muito obrigada pelas gravuras, pela carta ótima – e pelas conversas. Faz parte da conversa ser inacabada. O resto é imaginação (mas que não se use muita, a receita aconselha somente uma pitada, porque senão a conversa submerge).*
> *Foi ótimo conhecer você. Felicidades.*
> *Clarice*
> *Washington, março de 1959*

O encontro

Essa dedicatória foi escrita em *Miracles de l'enfance* (Editions Clairefontaine. Lausanne, 1952), de Etienne Chevalley, livro que Clarice deu de presente à jovem amiga Maria Bonomi, que conhecera em Washington. Em breve, Clarice retornaria ao Brasil definitivamente com os dois filhos, separada do marido. Nesse livro, o autor, um poeta suíço, publicou poemas, textos e desenhos feitos por crianças. Por que Clarice Lispector escolheu esse livro no qual a poesia e as imagens dialogam? Parecia um prenúncio do que sucederia mais tarde entre elas.

Após fazer sua primeira exposição individual fora do Brasil na Roland de Aenlle Gallery (17 nov. a 6 dez 1958), e participar em fevereiro de 1959 no Riverside Museum de Nova York de "An exhibition of 100 prints", uma exposição coletiva, Maria Bonomi foi convidada pela União Pan Americana para expor na galeria das Sanções Panamericanas, entre 12 de janeiro e 5 de fevereiro de 1959. Dentro do espírito de integração latino-americana típico daquele momento, Maria foi sorteada como um dos estudantes pan-americanos que participariam de um jantar na Casa Branca. "Em Washington, eu não conhecia ninguém. Então, me apresentei na embaixada porque eu teria que usar um vestido longo. Encaminharam-me a Alzira Vargas. 'Eu já sei quem pode te emprestar uma roupa, a Clarice Gurgel Valente'" (cf. *Eu sou uma pergunta*, 1999: 198).

Ao devolver o vestido, os sapatos e as luvas para Clarice Gurgel Valente, Maria Bonomi aproveitou a ocasião para convidá-la para sua exposição. Clarice não foi à inauguração, mas assistiu a uma palestra da jovem artista sobre suas gravuras, uma tarefa que os estudantes tinham que cumprir. Nesse dia, Clarice convidou Maria para tomar um chá em sua casa. E assim teve início o diálogo sobre a vida, sobre os percursos da alma entre Maria Bonomi e Clarice Lispector.

Elas voltaram a se ver em Nova York na casa da Cônsul Geral Dora Vasconcelos. Ao ouvir o nome de Clarice pronunciado por Maria Bonomi, imediatamente Dora começou a tecer elogios. Dora foi testemunha no casamento civil do casal Gurgel Valente. Quando Clarice foi a Nova York, Dora preparou um jantar e avisou Bonomi. A cônsul cuidava de Maria Bonomi a pedido de Clarice, recorda-se a artista.

A guerra marcou Clarice Lispector e Maria Bonomi

Há muitas semelhanças entre a história de vida de Maria Bonomi e Clarice Lispector. Até chegar ao encontro em Washington, as vidas dessas duas artistas já tinham atravessado as mesmas águas. Ambas imigraram para o Brasil em decorrência de contextos políticos e sociais parecidos. Suas famílias deixaram a terra natal para fugir da guerra. Os Lispector fugiam das consequências da Primeira Guerra Mundial, da guerra civil na Rússia e dos *pogroms*. Os Bonomi, da Segunda Guerra Mundial: "Tivemos a casa ocupada pelo comando alemão. Nós fomos obrigados a ficar na casa, porém no porão, e eles instalaram um QG nessa casa. Alguns oficiais austríacos garantiram ao meu pai o direito de levar a esposa estrangeira e os filhos para a Suíça; era só atravessar o lago Maggiore que a Suíça estava do outro lado. 'Mas depois você retorna, porque senão você será desertor. Você tem 24 horas.' E ele fez isso, só que a choradeira da minha mãe foi muito grande, e ele não retornou, foi considerado desertor; ouvimos pelo rádio. Eu me lembro do meu pai na Suíça, sem dinheiro nenhum, ensinando latim com a roupa militar virada do avesso. E da Suíça minha mãe tentou contato com o meu avô aqui no Brasil" (Almeida, 2008: 16-18).

Se Clarice não guardou a memória desses momentos trágicos por ser ainda um bebê, Maria reteve para sempre o drama da guerra: "Eu tinha oito anos. Minha mãe entrou de repente no meu quarto em Meina e disse: 'Pegue seus brinquedinhos, pois vamos embora'. 'Por quanto tempo, mamãe?' 'Para sempre!' Tenho terríveis lembranças da guerra. Brincava com Blanchette, uma amiguinha judia com a qual me encontrava todos os dias na beira do lago. Um dia vi na água seu vestidinho ensanguentado. Tinham matado ela e a avó. Os pais tinham sido deportados para um campo de concentração" (cf. https://www.nonnisp.org/copia-mino-carta).

Os Bonomi eram o engenheiro italiano Ambrogio; a mãe brasileira, Georgina e os filhos Angelo e Maria. Georgina estava de passeio na Itália quando conheceu Ambrogio Bonomi. Casaram-se lá e foram morar em Milão. Estourou a guerra em 1939. Maria tinha quatro anos de idade. "Ela falava só italiano. O português: uma língua que ouvia da mãe, nos momentos de irritação. (...) Quando chegaram à Suíça, Maria iniciou-se no francês. Em Portugal, ela aprendeu o português ouvindo sermões. Sermão todo dia" (cf. *Tribuna da Imprensa*, em 28/12/1955). Maria tinha dez anos quando esteve em Lisboa. Clarice Lispector também passara pela embaixada em Lisboa, mas no ano anterior, em agosto de 1944. O avô Giuseppe Martinelli providenciou a vinda da família Bonomi no navio *Serpa Pinto*, que os levou até o Rio de Janeiro, onde desembarcaram em 21 de agosto de 1945, segundo Maria Bonomi. O espírito empreendedor de Martinelli levou-o a acumular uma das maiores fortunas daquela época. Ao deixar Meina, sua cidade natal, que entorna o lado piemontês do Lago Maggiore, a pequena Maria já desenhava como uma forma de se expressar.

Seu diálogo com a literatura entrelaçada ao desenho se iniciou quando a família conheceu o diplomata Raul Bopp na embaixada do Brasil em Lisboa, onde o escritor estava lotado desde fevereiro de 1945. Ele presenteou Maria com o seu *Cobra Norato* e mais do que depressa ela ilustrou a obra para consumo próprio sem que ele visse. Assim como a menina Clarice fabulava, em Recife, as histórias que um dia colocaria no papel, a italiana Maria já se permitia os primeiros passos no universo da criação artística. O convívio com o avô em seu palacete ao pé do Morro da Viúva na avenida Oswaldo Cruz, no Flamengo, lhe propiciou um grande aprendizado: "Era um misto de comunidade e canteiro de obras, com gosto de corporação renascentista" (Laudanna, 2007: 68). Maria morou com o "nonno" Martinelli até seu falecimento, em 27 de novembro de 1946.

Assim como os Lispector encontraram no Brasil a possibilidade de recomeço, os Bonomi seguiram a mesma trilha. Maria encontrou "a sua terra": "Chegamos ao Rio de Janeiro, provenientes de Portugal, a bordo do Serpa Pinto. Desci do passadiço de mãos dadas com o comendador Martinelli, este avô que nunca tinha visto antes. Estava felicíssima de ter chegado ao Brasil e que ele estivesse me esperando: alto, bonito, com um terno de linho branco, uma echarpe e um chapéu. Tanto que minha mãe, que foi reconhecida pelo pai somente aos 18 anos, reclamava que eu não tinha nem me virado para dizer tchau quando desembarquei com o nonno" (cf. https://www.nonnisp.org/copia-mino-carta).

Praça Mauá, Itália e Washington

É espantoso como os caminhos das duas artistas se cruzaram antes que elas se conhecessem pessoalmente. Clarice chegou a Nápoles em agosto de 1944 e residiu no Consulado do Brasil na Via Giambattista Pergolesi, nº 1 por aproximadamente um ano e cinco meses. Morou com o marido em um quarto no andar do edifício onde funcionava simultaneamente o consulado e a residência de seus funcionários. O primeiro escalão da FEB acabara de chegar em julho, e em setembro, o General Mark Clark, comandante do V Exército Norte-americano, já colocava em linha tropas brasileiras para invadirem Massarosa, a oeste de Lucca.

A família Bonomi ainda se encontrava em solo italiano quando Clarice e Maury chegaram em Nápoles. Clarice tinha vinte e três anos; Maria tinha nove anos. Cada uma vivenciando seus dramas interiores marcados pela Segunda Guerra Mundial. Quando Maria desembarcou na Praça Mauá, em 21 de agosto de 1945, ela repetiu o mesmo gesto de Clarice dez anos antes. Os Lispector também desembarcaram nesse canto do Rio em janeiro em 1935. Foi aí que Clarice e Maria viram a cidade pela primeira vez. Durante a permanência no Rio, até novembro de 1946, Maria poderia ter encontrado Clarice, que veio lançar O lustre vinda de Nápoles. Permaneceu na cidade entre janeiro e março. Em breve, Clarice e Maury iriam morar em Berna.

Ao conhecer Clarice Lispector em Washington, Maria Bonomi estava em pleno processo de formação: "todo o tempo em que lá estive dediquei-me somente à gravura em madeira, à água-forte e à litografia". O aprendizado já vinha desde muito cedo no convívio com o círculo de amigos de seus pais, todos incentivadores das artes modernas locais, o mecenas Francisco Matarazzo, o diretor do Museu de Arte, Pietro Maria Bardi, a arquiteta Lina Bo Bardi (Laudanna, 2007: 108). Em 1955, descobriu a "sua arte", a gravura, em uma exposição de Lívio Abramo no Museu de Arte Moderna de São Paulo. Depois de um ano na Europa, entre Milão e Paris, foi para os Estados Unidos em 1958. Ganhou uma bolsa de estudos da Ingram-Merrill Foundation para estudar quatro meses no Pratt-Contemporaries Graphic Art Centre com o chinês Seong Moy. Frequentou um curso de Advanced Graphics Arts, da Universidade de Columbia, onde estudou no campo da gravura o uso das três matérias: madeira, metal e pedra, e um curso "Museu-training" oferecido pela New York University em parceria com o Museu Metropolitan (Laudanna, 2007: 100-104).

Clarice Lispector conheceu Maria Bonomi ávida de conhecimento nos seus vinte e poucos anos. Enquanto, ela, depois de publicar três romances e um livro de contos, enviara para o Rio havia mais de um ano A maçã no escuro. Foram necessárias muitas cópias, a leitura de vários amigos e a palavra final de Fernando Sabino para ela se desprender de A maçã no escuro, segundo suas palavras, "seu romance mais realizado".

Clarice estava um longo tempo sem escrever. Sua vida estava tomada pelos conflitos conjugais, duas idas seguidas ao Rio, respectivamente em 1954 e 1955, eram o sinal do esgotamento de um modo de viver com o qual nunca se identificou, que a privava do convívio de suas irmãs. A *maçã no escuro* apontava um momento de transição em seu percurso. Clarice mais do que nunca se indagava sobre uma nova forma de se salvar como mulher e como artista. Encontrar a jovem Maria Bonomi com tantos projetos, pesquisas e encantada com a sua arte deve ter lhe injetado novo ânimo. A dedicatória de Clarice em *Miracles de l'enfance* testemunha um encontro cuja conversa ficaria interrompida por pouco tempo. As gravuras que ganhou de Maria Bonomi selaram um elo de amizade que seria vivenciado na vida e na arte. Essas obras pertencem atualmente ao acervo de seu filho Paulo Gurgel Valente; duas delas estão reproduzidas em *Clarice Lispector pinturas* (Sousa, 2013: 62): *City in Bloom* (1958, xilografia), e *Dream* (1958, xilogravura sobre papel).

O reencontro no Rio

O reencontro no Rio se deu no primeiro semestre de 1959. Ambas voltaram a residir no Brasil. Maria, a partir de abril; Clarice, entre junho e julho. Maria Bonomi tinha residência fixa em São Paulo, mas decidiu morar no Rio a partir de julho para estar ao lado do mestre Friedlaender, que fora convidado pelo MAM-RJ para compartilhar seus ensinamentos em um curso. Maria Bonomi recorda-se de Eliane Gurgel Valente, cunhada de Clarice, com quem mantinha relações de amizade junto ao marido Mozart, lhe comunicando que Clarice estava residindo no Rio. Marcia Algranti se lembra de acompanhar a tia Clarice em busca de apartamentos e na companhia de Maria Bonomi, que as levava em seu carro. Um dia chegaram ao Leme, no apartamento que Clarice alugaria na General Ribeiro da Costa. Os laços foram reatados a tal ponto que, quando Maria engravidou em abril de 1961, Clarice quis ser a madrinha. Cássio Bonomi Antunes nasceu em São Paulo no dia 6 de janeiro de 1962. O filho de Maria Bonomi e do diretor Antunes Filho foi batizado pelos padrinhos Clarice Lispector e o dramaturgo Jorge Andrade, autor de "A moratória", muitos meses depois, em uma das ocasiões em que a comadre teve a oportunidade de ir a São Paulo para lançar um livro.

Exposição no MAM

No mês em que Clarice Lispector conheceu Alexandrino Severino e lhe falou sobre o livro que acabara de escrever em julho de 1971, sua comadre Maria Bonomi inaugurava a exposição "Xilogravuras Maria Bonomi", no MAM – Museu de Arte Moderna do Rio de Janeiro.

Essa exposição proporcionou um diálogo artístico entre a escritora e a artista plástica, como está registrado em "Carta sobre Maria Bonomi", crônica publicada por Clarice no *Jornal do Brasil*. Para tentar entender como se realizou esse diálogo, mapeio as várias etapas da feitura das duas versões de *Água viva*, a saber: "Atrás do pensamento – monólogo com a vida" e "Objeto gritante". Pois é justamente a partir de "Atrás do pensamento" que mostrarei uma série de acontecimentos que indicam como essa troca artística revela aspectos da fase denominada "ficção tardia de Clarice Lispector" conforme o estudo de Sônia Roncador em sua tese de doutorado "Poéticas do empobrecimento". A pesquisadora vê a ficção tardia como resultante de um momento em que Clarice Lispector fazia grandes questionamentos sobre sua obra, a literatura e, eu diria, o Brasil daquele período mergulhado na ditadura militar.

Refletir sobre os tumultos criadores de *Água viva* e A *Águia* é uma forma de se refletir sobre a poética clariceana, como a escritora se situava naquele momento como cidadã e como artista.

Atrás do Pensamento

Foi entre julho e agosto de 1971, que Clarice entregou os originais de *Atrás do pensamento: monólogo com a vida*, a primeira versão de *Água viva* (1973), a Alexandrino Severino para que fosse traduzido para o inglês. Ele a visitara pela primeira vez em 12 de julho no apartamento da Gustavo Sampaio; e voltou outras vezes ao Leme até o mês de agosto. O professor português se radicou nos Estados Unidos em 1946 e a essa altura tinha defendido seu doutorado na USP, em 1966, uma exaustiva pesquisa pioneira sobre a assimilação cultural inglesa de Fernando Pessoa na África.

Atrás do pensamento: monólogo com a vida é composto de cento e cinquenta e uma páginas. A narradora escreve um misto de diário entrelaçado com reflexões sobre a existência e a sua escrita, usa recursos que dão ao relato a impressão de se estar vivendo e escrevendo simultaneamente: "Agora vou interromper um pouco para atender o homem que veio consertar o toca-discos. Não sei com que disposição voltarei à máquina" (Lispector, 1971: 23). E na mesma página: "Agora vou interromper para acender um cigarro. Talvez volte à máquina ou pare por aqui mesmo." Em vários momentos, a narradora pode ser identificada com a própria Clarice Lispector. Como Clarice, ela é escritora, tem filhos, fuma, queimou a mão em um incêndio e tem uma empregada chamada Geni. Inúmeras partes do livro foram publicadas em formato de crônica em sua coluna do *Jornal do Brasil*, entre 1967-1973. Ela mesma, a certa altura, na página 57, observou: "Acontece o seguinte: eu vinha escrevendo esse livro há anos, espalhados por crônicas de jornal". De 1967, por exemplo, é a crônica "As grandes punições", na qual foi narrado um episódio ocorrido no Grupo Escolar João Barbalho, em Recife, ao lado do amigo Leopoldo Nachbin. Em *Atrás do pensamento*, ela reproduziu o episódio substituindo o nome do amigo pelo pronome "ele".

Sem ter o objetivo de examinar *Atrás do pensamento* como um todo, destaco mais um trecho para demonstrar como o livro retrata não a escritora em uma redoma de vidro. A narradora-escritora de *Atrás do pensamento* se revela conectada com o seu cotidiano, como se vê na ida a Duque de Caxias, por exemplo, acompanhada de uma amiga à procura de uma empregada: "Vi a violência guardada de tiroteios dessa terra de "far-west", passei pelo mangue e sabia que as ruas transversais eram das prostitutas e achei terrível a prostituição, eu vi, eu vi, eu vi. (...) Eu vou ver sempre? A miséria, a miséria. A piedade arde e dói. Eu não suporto a injustiça social" (Lispector, 1971: 43-44).

Na primeira página do datiloscrito de "Atrás do Pensamento", abaixo do nome da autora, título e subtítulo, Clarice Lispector escreveu à mão: "A J.D.A, que deseja ficar anônimo". Arrisco a identificar "J.D.A." como o psicanalista Jacob David Azulay. É o único das pessoas mais próximas de Clarice cujo nome tem essas iniciais. Ela era sua paciente, e em depoimento a *Eu sou uma pergunta*, o psicanalista comentou que ela trazia para a análise temas sobre os quais estava escrevendo naquele momento. ("Ela perguntava se "o aqui e agora" era o instante-já"). Este último termo foi muito citado em *Água viva*. ("Eu estou – apesar de tudo oh apesar de tudo – estou sendo alegre neste instante-já que passa se eu não fixá-lo com palavras" (Lispector, 1973: 113). Vale lembrar que A *legião estrangeira* (1964), uma reunião de textos ficcionais e não ficcionais, também foi dedicado a uma psicanalista, a grande amiga Inês Besouchet. "Fundo de gaveta", a segunda parte do livro, reúne muitas reflexões sobre o ato de escrever, um ponto de conexão com *Atrás do pensamento*. A composição híbrida de A *legião estrangeira* já trazia indícios do desejo da escritora de expor reflexões sobre seu processo criativo. Lembremos que esses textos foram escritos para sua coluna da revista *Senhor*.

Voltando ao encontro de Clarice Lispector com Alexandrino Severino. Ele não traduziu o livro. No artigo "As duas versões de *Água viva*", publicado em 1989, em *Remate de Males*, nº 9, o professor não esclareceu os motivos pelos quais os originais ficaram tanto tempo guardados, e por que só no ano seguinte Clarice lhe informou que o interrompeu, conforme registrado na carta de 23 de junho de 1972: "Quanto ao livro, interrompi-o porque achei que não estava atingindo o que eu queria atingir. Não posso publicá-lo como está. Ou não o publico ou resolvo trabalhar nele. Talvez daqui a uns meses eu trabalhe no *Objeto gritante*" (Severino, 1989: 115).

O trecho da carta induz a pensar que, provavelmente, Clarice não contou ao professor que o livro *Atrás do pensamento* (agora com um novo título, *Objeto gritante*) estava com o Instituto Nacional do Livro (INL) para pleitear uma coedição com a Artenova, como veremos mais adiante; portanto, ele já era uma segunda versão. Somente em 1973, o livro seria publicado com o título de *Água viva*.

O datiloscrito "Atrás do Pensamento" que ficou sob a guarda do professor está todo anotado a caneta, com trechos sublinhados em vermelho mostrando que ele cotejou exaustivamente as duas versões: a sua com a definitiva publicada sob o título de *Água viva* pela Artenova. Logo na primeira página ele fez quatro observações indicando as linhas (l) e as páginas (p.): "1º primeiro parágrafo tem muitas semelhanças; 2º os outros nenhuma a não ser a ideia do it em inglês; 3º há várias referências também que foram tiradas de A.V.; 4º o estatement sobre o t de eternidade, suf(ilegível) l.15 só vai aparecer em A. V., p.31, l.10-11".

No artigo da "Remate de Males", o professor comentou: "Das cento e cinquenta e uma páginas originais somente as primeiras cinquenta e as últimas três têm algo em comum. Cem páginas foram simplesmente eliminadas; ou por conterem passagens demasiado subjetivas ou por terem sido anteriormente publicadas" (Severino, 1989: 117).

Examinando o datiloscrito, na realidade "as primeiras cinquenta", como ele disse, são as "primeiras 48". Certamente uma força de expressão. Nesta página 48 do datiloscrito de "Atrás do pensamento", ele anotou: "Acaba aqui; esta é correspondente à última página. Só vai retomar afinidade com o texto da versão final nas três últimas páginas das duas versões. Considerando que o datiloscrito tem 151 páginas, foram eliminadas 103 na versão final *Água viva*".

O estudo das versões disponíveis, incluindo a de Alexandrino Severino, depositada na biblioteca da University of Vanderbilt, pode trazer um ganho extraordinário aos estudos clariceanos, especialmente no que já foi denominado de "ficção tardia" da escritora. É praticamente inexistente o trabalho de pesquisadores com os originais, tarefa das mais árduas. Mesmo considerando que de toda a obra só restaram *Água viva*, *A hora da estrela* e *Um sopro de vida*, o primeiro depositado no Arquivo-Museu de Literatura Brasileira da Fundação Casa de Rui Barbosa e os dois últimos sob a guarda do IMS – Instituto Moreira Salles – e *Perto do coração selvagem*, na Biblioteca Brasiliana Guita e José Mindlin, na USP. Felizmente, outro português como Alexandrino Severino, Carlos Mendes de Sousa, um especialista na obra de Clarice Lispector, está empreendendo um trabalho minucioso nos originais de *Um sopro de vida* e os cotejando com a versão definitiva, publicada em 1978.

Objeto gritante — a nova versão de *Atrás do pensamento*

Três meses antes da resposta de Clarice Lispector para o professor Alexandrino Severino, em 5 de março de 1972, o filósofo José Américo Motta Pessanha escreveu uma carta para Clarice dizendo-se "em falta enormíssima com você". Justificou a ausência mostrando que lera *Objeto gritante* e mencionou ter, em outra ocasião, conversado com ela pelo telefone antes de escrever a carta: "notei as repetições – que, pelo telefone, você disse ter suprimido. Sem elas o livro ganhará, sem dúvida" (Pessanha, 2019: 134).

O intervalo de tempo entre o envio dos originais para José Américo e a resposta em forma de carta, "fiquei tanto tempo sem me comunicar com você", demonstra que *Objeto gritante*, isto é, a segunda versão de *Atrás do pensamento*, já devia estar concluído bem antes de março de 1972, e que a versão lida por José Américo provavelmente foi a mesma submetida ao INL (Instituto Nacional do Livro).

Essa interpretação ganha força quando se lê uma entrevista concedida à Germana De Lamare, no *Correio da Manhã*, na mesma data da carta de José Américo, em 5 de março de 1972 (cf. "Clarisse (sic) esconde um objeto gritante"). A repórter foi ao Leme em busca de *Felicidade clandestina*, último livro publicado em 1971, mas "descobriu *Objeto gritante* sobre a mesa". A própria Clarice explicou: "Ele já está pronto, sim, mas acho que só vou editá-lo ano que vem. Sabe, eu estou muito sensível ultimamente. Tudo o que dizem de mim me magoa. O *Objeto gritante* deverá ser um livro muito criticado, ele não é conto, nem romance, nem biografia, nem tampouco livro de viagens... E, no momento, não estou disposta a ouvir desaforos. Sabe, *Objeto gritante* é uma pessoa falando o tempo todo...".

A entrevista confirma, o livro estava pronto. Se já tinha sido enviado para o INL (Instituto Nacional do Livro), não se sabe, não há nenhum comentário sobre isso. A confissão de que "estava muito sensível ultimamente" podia ser uma referência à charge de Henfil em *O Pasquim*, em fevereiro, que a tornou um personagem no "Cemitério dos Mortos Vivos". O cartunista a desenhou em uma redoma, como se fosse uma alienada. As imagens diziam o que Clarice certamente não era. Trocando em miúdos, Henfil disse: "intelectual de centro" (palavras dele). (cf. capítulo "Clarice fichada pela polícia política").

No mês seguinte, em abril de 1972, Clarice Lispector declarou a Sergio Fonta em sua coluna "O Papo", do *Jornal de Letras*, que o livro *Objeto gritante* aguardava uma resposta do INL. A editora Artenova tentava uma coedição para diminuir os custos da publicação. Diante desses fatos, fica difícil não acreditar na seguinte hipótese: enquanto Alexandrino Severino aguardou o contato de Clarice durante um ano, ela trabalhou o livro, mudou o título (passou a se intitular *Objeto gritante*) e o entregou ao editor para encaminhá-lo ao INL. Com o parecer desfavorável do INL, ela decidiu esperar mais tempo para retomar o trabalho.

O parecer do INL sobre *Objeto gritante*

Na tese de doutorado "O Instituto Nacional do Livro e as ditaduras – Academia Brasílica dos Rejeitados" (PUC-Rio, Março, 1997) Ricardo Oiticica mostra o resultado de sua pesquisa nos arquivos do extinto INL. "Sob o regime de coedição a partir da portaria nº 35 de 11 de março de 1970, o INL censurou diversas propostas de publicação através de pareceres que introjetavam a repressão do período" (Oiticica, 1997: 2). Obras como as de João Ubaldo Ribeiro, Moacyr Scliar e Sérgio Sant´Anna também foram rejeitadas (Oiticica, 1997: 159).

Oiticica explicou que, com o regime de coedição, o Estado praticamente renunciava à atividade editorial e subsidiava o setor privado, reservando-se o poder de veto. Ele identificou como linha estética predominante a "desqualificação de propostas que não fossem reconhecidos os cânones do gênero, em função, geralmente, da estrutura fragmentária dos textos".

"Se dependesse de mim, recusaria o livro, embora correndo o risco de cometer heresia. Afinal, Clarice Lispector é um nome, é um caso literário, tem vasta audiência"

Autor: Clarice Lispector
 Título: Objeto gritante
 Parecer de Hélio Pólvora
 Romance certamente não é. Clarice Lispector resolveu abolir o que chama de "técnica" de romance e escrever segundo um processo de livre associação de ideias ou de palavras. Tem-se a impressão, lendo este seu novo livro, que ela colocou o papel na máquina e foi registrando o que lhe vinha à cabeça, sem preocupação de unidade, coerência e fábula.

Objeto gritante é mais uma de suas "coisas", das muitas "coisas" que Clarice Lispector tem perpetrado sob o rótulo de romance. Ela o considera um "monólogo com a vida". Aprecio Clarice Lispector como contista. Mas seus romances, à exceção de alguns capítulos de A *maçã no escuro*, me transmitem a sensação de obra produzida no vazio.

Se dependesse de mim, recusaria o livro, embora correndo o risco de cometer heresia. Afinal, Clarice Lispector é um nome, é um caso literário, tem vasta audiência. Creio, no entanto, que em se tratando de obra de vanguarda, no plano artístico, o editor devia assumir sozinho a responsabilidade do produto (Oiticica, 1997: 212).

Em 25/8/1973, Hélio Pólvora escreveria um artigo sobre esse livro em sua coluna no *Jornal do Brasil*: "Água Viva da abstração lírica."

Somente em agosto de 1973, portanto um ano após o parecer desfavorável do INL, a Artenova publicou *Água viva* e outro título, A *imitação da rosa*. Este último uma ideia do editor Álvaro Pacheco de reunir quinze contos publicados anteriormente em *Laços de família* e A *legião estrangeira*; e selecionados por Clarice Lispector – "as melhores que já escreveu" – diz o texto da quarta capa dessa edição.

Clarice comentou em depoimento ao MIS as dificuldades de publicação de *Água viva*: "Esse livro, *Água viva*, eu passei três anos sem coragem de publicar achando que era ruim, porque não tinha história, porque não tinha trama. Aí o Álvaro Pacheco leu as primeiras páginas e disse assim: "Esse livro eu vou publicar". E mais adiante completou: "*Água viva* foi o Álvaro Pacheco quem publicou porque ninguém tinha coragem de publicar, e o Álvaro quis, ele é arrojado, então publicou" (Lispector, 2005: 154).

Ao ler a versão de *Água viva* intitulada *Objeto gritante*, José Américo Motta Pessanha tentou situar o livro: "Anotações? Pensamentos? Trechos autobiográficos? Uma espécie de diário (retrato de uma escritora em seu cotidiano)? No final, achei que é tudo isso ao mesmo tempo" (Pessanha, 2019: 134). O filósofo constatou que do ponto de vista literário "sua linguagem muda: você deixa de falar pelas personagens; elas já podem falar por elas mesmas e então dialogam (o que raramente ocorria nas obras anteriores). (...) Ele observou que Clarice Lispector se deixa pensar ou pré-pensar e pergunta: "É então que surge a necessidade de pensar livremente – sem artefato ou artifício? É aí que se explica um pouco esse grito do objeto? Talvez. Se for – é ótimo que ele grite, e alto" (Pessanha,

2019: 135). E sugeriu pôr um subtítulo para identificar a obra como "não ficção", como "apontamentos", como "um certo tipo de diário", enfim, como "você considere melhor qualificá-la sem traí-la em excesso". Clarice não seguiu a sugestão do amigo. *Água viva* foi publicado com o subtítulo "ficção", a obra já não era "Objeto gritante".

Nélida Piñon lê *Atrás do pensamento* e *Objeto gritante*

Clarice também mostrou o livro à outra amiga, Nélida Piñon, que se recorda de ter lido várias vezes os originais do datiloscrito que se transformaria em *Água viva*. "No primeiro projeto, a personagem era uma escritora. Ela ficou com receio que pudessem imaginar que era um depoimento pessoal. Então, ela mudou a personagem. Passou a ser uma pintora." As sugestões de Nélida restringiram-se a fazer cortes de repetições, isto é, as anotações do papel que Clarice punha no texto: "Ela repetia textos, esquecia de eliminar os papéis, por isso, às vezes, os textos apareciam mais de uma vez", explicou em depoimento a *Eu sou uma pergunta*. Fato observado também por José Américo, como a própria Clarice comentara. Na primeira versão entregue a Alexandrino Severino, é possível constatar isso.

Fauzi Arap e Olga Borelli leem *Atrás do pensamento*

Olga Borelli e Fauzi Arap também foram leitores de *Atrás do pensamento*. Não se sabe detalhes sobre as impressões do diretor, mas certamente ele leu a primeira versão, pois inseriu um trecho da obra no roteiro do show de Maria Bethânia, "Rosa dos Ventos – um show encantado", cuja estreia se deu em 27 de julho de 1971, no Teatro da Praia, no Rio de Janeiro. No mesmo mês em que Alexandrino Severino recebeu os originais do livro.

Olga Borelli acompanhou de perto a estruturação das "anotações das inspirações", como Clarice gostava de dizer. Disse ter realizado o trabalho de carpintaria com ela acompanhando tudo. Olga Borelli levou quase um ano para "fazer *Água viva*". Justificou seu gesto por ter notado o desinteresse da amiga em criar o livro a partir do material que reunira. Quando afirmou em entrevista a Arnaldo Franco Junior que Clarice "se utilizou de fragmentos que ela havia escrito sem saber para quê", leva-me a especular que a primeira versão (*Atrás do pensamento*) pode ter sido o resultado da participação mais direta de Olga Borelli. É que a forma como as partes se sucedem abrangendo um material considerável das crônicas do *JB*, de 1967 a 1973, observa-se uma costura dos textos sem preocupação de estabelecer uma unidade no relato da narradora.

A "Exposição Águia" ou a "Exposição Terror", de Maria Bonomi, segundo Clarice Lispector

Segundo Walmir Ayala, a exposição reuniu trabalhos recentes (*Jornal do Brasil*, 5/7/71): "14 xilogravuras de grande formato e 9 litografias que compuseram o primeiro álbum de lito em cores no Brasil: "Balada do Terror e Oito variações." Foi também montado um ateliê onde a artista estava presente, possibilitando ao público conhecer de perto o processo de criação da xilogravura. Como Maria Bonomi declarou em uma entrevista ao *Jornal do Brasil*: "A exposição queria se mostrar como atitude e pesquisa de uma técnica" (*Jornal do Brasil*, Macksen Luiz, 1971).

Nessa época, Clarice Lispector e Maria Bonomi demonstravam estar em pleno processo de pesquisa e em uma postura de dessacralizar a figura do artista. Como José Américo Motta Pessanha observou, Clarice não se apresenta em *Objeto gritante* como "fazedora de mágicas literárias", ela não estava fazendo ficção no sentido como vinha fazendo. Teve a impressão de que ela "quis escrever espontaneamente, ludicamente, aliterariamente." Ela "rejeitou os artifícios da arte", "despojou-se", quis ser ela mesma, "menos indisfarçada aos próprios olhos e aos olhos do leitor. Chamou-lhe a atenção o "despudor com que se mostra em seu cotidiano (mental e de circunstâncias), não se incomodando em justapor trechos de diversos níveis e sem temer o trivial." José Américo diz que Clarice é uma "mulher-que-escreve-o-que-(pré)pensa-ou-pensa-sentindo"? Mostra diante do leitor "como de um universo mental voltado também para o dia a dia pode surgir uma trama de ficção" (Pessanha, 2019: 134).

Maria Bonomi buscava nesse momento a "demonstração da arte como cultura e não como objeto de luxo" (Laudanna, 2007: 180). No entanto, em uma entrevista de setembro de 1959, a artista já explicitava que: "usa a gravura como um diário, registrando as diversas sensações por ela vividas" (Laudanna, 2007: 108). "Gravura é meio expressivo em que a execução participa da invenção, por isso resulta na arte de maior fidelidade para registrar nosso íntimo. Donde seu atualismo, permitindo uma captação direta de nossas sensações e impulsos. O sentimento atual é diarístico, de relato. E a gravura é o melhor processo para se descrever vivências para uma diarística contemporânea (Laudanna, 2007: 113). As palavras de Bonomi dialogam com a proposta de *Atrás do pensamento*.

Antes de ir para o MAM, a "Xilografias de Maria Bonomi" foi exposta na Galeria Cosme Velho, em São Paulo: "Dentro desse espírito de crítica ao tradicional, de pesquisa dirigida em busca de uma linguagem e não de uma técnica é que ela expõe", observou a matéria de *O Estado de São Paulo*, em 25/5/1971. Maria Bonomi afirmou que a exposição pretende "dinamitar, não deixando pedra sobre pedra, a gravura bem comportada, surda e muda, que vem sendo apresentada como a gravura brasileira, sem que tenha, de fato, nada a ver com nossa realidade geofísica e social" (Laudanna, 2007: 163).

Em que medida as novas versões de *Atrás do pensamento*: *monólogo com a vida* podem ter encontrado outro rumo a partir da experiência de Clarice na "Exposição Águia" ou "Exposição Terror" como denominou o que viu no MAM?

Cabe informar que um dos pontos altos da exposição no MAM, segundo o crítico de arte Jayme Maurício, era a coletânea de litografias reunidas em forma de álbum sob o título "A balada do Terror e 8 variações". O título é o nome de uma das litografias dedicadas à Dulce Maia, primeira mulher presa pela ditadura por participar da luta armada: "foi presa, torturada, colocaram-na numa lata sentada com um rato dentro, colocaram um ferro em brasa embaixo da lata, e o rato subiu nela: e ela gritava e cantava para espantar o medo e a dor. Por isso "Balada do Terror". (Depoimento Maria Bonomi, *Revista Biblioteca Mário de Andrade*, p. 7.)

O contexto político do ano de 1971, quando surgem *Atrás do pensamento* e "Xilografias de Maria Bonomi" – fruto de dez anos de trabalho

– era muito violento e tenso. Foi em janeiro de 1971 que o jornalista Rubens Paiva foi dado como desaparecido; em junho, foi a vez de Stuart Angel ter tido o mesmo fim. Poderia passar despercebido no datiloscrito de *Atrás do pensamento*, na página 92, o seguinte trecho: "(Aviso ao censor: se não entender alguma coisa, tentarei ver se posso explicá-lo)". Essa frase destoa do conjunto da narrativa, pois demonstra que a escritora queria (se pudesse) demonstrar como podia se sentir cerceada em seu ato de criação. O comentário não é subserviente. A frase desapareceu das outras versões da obra, afinal, estávamos em uma das fases mais agudas da ditadura militar. Maria Bonomi foi presa em 1974: Balada do Terror!

"Carta sobre Maria Bonomi": *Água viva* e *A Águia*

Na "carta-crônica" dirigida a um "amigo" imaginário, publicada no *Jornal do Brasil*, em 2 de outubro de 1971, Clarice Lispector compartilha publicamente não somente o impacto causado pela exposição de gravuras de Maria Bonomi, mas reflete sobre o que ela denomina "tumulto criador". Um raro momento compartilhado com seus leitores sobre os efeitos durante e após a criação artística. "Carta sobre Maria Bonomi" é um documento importante sobre o processo de criação da escritora.

Para se entender como a exposição repercutiu em Clarice, é importante saber que, quando Bonomi pediu que ela escolhesse uma gravura, ouviu surpresa: "Gostaria de ganhar a matriz da gravura." A escolha foi *A Águia* (obra de 1967), que "é uma alegoria da presença americana submarinamente no Brasil naquele momento", explica Maria (cf. depoimento à autora em 28/1/2019). O pedido de Clarice despertou em Bonomi a importância da matriz de uma xilografia: "Ela é tudo de uma gravura, é o que o artista toca, abraça, grava, impulsiona etc. Foi uma fala determinante. Daí pra frente, passei a falar e ver e até vender minhas matrizes." As observações de Clarice mudaram o jeito de olhar a gravura, da gravura dependurada nas salas fechadas, ela partiu para a feitura do painel e, do painel, para a arte nas ruas e avenidas.

"Clarice sempre dizia que queria pintar e que eu devia escrever", revela Maria (Lispector, 2010: 93). Essa troca de identidades, a possibilidade de tornar-se a escritora-pintora está explicitada em "Carta sobre Maria Bonomi", dois meses após a exposição do MAM.

Mesmo intitulando a "Exposição Águia", Clarice não deixa de comentar a "série impressionante sobre o terror", uma maneira sutil de demonstrar o quanto a incomodava aquele contexto político à sombra da ditadura. Mas o foco de sua carta era escrever sobre o processo criador de duas mulheres "gêmeas de vida", como ela escreveu.

Clarice fez questão de pontuar cada detalhe da exposição: "Maria improvisou um ateliê e na frente dos visitantes fazia matrizes e gravuras." Demonstrou seu fascínio pelos meandros da criação: "O trabalho criador é tão misterioso que se podem ver os processos se elaborando e, no entanto, continua no seu mistério." E justifica por que não foi ao encerramento da exposição: "estava cansada", "meu subconsciente estava exausto, de tanto ser mexido, e sobrecarregado por eu ter caído no chamado tumulto criador: não conseguia mais parar de escrever. Eu dava, dava e dava como sangue irrompe de uma veia seccionada. Estava também machucada e o meu bico de águia se partindo. Pretendia, quando refeita, de novo levantar-me e ter o impulso para um novo voo talvez de águia, quisera eu.

É que a ideia de Águia de Maria Bonomi me persegue.

A águia de grandes asas abertas e de longo bico adunco de marfim – pois é o que vejo na sua abstração – por um instante, imobilizada. O suficiente para que Maria pudesse capturar-lhe a imagem majestosa e projetá-la na solidez maciça da madeira, matéria-prima assaz nobre". (Lispector, 2018: 453)

A Águia: a energia da criação

Clarice leva-nos a ver na "ideia de Águia" que a perseguia o próprio processo criador. A sua identificação com a ave ("meu bico"), o cansaço após o "tumulto criador" e a esperança de retomada do processo ao preparar-se para um novo vôo ("a energia criadora").

Ao imaginar Maria no seu atelier usando as mãos, "o instrumento mais primitivo do homem", diz que ela pega os instrumentos e imprime a heroica força humana do espírito, cortando e alisando e entalhando. Clarice tenta tornar palpável o que se configura na sua imaginação: "E pouco a pouco os sonhos dormentes de Maria vão-se transmutando em madeira feita forma. Esses objetos são tocáveis e, por assim dizer, estremecíveis.

E delicados no seu grande vigor aniquilável. Objetos insólitos que, por vezes, clamam e protestam em nome de Deus contra a nossa condição que é dolorosa porque existe inexplicavelmente a morte."

No sexto parágrafo, ela finalmente confessa o tipo de relação estabelecida com Maria Bonomi: "extremamente confortadora e bem lubrificada", isto é, dá conforto, abrigo, alívio, tem uma sintonia especial: "Ela é eu e eu é ela e de novo ela é eu. Como se fôssemos gêmeas de vida. E o livro que eu estava tentando escrever e que talvez não publique corre, de algum modo, paralelo com a sua xilogravura. Inclusive o ela-eu-eu-ela--ela-eu é devidamente e publicamente registrado e lacrado pelo fato de eu ser madrinha de batismo de seu filho Cassio. Maria escreve meus livros e eu canhestramente talho a madeira. E também ela é capaz de cair em tumulto criador – abismo do bem e do mal – de onde saem formas e cores e palavras" (Lispector, 2018: 452-454).

Clarice Lispector não esconde a total identificação com Maria Bonomi a ponto de elas trocarem os papéis no ato da criação. Ela se tornar pintora e Maria, escritora, mesmo que ao talhar a madeira ela o faça de forma canhestra. Ser madrinha é tornar-se a segunda mãe, não é o que se diz? Clarice pediu para ser a madrinha de Cássio. E não poderia ser diferente para alguém que admitia uma identificação no nível mais profundo, no ato de criar.

Quando refere-se às matrizes expostas no MAM, afirma: "Vi as matrizes. Pesada deve ter sido a cruz de Cristo se era feita desta sólida madeira compacta e opaca e real que Maria Bonomi usa. Nada sei sobre o exercício interior espiritual de Maria até que nasça a gravura. Desconfio que é o mesmo processo que o meu ao escrever alguma coisa mais séria do que a seção dos sábados, mais séria no sentido de mais funda. Mas que processo? Resposta: mistério" (Lispector, 2018: 454).

Ao tentar imaginar como seria o "exercício interior espiritual de Maria até que nasça a gravura", Clarice busca entender o voo da águia através de Maria Bonomi.

Relata que seu desejo foi ambicioso, "ousado", diz ter se arrependido, "não era merecedora de possuir tanta e tal vitalidade na minha sala". A insistência de Maria em atendê-la a fez mudar de ideia, mas pediu para esperar o momento em "que me sentiria pronta para receber a matriz e pendurá-la na parede".

Clarice expressa os efeitos da matriz em sua sala: "Foi um choque de magnificência. A matriz grande e pesada dá tal liberdade à sala!" Mesmo não se sentindo ainda merecedora, aceitou o presente da comadre antes do tempo que programara esperar.

E constata, Maria Bonomi gravou "a íntima realidade vital da águia e não sua simples aparência". A satisfação foi tanta que quis compartilhar com os amigos. No final da crônica-carta, convida todos para "virem ver", "está bem na entrada da sala e com luz especial para serem notadas as saliências e reentrâncias da escura madeira imantada. É como se eu tivesse a constante e sugestiva presença de Maria em casa. Fiquei feliz".

As paredes da sala do apartamento de Clarice Lispector na Gustavo Sampaio (e na General Ribeiro da Costa, também) sempre acolheram telas que ela ganhou ou adquiriu em diferentes fases de sua vida. "Sua galeria" era um alimento visual extremamente inspirador. Basta se lembrar do painel fotográfico de Humberto Franceschi sobre o "Açude da Solidão", um pedaço da Floresta da Tijuca na sala de seu apartamento que lhe deu tanta felicidade (cf. *O Rio de Clarice – passeio afetivo pela cidade*).

Como Maria Bonomi respondeu à Clarice na entrevista que lhe concedeu para a revista *Fatos & Fotos*: "É porque no visual se comunica além da consciência. Você fala aos sentidos antes que à razão" (Lispector, 2002: 313).

Maria Bonomi relatou em depoimento a *Eu sou uma pergunta* que Clarice Lispector conversava muito sobre arte em geral e perguntava sobre o seu método de trabalho. Quando Clarice começou a pintar, contou à comadre: "Maria, estou pintando." Pedia conselhos técnicos, disse que Clarice tinha uma percepção plástica muito grande. "Ela olhava muito. Apreciava. Estava a par do que acontecia nas artes plásticas."

Matéria da Coisa

Quatro anos após esse momento de criação com "Atrás do pensamento/ Objeto gritante/Água viva", Clarice Lispector pintou *Matéria da Coisa*:

"Uma pequena tela de 33x24 cm pintada à mão com pincel mole – parecem aguadas sobrepostas, pode ser acrílico e nanquim. Tudo muito diluído. Assinado e datado com caneta esverdeada: Clarice Lispector

'Matéria da Coisa' – Março 1975" (cf. Carta de Maria Bonomi a Teresa Montero. 1998).

O título é emblemático, como observa Carlos Mendes de Sousa, em *Clarice Lispector pinturas*, porque concentra neste nome uma súmula da poética clariceana. "Em toda a obra literária, como nas suas pinturas, a busca primeira e absoluta é o encontro com a matéria" (Sousa, 2013: 237). No título, ela condensa tudo o que a autora fez, em escrita e em pintura. "Os confrontos com o outro levam-na a essa matéria da coisa (o "it", o "neutro", a "massa branca da barata") inlocalizável e não categorizável (humana e inumana) expressão do ser" (Sousa, 2013: 63). Em seu ensaio, Sousa enfatiza a importância de ler os exercícios de pintura como espelho da prática de Clarice Lispector nos exercícios de escrita. Sua produção pictórica "reveste-se de uma importância considerável pela luz que pode trazer para a leitura do seu processo criativo. Não se tratará propriamente de pretender ler a obra a partir das pinturas, mas de lê-la com as pinturas" (Sousa, 2013: 161).

"Matéria da coisa" integra o total de vinte e três telas pintadas por Clarice Lispector: dezoito pinturas estão depositadas no Arquivo-Museu de Literatura Brasileira, da Fundação Casa de Rui Barbosa, e duas no Instituto Moreira Salles. As restantes foram dadas de presente por Clarice a Nélida Piñon, Autran Dourado (foi leiloada em 2019 e arrematada por Nélida Piñon) e Maria Bonomi.

Apesar de a maioria das telas terem sido pintadas em 1975 (e há algumas sem data), portanto fora do período temporal em que nos concentramos neste capítulo, há que se fazer algumas considerações para ampliar essa reflexão entre as relações das artes plásticas com a obra de Clarice. Das dezesseis telas pintadas num período de sete meses, de março a setembro, as duas primeiras são datadas em março: *Gruta* (7/3/1975) e *Matéria da Coisa* (março, 1975). Portanto, a tela dada à comadre Bonomi foi uma das primeiras do período que reuniu a fase mais profícua dessa experiência.

Há ainda uma tela datada em 1960 (*Interior da gruta*) e outra sem título, segundo Ricardo Iannace, em *Retratos em Clarice Lispector*, com data semiencoberta de 1973. Chama a atenção Clarice Lispector ter pintado *Interior da Gruta*, em 1960, e só ter retomado o ato de pintar nos anos 1970. (Poderia ter pintado outras telas e não ter guardado?). Além de ter retomado o título por similaridade em 7/3/1975 quando pintou outra tela intitulada *Gruta*.

Curiosamente, a narradora de *Água viva* menciona um quadro que pintou: "Quero pôr em palavras, mas sem descrição a existência da gruta que faz algum tempo pintei – e não sei como" (Lispector, 1973: 17). Mesmo não se podendo afirmar que a feitura de um quadro corresponda à data registrada pelo pintor, fica a dúvida: a tela *Gruta* descrita em *Água viva* (escrito entre 1971-1973) é aquela pintada em 1960?

As especulações em torno do recorte temporal das telas justifica-se porque, por si só, a existência de uma "tela isolada em 1973" pode ser um indício de uma experiência de a escritora Clarice Lispector ter vivenciado o ato de pintar como uma espécie de laboratório, onde pudesse se tornar pintora tal como a personagem de *Água viva*.

A ideia de trocar a profissão de escritora pela de pintora, como Clarice fez de *Atrás do pensamento* até chegar em *Água viva* poderia tê-la motivado a tais experiências após ter publicado *Água viva*? Mas não se pode descartar que a ligação entre os títulos citados em *Água viva* e *Um sopro de vida* sejam um sinal de que algumas daquelas telas pintadas em 1975 talvez tenham se originado anteriormente, quando ela criava *Água viva*. Como observou Ricardo Iannace, *Gruta* foi mencionada em "Um sopro de vida". Tela pintada pela personagem Angela, alter-ego de Clarice Lispector. Olga Borelli declarou que essa obra foi escrita entre 1974/1977. A recorrência ao tema "gruta" migraria de um livro para o outro.

Carlos Mendes de Sousa avalia o conjunto de pinturas de 1975 como resultado de um "estado vivencial" da escritora e interroga se a existência de quadros anteriores (não fica claro quais, mas deduz-se o de 1960) indica que "já existia o impulso que, de certa forma, surge registrado na figuração expressa em *Água viva*" (Sousa, 2013: 152-153).

Novas estratégias narrativas: *Água viva* e Artes Plásticas

Quando Clarice Lispector informou ao professor Alexandrino Severino que não queria publicar *Objeto gritante*, em 1972, pois precisava revisá-lo ou abandoná-lo, segundo Sonia Roncador, ela "abandonou o programa estético que havia gerado o manuscrito e embarcou em uma empresa literária totalmente diferente" (Roncador, 2018: 152). Ela se referiu ao fato de a escritora ter publicado a versão final intitulada *Água viva*, em que as marcas mais características desse "programa estético" foram dissolvidas, isso porque Sônia Roncador viu em *Objeto gritante* o começo do que ela chama de "ficção tardia da escritora" (obras publicadas entre 1973 a 1977). Clarice aderiu a um "realismo positivo", nas palavras do escritor francês Michel Leiris, nas primeiras versões de *Água viva* ("Atrás do pensamento" e "Objeto gritante"), o que significa optar por escrever um texto que preservasse as marcas das circunstâncias em que foi produzido: "referências sobre o tempo e lugar de produção, ou, ainda, certas informações sobre sua estória pessoal no momento da criação" (Roncador, 1999: 34). A pesquisadora lembrou que outros escritores da geração de Clarice Lispector compartilharam esse tipo de projeto estético, como o argentino Julio Cortázar, por exemplo, particularmente em seu romance experimental *Rayuela* (1963) (Roncador, 1999: 34-35).

Ao considerar os novos fatos que apresento neste capítulo, é possível acreditar que, uma vez apresentada a versão de *Objeto gritante* ao INL em 1972 com vistas a uma coedição com a Artenova, Clarice Lispector teria cumprido o seu projeto estético tal como descrito por Sônia Roncador. Não fosse o parecer negativo de Hélio Pólvora, teríamos hoje em nossas prateleiras *Objeto gritante*, e não *Água viva*.

Na edição de *Água viva*, com manuscritos e ensaios inéditos, organizada por Pedro Karp Vasquez e publicada em 2019, foi incluída uma amostra dos datiloscritos originais de *Objeto gritante*. Em um de seus artigos para esta edição especial "Objeto gritante, uma confissão antiliterária", Ana Claudia Abrantes relata que há no Arquivo Clarice Lispector, do AMLB na FCRB, duas versões de *Água viva*: um "original datiloscrito" sob o título "Objeto gritante", com cento e oitenta e oito páginas datilografadas, "prolífico em anotações feitas à caneta pela autora, no rodapé ou no alto das folhas e no verso". E a "cópia xerox" com um total de cento e oitenta e cinco páginas, com poucos acréscimos à tinta. Clarice Lispector escreveu a última versão (cujos originais são desconhecidos) a partir da versão de *Objeto gritante*. Ela eliminou cem páginas. A primeira edição publicada pela Artenova tinha cento e quinze páginas.

Em outro ensaio publicado na mesma edição, "Clarice Lispector esconde um objeto gritante: notas sobre um projeto abandonado", Sônia Roncador observou que o modo de enunciação de *Objeto gritante*, seu caráter autobiográfico, foi substituído em *Água viva* "por um relato ficcional, onde uma artista plástica narra a sua estreia no mundo da literatura". (Roncador, 2018: 154). Clarice Lispector eliminou os elementos que indicavam as circunstâncias de produção do texto, bem como da vida pessoal. A narradora-pintora concentrou-se mais em um relato sobre o processo de criação – as interseções entre pintura e texto. Uma reflexão sobre a existência.

Clarice Lispector e Maria Bonomi questionam certos valores artísticos

As estratégias narrativas ditas de montagem desenvolvidas por Clarice Lispector podem ser analisadas a partir da noção de realismo positivo formulada por Leiris, segundo Sônia Roncador. E elas guardam outro aspecto: a "tendência a usar esse procedimento de montagem e chamar a atenção do leitor para o fato de que uma obra de arte é, em última instância, o produto de uma ação" se manifesta mais frequentemente em "artistas plásticos que entre escritores". E mais: Roncador acha interessante notar que a escritora tenha incluído em *Objeto gritante* duas epígrafes (num total de quatro) que aludem à relação desse manuscrito com a pintura, a de autoria do pintor e fotógrafo surrealista Man Ray e a outra escrita pelo historiador de arte Michel Seuphor, que reapareceria na versão *Água viva*. Ela acha significativo que a narradora-protagonista fosse uma pintora. E arrisca apontar um caminho que vem de encontro ao que procurei esboçar nesse capítulo: "O modelo da pintura parece ser particularmente importante para Clarice nesse período. De fato, da mesma maneira que os escritores surrealistas tentaram produzir na literatura os efeitos de uma fotografia (segundo Leiris, o efeito do que é 'autêntico'), Clarice talvez tenha considerado a possibilidade de produzir analogicamente alguns dos efeitos da pintura nos seus escritos – provavelmente de suas pinturas contemporâneas à sua produção literária e que seguiam a lógica do 'índice', isto é, mostra as circunstâncias de produção da narrativa, de tempo e local" (Roncador, 1999: 39).

A personagem Angela, em *Um sopro de vida*, alter-ego de Clarice Lispector, se permite em alguns momentos exercícios no campo da pintura. "Meu ideal seria pintar um quadro de um quadro. Vivo tão atribulada que não aperfeiçoei mais o que inventei em matéria de pintura. Ou pelo menos nunca ouvi falar desse modo de pintar: consiste em pegar uma tela de madeira – pinho de Riga é a melhor – e prestar atenção às suas nervuras. De súbito, então vem do subconsciente uma onda de criatividade e a gente se joga nas nervuras, acompanhando-as um pouco – mas mantendo a liberdade" (Lispector, 1978: 49-50).

A descrição de Angela sobre "um modo de pintar", em que presta a atenção às nervuras da madeira parecem ecos da "Carta sobre Maria Bonomi" na qual Clarice imaginou sua comadre pegando os instrumentos e imprimindo a "heroica força humana do espírito, cortando e alisando e entalhando".

Maria Bonomi, ao explicar seu processo de criação da gravura em *Artes* (abril, 1966), diz: "Não se trata de reproduzir uma imagem, mas de achá-la pela execução numa superfície. O meu ritmo de trabalho é muito rápido e o impulso do ataque ao suporte corresponde a uma resistência maior ou menor da matriz. Na madeira o 'instrumento-mão' encontra coerência entre o que se fixa e como se fixa. Na madeira não se perde o que quero dizer, isto no sentido de dizer diretamente, sem criar climas ou halos de interferência. A xilografia me traduz melhor, pois me limita ao essencial" (Laudanna, 2007: 323).

Nesse diálogo entre vida e arte, Clarice parece dizer: "escrever é viver", "pintar é viver". Segundo Maria Bonomi: "Ela estava numa colocação supermoderna."

A poderosa imagem de A *Águia* evocada por Clarice em "Carta sobre Maria Bonomi" surge em *Água viva* quando, após ter escrito um texto de improviso, a narradora-pintora se indaga: "O que diz este jazz que é improviso? Diz braços enovelados em pernas e as chamas subindo e eu passiva como uma carne que é devorada pelo adunco agudo de uma águia que interrompe seu voo cego."

Creio que a imagem lida no nível denotativo pode ser interpretada como extremamente violenta: ela, imobilizada, consumida pelo fogo, devorada pela águia. Acho-a perfeita para simbolizar esse diálogo sobre a vida e a criação artística; no fundo, uma coisa só. Empreendido entre essas duas artistas durante quase duas décadas.

O improviso ao qual ela se referiu é escrever não um "recado de ideias e sim uma instintiva volúpia daquilo que está escondido na natureza e que adivinho" (Lispector, 1973: 27). Se todos os argumentos apresentados neste capítulo nos levam a crer que Clarice Lispector vivia no início dos anos 1970 um momento de grandes indagações em plena chegada dos cinquenta anos; indagações sobre seu processo de criação, seu modo de escrever, seu modo de "talhar a madeira", expressão que ela usou ao se referir à sua "identidade de artista plástica", portanto de como se pensava enquanto ser humano, seria essa imagem da águia (a "ideia de A *Águia* de Maria Bonomi me persegue") um modo de mostrar a força do processo de criação.

PAGU LÊ CLARICE LISPECTOR

Quando se trata da fase heroica do modernismo brasileiro, vêm à tona os nomes de Mário de Andrade e Oswald de Andrade. Recentemente foi publicada em *Todas as cartas* (2020) a carta que Clarice Lispector enviou a Mário de Andrade revelando o desejo de saber sua opinião sobre *Perto do coração selvagem* (Lispector, 2020: 77): "Acostumei-me de tal forma a contar com o senhor..." A missiva do autor de *Macunaíma* não chegou até Clarice. Oswald de Andrade não ficou indiferente aos livros de Clarice Lispector. Ela conservou em seus arquivos, sob a guarda do AMLB/FCRB, uma carta que o autor de *Memórias sentimentais de João Miramar* lhe escreveu em 14/3/1948 ("responda de Berna ou do alto mar que se parece com você"). O que ainda permanecia desconhecido é o interesse entusiasmado de Patrícia Galvão, a Pagu, pela obra de Clarice Lispector, escritora vinculada ao grupo antropofágico de Tarsila do Amaral, Raul Bopp e Oswald de Andrade, com quem se casou em 1929. Desse casamento, nasceu Rudá.

Haroldo de Campos deixou a pista

Foi no livro pioneiro de Haroldo de Campos, *Pagu – Vida e Obra* (Brasiliense, 1982), lançado quando pouco se sabia sobre o itinerário de Patrícia Galvão, que encontrei as referências de que ela, sob o pseudônimo de Mara Lobo, escreveu sobre *Laços de família* e sobre Clarice Lispector na revista *Senhor*, no jornal *A Tribuna*, de Santos. Felicíssima com a descoberta, encaminhei um e-mail para *A Tribuna* em 9/2/2020 (antes da pandemia). Impossibilitada de ir a Santos, fiz a solicitação. Fui informada de que o acervo não está digitalizado. Expliquei a finalidade da pesquisa. Eram artigos que até então nunca tinham sido divulgados, mas Haroldo de Campos (vejam a importância das pistas que os pesquisadores deixam) nos deixou esse presente. Consegui! No dia 20 de fevereiro de 2020, recebi essas duas preciosidades que foram digitalizadas especialmente para essa pesquisa pelo Sr. Rogélio. No mesmo dia, saí no encalço dos herdeiros de Pagu para que pudesse publicá-los na íntegra. Solicitei em 13/2 à Unisanta o contato da professora Lúcia Maria Teixeira Furlani, diretora da universidade, e uma das biógrafas de Pagu, autora de *Viva Pagu: fotobiografia de Patricia Galvão* (Unisanta/Imprensa Oficial, 2010) em parceria com Geraldo Galvão Ferraz, filho de Pagu e Geraldo Ferraz. Expliquei o motivo, a descoberta que fizera. Recebi em 27/2 o e-mail de Lúcia Teixeira. A pandemia chegou e paralisou tudo. Só escrevi para Lúcia Teixeira em 13 de janeiro de 2021, quando obtive através da funcionária Leila, da Unisanta, os e-mails dos representantes dos herdeiros de Pagu: Leda Rita Cintra e Rudá Andrade. Graças à generosidade de ambos, o leitor pode ler na íntegra o que Mara Lobo, ou melhor, Pagu achava de Clarice Lispector.

A estreia de Clarice Lispector comentadora de livros anunciada por Pagu

Se não bastasse a importância dos artigos pelo conteúdo propriamente dito, é importante destacar que Pagu registra a estreia de Clarice Lispector como "comentadora de livros" (expressão dela) na revista *Senhor*. Há inúmeros trabalhos sobre a colaboração de Clarice nesta revista. Sabe-se que a maioria dos textos da segunda parte da primeira edição de *A legião estrangeira*, intitulada "Fundo de gaveta", foi extraída da *Senhor*. Porém, a faceta de Clarice escrevendo sobre livros permanece totalmente desconhecida (eu nunca li nada). Pesquisando os números da *Senhor* no ano de 1960, quando aparece a primeira colaboração em abril sobre *Filhos e amantes* de D.H. Lawrence, e *Contos*, de Graham Greene, noto que a escritora publicou somente dois contos: "A imitação da rosa", em março, e "O búfalo", em julho. Uma pesquisa nos demais números poderá elucidar se a estreia promissora de Clarice saudada por Pagu teve continuidade ou não. Não o fiz por não ter acesso aos exemplares até a conclusão deste volume. Graças à indicação de Pagu, localizei e comprei o exemplar de abril de 1960 – ano 2, nº 4. No sumário, em "Livros", lê-se Clarice Lispector.

Na última página da revista, a 78, vê-se o título "Livros" seguido de um C.L. Clarice não assinou o artigo.

Os dois artigos de Pagu revelam sua personalidade irreverente. A coluna teve vida longa, foi publicada entre 1954-1962 (ano de seu falecimento), e Mara Lobo é o pseudônimo adotado por Patrícia Galvão quando publicou *Parque industrial* (1933). A essa altura, Patricia Galvão era mais do que uma "musa do modernismo", como se lê em alguns comentários superficiais. Pagu tinha mostrado suas várias facetas como escritora, militante política (presa na Ditadura Vargas), jornalista, crítica de letras, artes, televisão e teatro. E mais: poeta-desenhista, diretora de teatro e ativista cultural. Pagu se tornou um símbolo da mulher emancipada e libertária. Consagrar *Laços de família* em sua coluna em *A Tribuna* era muito significativo para uma escritora como Clarice, que acabava de retornar para o Brasil e retomava a sua trajetória literária. Seu último livro, *Alguns contos*, fora publicado em 1952. Pagu e seu marido, o jornalista e crítico de arte Geraldo Ferraz, mantinham intensa troca com inúmeros escritores e intelectuais. Já era célebre o empenho do casal em divulgar o que estava acontecendo na cena cultural, literária e artística desde o Suplemento Literário do *Diário de S. Paulo*. Em *A Tribuna*, Pagu manteve o mesmo tom e acolheu veteranos e jovens promessas.

Ao saudar Clarice Lispector em 1960 como "comentadora de livros", ela fornece pistas sobre como a mulher escritora se inseria no meio cultural carioca. Era como se Clarice Lispector estivesse estreando na literatura. Pagu não só profetizou a importância de Clarice Lispector para a literatura brasileira, como também enxergou com argúcia os obstáculos que uma escritora devia enfrentar num *métier* formado por homens. Os artigos são antológicos! Apresento-os extraindo uma frase em negrito de cada um para destacar o pensamento de Pagu.

Para que você, leitor, possa ter uma visão mais profunda sobre essas páginas, reproduzo também o texto de Clarice Lispector sobre *Filhos e amantes*, de D.H. Lawrence, e *Contos*, de Graham Greene. Em mais de uma ocasião, Clarice expressou sua grande admiração pelo romancista inglês. Ao longo dos anos, os críticos literários filiaram a obra de Clarice principalmente a Virginia Woolf, Proust e Katherine Mansfield. Desconheço algum estudo sobre D.H. Lawrence. Será que a paixão declarada de Clarice Lispector por ele não merece alguma investigação? O texto inédito em livro pode despertar os pesquisadores de plantão.

"Clarice Lispector – nenhum dos marmanjos que escreve em 'SR' supera não senhor." (Pagu)

CLARICE LISPECTOR EM FOCO

Eis que entra para o fogo a escritora mais singular dos Brasis, dona Clarice Lispector, a grande autora de "O lustre".

Convenceram-na, esses senhores que fazem a revista SR, de trabalhar um pouco mais em contato com o movimento editorial.

E Clarice Lispector, de quem lemos e relemos, lentamente maravilhados, cabeça junto com cabeça, o maravilhoso "Imitação da rosa", que veio no número 12 da SR, a história dramaticamente trabalhada por dentro de todo aquele minucioso delírio.

Pois então registremos que ganhou a revista SR um comentarista de livros, que nela fazia falta, e o editor apresenta descaradamente assim... "Clarice Lispector, uma das nossas admirações, pelo favor e esforço. Favor, resolvendo um dos nossos problemas: a falta de crítica ou comentário de um livro. Esforço para combater a sua incrível modéstia lançando-se a um trabalho que só ousaríamos comparar ao dos homens que jogam futebol (em selecionado 'SR', em campeonato do mundo 'SR'), na posição de goleiro."

Pois aí está o que fizeram de nossa grande escritora nesta velha cap que ficou sendo o Rio – goleiro da revista "SR". E que notável na estreia!

Aliás, já que estamos tratando de crítica e de Clarice Lispector, demos também nosso palpite: Clarice, meu caro editor de "SR", só deve jogar em campeonato do mundo. Não ponha a moça jogando bola em nossos estádios, em nossas várzeas não, que os outros editores vão querer dobrá-las às suas ambições (sei que não acontecerá, mas será sempre aborrecível) e os escritores ficarão com os narizes torcidos.

A amostra mostra bem onde deve pairar o nosso grande goleiro. O comentário sobre Lawrence e outro sobre Graham Greene pegam bem dois chutadores que chutam forte e certo, e precisa se ter olho de ver para acertar assim, que nem dona Clarice aconselha, quase maternal ao inglesinho dos contos. "O ideal seria entregar ao próprio Graham Greene um de seus contos e pedir-lhe que, sem pressa, escreva com aquele mesmo tema um conto de Graham Greene." A isto se chama defender um pênalti.

No caso de Lawrence, vai causo porque é pançudo, trata-se de reparos em profundidade na tradução de "Filhos e Amantes", que Clarice Lispector espiou e viu por dentro e comparou, o que é ruim para tradutores-colaboradores, ou no uso de um português que, como a crítica perfeitamente diz, se torna "desagradável" quando cai na maneira aportuguesada de dizer, ou quando traduz palavra de beleza profunda e sentida por palavra mais polidamente empregável mas que diabo não está no texto e traduzir não é isso.

O que eu queria dizer ao editor é que reservasse Clarice para essas alturas em que veio a estreia auspiciosa deste número 14, em que ela apanhou os chutes do tradutor de Lawrence e do contista – aí foi o próprio – Graham Greene, com aquela ácida exigência que ela tem e pode e deve ter e manifestar sempre para servir de fermento a boa adubação das próximas colheitas...

O que eu queria dizer é que o editor reservasse mesmo Clarice Lispector para a crítica do livro estrangeiro, do escritor estrangeiro, que anda muito malbaratada por aqui, principalmente pelos nossos donos de vanguardas em ismo, que são donos de colunas literárias alvissareiras e que quase sempre engolem gatos e dizem o gosto da lebre.

Mais vai outro recado ao editor que ameaça ainda dona Clarice Lispector com seus planos - sei lá que planos são esses. O outro recado é que não nos coíba, pelo menos de quando em vez, ter também, além de uma Clarice crítica a contista maravilhosa que ela é e que "SR" tão bem tem aproveitado até essa grandiosa "A Imitação da rosa" que é prosa e vida e dor e tudo, em literatura como nunca se fez neste país – tá, seu Sirotsky?

É preciso, portanto, e aprovo que se tenha colocado afinal Clarice numa página de obrigação como a do comentário de livros (estrangeiros e autores importantes porque senão não adianta), mas também de vez em quando tenham a decência de fazer com que ela retorne ao seu trabalho nas páginas de dentro, aquelas da literatura dela mesma, que nenhum dos marmanjos que escreve em "SR" supera não senhor. Não senhor. E pode continuar.

(Mara Lobo – Clarice Lispector em foco – Literatura. Suplemento de
A Tribuna. Santos, 24/4/1960 p.4.)

"Porque o livro de Clarice é uma lição límpida, comovida, inteligente, de como se pode amar a literatura." (Pagu)

LAÇOS DE FAMÍLIA

Amigos, hoje, nesta crônica, vou lhes abrir meu coração... Assisti na última semana de julho, na velha Livraria Francisco Alves, a um acontecimento literário do ano para nós, neste triste país. Naqueles dias, escritores andavam se reunindo num congresso do Pen Clube; houve uma promoção de feira livre com estrelas de futebol, rádio e gude, para ajudar a colocar livros, a que chamaram Festival do Escritor, e até o governo fez em decreto um dia do escritor, 25 de julho... Pois naquela tarde, Clarice Lispector fazia entregas de livros autografados no balcão da Livraria Francisco Alves. Tive a felicidade de testemunhar esse acontecimento.

"Agora tu, Calíope, me ensina", dizia o velho Camões em seu apelo à eloquência, e quase estou precisando disso. Mas, é melhor que lhes abra meu coração: aquela senhora que veio para o balcão da livraria é hoje o maior ficcionista brasileiro. E faz oito anos que saiu pelas mãos de Simeão Leal, nos Cadernos de Cultura do Ministério de Educação, seu livrinho magro "Alguns contos", em que seis historiazinhas nos davam notícia da capacidade de Clarice trabalhar pequenos textos, com a mesma perfeição que construíra seus romances *Perto do coração selvagem*, *O lustre* e *A cidade sitiada*, três livros bastante antecipados da capacidade de apreensão do leitor brasileiro. Pois tanto tempo fora do Brasil, tanto tempo fora das vitrinas das livrarias, a volta de Clarice para o Rio em agosto do ano passado lhe deu oportunidade de reinstalar sua tenda e continuar produzindo. E aqui estão os contos.

Depois de alguns contos de Machado de Assis, de Lima Barreto, de outros de Antonio de Alcântara Machado e Mário de Andrade – eis que sobreleva a faturas desses trabalhos antológicos, esta concepção brilhantíssima de tema e estilo, juntos, inseparavelmente, numa fusão inteligente e máxima de como se expressar de uma maneira notável uma contista de nosso tempo. Sim, Clarice Lispector chega depois, depois de tudo aquilo "maior" no Brasil, mas chega também de sua profunda observação informada de tudo quanto se podia produzir em conto em relação ao "maior" do mundo. Eis Clarice e seus treze contos deste livro "Laços de família", para o qual Cyro del Nero desenhou uma coleção primorosa de ilustrações densas, intensas, tensas – uma palavra puxa a outra, deixe que lhes fale com o coração hoje.

Pois é na Coleção Alvorada que Carlos Lacerda abriu a trilha, seguido por Homero Homem, que Clarice se situa com este "Laços de família". A explicação da editora honra a sua nova orientação em valorizar a literatura brasileira de vanguarda, enquanto Paulo Rónai nos fala, nas orelhas do volume, dos méritos e das técnicas empregados pela contista, e o faz com uma eficiência de mestre, acompanhando os mergulhos em profundidade realizados por Clarice Lispector. Ela vai ao fundo das coisas...

Peço-lhes, assim, que leiam este livro de contos. Ele determinará uma etapa na história de nossa ficção. Dir-se-á um dia: depois que Clarice Lispector publicou seus contos...

Agora, já que há por aí Jogos Florais da Primavera, e que a Comissão Municipal de Cultura fez um regulamento erradíssimo para o julgamento dos contos entrarem a entrarem nesse concurso, vou dar aqui minha contribuição, a esse esforço desconcertante, para consertar alguma coisa. A Comissão Municipal de Cultura pode dirigir-se à Livraria Francisco Alves e adquirir os livros com 30% de desconto, para premiar com eles o comparecimento dos contistas que se inscreverem e mandarem contos ao seu concurso nos Jogos Florais, categoria "contos". Deve-se acreditar que quem concorre a um concurso de contos gosta de contos e até de fazer contos. A Comissão concorrerá então para instruir essa turma premiando "todos os concorrentes" com um exemplar de "Laços de família", porque ali há uma arte do conto, levada às suas últimas consequências, e assim a comissão fará alguma coisa pela informação sobre o conto – a que alturas já chegou ao Brasil – e a que alturas já chegou a qualquer lugar do mundo. Porque o livro de Clarice é uma lição límpida, comovida, inteligente, de como se pode amar a literatura.

(Mara Lobo. "Laços de família" – Literatura – Suplemento de A *Tribuna*. Santos, 7 de agosto de 1960)

Coluna "Livros" – C.L.

Em "Dedicatória e prefácio muito útil, desculposo e de agradável leitura, o editor da *Senhor* informa que o dedica aos linotipistas, à Sra. Berta Ribeiro, ao Sr. Guimarães Rosa e à Sra. Clarice Lispector". Todos os citados colaboraram no número 4 da revista, com exceção de Berta Ribeiro, quem o fez foi seu marido, Darcy Ribeiro. A dedicatória relata como cada um foi convidado para participar e como o editor teve que esforçar-se para reunir esse time de notáveis.

Clarice Lispector já colaborava em *Senhor* desde março de 1959 com contos que ajudaram a torná-la mais conhecida do público, o editor diz:

À Sra. Clarice Lispector – uma das nossas admirações – pelo favor e esforço. Favor, resolvendo um dos nossos problemas: a falta de crítica ou comentário de livros. Esforço, para romper sua incrível modéstia, lançando-se a um trabalho que só ousaríamos comparar aos dos homens que jogam futebol na posição de goleiro.

Nós temos, a respeito desta Senhora, alguns planos que de futuro interessarão aos Senhores.

No artigo de Mara Lobo, ela ironiza essa nova função da escritora como "goleiro da revista *Senhor*".

A seguir, reproduzo o artigo de Clarice Lispector. Ela identifica-se somente pelas iniciais de seu nome: C.L.

Foi preciso coragem para reler "Filhos e Amantes" (Portugália Editora – 445 págs – Cr$ 300,00). Lembrava-me do livro não como de coisa lida, mas acontecida, "me acontecida", como um ponto alto em coragem de viver, nem posso dizer em coragem de escrever. Amor levado a ponto de amor, vida levada a ponto de vida, e a falta de medo da pungência, essa não economia de sentir que é diferente do esbanjamento – voltar a tudo isso era tentador, sobretudo porque a ideia de vida anda por menos, mas era também ter que passar pela desorganização que precede a compreensão. E mesmo, quem não conhece o medo que se tem de emoções? É preciso ter coragem. Mas lugar de vida parece o local do crime e ao qual dizem, acaba-se voltando. Ficava eu falando de "Filhos e Amantes" com alegria e alívio, como "por esta já passei", mas sempre aguardando o momento futuro, momento de ouro, em que não haveria por que ter medo de aceitar que Lawrence é a revolução. Verdade como revolução? Nem verdade como escândalo, nem "ele diz a verdade que ninguém diz", nem verdade *versus* preconceito. Tão mais que isso. Hoje um menino perguntou: "Mamãe, quando a gente morre, chora?" Não sei bem que relação tem essa pergunta com Lawrence, mas confio em que tenha. Tem, sim. É que a pergunta do menino não pede como resposta a verdade da cabeça mas uma outra. Lawrence é a verdade da paixão? Paixão não como exasperação de sentimento, mas como a contextura real nossa (nesse sentido pode-se, sem paradoxo nenhum dizer: serena paixão é a nossa.)

É difícil escrever sobre alguém que provoca em mim o grande amor por nós todos, que faz fechar por um instante o livro porque o coração começa a bater pela surpresa de não ter sabido até então, alguém que durante algum tempo faz com que outros livros pareçam um grande esforço triste do pensamento procurando vida, como se fosse possível. Todas essas coisas pelas quais "Filhos e Amantes" me fez passar. Bem noto o tom de ressentimento nesse "me fez passar". O que é? Será que não se perdoa a desorganização que vida, vida mesmo, causa na vida diária? Se não fosse o amor que Lawrence provoca, que grande inveja. Escreve tão bem que, a bem dizer, nem parece escritor. Cada livro seu é o de um grande principiante, desses que nunca aprenderão nada mais porque, começando por saber, perderam as chances menores. A inveja dos que não têm as chances menores, os pequenos aprendizados, os talentos, de quem "não tem muito jeito", a *gaucherie* do coração. Não consigo pensar em Lawrence como escritor mas como um dos elementos da vida de quem o lê; então, para dar impressão sobre "Filhos e Amantes", por exemplo, tenho aquela mesma perplexidade que se tem diante de álbuns de perguntas de ginásio: "Que espera do futuro? Qual é o seu sonho? Tem medo da morte?" O que me leva de novo à pergunta do menino que liguei (forçadamente) a Lawrence. É que, tanto a pergunta como "Filhos e Amantes" têm em si, abafado, o lancinante. "Filhos e Amantes" é lancinante.

Mas tenho uma historiazinha ligada a Lawrence. Conheci na Inglaterra um homem velho, professor de literatura, pessoa tão simpática que dava aflição conversar com ele, vê-lo animar-se, e depois deixá-la sozinho, viúvo, fazendo economia de cigarros; o que consolava é que nele a necessidade (nem tanta, aliás) se transformara em alegria, a grande compensação: contava os cigarros, olhava o relógio para ver se era hora de fumar o terceiro, separava os de amanhã, etc, o dia dele era um estratégico etc. contra a entropia. Despedia-me dele com uma atitude culpada por ir embora, e na rua, por Deus, o alívio de ter escapado. Agora o que não sei bem é o que senti quando ele me disse que conhecera Lawrence. Olhei-o com espanto e timidez, como se até então me tivesse escapado o principal do velhinho. Perguntei como ele era, na verdade não sabia como perguntar. O economizador de cigarros respondeu: "Acho que ele agiu muito mal tirando a mulher do outro." Nada mais foi perguntado, nada mais foi dito. De início um pouco de frieza de minha parte. Mas depois é que o entendi melhor, passei a achá-lo ainda mais desprotegido, sempre fora, e, não fosse cruel tirar-lhe seu gênero de intensidade, e da economia, eu lhe teria dado mais cigarros.

A tradução, portuguesa, de "Filhos e Amantes" é muito desagradável. Pelo menos para leitor brasileiro. A mim não me sabe bem a mãe de Paul Morel ter jantado "uma solha divinal". Interrompe-se-me cá o regalo da leitura deparar com: "A passajar as peúgas do marido – atalhou Clara, um tanto cáustica." E abraçar um garoto num "rapto de amor" transforma o abraço em caso de polícia. Mas o que me doeu foi a inútil "tradução livre" de certas frases. Por quê? Mas por que tirar à toa a beleza de palavras que são traduzíveis? Vejam, por exemplo, na morte de Mrs. Morel: "They all stood back. He kneeled down, and put his face to hers and his arms round her:

'My Love – my Love – oh, my love!' He whispered again and again. 'My love – oh, my Love!'"

E agora a tradução de Cabral do Nascimento: "Todos recuaram. Paul ajoelhou, uniu a cara à da mãe e passou-lhe os braços em volta do corpo.

'Querida mãe... querida... querida.'"

"E repetia sempre, num murmúrio: 'Querida... Querida...'"

E mais adiante, ainda na mesma cena, Mrs. Morel morta: "It eased him she slept so beautifully. He shut her door softly, not to wake her, and went to bed." E agora sintam, por favor, como o tradutor colaborou com Lawrence, acrescentando-lhe o engraçadinho de uma ternura: "Sossegava-o a ideia de a saber assim a dormir tão lindamente. Fechou a porta com cuidado, não fosse acordá-la com o barulho! E foi-se deitar." E eis que Paul Morel em nossa língua vira o esperto marotinho dos sentimentos.

Da última vez que li Graham Greene – um conto talvez – ficou-me a impressão de que ele já viveu o problema dele, e que até já se salvou. Escrever à custa do que se aprendeu, não do que se está aprendendo, talvez seja às vezes perigoso. (Mesmo que se esteja escrevendo sobre o passado, tem-se que estar aprendendo sobre o passado na hora de escrever.) É capaz de dar a tentação errada, a quem sofre de algo, de não se curar, como de fazer de ferida de mendigo, além de ganha-pão, fonte de vida. Resolver os problemas não parece ser a grande solução. Ou melhor: resolver os problemas só soluciona mesmo os problemas. Dá a grande facilidade de viver? Pelo menos a de escrever. Escrever com a certeza de que "vai dar certo". Em Graham Greene está dando muito certo.

Agora vejo os belos "Contos" (Agir – 350 págs. – Cr$ 180,00) muito bem traduzido por Tati de Moraes e Ruth Leão. Graham Greene dá certo, sim. Mas não é só isso. A verdade é que ele é ótimo. Vê bem os outros. Vê os outros às vezes tão de perto que deixa em silêncio o que os outros mesmos, ao viverem, deixariam em silêncio. Ele é um bom, bom filme, da melhor qualidade. Disso se gosta e muito, mas não é isso que se quer.

Lembro-me que já o compararam a Dostoiewski. Pois não parece nada. Para começar, a diferença é até tipográfica. Graham Greene – se comparado a Dostoiewski – é tipograficamente ralo, o tipo sai claro, com bons espaços, a letra salta aos olhos, a emoção também. Graham Greene é um "bem impresso". (Talvez relendo "The heart of the Matter" mude de opinião.) Aliás por que parecer? No campo da parecença, sem querer nem um instante diminuir Graham Greene, a quem devo "The Heart of the Matter" e a renovação de emoções de piedade, ele é, nesta coletânea, o que Somerset Maugham seria, se fosse Graham Greene. Está imaginoso demais. De um imaginoso que, por assim dizer, já funciona sozinho, sem ocupar o autor. O que aborrece nele é que, antes de ler, a gente já sabe que vai gostar. E nunca se decepciona. E Graham Greene que se arriscou à roleta russa... Em escrever também se pode.

Gosto do livro, sim, mas estou cansada do modo rápido como ele escreve. Aliás em muitos desses contos ele próprio parece saciar-se depressa. Sobrou fazenda de algum vestido, e com os retalhos fez lenços e blusas? É verdade que deve ser uma tentação ter anotações de tão boa qualidade, anotações que já dão um muito bom Graham Greene, e não considerar o caso como encerrado. Ele me lembra, em alguns desses "Contos", um escritor de talento que lhe diga: tenho uma ideia ótima para um conto. Narra a história, emociona o ouvinte, e, por um motivo ou outro, não escreve a história. O ideal seria entregar ao próprio Graham Greene um de seus contos e pedir-lhe que, sem pressa, escreva com aquele mesmo tema um conto de Graham Greene.

"SOY LOCO POR TI AMERICA": A AMÉRICA LATINA LÊ CLARICE LISPECTOR NOS ANOS 1970

Argentina

"Imposible explicarlo. Se iba apartando de aquella zona donde las cosas tienen forma fija y aristas, donde todo tiene um nombre sólido y inmutable. Cada vez ahondaba más em la region líquida, quieta y insondable donde se detenían nieblas vagas y frescas como las de la madrugada."

(Clarice Lispector – *Cerca Del Corazón Salvaje*)

Julio Cortázar cita este trecho de *Perto do coração selvagem* como epígrafe do conto "Anel de Moebius" publicado no livro *Queremos tanto a Glenda* (Ed. Alfaguara, 1980). Sobre a epígrafe, em uma nota de rodapé, lê-se: "*Perto do coração selvagem* é o primeiro romance de 17 anos que levaria seu nome e sua obra a um dos lugares de maior destaque na literatura brasileira: Clarice Lispector." A epígrafe de Cortázar está na página 208 da 7ª edição desse romance publicado pela Nova Fronteira: "Impossível explicar. Afasta-se aos poucos daquela zona onde as coisas têm forma fixa e arestas, onde tudo tem um nome sólido e imutável. Cada vez mais afundava na região líquida, quieta e insondável, onde pairavam névoas vagas e frescas como as da madrugada."

A ligação de Julio Cortázar com a literatura de Clarice Lispector é bem anterior ao "Anel de Moebius". Em anotações feitas em 1975 (Borelli, 1981: 25), ela escreveu: "Julio Cortázar me mandou um recado dizendo que gostaria de me conhecer." Na mesma lista ela se referiu a vários fatos demonstrando o interesse da América Latina:

"A revista literária argentina *Crisis*, considerada talvez a melhor da América Latina, me pediu uma entrevista."

"Bogotá me convidou."

"Fui representante brasileira num livro de contos de vários escritores da América Latina, acho que deviam entrevistar os escritores novos, há muitos bons e que têm muito a dizer."

Esses três fatos ocorridos entre 1975-1976 ajudam-nos a mapear como a obra de Clarice Lispector circulava na América Latina e qual a importância desse diálogo da literatura brasileira com seus *hermanos* num período em que o continente era governado por ditaduras militares. Traduzida desde 1969, na Venezuela, com *La pasion segun G.H.* e *La legion extranjera* (1971) pela Editora Monte Avila, quando Clarice esteve em Buenos Aires na "2ª. edição da Feria Internacional Del Autor al Lector", entre 27 de março e 12 de abril de 1976, eram cinco as obras traduzidas, grande parte pela Editorial Sudamericana: *Un aprendizaje o el libro de los placeres* e *Lazos de familia* (1973), *La manzana en la oscuridad* (1974), e *El via crucis del cuerpo* e *Agua viva*, ambas em 1975. O conjunto de obras traduzidas no continente latino-americano inseria Clarice Lispector num patamar privilegiado como uma das grandes autoras contemporâneas.

Revista *Eco Contemporaneo*

A correspondência de editores argentinos com Clarice Lispector mostra o primeiro contato já em 1962. O poeta Miguel Grinberg, da revista *Eco Contemporaneo*, contou a Clarice (19/7/1962 – ACL/AMLB-FCRB) sobre sua passagem pelo Rio em 1961; fizera amigos (Walmir Ayala e Maria Alice Barroso) e que sua revista "aspira a convertirse em um nexo para que os artistas de America se conozcan". Desculpou-se por traduzir o conto "Uma galinha" e publicá-lo na revista sem aguardar a autorização da Editora Francisco Alves, que não respondeu à sua carta. E lamentou seu contato com Clarice se dar depois da publicação. *Eco Contemporaneo* (1961-1969) vinculou-se ao movimento "Nueva Solidariedad" (fundado pelos editores da revista) junto às revistas mexicanas *El corno Emplumado* e *Pájaro Cascabel,* apoiado por Julio Cortázar, Henry Miller e Thomas Merton entre outros. O primeiro número trazia um artigo de Walmir Ayala com um panorama da poesia brasileira. Em entrevista a Floriano Martins ao *Diário de Cuiabá* ("Grinberg, a Argentina e eco contemporâneo") em 7/12/2012, Miguel Grinberg traçou um amplo panorama desse contexto cultural e político e deixou entrever em uma frase como os poetas argentinos, ainda no início dos anos 1960, começavam a preparar o terreno para uma "grande comunhão americana": "A América nunca foi América. Não somente porque não a deixaram desenvolver-se, mas sim também porque sempre a tergiversaram". Grinberg disse que naqueles dias no Rio, no início dos anos 1960, os livros de Drummond e Clarice o deixaram alucinados.

Paralelamente, a partir de 1968, a Sabiá, de Rubem Braga e Fernando Sabino, lançava as primeiras traduções brasileiras de ícones da literatura latino-americana como Gabriel García Márquez, Mario Vargas Llosa, Jorge Luis Borges e Manuel Puig.

Marly de Oliveira e Maria Julieta Drummond de Andrade

Além da circulação da obra de Clarice no circuito editorial, outros fatores devem ter contribuído para o interesse dos argentinos. A poeta Marly de Oliveira, afilhada de Clarice, residindo na Argentina com o marido, o diplomata Lauro Moreira e a filha Mônica, desde 1968, atuou de maneira informal como uma espécie de agente da escritora. É o que se deduz ao ler uma carta remetida à Clarice; ficam evidentes seus laços com o meio editorial e literário, como também sua amizade com Maria Julieta Graña, filha de Carlos Drummond de Andrade, casada com o argentino Manuel Graña Etcheverry, chamado carinhosamente de Manolo. Maria Julieta lecionava literatura brasileira na FUNCEB – Fundação Centro de Estudos Brasileiros. Marly e Maria Julieta chegaram a traduzir juntas para a Editora Sabiá, de Fernando Sabino e Rubem Braga, *Nueva Antologia personal* (1969), de Jorge Luis Borges. O poeta e intelectual Manolo traduzira boa parte da obra de Drummond e poemas de Marly de Oliveira, como informou Lauro Moreira em seu blog em 29/5/2015.

Marly de Oliveira relatou sua conversa com o jovem poeta Rodolfo Alonso para viabilizar a tradução de *Laços de família* em 1968, como foi registrado na carta de 22 de junho: "Ele admira muito você, que gostaria de traduzir *Laços de família* ou outro qualquer livro, que ele é poeta e vai só agora começar com uma editora." O mesmo em relação a Editorial

Rueda: "Telefonei também para o Editorial Rueda, mas o Sr. Palácios só está na segunda-feira" (Lispector, 2002:253).

Ora, a Santiago Rueda era uma editora de grande relevo, sob seu selo foram editados a primeira edição castelhana de *Ulisses*, de James Joyce e *Em busca do tempo perdido*, de Proust; além das *Obras completas*, de Freud (cf. Lucas Petersen, 2019 13.8. *Notícias* – Santiago Rueda: un editor insólito). De Clarice a editora publicou *El via crucis del cuerpo*, em 1975, traduzido por Haydée Jofre Barroso.

O livro de contos ao qual Clarice Lispector se referiu, e onde foi incluída como representante dos brasileiros na América Latina, é *Asi Escriben los Latinoamericanos* (1975). Foi editado pela Orion e organizado por Haydée Jofre Barroso, sua maior tradutora na Argentina naquele período. Clarice Lispector aparecia ao lado de Roa Bastos, Mario Benedetti, Cabrera Infante, Alejo Carpentier, Antonio Di Benedetto, Carlos Droguett, Carlos Fuentes, Gabriel García Márquez, Felisberto Hernández, Benito Lynch, Severo Sarduy, Juan Rulfo e Vargas Llosa.

Havia um terreno propício para o intercâmbio entre a literatura brasileira e a nova narrativa hispano-americana conforme se vê na correspondência da professora mineira Teresinha Alves Pereira com Clarice Lispector em maio de 1972: "Terminei no ano passado uma tese de doutorado para a Universidade de New Mexico, na qual comparo sua obra à de Julio Cortázar. E Gregory Rabassa (tradutor de *A maçã no escuro*, em 1967, pela Knopf) incluiria um 'grande artigo' dela na revista *Nueva Narrativa Hispanoamericana*. A professora pediu para Clarice encontrar uma editora para publicar a tese em convênio com o INL, o manuscrito estava em mãos de Laís Corrêa de Araújo e ela pediu que Clarice falasse com Walmir Ayala para fazer o contato com o INL. Clarice lhe respondeu (14/7/1972 – ACL/AMLB-FCRB) e se colocou disposta a ajudá-la. Ao que parece, a publicação não foi realizada. Teresinha publicou um Estudo sobre Clarice Lispector, em Coimbra" (Nova Era, 1975).

Clarice Lispector em Buenos Aires

Em 22 de dezembro de 1975, Haydée Jofre Barroso, a principal tradutora das obras de Clarice Lispector, lhe informava que "a embaixada estava

muito interessada em trazer você para a Féria do Livro em Bs. (março-
-abril) e estão esperando saber qual é a verba do Itamarati para isso" (cf.
ACL/AMLB-FCRB). A Ediciones de la Flor S.R.L. já mostrava interesse em publicar *Felicidade clandestina* em 16/2/1972 (cf. ACL/AMLB-
-FCRB). Quando visitou Buenos Aires, em abril de 1976, a convite da
"Feria Internacional del Autor Al Lector", Clarice conheceu pessoalmente Maria Julieta, filha de Drummond. Na crônica "Em forma de pomba",
ela demonstra sua admiração, "lendo sempre seus livros, distribuindo os
seus contos entre os meus alunos" (Andrade, 1980: 25), e rememora em
detalhes quando Clarice lhe telefonou e marcou um almoço que acabou
não sendo num restaurante, como haviam combinado, porque uma senhora argentina que comprara um livro na Feria Internacional ficara fascinada por Clarice. "Numa época em que aqui só se falava em sequestros,
você, com a perfeita intuição de sempre, achou normalíssima a gentileza
com que a moça nos levou de táxi a um apartamento de luxo, repleto de
aços e acrílicos, onde um marido grego, que vendia tapetes, e uma gata
siamesa, batizada Lou Salomé, nos aguardavam. Você adorou a bichinha,
e contou que o seu cachorro, Ulisses, fumava muito."

Maria Julieta mencionou, também, quando o tema filhos veio à baila:
Clarice recordou o tema com emoção: "O casamento do outro garoto,
Paulo, acontecido poucos dias antes. Como você, se iluminava toda ao
descrever a festa em torno da piscina..."

Três meses depois da Feira Literária foram publicadas duas entrevistas
na revista *Crisis*, em julho de 1976, realizadas no apartamento de Clarice
Lispector na Gustavo Sampaio, no Leme. Uma concedida a Eric Nepomuceno; a outra, à Maria Esther Giglio. A *Crisis* foi fundada na Argentina
por Eduardo Galeano, autor de *As veias abertas da América Latina* (1971).
Galeano fora preso depois do golpe no Uruguai, em 1973, e se exilou na
Argentina.

A *Crisis* destacou a seguinte declaração de Clarice: "Yo no sé aún qui-
én y como soy como persona, aún me estoy buscando: ?como saber, en-
tonces, como soy en literatura?" E a revista completa: "En la Argentina,
sin embargo, desde hace más de um año, comienza a ser reconocida por
los lectores en la medida en que algunos de sus catorce títulos producidos
son vertidos ao castellano." Na entrevista a Eric Nepomuceno, ela deixa
claro que naquele momento estava "cansada de literatura". Ao ser inda-

gada se a literatura era importante, ela demonstra o que era ser escritora: "Si. Pero no la literatura dos literatos, sino de los apasionados. Yo me considero uma aficionada. Los literatos son os de frac e galera. Los otros, los que non son intelectuales, son los que tienen la magia. Me considero uma aficionada porque no sé escribir por obligación. Sólo consigo escribir por inspiración. Odio la popularidad, es algo pernicioso para los escritores."

Quando contou ao jornalista e escritor Edilberto Coutinho, para O *Globo*, sobre a passagem por Buenos Aires, a recordou como algo que lhe fez feliz. Fez compras, "quase que só presentes para amigos", participou de coquetéis, concedeu entrevistas e assinou autógrafos. (Coutinho, 1980: 166)

Nenhuma palavra sobre o golpe militar, que destituíra do poder Isabelita Perón em março de 1976. O Brasil também estava sob uma ditadura militar.

O primeiro voo à Colômbia: "Clarice não era uma bruxa." Suas ligações com a aclamada "Geração Mito"

A ida de Clarice Lispector à Colômbia por duas vezes, em 1974 e 1975, até hoje soa como algo folclórico e provoca risos quando se imagina uma escritora indo a um congresso de bruxaria. "Clarice era uma bruxa", frase tantas vezes escrita em matérias de jornais e revistas brasileiros foi reproduzida, também, por ter sido dita por Otto Lara Resende muitos anos depois da morte da amiga. Ele referiu-se ao modo peculiar como a obra se conectava com as "coisas do espírito". O crítico literário Emir Rodriguez Monegal ("Clarice Lispector". *Mundo Nuevo*. Dezembro, 1966) também se referiu à Clarice usando esse termo: "Devido ao seu enfoque sobre o todo mitológico, ela é mais uma feiticeira do que uma escritora. Seus livros revelam o incrível poder das palavras que trabalham sobre a imaginação e a sensibilidade do leitor."

Na verdade, suas viagens à Colômbia partiram de integrantes da "Geração Mito" e de intelectuais que circulavam na literatura contemporânea colombiana. Surgida nos anos 50, essa geração buscava um pensamento crítico e uma produção artística que atualizasse diversos discursos: do político ao sociológico, do ético ao estético e filosófico. Integrante da "Geração Mito", Pedro Gómez Valderrama (1923-1992) foi um dos escritores que escreveram para Clarice com o intuito de lhe pôr a par de como seria o congresso. "Geração Mito" era uma referência à revista bimestral de cultura fundada por Jorge Gaitán Durán e Hernando Valencia Goelkel, em 1955. Foi uma das mais importantes publicações literárias e culturais da Colômbia e da América Latina. Os membros do conselho consultivo da revista dão uma ideia de como ela foi acolhida por intelectuais de grande prestígio em seus países, entre os quais Carlos Drummond de Andrade e Octavio Paz. A revista *Mito* contou com colaboradores como Gabriel García Márquez, Jorge Luis Borges, Carlos Fuentes e T.S. Eliot. "Em *Mito* comezaran las cosas", a frase de Gabriel García Márquez destacada no estudo de Pedro Sandoval (2006) mostra a importância da revista para a modernização da literatura colombiana e a promoção de uma discussão cultural entre a América Latina, os Estados Unidos e a Europa (cf. "A revista Mito: fragmentos de uma modernidade contraditória", de Gustavo Agredo, 2018).

Pedro Gomez Valderrama participou ativamente de *Mito*. E a julgar por seu comentário na carta enviada à Clarice em 21 de março de 1975, sua obra causou-lhe tal impacto que era premente promover um diálogo mais próximo: "Quiero decirle que cualquier presentación de usted es innecesaria, por cuanto es ampliamente conocida y admirada en los círculos intelectuales, por sus libros. Personalmente los admiro profundamente. Circunstancias personales me impidieron asistir al Congreso de Narrativa en Cali, donde hubiera tenido el placer de conocerla." (...) "Será para mí um especial placer, em mi condición de escritor, el conocer a usted"(cf. ACL-AMLB/FCRB). Valderrama fez questão de lhe informar que Louis Pauwels (escritor e jornalista francês, autor de *O despertar dos mágicos*, obra fundamental do realismo mágico), Carlos Castaneda (escritor e antropólogo conhecido por seu livro *A erva do diabo*, um fenômeno editorial) e Lawrence Durrell (poeta, romancista e dramaturgo britânico) também foram convidados para o Congresso de Bruxaria.

Infelizmente não há registros dos diálogos que esses e outros escritores colombianos podem ter tido com Clarice Lispector. É um campo aberto a pesquisas. Inclusive, não se sabe se ela colaborou na revista *Mito*. Desde sua primeira viagem a Cali, em 1974, onde participou com Lygia Fagundes

Telles e Walmir Ayala em uma mesa redonda sobre a literatura brasileira no "IV Congresso da Nova Narrativa Hispanoamericana", algumas de suas obras já circulavam na Venezuela e na Argentina. A julgar pela repercussão da revista *Mito* e a presença de nomes da literatura latino-americana em Cali, tais como Mario Vargas Llosa, Antonio di Benedetto e José Miguel Oviedo, fomentava-se naquele momento uma integração entre os escritores e intelectuais do continente, não somente sob o ponto de vista de uma comunidade literária latino-americana, mas em uma frente cultural e política devido às ações da ditadura militar na América Latina.

Ao receber o convite do escritor Simón González (seu leitor, que já a conhecera no Rio), organizador do "I Congresso Mundial de Bruxaria", para voltar à Colômbia em agosto de 1975, Clarice não hesitou e disse a Olga Borelli como seria bom viajar, desfrutar do conforto de um bom hotel e poder conviver com os índios de Sierra Madre (*Eu sou uma pergunta*, 1999: 275). Impressões de natureza pessoal, sem deixar pistas sobre o contexto literário e cultural vivenciado por Clarice naquele momento.

O olhar da imprensa sobre o Congresso de Bruxaria

A Colômbia estava sob estado de sítio, e o Alto Comando das Forças Armadas já havia se manifestado contra a realização do Congresso de Bruxaria, como relatou Domingos Meirelles em *O Globo* (27/8/1975). Segundo o jornalista, havia uma divisão na imprensa na cobertura do evento. A maior parte cobria de forma irônica, enquanto outros limitavam-se a documentar os fatos e recolher depoimentos dos participantes.

A revista *Manchete* noticiou com alarde e muitas fotos que três mil bruxos já tinham feito reservas nos hotéis. O presidente da República da Colômbia estava exultante, considerava o Congresso tão ou mais importante que a Conferência de Cúpula dos Países Andinos. "Não só cresceu bastante a peregrinação dos adeptos da magia negra à Colômbia como a cidade de Santa Fé de Bogotá (...) anunciou que receberia dentro em pouco algumas estrelas como Carlos Castaneda, o diretor Federico Fellini, o escritor Louis Pauwels, autor de *O retorno dos bruxos*, Uri Geller, internacionalmente conhecido por seus poderes extrassensoriais e a nossa escritora Clarice Lispector" (*Manchete*, nº 1219, 1975). A matéria observou que os filmes *O bebê de Rosemary* e *O exorcista*, a obra de Gabriel García Márquez e Carlos Castaneda – "hoje muito populares na Europa – talvez tenham contribuído para esse surto de bruxaria". E mais: muitas das superestrelas do Congresso tinham sido atraídas pela magia obscura e convertidas a essa espécie de religião pop que contava com uma grande massa de seguidores na Europa.

Além de Clarice Lispector, o Brasil também foi representado por cientistas, psicólogos e sacerdotes católicos. Maria Lídia Gomes de Mattos, do Instituto de Psicologia Aplicada do Rio de Janeiro, apresentou uma tese sobre o fenômeno de regressão às vidas passadas. "Um dos objetivos do congresso é abrir a mente das pessoas para algumas áreas de interesse como a parapsicologia, a astrologia, os fenômenos extraterrestres, a alquimia, a magia antiga, a antropologia, a feitiçaria moderna e as percepções extrassensoriais. (...) Nosso propósito é chamar a atenção para o sentido mágico da bruxaria", segundo o sociólogo e escritor colombiano Simón González.

Clarice opina

Clarice declarou à *Manchete*: "Fui convidada por dois telefonemas internacionais e várias cartas. (...) Devo falar sobre literatura e magia. Mas essa magia não é sobrenatural, nem feitiçaria: a inspiração vem do mais profundo âmago fundo do ser. Do inconsciente, digamos. O senhor me pergunta por que vou. Vou porque fui convidada, por curiosidade e na esperança de ser espantada."

Na Feira, o público teve acesso a consultas com adivinhos, magos e alquimistas. Simón González acreditava que o Congresso poderia permitir que os homens abrissem o coração e a mente aos fenômenos espirituais e às forças desconhecidas. Diz que a humanidade estava dedicando um tempo excessivo à tecnologia e às ciências. "Talvez tenha chegado agora o tempo de uma maior unidade entre os que pensam e vivem para o espírito."

No artigo "O crepúsculo dos bruxos", na *Manchete* nº 1.221, o psicólogo Gonzalo Arcila disse que "o motivo central da reunião foi a angústia e a urgência de muitas pessoas que necessitam um novo tipo de relacionamento humano. As religiões e os sistemas políticos parece que fracassaram em muitos pontos e a busca do sobrenatural é uma fome nunca saciada". O sociólogo Nestor Miranda viu no congresso uma manifestação contra os regimes totalitários. "Para tornar mais fantástico ainda o panorama geral da reunião, a escritora Clarice Lispector leu um de seus contos na sessão plenária."

À revista *Veja*, Clarice declarou: "No Congresso, pretendo mais ouvir do que falar. Só falarei se não puder evitar que isso aconteça, mas falarei sobre a magia do fenômeno natural, pois acho inteiramente mágico o fato de uma escura e seca semente conter em si uma planta verde brilhante. Também pretendo ler um conto chamado 'O ovo e a galinha', que é mágico porque o ovo é puro, o ovo é branco, o ovo tem um filho." Ela chegou a preparar duas versões de uma mesma conferência intitulada "Literatura e magia". Na primeira, escreveu sobre o papel da inspiração em seu processo criador e, na segunda, mais extensa, ela acrescentou o relacionamento de uma série de coincidências inexplicáveis, num episódio em que vários pombos lhe apareceram. Em sua participação, não teve o texto introdutório, ela pediu que alguém lesse o conto (cf. *Outros escritos*, pp. 121-124).

Avaliando o processo de tradução da obra de Clarice Lispector tantos anos depois, o tradutor Gonzalo Aguilar entende que as primeiras traduções da obra da escritora na Argentina seguiram o viés do gênero fantástico, motivo pelo qual ela foi associada com Julio Cortázar. Um outro viés é o da latino-americanização que orientava a leitura da obra como "construção de identidades sociais, políticas e culturais" (cf. Conexões Culturais, 31/5/2013. "Tradutor Gonzalo Aguilar fala sobre o lançamento de livro de contos de Clarice Lispector na Argentina").

Fraternité: brasileiras, francesas e latino-americanas

Paralelamente ao intercâmbio de Clarice Lispector com a América Latina, simultaneamente ocorria na Europa outro diálogo entre mulheres exiladas na França, intelectuais e artistas francesas e latino-americanas irmanadas em torno do *Mouvement de Libération des Femmes* e pelo fim da ditadura no Brasil e na América Latina.

Em 1973, Antoinette Fouque abriu a primeira editora europeia exclusivamente dedicada à produção literária e teórica de mulheres: a Éditions des Femmes. No ano seguinte, abriu a Librairie des Femmes. Nesse ano, Antoinette Fouque foi ao Brasil pela primeira vez para participar de um encontro reunindo intelectuais e militantes feministas. Surgiu o desejo de publicar obras de autoras brasileiras, segundo o relato da professora e tradutora Izabella Borges à *Folha de Pernambuco* (26/12/2019). Nesse encontro em São Paulo, a atriz e produtora Ruth Escobar fez o elo entre as mulheres.

O projeto do livro *Brasileiras: voix, écrits du Brésil*, organizado pela jornalista Clélia Pisa, radicada na França há vinte anos, com a tradutora Maryvonne Lapouge foi um reflexo desse caldeirão cultural em ebulição. A circulação da obra de Clarice Lispector na Argentina, na Colômbia e na Venezuela ganhava força, e na Europa, particularmente na França, o espaço estava sendo sedimentado. Clarice Lispector era uma voz importante nesse contexto político e social. Na antologia *Brasileiras* ela foi apresentada da seguinte maneira: "considéré par la plupart des critiques comme l'auter brésilien le plus important d'aujourd'hui" (Pisa & Lapouge, 1977: 194). O livro aborda questões acerca da condição feminina bem como aspectos da produção literária. Na ocasião era raro encontrar alguma publicação com esse perfil, e as autoras acreditavam que esta seria uma oportunidade de dar ao público francês não só um testemunho, mas ainda acesso a uma literatura pouco divulgada. Integraram-na entre outras: Ruth Escobar, Heloísa Buarque de Holanda, Lygia Fagundes Telles, Nélida Piñon, Carolina Maria de Jesus e Clarice Lispector. O objetivo era divulgar na França o pensamento de mulheres brasileiras, que até aquele momento era representado pelas exiladas. Por causa desse projeto, a Éditions des Femmes descobriu Clarice Lispector através dos originais de *A paixão segundo G.H.* levados à editora por Clélia Pisa, a pedido da escritora.

Clélia Pisa concedeu-me um depoimento em 27 de novembro de 1998 para a minha tese de doutorado "Yes, nós temos Clarice. A divulgação da obra de Clarice Lispector nos Estados Unidos" (PUC-Rio, 2001), na qual explicou os bastidores da tradução do livro e seu contato e o de Maryvonne Lapouge com Clarice Lispector. O trecho a seguir explica:

"A pedido de Maryvonne e Clélia, Leyla Perrone-Moisés entrou em contato com Clarice Lispector para apresentar o projeto das jornalistas. A viagem para o Brasil deu-se em 1975, ano da morte do jornalista Vladimir Herzog, que causou um grande impacto no meio intelectual e na imprensa francesa, contribuindo para o recrudescimento das pressões desta contra a ditadura militar no Brasil. O livro das jornalistas, intitulado *Brasileiras, voix, écrits*, seria publicado pela Éditions des Femmes, fundada pela porta--voz do grupo *Politique et Psychanalyse*, considerado o centro cultural e intelectual do *Mouvement de Libération des Femmes* (MLF), a psicanalista Antoinette Fouque. Durante a entrevista, Clarice queixou-se da recusa da Editora Gallimard em publicar *A paixão segundo G.H*. Ela tinha recebido uma carta da editora comunicando que a crise do petróleo encarecera o papel, o que inviabilizaria a publicação de livros naquele período. Sabendo que Clélia Pisa conhecia pessoas na Gallimard, pediu-lhe que se tornasse uma espécie de mediadora. De volta à França, Clélia Pisa procurou se inteirar sobre a situação do livro de Lispector. Havia na editora um grupo significativo de militantes latino-americanos, leitores de literatura latino--americana, que eram a favor da publicação. Dentre eles, a esposa de Julio Cortázar e o escritor argentino Héctor Bianciotti. Como o livro já estava traduzido, pôde ser lido por várias pessoas e não exclusivamente por especialistas. No entanto, nem mesmo a indicação favorável dos leitores de literatura latino-americana e dos conselheiros literários, conhecedores do mercado e da expectativa do público francês, foram suficientes para convencer Claude Gallimard a publicar *A paixão segundo G.H*. Clélia Pisa decidiu apresentar o livro à Antoinette Fouque, proprietária das Éditions des Femmes, que iria publicar *Brasileiras*. Até aquele momento, Clarice Lispector tinha dois livros traduzidos na França: *Perto do coração selvagem* (1954), pela Plon, e *A maçã no escuro* (1970), pela Gallimard. Ambos com uma repercussão tímida" (Montero, 2001: 153-154).

No momento em que Antoinette Fouque recebeu o manuscrito de *A paixão segundo G.H.*, ele já tinha ouvido falar muito de Clarice. O depoimento da escritora no livro *Brasileiras* pareceu-lhe excepcional (cf. Milan, Betty. "Editora francesa lançará toda a obra de Clarice." *Folha de S. Paulo*, 28/3/1993). Uma conjunção de fatores levou a editora a publicar o livro. O manuscrito vinha da Gallimard, o fato de Clélia Pisa, jornalista conhecida e respeitada no meio intelectual francês, ter sido a intermediária na apresentação dos originais. Além disso, o livro encaixava-se no perfil da editora, voltado para obras escritas por mulheres. O movimento feminista e o pensamento de Jacques Lacan estavam em voga na França e, segundo Betty Milan, "é razoável supor que, (...) Clarice Lispector conquista um público também por ter ideias em que os ouvintes e os leitores de Lacan se reconheciam". A soma desses fatores, aliada à paixão pelo Brasil, levou Antoinette Fouque a publicar não somente A *paixão segundo G.H.*, como também comprar os direitos autorais das obras de Clarice Lispector.

Os fatores que impulsionaram a introdução dos estudos cliceanos e de sua obra na França são decorrentes sobretudo por causa do convívio de intelectuais e artistas brasileiros exilados, especialmente as mulheres com as latino-americanas e as europeias irmanadas em torno do "Movimento de Libertação das Mulheres" e pelo fim da ditadura no continente latino--americano. É interessante observar, como sublinhou Clélia Pisa, a presença significante de latino-americanos no grupo de pareceristas da Gallimard como a esposa de Julio Cortázar, que morava em Paris desde 1951, e o escritor argentino Héctor Bianciotti radicado na França havia muitos anos.

Parece-me que há uma lacuna a ser preenchida na reflexão sobre a presença da obra de Clarice Lispector no continente latino-americano enquanto ela estava entre nós. Se há estudos, eles não repercutem no Brasil. Não olhamos para nossos laços mais próximos com os que vivem em nosso continente. Esboçar esse breve mapeamento da circulação de Clarice Lispector na América Latina em quatro viagens e as traduções de sua obra na Argentina e na Venezuela nos anos 1970 é uma tentativa de inserir os estudos cliceanos num contexto cujo debate privilegiou a questão da alteridade, que se deu sobretudo a partir das mudanças políticas e demográficas ocorridas ao longo do processo que conduz à abertura da sociedade civil norte-americana entre as décadas de 1960 e 1980. Como George Yúdice mostrou em "O multiculturalismo e novos critérios de valoração cultural", a partir do multiculturalismo e da política de identidade, houve um remapeamento da cultura norte-americana contemporânea que teve repercussões para o Terceiro Mundo e, em particular, para a América Latina. Ao falar das mudanças políticas ocorridas no primeiro momento desta história nos anos 1960, ele refere-se particularmente "ao movimento para expansão dos direitos civis dos negros estadunidenses que estimulou movimentos de afirmação política e cultural entre outros grupos, sobretudo, feministas, latinos e gays" (cf. Revista *Sociedade e Estado*. Vol. IX, N° 1-2. Jan/Dez. 1994).

No plano acadêmico, esse debate em torno da questão da alteridade intensificou a discussão sobre a crise e o descentramento da noção de sujeito, introduzindo como temas centrais do debate acadêmico as ideias de marginalidade, alteridade e diferença. É assim que as mulheres se situaram como um grupo social com voz própria e reivindicando conquistas políticas e sociais. As historiadoras do projeto teórico-crítico feminista explicitaram suas intenções, seus interesses e suas legitimações ao determinarem suas estratégias. Mostraram que as histórias literárias são construídas pelo viés de classe, raça e sexo. Suas estratégias eram resgatar as obras de escritoras não registradas pela história da literatura, mostrando o viés ideológico presente nas interpretações literárias; e reler a tradição da crítica masculina a partir de um lugar marcado pelo gênero.

Foi nesse contexto que Clarice Lispector testemunhou o começo da internacionalização de sua obra e a de outras escritoras brasileiras. Ampliar essa pesquisa em torno do tema pode nos ajudar a entender as interseções da vida cultural e política entre o Brasil e a América Latina. Intelectuais e artistas como Clarice Lispector contribuíram não somente para sedimentar uma aliança de resistência para colaborar na dissolvição de regimes ditatoriais que tomaram conta do continente latino-americano, mas também fomentar os movimentos de afirmação política e cultural.

MEMÓRIAS DE UM CADERNO DE TELEFONES

Clarice Lispector guardou três cadernos de telefone. Dois estão depositados no Arquivo Museu de Literatura Brasileira, da Fundação Casa de Rui Barbosa (cf. Diversos – CL/d 04 – 308. S.d. cento e nove folhas). O terceiro com capa dura, no formato 16,5x11,5 cm, com oitenta e uma folhas preenchidas é identificado com duas datas: 1975 (à caneta, com a letra de Clarice) e 1976 (há uma tabela de pagamento de benefícios do INPS desse ano colada na guarda do caderno). Ele pertence ao Arquivo de Nicole Algranti, sobrinha-neta de Clarice Lispector, e lhe foi dado pela avó, Tania Kaufmann. Essas memórias são sobre o caderno de telefones que está no Arquivo de Nicole Algranti.

Atualmente, esse objeto está praticamente extinto, pois a agenda do celular ocupou essa função. Mas estamos falando dos anos 1970. No tempo de Clarice Lispector, ele era imprescindível. No caderno de telefones registravam-se os nomes das pessoas com quem se convivia como os parentes e amigos; ou cujo contato frequente ou esporádico se dava de acordo com as necessidades: eram os prestadores de serviços como costureiras, cabeleireiros, dentistas, médicos, técnicos de TV e máquina de escrever, editores, tradutores, videntes, médicos e o comércio em geral – de alimentos e perfumes a livrarias.

"Memórias de um Caderno de Telefones" pode ser lido também como uma síntese do cotidiano de Clarice Lispector nos últimos dois anos de sua vida, entre 1975 e 1977. O fato de este caderno ter ficado com Tania Kaufmann, portanto não ter feito parte do conjunto de itens doados ao AMLB da Fundação Casa de Rui Barbosa, pode talvez ser explicado pelo fato de o mesmo ter acompanhado Clarice no último mês de vida, quando esteve internada no hospital da Lagoa, onde veio a falecer em 9 de dezembro de 1977. O que justificaria Tania tê-lo consigo se não fosse para acessar os contatos mais próximos de sua irmã? O que só poderia fazê-lo através de um caderno de telefones.

Para contar um pouco das memórias desse caderno preenchido em quase sua totalidade pela letra inconfundível de Clarice e, com raras exceções, com outras letras sem possibilidade de identificação, o dividi em treze itens nomeando cada um com um verbete de modo que você, leitor, possa visualizar uma espécie de mapa de suas relações familiares e de amizade; os tipos de serviços profissionais mais solicitados como o das costureiras, cabeleireiros, médicos, dentistas e videntes, bem como suas preferências no campo da culinária e da moda.

É curioso como o caderno de telefones acaba servindo, às vezes, como um bloco de anotações de pequenas coisas do cotidiano. É o que Clarice fez, por exemplo, ao registrar na letra "B" onde se lê entre outros: "bombeiro gazista", "bronzeamento", "Benedito Nunes", a palavra "Buço" – "1 colher de chá óleo Blich; 2 colheres de chá cegna ox 20". Uma forma original de anotar a "receita" sem ter o perigo de perdê-la. É provável que a grafia correta seja "bleach", pois é assim que encontrei em um site que vende esse produto: "Oil Bleach não descolore os cabelos como os pós descolorantes convencionais. O produto atua na descoloração dos fios na tonalidade do próprio cabelo, conferindo assim leves e belas nuances douradas."

Ou na página anterior à letra "C", onde anotou fora das linhas do caderno, de forma inclinada: "Consuelo Rua Barão da Torre 19..." e "Ceschiatti Rua Barata Ribeiro..." e na parte de cima da página: "8 Kolesto – uma pitada de 6 – 25 minutos."

Na letra "V", onde aparece o nome Vilaseca, vale um comentário pela maneira como ele se vinculou à Clarice Lispector, o que revela um aspecto da personalidade da escritora. Nos idos de 1970, ao entregar uma estante à cliente, ouviu dela o comentário: "Você vai ser moldureiro. Você não vai conseguir escapar de seu destino." E o destino se cumpriu. Vilaseca relata que Clarice o levou à casa de Augusto Rodrigues no Largo do Boticário. Este lhe encomendou duas molduras de pinho de Riga. Como era uma madeira cara, Jaime arrancou uma porta de sua casa em Botafogo para montar as peças. Augusto Rodrigues não gostou das molduras e "disse que lhe pagaria por elas com aulas de história da arte, o que ele aceitou. Despertava nele, assim, a paixão pela arte" (cf. Vilaseca.com.br). As estantes da sala do apartamento da Gustavo Sampaio, onde Clarice foi clicada em fotos caseiras, devem ter sido feitas por Jaime Vilaseca.

Em um caderno de telefones se pode deixar registrado a morte de alguém. É o que se observa na letra "Z", onde aparece "Zuzu Angel – Rua Almirante Guimarães, 79 loja A". Clarice riscou em caneta com tinta roxa com uma cruz transpassada com um "x" e um risco que cobre todo o endereço. Zuzu Angel faleceu em 14 de abril de 1976. Mais de quarenta anos após a sua morte, a justiça brasileira reconheceu que Zuzu foi assassinada por agentes da ditadura militar (cf. André Bernardo para Uol, 3/7/2020. "Justiça brasileira reconhece a culpa do Estado na morte de Zuzu Angel").

Amigos e conhecidos

Nem sempre temos como precisar o grau de amizade de um nome registrado em um caderno de telefone. Nesta seleção, baseada no material biográfico sobre a escritora, optei por reunir uma lista de nomes da área artística, cultural e jornalística, pois foi nesse universo que ela formou grande parte do seu círculo de amizades e conhecidos. Devido à notoriedade dos oitenta nomes, será fácil você, leitor, conhecer o perfil de cada um realizando uma pesquisa pela internet. Mantive a grafia usada por Clarice.

É importante assinalar que Clarice registrou alguns nomes inserindo-os na letra correspondente ao sobrenome e, em seguida, entre parênteses, escreveu o primeiro nome; mas há casos em que só registrou o sobrenome. Por isso, a fim de facilitar a identificação, escrevi o nome em um colchete "[ ]". Ao se referir a alguém que era casado ou com filhos, Clarice costumava escrever ao lado, entre parênteses, o nome de todos os familiares ou da esposa(o). Muitos deles aparecem nesse livro, dessa forma você poderá entender os laços afetivos que os uniam a Clarice Lispector.

Assis Brasil, Aloísio (Solange, Clarice Magalhães, Carolina), Adonias Filho, Adolfo Bloch, Augusto Rodrigues, Alceu Amoroso Lima, Autran Dourado (Lúcia), Betania (escrito dessa forma), Benedito Nunes, Bruno Giorgi e Leontina, Bella Joseph, Ceschiatti, [Antonio] Callado, Chico

Buarque e Marieta, Dines [Alberto], Di Cavalcanti, Edna Savaget, Esdras Nascimento, Eliane Zagury (Roberto), Murilo Rubião, Fernando Sabino, Fayga Ostrower, Franceschi (Humberto), Fauzi Arap, Francisco Paulo Mendes, Gilda (Espaço Dança) [Murray], [Paulo Afonso] Grisolli, Hélio Pellegrino e Maria Urbana, Ione Saldanha, Hélio Pólvora, Houaiss – (Antônio e Rute), Inês Besouchet, Ismailovitch, José Américo Pessanha, Milton Guran (jornalista), Isa Cambará (jornalista da *Veja*), Leão Cabernite, Leo Gilson Ribeiro, Lygia Fagundes Telles, Prof. Leodegário A. de Azevedo Filho, Lucinda [Martins], Millôr Fernandes, Marina Colasanti (Affonso Romano de Sant'Anna), Maria Clara Machado, Maria Pompeu, Marisa Raja Gabaglia, Martha Rocha, Joaquim Pedro, José Luis Mora Fuentes, Marlos Nobre (Leonora), Maria Bonomi, Marly [de Oliveira], Lauro Mônica Patrícia; Más (Daniel), Maria Lídia Gomes de Matos, Nélida Piñon – d. Carmen, Newton Goldberg, Nelly Novaes Coelho, Embaixador Mauricio Nabuco, Murtinho [Wladimir], Nahum Sirotsky (Beila), Otto e Helena [Lara Resende], Octavio de Faria, Oscar Niemeyer, Odilo Costa Filho, Olga Borelli, Olly, Pedro e Miriam Bloch, Portela (Eduardo), Pitanguy Ivo, Paulo Mendes Campos, Paulo Francis, Plinio Doyle, Pontiero (Giovanni), Rubem Braga, Rosa Cass, Rubem Fonseca (Tea), Roberto de Cleto, Remy Gorga Filho, Rose Marie Muraro, Júlio Medaglia, Augusto Ferraz, Scliar [Carlos], Tônia Carrero, dr. Vasco [Leitão da Cunha], Vilaseca [Jaime], Vera Mindlin, Walther Moreira Salles, Yolanda Gibson, Ziembinski, Zuzu Angel, Zanini (Teresa Cristina, Antonio Carlos).

Na lista dos amigos "anônimos" registro quatro mulheres que tiveram uma enorme importância na vida de Clarice Lispector. Duas delas concederam depoimentos para *Eu sou uma pergunta*. Elas aparecem identificadas da seguinte forma no caderno de telefones: Azalea Maldonado, d. Heloisa (vizinha), Mira, Nélida Helena de Meira Gama.

Azalea Maldonado foi citada em *Água viva*. Clarice lhe entregou os originais do livro para ouvir sua opinião quando este ainda era intitulado *Objeto gritante*, é o que se deduz ao se ler a folha de rosto do datiloscrito dessa versão do livro depositado no AMLB/FCRB. Clarice também a citou em uma crônica a propósito das flores azáleas.

Dona Heloisa foi sua vizinha de porta, moradora do 702. Ela salvou Clarice do incêndio, como a própria Clarice gostava de dizer. Heloisa do

Abiahy era alagoana e recebia "Dona Clarice" (assim se referiu durante a entrevista que concedeu para ao *Eu sou uma pergunta*) com frequência em seu apartamento para um cafezinho à tarde. Ela sempre trazia peças de artesanato para a vizinha quando ia ao Nordeste. Clarice adorava.

Mira Engelhardt morava no Leme e foi casada com Bruno Giorgi. Não há muitas informações sobre sua amizade com Clarice. Ela é citada por Maury em uma carta a Clarice, recém-chegada ao Rio em 1959, a propósito de um registro filmográfico sobre o trabalho de Giorgi. Deduz-se que elas se encontravam no Leme. O designer de joias Antonio Bernardo foi seu amigo e, em depoimento ao livro *O Rio de Clarice – passeio afetivo pela cidade* (Autêntica, 2018), soube pela própria Mira da amizade que a uniu à escritora.

Nélida Helena de Meira Gama foi colega de colégio de Nélida Piñon, e conheceu Clarice antes de Piñon na noite de autógrafos de *Laços de família* no Clube dos Marimbás, na praia de Copacabana, conforme relatou para *Eu sou uma pergunta*. Essa amiga íntima cujo nome nunca foi revelado publicamente por Clarice foi apresentada na crônica "Meu Natal" (*Jornal do Brasil*, 21/12/ 1968): "É que, falando com uma moça que não era ainda minha amiga mas hoje é, e muito cara, perguntei-lhe o que ia fazer na noite de Natal, com quem ia passar." Desde 1964 ou 1965, Clarice passou a ter "um compromisso sagrado para a noite de 24": jantar com Nélida Helena no restaurante Ouro Verde, na avenida Atlântica (cf. *O Rio de Clarice – passeio afetivo pela cidade*). O presente seria "a presença de uma para a outra". Mas houve um Natal em que Nélida Helena "quebrou a combinação e, sabendo-me não religiosa, deu-me um missal. Abri-o, e nele ela escrevera: reze por mim". Clarice relata que, quando houve o incêndio em seu apartamento da rua Gustavo Sampaio o quarto ficou inteiramente queimado: "O estuque das paredes e do teto caiu, os móveis foram reduzidos a pó, e os livros também." E finaliza a crônica: "Não tento sequer explicar o que aconteceu: tudo se queimou, mas o missal ficou intato, apenas com um leve chamuscado na capa" (Lispector, 1999: 159).

Parentes

O núcleo familiar era pequeno, estão registrados os nomes das irmãs Elisa e Tania, o filho Paulo, a nora Ilana e seus familiares, a sobrinha Marcia, a cunhada Eliane e sua filha, Marilu, o marido, Maury, o filho Pedro (aparece ao lado do nome do pai) e a sogra, D. Zuza. Os primos registrados no caderno são aqueles do lado paterno, com os quais conviveu durante a infância no Recife e reencontrou quando esteve na cidade, em maio de 1976: Samuel e Vera Lispector Choze. A prima Bertha Lispector Cohen foi com quem mais teve contato no Rio, ela foi sua colega no Ginásio Pernambucano. O primo Isaac Chut aparece em duas letras do caderno: na "E", ao lado do nome "Engenheiro João Lustosa Valente", e na "I"; após seu nome, entre parênteses, lê-se: "Sarinha", esposa do primo. Eles ficaram mais próximos desde que o primo engenheiro realizou a reforma em seu quarto no apartamento da Gustavo Sampaio quando este foi destruído pelo incêndio em 14/9/1966.

Editores

A lista das editoras abrangem aquelas que publicaram seus livros no Brasil como a José Olympio, a Artenova (Álvaro Pacheco), a Paz e Terra, a Ática e a Rocco. E aquelas para as quais ela fez traduções como a Edições de Ouro, a Record e a Imago. Há também as editoras estrangeiras que traduziram seus livros nos anos 1970, especialmente na Argentina e na Venezuela. Destacamos também os escritores colombianos com endereço em Cali (onde Clarice Lispector participou de um congresso sobre a narrativa latino-americana em 1974) como Germán Guzmán, Gustavo Alvarez Gardeazabal; e os situados em Bogotá: Pedro Gómez Valderrama e Simon Gonzalez; e ainda o mexicano Octavio Paz (incluído no caderno na sequência com os escritores colombianos de Cali). Há os nomes de professores que estudavam sua obra nos anos 1970 na América Latina e nos Estados Unidos como Marco Tulio Aguilera Garramuño (de Cali – Colômbia e do Departamento de Spanish and Portuguese da University of Kansas – EUA), Alexandrino Severino (Vanderbilt University, Nashville) e Terezinha Alves Pereira (Bloomington); e, em Portugal, Jacinto do Prado

Coelho. E a escritora norte-americana Elizabeth Hardwick (casada com o poeta Robert Lowe, citado por Elizabeth Bishop em cartas ao relatar seu contato com Clarice Lispector).

Entre outros: Álvaro Pacheco, Agência Literária Carmen Balcells, Nova Fronteira, Editorial Sudamericana, Editora Edições de Ouro – Tecnoprint, Editora Distribuidora Record, Abril S. Paulo – Abril Cultural e Industrial, Editions Gallimard – (Sebastian Bottin – Paris VIII), Editora José Olympio, Editorial Sudamericana, Ediciones de La Flor (Daniel Divinsky), Ediciones Orion (Haydée M.Jofre Barroso), Editora Francisco Alves, Editora Três – (Inacio de Loyola), Editorial Santiago Rueda S.R.L., Editorial Monte Avila Editores, Colóquio Letras Fundação Calouste Gulbenkian (Prof. Jacinto do Prado Coelho), Editora Rocco (Paulo Roberto Rocco), Editora Imago (Pedro Paulo), Editora Melhoramentos, Editora Paz e Terra (Max da Costa Santo – Fernando Gasparian); Dilia – Agence Têatralo et Litteraire – Nove Mesto Praga – Tchecoslováquia, Editora Bloch, Editora Etcetera (Roberto Goldcom), Editora Ática S.A (Giro).

Tradutores

O que pode explicar a presença de tradutoras em seu caderno, a maioria de língua inglesa, é a faceta de Clarice como tradutora. Ela começou a traduzir desde os tempos da Agência Nacional, mas foi a partir da demissão do *Jornal do Brasil*, em 1973, que passou a exercer esse ofício com frequência, chegando a traduzir até três livros por ano. É provável que recorresse a esses profissionais quando precisava de auxílio. Afinal, Clarice não era uma tradutora profissional, seu aprendizado da língua inglesa se deu na Cultura Inglesa na juventude (não se sabe durante quanto tempo), e praticamente de "ouvido" no convívio com nativos desse idioma quando viveu no exterior. Algumas tradutoras citadas são: Lucia Mauricio (inglês), Rosane Fertman (inglês), Cristina Maria Cordeiro Ramos (francês ou inglês), tradutora Sonia e Lucia Mauricio de Alverga. E Ney Kruel (tradutor de *A economia política do imperialismo*, de Michael Barratt Brown).

Médicos

Os profissionais da área médica ocupam um espaço expressivo no caderno de telefones. Raramente as especialidades são identificadas, exceção quando citou homeopatas como o dr. Molica, por exemplo. Constam, também, a "Clínica Médica de Emagrecimento" e "Sonoterapia Botafogo". Extraímos da lista alguns médicos renomados, com os quais ela deve ter convivido, pois, além do telefone e do endereço do consultório, aparecia o da residência. Um aspecto a ser observado é a origem judaica de três desses médicos. Citamos aqui quatro nomes registrados da seguinte forma: Akerman, dr. Azulay, Benchimol (Arão), Hélio Pellegrino e Meer Gurfinkel.

O médico neurologista Abrahão Akerman foi entrevistado por Clarice quando ela assinou uma coluna na *Fatos & Fotos* (nº 814, em 28/3/1977). Conseguimos lê-la, pois permanece inédita em livro, graças à generosidade da professora inglesa Claire Williams, que abriu seus arquivos. Ela já reuniu uma parte das entrevistas inéditas publicadas em *Manchete* e *Fatos & Fotos* em *Entrevistas Clarice Lispector* (Rocco, 2007), volume que assinou como organizadora. A entrevista com o dr. Akerman se torna especial porque demonstra o quanto Clarice Lispector estava integrada em seu tempo, "antenada" em tudo. No perfil do médico, vê-se não só sua grande admiração, mas quais os predicados de um homem que a fazem dizer que "ele é diferente dos outros": "A figura singular do dr. Abraham Akerman sempre atraiu a minha curiosidade. Segundo o que sei dele, é um médico que adora enfrentar os casos difíceis. E sabe provavelmente que é genial. Onde há graves problemas neurológicos, o seu nome aparece. Ele é um dos neurologistas mais conceituados, não apenas na América do Sul, mas também nos Estados Unidos e na Europa. Com os amigos é inesperado, imprevisto, esfuziante. Tem tantas ideias que mal consegue exprimi-las, as palavras lhe saem apressadas, às vezes incompreensíveis. É mais do que um grande médico: conhece profundamente literatura nacional e estrangeira. Entende de pintura. Ouve o seu Mozart de madrugada. Enfim, gosta de tudo o que é arte. Principalmente de Medicina. Porque, Medicina, para ele, é arte. E isso explica a atividade desse homem diferente dos outros."

O psicanalista Jacob David Azulay foi seu terapeuta provavelmente entre 1968-1974. Quando decidiu trocar o papel de analista pelo de amigo

Clarice, desfrutou de seu afeto e do de sua família. A história dessa amizade foi tornada pública desde que ele e sua filha Andrea Azulay concederam suas primeiras entrevistas sobre Clarice Lispector para *Eu sou uma pergunta*. Lícia Manzo recolheu um novo depoimento do psicanalista para a sua dissertação de mestrado pela PUC-Rio: "Era uma vez: Eu", publicada pela Universidade Federal de Juiz de Fora. Como Akerman, ele foi entrevistado na coluna de *Fatos & Fotos* (n° 805 em 23/1/1977), publicada em *De corpo inteiro* (1975). Sem identificá-lo, foi assunto de duas crônicas publicadas no *Jornal do Brasil*: Em "Bichos (conclusão)", em 20/3/1971, Clarice contou a história de uma rosa que ficava no consultório de "um médico amigo meu, dr. Azulay, psicanalista, autor de *Um Deus esquecido*" (Lispector, 1999: 336).

O dr. Arão Benchimol, eminente cardiologista, foi chefe do Serviço de Cardiologia do Hospital dos Servidores e transmitiu seus preciosos conhecimentos na Cátedra de Cardiologia na UERJ.

Os laços de amizade com o psicanalista Hélio Pellegrino começaram através de sua faceta de poeta. Clarice era amiga de longa data dos escritores mineiros Fernando, Otto, Paulo e Hélio. Com o tempo, Hélio Pellegrino, se valendo de sua condição de médico, também se tornou um amigo próximo nas questões concernentes ao tratamento de Clarice pós-queimadura, auxiliando para minorar as sequelas psíquicas resultantes desse episódio doloroso, segundo o depoimento do cirurgião plástico Ivo Pitanguy para *Eu sou uma pergunta*. Hélio Pellegrino foi entrevistado na *Manchete* em 19/7/1969 (publicada em *De corpo inteiro*), entrevista reproduzida em 4/9/1971 no *Jornal do Brasil* e em *Fatos & Fotos* n° 807, em 14/2/1977 (cf. pesquisa Claire Williams, 2005).

O dr. Meer Gurfinkel, ilustre professor e cardiologista, clinicou meio século na Casa de Saúde São Sebastião, onde Clarice foi internada e operada em outubro de 1977, sinal de que pode ter sido assistida por ele.

Costureiras

Eram profissionais muito requisitadas em uma época em que não havia muitas lojas de roupas nas ruas, e nem mesmo os shoppings para abrigá-las. Entre as costureiras como d. Odete (r. Figueiredo Magalhães), Leonor de Vicq e Mure Kaneyo aparece uma digna de nota: "d. Lourdes", moradora da Urca. Ela virou personagem da crônica: "O morto no mar da Urca", publicada em *Onde estivestes de noite* (1974): "Eu estava no apartamento de d. Lourdes, costureira, provando meu vestido pintado pela Olly – e dona Lourdes disse: morreu um homem no mar, olhe os bombeiros. Olhei e só vi o mar que devia ser muito salgado, mar azul, casas brancas. E o morto?" Após a narradora contar sobre um rapaz que morreu na Urca, finaliza: "Dona Lourdes imperturbável, perguntando se apertava mais na cintura. Eu disse que sim, que cintura é para se ver apertada. Mas estava atônita. Atônita no meu vestido lindo" (Lispector, 1980: 98).

Ao citar a artista plástica Olly Reinheimer, Clarice mostrava o quanto estava atenta aos trabalhos de outros campos artísticos. Olly fizera a exposição "Vestidos-Objeto" no MAM-RJ, em agosto de 1969. Ministrara oficinas no Instituto Pestalozzi, de Helena Antipoff, e na Escolinha de Arte do Brasil, de Augusto Rodrigues (grande amigo de Clarice). Sua pintura em tecidos mereceu desfiles no MASP (SP) e na Petite Galerie (RJ). Segundo o crítico de arte Marc Berkowitz, "não se trata de arte aplicada no sentido algo limitativo da palavra. Através da pintura em tecidos, Olly conseguiu chegar ao vestido-objeto com a intenção mais contemporânea da arte. Olly não se contenta em pintar um tecido obedecendo algumas das técnicas mais conhecidas, nas quais a criação se limita à seleção de cores, desenhos e padronagens. Olly dominou todas as técnicas, desde o batik até a pintura com pincel – sem esquecer o tear – para depois inventar as técnicas dela" (cf. BERKOWITZ, 1969, p. 395 in Carolina Morgado Pereira, "Vestidos-objeto de Olly Reinheimer: a veiculação na mídia impressa sobre a exposição realizada no MAM-RJ em 1969". Obras. Vol.14. n° 29. Maio-agosto 2020).

Videntes

A lista das videntes não fica restrita à já conhecida d. Nadir, inspiração para a Madame Carlota de *A hora da estrela*, citada por Clarice, Marina Colasanti e Nélida Piñon em entrevistas. Seis nomes, incluindo o de d. Nadir, constam no caderno. A localização em diferentes pontos do Estado do Rio demonstra que Clarice não se incomodava de circular por vários cantos do Rio: Vidente Durbalino – Teresópolis; Vidente d. Nadir – "Rua Marechal Rondon 1263, casa 8 A (ir pelo Maracanãzinho e continuação da Radial Oeste"); Vidente d. Lourdes, na Miguel Lemos esquina com Barata Ribeiro; Vidente d. Neta, na rua Gago Coutinho; Vidente d. Zélia, rua Gilberto Cardoso (esquina com Afrânio de Melo Franco); Vidente Paulo Souza. Desde muito jovem, Clarice começou a procurar "cartomantes", conforme se observa em sua correspondência.

Serviços

É curioso observar a variedade de serviços e como as coisas não eram descartáveis naquela época; até o cão Ulisses tinha um local para cortar as unhas. Transcrevi tal como Clarice registrou, usou a palavra "conserto" ao reconhecer o objeto, mas não identifiquei os endereços e telefones. Muitos só constava o telefone.

Conserto para Cortina, Conserto de objetos de arte, Conserto de malas (rua da Passagem 146), Conserto de peças de liquidificador, Conserto televisão e vitrola (Sr. Augusto – oficina Assis Brasil), Chaveiro (Sr. Arruda), Comida baiana, Cerzideira, Cinto de aço, Chuvisco, Despertador, Eletricista (recado Antonio), Enxugador ideal, Faxineiro – Seu Sebastião, Gravar nome, Ginástica em casa – Marcia, Máquina de lavar, Manicure Dea, Manicure Jurema, Pedicure dr. Scholl, Queijos e vinhos em casa, Sapato (cobrir), Sapateiro remendar, Sapato sob medida, Serviço Toc Tenha (pedir a qualquer hora cigarros, comida, ir buscar coisas) 24 horas por dia; Telegrama por telefone, Comida – frango ao molho pardo entrega resid. Ponto de encontro.

Na lista há muitas "Tinturarias", pelo menos quatro; e "Farmácias", há sete, entre elas a lendária Farmácia do Leme (Gomes – Seu Heitor). Muitas estão localizadas nesse bairro. E para manter em funcionamento seu objeto mais importante havia conserto: Máquina de escrever Olivetti, na Siqueira Campos 143; Máquina de escrever – Natalino da Silva, mecânico.

Outras solicitações do dia a dia como: Maquillage Gilles (João Roberto) (cf. capítulo "Os laços de amizade"), d. Joana – Imposto de Renda, Joalheria – Malvina (Miguel Lemos 41) e a Associação Protetora dos Animais APA – Carioca 32 e a Policlínica Veterinária – Dr. Rogerio.

Restaurante

Muitos não estão listados na letra "r", mas na letra inicial do nome. Identificamos: Fiorentina (seu Graciano, M. Luisa, Consolação), La Molle – rua Dias Ferreira, 147 (penúltimo antes da Visconde de Albuquerque), Nino – rua Domingos Ferreira, restaurante Antonio's, na Bartolomeu Mitre.

Banco

Aparecem o Banco Nacional (Roberto e Fernan (ilegível) e o Banco Mercantil do Estado de São Paulo.

Advogado

O "Advogado trabalhista Viveiros de Castro" cuidou da ação contra o *Jornal do Brasil* quando ela foi demitida, conforme relato de Affonso Romano de Sant'Anna. Aparece também o nome do Advogado Eugenio Haddock Lobo.

Lojas e livrarias

Perfume (essência) – rua Senhor dos Passos, 54, Chapéu a Radiante (rua Sete de Setembro (Centro), Elle et Lui – Maria Augusta, Gaio Marti, Livraria Leonardo da Vinci (Sr. Florin), Livraria Hachette, Livraria Francesa, Livraria Agir, Papelaria União (rua do Ouvidor entre a Primeiro de Maio e esq. Ouvidor), Papel Casa Matos, Roupa de 48 a 56 – Extra Boutique St. Clara, 33; Roupa 48 a 56 – Cinta Elegante – Visconde de Pirajá 605 d. Ester, Roupas – Giuseppe av. Pasteur 184 (Galeria do Cine Veneza), Aluguel de roupas Boutique Social (Centro).

Cabeleireiro

Os registrados são: Cabeleireiro Toledo, Salão New York [localizado na rua Gustavo Sampaio], Cabeleireiro Luis Carlos, Cabeleireiro em casa (riscado), Cabeleireiro Renault [o salão era no Copacabana Palace]. Luís Carlos foi citado em "Gostos arcaicos" na coluna do *Jornal do Brasil* (25/4/1970) quando Clarice conta que resolveu cortar os cabelos bem curtos.

CLARICE LISPECTOR PELA LENTE DOS FOTÓGRAFOS

Ao longo das últimas quatro décadas, as imagens que compuseram o acervo iconográfico de Clarice Lispector e ajudaram a construí-la no nosso imaginário não são aquelas feitas no ambiente doméstico, as fotos tiradas por parentes e amigos. Foram os fotógrafos profissionais que integraram o *cast* de jornais e revistas e fizeram a história do fotojornalismo brasileiro que eternizaram a Clarice Lispector que conhecemos. Ao longo desses trinta e um anos de contato com esse universo, conheci de perto esse acervo iconográfico. No início dos anos 1990, ele estava restrito aos pesquisadores que acessavam o arquivo Clarice Lispector no AMLB, da FCRB. O evento multimídia A *paixão segundo Clarice Lispector* (1992), no CCBB-RJ, revelou uma parte significativa desse material para o grande público na exposição, onde podíamos ver a escritora em várias fases de sua vida: em fotos familiares e, também, nas dos fotógrafos profissionais. Com as novas edições de sua obra ao longo dessa década, e o crescente interesse da imprensa em mostrar vida e obra de Clarice Lispector à medida que suas duas primeiras biografias foram publicadas: Gotlib (1995) e Montero (1999), o acervo iconográfico passou a ocupar um lugar especial. A editora Rocco publicou *Aprendendo a viver – imagens* (2005), que organizei com o fotógrafo Luiz Ferreira, uma seleção de frases e uma grande parte de imagens "caseiras" editadas, pois o objetivo era mostrar somente a escritora. Ela foi clicada no seu dia a dia em diferentes fases de sua vida, da infância à maturidade. A seleção também incluiu fotos da *Manchete*, do fotógrafo Alair Gomes, de Bluma Wainer e do acervo de Erico Verissimo. Foi o primeiro livro a apresentar o acervo iconográfico da escritora de forma ampla num total de sessenta fotos. No exterior, Claire Varin já havia publicado uma quantidade expressiva de fotos da *Manchete*, de jornais e do arquivo de Olga Borelli em *Clarice Lispector. Rencontre brésiliennes* (1987) e *Langues du feu* (1990), ambos pela Trois, no Canadá. O caminho estava sinalizado para que a tão esperada fotobiografia viesse a público, um item raro na bibliografia de nossos escritores, há exceções como as de Carlos Drummond de Andrade, Mário de Andrade, Manuel Bandeira e Pagu. *Clarice fotobiografia* (2007), organizado pela professora e biógrafa Nádia Battella Gotlib, preencheu essa lacuna. Pela natureza da obra, pontuou o itinerário biográfico e literário da escritora, era natural que não pudesse abarcar toda a iconografia clariceana. Nos últimos anos, algumas publicações e, principalmente, a internet, têm revelado outros ângulos da escritora.

Durante o período de desenvolvimento do fotojornalismo no Brasil no século XX, além da revista *O Cruzeiro*, despontou a *Manchete*. De acordo com o artigo "Fotografia e memória: estudo sobre a influência do fotojornalismo da Bloch editores na construção e manutenção da memória brasileira", de Daniela Souza e Gleissieli Oliveira: "o objetivo da nova revista era fazer com que até os analfabetos pudessem ler os artigos, trazendo uma narrativa visual, independente dos textos de suas reportagens" (Munteal & Granti, 2005: 93). O desenvolvimento tecnológico criou câmeras mais leves e menores, a Bloch Editores investiu nessa tendência, e o carro chefe do grupo, a revista *Manchete*, foi o berço de eminentes fotojornalistas brasileiros. Segundo um dos editores da revista, José Esmeraldo Gonçalves, "na *Manchete* o culto à fotografia era muito forte. Tínhamos fotógrafos que estavam havia muitos anos e amavam a profissão. Em um determinado momento, a Bloch passou a ter vinte revistas, e os fotógrafos tinham que fazer fotos de vários estilos para todas elas, o que permitia a diversificação em coberturas de guerra, de moda, retratos ou esportes" (Souza & Oliveira, 2013: 7).

São principalmente as fotos publicadas na revista *Manchete* que cristalizaram a imagem de Clarice Lispector entre nós. Outros veículos da imprensa como o Grupo Abril, o *Jornal do Brasil*, o *Correio da Manhã* e *O Globo* também colaboraram para delinear esse retrato. A seguir, mostro alguns fotógrafos que a clicaram identificando as respectivas fotos que a eternizaram.

1. Fotógrafos: Nicolai Drei, Gil Pinheiro e Alberto Jacob – 1962

Matéria sobre "As mulheres do ano de 1962", por Ibrahim Sued.

"Aqui estão escolhidas entre as damas da sociedade e figuras de outros setores, as que a meu ver mais se destacaram em 1962. Esta seleção é uma homenagem a todas as mulheres do Brasil (inclusive às da nova geração)."

A foto de Clarice Lispector que ilustra essa matéria redigida por Ibrahim Sued é (ouso afirmar, sem ter feito uma estatística, mas baseada nos anos de observação) a mais reproduzida ao longo dos últimos quarenta anos. E tudo indica que este foi o momento de sua primeira publicação. Clarice, então com quarenta e dois anos de idade, está sentada com os pés dobrados em uma poltrona de dois lugares. Usa sandália e saia branca. Ao lado, vê-se um abajur. Ela está em seu escritório, no apartamento da rua General Ribeiro da Costa, 2. Local preferido dos fotógrafos quando a clicaram no Leme entre 1960 e 1964. Um registro da elegância e da beleza que tanto a têm distinguido. O ano de 1962 mostrava Clarice Lispector como uma escritora muito bem-sucedida em seu ofício. *Laços de família* e *A maçã no escuro* explodiram no meio editorial. A partir desse ano, ela deixaria de ser identificada como a escritora esposa de um diplomata, como tantas notas haviam informado, particularmente quando ela vinha ao Rio de férias, para se tornar um dos grandes nomes de nossa literatura. A foto entrou para a história da iconografia clariceana. Entre os três fotógrafos creditados na reportagem não há uma identificação individual para cada foto de todas mulheres do ano escolhidas por Ibrahim Sued.

2. Fotografo desconhecido – 1963

Matéria: "Ibrahim Sued apresenta as 10 melhores" (Revista *Manchete* n° 633, 1963).

Novamente pelas mãos de um colunista social especializado em identificar as mulheres mais belas da sociedade carioca e as que se destacavam em suas profissões, aparece Clarice Lispector, dessa vez num vestido vermelho cujo tecido é coberto com traços pretos de diferentes tamanhos, causando um efeito belo e inusitado. Ela usa sapatos pretos de salto baixo, com uma maquiagem que ressalta as maçãs de seu rosto. Ao fundo, em destaque, a parede é preenchida pela ampla estante de livros. Sua pose é pura elegância. Ela não sorri, está sentada na mesa onde se vê o abajur e o telefone preto, localizada no escritório de seu apartamento da rua General Ribeiro da Costa. Nos últimos anos, a foto vem sendo muito veiculada na internet e já foi capa do livro *Correio para mulheres* (Rocco, 2013). Vale notar que o registro foi em 1963, portanto dentro do contexto da "bem-sucedida" escritora, autora de *Laços de família*. A mesma foto, em outro ângulo, apareceu na crônica "Clarice, a universal", de Pedro Bloch, para a *Manchete* em 1999, no recorte da foto destacado na página ela aparece sentada, porém apoiada com o cotovelo na estante de livros. Dá uma impressão que ela está de pé. Desconheço que essa foto tenha circulado na internet.

3. Antônio Trindade – anos 1960 e 1970

São conhecidas duas fotos suas para a *Manchete*. A primeira (*Manchete*, nº 1340 - 1977) é bastante conhecida. Clarice e o filho Paulo estão em frente a uma quitanda no Leme. Clarice olha para um cacho de bananas. A foto originalmente apareceu em uma matéria assinada para a revista por Paulo Mendes Campos, em 1961.

A segunda foto foi tirada na sala do apartamento da escritora na Gustavo Sampaio. Na reportagem "E o romance...", de 1977, publicada na revista *Manchete* nº 1319, além de Clarice, a jornalista Ruth Aquino entrevistou Antonio Callado, José Louzeiro, Aguinaldo Silva e Octavio de Faria, Clarice segura um cigarro com a mão direita (a mão que sofreu as sequelas do incêndio, na foto se vê discretamente isso) e olha séria para a câmera. Ela usa um colar de pérolas, e está com um vestido listrado. O enquadramento da foto possibilita ver somente seu rosto e parte de seu ombro. É a imagem de uma Clarice mais envelhecida, aparenta ter mais do que os seus cinquenta e poucos anos. Há outros ângulos dessa foto que foram preservados no arquivo Clarice Lispector no AMLB da FCRB.

Infelizmente, não encontrei uma nota biográfica sobre o fotógrafo, a não ser que fazia parte do quadro de funcionários da *Manchete*.

4. José Carlos Viegas – anos 1970

Na reportagem "Best seller", na *Manchete* nº 2.242, de 1995, em destaque a frase "Lúcio, estou com saudade de você. Corcel de Fogo, que você era sem limite para seu galope." Vê-se três fotos de Clarice. Uma delas ao lado de seu cão Ulisses no apartamento da rua Gustavo Sampaio, 88, no Leme. O crédito é atribuído a José Carlos Viegas, e o clique ocorreu na década de 1970. A foto mostra parte da sala de Clarice com Ulisses aos seus pés. Ela permite ter uma ideia de como era essa parte do apartamento: com vasos de plantas, quadros na parede, uma pequena mesa com livros e papéis. Clarice está descalça e olha para o chão, junto a Ulisses parece estar com o pensamento voando. É a imagem de uma Clarice bem diferente daquelas dos anos 1960. Tem um "ar de senhora", e devia ter em torno de 53 anos. Essa foto tem sido bastante reproduzida na internet e em matérias sobre a escritora.

Infelizmente, não há notas biográficas sobre o fotógrafo José Carlos Viegas.

5. Gervásio Baptista – 1974

Clicou Clarice Lispector em 1974 para a *Manchete*, edição 1166, em uma pose no mínimo inusitada, de costas (uma provocação da matéria?), ao lado de um jovem escritor que foi clicado de frente, olhando para a câmera e segurando um livro. Clarice não se deixou fotografar de frente, conforme revelou outra reportagem publicada na *Manchete* seis meses depois (cf. *Manchete*, 3/5/1975. "Uma escritora no escuro", por Celso Arnaldo Araujo). O título da matéria de Tania Carvalho, "Clarice Lispector – Luis Carlos Franco Marinho. Gerações cada um na sua", dá uma ideia da proposta. Dois escritores de diferentes gerações conversam sobre vários temas, cada um com seu ponto de vista. Clarice está com um vestido creme, decotado nas costas, com listras marrons que lembram as de uma zebra. Usa um colar marrom com contas grossas, e o cabelo louro está curto do jeito em que ela foi tantas vezes retratada nos anos 1970. Os dois estão em frente à estante de livros de Clarice no apartamento da rua Gustavo Sampaio.

Gervásio Baptista trabalhou na *Manchete* desde a sua fundação. Registrou a construção de Brasília e eternizou JK acenando com a cartola para o povo, foto que estampou a capa da revista na inauguração da nova capital. Fotografou personalidades como Fidel Castro e Che Guevara, registrou o enterro de Getúlio Vargas, a queda do presidente argentino Perón e se tornou o fotógrafo oficial de Tancredo Neves. Registrou grande parte da história política do Brasil, com mais de trinta anos de cobertura do Palácio do Planalto. É considerado discípulo de Henri Cartier-Bresson, a quem conheceu pessoalmente. A ABI o considera o decano do fotojornalismo brasileiro (cf. "Morre Gervásio Baptista, ícone do fotojornalismo brasileiro." Denise Chrispim Marin. Revista *Veja*, 5/4/2019).

6. Pedro Henrique

A foto de Clarice encostada na porta que dava para o terraço de sua sala na Gustavo Sampaio é praticamente desconhecida por seus leitores, não sabemos qual a revista que a publicou, uma das inúmeras do Grupo Abril, quem sabe a *Realidade*. Clarice está com a mão no queixo, seu olhar perdido parece refletir um momento de divagações. A imagem conseguiu captar com muita sensibilidade a rica vida interior que ela deixou eternizada em seus livros. A foto só foi publicada no catálogo de "Perto de Clarice", evento multimídia realizado na Casa de Cultura Laura Alvim (novembro 1987).

O fotógrafo Pedro Henrique trabalhou dezessete anos na Editora Abril, onde fotografou para diversas revistas do Grupo, tais como *Realidade*, *Veja* e *Quatro Rodas*. É autor de vários livros de fotografias como um sobre a Ponte Rio-Niterói. (Cf. "Pedro Henrique, sempre na busca da beleza", por Luiz Ferreira. *Espaço Photo*, nº 4.)

TERCEIRA PARTE

EU SOU UMA PERGUNTA
Uma biografia de Clarice Lispector

A RESPOSTA E A PERGUNTA

É bem conhecido o desejo do leitor de aproximar-se daquele ser inalcançável, ou assim vivido em sua fantasia, responsável pelo seu prazer ou sua inquietação, aquele ser cuja presença na obra é, ao mesmo tempo, total e nula, aquele ser imaginário, ficção do leitor – o escritor. Quem não fantasiou um dia a intimidade com ele, para além da convivência com os personagens que alimentam nossa devoção à literatura?

Esse desejo banal ganha, às vezes, um caráter inadiável à realidade da ausência, da morte, e impõe-se como a necessidade de fazer renascer, em sua integralidade, alguém de quem cada um só guardou ínfimos pedaços. Alguém que, de si mesma, só disse fragmentos, alguém que já não existe, recriada pelo trabalho minucioso de reinvenção de uma vida, trabalho tanto mais fiel quanto maior é o respeito à pessoa, à obra e à vida que, como todas as vidas, não deixa atrás de si senão interrogações. Esse, o perigoso ofício da biografia.

Eu sou uma pergunta, disse Clarice Lispector de si mesma, e é essa pergunta que atormenta Teresa Cristina Montero Ferreira, cuja paixão pelo universo clariciano traz a marca dos escolhidos, aqueles a quem foi dada a graça do encontro com a obra de Clarice, e que, desde então, habitou seu universo, atravessou seus desertos, até confrontar-se a essa esfinge que se anuncia como uma pergunta.

Todo trabalho movido a amor não tem pressa. Quando se trata da biografia de um escritor amado, o tempo de convivência com os seus vestígios é dádiva de cada dia, um estar em companhia querida, a fruição de uma intimidade *a posteriori*.

A ética da biografia, seu compromisso de objetividade que é a chave da lealdade à memória, não seria possível sem esse movimento amoroso, inaugural, que empurra uma jovem estudante na direção do passado e a faz atravessar a espessura silenciosa dos mistérios, dos nomes trocados, dos depoimentos contraditórios, a subjetividade dos documentos perdidos e reencontrados.

É esse o movimento que faz o biógrafo um criador, decidido a dar vida a um personagem que já se escreveu a si mesmo, mas cujos traços só podem ser reunidos segundo certos critérios, um código cuja senha se perdeu.

Esse trabalho que vai do garimpo à ourivesaria foi o que Teresa Cristina Montero Ferreira se impôs, tentada pela aventura acadêmica e consciente da responsabilidade que lhe cabia quando ousava penetrar o destino de Clarice Lispector.

A promessa da objetividade foi aqui cumprida com o rigor indispensável a quem manipula memórias, nutre-se de impressões, reabre feridas que não lhe cabe julgar.

Da biografia pede-se e espera-se que separe o constitutivo do irrelevante, o pudor que desenha a fronteira entre o imprescindível e o acessório. Nesta biografia, buscou-se a arte de exibir e preservar, dando aos leitores acesso a dimensões inéditas de Clarice Lispector, trazendo-nos mais perto o seu selvagem coração, sem que o patrimônio de sua vida se gaste no consumo anedótico.

Não me surpreende que Teresa Cristina Montero Ferreira tenha escrito este belo livro. A mim foi dado testemunhar, como orientadora da dissertação de mestrado que lhe deu origem, o cuidado de artista com que tocava seu material. A mim foi dado o privilégio de, nessa convivência que nos uniu, reconhecer nela uma daquelas que trazia consigo, desde cedo, uma resposta em busca da pergunta a que essa resposta correspondia. Caminho insólito que nos ensinou Clarice Lispector quando escreveu: *Não, nem a pergunta eu soubera fazer. No entanto, a resposta se impunha a mim desde que nasci. Fora por causa da resposta contínua que eu, em caminho inverso, fora obrigada a buscar a que pergunta ela correspondia.*

Foi por causa da resposta que trazia em si que Teresa Cristina Montero Ferreira foi capaz de encontrar a pergunta a que dedicaria anos de seu jovem talento. Esta pergunta se chamava Clarice Lispector.

Rosiska Darcy de Oliveira

Clarice Lispector entrevistada em seu apartamento na rua Gustavo Sampaio, no Leme, por Araken Távora para o programa *Os Mágicos*, da TVE. Dezembro de 1976.
É a primeira entrevista da escritora para a TV. Inédita, será exibida no documentário *A descoberta do mundo*, da pernambucana Taciana Oliveira.

Matéria da coisa, de Clarice Lispector (março de 1975). Acervo Maria Bonomi/SP. "Pequena tela de 33x24 cm pintada à mão com pincel mole – parecem aguadas sobrepostas, pode ser acrílico e nanquim. Tudo muito diluído. Assinado e datado com caneta esverdeada: Clarice Lispector 'Matéria da Coisa' – Março 1975" (Carta de Maria Bonomi a Teresa Montero, 1998). Inédita em livro no Brasil, foi uma das primeiras telas pintadas por Clarice e integra a série de 16 telas produzidas entre março e setembro de 1975. A imagem foi publicada originalmente com o artigo "Palavra e (m) madeira", de Marília Malavolta no volume *El arte de pensar sin riesgos. 100 años de Clarice Lispector*. Mariela Méndez, Claudia Darrigrandi e Macarena Mallea (orgs.). Buenos Aires. Corregidor, 2021.

A Águia, de Maria Bonomi. Acervo Maria Bonomi/SP
Técnica: Xilogravura, uma matriz em compensado impressa invertida
Dimensões: Papel 102x155 cm e mancha 72x122 cm
Ano: 1967
Foto: João Urban

A matriz de *A Águia* fez parte da galeria de quadros de Clarice exposta na sala de seu apartamento no Leme. A importância da matriz de *A Águia* está relatada na crônica "Carta sobre Maria Bonomi" (*JB*, 2/10/1971) (cf. *Todas as crônicas*, pp.452-455).

Clarice Lispector, em seu apartamento na rua General Ribeiro da Costa, é clicada pela revista *Manchete* para a matéria "As melhores do ano de 1962". *Acervo Manchete. Reprodução: Arquivo Clarice Lispector. Arquivo-Museu de Literatura Brasileira da Fundação Casa de Rui Barbosa.*

Clarice Lispector, em seu apartamento na rua General Ribeiro da Costa, em 1963, posa para a revista *Manchete* para a matéria "Ibrahim Sued apresenta as 10 melhores". *Acervo Manchete. Reprodução: Arquivo Clarice Lispector. Arquivo-Museu de Literatura Brasileira da Fundação Casa de Rui Barbosa.*

Clarice Lispector em
seu apartamento na rua
General Ribeiro da Costa,
entre 1960 e 1965.
Fotografia da revista Manchete
(Acervo da família).

Foto inédita de Clarice Lispector (lenço na cabeça) na Passeata dos Cem Mil com artistas e intelectuais em 26 de junho de 1968. Sentados, ouviam os discursos dos estudantes. Acervo Manchete (*Revista Manchete*, nº 1.888. 1988 – "Brasil 68. Dias de ira").

"Clarice, como um 'selo' esta fotografia marcou sua breve passagem entre nós. Recomendações a Olga. Samuel e Rosinha Lispector. 1976." (Foto enviada para Clarice por Rosa Lispector.) Restaurante O Veleiro. Boa Viagem. Da esq. para a dir.: Robson Lispector, Samuel Lispector, Clarice, tia Mina Lispector, Vera Lispector Choze e Lana Choze Grin. Atrás, à esq.: Rosa Lispector. E à dir.: Olga Borelli. *Arquivo: AMLB-FCRB*

Restaurante O Veleiro. Recife, maio de 1976. Da esquerda para a direita: Vera Lispector Choze, Clarice e tia Mina Lispector. *Arquivo Clarice Lispector. Arquivo-Museu de Literatura Brasileira da Fundação Casa de Rui Barbosa.*

Clarice reencontra sua família em Recife, em maio de 1976. Apartamento de Vera e Mauricio Choze na avenida Boa Viagem. Da esquerda para a direita: Fabio Lispector, Rosa Lispector, Clarice, tia Mina Lispector e Sulamita Choze Botler. *Arquivo Clarice Lispector. Arquivo-Museu de Literatura Brasileira da Fundação Casa de Rui Barbosa.*

Apartamento de Vera e Mauricio Choze. Recife, maio de 1976. Da esquerda para a direita: Rosa Lispector, Clarice, tia Mina Lispector e Vera Choze. Atrás: Mauricio Choze, Robson Lispector, Sulamita Choze Botler e Lana Choze Grin (de lenço). *Arquivo Clarice Lispector. Arquivo-Museu de Literatura Brasileira da Fundação Casa de Rui Barbosa.*

Vera Choze e Clarice no apartamento dela e de Mauricio Choze na avenida Boa Viagem. Recife, maio de 1976. *Arquivo Clarice Lispector. Arquivo-Museu de Literatura Brasileira da Fundação Casa de Rui Barbosa.*

Tia Mina Lispector, Clarice e Vera Choze no apartamento de tia Mina. Recife, maio de 1976.
Arquivo Clarice Lispector. Arquivo-Museu de Literatura Brasileira da Fundação Casa de Rui Barbosa.

Recife, maio de 1976. Clarice visita a sala de aula onde estudou no Ginásio Pernambucano (de 1932 a 1934), com Olga Borelli e Augusto Ferraz (à sua direita). *Arquivo Clarice Lispector. Arquivo-Museu de Literatura Brasileira da Fundação Casa de Rui Barbosa.*

Maio de 1976. Clarice em um dos amplos corredores do Ginásio Pernambucano. *Arquivo Clarice Lispector.*
Arquivo-Museu de Literatura Brasileira da Fundação Casa de Rui Barbosa.

Maio de 1976. Clarice e Augusto Ferraz caminham no bairro da Boa Vista. Praça Maciel Pinheiro, na esquina da rua da Matriz, em Recife. *Arquivo Clarice Lispector. Arquivo-Museu de Literatura Brasileira da Fundação Casa de Rui Barbosa.*

Maio de 1976. Olga Borelli, Clarice e Augusto Ferraz em frente ao casarão onde ela morou na Praça Maciel Pinheiro, em Recife. *Arquivo Clarice Lispector. Arquivo-Museu de Literatura Brasileira da Fundação Casa de Rui Barbosa.*

Maio de 1976. Clarice observa o artesanato local ao lado de Augusto Ferraz em uma barraca na Praça Maciel Pinheiro, em Recife. *Arquivo Clarice Lispector. Arquivo-Museu de Literatura Brasileira da Fundação Casa de Rui Barbosa.*

Maio de 1976. Clarice ao lado de Augusto Ferraz no Bandepe, em Recife, após sua palestra. *Arquivo Augusto Ferraz. Recife.*

Clarice Lispector no Colégio Hebreu Ídiche Brasileiro (atual Colégio Israelita Moysés Chvarts). Década de 1930. Festa do Purim. Único registro fotográfico de Clarice na fase escolar em Recife. Os alunos foram identificados por Flora Buchatsky. *Arquivo Flora Buchatsky/Recife.*

1 – Fanny Tandeitnk • 2 – Félix Wolfenson • 3 – Clarice Lispector • 4 – Lúcia Chacnik
5 – Flora Buchatsky • 6 – Flora Markman • 7 – Jaime Vainer • 8 – Sara Kano
9 – Pola Lispector Margolis • 10 – Tâmara Grinfeld • 11 – Vera Lispector Choze

```
Q                                        55/6                         10

  SNI AC II BSB
  C I E BSB

  DE BRASILIA DF NR 171-NIL-301455P
  S N I  AC
  BRASILIA DF


  NR 1771 S 107/RB DE 30 MAIO 73 PT
  RETELEX  NR 351/16/AC DE 29 MAI 73 VG INFO CLARICE LISPECTOR VG
  EM 1968 SAIU AAS RUAS COM AS ARTISTAS EM SOLIDARIEDADE AOS ESTUDAN-
  TES VG SEM AUTORIZACAO DO GOVERNO DA GUANABARA PT  DECLAROU NO JOR-
  NAL ULTIMA HORA DE 26 JAN 68 PTPT '' ELES TEEM TODA RAZAO EM LUTAR
  POR UM MUNDO MENOS PODRE DO QUE ESTE EM QUE VIVEMOS ATUALMENTE ''PT
  CEL CAMPELLO - SUBCH CIE ------



  TRANS POR ---(TCL)---- EM 30/MAI/73 AAS 1525P
  REC POR --( X W L
  C I E BSB
```

Um dos cinco telexes emitidos pelas agências regionais do SNI em 30 de maio de 1973 que mapeiam dados biográficos de Clarice Lispector e sua participação em manifestações contra a ditadura militar. *Arquivo Nacional.*

(O capítulo "Recife, 1976" é o único original nesta nova publicação de *Eu sou uma pergunta*. Os demais seguem a ordem da primeira edição: Ucrânia ao Leme. Foram acrescentados diários de bordo em cada capítulo e sinalizados nos títulos as marcas temporais com o objetivo de atender a proposta deste volume.)

Diário de bordo – Recife, julho de 2019.
Voltar a Recife pela décima vez é revisitar a geografia cericeana. Desde a primeira visita em maio de 1994, a fim de recolher material para a primeira edição desta biografia, lá se vão vinte e sete anos. Eu cursava o mestrado em literatura brasileira na PUC-Rio e fui pesquisar nos arquivos públicos e entrevistar os primos de Clarice Lispector: Samuel Lispector, Sonia Krimgold Charifker e Jonas Rabin, e colegas da infância: Anita Buchatsky Levy e Suzana Berenstein Horovitz.

Agora, em julho de 2019, hospedei-me no Hotel Central – primeiro arranha-céu da cidade inaugurado em 1928 e um patrimônio do bairro da Boa Vista –, pois queria vivenciar o dia a dia desse lugar onde Clarice Lispector fabulou suas primeiras histórias. Percorrer cada esquina, medir as distâncias entre os lugares, fez-me voltar no tempo. Foi possível conhecer quase tudo a pé, atravessar as pontes e adentrar pelos bairros vizinhos. Observar melhor a estátua de Clarice na Maciel Pinheiro e conversar com quem a concebeu. O escultor Demétrio Albuquerque me fez ficar mais apaixonada pelos monumentos de Recife. Só agora pude entender as ligações entre os bairros e posso dizer que é possível percorrer a pé a quase totalidade dos caminhos cericeanos na cidade. E a visita ganhou um toque especial, fui alimentada pela culinária pernambucana de dona Rosa, proprietária do Tempero da Rosa, restaurante do Hotel Central. Um ano depois de minha visita, dona Rosa assumiu também a direção do hotel com a missão de impedir que essa joia rara de Recife, um dos últimos monumentos do tempo de Clarice, feche as suas portas.

A volta ao Arquivo Público Estadual Jordão Emerenciano, um dos maiores acervos do Brasil, possibilitou-me pesquisar as páginas do *Jornal do Commercio* e identificar a passagem de Clarice pela cidade em 1976. Pesquisa fundamental, porque permitiu-me juntamente com a matéria no *Diário de Pernambuco* (identificada na hemeroteca da Biblioteca Nacional) sobre o almoço oferecido à escritora pela UFPE (Universidade Federal de Pernambuco), reconstituir uma parte da visita de Clarice que permanecia desconhecida. Nesse sentido, o depoimento do escritor Raimundo Carrero ratificou o fato noticiado no *Diário de Pernambuco*, pois, ao entrevistá-lo e contar-lhe o que eu lera na matéria sobre o almoço, ele pôde lembrar alguns momentos. Até então, ninguém tinha evocado esse almoço. Uma das coisas que não pude realizar nessa ida a Recife foi entrevistar o escritor e jornalista José Mário Rodrigues. A quantidade de pesquisas, visitas e entrevistas impossibilitou-me realizar tudo o que eu planejara. No Rio, fiz duas tentativas para entrevistá-lo por e-mail, em 20/2/2020 e em 10/3/2020. Fiz-lhe o relato sobre a matéria no *Diário de Pernambuco*, sobre o almoço oferecido pela UFPE etc. Afinal, ele estava presente na palestra no BANDEPE e no almoço, e tem se colocado como participante ativo na visita de Clarice, mas infelizmente não obtive resposta. Em outro prédio do Arquivo Público, na rua Imperial, deslumbrei-me com as fotos de época do Ginásio Pernambucano e um relatório sobre como era o seu funcionamento no tempo de Clarice. Fiz uma nova visita ao Ginásio graças ao diretor Paulo Bruno. Fui ciceroneada pela museóloga Francisca Juscizete e a bibliotecária Helena Borba, e acompanhada por Augusto Ferraz (que levara Clarice e Olga em 1976 quando ela quis revê-lo). Meu olhar sobre essa instituição que é um patrimônio da educação brasileira se renovou. Pude ver com mais calma as preciosidades do Museu de História Natural Louis Jacques Brunet e da biblioteca centenária.

Outras visitas ajudaram a reconstituir o Recife de Clarice: finalmente conheci a casa de Manuel Bandeira na rua da União, hoje Espaço Pasárgada. Uma emoção ver onde viveu o meu poeta preferido. Revi a Sinagoga Kahal Zur Israel, e conheci o Instituto Arqueológico, Histórico e Geográfico de Pernambuco, na rua do Hospício, e a Sinagoga Israelita, na rua Martins Junior, em companhia de Marcia Alcoforado e guiada pelo historiador Jacques Ribenboim e sua esposa Helena. Chegamos em um momento de oração. Muito tocante percorrer cada canto desse templo tão simples com mais de noventa anos de existência, construído e mantido pela comunidade judaica, onde Pedro Lispector esteve com sua família. Pude mergulhar mais um pouco na história das famílias Lispector e Krimgold ao entrevistar os primos de Clarice: Evania Lispector Margolis, filha de Pola Lispector, e Gilson Krimgold Ludmer, filho de Clarice Krimgold. Através de Evania e Gilson, pude ampliar minha visão sobre os laços familiares. Tive também a felicidade de assistir em minha última noite em Recife uma peça no Teatro Santa Isabel: o clássico *As bruxas de Salém*, de Arthur Miller, com o grupo pernambucano Célula de Teatro. Um alumbramento, como diria Manuel Bandeira. Escutar as sutilezas da dicção pernambucana foi uma delícia. *As bruxas de Salém* mostra o que acontece quando o poder político se alia ao poder da religião com o objetivo de oprimir as pessoas. Algo que infelizmente se repete ao longo da história.

Conhecer o Cemitério do Barro ao lado da cineasta Taciana Oliveira, algo que eu tanto almejara desde a primeira visita, percorrer os túmulos de Pola Lispector Margolis, Salomão Lispector, Mina Lispector e Marian Lispector foi um momento de grande emoção, como se tivesse me transportado para a Ucrânia, tal a força que a tradição judaica emana deste solo sagrado. Até chegar a esse ponto tão distante da Boa Vista, pude conhecer melhor a cidade sendo guiada pelo senhor Fernandes, que nos levou até o Barro. José Victor, da Sinagoga Kahal Zur Israel, colocou-me em contato com Jáder Tachlitsky, que prontamente viabilizou a visita através de Mauricio Bogater. O funcionário Cleiton dos Santos abriu-nos a porta do cemitério do Barro.

O novo passeio que fiz acompanhada de Augusto Ferraz pelos caminhos clariceanos no Recife, seguindo o roteiro que ele me revelou ter sido feito com Clarice e Olga Borelli quando visitaram a cidade em maio de 1976, coroou com chave de ouro essa visita. Por tudo isso, pude escrever o capítulo a seguir, o único novo no conjunto dos doze reunidos na primeira edição desta biografia. A sua importância é fundamental porque traz novas informações sobre a última visita de Clarice a Recife, passagem ainda pouco conhecida e descoberta graças à cineasta Taciana Oliveira quando pesquisava para o seu documentário *A descoberta do mundo* e encontrou o procurador e escritor Augusto Ferraz, que propiciou a Clarice Lispector realizar o sonho de rever sua cidade quarenta anos depois de ter partido para o Rio de Janeiro.

Minha estada na cidade foi coroada com a procissão em homenagem à padroeira de Recife no dia 16 de julho: Nossa Senhora do Carmo. Um momento de fé do povo pernambucano que pude vivenciar a pé percorrendo os bairros centrais. Uma bênção inesquecível!

RECIFE, 1976

"Em maio de 1976, quando Clarice veio ao Recife, aconteceu o nosso passeio no Alto da Sé, em Olinda. Naquela ocasião, como lhe falei, enlaçada ao meu braço, caminhamos, eu e Clarice, sob as árvores do Alto da Sé e, enquanto nos dirigíamos para o ponto em que paramos para contemplar Recife ao longe, houve, entre nós, o tal diálogo, que lhe narrei: naquele momento, Clarice desejou que minha juventude fosse transmitida para ela. Revelou-me isso, assim, de chofre, sem qualquer hesitação. Se fosse outra pessoa, provavelmente a frase e o momento se desfariam, logo em seguida, e a vida seguiria seu curso normal, depois de alguns risos. Mas não em se tratando de Clarice. Ela falara isso séria, a voz dela era límpida e tranquila, grave, como era a voz dela, com todos os erres da sua língua presa. O rosto dela era sereno e foi justamente a serenidade daquela expressão do rosto de Clarice que ficou gravada em mim, mais do que a expressão do desejo revelado. O rosto de Clarice era a própria expressão do desejo. Foi quando eu lhe respondi que, se esse era o desejo dela, então, pelo menos dez anos minha juventude eu daria a ela. Acontece, Teresa, que, naquele instante, eu, intimamente, doara-lhe realmente os dez anos que ela me pedira. Acho, ela sabia disso, por isso, rimos. Rimos daquilo que se costuma chamar felicidade. Sim, a felicidade transbordava de nós, era um perfume a envolver-nos!

A notícia do falecimento de Clarice em dezembro de 1977, para mim, foi um choque, e o que me veio imediatamente à cabeça foi aquele nosso momento, em Olinda, e a certeza, cortada por uma dúvida atroz: Clarice sabia que ia morrer em pouco tempo (Sabia? Ou tudo não passava de impressão minha?). Logo depois do falecimento de Clarice, consegui falar com Olga por telefone, e ela procurou espantar minha certeza para longe. Você, de certa forma, fez o mesmo ao narrar-me, no nosso encontro, a voracidade com que a morte a levou. Em vão, quando dei de olhos com o seguinte texto, após a entrevista da TV Cultura, em São Paulo: 'Clarice e Júlio Lerner se olharam sem nada dizer. Ela deu um passo e o conduziu a um canto. Falando com cuidado para que ninguém mais a ouvisse, pediu-lhe que a entrevista fosse transmitida após a sua morte. Lerner prometeu atender o pedido.' Fazia tempo, Clarice no mínimo intuíra que morreria bem mais cedo do que ela própria esperava. E o momento estava próximo... Tenho certeza, ela sentia, lá no fundo, essa verdade comprimir-lhe o coração tal qual as folhas secas das árvores que ela costumava apanhar do chão e agasalhar em sua bolsa, e compreendo melhor agora certos acontecimentos de 'um aprofundamento doloroso' na vida de nossa querida Clarice.

Mais que uma despedida, a visita ao Recife foi um reencontro. Daqui ela partiria para um novo começo, uma outra etapa da fabulosa aventura da sua existência. *A hora da estrela* é a expressão exata desse recomeço.

'E agora – agora só me resta acender um cigarro e ir para casa. Meu Deus, só agora me lembrei que a gente morre. Mas – mas eu também?!'" (e-mail de Augusto Ferraz para a autora em 20 de setembro de 2008).

Olinda era a "ilha encantada", como Clarice Lispector se referiu em uma crônica, onde vivera momentos felizes ao tomar os banhos de mar acompanhada do pai e das irmãs. Certamente daí vem a sua ligação com a praia. Ela mergulhava nas águas as mãos em concha e bebia o mar.

O passeio ao Alto da Sé está repleto de simbolismos. Se Augusto Ferraz queria que Clarice contemplasse Recife de longe para apreciar a cidade, talvez não se desse conta do quanto os altos de Olinda os aproximava da História do Brasil. Em seu guia de Olinda, Gilberto Freyre revela que Joaquim Nabuco levou Ramalho Ortigão para o mesmo lugar para que o escritor português visse a paisagem pernambucana. Olinda trazia em seus montes um número incomensurável de ataques de estrangeiros nos séculos XVI e XVII. Resistiu a saques e incêndios, e ostenta algumas das casas e das igrejas mais velhas da América, como sublinha Freyre.

Por que Clarice desejou a fonte da juventude em um cenário tão inspirador?

O Alto da Sé também reservava outras preciosidades como saborear uma tapioca com queijo de coalho feita por dona Conceição. Com seu fogareiro, a tapioqueira foi pioneira na arte dessa delícia nordestina na década de 1970. Nessa época, Olinda ainda não tinha a fama que atrairia turistas do mundo inteiro, o local, segundo Semira Vaisencher, era uma espécie de ponto de resistência cultural. As tapiocas eram vendidas aos estudantes e intelectuais, frequentadores dos concertos e do teatro de vanguarda promovidos no local.

Até chegar ao Alto da Sé naquela tarde, Clarice já havia percorrido durante o dia os caminhos de sua infância no Recife. A viagem fora prevista pela sua cartomante. Segundo Augusto Ferraz, um dia Clarice lhe perguntou: "Você acredita em cartomantes?" Ele riu demonstrando descrença. Clarice manteve-se firme: "Eu acredito." A cartomante previu que ela ia realizar um desejo e um jovem amigo a ajudaria.

Clarice interpretou a previsão como sendo a viagem ao Recife. Augusto sentiu que deveria fazer tudo para ajudá-la. Desde julho de 1974, quando estivera pela primeira vez no apartamento da Gustavo Sampaio, que a possibilidade de ver a escritora visitar a cidade começava a se tornar uma espécie de sonho. Em carta de 4 de agosto de 1975, Clarice lhe revela:

"Estou doida para ir a Recife mas só poderei ir se fosse convidada por, digamos, uma universidade; eu leria uma conferência mediante passagem paga ida-e-volta e hospedagem. Morro de saudades de minha terra. Mas creio que nenhum reitor se interessaria por uma conferência sobre literatura contemporânea e de vanguarda. Paciência."

Na sua terceira viagem ao Leme, em janeiro de 1976, Augusto ouve finalmente o sim para a ida a Recife. Mas antes ele teria que viver uma experiência dolorosa da qual Clarice seria testemunha.

No dia seguinte, faleceu seu pai, José Antônio, na tarde de 31 de janeiro. A família tentou localizá-lo no Rio. Sua mãe sabia da visita à Clarice, pois esse era o motivo da viagem. Quando o primo Clóvis conseguiu falar com Clarice pelo telefone, ficou sabendo do paradeiro de Augusto, ele estava hospedado no apartamento de um casal em Santa Teresa. Como não dava mais tempo de assistir ao enterro, d. Maria Diva recomendou que o filho ficasse no Rio.

Quando Augusto ligou para Clarice, ela demonstrou preocupação: "Você tem que voltar pra Recife." Ele explicou o ocorrido e pediu para vê-la. Uns três dias depois, ele voltou ao Leme para compartilhar com ela esse momento delicado.

"Imagino como foi triste a sua chegada a Recife. Eu perdi pai e mãe e sei como a pessoa se sente."

Nessa carta de 6 de março, Clarice já indicava o mês de maio como o mais adequado para a sua viagem, pois em abril Paulo, seu filho caçula, se casaria. Demonstrou estar atenta à publicação de *Lição para viver*, título que ela sugeriu para o segundo livro de Augusto Ferraz; ela não só o leu como arranjou o editor. Ênio Silveira o publicou na Civilização Brasileira em 1981.

Segundo Gilson Krimgold Ludmer, sua prima Elisa Lispector já voltara a Recife pelo menos duas vezes, nos anos 1970, em uma delas, ele a levou ao Cemitério Israelita do Barro para visitar seus antepassados. Ao contrário de Clarice, que depois de ter deixado a cidade aos 14 anos, só retornara por algumas horas em 1949 ao voltar de Berna de navio rumo ao Rio de Janeiro, em companhia do marido Maury e do filho Pedro. Em março de 1975, Elisa fez uma dedicatória no exemplar de seu último romance *Atrás da porta* dado aos primos: "Para os queridos primos Pola, Moisés e filhos com toda a minha ternura." Pola era uma das filhas de Salomão e Mina, tia adorada por Clarice. Elisa não mudou-se para o Rio de Janeiro com o pai e as irmãs em janeiro de 1935, só pôde ir depois, porque trabalhava na Companhia de Seguros "A São Paulo", como registra o *Diário de Pernambuco* em 1933.

Preparativos para receber Clarice no Recife

Os preparativos para possibilitar a ida de Clarice passaram por vários caminhos e algumas versões. Augusto Ferraz procurou sua colega na faculdade de Direito, Maria Clara, com a esperança de que a mãe dela, marchand e proprietária da Galeria Futuro 25, pudesse ajudar. Tereza Dourado era casada com Luiz Souto Dourado, ex-prefeito de Garanhuns e secretário de Justiça do governo Miguel Arraes. Bastava obter a hospedagem e as passagens para Clarice e Olga Borelli.

Ao relembrar esse episódio, Augusto não soube afirmar se de fato Tereza Dourado conseguiu realizar o seu pedido sozinha. O registro dos fatos em depoimentos e matérias na imprensa levam a crer que outras pessoas fizeram parte dessa rede de contatos que propiciou a volta de Clarice Lispector a Recife. É o que deduzi ao entrevistar Samuel Lispector, primo de Clarice, em 1994. Ele afirmou ter pago as passagens aéreas; o mesmo afirmou no depoimento concedido à biógrafa Nádia Battella Gotlib, em 1992. Seu filho Robson, então com 17 anos, disse-me que se recorda de ter ajudado o pai nessa tarefa. Ele não lembra se houve um depósito no banco ou se compraram as passagens em uma agência de viagens.

Na imprensa de Recife há outros registros.

Em sua coluna no *Diário de Pernambuco*, Paulo Fernando Craveiro informou em 13 de abril de 1976 que as palestras de Clarice Lispector seriam nos dias 20 e 21 de maio.

José Mário Rodrigues, então um jovem poeta que tinha uma coluna semanal, "Arte Sempre" no *Jornal do Comércio* (1/5/1976), noticiou:

"Clarice Lispector – Estão confirmadas as conferências de Clarice Lispector no auditório do Bandepe nos dias 20 e 21 do próximo mês. A autora de *Água viva* chegará ao Recife no dia 19 numa cortesia da VASP. Nem é preciso ressaltar que Clarice é um dos grandes nomes das nossas letras."

Enquanto isso, Rubem Braga circulava na cidade desde o dia 19 de maio com a missão de entrevistar Gilberto Freyre. "Hospedou-se no Hotel Miramar, tomou água de coco, comeu carne de sol, perguntou pelos velhos amigos", noticiou o *Jornal do Comércio* em 21 de maio.

Outro amigo de passagem por Recife era Alberto Dines, ele viera para o "II Encontro Internacional de Jornalismo e Comunicação" (de 21 a 23/5). Dines confirmou-me em depoimento ter encontrado inclusive com Clarice no avião.

Já o *Diário de Pernambuco* informou em uma matéria no dia 22 de maio: "Clarice Lispector, que está no Recife fazendo conferências a convite da Galeria Nega Fulô", e mais: "foi recepcionada ontem (21) com almoço oferecido pela UFPE através do Departamento de Extensão Cultural, no qual compareceram, entre outros, o professor Sebastião Barreto Campos, pró-reitor Comunitário da UFPE; professor César Leal; poetas Marcus Accioly e José Mário Rodrigues; jornalistas Raimundo Carrero e Manoel Neto".

Tudo leva a crer que a data mais provável da chegada de Clarice Lispector tenha sido o dia 19 de maio (quarta-feira). É que no roteiro descrito por Augusto Ferraz ela percorreu a cidade em dois dias ao seu lado e de Olga Borelli. Se a palestra foi no sábado, dia 22, teria de haver mais um dia para o almoço organizado pela Universidade Federal de Pernambuco.

Coincidentemente, a data de 19 de maio é a mesma da primeira vinda dos pais de Clarice a Recife, conforme a nota registrada no *Diário de Pernambuco* em 20/5/1922 sobre a chegada do Itabera vindo de Porto Alegre, Santos, Rio de Janeiro, Vitória, Bahia e Maceió. É o único e mais antigo registro sobre a presença do casal Lispector em Recife. Como a família chegou ao nordeste em março de 1922, é plausível levantar essa hipótese: "Passageiros chegados do sul no vapor *Itabera* no dia 19 do corrente: De Maceió – Manoela Dias Garcia (...), Pedro Lispector, Marieta Lispector (...)."

O então jovem jornalista Raimundo Carrero, que acabara de publicar seu primeiro livro aos 21 anos, confirmou que compareceu ao almoço no restaurante Varandas. Foi convidado por seu amigo, José Mário Rodrigues, que precisava reunir pessoas do meio literário para receber Clarice Lispector. Carrero trabalhava na equipe do DEC, no Departamento de Extensão Cultural, da UFPE, cujo secretário de Cultura era o escritor Ariano Suassuna.

"Ela ficou na cabeceira. No outro lado, o poeta Cesar Leal." Segundo Carrero, o poeta levou uma tradução de uma obra de Clarice e ficou conversando com ela sobre isso o tempo todo. Todos ficaram chateados, ele acredita que Clarice também. "Ela estava cinzenta", refere-se ao fato de Leal monopolizar a conversa. Carrero não trocou uma palavra com ela. Inclusive, ele lembra não nutrir a admiração que sente hoje pela autora naquela época. Antes do almoço, tomou uma garrafa de cachaça e comeu uma porção de peixe, ele não estava nada disposto a encarar esse "almoço de escritores".

Sobre o fato de a imprensa ter praticamente ignorado a presença de Clarice Lispector na cidade, ele argumentou que ela era uma escritora admirada de longe, não era uma mulher "barulhenta", isto é, não gostava de falar. Tinha fama de ser chata e difícil. E ela não tinha "uma atuação política como nós tínhamos". Era exigido do autor uma posição política "barulhenta".

A lembrança que ficou foi a de que ela não se sentiu à vontade nessa visita, concluiu Raimundo Carrero.

O passeio de Clarice

O grande momento da visita ao Recife foi o passeio que Clarice Lispector deu pela cidade ao lado de Olga Borelli e guiado por Augusto Ferraz. Assim que chegou ao Hotel São Domingos, localizado quase ao lado do casarão onde morou na rua do Aragão em frente à Praça Maciel Pinheiro, Clarice quis dar uma caminhada. Ela reviu o casarão da praça, mas se recusou a visitá-lo. Augusto Ferraz se recorda de tê-la estimulado a entrar. "Estava aberto", mas ela preferiu ficar com a imagem daquele lugar em sua infância. Seguiram em direção à rua da Imperatriz (onde ela residiu em dois endereços) e pararam na esquina da rua da Aurora.

Esse primeiro momento foi registrado em fotos tiradas por Olga Borelli, nelas aparece ao lado de Clarice, além de Augusto Ferraz, outro jovem escritor, José Mário Rodrigues, que estave também no aeroporto para recebê-la. Após essa breve caminhada, Augusto recordou-se que os quatro visitaram a Oficina de Francisco Brennand, inaugurada em 1971, nas terras do antigo engenho da Várzea. Um espaço misto de ateliê e museu. Na época, ainda era pouco conhecida, e Augusto não se recorda por que decidiram visitá-la.

Mas foi no segundo dia que Augusto Ferraz contou que levou Clarice para rever os lugares de sua infância em companhia de Olga Borelli. Aquelas crônicas escritas em sua coluna no *Jornal do Brasil* relembram muitos momentos dessas origens nordestinas: o Ginásio Pernambucano, o Grupo Escolar João Barbalho, a rua Conde da Boa Vista, o carnaval, os cinemas, os banhos de mar em Olinda. Tudo isso foi vivenciado ora caminhando pelas ruas do Recife, ora de carro. Ao chegar pela manhã no Hotel São Domingos, Augusto já sabia o que deveria fazer para esse passeio tornar-se inesquecível. Ao ver Clarice, mostrou-se decidido: "Vamos passear?"

Mas Clarice parecia postergar o momento do encontro com Recife, e o convidou para passar antes na sala de estar do hotel. Ela queria fazer um brinde para celebrar a ocasião. "Vamos tomar um Martíni?" E deu uma de cartomante: "Abre a mão." Clarice começou a ler a mão de Augusto.

Concluída essa espécie de ritual, lá se foram ela e Olga Borelli, guiadas por Augusto, pelas ruas do Recife num passeio que cruzaria quatro bairros e uma cidade. Não era mais a menina, mas uma mulher de 55 anos mergulhando no túnel do tempo na *única cidade* onde vivera com sua família completa, pai, mãe e as duas irmãs, já que sua mãe faleceu na cidade em 1930, quando ela ainda não completara dez anos.

Seguiram pela rua Imperatriz, que na época era aberta ao trânsito, a percorreram indo pela calçada. Pode rever os dois endereços onde morou, no número 173 e mais adiante, quase na esquina da rua da Aurora, o número 21, ao lado da Livraria Imperatriz. Hoje a rua é fechada para pedestres, e continua a ter um intenso comércio. Ao pararem na rua da Aurora, ficaram na margem oposta ao Capibaribe. Daí, Augusto mostrou o Ginásio Pernambucano, as pontes Duarte Coelho e Princesa Isabel.

A distância os fez decidirem realizar o percurso de carro, inclusive para apreciar tudo com mais calma. Mas antes, ao voltarem pela rua da Imperatriz, Clarice manifestou o desejo de ir pela rua do Hospício para ver o Teatro do Parque. E assim foi feito, ao dobrarem à esquerda. Era um local que devia lhe trazer recordações prazerosas, ao seguirem estavam próximos da rua Martins Junior.

"Meu pai vinha por aqui." É onde ficava a Sinagoga Israelita do Recife, no nº 29, inaugurada em 1926 e de pé até hoje. Clarice lembrou-se também de que havia uma sinagoga na rua da Matriz. De fato, houve. Era a sinagoga Sefardita no nº 84 desta rua. Clarice brincava muito na calçada da rua do Aragão e na da rua da Matriz, segundo confessou a Augusto Ferraz.

Devido à proximidade com a avenida Conde da Boa Vista, entraram pela rua Sete de Setembro e foram nesta direção. Ao atravessarem a avenida, seguiram até a rua do Riachuelo, onde fica a Faculdade de Direito (localizada na Praça Adolfo Cirne). Clarice comentou que passeava por ali. Daí, retornaram para o Hotel São Domingos para pegarem o carro.

A continuação do passeio exigia uma mudança de bairro. Da Boa Vista foram para o bairro de Santo Amaro. A próxima parada era o Ginásio Pernambucano, na rua da Aurora, 703, onde Clarice estudou três anos: de 1932 a 1934. Augusto estacionou seu fusca na rua Mamede Simões. Entraram no Ginásio. Clarice o percorreu silenciosamente e fez questão de visitar a sala onde estudou.

Em frente ao Ginásio, na rua da Aurora, às margens do Capibaribe, avistou-se ao longe o Teatro Santa Isabel, na Praça da República, localizado no bairro de Santo Antônio, chamada por Augusto de "Cidade Maurícia", pois foi projetada por Pieter Post durante o governo de Maurício de Nassau. Se fossem a pé, bastava atravessar uma ponte e se chegaria lá. Foi inevitável o comentário de Clarice: "Eu já visitei o Teatro Santa Isabel. Eu toquei piano no Santa Isabel." E Olga, surpresa: "Você tocou piano no Santa Isabel?" "Eu era criança, foi numa visita escolar", revelou Clarice.

Então, quando Augusto pegou o carro para continuarem o passeio passou perto do teatro, que estava fechado, para ela sentir-se mais próxima daquele momento recordado com tanta alegria.

O passeio continuou no bairro do Derby. O motivo é que Clarice brincava muito no fim de semana na praça do Derby, projetada por Roberto Burle Marx em 1926, e onde costumava passear com a família. Inclusive, Augusto recordou-se de ver em uma de suas visitas ao apartamento da Gustavo Sampaio uma foto grande, em formato de pôster, da menina Clarice no local.

Ao passearem pela praça se aproximaram do tanque onde durante muitos anos viveu um peixe-boi chamado Xica, Clarice pediu para Olga tirar uma foto. Augusto não se recorda se o animal ainda vivia ali. Clarice pediu que ele segurasse sua bolsa, pois ela queria repetir aquela foto que tirou quando era menina, com a mão na cintura. É a mesma pose registrada naquele pôster visto por Augusto no apartamento da rua Gustavo Sampaio.

Ao contrário de outras fotos tiradas nesse longo passeio pela cidade, esta não ficou registrada na série de negativos depositados no Arquivo de Clarice na Fundação Casa de Rui Barbosa onde se vê alguns desses momentos em Recife. Consigo, ela guardou duas fotos da praça do Derby no tempo da infância que seu filho Paulo preservou. Em uma com quase 14 anos registra: "Uma continência no Parque do Derby no verão de 1934, me lembro claramente um passeio à Ilha dos Amores que lá existe como em toda parte." Na outra, ela veste luto, o que leva a deduzir ter sido tirada quando ela tinha por volta de 9 ou 10 anos, pois perdera a sua mãe em setembro de 1930.

Foi após esse momento tão especial no Derby que Augusto Ferraz sugeriu irem para Olinda, como já aludi no início desse relato.

Após deixar Clarice e Olga no Hotel São Domingos, combinaram que o jantar seria em companhia de d. Diva, mãe de Augusto, no bairro do Espinheiro.

"Clarice jantou em minha residência, em minha companhia, de Olga, e na companhia de mamãe, Maria Diva (depois do jantar e de conversas animadas, Clarice dormiu na minha casa, no quarto e na cama de mamãe;

tarde da noite, ao abraçar mamãe, e dela se despedir, pediu para ela retirar o luto fechado em que se encerrara com o falecimento de papai, em 31 de janeiro de 1976; pediu, retirasse ela o luto – todas as roupas de mamãe eram da cor preta – e se não fizesse isso por ela própria, fizesse pelo filho, disse, apontando para mim, que acompanhava a cena de perto."

Augusto recordou-se que ele, Clarice e Olga saíram da rua Buenos Aires, 211, muito tarde. D. Diva se entendeu muito bem com Clarice. Augusto descreve a mãe como uma mulher do interior, "só tinha feito o primário, filha de fazendeiro". Ela gostava muito de ler e sempre o incentivou a se aproximar dos livros. Observando Clarice e a mãe concluiu: "Elas conversaram como se fossem velhas conhecidas."

A palestra no BANDEPE

Segundo o relato de Augusto Ferraz, a palestra aconteceu num sábado. Como não temos certeza absoluta da data devido as discrepâncias das várias fontes, vamos considerar o dia 22 de maio (que era sábado na semana em que ela chegou à cidade).

Augusto não contava com o nervosismo de Clarice pouco antes de partir do hotel em direção ao local da palestra. Olga decidiu levá-la de volta para o quarto e tentar acalmá-la. Augusto ficou aguardando. Finalmente, Clarice decidiu ir.

A palestra aconteceu em outro ponto da cidade, no bairro do Recife, também chamado pelos recifenses de Recife Antigo. Localizado na rua Cais do Apolo, 222, o edifício abrigava a sede do Banco do Estado de Pernambuco – BANDEPE. No último andar do edifício de feições modernas, Clarice proferiu uma palestra sobre "Literatura de Vanguarda no Brasil". "Ela leu a conferência", comentou Augusto. Certamente, a mesma que leu em várias cidades quando recebeu um convite dessa natureza. A primeira vez ocorreu no Texas em 1963, nos Estados Unidos; em seguida, já com alterações no texto, a leu em outras cidades brasileiras: Vitória, Campos, Belo Horizonte, Belém e Brasília. Recife era a sexta e última cidade. Na sua conferência, ela aproveitou para citar como exemplos não somente os chamados escritores clássicos de nossa literatura como Mário de Andrade, José Lins do Rego, Graciliano Ramos e Carlos Drummond de Andrade. Fez questão de nomear os frutos da vanguarda de 1922, muitos deles seus amigos: Nélida Piñon, Murilo Rubião, Marina Colasanti, Moura Fuentes, João Cabral de Melo Neto e até Alberto Dines, que na época ainda se aventurava no campo da ficção.

Segundo Augusto Ferraz, o auditório era muito bonito, recém-inaugurado, e "o público não era grande". Ela pediu-lhe para ele ficar ao seu lado o tempo todo. Além dele, estava também presente na mesa da conferência o jovem escritor José Mario Rodrigues. Olga Borelli ficou na plateia.

Augusto Ferraz guardou fotos da palestra que Clarice lhe enviou.

O jantar que não houve no Nega Fulô

Após a conferência, o público foi convidado a sentar-se mais próximo de Clarice. Ela saiu da mesa onde estava. Levaram umas cadeiras próximas da plateia. "A gente sentou no chão", lembra Augusto. Clarice e Olga nas cadeiras. "Ficamos na altura do público." Foram feitas perguntas por escrito. Clarice parecia à vontade nesse momento. Quando a cumprimentavam, ela oferecia a mão esquerda, não a direita, mutilada pelo incêndio. Há duas fotos desse momento histórico no *Jornal do Comércio*, uma nos chama especialmente a atenção: saiu publicada na coluna de José Mário Rodrigues, onde se vê Clarice sorrindo, o que é raro em se tratando de fotos da escritora. Seu rosto parecia o de uma menina. A legenda dizia: "Clarice Lispector, que esteve semana passada entre nós." Ela também concedeu uma breve entrevista a este jornal, para José Mário Rodrigues e Marcos Siqueira, publicada no *JC* 4º Caderno de Literatura, em 30 de maio de 1976. A matéria mostra uma foto de Clarice ao lado de José Mário no local da palestra.

Os Lispector estavam no auditório, não sabemos exatamente quantos. Provavelmente Samuel, sua esposa Rosa, a prima Vera, seu marido Maurício, as filhas Sulamita e Lana, e a tia Mina.

Mas aquele sábado ainda não tinha acabado. Augusto revelou que Clarice foi pega de surpresa com um convite para jantar com intelectuais e artistas no restaurante Nega Fulô (atual Macunaíma), na rua das Creoulas, 260, no Casarão dos Quatro Cantos. Nesse endereço localizava-se a Galeria Nega Fulô, cuja proprietária era Silvia Coimbra. Ela e sua filha

Flávia Martins teriam ao longo da década um papel significativo em projetos e pesquisas envolvendo arte popular, cultura e artesanato, além de reunirem um acervo de obras de arte cuja guarda está na Galeria Metropolitana de Arte de Recife. O local era mais do que uma galeria, era um centro cultural onde se promoviam saraus, shows de música e poesia. Augusto recordou-se que Tereza Dourado, a marchand e proprietária da Galeria Futuro 25, fez o convite na hora. Clarice ficou desconcertada. "Você sabia desse jantar?" Augusto mostrou-se surpreso: "Não."

Clarice, Olga e Augusto partiram para o bairro das Graças em direção ao Casarão dos Quatro Cantos. Ela não escondeu seu cansaço diante dos convidados, permaneceu poucos minutos, pediu desculpas e voltou para o hotel em companhia de Olga, que tratou de providenciar um táxi sem que Augusto percebesse. Ele fez menção em levá-las. "Por favor, fique", pediu Clarice. Augusto atendeu seu pedido, e tentou justificar a atitude da amiga devido às fortes emoções vividas na cidade, afinal de contas sua volta significava rememorar a sua infância. Ele não se recorda quem eram as outras pessoas presentes no jantar, a não ser Tereza Dourado. Considerando que o local do jantar ficava no mesmo endereço do espaço cultural Nega Fulô, é bem provável que Tereza Dourado, aliada a Silvia Coimbra, tenha reunido artistas do campo das artes plásticas e escritores. É o que posso especular. A matéria do *Diário de Pernambuco* disse que Clarice Lispector estava em Recife convidada pela Galeria Nega Fulô, no entanto o nome de Silvia Coimbra, proprietária da galeria, jamais foi citado na imprensa pernambucana nas poucas notas e nas duas matérias sobre a passagem de Clarice Lispector. Silvia Coimbra e Tereza Dourado já faleceram. Dos nomes citados, o escritor José Mário Rodrigues relatou em entrevistas ter tido participação determinante na organização da vinda de Clarice Lispector.

A participação de Augusto Ferraz na vinda de Clarice Lispector, como está registrada na correspondência da escritora com ele (cf. *Todas as cartas*, 2020), jamais foi mencionada na imprensa e por pesquisadores. Sua imagem ao lado de Clarice e Olga Borelli em uma foto no dia da palestra no BANDEPE, publicada na fotobiografia de Clarice, não foi identificada nos créditos, pois, segundo Augusto Ferraz, a própria autora do livro, a professora Nádia Gotlib, desconhecia sua existência. Após comunicar-lhe o fato, a professora fez a identificação na nova edição da fotobiografia, esclarece Augusto Ferraz. Só quando Taciana Oliveira, diretora de um documentário inédito sobre Clarice Lispector, *A descoberta do mundo*, revelou o vínculo de Augusto com Clarice é que ele passou a ser também mencionado na imprensa como uma figura essencial nessa volta ao Recife, como registram seu depoimento, as fotos e a correspondência da escritora.

Impossibilitada de reconstituir todos os fatos que configuraram a visita de Clarice Lispector ao Recife, e tomando como base os documentos que reuni, a conclusão que chego é de que a partir da iniciativa de várias pessoas e instituições, a saber: Samuel Lispector, José Mário Rodrigues, Silvia Coimbra e sua galeria Nega Fulô, Tereza Dourado, Augusto Ferraz e o Departamento de Extensão Cultural da Universidade Federal de Pernambuco representado por César Leal, foi possível se concretizar a visita da escritora. Muitas mãos propiciaram ao Recife esse momento histórico.

Clarice passou discretamente em Recife

Qual seria a explicação para o motivo da passagem discreta de Clarice por Recife? Praticamente ignorada pela imprensa, pois nos dois jornais de maior expressão o *Diário de Pernambuco* e o *Jornal do Comércio* as citações foram tímidas. E num período em que o secretário de Educação e Cultura era Ariano Suassuna... Onde estava Ariano quando Clarice esteve por lá? Ao encontrar Affonso Romano de Sant'Anna, em outubro de 1976, no Recife, portanto, cinco meses após a visita de Clarice, Ariano lhe confessou: "Água viva *é um dos melhores textos que já li até hoje.*" Ao ouvir isso de Affonso Romano durante a entrevista que concedia ao MIS, Clarice exclamou: "Virge Maria!", evocando uma expressão nordestina ao ouvir o nome de seu conterrâneo.

Ariano Suassuna devia estar confinado concluindo sua tese de livre--docência defendida na UFPE no ano em que Clarice esteve lá: "A onça castanha e a Ilha Brasil: uma reflexão sobre a cultura brasileira." Suassuna era um paradigma para os jovens escritores como os da "Geração 65", os apoiava em suas publicações e, além do mais, era professor de Estética na universidade, como conclui Marcos Alexandre Faber em A *poesia Geração 65* (CEPE, 2019).

Como o circuito artístico e intelectual de Recife recebeu a escritora que tinha fama de "difícil" e "fechada", segundo relatou Raimundo Carrero? A presença de Ariano Suassuna talvez estivesse vinculada de forma indireta representada pelo grupo de escritores da Geração 65, a maioria deles muito jovens, tendo o poeta, professor e crítico literário César Leal como um padrinho.

Vale a pena retomar mais trechos da única matéria (não assinada) que encontrei publicada no *Diário de Pernambuco*, em 22 de maio de 1976, para entender quem era o grupo literário que recebeu Clarice Lispector. Na abertura da matéria, intitulada "Clarice Lispector destaca posição de Recife na cultura nacional", a escritora *"disse que o Recife onde viveu toda a sua infância (atualmente é radicada no Rio de Janeiro) assume uma posição significativa no contexto literário nacional, tendo destacado a contribuição de poetas, ensaístas e escritores da Geração 65".*

E mais adiante, complementa: *"os escritores nordestinos, especialmente os de Pernambuco, tem boa cotação nas preferências de Clarice Lispector. Um obstáculo lhe vem logo a mente quando lembra o problema da divulgação: falta uma estrutura em termos de editoras capaz de projetar os valores da terra, que ainda se obrigam a aceitar os convites das Casas do Sul. Divulga-se muito pouco a grande contribuição literária de Pernambuco."*

Dando destaque ao parágrafo seguinte, informa: *"Clarice Lispector foi recepcionada ontem, com almoço oferecido pela UFP – Universidade Federal de Pernambuco –, através do Departamento de Extensão Cultural."* Ora, três poetas estavam presentes no almoço Marcus Accioly, José Mário Rodrigues e César Leal; este último, segundo Raimundo Carrero, ficou discorrendo sobre as particularidades da tradução de uma obra de Clarice. O professor, crítico literário e poeta César Leal era secretário da revista *Estudos Universitários*, órgão de cultura da UFPE, desde 1966. É notório seu empenho no fomento ao campo literário pernambucano. O Departamento Cultural dessa universidade publicava também as primeiras edições de jovens poetas como o *Canto amargo*, de Janice Japiassu. César Leal é apontado como o patrono da Geração 65, sob o seu comando foi realizada a divulgação dos novos escritores no Suplemento Literário do *Diário de Pernambuco*.

Clarice e a Geração 65

Os sinais são evidentes. A menção à "Geração 65" na matéria não parece ser um mero acaso. Os poetas presentes ao almoço integraram-se a um grupo literário pernambucano formado na cidade de Jaboatão dos Guararapes em 1964. O "Grupo do Jaboatão" foi denominado depois "Geração 65" por sugestão do historiador Tadeu Rocha. A lista é longa e abarca nomes como Alberto da Cunha Melo, Domingos Alexandre e Jaci Bezerra (os três primeiros ainda formados no núcleo do Jaboatão), Marcus Accioly, Tereza Tenório, Lucila Nogueira, Janice Japiassu, Ângelo Monteiro, José Rodrigues de Paiva, José Carlos Targino, José Mário Rodrigues, Sérgio Moacir de Albuquerque, Paulo Gustavo, Raimundo Carrero, Maximiano Campos, Celina de Holanda e Maria do Carmo de Oliveira, como informa Marcio Gama em "Domingo com Poesia".

Caracterizada como constantes dessa Geração, pelos seus próprios integrantes, são a diversidade de pressupostos estéticos, o pluralismo político ideológico e aqueles que não classificam os seres humanos em nobres e plebeus, o povo jamais seria tratado como algo exótico e pitoresco.

Raimundo Carrero informa em "Opinião" no *Diário de Pernambuco* (20/2/2017): "Geração 65 retorna com José Luiz Melo." Este é um dos fundadores. *"Zé Luiz revelou-me que as fontes estéticas do movimento estavam nos poetas Raimundo Correa e Cruz e Souza, cultores do verso formal e da rima. Esta era, no começo, a base estética de tudo que escreviam para publicação 'Jaboatão Jornal', mas que ganhou força incontrolável quando Jaci Bezerra enviou a 'Coroa de Sonetos' para César Leal, neste* Diário de Pernambuco, *seguida do rótulo de Geração 65 dado por Tadeu Rocha, no livrinho anual sobre Pernambuco."*

"O branco fatídico"

Mesmo não fazendo parte da Geração 65, o nome de Augusto Ferraz começava a circular nas páginas literárias da imprensa pernambucana. Sua estreia foi mencionada na Coluna de Paulo Fernando Craveiro em 4/10/1974, em O *Diário de Pernambuco*: "A Livro 7 lança no dia 19, o livro O branco fatídico, *de Augusto Ferraz, autor pernambucano estreante de 21 anos. Dele, diz Clarice Lispector: "Olhem, tenho faro bom: surge um bom escritor. Chama-se Augusto Ferraz. Que ele não passe pelas agruras por que tem que se passar. Mas se for destino, que se cumpra. Assim quer Deus."*

E Hermilo Borba Filho registra: *"Augusto Ferraz escreve contos: suas estórias são tênues, nelas a fabulação é o que menos conta, mas delas se vê, de logo, a marca de um escritor que está além da mera intenção do fácil."*

No mesmo espaço, o jornal anota: *"Confissão de Ferraz: Num tempo em que o silêncio nos é imposto como legado de sobrevivência; onde a solidão surge como um verme devorando as pessoas: escrevo. Porque sei que, apesar de tudo, todos os homens voltam para suas turmas, saem de seus casulos e procuram se olhar no espelho."*

O jovem Augusto Ferraz estreou com as bênçãos de Clarice Lispector e Hermilo Borba Filho, um pernambucano de múltiplos talentos que cultivou o jornalismo, a crítica literária e a literatura, mas foi o teatro seu campo de ação por excelência, onde atuou como diretor e dramaturgo. Ao lado de Ariano Suassuna, Hermilo fundou o Teatro Popular do Nordeste (TPN).

A Livro 7 de Tarcísio Pereira, onde Augusto Ferraz lançou seu livro de estreia, e as edições Pirata, selo e insígnia da Geração 65, o maior movimento editorial do país, para Marcos Faber, "confirmam o Recife das décadas de 1970 e 1980 como a capital lírica do Brasil". Seus integrantes não migraram para o Sudeste e influenciaram os poetas mais novos.

Desconheço se Clarice conhecia a história da "Geração 65" antes de chegar a Recife e se deparar com essas referências publicadas no *Diário de Pernambuco*. A matéria não foi assinada, mas, a julgar o destaque dado a essa geração, pois fala de Clarice Lispector admitindo a contribuição significativa da Geração 65 no cenário literário nacional, leva a especular se o próprio César Leal teria fornecido essas informações. O fato é que o nome da escritora ficou vinculado a esse movimento mesmo que de uma forma passageira. Augusto Ferraz navegava por essas águas, sem estar atrelado a grupos. Sua trajetória literária prosseguiu ao publicar *Lição para viver*: *"Meu segundo livro, que ela chegou a ler, havendo-me ajudado a encontrar editor. O título do livro foi dado por Clarice, eu estava numa dúvida terrível. Cheguei a Ênio Silveira, com o apoio de Clarice, inclusive. O livro foi publicado pela Editora Civilização Brasileira, em 1981."*

A admiração de Ferraz pela obra de Clarice, que o leva a procurá-la no Rio, também atende a uma necessidade dos jovens autores pernambucanos de solicitar a ajuda de uma escritora consagrada no meio editorial carioca, como comprova o trecho da matéria do *Diário de Pernambuco*: "*falta uma estrutura em termos de editoras capaz de projetar os valores da terra, que ainda se obrigam a aceitar os convites das Casas do Sul. Divulga-se muito pouco a grande contribuição literária de Pernambuco.*"

Clarice estava escrevendo *A hora da estrela*

Depois da viagem, A hora da estrela não parou de perseguir Clarice. "*Quando a gente estava vindo para cá, você disse que já estava cansada da personagem da novela que você está escrevendo*", comentou Marina Colasanti durante o depoimento de Clarice ao MIS, cinco meses depois de sua volta de Recife. "*Pois é, de tanto lidar com ela.*" E Marina: "*Você fala da personagem como se estivesse falando de uma pessoa existente, que te comanda.*" "*Mas existe a pessoa, eu vejo a pessoa, e ela se comanda muito. Ela é nordestina e eu tinha que botar para fora um dia o Nordeste que eu vivi. Então estou fazendo, com muita preguiça, porque o que me interessa é anotar. Juntar é muito chato*", conclui Clarice.

Ao entrevistá-la um mês antes de ir para Recife, Edilberto Coutinho também divulgou detalhes: "*Não sei ainda se vai ser conto, novela ou romance. Mas posso dizer que será um livro diferente na minha obra. Trato de uma moça nordestina. Eu vi essa moça na feira carioca dos nordestinos, em São Cristóvão. Olhei para ela e descobri tudo. Tudo sobre ela, entende? Bastou um olhar. Eu sou muito intuitiva.*"

Quando Augusto Ferraz leu *A hora da estrela*, Clarice havia falecido recentemente. Ainda sob o impacto de sua morte, reconheceu em algumas passagens sinais daqueles dias de Clarice em Recife. Por que escolhera o mês de maio para o encontro entre Macabéa e Olímpico? Não lhe parecia por acaso. E destaca o trecho:

"*Então no dia seguinte quando as quatro Marias cansadas foram trabalhar, ela teve pela primeira vez na vida uma coisa a mais preciosa: a solidão. Tinha um quarto só para ela. Mal acreditava que usufruía o espaço. (...)*

Então precisava ela de condições especiais para ter encanto? Por que não agia sempre assim na vida? E até ver-se no espelho não foi tão assustador: estava contente mas como doía.

'Ah mês de maio, não me largues nunca mais!' (Explosão) foi a sua íntima exclamação no dia seguinte, 7 de maio, ela que nunca exclamava. Provavelmente porque alguma coisa finalmente lhe era dada. Dada por si mesma.

Nesta manhã de dia 7, o êxtase inesperado para o seu tamanho pequeno corpo. A luz aberta e rebrilhante das ruas atravessava a sua opacidade. Maio, mês dos véus de noiva flutuando em branco."

Durante muito tempo, Augusto Ferraz acreditou (e parece ainda acreditar) que Clarice chegara ao Recife no dia 6 de maio. Como ela ficou quatro dias, o dia 7 (citado em A hora da estrela) seria o segundo dia, exatamente o dia em que ela fez o longo passeio pelos caminhos de sua infância e adolescência.

O dia 7 é o encontro com *"a primeira espécie de namorado de sua vida"*, como narra Rodrigo S.M., quando *"o rapaz e ela se olharam por entre a chuva e se reconheceram como dois nordestinos, bichos da mesma espécie que se farejam"*.

No entanto, três fatos põem por terra a hipótese de Augusto. Clarice datou um quadro que pintou para Autran Dourado no Rio, em 6 de maio de 1976. Todos os registros da imprensa local apontam sua passagem por Recife entre 19 e 22 maio. Além da vinda de Alberto Dines (que encontrou Clarice no avião) para o encontro dos jornalistas que seria realizado entre 21 e 23 de maio.

O fato é que a visita era o que faltava para ela *"botar para fora um dia o Nordeste que eu vivi"*, como declarou na entrevista ao MIS.

O encontro com a família Lispector

Antes da partida, aconteceu outro momento bastante especial. O encontro com a família Lispector. Clarice encontrou-se com o primo Samuel e sua esposa Rosa; seus filhos Robson e Fabio, a prima Vera e seu marido Maurício e as filhas Sula e Lana, além, é claro, da amada tia Mina e a prima Evarina. O local escolhido foi o bairro da Boa Viagem num restaurante à beira-mar, O Veleiro.

O Veleiro era um restaurante considerado luxuoso como revelam os postais do fotógrafo José Kalkbrenner Filho que estão disponíveis na web.

Nestes postais é identificado como restaurante e churrascaria, com uma cozinha típica alemã. Com mesas ao ar livre, cercado de coqueiros, era considerado um *point* na época. Evoca um lugar paradisíaco como devia ser a praia da Boa Viagem.

Esse lado da cidade não fez parte dos caminhos de Clarice no Recife de sua época. Muito distante da Boa Vista, a origem do bairro remonta ao século XVIII quando o Padre Leandro construiu uma capela sob a invocação de Maria Santíssima. Mas somente em 1924 foi inaugurada a avenida Boa Viagem impulsionada pela chegada do bonde elétrico. A vocação turística do bairro só começa a partir de 1945, quando é inaugurado o primeiro estabelecimento hoteleiro de padrão internacional, o Hotel Boa Viagem.

E foi justamente nesta avenida que a família Lispector construiu o edifício Clarice Lispector, inaugurado em 1984.

Robson Lispector contou-me que seu pai Samuel comprara um terreno no local na década de 1960. A área era de difícil acesso e para quem se aventurasse percorrê-la diziam: "Boa viagem."

Ao formar-se em engenharia, Robson já tinha sido escolhido pelo pai para construir um edifício no terreno da família. Robson pediu para ser o responsável pela parte dos cálculos. Luis Priolli o projetaria com dois blocos – A e B. A família Lispector moraria no A. Foi Rosa Lispector, sua mãe, quem sugeriu o nome de Clarice, seu falecimento era recente e ela gostaria de homenageá-la. Em aproximadamente dois anos e meio foi erigido o Edifício Clarice Lispector na avenida Boa Viagem, 2.804, com quinze andares, dois por andar, com três quartos e uma suíte.

Do almoço em O Veleiro, Robson só recorda que Clarice lhe dissera: "Você vai seguir os meus passos." E Robson imediatamente revelou-lhe seu projeto de cursar engenharia. Evania, filha de Pola, irmã de Samuel e Vera, lembra-se de Clarice se queixar do sapato apertado, o que prontamente Rosa resolveu oferecendo o seu para a prima.

Rosa Lispector enviou para Clarice uma foto colorida, com dedicatória, clicada no Veleiro: "Clarice, como um 'selo' esta fotografia marcou sua breve passagem entre nós. Recomendações a Olga. Samuel e Rosinha Lispector. 1976." E Clarice enviou para Augusto Ferraz algumas fotos dessa visita. Como nas fotos com a família ela usa roupas diferentes, deduz-se que em uma ela está no restaurante O Veleiro, e nas outras, no apartamento de Vera e Mauricio Choze e no de tia Mina (é o mais provável), segundo os parentes identificaram.

Na semana seguinte ao seu retorno ao Rio, o *Jornal do Comércio*, em 30 de maio, publicou "Conversando com Clarice Lispector", por José Mario Rodrigues e Marcus Siqueira.

Duas perguntas demonstram o vínculo afetivo e importante de Clarice com a terra de sua infância: Marcus Siqueira: "*E a figura que mais lhe marcou?*" Ela respondeu: "*Foi tia Mina que me deu comida. Me deu carinho, Mina Lispector que reside no Recife.*" José Mário: "*Sabemos que você passou toda sua infância aqui no Recife, mas o Recife continua existindo em Clarice Lispector?*" Clarice: "*Está todo vivo para mim.*"

E foi assim que Clarice reviveu dez anos em quatro dias.

Manuel Bandeira nasceu no Recife em 1886 e deixou a cidade aos quatro anos; aos seis, retornou para morar na rua da União, 263, bem perto do Ginásio Pernambucano, e chegou a frequentar o bairro em que Clarice moraria quando estudou na rua da Matriz. Mas aos dez anos deixou definitivamente a cidade. Diferente de Clarice, Bandeira voltou várias vezes, em 1929 como fiscal de uma banca de examinadores de preparatórios, comentou: "*Este mês que acabo de passar no Recife me repôs inteiramente no amor da minha cidade.*"

No ano em que Clarice provavelmente chegou à cidade, Bandeira compôs *Evocação do Recife*, distribuído em uma edição especial do *Diário de Pernambuco*, em 7 de novembro de 1925. Poema que se tornou um retrato afetivo de Recife.

Na sua viagem em 1927 a caminho de Belém: "*Queria encontrá-la como a deixei menino. Egoisticamente queria a mesma cidade da minha infância.*"

O desejo de Manuel Bandeira é o mesmo de Clarice? O tempo passa, mas a infância permanece.

"*Recife...*
Rua da União...
A casa de meu avô...
Nunca pensei que ela acabasse!
Tudo lá parecia impregnado de eternidade"

Os versos de Bandeira podiam ser também de Clarice: "*Recife da minha infância.*"

Circuito da poesia – estátua de Clarice Lispector

Às vésperas de celebrarmos seu centenário, voltei a esta cidade em 2019. Minha sétima visita, numa faixa de tempo de vinte e seis anos, me fez constatar perplexa como maltrataram o bairro que viu Clarice desabrochar como escritora. O casarão da rua do Aragão, na Maciel Pinheiro, há pelo menos cento e seis anos nesta praça, não guarda mais a pintura cor de laranja que vi na minha primeira visita em 1994. Ele está totalmente descaracterizado. Nas visitas anteriores, mais recentes, isso já era visível, só foi piorando. Suas paredes pichadas, as portas vedadas para impedir a entrada de invasores. E a placa que o identifica: "Casa velha de Clarice Lispector" está num estado lastimável, também pichada e retorcida. Bem próximo, na Travessa do Veras, entulhos se acumulam.

Mas, apesar disso tudo, resta um ponto de esperança quando se vê a presença de Clarice em forma de estátua num canto da Maciel Pinheiro. Esculpida por Demétrio Albuquerque em concreto e ferro fundido, suas formas são duras e gordas, Clarice está sentada com a máquina no colo. Ao vermos, a reconhecemos imediatamente, pois se dependesse do painel que a identifica colocado ao seu lado e tão danificado pelas intempéries do tempo seria preciso olhar com muita atenção para saber quem é a ilustre moradora da praça.

E é justamente a presença desse monumento que torna Clarice viva na cidade. Ideia executada no início do século XXI, dentro de um projeto que coloca dezessete artistas de Recife dialogando com os moradores que buscam no dia a dia um encontro com a poesia. O escultor piauiense Demétrio Albuquerque, radicado em Olinda, apresentou o projeto "Circuito da Poesia" na gestão do prefeito João Paulo, ao Secretário de Obras Dilson Gusmão. O secretário encomendou-lhe esculturas de personalidades locais para homenagear alguns artistas. Deu-lhe poucos nomes. O escultor, então, imaginou um circuito com mais nomes unindo a pessoa homenageada ao local da cidade com o qual tivesse uma ligação.

As esculturas do mestre Abelardo da Hora são citadas por Demétrio Albuquerque como uma inspiração para criar o seu circuito utilizando o mesmo material: o concreto. Quem em Recife não conhece as belas esculturas do mestre espalhadas por vários bairros? No Parque Treze de Maio, por exemplo, estão *Os Violeiros*. Quando as olhamos, vêm logo a mente as formas de Di Cavalcanti com suas figuras grandes, robustas e cheias de ternura.

Entre 2005 e 2007, Demétrio instalou doze estátuas: Capiba, João Cabral de Melo Neto, Manuel Bandeira, Clarice Lispector, Antônio Maria, Ascenso Ferreira, Mauro Mota, Joaquim Cardozo, Solano Trindade, Carlos Pena Filho, Luiz Gonzaga e Chico Science. Em 2017, mais cinco foram inseridas no Circuito: Ariano Suassuna, Celina de Holanda Cavalcanti, Liêdo Maranhão, Alberto da Cunha Melo e Naná Vasconcelos. Clarice não estava na primeira lista. Ao contrário dos demais, ela não permanecera muitos anos na cidade, portanto sua imagem não estava ligada tão fortemente à capital pernambucana como os outros que, com exceção de Bandeira e Cardozo, moraram no Recife até seus últimos dias. Demétrio recorda-se que devido ao movimento que se criou em torno do tombamento e restauração de sua casa na praça Maciel Pinheiro chamou-se a atenção para a necessidade de sua inclusão imediatamente.

Instalada em 2005, a estátua mede aproximadamente 1,6 m, é feita de concreto e ferro fundido. Foi criada com uma função interativa, e um caminho de acesso permite que o público possa chegar ao monumento e tirar fotos. Hoje, os danos são visíveis nesses catorze anos, a ausência do cigarro e do abajur vermelho que davam um toque mais íntimo ao recanto.

Mas uma coisa posso afirmar: o Circuito da Poesia dá à cidade uma esperança que só a presença da arte sabe fomentar. Lembrei tanto de "O Rio de Clarice", dos "Caminhos Drummondianos" em Itabira. O espírito do Circuito tangencia esses projetos.

É triste ver a casa tão degradada, a estátua constantemente visitada por pombos, cercada de milho jogado por uma moradora.

Mas, apesar dos pesares, o bairro da Boa Vista segue o seu dia a dia e ainda preserva alguns monumentos do tempo de Clarice. A igreja da Matriz abre as suas portas aos fiéis diariamente. A Sinagoga Israelita da Boa Vista que acolheu a comunidade judaica askenazin, oriunda da Europa Ocidental e Oriental no início do século, permanece de pé com o esforço dos fiéis desde 1926.

Do Alto da Sé, olhando Olinda e Recife, uma paisagem de encher os olhos, pergunto-me: caso não existissem esses monumentos na Boa Vista, se a memória da escritora Clarice Lispector poderia permanecer. Você, leitor, pode responder que existem as biografias, as dissertações, as teses, a própria obra de Clarice. Sim, tudo soma, mas aqueles que nunca lerão um livro só poderão ter uma vaga ideia de que existiu uma escritora que morou nesse bairro quando caminharem pelas ruas da Boa Vista, quando passarem pela Maciel Pinheiro.

Assim como hoje eu caminho pelas ruas de Olinda, adentro suas igrejas e sei dessa história porque vejo esses monumentos. Ver tem uma dimensão mais ampla e perene do que ler.

Diário de bordo – Rio de Janeiro, 1990-1993
Para explicar como escrevi este capítulo que na primeira edição da biografia foi inserido como o primeiro do livro, evoco três momentos situados entre 1990 e 1993. Reconstituir as origens da família de Clarice Lispector na Ucrânia foi uma tarefa bastante árdua, pois não se conheciam fontes documentais primárias relevantes. Ao consultar o meu caderno, vejo que minha pesquisa no Arquivo Clarice Lispector do Arquivo-Museu de Literatura Brasileira da FCRB teve início em 30 de janeiro de 1990 (mania de pesquisadora anotar tudo o que faz). Os documentos disponíveis não respondiam às questões sobre seu nascimento e a vida na Ucrânia. Meu ponto de partida para traçar incialmente a linha biográfica foram: "Clarice Lispector", de Benjamin Abdala Jr. e Samira Campedelli, volume da coleção sobre autores da Literatura Brasileira publicado pela Abril Cultural em 1981. Uma coleção que me apresentou à nossa literatura de uma forma ampla. Segundo seus autores, o itinerário biográfico da escritora foi construído por eles através da entrevista que ela concedeu a Renard Perez em 1961 (cf. Escritores brasileiros contemporâneos (Civilização Brasileira, 1964 e 1971), complementado com um depoimento de Olga Borelli e Paulo Gurgel Valente. Esse livro veiculado em uma coleção para jovens me foi muito útil. Comprei imediatamente o livro Clarice Lispector. Esboço para um possível retrato (1981), de Olga Borelli. Ao conhecer Renard Perez e entrevistá-lo em 1993, pude conhecer mais de perto essa história.

No Arquivo-Museu, encontrei a justificação de prova de idade de Clarice atestada por Pedro Lispector. As informações que eu buscava ainda estavam longe de serem encontradas; para se ter uma ideia, ainda era recente a elucidação do ano de nascimento da escritora, informação confirmada nesses documentos do Arquivo e que só viriam a público em 1990 numa edição canadense do livro da pesquisadora Claire Varin intitulado Langue de feu, uma compilação de sua tese de doutorado em 1986. A pesquisa pioneira da canadense, que reuniu mil páginas, revelou não somente os documentos de Clarice Lispector do arquivo *da FCRB, mas reuniu pela primeira vez uma bibliografia sobre a escritora que se tornaria uma referência para todos nós pesquisadores e biógrafos. Eu ainda desconhecia este trabalho até entrevistar Otto Lara Resende, em 30 de outubro de 1991, pois ele o acompanhou de perto. Paralelamente, eu começava a ampliar a pesquisa com as entrevistas iniciadas a partir de fevereiro de 1990 com dona Heloísa Azevedo, vizinha de porta de Clarice, moradora do 702.*

A virada no processo da pesquisa se deu em julho de 1992 ao descobrir que os processos de naturalização dos imigrantes estão sob a guarda do Arquivo Nacional no Rio de Janeiro. Um motivo familiar levou-me ao local. Luiz, com quem eu estava casada naquela época, pesquisava documentos de seus antepassados visando pleitear a dupla cidadania; vivíamos em um momento em que muitos brasileiros viam na Europa uma possibilidade de mudança de horizonte diante da realidade brasileira desalentadora: o governo Fernando Collor de Mello. Imediatamente nos ocorreu que poderíamos encontrar algo sobre os Lispector. A suspeita se confirmou. Encontrar o processo de naturalização de Clarice, de suas irmãs Tania e Elisa, do pai Pedro, e de outros parentes, foi sem dúvida a descoberta que abriu uma nova narrativa biográfica.

No processo de naturalização de Clarice encontrei dois documentos que atestavam o ano e o mês de sua chegada ao Brasil, e as cartas a Getúlio Vargas solicitando sua naturalização; no de Tania, sua irmã, encontrei o passaporte de Pedro Lispector revelando parte do itinerário da viagem da família ao Brasil e o nome original de Clarice, de origem hebraica, Haia. Todos os demais processos de naturalização consultados: do lado materno da família Krimgold: o tio Joel, a tia Zina; e a prima Clarice, e da família Rabin, os tio Jorge e Samuel, incluindo o do tio Salomão Lispector, somados aos depoimentos que reuni posteriormente, completaram praticamente quase todas as lacunas que me permitiram reconstituir a história da família na Ucrânia, em Maceió e no Recife.

Em novembro de 1993, visitei o Consulado Geral da Rússia, na rua Professor Azevedo Marques, 50, no Leblon (RJ). O Cônsul Alexandre A. Jébit tentou obter informações sobre a família Lispector na Rússia. Nada foi encontrado. Porém ele conseguiu um atlas geográfico editado em 1983 onde pude pela primeira vez ver a localização da cidade natal de Clarice. Apesar de não entender uma palavra de russo, pude identificar com sua ajuda os lugares por onde passaram os Lispector, os Krimgold e os Rabin. Foram essas referências que usei para descrever esses caminhos na Ucrânia. Tchechelnik, ao contrário do que Clarice sempre declarou, existia no mapa.

Contando com um material significativo em três anos de pesquisa, no ano seguinte tive acesso a uma cópia da tese de Livre-Docência da professora Nádia Battella Gotlib defendida na USP em dezembro de 1993. "Clarice Lispector a vida que se conta", que seria publicada pela editora Ática em 1995 (o título seria modificado para Clarice, uma vida que se conta). Este foi um trabalho pioneiro que sistematizou em língua portuguesa não somente o que Claire Varin havia pesquisado em sua tese, mas ampliou as fontes e trouxe de forma cronológica o itinerário de Clarice Lispector. Nesse trabalho, segui uma pista muito importante que a biógrafa esboçou na árvore genealógica: os nomes dos primos e tios da família Lispector e os dos irmãos de Marian Lispector. A biógrafa alertou: "A família Lispector teria viajado sem a certidão de nascimento e passaportes oficiais?" e "pouco se sabe da ascendência de Marieta Lispector, que tinha quatro irmãos: Joel, Sara, Zina e Anita". Bastou esta pista para a pesquisadora sair em campo. Era preciso pesquisar não somente a família Lispector, mas a família Krimgold e Rabin. Tania Kaufmann já mencionara o nome dos Krimgold quando a entrevistei pela primeira vez. Era só o começo, minha pesquisa teria que preencher muitas lacunas.

UCRÂNIA, 1920

Enquanto trabalhava em seu armazém de secos e molhados, Isaac Krimgold pensava naquela moça. O movimento da freguesia, o vaivém das moedas caindo no balcão, nada conseguia apagar a imagem daquela mulher. De repente, Isaac deu-se conta de que algo de novo estava ocorrendo em sua vida. Com o tempo, veio a aproximação e, com ela, a certeza da escolha: Tcharna Rabin parecia ter sido feita para tornar-se a senhora Krimgold. Tomado por um grande entusiasmo, Isaac foi ao encontro dos pais da moça e pediu-a em casamento. Mas nem sempre se alcança aquilo que se quer. Ao deparar-se com uma resposta negativa, Isaac subitamente desencantou-se; como nos contos de fada. *"Sim, o jogo de dados de um destino é irracional e impiedoso."* Passaram-se alguns anos. Dois? Três? Não se sabe. Isaac casou-se, teve filhos e sua esposa não se chamava Tcharna Rabin.

O avô de Clarice

Isaac Krimgold era não somente proprietário de um armazém de secos e molhados, como também arrendatário de uma propriedade pertencente a um nobre russo. Terra fértil era o que não faltava à Ucrânia. Plantações de algodão, tabaco e cereais a perder de vista. Percorrendo-se suas extensas estepes, avistava-se aqui um rebanho de porcos, acolá uma manada de bois. Era muita riqueza para um único território. Tal fato não passava despercebido aos olhos dos estrangeiros. Do século VIII ao século XX, já se perdera a conta do número de invasores ao território ucraniano. Turcos, mongóis, tártaros, poloneses, russos, um grande caldeirão étnico e cultural; ora convivendo em paz, ora digladiando-se até a morte. Nos últimos tempos, Isaac Krimgold andava apreensivo com as medidas adotadas pelo governo czarista. Dominando a Ucrânia durante quase três séculos e após efetivar a expansão de seu território, em fins do século XIX, o Império Russo resolveu criar um projeto de russificação visando a atingir as minorias não russas. Os judeus, como Isaac Krimgold, não viram com bons olhos tais medidas que tentavam convertê-los em agricultores e obrigá-los a adotar a língua e os costumes russos. O projeto malogrou, levando o governo a adotar uma política de segregação que com o tempo foi tornando-se cada vez mais antissemita.

O pior estava por vir. De uma hora para outra, Isaac ficou viúvo. O curto tempo de vida ao lado da esposa, o nascimento dos filhos. O que aconteceria depois? Mas o tempo é senhor da razão. Tcharna Rabin voltou a rondar seus pensamentos. Agora, a varinha de condão não funcionou como da vez anterior. As linhas do destino das famílias Krimgold e Rabin cruzaram-se definitivamente. Selada a união, Isaac e Tcharna passaram a residir no distrito de Peromaisk, na cidade de Ekateriflca. Tempos depois, vieram os filhos. Primeiro nasceu Ivil, em 20 de janeiro de 1885, depois Mania, em 1º de janeiro de 1889. Quando Ivil aprontava as primeiras travessuras e Mania já conseguia andar sozinha, Tcharna ficou grávida pela terceira vez. Em 12 de abril de 1892, nasceu Zicela. Pouco tempo depois, mais uma menina, Sara. A essa altura, Ivil já devia ter perdido as esperanças de ganhar um irmãozinho. Foi então que Tcharna ficou grávida pela quinta vez. No dia 20 de janeiro de 1900 nasceu Hona, sua chegada encerrava o ciclo de nascimentos na família Krimgold.

O clima harmonioso do lar dos Krimgold era privilégio de poucas famílias na Rússia da primeira década do século XX dilaceradas por diversos conflitos sociais. Com o recrudescimento da política antissemita, os judeus foram obrigados a se fixarem em zonas de residência. Habitavam na Polônia, na Ucrânia e nas províncias bálticas. Excluídos do campo e de algumas cidades grandes como Kiev, passaram a residir nas cidades menos importantes. No campo profissional, só podiam dedicar-se ao pequeno comércio e ao artesanato. Era-lhes vedado o acesso à educação média e universitária, à agricultura, às funções militares e às fábricas. Desde que irromperam os *pogroms*, em 1881, centenas de judeus foram assassinados e tantos outros perderam seus lares. Fugindo das perseguições, um contingente de 135 mil judeus fixou-se nos Estados Unidos e cerca de quinze mil em outros países. Em 1898, 1 milhão e 314 mil judeus já haviam deixado a Rússia. Essa política de segregação seria impensável em outra época, considerando-se que a presença dos judeus na Rússia foi anterior à dos próprios russos. Eles residiam no mar Cáspio desde o século VII e, o mais inacreditável, chegaram a converter os governantes locais ao judaísmo. Infelizmente, esse período de paz só durou aproximadamente dois séculos.

Os judeus russos que não emigraram permaneceram confinados nas zonas de residência, onde as condições para se viver com dignidade eram cada vez mais difíceis. Mesmo enfrentando dificuldades, conseguiram manter uma organização social própria, na qual os colégios e as sinagogas atuaram como mantenedores da tradição judaica. Como cidadãos russos, foram obrigados a prestar o serviço militar e, em 1904, convocados para lutar contra o Japão, que atacou a Rússia com o objetivo de reconquistar o domínio da base naval de Porto Arthur, na Manchúria do Sul. Entre os soldados que participaram dessa guerra, estavam alguns filhos de Leivi Rabin, irmão de Tcharna Rabin Krimgold: Jorge, Abrahão, Samuel e Pinkas Rabin. Com o fracasso da guerra e o aumento das manifestações das camadas populares, insatisfeitas com os salários e as condições de trabalho nas indústrias, com o peso crescente dos impostos e a ausência de direitos civis, o governo czarista de Nicolau II dava sinais de que não resistiria por muito tempo.

Pedro Lispector casa-se com Mania Krimgold

Como os judeus eram obrigados a viver em comunidades, realizavam os contratos matrimoniais através de um *chadkan* (casamenteiro), seguindo uma tradição do século XII. Os contratos eram feitos entre famílias de cidades diferentes para evitar casamentos consanguíneos. O *chadkan* encomendava um noivo ou uma noiva e providenciava o encontro entre os pais dos jovens que estavam em idade de se casar. Fiel às tradições, é provável que Samuel Lispector tenha contratado os serviços do *chadkan* a fim de encontrar uma noiva para seu filho Pinkas. Vivendo modestamente com Echeved e os filhos na cidade de Teplik, distrito de Gaisin, na Ucrânia, Samuel era conhecido como um grande estudioso dos textos sagrados, dedicando-se especialmente ao estudo do Talmude.

Após algum tempo de espera, a noiva de Pinkas foi escolhida, chamava-se Mania Krimgold. No lar dos Krimgold, Isaac e Tcharna deviam estar muito felizes. Depois do casamento do filho mais velho, Ivil, com Beila Titievsky e o nascimento da primeira neta, Hana, em 1908, chegava a vez de a primeira filha se casar.

A família Rabin imigra para a América

À medida que a miséria e o antissemitismo propagavam-se pela Rússia, aumentava a imigração. Entre 1906 e 1910, 190 mil pessoas haviam deixado o país. Do total de imigrantes, 5% eram russos, 25% poloneses e 50% judeus. Nesse grupo de imigrantes encontravam-se os filhos de Leivi e Sara Rabin, que haviam lutado na guerra da Rússia contra o Japão. Por serem judeus, os Rabin teriam de ficar 30 anos no serviço militar. Não suportando mais as atrocidades do regime czarista, decidiram então partir de Balta, por volta de 1909, rumo à Argentina. Como muitos patrícios foram trabalhar nas terras do barão alemão Maurice de Hirsch, fundador da ICA (Jewish Colonization Association), que, ao ver a situação humilhante a que eram submetidos os judeus, resolveu contratá-los para executarem o serviço agrícola. Depois de um certo período na Argentina, e como eram essencialmente comerciantes, eles partiram para a região Nordeste do Brasil. Com a partida de Pinkas, Samuel e Abrahão de suas respectivas esposas e os irmãos solteiros Jorge e Iosef, a família Rabin ficou reduzida aos pais, Leivi e Sara Rabin, e aos filhos, Dora e Jacob. Os Rabin depositavam na América todos os seus sonhos. O medo do desconhecido ou do encontro repentino com a morte não seria suficiente para demovê-los da longa travessia, em breve todos poderiam viver juntos.

Nasce Elisa Lispector

Em Savran, circunscrição de Balta, na Ucrânia, a casa de Pinkas Lispector teve sua rotina alterada naquele 24 de julho de 1911. De repente, um choro de criança ecoava por toda a casa: acabava de nascer Lea, a primogênita dos Lispector. Aquele rostinho inocente, olhando o mundo pela primeira vez com seus lindos olhos azuis, como os de Mania, não podia imaginar que tempos difíceis eram aqueles. Viver na Rússia era como ter de matar um leão a cada dia.

Enquanto os conflitos políticos alastravam-se pela Rússia, a família Rabin ia, pouco a pouco, construindo sua vida no Brasil. Depois da rápida passagem pela Argentina, instalaram-se na região Nordeste, onde adotaram nomes brasileiros. Pinkas adotou o nome de Pedro; Iosef, o de José. Dos cinco irmãos, somente Abrahão permaneceu na Argentina com a esposa, Revecca Chichilnitsky. José Rabin, que era solteiro, ficou morando em Maceió. Os casados, Pedro e Sara Wainsberg, Samuel e Rosa Lipman, além de Jorge, então solteiro, fixaram residência no Recife, no bairro da Boa Vista, onde trabalhavam como comerciantes ambulantes. Na Ucrânia, Dora Rabin acabava de conhecer Israel Wainstok. Ele vivia com sua mãe, Feiga, em Tchechelnik, onde administrava um armazém de tecidos. Para casar-se com Dora, não podia deixar a mãe viúva morando sozinha. Como o hábito era o de todos viverem em família e os pais dos noivos não tinham onde morar, Leivi Rabi, então viúvo, casou-se com Feiga Wainstok e, em seguida, realizaram o casamento de seus filhos Dora Rabin e Israel Wainstok.

Casamento entre primos: Rabin e Krimgold

No ano de 1914, em meio aos bombardeios da Primeira Guerra Mundial, ainda havia espaço para uma história de amor entre as famílias Rabin e Krimgold. José Rabin não via a hora de trazer a eleita de seu coração para Maceió. A escolhida era a prima Zicela Krimgold, filha da tia Tcharna Rabin Krimgold. Contando com a ajuda do pai, ele pôde realizar o seu sonho. Foi com muita aflição que Isaac e Tcharna viram a filha Zicela partir num navio rumo ao Brasil levada pelo tio Leivi Rabin. Aguardada ansiosamente pelo futuro esposo, sua chegada foi motivo de grande alegria para os Rabin. No dia 24 de abril de 1914, às 13 horas, no Recife, consumou-se a união de José Rabin e Zicela Krimgold, tendo como testemunhas os irmãos do noivo, Jorge e Abrahão Rabin. A partir desse dia, Zicela não só alterava seu estado civil como também seu nome. No entanto, um erro do escrivão fez com que ela fosse registrada como "Cecília", e não "Zinha", que seria o correspondente em português a seu nome em russo, "Zicela". Mesmo assim, ela passou a ser chamada por Zinha ou Zina; somente na certidão de casamento ficou registrado o nome de "Cecília". A felicidade de José e Zinha necessitava de mais um ingrediente para ser completa. Enquanto José já tinha quase todos os irmãos residindo no Brasil, com exceção de Jacob e Dora, Zinha ficava sonhando com a possibilidade de um dia voltar a conviver com sua família. O único elo de ligação com a terra distante era o jornal judaico que José Rabin recebia dos Estados Unidos. Dessa maneira, mantinha-se informado dos últimos acontecimentos na Rússia.

Quando Dora e o marido Israel Wainstok conseguiram chegar ao Recife, os Rabin respiraram aliviados. É que as notícias do jornal judaico não eram nada boas em relação aos *pogroms* que ocorriam naquele país. Dora e Israel ficaram abrigados numa sinagoga em Kichink, na Ucrânia, até conseguirem alguém que os levasse a atravessar a fronteira de barco. Com muito sacrifício, chegaram a Bordeaux, na França, de onde partiram de navio para Recife. Agora a família Rabin estava quase completa. O pai, Leivi Rabin, e sua nova esposa, Feiga, já estavam residindo em Recife. Faltava somente Jacob Rabin, o caçula da família.

Nasce Tania Kaufmann

Um ano após a partida de Zinha, a Rússia continuava imersa no caos. Ao constatar o agravamento da miséria em função da guerra, a população passou a fazer greves em larga escala. Em 1915, mais de duzentos mil trabalhadores entraram em greve, enquanto os russos perdiam progressivamente parte de seu território para as tropas alemãs e austríacas. Nesse ano, Pinkas Lispector, Mania e a pequena Lea estavam vivendo na cidade de Teplik, distrito de Gaisin. Instalados na cidade natal de Pinkas, os Lispector tinham um motivo especial para estarem felizes. Em 19 de abril de 1915, nascera Tania, a segunda filha do casal. Nos últimos tempos, reinava um clima de tristeza na família Krimgold com a morte de Tcharna. Aflita com a ida de Zinha para o Brasil, às vésperas da Primeira Guerra Mundial, Tcharna, ao que parece, não suportou a distância da filha e a falta de notícias. O nascimento de Tania Lispector e de Sarah Rabin, primeira filha de Zinha, no dia 16 de maio de 1915, em Maceió, dava um novo alento às irmãs Krimgold.

Morre Isaac Krimgold

Na Ucrânia, Isaac Krimgold contava com o afeto dos filhos para suportar a perda da esposa, num momento marcado pelas constantes invasões de bandidos nas aldeias próximas de onde morava. Os bandidos entravam armados pedindo dinheiro e comida. Compraziam-se em amedrontar os habitantes das aldeias e não hesitavam em saciar os seus desejos mais cruéis, estuprando mulheres e meninas. Até que invadiram a aldeia onde morava Isaac Krimgold, tomando reféns alguns rapazes e moças, que só seriam libertados em troca de dinheiro. Isaac e mais alguns vizinhos ofereceram-se para ficar no lugar dos reféns. A proposta foi aceita. No fim, depois de terem obtido o que queriam, os bandidos fuzilaram todos os reféns, saciando dessa forma sua fome de matar. A trágica morte de Isaac Krimgold foi noticiada no jornal judaico que José e Zinha recebiam dos Estados Unidos. Agora, a agonia dos Rabin transformava-se em desespero. Era necessário trazer o quanto antes os irmãos de Zinha, Mania, Ivil, Sara e Hona e suas respectivas famílias para o Brasil. O Império Russo desmoronava e a porta de saída dos judeus russos estreitava-se cada vez mais.

A queda do Czar

No final de 1916, a Rússia estava à beira do colapso total: na indústria, nos transportes, nas finanças e na agricultura. Para a facção bolchevique do Partido Operário Social-Democrático Russo, a única solução para salvar o país da ruína era a revolução e a ruptura total com o governo czarista. No dia 30 de dezembro de 1916, um grupo de conspiradores contrários ao governo de Nicolau II pôs um ponto final na trajetória de Grigori Rasputin. Pela grande influência que ele exercia na vida da família imperial como "médico espiritual", sua morte simbolizava a decadência total do império dos Romanov. Com a explosão da Revolução de 1917 e a queda do czar, o poder ficou nas mãos de um Governo Provisório e do Soviete (Conselho dos Representantes dos Trabalhadores e dos Soldados de Petrogrado).

A Revolução de 1917 foi recebida com entusiasmo pelos ucranianos que lideravam o Movimento Nacional Ucraniano, pois representava a autonomia da Ucrânia ante a política de Moscou. Depois de séculos de dominação, a Ucrânia foi reconhecida pelo Governo Provisório da Rússia, em julho de 1917, como unidade autônoma dentro do Estado russo. O Movimento Nacional Ucraniano proclamava a liberdade e a tolerância para todos os grupos nacionais que habitavam o país e chegou a incluir em seu governo um ministro para assuntos judaicos. Entretanto, a tolerância em relação à população judia foi efêmera. Dezenas de judeus foram assassinados nos *pogroms* organizados pelos chefes militares ucranianos. Em contrapartida, o Governo Provisório da Rússia concedeu plenos direitos civis ao povo judeu e revogou a lei de zona de residência. Se essas iniciativas extremamente positivas garantiram, por um lado, a segurança física dos judeus, por outro, tornaram inviável a sua existência econômica. Pertencentes, em sua maioria, à pequena burguesia, eles foram despojados de seus negócios, padecendo de fome e miséria. Vale lembrar que, mesmo vitimados pelas restrições políticas e pela censura czarista, os cinco milhões de judeus russos conseguiram manter uma cultura própria, cultivando a literatura judaica nos idiomas hebraico, ídiche e russo. Também engendraram movimentos políticos e culturais de importância fundamental como o sionismo burguês e operário. Dessa forma, começaram a plantar as sementes do renascimento cultural e nacional do povo judeu contemporâneo.

Nasce Haia Lispector

Pinkas e Mania Lispector assistiam apreensivos à implantação do regime comunista. As noites de inverno em frente à lareira, as conversas ao pé do ouvido ou algumas horas dedicadas a um bom livro faziam parte do passado. A revolução comunista marcou o início da dolorosa travessia da família Lispector. Ataques impiedosos seguidos de saques os levaram a viver como refugiados. Escondiam-se em porões, conviviam dia e noite com o pipocar de metralhadoras e gritos. Presenciavam o desfile de carros apinhados de cadáveres e a dor dos vizinhos que perdiam os parentes nos *pogroms*. Entre viver como refugiado no próprio país ou optar pelo exílio, Pinkas Lispector escolheu a segunda alternativa. Ele poderia imigrar para o Brasil ou para os Estados Unidos. Em ambos os países viviam parentes de sua esposa: os Rabin no Brasil, e os Krimgold – filhos do primeiro casamento de Isaac Krimgold – nos Estados Unidos. Para obter um visto de entrada num desses países era necessário obter uma "carta de chamada" de um parente atestando que o imigrante tinha família no país onde desejava residir; o que foi feito pelo cunhado de Mania, José Rabin. A essa altura, Mania não estava bem de saúde. Segundo uma superstição difundida na Ucrânia, ela podia ficar curada do mal que a afligia caso engravidasse. E assim foi feito. Mania ficou grávida pela terceira vez. Durante o período de gestação, ela, Pinkas e as duas filhas iniciaram uma longa jornada em direção à fronteira. Depois de percorridos muitos quilômetros, eles pararam em Tchechelnik, cidade localizada ao sul da Vinnitsa, próxima à fronteira com a Moldávia, para Mania dar à luz. Era 10 de dezembro de 1920. Nascia mais uma menina na família Lispector. O nome da criança? Haia, que em hebraico significa "vida". Em plena fuga, nascia Haia. Ela chegava ao mundo quando seus pais tentavam a última saída para se livrarem do caos que se instalara na Ucrânia. Haia era a esperança de dias mais tranquilos para os Lispector. Lea já vira coisas terríveis, estava tornando-se cada vez mais medrosa. E Tania era levada de um lado para o outro, sem entender o que se passava. Com Haia seria diferente. Mania acreditava que ficaria curada e, junto ao marido, poderia construir uma nova vida longe da Ucrânia.

Como acontecera com Dora e Israel Wainstok, é provável que Pinkas tenha pagado uma determinada quantia a um dos homens que ajudavam os imigrantes a atravessarem a fronteira. A travessia era um momento de alto risco. A viagem era feita por etapas, com paradas em várias cidades. Os refugiados eram assaltados nas estradas pelos cossacos, por isso o único modo de evitar a perda de seus bens era, como fez Mania, esconder algumas joias dentro da roupa. Se os cossacos descobrissem, ela seria punida com a morte. As condições de vida nas cidades por onde passavam eram as piores possíveis, e se Pinkas não tivesse aprendido um novo ofício – fabricar sabão –, talvez os Lispector não tivessem resistido a tantas dificuldades. Mas, então, faltava pouco para o sofrimento ter um fim. Ao chegarem a

Bucareste, capital da Romênia, Pinkas dirigiu-se ao Consulado da Rússia e obteve um visto para o Brasil. O consulado emitiu o passaporte em duas línguas, em russo e francês.

Consulado da Rússia em Bucarest. Passaporte n° 399. Saibam todos quantos o presente virem que o presente passaporte pertence ao cidadão russo PINKOUSS LISPECTOR, de 37 anos de idade, natural de Teplik, distrito de Gaisin, governo de Padolie, que se destina ao Brasil, acompanhado de sua esposa MANIA, de 31 anos de idade, e de suas filhas LEIA, de 9 anos de idade; TANIA, de 6 anos de idade e HAIA, de um ano de idade.

Em fé do que lhe foi expedido o presente passaporte pelo Consulado da Rússia em Bucarest. Válido por um ano. Bucarest, em 27 de janeiro de 1922. O Cônsul (ass.): A.BARAMOWSKY. [Havia uma fotografia, representando o portador, a sua esposa e suas três filhas, autenticada por dois carimbos do Consulado da Rússia em Bucarest.] O cônsul da Rússia certifica pelo presente que a assinatura abaixo é do seu próprio punho. [Por cima dum carimbo do Consulado da Rússia em Bucarest]: Bucarest, em 9 de fevereiro de 1922.

Pelo Cônsul (ass.): PREDSCINE

Os Lispector viajam para o Brasil

Percorrendo o mesmo caminho dos primos Rabin e de sua irmã, Zinha, Mania Lispector seguiu com a família para o Brasil. Na Ucrânia, ficaram o irmão Ivil, com a esposa e os filhos, e as irmãs, Sara e Hona. Pinkas Lispector deixou a mãe, Echeved, então viúva, morando em Kitaigorod com sua irmã, Guitel, e os outros irmãos, entre eles o caçula, Salomão, casado com Mina.

Desde a saída de Tchechelnik, na Ucrânia, até a chegada em Bucareste, a viagem dos Lispector havia durado um ano. Na foto do passaporte emitido pelo Consulado da Rússia em Bucareste, quem sabe a última foto antes de a família embarcar para o Brasil, não há nem mesmo o esboço de um sorriso; as três meninas reproduzem os olhares sisudos dos pais. Pinkas e Mania sabiam que, na Rússia dos bolcheviques, vitimada por doenças e epidemias, atingida brutalmente pela Primeira Guerra Mundial e pela guerra civil – que causaria a perda de vinte milhões de russos –, não havia espaço para os judeus. A angústia da fuga, a saudade dos parentes, tudo devia ficar sepultado no solo ucraniano. Com a ruína do czarismo, uma grande parte da população deslocou-se para o continente americano. Os Estados Unidos, a Argentina e o Brasil acenavam-lhe com a promessa de uma nova Canaã. Os judeus russos seguiam o mesmo destino de seus antepassados: o exílio.

Em fevereiro de 1922, Pinkas, Mania, Lea, Tania e Haia embarcaram no vapor *Cuyabá*, ancorado no porto de Hamburgo, com a cara dos imigrantes de Lasar Segall, como imaginou um dia Clarice Lispector.

Diário de bordo – 13 de maio de 1994

Quando estive em Maceió em maio de 1994 para buscar informações sobre o período em que a família Lispector viveu na cidade, provavelmente entre 1922 e 1925, visitei o Instituto Histórico e Geográfico de Alagoas. Impressionou-me o estado precário do local, sem condições de consultar os documentos. Estavam disponíveis alguns livros. Pesquisei *Maceió*, de Craveiro Costa (José Olympio, 1939). Anotei mais alguns títulos como *Alagoas, 150 anos (1817-1967)*, do Departamento Estadual de Estatística. O retrato do nordeste brasileiro no momento em que a família Lispector passou pela cidade podia ser traduzido em números: os moradores ocupavam 15.800 casas: 73.661 eram brasileiros, e 473, estrangeiros. "Geralmente os de nacionalidade portuguesa, um ou outro italiano, também ligado por parentesco com outros que o precederam na aventura. Raros os ingleses, ainda mais raros os alemães." Alfabetizados, 34.133; analfabetos, 40.043. Uma cidade que tinha cento e três anos. As praias são paradisíacas. O que dizer da Praia do Francês? Visitar Marechal Deodoro, a primeira capital de Alagoas, é uma viagem ao tempo do Brasil colonial. Fiquei imaginando como seria no tempo de Clarice, quando tudo ainda estava por se fazer. Com a memória de seus primos, Isaac Asrilhant, Henrique Rabin, Isaac Chut e Jacob Rabin, que viveram na cidade da infância à juventude, pude reconstituir um pouquinho da atmosfera que envolveu Maceió, outrora pertencente ao território pernambucano. Cidade natal da última personagem de Clarice Lispector: Macabéa. Primeira cidade da bebê Clarice.

MACEIÓ, 1922-1925

O vapor *Cuyabá*, da Companhia de Navegação do Lloyd Brasileiro, cruzava o oceano Atlântico sob o comando do capitão-tenente Luiz de Oliveira Bello, com 4.086 toneladas, cento e dois tripulantes e cento e oito passageiros. Aproximava-se da quinta escala, após ter passado por Havre, Leixões, Lisboa e Recife. A atmosfera de felicidade que irradiava dos compartimentos da primeira classe, ao aproximar-se do porão da terceira classe, dissipava-se inteiramente. Ali, os Lispector e os outros vinte e cinco imigrantes eram apenas embalados pelo balanço cadenciado do navio cortando as águas. De Maceió, o paquete nacional *Cuyabá* escalou na Bahia, e, em seguida, no Rio de Janeiro, onde atracou no dia 30 de março de 1922. Os ventos da Revolução Russa chegavam ao Brasil, junto dos Lispector. Acabava de ser criado o Partido Comunista do Brasil (PC do B). O anseio de renovação que movia Pinkas Lispector era muito semelhante àquele que mobilizava o país. As estruturas mentais das velhas gerações eram questionadas pela Semana de Arte Moderna, que inaugurava uma nova fase na literatura brasileira. Pinkas era um daqueles 900 mil imigrantes que haviam entrado no país para mudar a face das cidades brasileiras. Explorados nas fazendas pela oligarquia do café ou trabalhando nas cidades, no comércio e na indústria, esses homens e essas mulheres tentavam moldar-se a cada canto do Brasil sem perceber que aos poucos tornavam-se filhos desta terra.

Na casa de José e Zinha Rabin, na rua do Imperador, centro da cidade, a família Lispector tomou o primeiro contato com o dia a dia de Maceió. A cada visão do mar, ou a cada trote dos cavalos, Pinkas Lispector assenhoreava-se da cidade. No entanto, cada coisa era olhada por seu nome, e ele sabia que Pinkas não fazia parte da história daquele lugar. Foi então que Pinkas passou a se chamar Pedro; Mania, Marieta; Lea, Elisa; Tania continuou chamando-se Tania, e Haia passou a se chamar Clarice.

Conduzido por José Rabin, Pedro passou a trabalhar como mascate. Seu concunhado era o protótipo do imigrante vencedor, progredia no pequeno comércio fazendo do serviço de vendas de tecidos à prestação sua fonte de renda. Espalhava um pequeno número de empregados em vários pontos da cidade, determinando a cada grupo uma tarefa específica. Uns tinham a função de efetuar as cobranças, outros, de vender as mercadorias. A profissão de mascate não rendia um bom salário, mas sem ter outra alternativa Pedro teve de trabalhar para José Rabin. Longe da Rússia e livre das perseguições antissemitas, ele defrontava-se com outra realidade. A tão almejada estabilidade financeira parecia estar fora de seu alcance. A enfermidade de Marieta era mais um motivo de preocupação. Na ausência da mãe, que estava internada num hospital, Elisa administrava a casa e cuidava das irmãs. Com apenas onze anos, fazia o milagre da multiplicação dos pães, comprando comida com a quantia irrisória que o pai lhe dava. Ela sacrificava sua infância vendo as tardes arrastarem-se inúteis e solitárias. Tania tinha sete anos, enquanto Clarice, com dois anos, ensaiava as primeiras travessuras. A falta de perspectivas e a tristeza rondando a casa deviam deixar Pedro Lispector pensativo e angustiado. Subitamente as estepes e os bosques da Rússia invadiam sua mente. A imagem da fuga desesperada sobrepunha-se àquela outra, consoladora dos aflitos: ele aprendendo o ofício de saboeiro. Mas como pôr em prática este ofício se não tinha recursos? Foi então que resolveu propor ao cunhado abrir uma pequena fábrica de sabão. Ele entraria com a mão de obra e José Rabin, com o capital. A proposta foi recebida com entusiasmo e em pouco tempo Pedro passou a trabalhar arduamente, depositando todas as suas esperanças nesse ofício que havia de proporcionar-lhe uma vida mais confortável junto à sua família. Já era possível sonhar com a vinda de seus irmãos para o Brasil: Salomão e Mina com as crianças; a mãe, Echeved, a irmã, Guitel, e os irmãos, entre eles, um que era *chazam*, encarregado de cantar ou entoar música litúrgica na sinagoga. Devia lembrar-se de todos os irmãos e sentir-se impotente por não poder ajudá-los. Lembrar-se da Ucrânia era mais do que uma necessidade, já passava a ser um vício, cultivado com desvelo também por Zinha Rabin. Apesar de estar vivendo durante oito anos em Maceió, ter dois filhos, Sarah, com sete anos, e Henrique, com cinco anos, ela sonhava com a vinda dos irmãos Ivil, Hona e Sara. Tudo seria uma questão de tempo.

Depois de uns três anos em Maceió, Pedro Lispector chegou à conclusão de que o sonho de viver com dignidade não tinha se concretizado. As horas gastas na fábrica de sabão, aquele odor forte impregnado em seu corpo, tudo se traduzia num parco ordenado que cobria somente as despesas essenciais. Quem sabe, fitando o mar, tenha se lembrado de sua terra natal. Lembrança que se esgarçava diante da impossibilidade do retorno. Mas o mar apontava para outra direção: Recife. A principal capital nordestina atraía os habitantes das outras cidades da região. Presa à velha ordem social, sob o comando dos coronéis e proprietários de terras, contava com uma poderosa indústria açucareira e com o comércio em franca expansão. O quadro só era agravado pela seca que intensificava o alastramento da miséria e levava os nordestinos a emigrarem para o sul do país. Pedro Lispector não titubeou e foi ao encontro das águas do Capibaribe. Começava a segunda etapa da longa viagem pelas terras brasileiras. Na Veneza americana, entre igrejas barrocas, pontes, sobrados e ruas estreitas, eles encontrariam um modo de ver tudo como da primeira vez, quando haviam chegado a Maceió. A história dos Lispector foi mais uma vez interrompida. Para retomar o fio seria preciso passar por arrecifes, fitar gaivotas e, ao desembarcar no porto do Recife, criar uma vida nova no bairro da Boa Vista.

Diário de bordo – Recife, bairro da Boa Vista, maio de 1994

A primeira vez que fui ao Recife, entre 5 e 11 de maio de 1994, procurava outros documentos que ratificassem a data de chegada da família Lispector ao Brasil, fato que já descobrira no Arquivo Nacional nos processos de naturalização de Tania Kaufmann e Clarice Lispector onde se encontram respectivamente o passaporte de Pedro Lispector emitido pelo Consulado da Rússia em Bucareste e a carteira de identidade para estrangeiros de Clarice Lispector. Em Recife, eu buscava ampliar o que já lera em *Clarice: Uma vida que se conta* sobre a vida dos Lispector na cidade. Ao entrevistar Samuel Lispector, Jonas Rabin e Sonia Krimgold Charifker, buscava outras informações sobre os parentes das famílias Krimgold e Rabin. Entrevistar Anita Buchatsky Levi e Suzana Berenstein Horovitz (depoimentos que já haviam sido apresentados no livro em questão) permitiram-me conhecer mais de perto a vida escolar daquela época. Outro documento que eu buscava era a certidão de nascimento de Clarice Lispector, mas esse só seria encontrado muitos anos depois, quando Nicole Algranti o descobriu no baú de Elisa Lispector, junto a outras preciosidades, esse documento seria publicado finalmente em 2007 em *Clarice – fotobiografia,* da professora Nádia Battella Gotlib.

A pesquisa na Divisão de Arquivos Permanentes, no Arquivo Público Estadual Jordão Emerenciano, no bairro de Santo Antônio, permitiu-me o acesso às petições de naturalização, embora não tenha encontrado nada sobre os Lispector, consegui informações sobre os primos de Marian, mãe de Clarice: Pedro, Abrahão, Jorge e Samuel, todos da família Rabin. Outra descoberta se deu no registro de óbitos do Cemitério Israelita do Barro; através de um telefonema, o rabino Isaac Essoudry confirmou-me a data de nascimento e falecimento de Marian Lispector. Eu chegara a visitar o hospital Oswaldo Cruz, onde falecera a mãe de Clarice, visita infrutífera, já que o arquivo no local contemplava somente os prontuários mais recentes, os demais foram incinerados. Graças ao Arquivo Nacional do Rio de Janeiro a certidão de óbito de Marian (Marieta Lispector) foi preservada no processo de naturalização de Pedro Lispector. A visita a primeira Sinagoga das Américas, Kahal Zur Israel, e o contato com a professora Tânia Neumann Kaufman, uma das maiores especialistas na história judaica de Pernambuco, então diretora do Arquivo Histórico Judaico de Pernambuco, completou o meu itinerário de pesquisa e me deu subsídios para conhecer a história dos judeus que imigraram para o Recife no tempo das famílias Lispector, Rabin e Krimgold.

Que Recife era aquele nos anos 1990?

Nas fotos que tirei reconheço a emoção de pisar pela primeira vez na terra de Clarice. Eu tinha 30 anos, e fazia quatro anos que eu reconstituía a sua trajetória; a cidade que ficou na minha memória era muito marcada pelo mar. O casarão da Maciel Pinheiro era cor de pêssego; no térreo, a loja de móveis chamava-se "Interiores". Do outro lado da calçada, via-se a padaria Boa Vista (que permanece até hoje no século XXI). Havia uma pequena placa fixada no alto com os seguintes dizeres: "Tudo passa, mas o que te escrevo continua", e em seguida: "Nesta casa viveu sua infância a escritora Clarice Lispector. Homenagem da Associação da Imprensa de Pernambuco." O jornalista e escritor Edilberto Coutinho disse-me (quando eu o entrevistei, em 1993, a respeito da entrevista que ele fizera com Clarice em 1976 para *O Globo* pouco antes de ela ir ao Recife) que quando dirigiu a FUNDARPE (Fundação do Patrimônio Histórico e Artístico de Pernambuco) por seis meses, no início dos anos 1980, ele sugeriu a colocação desta placa e de outras em vários bairros como uma forma de indicar a presença dos artistas de Recife na cidade em que viveram. Observem a importância de nossas fundações que protegem o patrimônio de uma cidade. Lembro-me do Hotel São Domingos em pleno funcionamento, percorri suas dependências. O Ginásio Pernambucano e o Teatro Santa Isabel, também, todos bem conservados. O Colégio Israelita tinha mudado de endereço. O hotel em que me hospedei com meu marido (na época eu era casada), na avenida Boa Viagem, 9, Praia Othon (agora mudou de nome) ficava longe do bairro de Clarice, no Pina. Do meu quarto se tinha uma vista panorâmica da praia, e eu sabia que o Edifício Clarice Lispector estava localizado nessa avenida.

Dessa forma, compus o texto a seguir, o terceiro capítulo da primeira edição de *Eu sou uma pergunta*.

RECIFE, 1925-1935

Ao desembarcarem no Recife, os Lispector repetiram um gesto inaugurado quatro séculos antes pelos judeus portugueses. Em 1534, trazidos por Duarte Coelho, donatário da capitania de Pernambuco, para desenvolverem a indústria açucareira, os judeus deixaram no solo recifense a marca de sua identidade. Um século depois, em 1637, fugindo da Inquisição em Portugal, eles retornaram como cristãos-novos pelas mãos de Maurício de Nassau, governador-geral do Brasil-Holandês. Nesse período, atuaram na indústria, no comércio e na construção civil e plantaram as raízes do judaísmo no continente americano ao construírem a primeira sinagoga das Américas, situada na rua dos Judeus. Quando os Lispector chegaram a Recife, em 1925 (data aproximada, já que não foi encontrado nenhum documento que comprove isto), os vestígios externos da passagem dos judeus portugueses pela cidade haviam desaparecido quase que por completo, resistindo, entre outras, a ponte Maurício de Nassau, a primeira ponte do Brasil construída pelo judeu Balthasar da Fonseca.

O fio da história dos judeus, que tinha sido interrompido em 1654, por ocasião da expulsão dos holandeses pelos portugueses, era retomado no século XX com a chegada de dois grupos de imigrantes oriundos da Europa Oriental e Ocidental: os *sefaradim* e os *ashkenazim*. Esses últimos eram maioria em Recife, seus antepassados descendiam dos judeus *rhenisch* (alemães) e falavam a língua ídiche (judeu-alemão). Instalados no bairro da Boa Vista, que, em 1920, abrigava cerca de quinze famílias de origem judaica, eles residiam numa área circunscrita à praça Maciel Pinheiro e às ruas Velha, da Imperatriz, da Glória e da Matriz.

Pouco a pouco os *grenne*, como eram denominados pelos judeus os recém-chegados, iam adaptando-se à nova cidade. Pedro Lispector alugou o segundo andar de um sobrado colonial branco com janelas azuis, na praça Maciel Pinheiro, 367, esquina com a travessa do Veras. Mais uma vez, o cheiro de casa vazia. No velho sobrado, onde o piso de madeira rangia a cada passo, havia mais quartos do que móveis, sinal de uma vida modesta como condizia a uma família de imigrantes recém-chegada à capital pernambucana. Uma pequena parte dos imigrantes que residiam havia mais tempo na cidade tinha conseguido estabelecer-se em casas comerciais, onde negociavam, sobretudo, móveis e tecidos. Os demais, incluindo os recém-chegados, como Pedro Lispector, exerciam a profissão de comerciante ambulante. No lombo de um burro, guiando uma carroça ou mesmo a pé, eles vendiam sua mercadoria à prestação, de porta em porta, o que atraía a freguesia, pois as lojas só vendiam à vista.

Impossibilitados de reproduzirem o dia a dia das suas cidades de origem, os imigrantes procuravam manter mecanismos de autopreservação de sua cultura sedimentados nos valores do judaísmo. A transmissão desses valores não se dava exclusivamente em casa: o colégio, o clube e a sinagoga atuavam como agentes transmissores dessa cultura. O Colégio Hebreu Idisch Brasileiro, criado em 1926, por alguns membros da comunidade judaica, entre eles a família Rabin, tinha em seu currículo as disciplinas comuns ao curso primário, incluindo o ensino de religião e dos idiomas hebraico e ídiche. Os Rabin, uma das primeiras famílias de imigrantes judeus a chegarem ao Recife nos anos 1910, trouxeram a segunda Torá da cidade. Pedro, Samuel, Jorge, Abrahão e Dora tinham um considerável poder de influência na comunidade israelita de Recife. Dotados de um grande senso de humor, eles tratavam-se por apelidos. O trabalho intenso pelas ruas, vendendo mercadorias, não os impedia de apreciar os livros e a música. Se o dinheiro era insuficiente para pagar uma atração especial, como na ocasião do concerto do violinista Yasha Heifetz, por exemplo, eles ficavam na porta do teatro escutando inebriados a envolvente melodia.

Da varanda do sobrado dos Lispector, via-se, na praça Maciel Pinheiro, um chafariz sustentado por quatro leões. Clarice, de súbito, imobilizava-se ao deparar com o imenso chafariz. Quando olhava pela varanda tinha medo de cair, pois achava tudo muito alto. Clarice ainda não sabia ler; no entanto, era capaz de inventar um modo de contar histórias. Por volta dos seis anos de idade, ela descobriu que a história ideal era aquela que não acabava nunca. Com a participação de uma amiguinha, Clarice contava uma história, quando não havia mais possibilidade de continuá-la, a amiga prosseguia; ao atingir um ponto impossível, por exemplo, todos os personagens mortos, Clarice dizia: "Não estavam bem mortos." E continuava a história. A pequena contadora de histórias não gostava de ficar em casa. Ao surgir uma oportunidade, ela descia e ficava na porta do sobrado. Guiada por seu instinto, escolhia uma criança, entre as muitas que passavam, e a chamava para brincar.

Primeiros estudos

A precocidade de Clarice chamou a atenção de Pedro Lispector, que a matriculou, então, no grupo escolar João Barbalho, na rua Formosa, um colégio público muito bem conceituado, onde estudava sua irmã Tania. O colégio era cercado de árvores e tinha um pátio espaçoso, daqueles no qual se pode brincar muitas horas e ter a sensação de não tê-lo percorrido por inteiro. No primeiro dia de aula no jardim de infância, Clarice encontrou Leopoldo Nachbin e no dia seguinte já eram os dois impossíveis da turma. Tiravam boas notas, menos em comportamento.

"*Leopoldo e Clarice vão fazer uma espécie de exame no quarto ano*" (DM, 40). Assim, a professora convocou os dois alunos para um teste em que ia ser diagnosticado o nível mental dos alunos. Ao ouvir seu nome e o de Leopoldo citados juntos, a menina pensou: "*chegara a hora da punição divina.*" Dado o aviso sem maiores explicações, Clarice começou a soluçar baixinho. Leopoldo tentou consolá-la, mas ela não se convenceu: "*eu era a culpada nata, aquela que nascera com o pecado mortal.*" O teste, pensou, era uma forma de ser punida pelo mau comportamento em sala de aula. Leopoldo pediu-lhe calma, que ela lesse as perguntas e respondesse o que soubesse. Tudo em vão. A essa altura, o papel já estava ensopado de lágrimas. A consciência atormentada pelo pecado dava a Clarice os seus primeiros êxtases de tristeza em sala de aula. Para o seu consolo, Leopoldo estava a seu lado. De agora em diante, ele dividiria com Pedro Lispector a função de protetor masculino.

As fabulações com a prima Anita

Nessa época, sua companheira inseparável era a prima, Anita Rabin, filha caçula de Rosa e Samuel Rabin, primo em primeiro grau de Marieta Lispector. A aproximação se deu pelo fato de serem vizinhas – ambas residiam na praça Maciel Pinheiro – e terem a mesma idade. Os encontros ora ocorriam na casa de Anita, ora na de Clarice; nunca na rua. Era Clarice quem inventava as brincadeiras, "animanizando" os azulejos. Cada um representava um personagem. Esse vai ser, digamos, o filho, ou o pai, ou o tio. (...) *"Ela sempre procurava trazer mais personagens, porque só era eu e ela"*, conta Anita. Ela e Clarice dialogavam com médicos, professores, donas de casa. De uma hora para outra, a história transformava-se num modo de Clarice concretizar seus sonhos, mesmo que não se tornassem reais. Às vezes, ela fazia uma história na qual o surgimento de um fato inesperado curava sua mãe. Anita percebia o drama da prima e ficava condoída com seu sofrimento:

"Da mãe eu me lembro, ela ficava numa cadeira. Ela era praticamente cuidada pelas duas irmãs da Clarice. Pode ser que elas entendessem o que ela falava, mas até falar ela falava com dificuldade. E não se mexia pra nada (...) era como se fosse uma estátua numa casa (...) A gente estava sempre preocupada com isso. Fiquei imbuída daquele sonho de que alguma coisa a fizesse ficar boa."

No mundo da fantasia não havia espaço para o sofrimento. Bastava uma palavra e o sapo virava príncipe. Clarice só renunciava às brincadeiras com a prima quando esta, usando daquela malícia peculiar às crianças, fazia-lhe alguma provocação; como, por exemplo, chamá-la de "Clara". Ela ficava zangada e ia embora na hora.

Entre as aulas no João Barbalho e as brincadeiras com a prima, Clarice iniciou-se nas primeiras leituras deliciando-se com aquelas histórias contadas pelas empregadas, que apresentavam-lhe o rico folclore de Pernambuco: "Minha mãe era doente e davam todas as atenções para ela. Eu vivia atrás da empregada pedindo: 'Conta uma história, conta...' 'Já contei!' 'Repete, repete'" (OE, 137). O primeiro livro de sua infância contava a história do patinho feio e da lâmpada de Aladim. A história do patinho que ao crescer revelou-se um cisne a fez meditar. Identificada com o sofrimento do patinho, perguntou a si mesma se também não era um cisne. Na história de Aladim ficou fascinada ao ouvir o gênio dizer: *"Pede de mim o que quiseres, sou teu servo (...). Quieta no meu canto, eu pensava se algum dia um gênio me diria: 'Pede de mim o que quiseres'"* (DM, 452). Devorando os livros que lhe caíam nas mãos, Clarice pensava que eles eram como árvore, como bicho, algo que nascia naturalmente. Quando descobriu que eram feitos por um escritor, resolveu ser também como eles. Feita a descoberta, passou a escrever as suas histórias, muito semelhantes às que gostava de inventar com as amigas, com a prima, histórias sem-fim. Munida de papel e lápis, Clarice soltava a imaginação nas lonjuras do impossível. O impossível nesta época estava a seu alcance.

Imersa no mundo da fantasia, Clarice não tinha consciência das dificuldades financeiras que atormentavam seu pai. Muitas vezes, o almoço restringia-se a uma laranjada comprada na praça e a um pedaço de pão.

A mãe

A doença de Marieta agravava ainda mais a situação. Todas as atenções estavam voltadas para ela. Clarice, a seu modo, também ajudava: fazia peraltices para a mãe rir. E, de repente, o rosto de Marieta transformava-se, abria um sorriso ao ver a sua caçulinha fazendo graça. O cotidiano de menina alegre, viva e muito imaginativa via-se invadido, de repente, pelos reveses da vida: *"Eu era tão alegre que escondia a dor de ver a minha mãe assim. Em pleno carnaval era tomada por uma agitação íntima. Como se as ruas de Recife enfim explicassem para que tinham sido feitas"* (OE, 137). Mesmo participando pouco da folia, ficava até cerca de 11 horas da noite na porta do sobrado olhando os outros se divertirem, com um lança-perfume e um saco de confetes, que economizava com avareza para durar os três dias. *"Não me fantasiavam: no meio das preocupações com minha mãe doente, ninguém em casa tinha cabeça para carnaval de criança"* (DM, 83). Houve, porém, um carnaval no qual a mãe de uma amiga resolveu fantasiar a filha de "rosa". Como sobrou muito papel crepom, a mãe da menina fez também uma igual para Clarice.

"Nunca me sentira tão ocupada: minuciosamente, minha amiga e eu calculávamos tudo, embaixo da fantasia usaríamos combinação, pois se chovesse e a fantasia se derretesse pelo menos estaríamos de algum modo

vestidas (...). Quanto ao fato de minha fantasia só existir por causa das sobras de outra, engoli com alguma dor meu orgulho que sempre fora feroz, e aceitei humilde o que o destino me dava de esmola" (DM, 83).

A pequena "rosa" desencantada começava a conhecer os caminhos inexplicáveis da vida.

"Mas por que exatamente aquele carnaval, o único de fantasia, teve que ser tão melancólico?(...) Muitas coisas que me aconteceram tão piores que estas, eu já perdoei. No entanto essa não posso sequer entender agora: o jogo de dados de um destino é irracional? É impiedoso. Quando eu estava vestida de papel crepom todo armado, ainda com os cabelos enrolados e ainda sem batom e ruge, minha mãe de súbito piorou muito de saúde, um alvoroço repentino se criou em casa e mandaram-me comprar depressa um remédio na farmácia. Fui correndo vestida de rosa – mas o rosto ainda nu, tinha a máscara de moça que cobriria minha tão exposta vida infantil –, fui correndo, correndo, perplexa, atônita, entre serpentinas, confetes e gritos de carnaval. A alegria dos outros me espantava.

Quatro horas depois a atmosfera em casa acalmou-se, minha irmã me penteou e pintou-me. Mas alguma coisa tinha morrido em mim. E, como nas histórias que eu havia lido sobre fadas que encantavam e desencantavam pessoas, eu fora desencantada; não era mais uma rosa, era de novo uma simples menina (...). Na minha fome de sentir êxtase, às vezes começava a ficar alegre, mas com remorso lembrava-me do estado grave de minha mãe e de novo eu morria."

Clarice aceitava com humildade o que o *destino lhe dava de esmola*: uma fantasia de rosa ou o sorriso de um menino muito bonito que, *"numa mistura de carinho, grossura e brincadeira e sensualidade"*, cobriu seus cabelos de confete nesse carnaval melancólico. E como que por encanto ela considerou: *"pelo resto da noite (...) enfim alguém me havia reconhecido: eu era, sim, uma rosa"* (DM, 83).

Por volta de 1928, os Lispector mudaram-se para a rua Imperatriz Thereza Christina, conhecida como rua da Imperatriz, localizada a poucos metros da praça Maciel Pinheiro. O burburinho dos comerciantes e da freguesia só era interrompido pelos sinos da Matriz da Boa Vista. Entre os muitos sobrados, o segundo andar do número 173 foi o escolhido por Pedro Lispector. A praça Maciel Pinheiro ficara para trás. Agora, a livraria Imperatriz era o lugar cobiçado pela pequena Clarice, que observava nas estantes Lobatos e Vernes à distância, menina pobre que era. Mas, se os livros não estavam ao seu alcance, restavam-lhe as rosas que adornavam os grandes jardins das "ruas dos ricos". Clarice percorria as ruas do Recife com uma amiga brincando de decidir a quem pertenciam os palacetes. "Aquele é meu." "Não, eu já disse que os brancos são meus." "Mas esse não é totalmente branco, tem janelas verdes" (DM, 298). Foi quando numa dessas brincadeiras de "essa casa é minha", elas pararam diante de uma bela casa e Clarice avistou uma rosa isolada no canteiro.

"Fiquei feito boba, olhando com admiração aquela rosa altaneira que nem mulher feita ainda era. E então aconteceu: do fundo do meu coração, eu queria aquela rosa para mim. Eu queria ah como eu queria. (...) Se o jardineiro estivesse por ali, pediria a rosa, mesmo sabendo que ele nos expulsaria como se expulsam moleques. (...) Era uma rua onde não passavam bondes e raro era o carro que aparecia. (...)

Então não pude mais. O plano se formou em mim instantaneamente, cheio de paixão. Mas, como boa realizadora que eu era, raciocinei friamente com minha amiguinha, explicando-lhe qual seria o seu papel: vigiar as janelas da casa ou a aproximação ainda possível do jardineiro, vigiar os transeuntes na rua. (...) Até chegar à rosa foi um século de coração batendo. Eis-me afinal diante dela. (...)" (DM, 298).

O gosto pelo risco fascinava a pequena Clarice:
"Foi tão bom que simplesmente passei a roubar rosas.(...) Também roubava pitangas. Havia uma igreja presbiteriana perto de casa, rodeada por uma sebe verde, alta e tão densa que impossibilitava a visão da igreja. (...) A sebe era de pitangas. (...) Colhia várias que eu ia comendo ali mesmo, umas até verde demais, que eu jogava fora.

Nunca ninguém soube. Não me arrependo: ladrão de rosas e pitangas tem cem anos de perdão" (DM, 298).

A chegada de Joel e Berta Krimgold com os filhos. O irmão de Marieta Lispector

Enquanto isso, na Rússia bolchevista, os irmãos de Pedro e Marieta Lispector aguardavam uma oportunidade para imigrarem. Em Maceió, José

Rabin tomava as providências necessárias para que o cunhado, Ivil (Joel) Krimgold e sua família partissem para o Brasil. O irmão mais velho de Zinha e Marieta partiu de Odessa, em maio de 1927, em direção a Hamburgo, munido de seis bagagens, na companhia de Beila (Bertha) e dos cinco filhos: Jankel (Jacob), Hana (Anita), Bossia (Sonia), Tcharna (Tania) e Haia (Clarice). De Hamburgo seguiram para o porto de Havre, na França, onde embarcaram na terceira classe do vapor *Malte*, da companhia francesa Chargeurs Réunis. Após vinte e dois dias de viagem fazendo escalas em La Coruña e Lisboa, os Krimgold avistaram a Ilha das Flores, no Rio de Janeiro, no dia 1º de julho de 1927. Depois de uma rápida passagem pela hospedaria dos imigrantes, tomaram o vapor *Itapuca* com destino a Maceió, onde desembarcaram no dia 10 de julho.

Com a chegada de Ivil, davam-se por encerradas as imigrações da família Krimgold. Em Maceió, já estavam o marido de sua irmã Sara (falecida na Ucrânia), Marcos Chut com os filhos Isaac e Clarice, e a irmã caçula, Hona, que adotara o nome de Anita, com seu marido Boris Asrilhant e o filho Isaac. Havia treze anos que os irmãos Krimgold não se viam, desde a partida de Zinha para Maceió. A distância de Marieta Lispector, a única irmã que morava no Recife, era interrompida de vez em quando por uma visita, como a de Anita, em companhia do filho, Isaac, que na ocasião apreciara os lindos olhos azuis da tia sentada imóvel numa cadeira. Em outros momentos, era Marieta que restabelecia o contato ao enviar-lhes um retrato das filhas com uma dedicatória escrita em russo: "*Uma lembrança para minha querida irmã e o cunhado. A Hona e Boris Asrilhant. Dos meus filhos, Mania e Pinia Lispector.*"

A chegada de Salomão Lispector e Mina com os filhos. O irmão de Pedro Lispector

Reatar os laços de família era o desejo de Pedro Lispector, que aguardava ansioso a chegada de seu irmão caçula, Salomão. Na aldeia de Kitaigorod, na Ucrânia, Salomão Lispector e Mina não tinham mais forças para suportar as perseguições do regime bolchevista. A exemplo do que fizera sua família, Mina tentou imigrar para os Estados Unidos com Salomão e os filhos, porém o fato de ser casada foi determinante para que o Departamento de Imigração Americano vetasse sua entrada. Foi então que Salomão resolveu partir para o Brasil. Ao arrumar as bagagens, Mina devia recordar-se da primeira vez que chegara a Kitaigorod. A tia resolveu levá-la à pequena aldeia para poder desfrutar de suas férias. O tempo foi passando, e Mina acabou por aceitar o convite para morar definitivamente com os tios. Um dia, Salomão Lispector incluiu Kitaigorod no seu itinerário de negócios e os caminhos inexplicáveis do amor alteraram seu destino. Mina nunca saberia se uma cidade tinha sido feita para as pessoas ou as pessoas para a cidade. O fato é que Kitaigorod fazia parte de sua história e agora tudo ficaria reduzido a um retrato na parede. Em companhia dos filhos, Salomão e Mina partiram de Kitaigorod para Kiev. Em seguida, dirigiram-se para Havre, onde embarcaram no paquete francês *Kerguelen*, da Companhia Chargeurs Réunis, que ancorou em Recife no dia 5 de dezembro de 1928. Nos primeiros meses, Salomão e sua família instalaram-se na casa de Pedro Lispector, na rua da Imperatriz, 173. Pouco tempo depois, Salomão mudou-se para a rua do Aragão, número 100, também localizada no bairro da Boa Vista. Com a chegada do tio Salomão e da tia Mina, Clarice alargaria seu campo afetivo incorporando a seu círculo de amizades os novos primos: Bertha, Samuel, Pola e Vera.

O Teatro Santa Isabel e as primeiras histórias

Data dessa época a ida de Clarice ao Teatro Santa Isabel, construído em meados do século XIX pelo francês Louis-Léger Vauthier. O imponente teatro da praça da República tinha sido palco não somente de inúmeras representações dramáticas, como também da campanha pela libertação dos escravizados, em que desfilaram figuras ilustres como Castro Alves e Joaquim Nabuco. Nesse cenário marcante da história de Recife, Clarice Lispector assistiu a uma peça romântica encenada pela companhia teatral de Lygia Sarmento e Alma Flora. Impressionada com o que acabara de assistir, escreveu em apenas duas folhas de papel uma peça de teatro em três atos; era uma história de amor, que aliás ficaria escondida atrás de uma estante. O Teatro Santa Isabel parecia inspirar histórias de amor. No passado, Castro Alves viveu um idílio amoroso com a atriz Eugênia Câmara, que seduzia a plateia do Santa Isabel com seu talento. Quanto à história de Clarice, *Pobre menina rica*, foi rasgada porque ela ficou com receio de que alguém a lesse.

Um dia, folheando o *Diário de Pernambuco*, Clarice deparou-se com a página dedicada ao público infantil: o *Diário das crianças*. Imediatamente teve o desejo de enviar para aquele jornal suas histórias. Auxiliada por Tania, colocou o texto no correio na esperança de vê-lo publicado. Toda quinta-feira, dia em que saía a página, lia o *Diário* ansiosa por encontrar sua história, o que para sua grande frustação nunca ocorreu. Mesmo preferindo as outras histórias, Clarice não alterava seu modo de escrever. Continuava enviando seus textos mesmo sabendo que os publicados diziam sempre *Era uma vez, e isso e aquilo...* (OE, 137). Certa vez, a professora mostrou-lhe um desenho seu, e insinuou: "*Falta uma coisa aqui, não é?*", Clarice respondeu: "*Nasceu assim, fica assim mesmo*" (PB, 9). Se a professora determinava como tema para uma redação um naufrágio, um incêndio ou o dia da árvore, ela escrevia sem entusiasmo e com dificuldade: já então só sabia seguir a inspiração. Assim, Clarice vivia sua infância: devorando livros, criando histórias que não tinham fim ou andando pulando, que era o seu modo de caminhar pelas ruas do Recife.

A mudança para um colégio da comunidade judaica

No terceiro ano primário, Clarice mudou de escola. Foi matriculada no Colégio Hebreu Ídiche Brasileiro, onde passou a ter aulas de ídiche, hebraico e religião. Como a maioria dos imigrantes judeus, Pedro Lispector queria dar à filha uma educação religiosa. No colégio israelita também poderia aprender a escrever a língua de seus pais, que, até então, somente ouvia em casa. Enquanto o professor de religião narrava em hebraico a história dos profetas, Clarice mergulhava no mundo bíblico: Jerusalém, Sodoma, Gomorra. E as perguntas começavam a surgir: "*Como é que foi, Deus entregou a Torá na mão dele?*" À pergunta do aluno, o professor Moyses Lazar respondia sensatamente: "*Olha, ninguém viu.*" O professor de religião exercia um grande fascínio sobre seus alunos. Para Bertha Lispector, ele era uma pessoa muito próxima dos alunos. Anita Rabin achava que "*em religião ele era muito pra frente. A gente ficava horrorizada com certas coisas e ele não era como essas pessoas que dizem: 'Não, vocês têm de acreditar.'"* Ao soar a sineta do recreio, Clarice saiu ao encalço do professor Lazar, sem perceber que estava sendo observada por uma aluna do segundo ano, Anita Buchatsky. A sós com o professor, ela disparou: *"Que diferença há entre o homem e a mulher?"* O professor pacientemente tentava explicar à curiosa Clarice, enquanto Anita escutava atenta a conversa dos dois. Na biblioteca do colégio, organizada pelas próprias crianças, ela tinha ao alcance das mãos aqueles livros que, até então, só podiam ser vistos no alto das prateleiras das livrarias. Mas não era só na biblioteca que Clarice soltava sua imaginação, a encenação das peças teatrais dava-lhe a oportunidade de exercitar seus dotes de atriz. Com Bertha ela participou de uma peça onde fazia o papel de um menino. Sua desenvoltura para declamar impressionava a prima e aqueles que a assistiam. O talento da pequena Clarice não passava despercebido aos olhos do pai. Entusiasmado com seu desempenho, Pedro Lispector convidou o cunhado Boris Asrilhant, de passagem pelo Recife, para vê-la atuando. Boris ficou encantado com a sobrinha e ao longo dos anos rememorou este momento para o filho Isaac quando se lembrava dela.

Os dotes de atriz

O desejo de ser outra que não ela mesma já manifestava-se em Clarice desde que foi à escola pela primeira vez. Ao chegar em casa fez uma imitação da professora, arrancando boas risadas da irmã Tania. A manifestação de seus talentos não se restringia às representações no colégio. Algumas situações propiciavam o afloramento de sua veia cômica e de sua capacidade de observação; especialmente quando ela acompanhava uma de suas irmãs ao dentista ou ao médico. Nessa época, as moças não saíam sozinhas, aquela que ousasse burlar esse costume passava a ser malvista no bairro. Quando a caçula dos Lispector tinha de sair com suas irmãs, não deixava de manifestar seu protesto, pois achava o papel de acompanhante muito tedioso. Numa ocasião, enquanto Tania esperava sua vez de ser atendida pelo dentista, Clarice resolveu quebrar a monotonia do lugar imitando os pacientes, sempre com boa dose de espírito crítico. Nada lhe escapava: dos idosos às donas de casa. Bem impressionadas com o desempenho da irmã, Tania e Elisa pediam-lhe que repetisse as imitações em casa.

A relação de Tania e Clarice processava-se numa atmosfera de cumplicidade. Quem sabe por compartilharem não somente a mesma escola, mas também um universo pontuado por necessidades semelhantes. Além de ajudá-la no envio das histórias para o *Diário de Pernambuco*, Tania esclarecia suas dúvidas nos deveres escolares. Em sua companhia, Clarice experimentava novas descobertas, como provar um chiclete pela primeira vez.

"*Afinal minha irmã juntou dinheiro, comprou e ao sairmos de casa para a escola me explicou: 'Tome cuidado para não perder, porque esta bala nunca se acaba. Dura a vida inteira.' 'Como não se acaba?' Parei um instante na rua, perplexa. 'Não acaba nunca, e pronto.'*"

Perplexa diante daquele chiclete, Clarice foi transportada para o reino de histórias de príncipes e fadas. Quase não acreditando naquilo que acabara de ouvir da própria irmã, terminou pondo o chiclete a boca.

"*O adocicado do chicle era bonzinho, não podia dizer que era ótimo. E, ainda perplexa, encaminhávamos-nos para a escola. 'Acabou-se o docinho. E agora?' 'Agora mastigue para sempre'*" (DM, 289).

Pouco a pouco o chicle transformou-se num puxa-puxa cinzento e sem gosto: "*A vantagem de ser bala eterna me enchia de uma espécie de medo, como se tem diante da eternidade ou do infinito.*" Não suportando mais o "peso da eternidade", deixou o chiclete cair no chão de areia e, valendo-se de seus dotes de atriz, disse à irmã: "*Olha só o que me aconteceu!*", *disse eu em fingidos espanto e tristeza.* "*Agora não posso mastigar mais! A bala acabou!*" Tania não percebeu a artimanha da irmã e prometeu-lhe outro chiclete. Em outras situações, era a vez de Clarice ser ludibriada. Após ver os filhotes de sua gata serem distribuídos pela vizinhança, foi surpreendida com o súbito desaparecimento da própria gata, dada por sua família enquanto estava na escola. O choque foi tão grande que ela adoeceu. Para consolá-la, a família deu-lhe um gato de pano. Clarice não gostou: "*Como é que aquele objeto morto e mole e 'coisa' poderia jamais substituir a elasticidade de uma gata viva?*" (DM, 332)

Passeios no fim de semana: cinema, cais do porto e mocambos

Além dos bichos, Clarice tinha outra paixão: o cinema. As idas à matinê do Cine Polytheama, na rua Barão de São Borja, o "polipulga", como as meninas chamavam, era motivo de alegria. Clarice ia acompanhada pelas irmãs; em algumas ocasiões, a prima Bertha incorporava-se ao grupo. Por ser desconfortável, o Polytheama era mais barato do que o Cinema Parque, localizado na rua do Hospício e frequentado por público de maior poder aquisitivo. *"Às duas horas da tarde a campainha inaugurava ao vento a matinê de cinema: e ao vento sábado era a rosa de nossa insípida semana" (DM, 297).* Os passeios de Elisa, Tania e Clarice contavam às vezes com a presença de Pedro Lispector. Na pacata cidade de Recife, onde o leite fresquinho era entregue de porta em porta e os comerciantes ambulantes vendiam tapioca, milho e frutas nas ruas, era comum as pessoas passearem nos fins de semana pelos lugares mais aprazíveis da cidade. Como um pai dedicado, Pedro Lispector levava suas filhas para passear aos domingos no cais do porto. Debruçadas numa murada, as filhas observavam curiosas os navios e tentavam chamar a atenção do pai, absorvido, olhando fixamente as águas oleosas do mar. Na volta para casa, querendo ver a filha caçula feliz, Pedro resolveu entrar num bar de banquinhos altos e giratórios. Clarice sentou-se num dos bancos e escolheu para beber uma coisa que não fosse cara. Pela primeira vez, ela tomava Ovomaltine de bar. A família compartilhava de sua felicidade, no entanto, a escolha não foi bem-sucedida: *"Lutou desde o princípio contra o enjoo de estômago, mas foi até o fim forçando-se a gostar do que não gostava, desde então misturando, à mínima excelência de seu caráter, uma indecisão de coelho. (DM, 342) Receosa de desapontar o pai e as irmãs",* ela disfarçou, afinal *"eles presenciaram a experiência da felicidade cara: dela dependia que eles acreditassem ou não num mundo melhor?".* No fim do dia, Pedro Lispector constatava ter gasto muito fazendo pouca coisa. Ciente do sacrifício feito pelo pai para proporcionar-lhe um dia feliz, Clarice *"forçava-se a gostar do que deve ser gostado",* não deixando que os momentos de felicidade junto à família se perdessem.

Mas nem todos os fins de semana tinham uma paisagem agradável para se ver. Quando as três irmãs não tinham dinheiro, trocavam o cinema por uma visita à casa da empregada. Passando pelos mocambos mergulhados nos pântanos, ficavam frente a frente com aquelas mulheres miseráveis carregando suas crianças no colo. Diante desse chocante cenário Clarice descobria o drama social: "*O que eu via me fazia como que prometer que não deixaria aquilo continuar*" (DM, 149). A "protetora dos animais", como a chamavam em casa, tinha um instinto de proteção muito aguçado. "*Vivia de coração perplexo diante das grandes injustiças a que são submetidas as chamadas classes menos privilegiadas.*" A atitude da filha levava Pedro Lispector a dizer que ela seria advogada.

As filhas de Pedro Lispector seguiam uma trajetória diferente da maioria das moças do Recife. Enquanto estas abandonavam os estudos ao término do curso primário e ficavam à espera do príncipe encantado, Tania e Elisa eram incentivadas a permanecer na escola. Após concluir o primário, no grupo escolar João Barbalho, Tania matriculou-se no curso comercial da escola normal, onde Elisa cursava o segundo ano. Pedro gostava de ver as filhas estudando e sentia muito por Marieta não poder acompanhar o desenvolvimento das meninas. Vitimada por uma afecção neurológica paralisante, provavelmente oriunda de um Parkinsonismo, Marieta tinha dificuldades para falar e necessitava de ajuda para manter-se de pé devido aos tremores frequentes que a acometiam.

O fim da República Velha a poucos metros da casa da família Lispector

A poucos metros da rua da Imperatriz, onde os Lispector viviam seu drama familiar, desenhava-se um episódio trágico, na rua Nova, que iria mudar o rumo da história do Brasil. O governador da Paraíba, João Pessoa, acabara de publicar nos jornais as cartas eróticas da namorada de João Dantas, seu inimigo político. A autora das cartas, Anayde Beiriz, poeta, líder feminista e professora, que já havia elevado a sua voz em prol das mulheres, não imaginava que seus versos eróticos pudessem desencadear uma revolução. No dia 26 de julho de 1930, João Pessoa conversava com amigos na confeitaria Glória, na rua Nova. De repente, ouviram-se tiros. Imediatamente correram pessoas de todos os lados em direção ao local dos disparos. Da varanda da casa de Clarice, o primo Samuel Lispector, em companhia de suas irmãs, ouviu o burburinho na rua. João Dantas acabava de matar o governador da Paraíba e vice-presidente na chapa de Getúlio Vargas, derrotada nas eleições presidenciais. Preso, João Dantas matou-se na prisão. Não suportando o gesto desesperado de seu amado, Anayde resolveu imitá-lo pondo um ponto final em sua vida. Essa tragédia pernambucana foi noticiada em todos os jornais do país. A Aliança Liberal realizou manifestações de protestos. Se João Pessoa vivo tinha sido a voz contra a revolução, morto ele foi o verdadeiro articulador do movimento revolucionário. A tragédia da rua Nova roía definitivamente os alicerces da República Velha.

Falece a mãe de Clarice

O fim do inverno marcava os últimos momentos da República Velha. As flores pediam passagem nas ruas de Recife. No pavilhão Muniz Machado, do hospital Oswaldo Cruz, Marieta Lispector agonizava, seu corpo extenuado não pôde esperar a chegada da primavera. Faleceu, no dia 21 de setembro de 1930, aos 41 anos de idade, em função de congestão edematosa, no curso de uma tuberculose. Enterrada no Cemitério Israelita do Barro, Marieta Krimgold Lispector enfim descansava após um longo período de sofrimento. Durante um ano, a família vestiu luto. Aos nove anos de idade, Clarice deparava-se com a morte pela primeira vez. Um sentimento de culpa roía-lhe por dentro quando lembrava-se da preparação de seu nascimento.

"Fui preparada para ser dada à luz de um modo tão bonito. Minha mãe já estava doente, e, por uma superstição espalhada, acreditava-se que ter um filho curava uma mulher de uma doença. Então fui deliberadamente criada com amor e esperança. Só que não curei minha mãe. E sinto até hoje essa carga de culpa: fizeram-me para uma missão determinada e eu falhei. Como se contassem comigo nas trincheiras de uma guerra e eu tivesse desertado. Sei que meus pais me perdoaram eu ter nascido em vão e tê-los traído na grande esperança. Mas eu, eu não me perdoo. Quereria que simplesmente se tivesse feito um milagre: eu nascer e curar minha mãe" (DM, 111).

Desde pequena, ela percebeu que a mãe era paralítica. No início, sentia muita culpa, porque pensava que o seu nascimento havia provocado essa paralisia. Depois veio saber que a mãe já era paralítica antes dela nascer. Nas histórias inventadas na infância, Clarice realizava o milagre da cura. No mundo da ficção, tudo era possível. Agora a sua própria história mudava de rumo e ela não sabia como continuá-la sozinha. Foi quando Tania a viu chorando na janela, quieta, sem incomodar ninguém. Quem sabe ali, na janela, viesse à mente aquele carnaval melancólico. Ela vestida de papel crepom rosa, os cabelos encaracolados e ainda sem batom. Inesperadamente, Marieta passa mal e Clarice corre perplexa pelas ruas, entre serpentinas e confetes, para comprar o remédio da mãe. Missão cumprida, tudo voltou ao normal. No entanto, não havia carruagem, nem abóbora, tampouco um sapatinho de cristal. Havia apenas uma menina. "O jogo de dados de um destino é irracional? É impiedoso." Na sua fome de sentir êxtase, ela começava a ficar alegre, mas quando lembrava-se da mãe, perdia o encanto. Só horas depois veio a salvação, e se depressa agarrou-se a ela era porque precisava se salvar. Naquele carnaval foi um menino que cobriu os seus cabelos de confete e deu-lhe o seu belo sorriso. Agora, era Tania quem acariciava seus cabelos e ofertava o seu amor. A partir desse momento, Tania adotou Clarice.

Explode a Revolução de 30

Enquanto os Lispector reconstruíam sua vida, o Brasil estava prestes a explodir numa revolução. Nos jornais, os rumores de uma sublevação eram cada vez mais frequentes. O dia 3 de outubro só veio confirmar o que era inevitável. Os combates espalharam-se por vários estados, inclusive Pernambuco, onde a resistência do governador Estácio Coimbra foi dissolvida, no dia 5 de outubro, com a participação maciça da população local, aliada dos revolucionários. A revolução parou Recife por alguns dias. O sobrado da rua da Imperatriz, onde moravam os Lispector, não escapou da ousadia dos revolucionários que adentraram as casas dando gritos de louvor à revolução. Com o comércio fechado e impossibilitadas de sair às ruas, as famílias trocavam alimentos entre si até que a situação se normalizasse. Em toda a cidade o assunto do dia era a revolução. Com a queda de Washington Luís e a instalação de um Governo Provisionário chefiado por Getúlio Vargas, encerrava-se um período da história da República.

Naturalização de Pedro Lispector

Profundas alterações estavam por se realizar na estrutura do Estado brasileiro. Para Pedro Lispector, a ocasião exigia mudanças que ajudassem a dissipar a atmosfera de tristeza em seu lar. Nos seus planos estavam a mudança para uma nova casa e a obtenção de sua naturalização. Vivendo no Brasil havia nove anos, ele achava que chegara a hora de cortar definitivamente seus laços com a Rússia. Em 15 de dezembro de 1930, deu o primeiro passo para concretizar seu objetivo: solicitou uma justificação para provar sua naturalidade, idade, profissão, filiação, estado civil e tempo de residência. De posse desse documento, requereu ao Ministério da Justiça e Negócio Interiores sua naturalização. Alguns primos de Marieta Lispector, que viviam em Recife havia mais tempo, já tinham a nacionalidade brasileira, como Pedro e Abrahão Rabin. Outros, como Jorge e Samuel Rabin, a exemplo do que fizera Pedro Lispector, também pediram a naturalização. Para provar os dados solicitados na justificação, Pedro apresentou duas testemunhas: Luiz Schenberg e Aron Vaisberg, ambos naturais da Rússia, sendo o último cunhado de Pedro Rabin.

Era comum os imigrantes da colônia judaica, naturalizados brasileiros, servirem como testemunhas no processo de naturalização, bem como amparar os recém-chegados. Foi o que aconteceu na ocasião da chegada de Israel e Dora Wainstok à capital pernambucana, quando o cunhado, Pedro Rabin, deu-lhes tecidos para vender. Até progredir nos negócios, Israel trabalhou arduamente pelas ruas, carregando sozinho as mercadorias. A precariedade do calçamento dos lugares por onde passava o obrigava a colocar uma bota para proteger os pés da lama. Quando conseguiu contratar um auxiliar para carregar tecidos, não poupou esforços para alfabetizá-lo. Como os demais imigrantes, Israel gostava de ajudar os seus empregados.

Em Maceió, as irmãs e o irmão de Marieta lutavam pela sobrevivência

Em Maceió, a vida da colônia judaica processava-se nos mesmos moldes da comunidade de Recife, apesar de na primeira os membros serem em menor número. O cunhado de Marieta, Boris Asrilhant, trabalhava até doze horas por dia como mascate auxiliado por Dionísio, um homem negro forte que carregava as mercadorias numa caixa pesadíssima. Com o passar dos anos, Boris abriu uma pequena loja em sua própria casa, na rua João Pessoa (conhecida como rua do Sol), para vender mercadorias à prestação. Algumas lojas, dando-se conta da concorrência, adotaram o mesmo sistema de Boris. O outro cunhado de Marieta, José Rabin, que residia em Maceió havia mais de quinze anos, não precisava sair às ruas para vender suas mercadorias. Além da fábrica de sabão Triângulo, onde Pedro Lispector trabalhou, ele tinha ampliado seus negócios de venda de tecidos à prestação. Sua renda mensal lhe permitia ter um padrão de vida acima da média dos cidadãos de Maceió. Bastava ver sua casa localizada no bairro do Farol. Seu irmão caçula, Jacob Rabin, trabalhava como mascate vendendo mercadorias a prazo. Após ter morado na avenida da Paz por uns anos, Jacob mudou-se com a esposa e o filho Jonas para a rua Tibúrcio Valeriano. Jacob era o mais brincalhão dos Rabin. Suas idas ao Recife para visitar os irmãos era uma festa. Disparava a contar anedotas e a fazer comentários que provocavam muitas gargalhadas. Dizia que laranja era jabuticaba e jabuticaba era laranja. Ele não gostava das pequenas laranjas, mas das grandes jabuticabas. Os outros parentes de Marieta residentes em Maceió, o irmão Joel Krimgold e o cunhado, Marcos Chut, também viviam do comércio. Com a esposa Bertha e os cinco filhos: Anita, Jacob, Sonia, Tania e Clarice, Joel residia na rua João Pessoa, 401. Próxima a essa rua, na Mangabeira, morava seu cunhado, Marcos Chut, com os filhos Isaac e Clarice. Tal como acontecera em Recife, a comunidade judaica de Maceió fundou um colégio israelita e uma sinagoga na casa alugada por Marcos Chut, onde seu filho, Isaac, e o sobrinho Jonas Rabin assistiam às aulas de religião e ídiche.

O piano – a iniciação musical das irmãs Lispector

O ano de 1931 prometia grandes transformações para a família Lispector. A mudança para o segundo andar do sobrado da rua da Imperatriz, número 21, bem próxima à esquina com a rua da Aurora, foi o primeiro passo para começar uma nova vida sem Marieta. Contando com o apoio dos parentes, em especial da cunhada, Mina, que costumava preparar doces e quitutes para as sobrinhas, Pedro buscava pequenos prazeres. Um deles era ver suas filhas tocando piano. Matriculou-as nas aulas de uma das melhores professoras de piano de Recife, Dona Pupu. Clarice achava as aulas de piano uma tortura.

"*Só de duas coisas eu gostava das lições. Uma era um pé de acácia que aparecia empoeirado a uma curva do bonde e que eu ficava esperando que viesse. E quando vinha – ah como vinha. A outra: inventar músicas. Eu preferia inventar a estudar*" (DM, 51).

Numa das aulas de piano, lembrou-se de sua mãe e decidiu compor uma música.

"*Tinha nove anos e minha mãe morrera (...) Por que no ano em que morreu minha mãe? A música é dividida em duas partes: a primeira é suave, a segunda meio militar, meio violenta, uma revolta, suponho.*"

Sua preguiça para estudar as lições de piano era imensa, por isso necessitava do auxílio de sua irmã Tania. Enquanto esta tocava as teclas agudas, Clarice tocava as mais graves. Ao ouvir Chopin, ficava enjoada; só os doces que ganhava da professora compensavam as horas de chateação diante das teclas do piano. Clarice não se imaginava uma pianista. A ela interessavam mais as acácias amarelas que levavam à casa de dona Pupu. "*Quem morava naquela casa? Isso me interessava mais do que as outras lições de piano. (...) Ficava pensando em outras coisas. E na própria dona Pupu.*" Quando foi inaugurado o Conservatório de Música, dirigido pelo Maestro Ernani Braga, as três irmãs deixaram as aulas de dona Pupu. O conservatório promovia concertos no Teatro Santa Isabel, onde Tania e Elisa demonstravam suas habilidades ao piano. Mas era Tania a preferida do maestro; de Clarice limitou-se a dizer que tinha dedos frágeis. Se as aulas de piano não suscitavam grande entusiasmo em Clarice, o mesmo não ocorria com os banhos de mar, costume cultivado na época por muitas famílias de Recife.

Olinda, a ilha encantada de Clarice

Por volta das quatro da madrugada, Clarice acordava a família. Antes do sol nascer pegavam o bonde para Olinda.

"Eu olhava tudo: as poucas pessoas na rua, a passagem pelo campo com os bichos-de-pé: 'Olhe, um porco de verdade!' gritei uma vez, e a frase de deslumbramento ficou sendo uma das brincadeiras de minha família, que de vez em quando me dizia rindo: 'Olhe, um porco de verdade'" (DM, 169).

E assim, Clarice ia explorando essa *"ilha encantada que era a viagem diária a Olinda"*. À medida que o bonde aproximava-se da praia, o dia começava a amanhecer, e ela descobria em si mesma a capacidade de ser feliz. Agarrava-se a essa sensação nova como fizera outrora naquele carnaval, quando um menino cobriu-lhe os cabelos de confetes, pois afinal ela precisava se salvar. Ao chegar à praia, ia em direção às cabinas para mudar a roupa pisando num terreno de areia misturada com plantas. Embriagada pelo cheiro de mar, ela mergulhava nas águas as mãos em concha e bebia o mar, de tal modo queria se unir a ele. Depois, os Lispector trocavam a roupa e pegavam o bonde de volta ao Recife. Ao chegarem em casa, tomavam o café, só depois, então, iam para o banho, pois Pedro Lispector, como todos os pais, acreditava nas propriedades terapêuticas dos banhos de mar. Era contra a sua vontade que Clarice tomava um banho retirando o sal de seu corpo.

O Ginásio Pernambucano

O dia a dia, infelizmente, não era só feito de banhos de mar. O exame de admissão para o Ginásio Pernambucano estava próximo, e Clarice tinha de se preparar. Fazer parte do corpo discente do primeiro colégio oficial de ensino secundário do Brasil, fundado em 1825, era um privilégio. No concurso realizado em dezembro de 1931, participaram setenta e quatro crianças; seis faltaram ao exame, e vinte e cinco foram reprovadas. Entre os quarenta e três aprovados incluíam-se Clarice, Tania e Bertha. A essa altura, Elisa concluía o ginasial num curso noturno, pois durante o dia trabalhava num escritório para ajudar nas despesas da casa. Em março de 1932, Clarice desceu do sobrado da rua da Imperatriz, dobrou a esquina e seguiu pela rua da Aurora. Enquanto não se aproximava do número 703, ela fitava as pontes sobre o Capibaribe, talvez imaginando como seriam os seus colegas. Em companhia de Tania e Bertha, finalmente percorreu os longos corredores do colégio, gesto que repetiria diariamente, possivelmente sem se dar conta de que a adolescência começava a se desenhar lentamente nas paredes do Ginásio Pernambucano. Tudo era motivo de curiosidade. As novidades eram partilhadas com Bertha, às vezes com explicações absurdas, que a prima não engolia. Enquanto Bertha só observava os meninos, Clarice já se relacionava com eles sem timidez. Os meninos eram como um tesouro inexplorável. Para eles enfeitava-se de um modo muito simples, lavava o rosto diversas vezes até que a pele brilhasse. Se um menino ameaçasse de alguma forma Bertha, o instinto protetor de Clarice aflorava. As duas tinham a mesma idade, onze anos, mas nesses assuntos de menino e menina foi Clarice quem desabrochou mais cedo. Os meninos pareciam gostar de sua companhia, especialmente Leopoldo Nachbin, e seu colega no grupo escolar João Barbalho, que voltou a ser seu protetor no Ginásio Pernambucano. Era ele quem alertava Clarice para não pronunciar certas palavras proibidas, sobre as quais ocultava o significado, pois achava que a amiga era muito "criança" para conhecê-lo. Quanto ao desempenho de Clarice, este era o melhor possível, sobretudo em física. Seu objetivo, mais do que estudar para a vida, era apenas prestar conta aos professores.

O livro de Monteiro Lobato

Subitamente pareciam ter-se esgotado as palavras que ela vivera na infância. Pela primeira vez envelhecera. Os concursos de miss no Ginásio Pernambucano despertavam seus desejos mais secretos. Os seios pequenos brotavam lentamente, as pernas alongavam-se, o pescoço movia-se de um lado para o outro em busca de um ângulo melhor para se observar. Andando pelas ruas, via muitas vezes alguém discursando ardorosamente sobre a tragédia social. Entusiasmava-se de tal maneira com o discurso a ponto de prometer a si mesma que um dia sua tarefa seria defender os direitos dos outros. A vontade de ensinar, cultivada na infância quando dava aulas para os ladrilhos, aflorava agora com todo o ímpeto. Com o consentimento da tia Dora Wainstok, passou a ministrar aulas para o primo Anatólio. A apatia do aluno não correspondia ao entusiasmo da professora. Um dia, Clarice queixou-se ao primo, este lembrou-lhe que ele jamais havia solicitado aulas particulares. Em pouco tempo, a dedicada professora desistiu do ofício. Agora voltava à sua condição de aluna. No Ginásio, andava atrás de Reveca, filha do dono da Livraria Imperatriz. A colega tinha um livro cobiçado por Clarice havia muito tempo: As reinações de Narizinho, de Monteiro Lobato. Percebendo o interesse de Clarice e sabendo de sua impossibilidade de comprá-lo, Reveca começou a exercer sobre ela uma "tortura chinesa".

"*No dia seguinte fui à sua casa, literalmente correndo. Ela não morava num sobrado como eu, e sim numa casa. Não me mandou entrar. Olhando bem para os meus olhos, disse-me que havia emprestado o livro a outra menina, e que eu voltasse no dia seguinte para buscá-lo*" (DM, 27).

No dia seguinte, a resposta foi a mesma. O livro não tinha sido devolvido. As desculpas sucediam-se. Um vez, Clarice não obteve o livro porque não veio na parte da tarde, de modo que Reveca emprestou-o a outra menina. O tempo passava. Clarice sentia as olheiras se formando sob seus olhos.

"*Até que um dia, quando eu estava à porta de sua casa, ouvindo humilde e silenciosa a sua recusa, apareceu sua mãe. Esta devia estar estranhando a aparição muda e diária daquela menina à porta de sua casa. Pediu explicações a nós duas. Houve uma confusão silenciosa, entrecortada de palavras elucidativas. A senhora achava cada vez mais estranho o fato de não entender. Até que essa mãe boa entendeu. Voltou-se para a filha e com enorme surpresa exclamou: Mas este livro nunca saiu daqui de casa e você nem quis ler!*" (DM, 27)

A tortura chinesa chegava ao fim. A mãe de Reveca exigiu que a filha emprestasse As reinações de Narizinho imediatamente. Diante da senhora Berenstein, Clarice recebeu com lágrimas nos olhos a melhor notícia do mundo: não só poderia levar o livro de Lobato por tempo indeterminado, como também todos os livros que quisesse. Clarice ficou estonteada. Ficar com o livro por tanto tempo era tudo que queria.

"*Peguei o livro. Não, não saí pulando como sempre. Saí andando bem devagar. Sei que segurava o livro com as duas mãos, comprimindo-o contra o peito. (...) Meu peito estava quente, meu coração estarrecido, pensativo.*

Chegando em casa, não comecei a ler. Fingia que não o tinha, só para depois ter o susto de o ter."

Clarice abria o livro e lia algumas linhas. Horas depois, abria-o novamente e lia mais um pouco. Fechava-o de novo. Passeava pela casa, adiava mais comendo pão com manteiga. Fingia que não sabia onde guardara o livro, de repente, o achava. "*Criava as mais falsas dificuldades para aquela coisa clandestina que era a felicidade. Como demorei! Eu vivia no ar... Havia orgulho e pudor em mim. Eu era uma rainha delicada.*" Sentada na rede, o livro aberto no colo permanecia intocável: "*Não era mais uma menina com um livro: era uma mulher com o seu amante*" (DM, 29).

Hitler começa a governar

A adolescência de Clarice processava-se num universo em desencanto. Enquanto ela perdia-se no mundo pueril do Sítio do Picapau Amarelo, acompanhada por tia Anastácia, Narizinho e Emília, o mundo adquiria cores cinzentas, traços muito sombrios que nem de longe lembravam o reino de Lobato. Na Europa, Adolf Hitler subia ao poder, em 1933, como chefe de um governo de coalizão. Uma nova ordem era imposta na Alemanha: a ideia de superioridade do homem alemão, uma nação destinada a dominar outras nações. Queimavam-se obras consideradas heréticas em praça pública simbolizando o fim da cultura de Weimar e a ressurreição de uma nova era, na qual os judeus eram privados de seus direitos, e para o "bem" da Alemanha deviam ser banidos da Europa. No Brasil, acabava de ser promulgada a nova Constituição, em 16 de julho de 1934 e, no dia seguinte, Getúlio Vargas, chefe do Governo Provisório, foi eleito presidente da República. Na elaboração da Constituinte de 1934, propunham preservar o país de uma imigração desordenada e prejudicial à nossa formação étnica, cultural e social. Excluídos da vida pública e cultural de seu país e proibidos de exercerem sua profissão, os judeus alemães procuraram, a partir de 1934, as embaixadas e os consulados brasileiros na esperança de escaparem das perseguições do nazismo. Não podiam imaginar, no entanto, que a política imigratória adotada pelo governo Vargas via certos imigrantes como elementos indesejáveis. O território brasileiro não podia ser considerado uma nova Canaã para os imigrantes judeus expulsos pelo regime nazista.

Os últimos dias no Recife

À medida que o tempo passava, Pedro Lispector percebia o quanto suas filhas tinham crescido, absorvidas pelos estudos e interesses próprios. Elisa, com 23 anos, trabalhava no comércio e já estava prestes a conseguir sua naturalização. O casamento não estava nos seus planos, mas seu pai não perdia as esperanças. Tania, com 19 anos, formada em comércio, cursava o terceiro ano ginasial com Clarice, que estava com 14 anos. A falta de perspectivas e quem sabe uma boa dose de espírito aventureiro levaram Pedro a alterar mais uma vez o itinerário dos Lispector. Ao iniciar o ano de 1935, ele já havia decidido mudar-se para o Rio de Janeiro. Chegara a hora de iniciar os preparativos para a viagem: vender a casa que comprara na avenida Conde da Boa Vista, 178, havia dois anos, e desfazer-se de alguns pertences. No Ginásio Pernambucano, Clarice providenciava o recolhimento de sua documentação. Em 2 de janeiro, solicitou a devolução de sua certidão de nascimento, arquivada em 21 de dezembro de 1931, na ocasião da matrícula. Na cópia da certidão, traduzida por Arthur Gonçalves Torres, em 3 de dezembro de 1931, constavam os seguintes dados: Certidão nº 158. Registro feito em 14 de novembro de 1920. Clarice Lispector nasceu em 10 de dezembro de 1920, em Tchetchelnik, no distrito de Olopolk [h?]o. Provavelmente, o tradutor da certidão original, em russo, cometeu um erro ao traduzir a data do registro da certidão. Ao matricular Clarice no Ginásio Pernambucano, em 9 de março de 1932, Pedro Lispector declarou que sua filha nasceu em 10 de dezembro de 1920 e era natural da Rússia. No entanto, na outra tradução da certidão de nascimento de Clarice, feita em 2 de janeiro de 1935, no Recife, pelo mesmo tradutor juramentado da primeira certidão, os dados diferiam da cópia da certidão nº 158 e daqueles declarados por Pedro Lispector.

"*Eu abaixo-assignado, Traductor Publico e interprete comercial da Praça do Recife, devidamente nomeado pela Meritíssima Junta Comercial do Estado de Pernambuco, pela presente certifico e que me foi apresentado um Certificado escripto em idioma Russo para o fim de o traduzir para o vernáculo, o que assim cumpri em razão de meu Officio e cuja tradução é a seguinte:*
Traducção:

Certificado de nascimento – Em 10 de outubro de 1920 nasceu uma criança do sexo feminino que tomou o nome de CLARICE filha legítima de Pedro Lispector e de sua esposa Marian Lispector. A criança nasceu em Zerneneck districto de Olopolis, pelo que se entregou o presente certificado. Nada mais continha ou declarava o referido documento que traduzi do próprio original ao qual me reporto e dou fé:
Recife, 2 de janeiro de 1935."

Os dados divergem quanto à data e ao local do nascimento: em vez de 10 de dezembro, 10 de outubro; de Tchechelnik passou a ser Zerneneck. O depoimento de Pedro Lispector ratificou os dados contidos na certidão nº 158, cuja cópia ficou arquivada no Ginásio Pernambucano: Clarice Lispector nasceu no dia 10 de dezembro de 1920, em Tchechelnik.

A expectativa de mudança tomava conta das três irmãs. Aproximadamente dez anos em Recife foram suficientes para formar um baú de memórias inapagáveis. Ao lembrar-se das toadas, Clarice sorria: "*Vou é me acautelar, por via das dúvidas debaixo das folhas hei de morar*" (DM, 42). Cada árvore guardava uma história, umas alegres, outras tristes. Como naquele dia em que um garoto aproximou-se e perguntou-lhe onde estava a sua mãe. Em cima da árvore, contemplando a natureza, completamente alheia à algazarra provocada pelas outras crianças, em frente à sinagoga, Clarice era surpreendida com a pergunta inusitada. Olhou para as árvores, para o céu e respondeu: "*Tá lá no céu.*" Como esquecer as subidas a galope pelas escadas do sobrado da praça Maciel Pinheiro? E os primeiros namoros na porta de casa? "*Gostava de dois meninos ao mesmo tempo: um gordo que comia enormes sanduíches e outro magrinho, espiritual, com cabelos encaracolados. Eles não sabiam que eu existia.*" E a professora do grupo escolar João Barbalho que ela adorava? O Ginásio Pernambucano defronte ao Capibaribe que corria manso. O cheiro de Leite de Rosas, perfume da infância. Chegava àquele momento sustentada pelas sensações. Talvez soubesse que o lugar onde se foi feliz não é o lugar onde se pode viver. À medida que o navio inglês afastava-se do porto, ela observava os canais de Recife, seu horizonte amplo e descoberto. Aos poucos, ficavam para trás as pontes compridas suspensas sobre os rios, os coqueiros ao longe flutuando. Quem sabe, mesmo sem compreender, percebia o já vivido se perdendo e a sua frente se estendendo todo o futuro.

Diário de bordo – Rio de Janeiro, 1990-1994
Pesquisar sobre a vida escolar de Clarice Lispector entre 1935-1943 levou-me não só ao ACL do AMLB-FCRB onde encontrei algumas pistas, mas principalmente ao Arquivo da Faculdade de Direito da UFRJ, no Largo do Caco, antiga Universidade do Brasil; e ao Arquivo do Colégio Andrews. Duas fontes importantíssimas então pesquisadas em Clarice, uma vida que se conta *(1995). Na minha pesquisa, esse tema e outros desse período, especialmente a vida literária e jornalística, foram incrementados através de oito depoimentos inéditos: o dos jornalistas e escritores Francisco de Assis Barbosa, Antonio Callado, Ary de Andrade e Renard Perez, do advogado Samuel Malamud e os dos colegas de faculdade de Clarice Lispector: Adahyl de Mattos, Gilda Philadelpho de Azevedo e Celso Lanna. Incluindo os processos de naturalização de Clarice, Tania e Elisa sob a guarda do Arquivo Nacional, conforme já mencionei anteriormente, pois foi nesse período que Clarice renunciou à nacionalidade russa em 1942 e adotou a brasileira.*

Anotei minha ida ao arquivo da Faculdade de Direito em pelo menos duas ocasiões: 25 de outubro de 1991 e 16 de março de 1995. Pesquisei e xerroquei os documentos da "Vida acadêmica de Clarice Lispector e Maury Gurgel Valente". E na biblioteca li e xeroquei partes do volume de uma revista feita pelos alunos: A Época *(1941-1944), para a qual Clarice colaborou com dois textos. A análise dos documentos revelaram particularidades como o número de mulheres (vinte e cinco) nas turmas majoritariamente formada por homens (cento e sessenta). Mas minha surpresa foi descobrir em* A Época *a enquete "Deve a mulher trabalhar?" de autoria de Clarice quando esta cursava o 3º ano. Até aquele momento, eu conhecia somente "Observações sobre o direito de punir", citado na entrevista que ela concedera a Paulo Mendes Campos no* Diário Carioca *e também a Renard Perez no* Diário de Notícias. *O trabalho de Claire Varin, em* Langues de Feu *(1990), compartilhou as entrevistas de Perez e Campos, que foram reproduzidas também no trabalho da professora Nádia Gotlib.*

O entusiasmo ao descobrir um texto inédito de Clarice Lispector publicado quando ainda era estudante me estimulou muito, afinal de contas inúmeras horas de pesquisas são recompensadas quando se faz descobertas dessa natureza. As circunstâncias também me inclinavam a querer investigar mais sobre o tema do feminino. Eu vivia desde 1992 eclipsada pelas aulas do curso de mestrado em literatura brasileira na PUC-Rio ministradas por Rosiska Darcy de Oliveira: "O feminino na literatura." O Planeta Fêmea em plena Eco-92, a maior tenda do Fórum Global das Organizações Não Governamentais, no Aterro do Flamengo, nos convidava a refletir sobre a Ecologia e o Feminino como novos parâmetros. O texto de Clarice não era só uma descoberta da pesquisadora, ajudou-me a entender melhor essas questões. O entusiasmo gerou uma apresentação em um Seminário da Pós-Graduação (11 a 13 de maio de 1993) que organizamos; nós, alunas em plena ebulição ao descobrir os caminhos do feminino.

Somado a isso, a diretora do AMLB/FCRB, Eliane Vasconcelos, disse-me que havia uma produção de Clarice em páginas femininas nos arquivos. O Globo fez uma matéria na época. Informação que Otto Lara Resende também me dera quando o entrevistei em 1991. O tema ainda era praticamente desconhecido no Brasil, embora Claire Varin já tivesse feito referências sobre Comício em sua tese de doutorado, Langue de feu. E lá fui eu pesquisar as páginas femininas de Comício na Biblioteca Nacional. Naquele 10 de dezembro de 1992 pude ler e transcrever a lápis "A irmã de Shakespeare", uma das partes da coluna assinada por Teresa Quadros (pseudônimo adotado por Clarice Lispector). As referências à Virginia Woolf no artigo, mais as sobre The Room of One's Own (de Virginia Woolf), relatada em aulas por Rosiska, levaram-me a escrever o tal artigo que fiz inicialmente em formato de palestra: "Entre a rainha do lar e o feminino emergente – A produção jornalística de Clarice Lispector." Infelizmente, não pude ter acesso à coleção completa de Comício quando retornei à Biblioteca Nacional em 29 de maio de 1994, pois estava fora de consulta. Motivo: restauração. Muitos anos depois, tive acesso ao livro de Aparecida Maria Nunes publicado em 2006, que reuniu uma pesquisa pioneira sobre essa produção em jornal, fruto de sua tese de doutorado na USP em 1997: "Páginas femininas de Clarice Lispector." Um presente para nós pesquisadores que desejávamos conhecer essa produção.

RIO DE JANEIRO, 1935-1944

Quando o navio atracou no porto do Rio de Janeiro, Pedro Lispector deu-se conta de que tudo começava novamente. Na capital federal, as coisas pareciam ter vida própria; os automóveis buzinando impacientes, as pessoas deslocando-se de um lado para o outro num ritmo imprevisível. O pai e as duas filhas chegaram à rua Honório de Barros, nº 10, no Flamengo. A casa que lhes fora recomendada era de propriedade do casal de judeus russos Nathan e Frida Malamud, onde alugaram um quarto temporariamente. Enquanto Tania e Clarice tentavam matricular-se no colégio Pedro II para ingressarem na quarta série ginasial, Pedro procurava emprego no comércio. Elisa aliaria-se ao pai na luta pela sobrevivência, tentando empregar-se num escritório assim que chegasse ao Rio, pois ainda esperou uns dias para deixar Recife. Impossibilitadas de frequentarem o Pedro II, que não aceitava alunos transferidos, Tania e Clarice matricularam-se no colégio Sylvio Leite, localizado na rua Mariz e Barros, 258, na Tijuca. Em pouco mais de uma semana os Lispector mudaram-se para uma casa em São Cristóvão, onde puderam ocupar parte dos cômodos, desfrutando, assim, de um pouco mais de conforto.

Clarice devia andar pelas ruas tentando fazer o reconhecimento da nova cidade. As lembranças do Recife certamente invadiam-na aos borbotões, deixando uma imensa saudade. Sua precocidade para sentir um ambiente ou apreender a atmosfera íntima de uma pessoa não lhe garantia o conhecimento de todos os caminhos da vida. Por puro instinto, flertava com os rapazes que lhe agradavam e depois, perdia horas pensando neles. Quando as colegas de ginásio começavam a falar sobre sexo, Clarice não entendia, mas fingia compreender para que elas não a desprezassem. Seria sua ignorância um modo sonso inconsciente de se manter ingênua para poder continuar sem culpa a pensar nos meninos? Ela desconfiava que sim. Então chegou o dia em que se sentiu madura para contar a uma amiga íntima que era ignorante e fingira de sabida. A princípio, a amiga não acreditou no que acabara de ouvir, mas ao convencer-se da sinceridade de Clarice, resolveu contar-lhe no mesmo instante, na esquina, o mistério da vida.

"*Só que também ela era uma menina e não soube falar de um modo que não ferisse a minha sensibilidade (...). Fiquei paralisada olhando para ela, misturando perplexidade, terror, indignação, inocência mortalmente ferida. Mentalmente eu gaguejava: mas por quê? Mas para quê? O choque foi tão grande – e por uns meses traumatizante – que ali mesmo na esquina jurei alto que nunca iria me casar*" (DM, 113).

Meses depois, Clarice esqueceu o juramento e continuou seus pequenos namoros, o que não a impedia de continuar sofrendo até se reconciliar com o processo da vida. Enquanto isso não ocorria, ela respondia com um sonoro *não* às perguntas sobre amor dos álbuns de adolescentes. Porém, ela sabia que ao confessar-se incrédula estava mentindo; nesses momentos era então que ela mais amava. Coisas da adolescência. Uma adolescência daquelas! Forte! Violenta! Uma adolescência dividida entre os estudos no ginásio e as aulas particulares de português e matemática, iniciadas desde que colocou um anúncio no jornal. Recebeu então o telefonema de uma senhora solicitando aulas particulares para os filhos. Quando a mãe dos alunos a viu, decepcionou-se: "*Ah, meu bem! Não serve! Você é muito criança.*" A jovem professora não desistiu. "*Olha, vamos fazer o seguinte: se os seus filhos não melhorarem de nota, (...) a senhora não me paga nada*" (OE, 137). A mãe assentiu e ficou satisfeita com o resultado. O prazer de ensinar, que se manifestara na infância, agora vinha destituído daquele entusiasmo inicial. Era com tédio que ensinava as regras de gramática. A adolescência cercada de muitas responsabilidades, tendo de trabalhar cedo para colaborar nas despesas da casa, a perturbava. Quando ela transportava-se para o reino da literatura, a paisagem se transformava. As idas à biblioteca de aluguel, na rua Rodrigues Alves, no centro da cidade, propiciavam-lhe momentos de muito prazer. Percorrendo as estantes, foi atraída por um livro intitulado O *lobo da estepe*, de Hermann Hesse. Pensou tratar-se de um livro de aventuras, tipo Jack London. O livro a arrastava com uma torrente de palavras para um lugar que ela sabia nomear.

"*Você, Harry, sempre foi um artista e um pensador, um homem cheio de fé e de alegria, sempre ao encalço do grande e do eterno. (...) aos poucos* notou que o mundo não lhe pedia nenhuma ação, nenhum sacrifício nem algo semelhante; que a vida não é nenhum poema épico, com rasgos de herói e coisas parecidas, mas um simples salão burguês, no qual se vive inteiramente feliz com a comida e a bebida, o café e o tricô, o jogo de cartas e a música de rádio. E quem aspira a outra coisa e traz em si o heroico e o belo, a veneração pelos grandes poetas ou a veneração pelos santos, não passa de um louco ou de um Quixote."

Clarice sentia-se febril.

"Você já sabe onde se oculta esse outro mundo. Já sabe que esse outro mundo é a sua própria alma. (...) Nada lhe posso dar que já não exista em você mesmo, não posso abrir-lhe outro mundo de imagens além daquele que há em sua própria alma. (...) Eu o ajudarei a tornar visível seu próprio mundo."

Tomou posse da vontade de escrever

Ao término do livro, Clarice começou a escrever um conto que não tinha fim. O conto foi destruído, mas a semente da viagem interior pelo universo da literatura tinha sido germinada. Adquiriu confiança naquilo que deveria ser, como queria ser e o que deveria fazer. Nunca mais pensou em escrever peças teatrais, como a que fez aos nove anos. Ao tomar posse da vontade de escrever, viu-se, de repente, num vácuo. E nesse vácuo não havia quem a pudesse ajudar. A cada papel escrito, crescia o desespero de não conseguir entender o que estava fazendo. Para chegar a um método de trabalho, fazia um esforço sobre-humano. Tudo era feito em segredo. Clarice vivia essa dor sozinha. Mas uma coisa, ao menos, ela adivinhava: era preciso escrever sempre. As leituras continuavam sendo feitas com voracidade e sem a mínima orientação. Misturava romance para mocinhas com Dostoiévski e Hermann Hesse.

Mergulhada em livros, rapazes, provas, Clarice estava envolvida com a literatura até a alma. As inúmeras tentativas fracassadas para encontrar o seu método de trabalho deixavam-na exaurida. Às vezes, vinha à mente algum conto interrompido, como aquele que escrevera após a leitura de O lobo da estepe. Teve vontade de reescrevê-lo e conseguiu. Ela não se contentava somente em escrever, gostaria de ver seus contos publicados numa revista literária. Era capaz de domar sua timidez, se fosse preciso, e ao encaminhar-se à redação da *Vamos lêr!* se armou de muita coragem. Ao chegar à praça Mauá, 7, dirigiu-se ao escritor Raimundo Magalhães Junior: "*É para ver se o senhor publica.*" O diretor da revista leu e perguntou: "*Você copiou isso de alguém? Você traduziu isso de alguém?*" (OE, 137) Clarice respondeu que não, e seu conto foi publicado.

Estudante de Direito

As horas dedicadas à literatura não afetavam seu desempenho no colégio. O boletim da 5ª série ginasial, concluída em dezembro de 1936, era motivo de orgulho para qualquer pai: História da Civilização, 99; Latim e Química, 98; Português, 96; Matemática, 78. Geografia, 88; Física, 82; História Natural, 86 e Desenho, 81. Quando concluiu o curso ginasial no Sylvio Leite morava na casa 3 de uma vila localizada na rua Lúcio de Mendonça, 36 B, transversal à rua Mariz e Barros, na Tijuca. A essa altura, Clarice perguntava-se qual caminho devia seguir. Lembrou-se do pai dizendo-lhe que seria advogada. Sem orientação de nenhuma espécie sobre o que estudar, resolveu, então, cursar Direito. Em 2 de março de 1937, matriculou-se no primeiro ano do curso complementar da Faculdade Nacional de Direito da Universidade do Brasil. Todas as manhãs, ia à faculdade em companhia de seu colega Adahyl de Mattos. Pegavam o bonde na rua Mariz e Barros, desciam na praça Tiradentes e tomavam outra condução até o Catete, onde funcionava a faculdade. Numa dessas viagens de bonde, Clarice propôs ao colega estudarem o ponto de uma certa prova. E assim foi feito. Quando o resultado da prova foi divulgado, a surpresa foi geral, pois toda a turma sabia o quanto seria difícil obter nota alta nessa disciplina. Só dois alunos conseguiram essa façanha, Adahyl de Mattos obteve nota 9 e Clarice Lispector, nota 10.

Os três anos de Rio de Janeiro tinham sido prósperos para as irmãs Lispector. Elisa foi classificada em primeiro lugar no concurso do Ministério do Trabalho. Clarice preparava-se para o curso de Direito, Tania trabalhava como taquígrafa e, em breve, faria o concurso do Instituto dos Previdenciários – IAPI. A aprovação de Elisa significava que seria chamada imediatamente. Foi então que Tania resolveu ajudá-la. Lembrou-se de que o ministro do Trabalho, Agamenon Magalhães, havia sido seu professor de geografia no Ginásio Pernambucano. Tania não titubeou. Seus 22 anos davam-lhe o vigor e a coragem para acreditar no que, aos olhos dos outros, parecia impossível. E lá se foi na beleza de sua juventude procurar o interventor de Pernambuco e ministro do Trabalho. Agamenon Magalhães ficou encantado com a simpatia e inteligência da moça. Seu pedido era justo. Elisa precisava trabalhar; se fora a primeira colocada, por que não ser admitida imediatamente? Em pouco tempo, Elisa assumiu suas funções no Ministério do Trabalho. O gosto em fazer o impossível tornar-se possível parecia seduzir Tania. Quando resolveu enviar para o *Diário de Notícias* uns *haikais* que havia escrito, talvez não acreditasse, de fato, que eles seriam publicados. Mesmo assim, entregou-os na portaria do jornal. No domingo, ao abrir o *Diário de Notícias*, viu seus textos e ficou surpresa com as ilustrações que receberam. A paixão pelas letras contagiava todos os membros da família Lispector. Mas, antes que fosse dominada pela literatura, Tania tomou as rédeas de seu destino e tornou-se funcionária pública. Assim que ingressou no Instituto de Aposentadorias e Pensões dos Industriários (IAPI), em janeiro de 1938, casou-se com William Kaufmann.

 Nesse período, Clarice concluiu a primeira série do curso complementar de Direito com média geral 72. Seu desempenho foi satisfatório: História da Civilização, 65; Latim, 64; Psicologia e Lógica, 98; Literatura, 88; Biologia Geral, 61 e Noções de Economia e Estatística, 59. Na segunda série do complementar, o curso foi transferido da rua do Catete para um prédio na Praia Vermelha. A mudança de endereço deve ter levado Clarice a se transferir para o complementar de Direito do curso Andrews, localizado na Praia de Botafogo, 308. Sua matrícula foi feita no dia 11 de março de 1938 por uma colega, Maria Stella de Souza, que, ao preencher o formulário da matrícula, declarou que Clarice nasceu em 10 de dezembro de 1920, em Pernambuco. Provavelmente, levada pelo desejo de ser pernambucana "de fato", Clarice resolveu alterar o seu local de nascimento, e a colega se dispôs a colaborar. Até aquele momento, ela tinha preenchido os formulários de matrícula declarando ter nascido na Rússia. Como estava com 17 anos e ainda teria de esperar quatro anos para pleitear a nacionalidade brasileira, ela fazia de conta que era pernambucana.

Das matérias do curso complementar ela tinha uma predileção especial por Literatura. O professor Clóvis Monteiro ignorava a vocação literária da aluna, mas dedicava-lhe uma atenção particular.

Paralelamente ao curso complementar, ela prosseguia dando aulas particulares de matemática e português, estudava datilografia e frequentava a Cultura Inglesa. Certa vez, a professora de inglês pediu aos alunos que fizessem uma redação com o seguinte tema: *O que você faz durante o dia?* Clarice referiu-se aos estudos no curso complementar de Direito e às aulas de datilografia. A professora decepcionou-se com sua resposta. Chamou-a em particular e confessou-lhe que o tema da redação tinha o intuito de descobrir se ela era uma artista, pois imaginou que Clarice fosse uma pintora ou que tocasse piano. Sua timidez a impedia de revelar o quanto estava envolvida com o universo literário. Nesse momento, Clarice concentrava suas energias na conclusão da 2ª série do complementar de Direito. Seu bom desempenho rendeu-lhe média geral 75. A maior média entre todas as disciplinas foi em Literatura, 84, seguida de Geografia, 81; Sociologia, 78; Higiene, 74; Latim, 72 e História da Filosofia, 59. Clarice estava bem preparada para o vestibular. Ao inscrever-se no concurso de habilitação da Faculdade Nacional de Direito, mais uma vez declarou ser natural de Pernambuco. Trezentos candidatos disputaram as vagas para o vestibular de Direito da Universidade do Brasil. Naquele 17 de fevereiro de 1939, Clarice certamente misturava ansiedade e euforia ao preencher cada linha da prova. Um dia prometera a si mesma reformar as penitenciárias. Seu desejo estava prestes a ser concretizado e, para sua surpresa, de forma brilhante. Foi classificada em primeiro lugar entre seus colegas de classe do Andrews, com média 87, e em quarto lugar na colocação geral. Daquele momento em diante, ela trocaria a bela paisagem da praia de Botafogo pela não menos bela do Campo de Santana, por onde passaria diariamente em direção à Faculdade de Direito, na rua Moncorvo Filho. Mas como Clarice não se podia dar ao luxo de só estudar, passava algumas horas do dia trabalhando no escritório de um advogado. Esse emprego não a reteve por muito tempo; três meses depois ela foi para um laboratório, em Botafogo, onde também trabalhou por um curto período. Sua próxima tentativa foi fazer traduções de artigos científicos para revistas.

Começa a Segunda Guerra Mundial

Residindo no Brasil havia dezessete anos em caráter permanente, Clarice teve de se inscrever no Serviço de Registro de Estrangeiros (SER), de acordo com o Decreto n° 3.010, de 20 de agosto de 1938. Dirigiu-se ao SER, no dia 23 de agosto de 1939, onde preencheu dois requerimentos. O primeiro, em duas vias, endereçado ao chefe de Serviço de Registro de Estrangeiros. Ao declarar sua filiação, disse ser filha de Marieta Lispector e não de Marian Lispector, como tinha declarado nos documentos escolares. Quanto ao dia, mês e ano de sua chegada ao Brasil, declarou: março de 1922, dizendo desconhecer o dia. O nome da embarcação que a trouxe era *Cuyabá*, e o porto de desembarque, Maceió. O segundo requerimento preenchido foi o de solicitação da carteira de identidade para estrangeiro. Ao declarar que era natural da Rússia, acrescentou ao lado do país de origem o nome de sua cidade natal, Tchechelnik. Pela primeira vez ela registrava oficialmente dados que referiam à sua chegada ao Brasil. Nesse mesmo dia, quando Clarice dava mais um passo para a conquista de sua naturalização como cidadã brasileira, a Europa assistia estarrecida à assinatura do Pacto Nazi-Soviético. A assinatura do Pacto significava o fracasso das negociações entre Grã-Bretanha, França e União Soviética para deterem as ambições do *Führer*. Os nazistas galgavam mais um degrau para estender seus tentáculos pelo território europeu, depois de terem anexado a Áustria, a região dos Sudetos, na Tchecoslováquia, a Boêmia e a Morávia. O receio de uma nova guerra mundial espalhava-se pela Europa. A não deflagração da guerra estava condicionada à entrega de Dantzig, na Polônia, aos alemães. Hitler deu um prazo para a Polônia até o dia 1° de setembro, e não hesitou em invadi-la na data determinada. Imediatamente, a Grã-Bretanha e a França exigiram a retirada das tropas alemãs. Hitler pediu dois dias para pensar. Na manhã do dia 3 de setembro, a Grã-Bretanha entregou um ultimato à Alemanha. Os alemães não se manifestaram. No final da tarde, a França declarou guerra à Alemanha. Começa a Segunda Guerra Mundial.

Justificação de idade

Pedro Lispector mais uma vez assistia à eclosão de uma guerra mundial. A distância dos campos de batalha não atenuava a dor de ver o mundo caminhando para a barbárie e, o que era mais difícil de aceitar, os judeus europeus correndo perigo diante do avanço feroz de Hitler. Morando havia dezenove anos no Brasil, ele chegava à conclusão de que a vinda para a capital federal constituíra-se numa aventura bem-sucedida. A família Lispector renunciara à nacionalidade russa e abraçara a brasileira com todo o fervor. Clarice não via a hora de atingir a maioridade para se tornar cidadã brasileira, a julgar pelos documentos escolares, em que ela declarava-se pernambucana e não russa. Por enquanto, restava a Pedro Lispector solicitar uma audiência ao promotor de justiça, onde poderia obter uma justificação de idade de sua filha. De posse desse documento, ela provaria, quando necessário, sua idade, filiação e naturalidade, pois, conforme declarou seu pai, ela não tinha possibilidade de obter sua certidão de idade. A audiência foi marcada para o dia 6 de outubro, no Edifício do Pretório, na rua D. Manoel, 15, freguesia de Santo Antônio.

"Aos seis de outubro de mil novecentos e trinta e nove, nesta cidade do Rio de Janeiro, em a Sala das Audiências deste juízo onde se achava o Juiz Doutor Archialdo Pinto Amado, terceiro suplente convocado na forma da lei, comigo escrevente juramentado, aí, à hora designada presente o Doutor Promotor, o justificante, a justificada e as testemunhas foram estas inqueridas na forma abaixo. Eu, Alfredo Gregorio Costa, escrevente juramentado, escrevi. E eu, Alberto Toledo Bandeira de Mello, escrivão o subscrevo.

Primeira testemunha:

Jacob Wainstok, brasileiro, solteiro, com vinte e dois anos, professor, residente à rua Sant'Anna cento e vinte e seis, aos costumes disse nada; compromissada na forma da lei disse, que como primo afim que é do justificante Pedro Lispector e pelas relações estreitas de amizade que sempre manteve com o mesmo e sua família sabe e pode afirmar ter o justificante uma filha de nome Clarice Lispector, que a filha do justificante é natural da Rússia onde nasceu na cidade de Tchetchelnik no dia 10 de dezembro de mil novecentos e vinte; que Clarice Lispector é filha legítima do justificante e sua falecida esposa Marieta Lispector; que Clarice é solteira e não possui o justificante sua certidão de idade e não tem possibilidade de obtê-la com urgência.

Nada mais disse e assina com os Doutores Juiz, Promotor e o Justificante. E eu, Alfredo Gregorio Costa, escrevente juramentado, o escrevi. Archialdo Pinto Amando. Jacob Wainstok. Clarice Lispector. Pedro Lispector.

Segunda testemunha:

Jonas Wainstok, brasileiro, solteiro, com vinte e um anos, professor, residente à rua Sant'Anna cento e vinte e seis; aos costumes disse nada; compromissada na forma da lei disse, que na qualidade de primo afim que é do justificante Pedro Lispector e de sua filha Clarice Lispector, sabe e afirma que a referida Clarice é natural da Rússia onde nasceu na cidade de Tchetchelnik no dia 10 de dezembro de mil novecentos e dez (sic); que Clarice Lispector é filha legítima do justificante e de sua finada esposa Marieta Lispector; que a aludida Clarice é solteira; que o justificante não possui a certidão de idade de sua filha e não tem possibilidade de obtê-la. Nada mais disse e assina com os doutores Juiz, Promotor que nada reinqueriu e o justificante. Eu, Alfredo Gregorio Costa, escrevente juramentado, o escrevi, e eu, Alberto Toledo Bandeira de Mello, escrivão, o subscrevi. Jonas Wainstok. Archialdo Pinto Amando. Pedro Lispector. Clarice Lispector."

Por ocasião da audiência, as famílias Lispector e Wainstok voltaram a conviver após alguns anos de separação, desde que os Lispector tinham vindo para o Rio de Janeiro. Além dos filhos de Dora e Israel Wainstok, Jonas e Jacob, que serviram como testemunhas na audiência, Rosa Rabin, esposa de Samuel Rabin, acabara de se mudar para o Distrito Federal com as duas filhas, Anita e Sarita, esta recém-formada em Medicina. Os caminhos das famílias Rabin, Wainstok e Lispector voltavam a se cruzar no final dos anos 1930. A década chegava ao fim. Para Clarice, a vida estava começando. O curso de Direito, a paixão pela literatura, a conquista da nacionalidade brasileira... Havia muitas expectativas para a próxima década. As médias finais do primeiro ano do curso jurídico – grau 10, em Economia Política, e grau 9, em Direito Romano e Introdução à Ciência do Direito – atestavam o potencial da futura advogada e tudo fazia crer que ela faria uma brilhante carreira. Mas se olhássemos o mundo com outros olhos não havia por que alimentar muitas esperanças no porvir. O fantasma do desemprego, a tensão na política internacional e as diferenças entre as nações ricas e pobres tinham se acentuado. É claro, nem tudo foi um vale de lágrimas. O aumento da expectativa de vida, a melhora nas condições de saúde, a ampliação das redes radiofônicas foram grandes conquistas. Os cinemas viviam lotados, e o cinema mudo ia perdendo espaço para o cinema falado. A década do engajamento na literatura; preocupava-se menos com as inovações formais e mais com as questões sociais. Assistia-se ao florescimento da chamada literatura nordestina, na qual destacaram-se, entre outros, Rachel de Queiroz, José Lins do Rego, Jorge Amado, Graciliano Ramos e José Américo de Almeida. Os temas que estavam na ordem do dia eram os problemas do êxodo rural em consequência da seca, a miséria dos retirantes e o misticismo exacerbado. As produções dos escritores intimistas e/ou espiritualistas, longe de terem a repercussão da literatura do nordeste, eram a outra via de expressão literária da época. Escritores como Cornélio Penna, Lúcio Cardoso e Octavio de Faria apresentavam ao leitor questões como os dilaceramentos interiores provocados pelo questionamento do sentido de estar no mundo e os embates com as seduções terrenas para alcançar o caminho da salvação. Na Europa, a situação era de pânico. A guerra, a princípio limitada a um conflito pela hegemonia da Alemanha na Europa Oriental, dava sinais de que não seria temporária. Após a ocupação da Dinamarca, Noruega, Bélgica, Holanda e de Luxemburgo, a Alemanha marchava em direção à França.

Nesse clima de medo, violência e conquistas, Clarice escreveu um conto intitulado "Triunfo". Não, o triunfo de Clarice não se parecia com o de Hitler, conquistado à custa do sofrimento alheio. Seu "triunfo" falava de uma mulher que, após ter sido abandonada pelo marido, mergulhou em si mesma e acabou descobrindo uma nova força interior capaz até de levá-la a acreditar na volta daquele que a abandonou. Enquanto o mundo girava em torno da conquista de novos territórios, num cenário de grandes bombardeios e cenas cruéis carregadas de sangue e dor, no mundo de Clarice só interessava a conquista do território interior, com sua geografia recortada pelas desilusões amorosas, pelos encontros e desencontros com o próprio eu. "Triunfo" ganhou vida própria ao ser publicado no periódico *Pan*, em 25 de março de 1940. Remexendo nas angústias da criação, Clarice escreveu em julho "O delírio", retratando a tentativa de um escritor em registrar seu próprio estado delirante. A atmosfera apocalíptica do delírio tinha a marca da catástrofe, bem próxima do cenário sombrio e angustiante da Segunda Guerra Mundial: "Cores escuras, fendas negras, rugas de carne morta" (BF, 85).

Pedro Lispector falece

A angústia tomava conta de Pedro Lispector cada vez que lia o jornal. Os alemães consolidavam seu poder na Europa, e os judeus, seu alvo principal, eram massacrados em vários países. Em julho de 1940, Hitler havia conquistado toda a Europa ocidental, com exceção da Espanha, Grã-Bretanha e de Portugal. O próximo alvo seria a Grã-Bretanha. No dia 8 de agosto, a Alemanha iniciou os ataques contra os navios britânicos no Canal da Mancha. Enquanto a Alemanha e a Grã-Bretanha travavam nos céus da Inglaterra uma batalha que iria alterar o curso da guerra, Pedro Lispector deparava-se com um problema de saúde: tinha que extrair a vesícula. Tomadas as providências necessárias, pairava um clima de expectativa entre suas filhas, afinal, Pedro tinha 55 anos e com tal idade uma cirurgia é sempre um fator de risco. No dia 15 de agosto, os alemães atacaram as bases e os sistemas de comunicação da Força Aérea Britânica, na Grã-Bretanha. Diversos aeroportos ficaram danificados. Os ingleses viviam o pior momento da batalha. Na noite de 23 de agosto, a aviação alemã bombardeou Londres; em represália, os ingleses atacaram as zonas industriais de Berlim, dois dias depois. Enquanto Hitler reagia ordenando que os ataques aéreos alemães visassem as cidades industriais da Grã-Bretanha, principalmente Londres, no Rio de Janeiro, Pedro Lispector encontrava-se lutando contra o inesperado. Era 26 de agosto de 1940, Clarice, Elisa e Tania em vão chamavam o pai. O limite do mundo impunha-se e por mais que tentassem parecia ser inútil tentar reter a imagem viva do pai. *"Papai morreu."* Elisa e Tania procuraram conversar com o médico, inteirar-se melhor do que havia acontecido, mas ele se esquivou. Suspeitaram, então, de que houvesse um erro médico. A batalha chegava ao fim. Na Grã-Bretanha, Hitler foi obrigado a adiar por tempo indeterminado a "Operação Leão Marinho". Desde que começara a guerra, pela primeira vez a Alemanha sentia-se ameaçada.

Clarice escreve contos

Enquanto tentava recuperar-se da perda do pai, Clarice escrevia. Em sua segunda ida à redação da revista *Vamos Lêr!*, conseguiu publicar mais um conto, no dia 10 de outubro. "Eu e Jimmy" era narrado por uma estudante de Direito às voltas com uma paixão típica da juventude, marcada pela volubilidade. Na relação amorosa, percebia as diferenças essenciais entre os sexos e constatava a predominância das ideias masculinas sobre as femininas. A jovem escritora de apenas 19 anos estava fascinada pelo tema do amor. Seguindo na mesma trilha, ela escreveu mais um conto no mês de outubro: "História interrompida." A personagem voltava ao passado em busca de uma resposta para perguntas que a torturavam. O suicídio de seu amado interrompia uma história de amor que poderia ter tido um final feliz. A personagem fazia reflexões típicas de quem perde um ente querido, certamente muito semelhante às que Clarice fizera dois meses atrás quando perdera seu pai: *"Que sentido teve a passagem de W... pelo mundo? Que sentido teve a minha dor? Qual o fio que esses fatos a... Eternidade. Vida. Mundo. Deus?"* (BF, 21).

Ao requerer sua inclusão na lista dos examinandos do segundo ano, Clarice acrescentou no item "filiação" a palavra "falecido" e, curiosamente, voltou a se declarar natural da Rússia, e não mais de Pernambuco. A morte de Pedro Lispector não influiu no seu desempenho nas provas finais. Obteve 8 em Direito Civil; 9 em Direito Penal; 7 em Direito Público Constitucional e 6 em Ciência das Finanças. Após o falecimento do pai, Tania resolveu convidar as irmãs para morarem com ela, o marido e a filha na Vila Saavedra, na rua Silveira Martins, 76, casa 11, no Catete. Elisa instalou-se no quarto da frente; Clarice, no último quarto, que seria da empregada, porque era mais isolado e ela poderia ter mais privacidade. Isolada em seu novo quarto, Clarice continuava escrevendo. Em "A fuga", uma mulher casada há doze anos experimenta uma sensação de liberdade durante algumas horas, quando sai de casa com o intuito de não retornar. Porém seu desejo de construir uma nova vida longe do marido não se concretiza. Horas depois, ela retorna ao lar como se tudo não tivesse passado de um sonho. Os encontros e desencontros da relação amorosa e a busca da própria identidade sempre inatingida fascinavam a jovem escritora.

Clarice no jornalismo

Depois de experiências malsucedidas nos vários empregos pelos quais passou, Clarice decidiu fazer mais uma tentativa. Vencendo sua timidez, dirigiu-se ao Departamento de Imprensa e Propaganda (DIP) e pediu um emprego ao diretor Lourival Fontes. Criado em dezembro de 1939, o DIP tinha, entre outras funções, a de coordenar a propaganda nacional; fazer a censura dos meios de comunicação e das artes em geral; promover as manifestações cívicas; e controlar a política cultural do Brasil auxiliado pelo Ministério da Educação. O DIP dispunha, também, de um Serviço de Divulgação, que distribuía propaganda do governo, do Conselho Nacional de Imprensa (CNI), e da Agência Nacional, distribuidora de notícias. E foi nesta última que Clarice conseguiu o emprego tão almejado. Lourival Fontes deve ter estranhado a ousadia daquela mocinha ao procurá-lo, sem indicação alguma, pedindo-lhe um emprego. Resolveu dar-lhe uma chance e contratou-a como tradutora na Agência Nacional. Como o quadro de tradutores estava completo, Clarice assumiu as funções de redatora e repórter. O novo emprego permitiu-lhe entrar em contato com personalidades de destaque na vida cultural do país. Foi o que ocorreu por ocasião da entrevista que lhe foi concedida pelo escritor Tasso da Silveira, publicada em 19 de dezembro de 1940 na *Vamos Lêr!*: "Uma entrevista com Tasso da Silveira." Na redação, ela convivia com jornalistas veteranos como José Condé e Antonio Callado e o romancista Lúcio Cardoso. Respirando literatura vinte e quatro horas por dia, Clarice percorria a biblioteca de aluguel e as livrarias com um imenso prazer. Ao receber seu primeiro ordenado como jornalista, resolveu presentear-se com um livro. Entrou altiva numa livraria, que lhe pareceu o mundo onde gostaria de morar, folheou vários livros; de repente, abriu um e resolveu ler alguns trechos: "*Todo aquele sentimento de felicidade voltou, e ainda uma vez, Bertha não sabia como expressar essa sensação, nem o que fazer com ela.*" Emocionada, interrompeu a leitura de *Felicidade* e constatou: "*Mas esse livro sou eu!*" (DM, 452). E comprou-o imediatamente. Ignorava quem era a autora do livro.

Na Agência Nacional, Antonio Callado via a nova companheira de redação quase sempre de preto. Achava-a tímida, com um rosto muito estranho. Não podia imaginar que ela gostasse de escrever contos. Para ele, um jornalista veterano de apenas 23 anos, colaborador do *Correio da Manhã* e com uma coluna em *O Globo*, a Agência Nacional era como uma redação de um jornal preguiçoso. Sua atividade precípua não era descobrir a notícia, mas dar um tom oficial ao que já havia sido descoberto pelos jornais. Enfim, era um trabalho muito mecânico. Mas, para Clarice, tudo era novidade. Nunca trabalhara antes numa redação e cada dia sentia-se mais integrada ao novo trabalho. É verdade que havia um motivo mais forte para deixá-la tão empolgada, um belo rapaz louro. A beleza de seu colega de redação a fascinou. Como se isso não bastasse, ele era escritor. Lúcio Cardoso tinha publicado alguns romances pela editora José Olympio e, em 1941, acabava de publicar seu primeiro livro de poesias. Clarice não resistiu aos seus encantos. As paixões, até então vividas por suas personagens, pareciam ter atingido a autora. Lúcio era um mundo no qual ela gostaria de viver. Seus versos eram a revelação de um ser inquieto, mergulhado nos mistérios da vida e da morte: "*Nunca soubera o segredo da vida alheia./Ouvia os risos que enchiam o pátio de recreio/e sofria dessa dor sem nome de sentir a vida/muito mais cedo do que os outros sentem*" (PO, 7). Almas gêmeas, Lúcio e Clarice tornaram-se inseparáveis daí em diante.

Como jornalista da Agência Nacional, Clarice tinha mais possibilidades de publicar seus contos. No dia 9 de janeiro de 1941, a revista *Vamos Lêr!* publicou o conto "Trecho", em que a personagem aguarda a chegada do namorado num bar. Enquanto espera, ela observa os outros clientes, cada qual imerso em seu mundo particular. A demora de Cristiano a fez pensar por um momento que ele não fosse, mas subitamente ele surge e ela se rende a sua simpatia.

A veia literária de Clarice também era exercitada nas reportagens. Em "Onde se ensinará a ser feliz", publicada em 19 de janeiro de 1941, no *Diário do Povo*, em Campinas, ela noticiava a inauguração da cidade das meninas, projeto idealizado pela primeira dama, Darcy Vargas, com a finalidade de abrigar cinco mil meninas pobres.

"*E certamente na primeira noite ao abrigo, cinco mil garotas não poderão adormecer. Na escuridão do quarto, as milhares de cabecinhas, que não souberam indagar a razão de seu abandono anterior, procurarão descobrir a troco de que se lhes dá uma casa, uma cama e comida.*

Quando recebiam caridade, recebiam também um pouco de humilhação e desprezo. Não deixava de ser bom, porque sentiam-se quites e muito livres. Livres para o ódio. Mas nas casas onde agora se acomodam, casas limpas, com hora certa de almoço e jantar, com roupas e livros, são tratadas com naturalidade, com bom humor..." (OE, 33)

A despeito do tom laudatório da reportagem, já que se tratava de um projeto de Darcy Vargas, Clarice produziu um texto com esmero.

"Mas no momento do adeus à 'Cidade', saberão, enfim, que realmente se lhes dava tanto em troca de alguma coisa. O Brasil, a América, o Mundo precisam de criaturas felizes. Elas riem. Creem. Amam. As jovens mulheres saberão, então, que delas se espera o cumprimento do grave dever de ser feliz."

Além das reportagens, Clarice fazia também traduções, como a de "O missionário", publicada em 6 de fevereiro de 1941, na *Vamos Lêr!*. As reportagens proporcionavam-lhe um prazer especial pelo que tinham de imprevisto, de aventura. Foi o que ocorreu na visita à Fundação Romão de Mattos Duarte, fundada pelo português Romão Duarte, em 1738, que um dia ao abrir a sua porta, encontrou um bebê depositado na soleira: *"Romão recolheu o bebê, deu-lhe leite e tudo, mas pôs-se a pensar em todos os outros bebês do mundo. De pensamento em pensamento, chegou à conclusão de que deveria nascer a Casa dos Expostos"* (OE, 35). A reportagem traçou um panorama da Fundação. Percorrendo cada canto, Clarice apresentou o jardim da infância, a sala de aula, a creche, o refeitório. E a roda onde eram depositadas as crianças abandonadas, aberta para a travessa Visconde do Cruzeiro. Ao ser colocada na roda, o peso da criança fazia girá-la e imediatamente soava uma campainha comunicando às irmãs a chegada de mais uma criança.

Em outra ocasião, viu-se diante do poeta Augusto Frederico Schmidt. Devia entrevistá-lo sobre problemas relacionados à indústria. O encontro foi marcante. Schmidt foi o primeiro editor de Lúcio Cardoso, e tanto ele quanto Clarice nutriam uma admiração especial pelo poeta. De Schmidt, ela tinha uma predileção particular pelo seu poema "Cânticos para os adolescentes", que traduzia de forma especial as inquietações inerentes à adolescência. Ao ler este poema, Clarice sentiu como se a mensagem tivesse sido dirigida particularmente a ela.

Como fixar-vos,
Ó adolescentes,
Almas inquietas, naves de sonho
Por mares longos não navegáveis?
....
Adolescentes, passai cantando,
A vida é dura, cantai, sofrei,
Nada no mundo sei mais terrível
Que a vossa idade, que vossos sonhos,
Adolescentes que a morte breve
Tocou, fixando na mocidade.
Vós sois de todos os mais ditosos,
Pois a Poesia dorme convosco,
No mesmo leito, no mesmo sono,
Na mesma aurora que não se acaba.

Que o amor é chama que dura pouco e espinho que fere muito, Clarice parecia estar descobrindo agora. Em 13 de julho de 1941, hospedada no hotel Imperador, em Belo Horizonte, ela enviou uma carta a Lúcio Cardoso, que, de acordo com a observação final, levava a crer ser mais uma entre as várias cartas escritas com declarações e insinuações de cunho amoroso.

Quanto ao teu fantasma, procuro-o inutilmente pela cidade. As mulheres daqui são quase todas morenas, baixinhas, de cabelo liso e ar morno. Aliás, quase que só há homem nas ruas. Elas, parece, se recolhem em casa e cumprem seu dever, dando ao mundo uma dúzia de filhos por ano. As pessoas daqui me olham como se eu tivesse vinda direto do Jardim Zoológico. Concordo inteiramente. Para não chamar a atenção, estou usando cachinhos na testa e uma voz doce como nem Julieta conhece.
    Que+? Eu tinha vontade de escrever outras coisas. Mas você diria: ela está querendo ser genial.
    Encontrei uma turma de colegas da faculdade, em excursão universitária. Meu exílio se tornará mais suave, espero. Sabe, Lúcio, toda a efervescência que eu causei só veio me dar uma vontade enorme de provar a mim e aos outros que eu sou + do que uma mulher. Eu sei que você não o crê. Mas

eu também não o acreditava, julgando o que tenho feito até hoje. E que eu não sou senão um estado potencial, sentindo que há em mim água fresca, mas sem descobrir onde é a sua fonte.

OK. *Basta de tolices. Tudo isso é muito engraçado, só que eu não esperava rir da vida. Como boa eslava, eu era uma jovem séria, disposta a chorar pela humanidade... (Estou rindo.) Um grande abraço da Clarice*

P.S.: *Hotel Imperador – Pça Rio Branco, 744-748 – quarto nº 302 – B. Horizonte*

P.B.: *Esta carta você não precisa "rasgar"...*

Artigos na revista da Faculdade de Direito

De volta ao Rio de Janeiro, Clarice escreveu dois artigos para a revista A *Época*, organizada pelos alunos da Faculdade de Direito. No primeiro número da revista, em agosto de 1941, publicou "Observações sobre o direito de punir" e "Deve a mulher trabalhar?" (OE, 45-54). No primeiro artigo, ela defendeu a tese de que não há direito de punir. "*Há apenas poder de punir. O homem é punido pelo seu crime porque o Estado é mais forte que ele.*" Clarice questionou o próprio fundamento do direito de punir. Tal como a medicina em outra época, a criminologia "*segrega o doente sem curá-lo, sem procurar sanar as causas que produziram a doença*". A punição era uma forma das instituições se manterem e só deveria ser usada para "*defender a sociedade contra a reincidência de um crime e restituí-la à normalidade*". Quem sabe ainda ecoavam na mente de Clarice algumas passagens de *Crime e castigo*, de Dostoiévski, em que o personagem Ródion Raskólnikof defendia num artigo que as leis modificavam-se de tempos em tempos, e exemplificava que Maomé, Napoleão, Licurgo foram criminosos promulgando novas leis e violando as antigas, observadas pela sociedade e transmitidas pelos antepassados. Ao verdadeiro dominador, dizia Raskólnikof, "*a quem tudo é permitido, bombardeia Toulon, massacra Paris, esquece um exército no Egito, perde meio milhão de homens na batalha de Moscou, salva-se em Vilna por um trocadilho; depois de morto levantam-se estátuas. Tudo, portanto, lhe é permitido*". As observações de Raskólnikof ecoaram no artigo de Clarice: "*A guerra, grande crime, não é punida porque se acima dum homem há os homens acima dos homens nada mais há.*" Ao tratar de uma questão ligada ao Direito Penal, cadeira pela qual dispensava uma predileção especial, Clarice questionava as teorias vigentes, correndo o risco de ser mal-interpretada, como de fato ocorreu. Por isso inseriu uma nota ao final do artigo, na qual procurou se justificar:

"NOTA: – *Um colega nosso classificou este artigo de 'sentimental'. Quero esclarecer-lhe que o Direito Penal move com coisas humanas, por excelência. Só se pode estudá-lo, pois, humanamente. E se o adjetivo 'sentimental' veio a propósito de minha alusão a certas questões extrapenais, digo-lhe ainda que não se pode chegar a conclusões, em qualquer domínio, sem estabelecer as premissas indispensáveis*" (OE, 49).

Em "Deve a mulher trabalhar?", Clarice enfocou o problema da mulher apresentando os dois aspectos da questão: "*de um lado apresenta-nos ela seguindo apenas o seu eterno destino biológico, e de outro – a nova mulher, escolhendo livremente seu caminho.*" Expôs o conflito interior nascido na mulher quando esta deparou-se com as duas tendências opostas: *uma altruísta e outra egocentrista*. E concluiu que a mulher moderna conseguiu conciliá-las. Valendo-se de sua experiência como repórter, Clarice fez uma enquete com alguns alunos da faculdade a respeito do tema e concluiu que "*já se encara o problema da mulher sem grandes preconceitos e que, tanto moças como rapazes, com certa uniformidade de vistas, colocam a questão no sábio e prudente meio-termo*" (OE, 51).

A essa altura, no terceiro ano do curso jurídico, Clarice se deu conta de que "nunca lidaria com papéis" e a sua ideia de estudar advocacia para reformar as penitenciárias era absurda. O livro sobre penitenciárias, que tanto a tinha impressionado, ficara esquecido em alguma estante empoeirada. E só não abandonou o curso porque uma colega invejosa, que também escrevia, um dia lhe disse: "*Você está escrevendo agora, mas tudo que você começa nunca acaba.*" Clarice assustou-se e decidiu concluir o curso o mais depressa possível (OE, 141).

Mas se a paixão por Direito Penal, que a levou a ingressar na faculdade, havia arrefecido, o mesmo não ocorrera com a literatura. Cada vez mais a cultivava com desvelo. Os contos não paravam de brotar. Em 30 de agosto, ela conseguiu publicar mais um deles, desta vez na revista *Dom Casmurro*, dirigida por Álvaro Moreyra. Em "Cartas a Hermengardo", uma jovem de 17 anos procura a ajuda de uma psicóloga: "*Vim perguntar o que faço de mim*" (OE, 20). Momentaneamente Clarice desviava-se de um tema constante em seus contos, o universo da relação amorosa, e penetrava no caminho do conhecimento interior, que já fora abordado em contos anteriores. Em setembro, escreveu "Mocinha", cuja personagem, uma senhora idosa, fica só no mundo depois de perder todos os parentes e, por isso, depende da caridade alheia para ter um teto. Em outubro, retornou ao tema da relação amorosa com "Obsessão". Uma mulher casada apaixona-se por um homem casado que tentava amenizar suas frustações bebendo em companhia de um outro bêbado num bar. Apesar de fugir de sua temática habitual, Clarice conservava a mesma atmosfera angustiante presente em quase todos os contos anteriores. No período de 1940/1941, ela tinha publicado quatro dos onze contos que havia escrito. Às vésperas de completar 21 anos, ela parecia convencida de que as trilhas percorridas até então só a levavam a um único caminho, o da literatura. Apesar da desistência em levar a sério o curso de Direito, Clarice manteve-se empenhada em obter um bom rendimento nas provas finais, e o resultado não poderia ter sido melhor: Direito Penal, 9; Direito Comercial, 8,5; Direito Civil, 7,5 e Direito Internacional, 7.

O Brasil rompe com a Itália e a Alemanha

Na Europa, as forças nazistas ampliavam seu domínio. Dois meses após terem ocupado a Grécia e a Iugoslávia, em abril de 1941, os alemães invadiram a União Soviética. Reagindo ao ataque dos japoneses a Pearl Harbour, os Estados Unidos declararam guerra ao Japão. No Brasil, diante dos últimos acontecimentos, Getúlio Vargas suspendeu sua posição de neutralidade no conflito, rompendo com a Itália e a Alemanha, em janeiro de 1942. Ao romper com a Alemanha, o Brasil virava uma página de sua história que cobria de vergonha todos os brasileiros. As relações comerciais do governo Vargas com a Alemanha e a simpatia que devotava a seu sistema político levaram-no a adotar uma política de imigração discriminadora, cujo alvo foram os japoneses, os negros e os judeus. Olga Benário foi vítima dessa discriminação. Casada com Luís Carlos Prestes e grávida, ela foi deportada do Brasil para a Alemanha, onde ficou presa mais de cinco anos. Separada da filha quando esta completou um ano de idade, Olga resistiu aos maus-tratos e às torturas, na esperança de um dia voltar a viver ao lado do pai de sua filha. Antes de deixar Ravensbrück, em fevereiro de 1942, e ser conduzida a um campo de concentração, onde havia sido instalada a primeira câmara de gás e um forno crematório, Olga escreveu uma carta ao marido e à filha. O nazismo chegava ao ápice da crueldade. O mundo era movido pelo ódio; milhões de vidas tinham sido ceifadas em plena juventude, em nome de quê?, perguntaria o personagem de Dostoiévski em *Crime e castigo*. Ródion Raskólnikof diria que ao verdadeiro dominador tudo é permitido. Clarice já expressara sua indignação diante da guerra, em seu artigo para a revista da faculdade, em 1941: "*a guerra, grande crime, não é punida porque se acima dum homem há os homens acima dos homens nada mais há.*" A carta de Olga Benário expressava de forma exemplar o que os regimes totalitários eram capazes de fazer com a vida humana.

(...) *Querida Anita, meu querido marido, meu Garoto: choro debaixo das mantas para que ninguém me ouça, pois parece que hoje as forças não conseguem alcançar-me para suportar algo tão terrível. Lutei pelo justo, pelo bom e pelo melhor do mundo. Prometo-te agora, ao despedir-me, que até o último instante não terão por que se envergonhar de mim...(...). Agora vou dormir para ser mais forte amanhã. Beijo-os pela última vez. Olga* (Morais, 1989:293-294).

Processo de naturalização

A distância geográfica deste mundo sombrio habitado por campos de concentração, estrelas amarelas e câmaras de gás não era suficiente para a jovem Clarice ignorar a dor dos judeus assassinados barbaramente. Vinte anos antes, seus pais haviam deixado a Ucrânia para escapar da fúria antissemita; outros parentes foram obrigados a seguir o mesmo caminho. Ao completar 21 anos, ela deparava-se com a possibilidade de renunciar à nacionalidade russa e abraçar definitivamente a brasileira, tal como fizeram seu pai e suas irmãs. Para Clarice, ter nascido na Rússia fora um acaso, e ela tinha tanta convicção disto que antes mesmo de se naturalizar já se declarava pernambucana nos documentos escolares. Quando, enfim, atingiu a maioridade, tratou de promover, de acordo com a lei, a sua naturalização. Procurou o dr. Samuel Malamud, filho de Nathan Malamud, que acolheu a família Lispector por ocasião de sua chegada ao Rio de Janeiro, em 1935. Ao dar entrada no processo de naturalização, Clarice declarou ter chegado ao Brasil em abril de 1921, pelo vapor *Cuyabá*, desembarcando no porto de Recife. Apresentou duas testemunhas que confirmariam o que até então havia declarado por escrito: dr. Paulo de Oliveira Botelho, advogado e sócio do dr. Malamud; e Bernardino Luiz Costa, portuário. Sua declaração não correspondia àquela fornecida na ocasião de sua inscrição no Serviço de Registro de Estrangeiros, em 23 de agosto de 1939, quando declarou ter chegado ao Brasil em março de 1922. Como o visto concedido a Pedro Lispector pelo Consulado da Rússia em Bucareste foi datado em fevereiro de 1922, teria sido impossível os Lispector terem chegado ao Brasil em 1921, conforme declarou Clarice ao requerer sua naturalização.

Jornal *A Noite*

Desde o dia 18 de fevereiro de 1942, ela estava trabalhando em A *Noite*, um dos jornais mais tradicionais do Rio de Janeiro, fundado em 1911. Neste período foi construída uma nova sede, um edifício de vinte e três andares na praça Mauá, 7, para o qual a redação foi transferida em 1929. Quando Clarice foi contratada em 1942, com um salário mensal de 600 mil réis, A *Noite* não tinha mais o brilho de outrora. Encampada pelo governo federal, a administração do jornal estava a cargo de André Carrazoni. Enfrentando dificuldades administrativas, A *Noite* transformou-se num órgão de elogio obrigatório ao governo. Clarice trabalhava com o jornalista veterano, de apenas 28 anos, Francisco de Assis Barbosa. Em pouco tempo, os dois tornaram-se amigos. Chico Barbosa, como era chamado carinhosamente pelos amigos, apreciava a literatura e compartilhava com Clarice a leitura de grandes poetas, entre eles Manuel Bandeira, Murilo Mendes, Carlos Drummond de Andrade, Augusto Frederico Schmidt e Cecília Meireles, a preferida de Clarice. Além do serviço na redação, ela às vezes era escalada para realizar entrevistas. Em geral, as senhoras e moças que colaboravam em jornal, nesse período, escreviam as páginas femininas e não trabalhavam na redação. A presença da jovem Clarice, portanto, era um fato novo. Vestia-se sempre de branco, geralmente uma blusa com uma saia e um cinto de couro. Sempre usava sapatos de salto baixo. A fala suave e seu jeito cordial e simpático encantavam seus colegas do jornal e da revista Vamos Lêr!, localizada no mesmo andar de A Noite. Naquela, relacionava-se com o paginador, Buono Jr., que nutria uma grande paixão por ela. Mas, como no "Quadrilha" do poeta Drummond, Buono amava Clarice, que amava Lúcio, que amava... Chico Barbosa apreciava a beleza exótica da nova amiga e estava sempre prestes a ajudá-la a preparar alguma matéria. Trabalhando a sua frente, Clarice passava por situações constrangedoras, quando o redator de polícia começava a falar palavrões como quem toma um copo de água. A cada quatro palavras, ele dizia três palavrões, e Clarice estremecia. Às vezes Clarice e Chico saíam juntos para almoçar ou mesmo para passear em lugares como Niterói e Paquetá: "*a gente ficava conversando literatura, as nossas angústias. (...) Entre nós houve uma relação com uma certa simpatia. Uma coisa que a gente gostava de ficar junto muito tempo de mãos dadas, de ir ao cinema juntos. Não havia maldade*", conta Francisco de Assis Barbosa. À medida que a amizade entre os dois ia se consolidando, foram surgindo as confidências, e um dia Clarice confidenciou a Chico Barbosa que estava apaixonada por Lúcio Cardoso, que conhecera na Agência Nacional.

Naturalização

Os diálogos intermináveis sobre literatura com Lúcio Cardoso e Chico Barbosa deixavam Clarice imersa durante horas nesse mundo em que ela gostava de viver. Atenta aos acontecimentos da vida literária, resolveu enviar um volume de contos para um concurso literário da editora José Olympio. A literatura a invadia nas horas mais inesperadas. Era perseguida por ideias onde quer que estivesse, na rua, na redação de A Noite, na faculdade. Ao chegar em casa, não conseguia registrá-las. Com o tempo, compreendeu que não adiantava memorizá-las para registrar depois. Foi então que descobriu qual deveria ser seu método de trabalho: o da anotação imediata. Feita a descoberta, passou a carregar consigo um caderninho onde fazia as anotações. Entre uma ideia e outra, sempre havia tempo reservado para tratar de assuntos referentes ao processo de naturalização. A audiência especial para naturalização foi marcada para o dia 10 de abril, às 12 horas, no Palácio da Justiça. Clarice compareceu acompanhada das duas testemunhas indicadas por ocasião da entrada no pedido de naturalização. O depoimento das testemunhas ratificou o que ela tinha declarado por escrito, em 11 de março de 1942. A primeira testemunha, Paulo de Oliveira Botelho, disse que conhecia a justificante e sua família havia cerca de sete anos, que ela chegara ao Brasil em companhia de seus pais em abril de 1921, pelo vapor brasileiro *Cuyabá*, desembarcando no porto do Recife. Morou primeiro em Maceió, depois em Recife e nos últimos sete anos no Rio de Janeiro. Acrescentou, ainda, que a justificante vivia a suas próprias expensas em companhia de suas irmãs, Elisa e Tania, sendo esta casada, contribuindo para a manutenção da casa com proventos que auferia de sua profissão de jornalista. A segunda testemunha, Bernardino Luiz Costa, declarou que mantinha estreitas relações de amizade com Pedro Lispector e ratificou as declarações da primeira testemunha. Realizada a audiência, restava a Clarice aguardar o prazo legal de um ano estabelecido no artigo 18 do Decreto-lei nº 389, de 25 de abril 1938, para obter sua naturalização.

Maury Gurgel Valente

Enquanto o processo de naturalização de número 8.199/42 tramitava no Ministério da Justiça e Negócios Interiores, Clarice escrevia febrilmente. Esse momento era vivido com muita intensidade. Junto à expectativa de obter a cidadania brasileira, havia o processo de criação de um possível romance que a deixava muito angustiada e excitada, e a paixão por Lúcio Cardoso. Um outro turbilhão de emoções contagiava também o Brasil de 1942, ao serem iniciadas as missões de patrulhamentos das águas territoriais pela FAB bombardeando submarinos alemães. A população exercitava-se no uso de máscaras contra gases, no *blackout* e na defesa civil contra a eventualidade de bombardeios aéreos. Nas ruas, as passeatas lideradas pela UNE gritavam palavras de ordem contra o nazismo e a favor dos Aliados. O povo brasileiro exigia represálias contra os alemães. Clarice talvez não esperasse que pudesse acontecer mais alguma coisa neste ano de 1942, mas, subitamente, viu-se diante de um bilhete escrito por um colega de faculdade. Ele lhe dizia que a achava bonita e interessante, e perguntou-lhe se queria namorá-lo. Clarice mostrou o bilhete escrito por Maury Gurgel Valente a Chico Barbosa, que incentivou-a namorar o rapaz. O jovem pretendente de 1,70 m de altura tinha cabelos castanhos e era um ano mais novo do que ela, tinha vinte e um anos. Iniciou o curso jurídico em 1938, portanto, estava um ano adiantado em relação a Clarice. Em 1941, eles passaram a ser colegas de turma, pois no ano anterior Maury havia sido reprovado em Direito Comercial e não tinha conseguido média suficiente para prestar exame de Direito Penal. O mau desempenho de Maury, no terceiro ano, deveu-se provavelmente ao fato dele ter ficado os meses de agosto e setembro de 1940 impossibilitado de se locomover, o que o levou a ausentar-se da faculdade por um longo tempo e, por conseguinte, perder as provas parciais. Além disso, em agosto de 1940, Maury prestou exame para o concurso do Itamaraty e, aprovado, foi nomeado cônsul de Terceira Classe. Não conseguindo recuperar o tempo perdido, ele rematriculou-se no terceiro ano em 1941, nas cadeiras de Direito Civil, Direito Comercial e Direito Penal. Em maio de 1941, foi convocado pela 1ª Região Militar do Estado-Maior para um estágio de instrução com a duração de três meses: de junho a agosto. A vida atribulada do então aspirante-a-oficial da reserva de 2ª classe do Exército de 1ª Linha da Arma de Infantaria levou-o a frequentar o curso noturno da faculdade. Durante o dia, trabalhava das 11h às 17h na Divisão de Comunicações da Secretaria de Estado das Relações Exteriores, no Palácio do Itamaraty. Com o surgimento de Maury, certamente Clarice viu-se diante de um conflito. Ao narrar para Chico Barbosa o dia a dia de seu namoro com Maury, ela não deixava de mencionar o nome de Lúcio Cardoso. Chico, que conhecia Lúcio, aconselhava a amiga: "Ele nunca vai casar com você, ele é homossexual." Clarice não se convencia, dizia que ele ia gostar dela.

A carta ao presidente Getúlio Vargas

No calor dos acontecimentos, namoro, paixões, literatura, Clarice vivia ansiosa, aguardando o andamento de seu processo de naturalização. Ao saber que seria possível obtê-la antes do prazo de um ano previsto por lei, de acordo com o decreto-lei n° 1.350, de 15/6/1939, ela venceu sua timidez e escreveu uma carta ao presidente Getúlio Vargas, o único que poderia autorizar a redução do prazo.

Rio de Janeiro, 3 de junho de 1942.
Senhor Presidente Getúlio Vargas:

Quem lhe escreve é uma jornalista, ex-redatora da Agência Nacional (Departamento de Imprensa e Propaganda), atualmente n'A Noite, acadêmica da Faculdade Nacional de Direito e, casualmente, russa também.
Uma russa de 21 anos de idade e que está no Brasil há 21 anos menos alguns meses. Que não conhece uma só palavra de russo mas que pensa, fala, escreve e age em português, fazendo disso sua profissão e nisso pousando todos os projetos do seu futuro, próximo ou longínquo. Que não tem pai nem mãe – o primeiro, assim como as irmãs da signatária, brasileiro naturalizado – e que por isso não se sente de modo algum presa ao país de onde veio, nem sequer por ouvir relatos sobre ele. Que deseja casar-se com brasileiro e ter filhos brasileiros. Que, se fosse obrigada a voltar a Rússia, lá se sentiria irremediavelmente estrangeira, sem amigos, sem profissão, sem esperanças.

Senhor Presidente, não pretendo afirmar que tenho prestado grandes serviços à Nação – requisito que poderia alegar para ter direito de pedir a V. Exª a dispensa de um ano de prazo, necessário a minha naturalização. Sou jovem e, salvo em ato de heroísmo, não poderia ter servido ao Brasil senão fragilmente. Demonstrei minha ligação com esta terra e meu desejo de servi-la, cooperando com o D.I.P., por meio de reportagens e artigos, distribuídos aos jornais do Rio e dos estados, na divulgação e na propaganda do governo de V. Exª. E de um modo geral, trabalhando na imprensa diária, o grande elemento de aproximação entre governo e povo.

Como jornalista, tomei parte em comemorações das grandes datas nacionais, participei da inauguração de inúmeras obras iniciadas por V. Exª, e estive mesmo ao lado de V. Exª. mais de uma vez, sendo que a última em 1° de maio de 1941, Dia do Trabalho.

Se trago a V. Exª. o resumo dos meus trabalhos jornalísticos não é para pedir-lhe, como recompensa, o direito de ser brasileira. Prestei esses serviços espontânea e naturalmente, e nem poderia deixar de executá-los. Se neles falo é para atestar que já sou brasileira.

Posso apresentar provas materiais de tudo o que afirmo. Infelizmente, o que não posso provar naturalmente – e que, no entanto, é o que mais importa – é que tudo que fiz tinha como núcleo minha real união com o país e não possuo, nem elegeria, outra pátria senão o Brasil.

Senhor Presidente. Tomo a liberdade de solicitar a V. Exª a dispensa do prazo de um ano, que se deve seguir ao processo que atualmente transita no Ministério da Justiça, com todos os requisitos satisfeitos. Poderei trabalhar, formar-me, fazer os indispensáveis projetos para o futuro, com segurança e estabilidade. A assinatura de V. Exª tornará de direito uma situação de fato. Creia-me, Senhor Presidente, ela alargará minha vida. E um dia saberei provar que não a usei inutilmente.

Clarice Lispector
(TC, 46)

Usando argumentos que acentuavam sua íntima ligação com o Brasil, a carta foi encaminhada com um bilhete do diretor do jornal A *Noite*, André Carrazzoni, a Andrade Queiroz, um funcionário influente do gabinete do Ministério da Justiça.

Rio, 10/6/1942
Meu caro Andrade Queiroz,

Clarice Lispector é uma rapariga inteligente, ótima repórter e que, ao contrário de quase generalidade das mulheres, sabe escrever. Está trabalhando aqui n'A Noite, onde se impôs pela capacidade de trabalho e pelo correto desempenho do ofício. Sempre tive simpatia humana por essas moças inteligentes e pobres, que fazem um tremendo esforço para conservar a honestidade, entre moças e velhas de má [?].

> *Ela escreve a respeito da [naturalização?], a [?] que lhe envio, endereçada ao Presidente. Fica pendente de seu critério o encaminhamento ou não desta.*
>
> *Abraço do Carrazzoni.*

Quando Clarice enviou o ofício ao presidente da República, em 22 de agosto de 1942, Getúlio Vargas estava prestes a tomar uma decisão que alteraria a vida dos brasileiros. Em 31 de agosto, o Brasil finalmente declarou guerra à Alemanha e à Itália. Agora as ligações com os nazistas faziam parte do passado. Durante essa longa noite de trevas, Clarice escrevia desesperadamente, fazia um curso de Antropologia brasileira, coordenado pelo Prof. Arthur Ramos, e outro de Psicologia, ambos na Casa do Estudante do Brasil; estudava quatro cadeiras no curso jurídico: Direito Civil, Direito Comercial, Direito Judiciário Civil e Medicina Legal; trabalhava em *A Noite*, namorava Maury e aguardava o parecer do presidente Vargas. Estando a par do andamento do processo, André Carrazzoni mais uma vez intercedeu por Clarice escrevendo uma carta, no dia 4 de setembro, ao ministro das Relações Exteriores, Oswaldo Aranha, na certa por saber da importância de seu parecer sobre o processo. Carrazzoni ressaltou as qualidades da brilhante jornalista e sua brasilidade tão evidente, pois, como fez questão de frisar, Clarice veio para o Brasil com meses de idade e aqui formou o seu espírito. Em 19 de outubro, o ministro interino da Justiça, Alexandre Marcondes Machado Filho, solicitou ao presidente da República um parecer sobre a redução do prazo de um ano no processo de Clarice Lispector. Getúlio respondeu ao ministro escrevendo seu parecer na margem esquerda do ofício que lhe foi enviado:

> *Volte para informar por que a requerente residindo há tantos anos no Brasil, só a 20 de março do corrente ano pediu naturalização e com tanta urgência que ainda pleiteia a dispensa do prazo regulamentar. Em 22/10/1942. G. Vargas.*

Clarice não esmoreceu diante do parecer do presidente da República. Tornou a escrever-lhe pedindo uma atenção especial para o caso.

Sr. Presidente Getúlio Vargas

Tendo requerido dispensa de formalidades para o processo de minha naturalização e sabendo que o processo, em sua fase final, está dependendo de despacho de V. Exª, tomo a liberdade de, em carta pessoal, vir a presença de V. Exª para, mais particularmente, ressaltar a justiça do que pleiteio.

Tendo nascido em 10 de dezembro de 1920, vim residir, com meus pais, meses depois, em Pernambuco. Desta forma somente em dezembro de 1941 adquiri a minha maioridade e, com ela, o direito de requerer. Tratei, então, imediatamente, de legalizar, pela naturalização, a minha situação de estrangeira que, entretanto, somente por acaso o era. Tão grande interesse punha nessa regularização que, apesar do demorado processo preliminar para requerimento de tal natureza, poucos meses me foram bastantes para ultimar a preparação dos meus documentos podendo, assim, em março deste ano, isto é, apenas três meses depois, fazer o requerimento da naturalização.

Tenho visto, Exmo. Sr. Presidente, em despachos publicados na imprensa o interesse de V. Exª, em saber os motivos pelos quais os requerentes de naturalizações demoram anos e anos em pleitear a nacionalidade brasileira. Por esse motivo é, que, agora, venho novamente à presença de V. Exª. para ressaltar que assim que adquiri a maioridade e, com ela, o direito de requerer, apressei-me imediatamente em fazê-lo, a ponto de não demorar senão três meses para ultimar um processo que quase sempre exige menos de um ano de esforço.

Pedindo a V. Exª que me releve o dirigir-me pessoalmente ao Chefe da Nação e certa de que meu caso será visto com a sua proverbial magnanimidade sou, de V. Exª, como sempre, a sincera admiradora.

Clarice Lispector
Rio de Janeiro, 23 de outubro de 1942.

Com a carta dirigida a Getúlio Vargas, Clarice enviou uma petição ao ministro da Justiça tecendo as mesmas considerações e diante dos motivos apresentados requeria que o processo fosse submetido mais uma vez ao presidente Vargas.

O ano de 1942 chegava ao fim. Clarice vivia mais do que nunca à espera da resposta do presidente. Ela não podia suportar a ideia de não obter a naturalização. Ao insinuar que ela não conseguiria a cidadania brasileira, o dr. Samuel Malamud viu descerem copiosas lágrimas do rosto de sua cliente, lágrimas que só secaram quando o advogado advertiu-a tratar-se de uma brincadeira. A assinatura de Getúlio Vargas tornaria de direito uma situação de fato. Os planos para o futuro, formar-se, casar-se com um brasileiro, ter filhos brasileiros, tudo à espera de um sim. O livro que começara a escrever em março estava pronto. Chico Barbosa acompanhava o trabalho, fazia observações: *"Você devia reescrever esse capítulo, não está muito bom."* Clarice não seguia o conselho do amigo: *"Quando releio o que eu escrevo tenho a impressão que estou engolindo o meu próprio vômito."* Diante da quantidade de notas acumuladas, ela pediu um conselho a Lúcio Cardoso. Ele perguntou-lhe se todas se relacionavam com o mesmo assunto, e diante da resposta afirmativa concluiu que ela tinha escrito um livro. A fim de concluí-lo, Clarice alugou um quarto na rua Marquês de Abrantes, onde poderia ter mais privacidade. Prestes a completar 22 anos, Clarice finalizou o livro em novembro de 1942. Antes do ano terminar, marcou a data do casamento com Maury Gurgel Valente: 23 de janeiro de 1943. Enquanto isso, aguardava ansiosa o parecer do presidente da República para dispensá-la do prazo de um ano para obter a naturalização.

No dia 16 de novembro, o ministro da Justiça enviou um novo ofício ao presidente Vargas tentando convencê-lo de que Clarice Lispector, ao atingir a maioridade, deu entrada no pedido de naturalização, e se ela não o fez aos 18 anos, ponderou, deveu-se ao fato de que a emancipação nessa idade dependia dos pais da naturalizanda. Apesar da intervenção do ministro, havia algumas contradições no processo que precisavam ser esclarecidas. A primeira é que a certidão de desembarque apresentada por Clarice não satisfazia a exigência da lei, pois esta foi expedida pelo porto de Jaraguá, em Maceió, e Clarice declarou ter desembarcado no porto de Recife. Reconhecendo a contradição, Clarice atribuiu o equívoco a seu advogado ao redigir a petição inicial de naturalização e ao fato de ter assinado o documento sem o ler. Por outro lado, as testemunhas que depuseram no início do processo afirmaram que o desembarque de

Clarice foi feito em Recife. Diante disso, a funcionária solicitou a prova de desembarque dos pais de Clarice em Recife. Com tantas exigências e pareceres desfavoráveis ficava cada vez mais difícil obter a naturalização antes do prazo previsto por lei. No dia 24 de dezembro, finalmente o dr. Heitor de Menezes Côrtes deu um parecer favorável e afirmou que o presidente da República deferiu o pedido de preferência e o dispensou do prazo mínimo de um ano, *"reconhecendo implicitamente nos termos do artigo único do decreto-lei 1.350, de 15/6/39, ter a naturalizanda residência prolongada no país e se haver demonstrado um elemento útil à coletividade nacional"*. Depois de onze meses de espera, Clarice Lispector obteve a sua naturalização.

O Presidente da República:

Resolve, na conformidade da letra f do art. 1º do decreto-lei nº.389, de 25 de abril de 1938 e decreto-lei nº 1.350, de 15 de junho de 1939, conceder a naturalização que pediu CLARICE LISPECTOR, de nacionalidade russa, natural de Tchetchelnik, nascida a 10 de dezembro de 1920, filha de Pedro Lispector e de Marieta Lispector, solteira, residente nesta capital, a fim de que possa gozar dos direitos outorgados pela Constituição e leis do Brasil.

Rio de Janeiro, 12 de janeiro de 1943, 122o. da Independência e 55o. da República.

Naturalizada brasileira, Clarice marcou suas férias em A Noite para o período de 25 de janeiro a 10 de fevereiro, quando seu salário passou de 600 mil réis para 800 cruzeiros. No dia 23 de janeiro de 1943, casou-se com Maury Gurgel Valente, sob o regime de comunhão de bens, no cartório da 1ª Circunscrição, Freguesia de Candelária, Ilhas e Santa Rita. A cerimônia foi oficializada pelo juiz dr. Oscar Menna Barreto Pinto. As testemunhas foram o diretor do jornal A Noite, André Carrazzoni, e a diplomata Dora Alencar Vasconcellos. Não houve cerimônia religiosa. Clarice rompera com a tradição casando-se com um *goy*. Aos olhos da comunidade judaica isso poderia parecer inadequado, mas para Clarice os laços afetivos não se constituíam de acordo com os preceitos religiosos.

Lançamento de *Perto do coração selvagem*

Num curto espaço de tempo Clarice tinha alterado seu estado civil, sua nacionalidade e seu endereço. Depois de uma mudança temporária para a rua do Russel, 102, apartamento 302, na Glória, onde residiam os pais de Maury, instalou-se na rua São Clemente, 703, em Botafogo. A assinatura do presidente Vargas, de fato, alterara completamente sua vida. Os planos aos quais se referira na carta ao presidente estavam se realizando. A publicação do romance que acabara de escrever era o próximo passo. Em uma das conversas com Lúcio Cardoso, a essa altura lendo seu livro pela terceira vez, ela comentou que gostou de uma frase de *Retrato do artista quando jovem*, de James Joyce. A frase dizia: "Ele estava só. Estava abandonado, feliz, perto do selvagem coração da vida." Imediatamente Lúcio sugeriu um título para o livro: *Perto do coração selvagem*. Clarice aceitou a sugestão. Agora, só faltava o editor. Chico Barbosa decidiu ajudá-la. Na ocasião, Álvaro Lins dirigia a coleção Joaquim Nabuco, da editora Americ-Edit, e estava procurando um romance para publicar. Chico Barbosa falou-lhe que conhecia uma moça que tinha acabado de escrever um romance: *"Ela é inteiramente desconhecida, é quase uma menina. Mas acho que escreveu um romance forte, embora ache que não seja muito bem realizado do começo ao fim, mas é um romance de impacto."* Álvaro Lins interessou-se, pediu para ler o romance. Lins ficou impressionado, porém indeciso quanto ao valor do livro. Então resolveu consultar Otto Maria Carpeaux. Otto não gostou do que leu, e Álvaro não publicou o romance. Quando Clarice telefonou para Álvaro Lins a fim de saber se valia a pena publicar o livro, o crítico pediu que ela ligasse na semana seguinte. Na segunda tentativa a resposta foi decepcionante: *"Olha, eu não entendi seu livro, não. Mas fala com Otto Maria Carpeaux, é capaz dele entender."* Clarice desistiu de pedir a opinião dos críticos. Saiu em busca de um editor. O romance foi apresentado à editora José Olympio, provavelmente por Lúcio Cardoso, que editava seus livros pela mais prestigiada editora do Rio de Janeiro. O livro foi recusado. Restou uma última alternativa: a editora A Noite, filiada ao jornal onde Clarice trabalhava. Chico Barbosa e os demais colegas da redação reuniram-se e pediram ao diretor da referida editora para publicar *Perto do coração selvagem*. O diretor propôs um acordo. A editora arcava com as despesas da publicação, e a autora abria mão dos direitos autorais, isto é, não receberia qualquer remuneração pela venda dos exemplares. O acordo foi selado, e A Noite comprometeu-se em publicar o livro no final de 1943. Ao completar vinte e três anos, em dezembro daquele ano, Clarice viu publicado *Perto do coração selvagem*. Imediatamente tratou de enviar vários exemplares aos principais jornais do país. Quando o poeta Lêdo Ivo leu o romance, ficou fascinado. Amigo de Lúcio Cardoso, em pouco tempo Lêdo conheceu a jovem autora num restaurante na Cinelândia. O encontro foi marcante. Conversaram sobre vários assuntos. E, aos olhos do poeta, o dia cinzento contribuiu para realçar a beleza e a luminosidade de Clarice. Lêdo Ivo sentia-se como se estivesse diante de Virginia Woolf ou Rosamond Lehmann. Não menos entusiasmada foi a reação de Rachel de Queiroz. *Perto do coração selvagem* parecia-lhe especial, um caso à parte na literatura brasileira. Escritores e intelectuais comentavam o surgimento da jovem escritora.

Quando *Perto do coração selvagem* foi lançado, Clarice estava ciente de que assistiria de longe a repercussão na imprensa. O *Diário Oficial* do dia 7 de dezembro de 1943 havia noticiado que Maury Gurgel Valente tinha sido designado para assumir a função de agente de ligação entre o Ministério das Relações Exteriores e as autoridades estrangeiras residentes ou em trânsito em Belém do Pará. Maury iniciava sua primeira missão diplomática fora da cidade do Rio de Janeiro. Clarice acabava de publicar seu primeiro romance. Juntos iniciavam uma nova etapa, longe da família, da cidade que aprenderam a amar. Clarice seguia seu destino de nômade ao lado de Maury. No dia 19 de janeiro de 1944, o casal partia para Belém, capital do Pará. O gesto de dar adeus, tão banal nos aeroportos, transformava subitamente a vida de Clarice Lispector; o novo tempo era de Clarice Gurgel Valente.

Diário de bordo – Rio de Janeiro 1991-1993
O período em que Clarice e Maury viveram em Belém foi curto, as informações não são muito extensas. Para ampliar essa parte foi fundamental a pesquisa no Arquivo Histórico do Itamaraty, local desconhecido pelos pesquisadores clariceanos até aquele momento, onde delineei o itinerário do diplomata Maury Gurgel Valente: aqui se registra o período em que o casal ficou na cidade e a função de Maury em seu primeiro posto da então capital federal. Pesquisar nesse prédio histórico foi uma grande alegria. Eu me sentia voltando no tempo diante da beleza do conjunto arquitetônico, emocionada ao saber que a história da diplomacia brasileira começou nessa rua do Centro do Rio. Como não se podia xerocar os documentos, passei muitos dias e horas copiando ofícios e telegramas. Algo que parece impensável com as facilidades da tecnologia. A sensação ao copiar tantos documentos (que guardo até hoje) é de que eu vivenciava aqueles dias nos bastidores do Itamaraty.

BELÉM, 1944

Pela sua excepcional posição geográfica, ponto de ligação entre os continentes, o Pará recebia diretamente a visita de muitos estrangeiros. Por isso, o Itamaraty enviou o vice-cônsul Maury Gurgel Valente para servir como elemento de ligação entre as autoridades estrangeiras em trânsito ou ali residentes. Instalados no Central Hotel, desde o dia 20 de janeiro, Maury e Clarice nem bem haviam chegado e já estavam concedendo uma entrevista. "Onde vão instalar seu escritório?" "Por gentileza do ilustre comandante Braz Dias de Aguiar terei o meu escritório na sede da Comissão Brasileira Demarcadora de Limites (1ª divisão) à avenida Nazaré." A ida a Belém proporcionava a Maury um reencontro com sua infância, passada nos anos 1920 na cidade de seus avós maternos, Antonio Ferreira de Souza e Maria José Dias da Silva e Souza. Maury puxava o fio da infância e recordava as aulas do curso primário no grupo escolar Wenceslau Braz; lembrava-se ainda da casa bancária A.F. de Sousa & Cia, pertencente a seu avô. Depois de conversarem sobre diversos assuntos e, em especial, sobre a vida do Pará de outrora, o repórter encerrou a entrevista mencionando que a jovem esposa senhora Clarice Gurgel Valente, "espírito fino e insinuante", tinha pertencido ao corpo de redatores do Departamento de Imprensa e Propaganda (A.N.), e servia agora como uma redatora de *A Noite*, do Rio de Janeiro. Não foi feita nenhuma menção ao lançamento de *Perto do coração selvagem*.

Os críticos e *Perto do coração selvagem*

Já se passara um mês desde o lançamento do livro, e os críticos no Rio e São Paulo começavam a se manifestar. Sérgio Milliet achou estranho e desagradável o nome da jovem autora, *"deve ser pseudônimo"*, pensou:

"Mais uma dessas mocinhas que principiam 'cheias de qualidades', que a gente pode até elogiar de viva voz, mas que morreriam de ataque diante de uma crítica séria" (cf. Milliet, 1945: 27). O crítico ia guardar o livro na estante, mas mudou de ideia. "Uma espiada não custa. Em verdade custa, irrita, põe a gente de mau humor, predispõe a achar ruim. Ler isso, quando há tanta cousa gostosa!" Abriu por acaso na página 160 e leu:

"Falava de amor com tanta simplicidade e clareza porque certamente nada ainda lhe tinha sido revelado através dele. Ele não caíra nas suas sombras, ainda não sentira as suas transformações profundas e secretas. Senão teria, como ela própria, quase vergonha de tanta felicidade, manter-se-ia vigilante à sua porta, protegendo da luz fria aquilo que não deveria crestar-se para continuar a viver."

"Mas isso é excelente! Que sobriedade, que penetração, e ao mesmo tempo, apesar do estilo nu, que riqueza psicológica!" Milliet leu mais alguns trechos para certificar-se do valor do texto. Convencido, iniciou o primeiro capítulo sem interrupções, fascinado pelas observações profundas de Joana, pela coragem simples com que *"compreende a trágica e rica aventura da solidão humana"*. Palavras tão entusiasmadas vindas de um crítico como Sérgio Milliet eram o primeiro sinal de que *Perto do coração selvagem* estava predestinado ao sucesso. Não menos entusiasmado foi o artigo da escritora Dinah Silveira de Queiroz, publicado em janeiro, em O jornal. Em "A verdade na República das Letras", Dinah destaca a extraordinária capacidade de comunicação da jovem autora. Confessou sua dificuldade em defini-la e a aproximou dos mais cerebrais autores ingleses, como da sensível Rosamond Lehmann. De suas figuras de linguagem disse que algumas chegavam *"às raias da genialidade"*. Dinah deu as boas-vindas à nova colega e não receou em afirmar que, entre todas as escritoras brasileiras, Clarice era a única realmente original. A boa receptividade da crítica à obra da jovem estreante era um fato incontestável. Em 23 de janeiro, O Diário de Notícias publicou "O sentimento da palavra", em que Guilherme Figueiredo situou o romance de Clarice dentro de uma linguagem *"mais artística, mais difusamente poética de quantas já tenham apresentado as nossas escritoras. O que seduz a escritora é o eco interior de cada acontecimento, o estado de alma"*. Tudo o que se passava no romance pertencia ao interior das personagens, ou melhor, ao interior da personagem Clarice Lispector. A riqueza poética da autora e sua vocação para inaugurar em palavras as mais tênues e quase impalpáveis vibrações da sensibilidade foram destacadas por Guilherme Figueiredo em inúmeros exemplos citados ao longo do artigo. O mérito da romancista, frisou o crítico, era o da consciência de sua arte. O jornal A Noite também se pronunciou sobre o romance, em 30 de janeiro: *"Um livro singular, estranho, insólito."* Roberto Lyra sublinhou que, ao contrário dos que tentavam procurar afinidades entre Clarice Lispector e Gide, Valéry, Dickens, Proust, e sobretudo, Joyce, *Perto do coração selvagem* era um livro sem escola. No mesmo dia, Breno Accioly escreveu em O *Jornal* o artigo "Um romance selvagem", dizendo que a autora valeu-se de uma técnica primeiramente utilizada pelos ingleses: observação semelhante à de Dinah Silveira de Queiroz quando aproximou Clarice das romancistas inglesas. Accioly chamou atenção para o universo grandioso e difícil de se compreender que dominava o romance. A crítica parecia desnorteada diante de um livro singular, no qual a romancista mergulhava nos recônditos da alma usando uma linguagem original.

Clarice escreve cartas

A distância dos amigos e das irmãs era vencida pelas cartas. Em 6 de fevereiro, Clarice escreveu para Lúcio Cardoso: *"Tenho lido o que me cai nas mãos. Caiu-me plenamente nas mãos Madame Bovary, que eu reli. Aproveitei a cena da morte para chorar todas as dores que eu tive e as que eu não tive."* Clarice mostrou-se preocupada com um possível mal-entendido surgido numa conversa com Lúcio, antes de viajar. O temperamento reservado do amigo a impedia que chegasse mais perto de seus problemas. *"Por encabulamento, então, disfarçava minhas perguntas de amizade em perguntas de curiosidade (...). Mas eu lhe precisava repetir que minha amizade não se transformou em curiosidade, o que seria horrível para mim."* Clarice prezava muito a amizade de Lúcio e, apesar deste impor certos limites, ela não desistia e tentava chegar até ele, mesmo não sabendo o modo de abordá-lo. *"Lúcio, como vai você? Responda, se responder, claramente a essa pergunta."* Ela não escondia o quanto estava sendo difícil adaptar-se ao dia a dia de Belém: *"Estou aqui meio perdida. Faço quase nada. Comecei a procurar trabalhar e começo de novo a me torturar, até que resolvo não fazer programas; então a liberdade resulta em nada, e eu faço de novo programas, e me revolto contra eles."*

Lauro Escorel e Álvaro Lins

Enquanto Clarice entregava-se sofregamente às leituras ou tentava escrever um novo livro, as críticas sobre *Perto do coração selvagem* continuavam saindo nos jornais. Em 9 de fevereiro, o *Diário da Bahia* publicou um artigo de Lauro Escorel destacando *"o perfeito equilíbrio que a romancista conseguiu estabelecer entre o plano da inteligência e o plano da sensibilidade"*. Ao explorar com profundidade a natureza humana, ela revelava possuir uma força que só nasce *"graças a uma funda experiência de solidão"*. A segurança, a penetração psicológica e a precisão de sua linguagem foram os outros pontos destacados no artigo. Apesar da receptividade da crítica, *Perto do coração selvagem* não era unanimidade, conforme se verifica no artigo de Álvaro Lins publicado no *Correio da Manhã* em 11 de fevereiro de 1944: "A experiência incompleta: Clarice Lispector." Lins classificou *Perto do coração selvagem* como um romance moderno, no qual o lirismo, a visão poética do mundo, não excluem o realismo: *"Um romance original em nossas letras embora não o seja na literatura universal."* A presença visível da personalidade da autora em primeiro plano dava ao romance um caráter bem feminino, o que, segundo o crítico, revelava a incapacidade da autora de *"transfigurar a sua individualidade na obra"* (...). Motivo pelo qual a autora não atingiu todo o objetivo da criação literária. *"O leitor menos experiente confundirá com a obra criada aquilo que é apenas o esplendor de uma micante personalidade. Personalidade estranha, solitária e inadaptada, com uma visão particular e inconfundível."* Os adjetivos "estranho" e "solitário" destacados por Álvaro Lins já haviam sido utilizados por outros críticos ao se referirem a *Perto do coração selvagem*. Mesmo reconhecendo a originalidade do livro, o crítico não deixou de inseri-lo na mesma tradição do moderno romance lírico produzido por James Joyce e Virginia Woolf, e frisou que era desta última que a autora mais se aproximava. Esse tipo de romance iria se caracterizar pela *"apresentação da realidade num caráter de sonho, de super-realidade. A realidade não fica escondida ou sufocada, porém é elevada para os seus planos mais profundos, mais originais, nas fronteiras entre o que existiu de fato e o que existiu pela imaginação"*. Clarice soube escolher os seus meios de expressão. Segundo Lins, a concepção de mundo da romancista ficaria "desfigurada" dentro do romance tradicional. Sabendo que a autora era muito jovem, ressaltou o seu precoce amadurecimento de espírito, o poder de inteligência acima de sua idade. O que lhe faltava era *"toda a experiência vital que vem do tempo ou da intuição necessária ao romancista"*. E completou que alguns problemas estruturais mal resolvidos deixaram o romance inacabado ou incompleto. Mas Álvaro Lins acreditava na capacidade da autora de escrever um grande romance num futuro próximo, pois não lhe faltavam as forças interiores que definem o escritor e o romancista.

Crítica literária

Ao escrever a suas irmãs, no dia 16 de fevereiro, Clarice comentou ter lido algumas críticas, que de um modo geral não lhe faziam bem. A de Álvaro Lins foi a que mais a abateu, e o fato de ter apontado erros e acertos foi considerado positivo. Mas o que a irritou foi a aproximação feita por Lins entre o seu livro e as obras de Joyce e Virginia Woolf: *"Escrevi para ele dizendo que não conhecia Joyce nem Virginia Woolf nem Proust quando fiz o livro, porque o diabo do homem só faltou me chamar de 'representante comercial deles'."* Quanto aos demais artigos, ela mencionou somente o nome dos autores, com exceção de Roberto Lira sobre quem fez uma observação, *"elogiando, mas uma porcaria"*, e Lauro Escorel, artigo do qual gostou. Além do livro, Clarice falou de si mesma: *"Estou cansada de pessoas e sozinha me aborreço. Eu mesma não sei o que quero."* Sentia-se desfibrada, insatisfeita com o que escrevia. Os ares de Belém não estavam lhe fazendo bem. Dois meses após o lançamento de seu romance, Clarice passou a ser notícia não somente no Rio de Janeiro; O Estado do Pará publicou em 20/2/1944 "Um minuto de palestra...", no qual Edgar Proença teceu comentários sobre *Perto do coração selvagem*. Conhecendo Clarice desde o tempo em que ela residia no Rio, Proença assinalou que os depoimentos de Adonias Filho, Guilherme Figueiredo, Valdemar Cavalcanti, de Sérgio Milliet e de tantos outros *"vêm apenas confirmar o excelente conceito que logo fazem os que conhecem a beleza intelectual e expressiva da jovem escritora carioca"*. Proença aproveitou a ocasião e fez uma pequena entrevista com Clarice, provavelmente a primeira após o lançamento de seu livro.

"*Escrevo porque encontro nisso um prazer que não sei traduzir. Não sou pretensiosa. Escrevo para mim, para que eu sinta a minha alma falando e cantando, às vezes chorando...*

"*Meus primeiros ensaios literários, a princípio, me intimidavam. Depois, uma resolução imediata. Publiquei-os.*"

"*Tenho-os lido em* Vamos Lêr! *e noutras revistas.*"

"*Isso mesmo. Depois fiz o livro que é um pedaço da minha sensibilidade. Está satisfeito na sua curiosidade?*"

"*Não. Quero saber ainda o seguinte: como a crítica feminina recebeu* Perto do coração selvagem?"

"*Muito bem. Dinah Silveira de Queiroz foi tão generosa nos seus comentários!...*"

As críticas continuavam aparecendo nos jornais dos diversos estados brasileiros. O *Jornal de Alagoas* publicou no dia 25 de fevereiro, "O país de Lalande", de Lêdo Ivo. Amigo da autora, não poupou-lhe elogios. "O livro é uma obra-prima. É o maior romance que uma mulher jamais escreveu em língua portuguesa." Tal como observara Álvaro Lins, Lêdo Ivo filiou Clarice Lispector ao estilo de Virginia Woolf e Joyce. A aproximação entre estes escritores podia ser percebida no modo como a autora construía o seu romance: "*a ausência de um enredo fixo, a exploração das nuances, o deliberado propósito de conduzir ou realçar o movimento romanesco em pequenas revelações episódicas, em que o poético, a farsa ou o dramático o dominam.*" Destacou, ainda, a atmosfera poética que envolvia o livro. O romance se integrava à poesia. Por isso, Lêdo Ivo acreditava que a autora era ao mesmo tempo uma descoberta para a prosa e para a poesia brasileiras, devendo ser laureada com um prêmio – o Felipe de Oliveira ou o Graça Aranha. Os críticos ora ressaltavam a riqueza da linguagem poética do livro, ora sua proximidade com os romancistas ingleses. No entanto, um ponto todos eram unânimes em reconhecer: a originalidade da autora.

No mês de março, novos artigos sobre *Perto do coração selvagem* apareciam nos jornais do Rio e de São Paulo. No dia 11, Dirceu Quintanilha escreveu na revista *Dom Casmurro*, "Clarice Lispector e um monumento do passado", um artigo pouco receptivo. Mais uma vez, Joyce foi mencionado como a fonte inspiradora da técnica utilizada por Clarice e, segundo Quintanilha, não foi por acaso que ela escolheu uma frase do autor de *Retrato do artista quando jovem*. Tal escolha soava como uma confissão. A técnica do pensamento solto, as cenas cheias de um estilo novo são destacadas no artigo, mas Quintanilha era um cético quanto à perenidade da obra. Somente no dia 12 de março, Lúcio Cardoso publicou um artigo, no *Diário Carioca*, sobre *Perto do coração selvagem*. Antes de referir-se ao romance, Lúcio mencionou alguns autores da nova geração que, na sua opinião, eram muito talentosos: entre eles, Adonias Filho, Xavier Placer, Breno Acioli, Lêdo Ivo, Fernando Tavares Sabino, J. Etienne Filho, João Cabral de Melo Neto. Dos nomes femininos, destacou o de Clarice Lispector, "*cuja estreia, há pouco, parece-me em certo sentido tão importante e tão reveladora quanto o foi no passado a da Sra. Rachel de Queiroz com o sempre lembrado e inimitável* O Quinze." A autora, vista como uma "*singular personalidade que sabe captar o mundo exterior e interior, e muitas vezes de sua fusão, uma visão perfeita*", construiu um romance que se converteu em muitos momentos numa "*cavalgada de sensações*". Lúcio confidenciou que Clarice era poeta, que conhecia alguns de seus poemas, que "*possuem as mesmas sonoras qualidades de muitas das melhores páginas de* Perto do coração selvagem. A respeito das objeções que alguns críticos fizeram ao livro, inclusive a de que não era um romance, Lúcio Cardoso concordou que não era um romance no sentido exato da palavra. E logo a seguir perguntou: "*Mas que importância tem isso?*" Uma das qualidades do livro estaria no seu ar mal arranjado: "*Ar espontâneo e vivo, esta falta de jeito e dos segredos do 'métier', que dá a* Perto do coração selvagem *uma impressão de coisa estranha e agreste.*" Impossível prever o que ainda poderia nos oferecer a autora, Lúcio não conseguiu imaginá-la muito distante de seus magníficos poemas, "*cuja voz abafada parece percorrer todo o seu livro de estreia, pronta a se erguer viva, dominadora, denunciando não uma pequena fabricante de filigranas poéticas, mas uma natureza altiva e rara, uma vocação real para esse dramático mister que é o destino e a obra de um poeta*".

A senhora Roosevelt

Em Belém, Clarice dividia seu tempo entre a literatura e os compromissos da vida diplomática: a ida ao aeroporto para receber a Sra. Roosevelt e os preparativos para uma recepção em sua homenagem. Os dias largos e vazios haviam sido suspensos por um instante. Agora respirava-se a atmosfera mundana nos salões cobertos por muita fumaça, perfumes e vestidos cintilantes. A entrada triunfal da Sra. Roosevelt devia fazer de Belém a nova Hollywood. Em carta às irmãs, em 18/3/1944, Clarice relatava suas impressões sobre os acontecimento: *"Ela é simpaticíssima, muito simples, vestida com bastante modéstia, bem mais bonita pessoalmente do que nas fotografias e no cinema."* Aproveitando a ocasião, Clarice reassumiu a função de repórter participando da entrevista coletiva dada pela Sra. Roosevelt: *"Mandei noticiário telefônico para* A Noite, *mesmo estando de licença, porque não queria perder a chance."* Depois da partida da Sra. Roosevelt, como num piscar de olhos, o dia a dia da cidade voltava duro e gélido. As saudades, o cansaço de não fazer nada, a sensação de se olhar no espelho e não reconhecer o próprio rosto. Tudo retornava com mais força. Clarice constatava: *"A vida é igual em toda parte e o que é necessário é a gente ser a gente."* Só a chegada do *Diário Carioca* com o artigo de Lúcio Cardoso conseguiu dar alento ao cotidiano estéril de Belém. Clarice estava junto à mesa, pronta para escrever ao amigo. Afinal, algo sucedia provocando uma alegria inexplicável. Era como se Lúcio tivesse respondido a sua primeira carta. Ao ler seu artigo, escreveu-lhe imediatamente em 21/3/1944. Assustada com as palavras de Lúcio, *"que é possível que o meu livro seja o mais importante"*, disse-lhe que tinha vontade de rasgar *Perto do coração selvagem* e ficar livre novamente, pois achava horrível sentir-se completa. O meio sucesso, como preferia dizer, a deixava perturbada, saciada, cansada: *"Às vezes, embora possa parecer falso, me desanima, não sei por quê. Parece que eu esperava um começo mais duro e, tenho a impressão, seria mais puro."* Clarice surpreendia-se com críticas favoráveis.

A vida em Belém, livre da rotina do trabalho em jornal, dava-lhe uma sensação de liberdade. Podia se dar ao luxo de ficar dias sem fazer absolutamente nada, nem ao menos ler. Quanto a escrever, às vezes o fazia com uma facilidade que a desesperava. As dúvidas a assaltavam a cada dia. Subitamente vinha um desejo de contar ao amigo o que sentia. Às vezes achava bom o que escrevia; outras vezes, detestável. Estava aprendendo a ser paciente: *"Como é ruim ser paciente, como eu tenho medo de ser uma 'escritora' bem instalada, como eu tenho medo de usar minhas próprias palavras, de me explorar..."* Chegara o momento da escolha. Clarice não era mais aquela jornalista que publicava alguns contos em jornais e revistas. Não, agora era a Sra. Clarice Lispector, dotada de uma singular personalidade, de uma extraordinária vocação, capaz de mergulhar nas palavras até que elas perdessem o contorno das coisas e recebessem uma aura vaga e irreal. Uma escritora que escreveu um livro inclassificável, diferente, em que se via um mundo essencialmente feminino, cheio de imagens, sons, claridades azuis, brancas e esverdeadas. Diante de Lúcio Cardoso, tinha vontade de expor sua fragilidade, suas dúvidas, seus projetos: *"O fato é que eu queria escrever agora um livro limpo e calmo, sem nenhuma palavra forte, mas alguma coisa real – real como o que se sonha, o que se pensa – uma coisa real e bem fina."* Confessou-lhe estar curiosa para saber quais foram as objeções que fizeram a seu livro. Disse ter se surpreendido com o artigo de Álvaro Lins, porque esperava que ele dissesse coisas piores. Escreveu para o crítico dizendo que *"não tinha adotado Joyce ou Virginia Woolf, que na verdade lera ambos depois de estar com o livro pronto"*. A essa altura, mais de dez artigos haviam se referido a *Perto do coração selvagem*. Em Recife, Luiz Delgado escrevia no *Jornal do Comércio* em 22/4/1944: *"O que a Sra. Clarice Lispector deseja, não é atrair um público modernista, amante do exótico e mais amante ainda de passar por inteligente fingido de exótico. Deseja honestamente dizer alguma coisa da alma humana."* E destacava como uma das virtudes do livro a de refletir uma inquietação espiritual ardentemente vivida.

Os artigos entusiasmados sobre *Perto do coração selvagem* circulavam na imprensa num momento em que o Brasil estava mais do que nunca voltado para os conflitos na Europa. O governo brasileiro estava providenciando o recrutamento de combatentes em todo o território nacional. Em maio, 25 mil homens estavam prontos para partir para a Itália. O Brasil entrava na guerra ao lado dos Aliados, quando as forças do Eixo davam sinais de enfraquecimento. Depois da reconquista do norte da África e da queda de Mussolini, os Aliados tentavam derrotar as forças alemãs na Itália e invadir a França. Na União Soviética, o Exército Vermelho esmagava as forças alemãs no território ucraniano. Em Belém, Clarice mergulhava na literatura. Lúcio Cardoso continuava sendo o seu anjo da guarda. Em 24 de maio, escreveu-lhe pedindo para retirar a vírgula de um texto que seria seu próximo romance, *O lustre*: "*Eu gostaria que você a retirasse em nome da nossa amizade... Se você acha que não serve para publicar, o caso é outro.*" O trecho ao qual Clarice se referiu dizia: "*E às vezes, numa queda, como se tudo se purificasse – ela se contentava em fazer uma superfície lisa, serena, unida, numa simplicidade fina e tranquila.*" Ela pedia que retirasse as vírgulas colocadas antes e depois de "*numa queda*". Feito o pedido, disse a Lúcio: "*Perdoe a tolice, estou envergonhada. Mas prefiro mesmo sem vírgula...*"

Os quase seis meses em Belém foram suficientes para Clarice fazer alguns amigos, como o professor Paulo Mendes de Almeida. Na capital paraense, ouviu falar de Jean Paul Sartre, leu Marcel Proust e escreveu um novo livro, que não sabia ao certo se estava pronto. E então veio a notícia. Em 5 de julho de 1944, a Secretaria de Estado do Ministério das Relações Exteriores expediu um decreto removendo os cônsules classe "J" Maury Gurgel Valente e Luiz Almeida Nogueira Porto para o consulado em Nápoles. Para chefiar o consulado foi nomeado o cônsul classe "L" Narbal Costa. Chegara a hora de voltar para o Rio de Janeiro, mas ao pensar que sua volta era temporária, que em breve estaria partindo para outro país, interrompia seu pensamento assustada, procurando compreender sua vida: Ucrânia, Maceió, Recife, Rio de Janeiro, Belém, Nápoles. Que sensação seria essa que ninguém poderia tirar-lhe? O que estava sucedendo faria parte de sua história. Temia, provavelmente, o instante da partida. No dia 13 de julho, um jantar no restaurante do Central Hotel reuniu nove pessoas em torno do casal. Os últimos dias em Belém foram registrados no menu do restaurante, onde as assinaturas dos convidados seguiam-se às de Clarice e Maury. Enquanto providenciavam os últimos preparativos para a viagem, Clarice e Maury aproveitavam algumas horas vagas para despedirem-se dos amigos. Clarice ligou para o diplomata Lauro Escorel, que escrevera um artigo elogioso sobre *Perto do coração selvagem*; Lauro disse-lhe que recebera seu cartão de agradecimento pelo artigo e gostaria de conhecê-la pessoalmente. Clarice aceitou o convite e foi ao encontro de Lauro em seu apartamento na avenida Epitácio Pessoa. Escorel ficou encantado com a beleza e a inteligência de Clarice.

Na véspera da partida para Nápoles, Maury e Clarice foram vacinados contra febre amarela, varíola, tifo e tétano. No dia 19 de julho de 1944, o avião de carreira da Panair decolou às 6 horas da manhã dando início à viagem aérea do Rio de Janeiro a Nápoles. Clarice saía dos limites do território brasileiro pela primeira vez, aos vinte e três anos de idade, e retornava ao continente europeu como se aí nunca se tivesse estado. A Europa lhe era desconhecida, o que vira um dia pelos idos de 1920, jamais saberia. Nos desvãos da memória só havia o registro das terras brasileiras. Outros oceanos lhe aguardavam, outras paisagens. A vida começava novamente, não mais num navio, era nos ares que ela veria pela primeira vez o continente onde os Lispector e os Krimgold começaram a escrever a sua história.

Diário de bordo – Rio de Janeiro, 1990-1993

A pesquisa deste capítulo se valeu de várias fontes: do depoimento inédito do artista plástico Carlos Scliar, que serviu como soldado da FEB e, principalmente, dos documentos do Arquivo Histórico do Itamaraty. Do AHI, destaco o relatório do vice-cônsul Luiz de Almeida Nogueira Porto sobre a "viagem de Natal a Nápoles" com o vice-cônsul Maury Gurgel Valente e o cônsul Narbal Costa. Um documento histórico que mostra como foi atravessar tantos países até chegar à Itália. Itinerário que Clarice também faria, dias depois, com ligeiras diferenças. Os ofícios e telegramas do AHI traçaram de forma pioneira o itinerário do vice-cônsul Maury Gurgel Valente, identificaram o Corpo Diplomático, resgataram documentos como o relatório "Mês histórico" assinado pelo marido de Clarice Lispector. O acesso a essas fontes primárias permitiu-me mapear a viagem do casal à Itália em plena Segunda Guerra Mundial e compreender com mais precisão o contexto histórico dessa experiência única.

NÁPOLES, 1944-1945

Prestes a embarcar para a Itália, o soldado da FEB Carlos Scliar acreditava que nunca mais poria os pés em solo brasileiro. Para enfrentar a batalha contra as forças alemãs era necessária uma boa dose de coragem, que naturalmente podia ser abalada a qualquer momento quando as adversidades atingissem um grau insuportável. Quem sabe imaginando os dias ásperos nas trincheiras, Scliar resolveu colocar em sua mochila *Perto do coração selvagem*. Fascinado pelos escritores nordestinos que o fizeram redescobrir o Brasil, eis que viu-se subitamente seduzido, apaixonado pelo livro de Clarice Lispector. Ignorava que a jovem autora, a essa altura, estivesse num voo com destino a Natal de onde partiria rumo à Itália. Após fazer escala em Salvador e Recife, o avião da Panair aterrissou em Natal, às 14h30, do dia 19 de julho, no aeroporto da base americana de Parnamirim, após às 7 horas e meia de viagem. O cônsul Narbal Costa e os vice-cônsules Maury Gurgel Valente e Luiz Porto foram recebidos pelo major Carl Furr, que cuidou do desembarque da bagagem e os acomodou nos alojamentos da base construídos de forma improvisada. Eles dispunham de enormes geladeiras elétricas, sala de recreio com rádio, bilhar, jogos diversos, uma pequena biblioteca, um *mess*, onde o serviço podia ser comparado ao dos melhores hotéis, e quartos para uma ou duas pessoas. Para desfrutar do conforto dos alojamentos, pagavam 75 centavos por dia e mais 50 a 70 centavos pelas refeições. O valor era irrisório, mas tanto os hóspedes civis, os diplomatas, como os oficiais que ali residiam ou se achavam de passagem eram obrigados a pagar pelos serviços oferecidos pela base americana.

Após serem apresentados ao coronel Ellsworth Young, da Coast Artillery Corps, militar de carreira, veterano da Primeira Guerra Mundial, este se dirigiu ao cônsul Narbal Costa: "*Now, please Mr. Costa, just show me your travel orders.*" O coronel referia-se aos documentos emitidos pela Embaixada dos Estados Unidos, essenciais para a realização de viagens em aviões militares do A.T.C. (Air Transport Command). Narbal Costa alegou não estar de posse dos *travel orders*. Impedidos de seguir viagem sem essa prova de identidade que seria pedida em todas as bases do A.T.C., restou-lhes aguardar o documento enviado pela Secretaria de Estado. Enquanto isso, usufruíram do conforto da base americana. Assistiram às últimas novidades cinematográficas ainda não apresentadas no Rio de Janeiro, beberam água clorada, viajaram nos *wing bus* e dormiram em excelentes camas de molas. Após cinco dias de permanência na base aérea, os diplomatas foram autorizados a viajar no dia 24 de julho no avião que sairia, à noite, para a África. Receberam a recomendação de não mencionarem na base a data e o destino da partida, antes de realizarem a travessia. Também não era recomendável divulgarem os locais até onde se estendiam as linhas da A.T.C. Permitia-se dizer que a viagem seria feita para o *north*, significava ir a Miami; *south*, ao Rio; *east*, ao Oriente, com escala em Accra. Devido ao peso máximo de bagagem autorizado não poder ultrapassar trinta quilos, os cônsules tiveram de retirar roupas e objetos, optando pelo essencial. Antes de embarcarem, receberam o salva-vidas apelidado *Mae West* e instruções para utilizá-lo em caso de acidente no mar.

O diário de bordo do voo de Natal a Nápoles com Maury Gurgel Valente

Às 21 horas, do dia 24 de julho, Narbal Costa, Maury, Luiz Porto e os generais da Justiça Militar, o ministro Washington Vaz de Mello, o general Francisco de Paula Cidade e o procurador dr. Waldemiro Ferreira partiram para a África num quadrimotor *Liberator*. Clarice permaneceu em Natal esperando o *clipper* que a levaria para a África. Não foi possível viajar em companhia de Maury, porque era necessário que ele e os demais cônsules instalassem o consulado brasileiro, em Nápoles, para em seguida receberem os demais integrantes do corpo diplomático. A primeira escala foi no dia seguinte na ilha de Ascensão. Naquele momento, a ilha exercia um papel fundamental nas comunicações aéreas dos Aliados com a Europa, África e o Oriente. Da ilha, o avião retomou voo rumo ao aeroporto da base de Accra. Ao desembarcarem, foram imunizados contra a *plague* (peste bubônica) que grassava em Dacar. A base de Accra era uma das maiores construídas pelos americanos desde que tinham entrado na guerra. Contava com 20 mil homens, sob o comando do coronel Mac Malland. Aí, bifurcava-se a linha de A.T.C.: um galho seguia para o Oriente, até a Índia e a China, enquanto o outro acompanhava a costa até Argel, Nápoles e Roma, seu ponto extremo. Durante o resto do dia, puderam observar os nativos da região. Negros pequenos, finos de corpo, falando o que poderia se chamar de *osic english*, Maury perguntou a um deles como se dizia "bom dia" na língua da terra. Respondeu que havia cinco maneiras de fazê-lo segundo as línguas ali faladas. O capitão Painton disse-lhes que os nativos eram dóceis e trabalhadores. Narbal Costa não teve dúvidas disso ao ver um grosso chicote na mesa de serviço do capitão.

África

No dia 26 de julho, às 8 horas, embarcaram num *Douglas* bimotor para mais uma etapa rumo a Dacar. A viagem foi feita sob uma chuva ininterrupta desde a descida em Robert's Field, na Libéria, até Dacar. Desde que partiram de Natal, no dia 24 de julho, Maury, Narbal e Luiz estavam viajando havia dois dias, expostos às mudanças atmosféricas e ao cansaço inevitável em viagens como esta. Clarice ainda permanecia em Natal à espera de um avião *clipper*. Após o pernoite em Dacar, fizeram escala em Tindouf, onde o calor era insuportável. Após três horas em Marrakesh, partiram para Casablanca, onde chegaram às 21 horas e se hospedaram no hotel Anfa. À noite, visitaram o centro da cidade de automóvel e ficaram particularmente fascinados com a parte europeia da cidade, que os fez lembrar a Esplanada do Castelo no Rio de Janeiro. No quinto dia de viagem, 28 de julho, eles partiram às 7 horas, fizeram uma escala em Orã e chegaram a Argel às 12h45. Ao se aproximarem do aeroporto, pensaram que estavam sendo recebidos com salvas de artilharia, mas depois perceberam que tudo não passava de um alarme que fazia pipocar a artilharia antiaérea em torno da cidade, embora não tenham percebido a presença de aviões inimigos que justificasse tal ação. No aeroporto, foram recebidos pelo ministro Vasco Leitão da Cunha, pelo cônsul Carlos da Ponte Ribeiro Eiras e o vice-cônsul Mozart Gurgel Valente, irmão de Maury. Acomodados no hotel Aletti, puderam conhecer a chancelaria localizada na rua Mulhouse, 7. Entraram em contato pela primeira vez com uma cidade afetada pela guerra. O porto estava repleto de navios mercantes e de guerra sob a proteção dos balões de barragem. As lojas sem produtos e as indústrias fechadas. Era impossível comprar cigarros, fósforos, papel de carta, carretel de linha, botões, pasta de dentes. Os poucos restaurantes que funcionavam cobravam preços altíssimos, o mercado clandestino era deficiente e a população andava mal vestida: os homens usavam shorts e alpercatas, e as mulheres, tamancos amarrados aos pés com tiras de pano. Os hotéis de Argel estavam ocupados na quase totalidade por autoridades militares. Durante os seis dias que permaneceu em Argel, Narbal Costa conversou longamente com o ministro Vasco Leitão da Cunha sobre Nápoles. Este expôs-lhe as dificuldades que iriam encontrar, deveriam ter paciência e prepararem-se para renunciar a certos confortos como o de dormir com travesseiro, andar de bonde ou mesmo almoçar.

Clarice Gurgel Valente parte de Natal para Lisboa e passa pela África

Dia 24 de julho, a Embaixada do Brasil em Lisboa enviou um comunicado ao Ministério dos Negócios Estrangeiros em Portugal sobre a viagem de Clarice à capital portuguesa. Solicitava que facilitassem seu desembarque e trânsito por Lisboa pois, por motivo de força maior, ela não tinha o visto da Embaixada de Portugal no Rio de Janeiro.

Finalmente, no dia 29 de julho, às 14 horas, Clarice partiu de Natal rumo a Lisboa. Viajando acompanhada por muitos missionários, olhou para uma mulherzinha santa que dormia a sua frente e sentiu-se *"fraca e horrivelmente espiritual, sem nenhuma fome, disposta a convencer todos os negros da África de que não há necessidade de nada, senão de civilização"*. (TC, 102)

Na manhã seguinte, Clarice chegou em Fisherman's Lake, na Libéria, onde passou um dia e uma noite. O primeiro contato com as Vilas de Tallah, Kebbe e Sasstown foi muito curioso. Em companhia dos capitães Crockett e Bill Young e da jornalista Ana Kipper, ela descobriu que os africanos daquela região interrompiam o meio da conversa e diziam com cuidado e prazer: *hellô*. Deliciavam-se com a ressonância do que foi dito, riam e continuavam a falar. Mas do que gostavam realmente era dar adeus. Alguns deles já haviam trabalhado na base aérea e falavam algumas palavras em inglês como se fosse mais um dialeto. Para se ter uma ideia, somente na Monróvia havia em torno de vinte e cinco dialetos. A reação dos nativos foi das mais inesperadas. Alguns, como um jovem negro, ficaram observando Clarice. Sem saber o que fazer, ela findou por lhe dar adeus, pois sabia como eles gostavam desse gesto. A resposta foi imediata, encantado, "*numa delicadeza de oferenda, ingênuo e puro fez gestos obscenos*" (DM, 182). Ao agradar o filho de uma delas, a mãe pediu a Clarice: "*Baby nice, baby cry money*." O capitão Young deu-lhe um níquel. A mãe reclamou: "*Baby cry big big money.*" Outra jovem olhou atentamente Clarice e disse-lhe uma frase, o intérprete traduziu: "*She likes you.*" Em seguida, referiu-se ao lenço que Clarice usava na cabeça. "*Tiro-o, mostro-lhe como usá-lo. Quando vejo estou cercada de pretas moças e esgalhadas, seminuas, todas muito sérias e quietas. Nenhuma presta atenção ao que ensino, e vou ficando sem jeito, assim rodeada de corças negras*" (DM, 183). Encabulada ou atingida pela doçura das mulheres, Clarice entregou-se à curiosidade das nativas. Uma delas pegou nos seus cabelos, alisou-os, enquanto as outras observavam. "*Não me mexo, para não assustá-las. Quando ela acaba, há ainda um momento de silêncio. E eis que de repente tantos risos misturados à letra 'l' e tantos espantos alegres como se o silêncio tivesse debandado.*"

Na manhã seguinte, 31 de julho, a viagem foi retomada com escala prevista em Bolama, na Guiné. Nesse país, naquele momento ainda uma possessão portuguesa, Clarice entrou em contato com alguns africanos. Estes falavam um português de Portugal, que lhe pareceu muito engraçado. Perguntou a um menino de seus oito anos que idade tinha, ele respondeu: 53 anos. A resposta assustou-lhe, então perguntou ao português que a acompanhava como se explicava isso. "*Não sabem a idade, a senhora podia perguntar àquele velho a sua idade e ele poderia lhe responder dois anos*" (DM, 353). O modo como os nativos eram tratados, a chicote, a levou a perguntar se era necessário usar de tal violência como se não fossem seres humanos, ouviu a explicação de que de outro modo eles não trabalhavam. De Bolama, Clarice seguiu para Dacar, no Senegal, onde Maury havia estado no dia 26 de julho. Duas horas depois, retomou o voo em direção a Lisboa. No dia 2 de agosto, às 10h30, a Embaixada de Lisboa telegrafou para a Secretaria de Estado informando que a senhora Gurgel Valente acabara de chegar e pedira que sua família fosse avisada no Rio de Janeiro. Na embaixada, localizada na rua Antonio Maria Cardoso, 8/1, Clarice permaneceu por nove dias e teve a oportunidade de conhecer alguns escritores portugueses.

Maury chega a Nápoles

Enquanto isso, Maury, Narbal Costa e Luiz Porto preparavam-se para iniciar a última etapa da viagem a Nápoles, interrompida no dia 28 de julho, quando chegaram a Argel. No dia 3 de agosto, compareceram ao embarque dos cônsules o ministro Vasco Leitão da Cunha, o cônsul Ribeiro Eiras, o vice-cônsul Mozart Valente, os auxiliares Tavares Bastos, Pantaleão Machado e José Teixeira Lima. Às 15h10 partiram de Argel, voaram ao longo da costa até Bizerte, na Tunísia, onde avistaram o lago e o porto às 17h15, daí mudaram de rumo em direção à Sicília. Finalmente, às 19h15, com o dia ainda claro, avistaram Capri, passaram sobre Sorrento deixando à direita o Vesúvio. Logo avistaram a baía de Nápoles, onde estavam ancorados mais de duzentos navios de todos os tipos, e a planície que cerca a cidade, coberta de pomares e vilas brancas, paisagens que os fascinaram. Ao desembarcarem no aeródromo de Capodichino constataram que não havia possibilidade de conseguir transporte para se deslocarem até a cidade. Surgiu, então, um oficial americano designado para receber um general brasileiro, cuja chegada estava prevista para aquele dia. Como o referido general não apareceu, o oficial americano conduziu os cônsules a Nápoles, onde foram hospedados no Hotel Volturno, requisitado como todos os demais da cidade, para fins militares. Assim, eles puderam ficar no hotel até regularizar sua situação perante as autoridades, pois estavam sem credenciais e aquelas nada sabiam da chegada da legação brasileira. No Volturno não tiveram acesso ao restaurante, pois já passara da hora de funcionamento; a solução para saciar a fome foi aceitar duas latinhas de ração militar fornecidas por alguns funcionários da agência do Banco do Brasil

(AGFEB). Enquanto comiam, respondiam-lhes as perguntas sobre o Brasil. Após a refeição, assistiram a um disparo da artilharia antiaérea, cujas balas verdes subiam como fogos de artifício. Somente às 11 horas Maury, Narbal Costa e Luiz Porto foram dormir, sob um calor sufocante.

Clarice na embaixada em Lisboa

Em Lisboa, Clarice travou contatos com escritores e intelectuais portugueses nos jantares da embaixada, organizados pelo primeiro secretário, o poeta e contista Ribeiro Couto: o crítico João Gaspar Simões, a quem achou muito simpático, a poeta Natércia Freire, que lhe dedicou um poema, e a romancista Maria Archer. O ligeiro sucesso de Clarice, em Lisboa, a deixou exausta: *"Todo mundo é inteligente, é bonito, é educado, dá esmolas e lê livros: mas por que não vão para um inferno qualquer? Eu mesma irei de bom grado se souber que o lugar da 'humanidade sofredora' é no céu."* (TC, 103). Passeando nas ruas, percorreu as livrarias onde deparou-se com muitos livros brasileiros e notou o grande interesse dos portugueses a respeito. A situação de espera e ansiedade talvez a tenha feito experimentar um "desassossego" como havia tempo muito não sentia. *"Mas de algum modo a gente se sente mesmo como se estivesse mesmo em casa – talvez por isso, quem sabe?"* Clarice teve a impressão de que Lisboa devia ser terrível para se viver e trabalhar, o que não a impediu de apreciar as belas paisagens da cidade, especialmente o bairro de Alfama, onde nasceu a cidade.

Clarice avista a baía de Nápoles

Depois de nove dias em Lisboa, ela foi incumbida de servir como correio diplomático da embaixada de Lisboa em Casablanca, no Marrocos. Neste país ela foi encarregada de entregar um documento oficial ao ministro do Brasil, Vasco Leitão da Cunha. De posse do visto, Clarice partiu provavelmente para Casablanca no dia 12 de agosto, onde passou um dia e uma noite. Em seguida foi para Argel, de onde escreveu para suas irmãs no dia 19 de agosto, relatando suas impressões de viagem naquela cidade repleta de soldados ingleses, franceses e americanos. Deu-se conta de sua dificuldade em viajar, disse que achava a natureza toda mais ou menos parecida, as coisas quase iguais: "*Casablanca é bonitinha, mas bem diferente do filme* Casablanca... *As mulheres mais do povo não carregam véu. É engraçado vê-las com manto, véu, e vestido às vezes curto, aparecendo sapatos tipo Carmen Miranda (e soquete).*" Quanto a Lisboa, Clarice disse ter contado os minutos, os dias e as horas, sentiu-se meio chateada. Das pessoas, disse serem "*muitas snobíssimas, de feitio duro e impiedoso, embora jamais sem fazer maldades. Eu acho graça em ouvir falar de nobrezas e aristocracias e me ver sentada no meio delas, com o ar mais gentil e delicado que eu posso achar*". Clarice percebeu o mundo de aparências que a cercava, o que a levou a constatar: "*Nunca vi tanta bobagem séria e irremediável como nesse mês de viagem.*" Mas ela sabia que era preciso reconhecer a "verdadeira pessoa" por trás da máscara; "*por mais protetora dos animais que eu seja, a tarefa é difícil. No meio de tudo, encontram-se, porém, pessoas verdadeiramente interessantes e simpáticas*".

Há um mês na Itália, os pracinhas do primeiro escalão se preparavam para atacar os alemães. Enquanto isso, Narbal Costa telegrafava de Nápoles para a Secretaria de Estado no dia 21 de agosto, expondo as dificuldades que vinha encontrando para a instalação da chancelaria. Nápoles, considerada zona de guerra, estava superlotada, pois por ela transitavam aqueles que se destinavam aos campos de batalha e os que voltavam para repouso ou cura. Com a ajuda das autoridades militares americanas, Narbal Costa requereu um apartamento para nele instalar provisoriamente a chancelaria, como também alojar todo o pessoal do consulado. Outros cônsules passaram pelas mesmas adversidades, como os dos Estados Unidos, Holanda e Grã-Bretanha, e somente os consulados destes países estavam funcionando em Nápoles. A essa altura, Clarice havia deixado Argel e partido de navio para Taranto, em companhia de Vasco Leitão da Cunha e do cunhado Mozart Gurgel Valente, ambos removidos do consulado em Argel para o de Roma. De Taranto, tomou o avião particular do comandante-em-chefe das Forças Aliadas no Mediterrâneo e finalmente chegou a Nápoles. Até adaptar-se à nova cidade, Clarice sonhou muitas noites que tinha de arrumar as malas. Em uma carta a Lúcio Cardoso, contou que a cidade pareceu-lhe suja e desordenada: "*As pessoas parecem morar provisoriamente. E tudo aqui tem uma cor esmaecida, mas não como se tivesse um véu por cima: são as verdadeiras cores*" (TC, 104).

Via Giambattista Pergolesi

À medida que os dias transcorriam, o cônsul Narbal Costa contornava os problemas. Em menos de uma semana havia conseguido um apartamento localizado na Via Gianbattista Pergoless nº 1 A, onde seria instalada a chancelaria e a residência provisória dos funcionários. Graças ao embaixador Murphy, e ao general Sir Maitland Wilson, conselheiro político do comandante supremo aliado para o Mediterrâneo, obteve um automóvel para uso do consulado durante noventa dias. Se dependessem dos bondes, os funcionários do consulado teriam de ficar limitados a um rígido horário. Pela manhã, eles circulavam até as 9 horas e, à tarde, após as 15 horas. Sem contar que o número de bondes em circulação era insuficiente para atender uma cidade superpovoada como Nápoles, principalmente após a chegada do contingente militar aliado. A três dias de encerrar o mês de agosto, Narbal Costa ainda aguardava a vinda do cônsul-geral Vasco Leitão da Cunha para obter o material e os arquivos da repartição do consulado em Nápoles, então sob custódia do governo português.

Os pracinhas e as condições de vida em Nápoles

No mês de setembro a guerra mundial tomava outros rumos. Os alemães perdiam progressivamente os territórios conquistados. Paris, Bruxelas e Bulgária já estavam em poder dos Aliados. Na Itália, o general Mark Clark, comandante do V Exército norte-americano, ao qual a FEB estava subordinada, colocou em linha tropas brasileiras do I e II Batalhões do 6º Regimento de Infantaria para invadirem Massarosa, a oeste de Lucca. O êxito da operação levou os pracinhas a ocuparem depois Camaiore e Monte Prano. Em outubro, eles tomaram Nápoles, enquanto os russos penetraram na Hungria e na Tchecoslováquia. Agora era necessário restituir à normalidade a vida de uma cidade que fora devastada pela guerra: vitimada por bombardeios, saques e escassez de alimentos. O cônsul Narbal Costa enviava ofícios ao ministro interino das Relações Exteriores, Pedro Leão Velloso, colocando-o a par das condições de vida em Nápoles. No dia 3 de outubro, fez-lhe um breve relato das ações do governo militar aliado diante das condições econômicas precárias da cidade italiana. Os preços foram tabelados, a moeda corrente passou a ser a lira de ocupação, que foi estabilizada ao câmbio de cem por dólar, emitida pelo *Allied Military Financial Agency* e impressa nos Estados Unidos. Por ser a representação diplomática de uma nação aliada, o consulado ainda não tinha sido atingido pelas dificuldades, ao contrário da maioria da população. Entretanto, o cônsul temia que, com a partida dos Aliados, a Itália fosse entregue à própria sorte e, por conseguinte, o consulado sentisse o peso de todas as dificuldades. Por isso, pediu ao ministro a inclusão do consulado numa categoria mais alta, para efeitos de representação, bem como um aumento de remuneração para os auxiliares contratados, pois estes mal ganhavam para se alimentar.

Leituras e *O lustre*

Vivendo na zona de combate, Clarice afastava-se dos tormentos causados pela guerra mergulhando nos livros ou indo a algum concerto, onde ouvia Cesar Franck ou Dvorak. Como os museus estavam fechados restava-lhe ver o vulcão Solfatara. Lia em italiano e deliciava-se com "gioia" (júbilo), segundo ela, a palavra mais bonita da língua italiana. Relia *A porta estreita*, de André Gide, e lia embevecida as cartas de Katherine Mansfield. Fascinada pela vida de Katherine, relatava a Lúcio Cardoso suas impressões em setembro de 1944: "*Não pode haver uma vida maior do que a dela e eu não sei o que fazer simplesmente. Que coisa absolutamente extraordinária que ela é!*" Clarice ficou impressionada com a vida trágica da escritora neozelandesa, filha de pais ingleses, vitimada por uma tuberculose que a mataria aos trinta e quatro anos de idade. Uma mulher que deixou sua terra natal e radicou-se em Londres, onde fez e desfez o casamento no mesmo dia, engravidou poucos meses depois em outra ligação amorosa e sofreu um aborto em seguida. E mais, perdeu o irmão na guerra, com quem tinha uma relação de grande amizade. A esta altura, o romance que escreveu em Belém estava concluído e já tinha título: *O lustre*. Clarice comunicava a Lúcio Cardoso a novidade: "*Só falta nele o que eu não posso dizer. Tenho também a impressão de que ele já estava terminando quando eu saí do Brasil; e que eu não considerava completo como uma mãe que olha para a filha enorme e diz: 'Vê-se que ainda não pode casar. Mas é preciso que ela case e que eu fique sozinha olhando flores e passarinhos, sem uma palavra'"* (TC, 102).

Pediu a Lúcio que arranjasse um marido para a "filha" e indicou o nome de um sujeito, a editora José Olympio. Não aceitaria esperar muito tempo para vê-lo publicado, nesse caso pediria a sua irmã, Tania, para arranjar *"algo mais modesto e possivelmente pago – mas rápido, rápido, porque me incomoda um trabalho parado; é como se me impedisse de ir adiante"* (TC, 102). Recomendou-lhe, ainda, que não deixasse de escrever, confessou estar desesperada por não ter recebido nenhuma carta de suas irmãs e deu-lhe o seguinte endereço: Consulado do Brasil – 422 – F.E.B., para que fosse comunicado a elas. Pediu-lhe para entregar as próximas cartas no antigo Banco Germânico que as remeteria para Nápoles. Desde meados de setembro, quando havia escrito esta carta para Lúcio, Clarice tentara em vão enviá-la para o Brasil. No dia 5 de outubro, a carta ainda aguardava um portador. Da janela de seu quarto ela fitava o Mediterrâneo, azul, azul, aguardando alguma carta do Rio.

Perto do coração selvagem é premiado

No Brasil, a Fundação Graça Aranha acabara de premiar *Perto do coração selvagem* como o melhor romance do ano de 1943. Desde que partira do Rio para Nápoles, Clarice acompanhava de longe as críticas que saíam na imprensa sobre seu livro. Em 18 de julho, Antonio Candido ressaltou na *Folha de S. Paulo* o mérito de *Perto do coração selvagem* não ter se contentado com os processos já usados e ter se arriscado numa tentativa mais ousada no aprofundamento da expressão literária. Mesmo abstendo-se da crítica de influências, Candido viu semelhanças entre o livro de Clarice e os "romances de aproximação". Analisando os processos formais e os conteúdos desenvolvidos destacou o capítulo "O banho", que conseguiu de forma mais precisa levar-nos a compreender a protagonista Joana. Ao concluir o artigo, assinalou a atmosfera de grandeza do romance e apostou no talento e na originalidade da jovem escritora.

No dia 6 de agosto, foram publicados dois artigos. Em "Um romance diferente", publicado em *O Diário*, em Belo Horizonte, Oscar Mendes sublinhou que não se tratava de um romance comum, era um livro diferente, não pela temática, mas pela maneira de contar o enredo, de apresentar os personagens, pela novidade que representava no domínio da expressão de sentimentos e sensações. A autora tinha conseguido *"exprimir o inexprimível numa língua que, além do mais, não é a sua língua natal, pois Clarice Lispector é russa de nascimento"*. Pela primeira vez alguém se referia à sua condição de estrangeira. Oscar Mendes destacou também a personalidade esquisita e inconformista de Joana. E finalizou o artigo afirmando que, apesar da autora não ter realizado seu romance de modo perfeito e completo, ele soava *"muito diferentemente da charanguinha de certos romances de senhoras e do 'jazz-band' cacofônico das novelas exacerbadas de certas outras senhoras"*. Já em Perto do coração selvagem, publicado em O Jornal em 6/8/1944, Martins de Almeida assinalou que a autora era dotada de uma surpreendente sensibilidade artística, seu romance era admirável e fugia *"à nossa costumeira narração horizontal"*. Dizendo-se contagiado pela corrente lírica que inundava as páginas desse romance, Almeida apontou como falha os solilóquios, *"às vezes por demais inteligentes com lances de pensamentos abstratos de forma a extrair parte do fundo humano às duas figuras centrais do romance"*.

Com a premiação da Fundação Graça Aranha, Lauro Escorel, jovem diplomata que havia escrito sobre Perto do coração selvagem, publicou um longo artigo no dia 13 de outubro de 1944, em O Jornal, destacando as qualidades do romance. Aludiu à aproximação, feita por parte da crítica, entre o referido romance e as obras de Joyce e Virginia Woolf. Como havia conhecido Clarice, pouco antes dela partir para Nápoles, certamente ouviu da própria autora que não tinha lido os dois romancistas antes de escrever o seu romance de estreia. E mais, o seu título era uma sugestão de um amigo, a partir de uma frase retirada do romance de Joyce. Por isso lançou uma questão incômoda para os simpatizantes da crítica de influências. *"Como explicar, porém, que a Sra. Clarice Lispector tenha empregado no seu romance a técnica de Joyce sem conhecer nenhuma de suas obras?"* Ao tentar responder à questão, Escorel formulou algumas hipóteses que findaram por construir uma nova indagação: "Perto do coração selvagem *não será apenas o registro de um certo estado intelectual e de uma forma particular de sensibilidade que constituem afinal o modo universal de ser do homem moderno?"* Ao evocar a personagem Joana, Escorel procurou dissecar todos os ângulos de sua alma. O seu drama fundamental era a nostalgia da infância. A infância para Joana era *"um estado de inocência que aspira todo o seu ser, um estado de comunhão com a vida, de inconsciência cósmica, de participação integral no mistério do mundo, algo que se situa (...) acima do tempo".* Seu desejo era libertar-se de sua consciência que a distanciava dos outros, condenando-a a uma invencível solidão. Quanto a Clarice, não hesitou em afirmar que eram pelos *"caminhos vivos da sensibilidade que a romancista se corresponde com a vida".* No dia 18 de outubro, o cônsul Narbal Costa enviou um telegrama à Secretaria de Estado, em nome de Clarice, no qual ela agradecia a premiação aos membros da Fundação Graça Aranha.

Mozart e Eliane casam-se

No território italiano, as tropas brasileiras enfrentavam sérios problemas. Após a tentativa malograda de retirarem os alemães de Castelnuovo di Garfagnana, os pracinhas foram deslocados, no início de novembro, para Porreta Terme. As três tentativas de tomar o monte dos alemães fracassaram. Com a chegada do inverno, os soldados brasileiros tiveram de interromper os combates e aguardar que a temperatura subisse. A trégua na batalha dos Aliados contra os alemães coincidia com um momento de confraternização no consulado brasileiro em Nápoles. É que no dia 18 de dezembro, às 12h30, o vice-cônsul Mozart Gurgel Valente casava-se com a francesa naturalizada brasileira Eliane Pauline Weil; tendo Maury, seu irmão caçula, como testemunha. Mozart fora removido provisioriamente, no final de outubro, de Argel para a embaixada do Vaticano, em Roma.

Monte Castelo e *O lustre*

Nos primeiros meses de 1945, enquanto os americanos tomavam Belvedere, os pracinhas conquistavam finalmente Monte Castelo, que custara a vida de centenas de brasileiros. As sucessivas vitórias dos Aliados levavam a crer que em breve os alemães se renderiam. No Brasil iniciava-se o lançamento das candidaturas à presidência da República: Eurico Gaspar Dutra, candidato do governo, e o brigadeiro Eduardo Gomes, da recém-

-criada União Democrática Nacional (UDN). Até o poeta Manuel Bandeira arriscou uns versos em favor do candidato da UDN. Numa carta a Clarice, datada do dia 20 de março, Bandeira enviou três poemas políticos inspirados na comoção democrática que sacudia o Brasil. Entre estes, "O brigadeiro", lido por Chico Barbosa num comício realizado em Belo Horizonte. O poeta fez questão de dizer que gostou de ter recebido a carta de Clarice, mas a advertiu para não chamá-lo de senhor: *"Pelas chagas de Cristo lhe peço que se esqueça dos malditos quarenta anos que separam as nossas idades!"* Bandeira enviou-lhe a última edição das *Poesias completas* e também os *Poemas traduzidos* e pediu-lhe que entregasse outros livros a amigos seus. Ao despedir-se, deixou transparecer o carinho que sentia por Clarice: *"Receba as minhas saudades e recomende-me ao cônsul, feliz companheiro dessa joia que é você. Muito seu, Manuel Bandeira."* Outra carta enviada no final de 1944 foi a de Lúcio Cardoso. Em resposta às queixas de Clarice pedindo-lhe para não esquecê-la e exigindo que lhe escrevesse, Lúcio justificou-se: *"Sou realmente muito seu amigo e sentiria muito se você não acreditasse nisto. E se nem sempre tenho escrito cartas, acho que tenho por outros meios procurado provar em tudo, não?"* Disse também que tinha vontade de ler o novo romance de Clarice. Quanto ao título, *O lustre*, gostou, mas não muito. *"Acho meio mansfieldiano e um tanto pobre para uma pessoa tão rica como você."* Pediu para que Clarice não deixasse de escrever cartas tão lindas e tão naturais. E prometeu: *"Outra carta que receber sua responderei com um testamento de vinte páginas."* A resposta de Clarice não tardou a chegar em janeiro de 1945. Dizendo-se feliz por ter recebido sua carta, ela confessou ter ficado chateada por ele não ter gostado do título de seu novo romance: *"Exatamente pelo que você não gostou, pela pobreza dele, é que eu gosto. Nunca consegui mesmo convencer você de que eu sou pobre...; infelizmente quanto mais pobre, com mais enfeites me enfeito. No dia em que eu conseguir uma forma tão pobre quanto eu o sou por dentro, em vez de carta, parece que já lhe disse, você recebe uma caixinha cheia de pó de Clarice."*

Clarice supunha que Lúcio achava o título mansfieldiano porque sabia que ela estava lendo as cartas de Katherine Mansfield; do que ela discordava. Naquele momento estava lendo *Poussière* e Proust, este em francês, *A sombra das raparigas em flor*, como traduziram os portugueses. Recebeu da irmã Elisa *O vento da noite*, tradução feita por Lúcio dos poemas de Emily Brontë, mas ainda não havia lido por falta de tempo. A impaciência a impedia de trabalhar. Pedia, então, a Lúcio, que a animasse. Ela continuava duvidando que o amigo lhe escreveria. Disse também que ia posar para uma pintora brasileira que residia havia muitos anos na Itália, Zina Aita, que participou da Semana de Arte Moderna. *"Acha com certeza meu rosto 'característico', como já disseram tantas vezes sem dizer característico de quê. Com certeza é qualquer coisa feia."* Clarice finalizou a carta lembrando a Lúcio a promessa que lhe tinha feito: *"Me escreva as vinte páginas que você prometeu, ou mesmo, duas ou três apenas. Não seja egoísta nem preguiçoso, isso me ofende."* Em seguida, Lúcio Cardoso respondeu a Clarice enviando-lhe a sua novela, *Inácio*. Ao recebê-la, Clarice leu imediatamente a primeira página, tal era sua curiosidade. Ao responder a carta ao amigo em 7 de fevereiro revelou a felicidade em poder ler seu novo livro. *"Estou tão contente. Vou ler, vou ler, vou ler, vou ler..."* Falou-lhe também que tinha lido os poemas de Emily Brontë: *"Como ela me compreende, Lúcio, tenho vontade de dizer assim. Há tanto tempo que eu não lia poesia, tinha a impressão de ter entrado no céu, ao ar livre. Fiquei com vontade de chorar mas felizmente não chorei porque quando choro fico tão consolada, e eu não quero me consolar dela; nem de mim."*

Clarice visita os feridos no hospital

Aludiu ao trabalho que vinha realizando no hospital americano prestando solidariedade aos soldados brasileiros feridos em combate. Nas visitas diárias, conversava com os doentes e procurava ajudá-los no que fosse necessário. Quando deixava de ir ao hospital ficava aborrecida, *"tanto os doentes já me esperam, tanto eu mesma tenho saudade deles"*. O trabalho voluntário prestado por Clarice na Seção de Serviço Social de Saúde da F.E.B. foi reconhecido oficialmente pelo chefe da Seção Brasileira de Hospitalização em Nápoles. Num ofício datado no dia 17 de abril de 1945, o dr. Sette Ramalho, tenente-coronel médico, agradeceu-lhe a colaboração. *"Nunca seriam demais as palavras que eu poderia dirigir a V. Exª para expressar a minha admiração pela contribuição que trouxe a todos nós nestes momentos em que o Brasil precisa tanto de seus filhos."*

A bandeira da paz

Na manhã de 1º de maio de 1945 foi hasteada a bandeira vermelha na entrada do edifício do Reichstag, isso significava a derrota de Hitler. O dia mais esperado pela humanidade enfim chegara, agora já era possível sonhar com a paz. Na Itália, o V Exército dava por encerrada a campanha, no dia 2 de maio. Terminava a guerra na Europa com a vitória dos Aliados. Em Roma, Clarice posava para o pintor De Chirico quando um jornaleiro gritou: *É finita la guerra!* Clarice deu um grito, o pintor interrompeu o trabalho, comentou a falta de alegria dos italianos com a tão esperada notícia e continuou a pintar. Pouco depois ela perguntou-lhe se gostava de ter discípulos; ele disse que sim e pretendia convidá-los para trabalhar quando a guerra acabasse. "*Mas a guerra já acabou!*", disse-lhe Clarice. A resposta do pintor vinha, certamente, do hábito de repeti-la por tantos anos. Mesmo feliz com a notícia, Clarice teve uma sensação semelhante à dos italianos. Numa carta a suas irmãs, comentou que pensava que ficaria zonza alguns dias após o fim da guerra. "*Aposto que no Brasil a alegria foi maior. Aqui não houve comemorações senão feriado ontem, é que veio tão lentamente esse fim, o povo está tão cansado (...) que ninguém se emocionou demais.*" Os italianos tinham sido vencidos e por isso não tinham muito o que comemorar. O *Duce* estava morto.

Em Nápoles, Clarice procurava se adaptar ao ambiente em que vivia. As cartas que recebia de suas irmãs e dos amigos como Ribeiro Couto e Lúcio Cardoso serviam de alento, mas não eram suficientes para impedi-la de sentir-se irritada, deprimida; de ter a sensação de estar completamente exaurida. Não poder conversar com suas irmãs a deixava abalada. Nas inúmeras cartas escritas para Elisa e Tania, confessava o seu desânimo em 1º de setembro de 1945: "*Tudo o que tenho é a nostalgia que vem de uma vida sensível, de talvez uma vocação errada ou forçada. (...) Meus problemas são os de uma pessoa de alma doente e não podem ser compreendidos por pessoas, graças a Deus, sãs.*" Após o término da guerra, Clarice conheceu Florença e achou-a linda, apesar de tê-la imaginado mais bonita ainda como confessou em uma carta de 26 de novembro às irmãs: "*Vi coisas de Michelangelo, de Botticelli, de Rafael, de Benevenuto Cellini, de Brunelleschi, de Donatello que eu gosto mais do que de Michelangelo (...)*" Sentia-se angustiada por não poder visitar os museus e as galerias com Elisa e Tania. Depois de ver tantas obras de arte, sentia-se "abafada", a ponto de respirar aliviada quando uma determinada galeria estava fechada por causa da guerra, era menos uma para se ver: *"Todas essas coisas que eu vi me dão um certo tipo de experiência que talvez continue sempre indecifrável (– uma pedra no meio do caminho, diria talvez Carlos Drummond de Andrade). A cidade toda vive do passado, da tradição – e materialmente (em tempos normais, nos quais ainda não estamos) de turismo. Estamos num hotel requisitado, a janela do nosso quarto dá para o rio Arno. Tem ruas estreitinhas, antigas, quase escuras."*

Dilermando e Clarice, um amor de verdade

Um dia, andando pelas ruas de Nápoles, viu um cachorro vira-lata. Ele ficou alvoroçado ao vê-la e começou a abanar o rabo. Clarice apaixonou-se pelo cachorro e decidiu comprá-lo. Fechado o negócio, tratou de dar-lhe um nome: Dilermando foi o escolhido. Depois de alimentado, o cão passou o dia inteiro olhando para Clarice e abanando o rabo. A felicidade estava estampada no rosto do cachorro. Dilermando vivia atrás de sua dona, passava o dia cheirando as coisas e comendo em excesso. Na hora de tomar banho, o cachorro dava um jeitinho de fugir da banheira todo ensaboado, o que levou Clarice a se contentar em lhe dar apenas dois banhos por semana e não diariamente como planejara. Ao sentir o cheiro do perfume Vert et Blanc, Dilermando se agitava, sabia que era o perfume de sua dona. Ter um cão foi uma revelação para Clarice, sentir a matéria de que era feito, sua burrice cheia de doçura, seu modo peculiar de compreender os outros. Não precisar reparti-lo com ninguém proporcionava a Clarice uma sensação muito agradável. Nápoles não era mais a mesma cidade depois do encontro entre Clarice e Dilermando.

Além da fronteira e *O lustre*

No Brasil, os amigos sabiam que *O lustre* estava prestes a ser publicado. De alguma maneira Clarice estava presente na imprensa, seja através de notas a seu respeito, seja colaborando em algum suplemento literário, como o *Letras e Artes*, do jornal *A Manhã*, em que publicou, em agosto, o conto *"O crime"*. Ao escrever para Clarice em 23 de novembro, Manuel Bandeira disse-lhe que estava esperando com grande curiosidade o novo livro. Segundo ele, Alceu Amoroso Lima andava dizendo que este era ainda melhor do que o primeiro. Bandeira também comentou sobre a antologia de poetas bissextos que iria publicar e lamentou não ter alguns daqueles poemas que a amiga mostrou-lhe um dia. "*Você é poeta, Clarice querida. Até hoje tenho remorso do que disse a respeito dos versos que você me mostrou. Você interpretou mal as minhas palavras. Você tem peixinhos nos olhos: você é bissexta: faça versos, Clarice, e se lembre de mim.*" Numa demonstração de carinho, citou o último verso de uma quadrinha feita em homenagem à amiga, pois não sabia onde tinha guardado. *"Clara... Clarinha... Clarice."* De Lisboa, Ribeiro Couto continuava demonstrando interesse pelo trabalho de Clarice. Seja divulgando-o ao enviar *Perto do coração selvagem* ao crítico João Gaspar Simões, ou às escritoras portuguesas, como Natércia Freire, seja pedindo notícias sobre *O lustre*. Mas enquanto Clarice aguardava o lançamento do segundo romance, sua irmã Elisa Lispector acabava de publicar *Além da fronteira*, pela editora Leitura. Elisa, então com 34 anos, fazia sua estreia em silêncio. A própria irmã, Tania, não sabia que ela estava escrevendo um livro. Talvez em função de seu temperamento reservado, Elisa não tenha revelado antes que, como sua irmã caçula, também gostava de escrever. O romance foi dedicado à memória do pai, Pedro Lispector. O personagem principal, Sérgio, era um jornalista que vivia longe de seu país de origem; um escritor em busca de uma editora para publicar sua obra que era *"ao gosto do público"*. Atormentado pelas lembranças do passado, ele vivia à procura de si mesmo e de um sentido para a vida: "(...) *ao observar de passagem, os lares tranquilos nos quais as pessoas se moviam com a lentidão sonolenta de barcos oscilando na calma dos ancoradouros, afastava-se desencorajado, para continuar a investir, continuar a perder-se.*" De uma forma silenciosa, Elisa publicava seu primeiro livro dois anos após a estreia de Clarice. Se haveria espaço para duas Lispector na literatura brasileira só o tempo poderia dizer.

No final de 1945, Maury foi promovido à classe K, após ter obtido notas máximas no "boletim de merecimento". Clarice, por outro lado, também foi bem-sucedida em sua carreira literária. O romance de estreia foi bem acolhido pela crítica; o segundo romance, prestes a ser publicado, estava sendo aguardado ansiosamente pelos colegas escritores. O contato com a cultura italiana alargara os horizontes de Clarice. A oportunidade de conhecer pintores como De Chirico, Zina Aita e Leonor Fini, de quem gostou especialmente, estimulou mais ainda seu gosto pela pintura. Após ser retratada por De Chirico e Zina Aita, ela passou a apreciar a arte do retrato. Quanto aos escritores, aproximou-se de Giuseppe Ungaretti, um admirador da poesia brasileira, que traduziu algumas páginas de *Perto do coração selvagem*. Ao conceder uma entrevista a um jornal brasileiro, em dezembro de 1945, ela demonstrou estar atenta à produção intelectual da Itália. Os italianos devotavam um interesse particular pelo romance social, especialmente os mais jovens. Nas revistas e nos jornais, constatou a predominância dos poetas franceses da resistência, muitos deles conhecidos no Brasil. E citou Jean Paul Sartre como um escritor significativo no meio intelectual da Europa do pós-guerra. Nesse período um tanto árido, quando procurava adaptar-se a um ambiente completamente diferente do que até então vivera, compartilhava com Maury o afeto e a amizade dos cunhados Mozart e Eliane. Para atenuar as saudades do Brasil, só mesmo cultivando outras amizades e, de preferência, com outros brasileiros. Foi assim com o escritor e diplomata Ribeiro Couto, que sempre lhe escrevia de Portugal; e com o jornalista e cronista Rubem Braga, correspondente de guerra do *Diário Carioca*, na Itália.

Clarice volta ao Rio

No dia 8 de março de 1946, foi publicado no *Diário Oficial* a remoção de Maury para Berna. Antes de partir para a Suíça, Clarice viajou para o Rio de Janeiro, via Roma, por volta do dia 18 de janeiro. Atuando como correio diplomático do Ministério das Relações Exteriores, aproveitou a ocasião para lançar seu segundo romance, *O lustre*, pela editora Agir. Durante os dois meses em que ficou no Rio, pôde rever as irmãs, os velhos e novos amigos, como o jornalista Rubem Braga, que lhe apresentou o jovem escritor mineiro, de apenas vinte e dois anos, Fernando Sabino, autor de um livro de contos e de um romance, *A marca*. Em 1943, quando morava em Belo Horizonte, Fernando Sabino recebeu um exemplar, com dedicatória, de *Perto do coração selvagem*, ignorando quem era a autora.

A partir do momento em que a conheceu, tornou-se imediatamente seu amigo, passando a vê-la diariamente. Os amigos mineiros de Fernando, recém-chegados ao Rio, também foram apresentados a Clarice: Paulo Mendes Campos e Otto Lara Resende. As novas amizades pareciam ter chegado para ficar. Quando a saudade do Rio estava quase estancada haviam se passado dois meses e chegava a hora de Clarice retornar a Nápoles. No dia 21 de março, o Ministério das Relações Exteriores concedeu-lhe imunidade diplomática para que pudesse retornar à Itália como correio diplomático. Chegando a Nápoles, Maury acabava de realizar os últimos preparativos para a viagem. As enormes dificuldades de transporte e a proibição de cachorros nos hotéis da Suíça impediram Clarice de levar consigo o seu adorado cão Dilermando. Restou-lhe escolher uma nova dona para ele. Ao despedir-se com lágrimas, notou que Dilermando também parecia estar chorando.

Na primeira quinzena de abril, o casal partiu de Nápoles, quando a primavera já se insinuava na paisagem. Clarice não sabia o que a esperava. Conta a lenda que na origem da cidade de Berna está um sinal de bom augúrio. Fundou-se a cidade no local em que, um dia, foi encontrado um urso. Quem sabe os ursos de Berna a fariam esquecer o cachorro que tanto a amava. Quem sabe uma cidade que tinha por símbolo um animal pudesse despertar a nostalgia de ser bicho, que a acompanhava desde pequena.

Diário de bordo – Rio de Janeiro, 1990-1993

O Arquivo Histórico do Itamaraty mais uma vez foi fundamental para mapear um posto diplomático de Maury Gurgel Valente através da consulta dos "Ofícios recebidos" entre 1946-1949 e das "Cartas-Telegramas" (1946-1951). A correspondência de Clarice Lispector com as irmãs e os amigos Lúcio Cardoso, Bluma Wainer e João Cabral de Melo Neto foi outro material significativo. Naquela época essa correspondência era inédita, somente disponível no ACL, do AMLB-FCRB. As poucas cartas disponíveis de Clarice Lispector, em torno de vinte e quatro, tinham sido publicadas em *Esboço para um possível retrato*, de Olga Borelli. Nesse livro foram incluídas as doze cartas doadas por Tania Kaufmann à Biblioteca Nacional. A epistolografia de Clarice Lispector só começou a ser publicada a partir de 2002 quando a Rocco editou *Correspondências,* que iniciou a segunda etapa do projeto editorial conforme expliquei na apresentação. Outro material imprescindível foram as crônicas autobiográficas publicadas na primeira edição de *A descoberta do mundo* (1987) pela Nova Fronteira. Esse conjunto de documentos permitiu mapear os três anos em que o casal viveu na Suíça.

BERNA, 1946-1949

Quando Clarice e Maury chegaram ao Hotel Bellevue-Palace, o peixe no aquário do terraço anunciava a primavera. O clima do pós-guerra vivenciado em Nápoles inexistia em Berna. A neutralidade da Suíça na Segunda Guerra Mundial garantia-lhe uma posição privilegiada no continente europeu. Detentora da moeda mais forte do continente – o franco suíço –, ela tinha amplas possibilidades de dirigir as atividades de trânsito anteriormente exercidas pelos centros comerciais italianos, franceses e alemães. Na Legação do Brasil em Berna, localizada na rua Seminarstrasse, 30, Maury assumiu as funções de segundo-secretário, no dia 15 de abril de 1946. Foi empossado pelo ministro extraordinário e plenipotenciário, Mário Moreira da Silva. Além do casal Gurgel Valente, faziam parte da legação o referido ministro e sua família, a esposa Noemia e os quatro filhos: Marcelo, Maria Nicia, Marcio e Marcílio. O primeiro-secretário Oscar Pires do Rio e os empregados encarregados dos serviços domésticos, Simon de la Iglesia e Lise-Lotte Tinoco de Mattos.

As primeiras impressões de Berna eram registradas nas cartas que Clarice enviava às irmãs. O silêncio terrível da cidade a inquietava. Ela tinha a sensação de que todas as casas estavam vazias. Quando chegavam as cartas de Bluma Wainer, o silêncio era suspenso com uma avalanche de notícias e lembranças. Os passeios em Paris, em companhia de Samuel e Bluma, ainda estavam bem vivos na memória de Clarice. A caixinha de música que ela dera a Bluma tocava diversas vezes na Cidade-Luz. Nas cartas, Bluma confessava a imensa alegria e o enorme carinho que nutria por Clarice. Naquele momento, *O lustre* começava a suscitar os primeiros comentários dos críticos e amigos. Em carta datada no dia 25 de maio, o escritor e diplomata Paschoal Carlos Magno sugeriu que *O lustre* fosse traduzido e, mais, recomendou uma tradutora, sua secretária na embaixada. Em 15 de fevereiro de 1946, Sérgio Milliet escreveu um artigo entusiasmado exaltando o estilo exuberante da autora e sua capacidade de dar um sentido imprevisto às palavras. Destacou, também, o comentário registrado na orelha de *O lustre*, que entre outras coisas dizia que Clarice Lispector estava numa trágica solidão na literatura brasileira. Dessa forma, Milliet endossava as palavras do autor da orelha do livro, Alceu Amoroso Lima, ao constatar que a jovem autora escrevia numa clave diferente.

O lustre na imprensa brasileira

Os comentários em torno de *O lustre* chegavam até Clarice na distante Berna. O amigo Fernando Sabino em 5 de maio de 1946 lamentava o silêncio da crítica em torno do livro. Os que escreviam só tinham olhos para o livro de estreia do diplomata João Guimarães Rosa: *Sagarana*. O jovem autor tinha sido descoberto por Álvaro Lins que, segundo Sabino, "*estava lendo* O lustre *com ligeiras indisposições facilmente adivinháveis*". Aproveitando a ocasião, Sabino comunicou sua ida para os Estados Unidos, onde trabalharia como auxiliar do escritório comercial do Brasil, em Nova York. Poucos dias depois, Clarice leu a crítica de Álvaro Lins. Ao tecer comentários sobre *O lustre*, em maio, Lins viu no romance uma continuação de *Perto do coração selvagem*. Repetiram-se as qualidades e as deficiências. Apesar de Clarice Lispector ser dotada do primeiro atributo para ser uma romancista, ou seja, uma personalidade original, uma natureza particular e inconfundível, seu romance, tal como o primeiro, era mutilado e incompleto. As qualidades do livro, audaciosa combinação dos vocábulos, criação de imagens inesperadas, estavam contaminadas por uma excessiva exuberância verbal "*que tende a gerar um verdadeiro verbalismo*".

A crítica de Álvaro Lins deixou Clarice chateada. Foi o que confessou na carta escrita às irmãs em 8 de maio. O silêncio em torno de seu novo romance pareceu-lhe incompreensível. Segundo o seu ponto de vista, um crítico que elogiou o primeiro livro de um autor tem a obrigação de "*anotar pelo menos o segundo destruindo-o ou aceitando-o*". Ansiosa por ler mais comentários sobre *O lustre*, perguntou se Antonio Candido havia escrito algo sobre seu livro. Nos intervalos das correspondências, Clarice tentava escrever. O texto não fluía com facilidade. Seu trabalho de elaboração era tão exaustivo que não conseguia realizá-lo após o término de mais uma etapa. Sentindo-se permanentemente cansada, tinha a impressão de que sua tendência era a de *"pensar apenas e não trabalhar nada"*. Ao escrever às irmãs, Clarice pensava alto. Falava do dia a dia, de sua insegurança no trabalho e confessava o seu desejo mais obscuro, o de dar sua cabeça para alguém dirigir: *"hoje faça isso, hoje corte isso, hoje aperfeiçoe isso, isto está bom, isto está ruim."* Quatro dias após a última carta, Clarice voltava a escrever para às irmãs em 12 de maio. Ela tinha tentado parar de fumar, apesar de saber que a ausência de cigarro a deixava feito uma criança, com uma sensibilidade terrível. O cigarro lhe dava paciência. Não sabia se pelo fato de fumar ou porque ficava pensando e repensando, tentando resolver mentalmente todos os problemas, estava ficando sem memória. *"Mas estou fumando menos. Mas como não fumar? O calor humano é tão parco... Eu fumo então."* Sem companhia, Clarice procurava ler constantemente, buscando nos livros uma resposta sobre as coisas que lhe pareciam confusas. Os passeios à beira do rio Aar e as idas ao jardim zoológico proporcionavam-lhe momentos de felicidade. O desejo de ter um cachorro não era mais cogitado, pois tinha prometido a si mesma que nunca mais teria um, para não ter que abandoná-lo: *"Seria infidelidade com Dilermando, o pobre napolitano."*

Fernando Sabino

Fernando Sabino escrevia uma carta por mês de Nova York, na de 6 de julho mostrou-se interessado pelo novo livro que Clarice escrevia e ciente do quanto o exílio em Berna a afetava, a ponto de interferir em seu trabalho, aproveitava a ocasião para ajudá-la a não se sentir um peixe fora d'água e expressar a admiração e o respeito que lhe devotava:

"Não concordo com você quando diz que faz arte apenas porque tem um temperamento infeliz e doidinho. Tenho uma grande, uma enorme esperança em você e já te disse que você avançou na frente de todos nós, passou pela janela, na frente de todos. Apenas desejo intensamente que você não avance demais, para não cair do outro lado. Você tem de ser equilibrista até o fim da vida."

Os pequenos passeios pelas cidades suíças também faziam parte do dia a dia de Clarice. Em Lausanne, sentada no parapeito do lago Leman, começou a escrever uma carta para Tania e Elisa no dia 13 de julho. Na véspera, recebera a carta das irmãs e a colocara junto do coração para sentir o seu calor, até que acabara dormindo com a carta. Agora, ao respondê-la, a mantinha na mesma posição. Tentava descrever a paisagem em torno do lago. Uma orquestra tocando, o hotel du Port, montanhas, uma criança comendo biscoito... *"Isso que eu estou sentindo pode-se chamar de felicidade. (...) É pena que não se possa dar o que se sente, porque eu gostaria de dar a vocês o que sinto como uma flor."* Antes de escrever a carta, ela havia visto uma exposição de Van Gogh. Ao ver o pequeno quadro, *Vers le soir*, de Karsen, sentiu-se completamente dominada por ele.

"É uma casa ao cair da noite. Não posso descrever. Tem umas escadas, umas heras, o branco é azulado e tudo um pouco escuro, tem umas estacas – é um fim de caminho com mato. Gosto de muitas coisas, mas de repente uma coisa é o que a gente está vendo, vendo, e acima dela não existe mais nada, pelo menos por um instante, não sei se estou me explicando bem."

A tentativa de retratar o lago Leman, a seu ver, foi malograda. Ao finalizar a carta, expressou seu desejo: *"Que Deus abençoe vocês e lhe dê uma alma luminosa. A paz esteja com vocês, minhas queridas."*

Artigos sobre *O lustre*

Enquanto isso, em Paris, Bluma Wainer escrevia-lhe comunicando a mudança para um hotel localizado em Montparnasse. A caixinha de música que ganhou de Clarice voltou a tocar no novo endereço. Suas cartas bem-humoradas e repletas de novidades davam um novo alento aos dias cinzentos da casa da rua Ostring, 58, para onde Clarice e Maury haviam se mudado. De Boston, escrevia o amigo Lauro Escorel falando de seus planos de frequentar um curso de literatura e aproveitar o tempo disponível para fazer boas leituras e visitar museus. Com a carta, Lauro enviou um artigo de Gilda de Mello e Souza publicado em *O Estado de S. Paulo*, no dia 14 de julho sobre *O lustre*. A autora disse que era casada com Antonio Candido e tinha lido o livro com grande simpatia. Gilda achou o segundo romance de Clarice mais significativo do que o primeiro. Como os outros críticos, teceu elogios à originalidade e ao estilo da romancista. O objetivo de Clarice Lispector era traduzir o que existia de complexo e contraditório no mundo: "*Em cada objeto vê, não o que o iguala a outros objetos, mas o que o diferencia.*" Mas a certa altura, Gilda indagou-se, utilizando características da poesia para criar uma atmosfera de raridade emocional, a romancista não teria traído a característica principal do romance, que é ser romanesco e discursivo? Em outra observação referiu-se ao abuso de qualificativos. Lauro Escorel concordou com a observação de Gilda e pediu desculpas por estar apontando falhas e dando conselhos. No entanto, ele elogiou o propósito de Clarice de renovação da linguagem, de criar uma fala própria, e acreditava que seus romances marcavam época na literatura brasileira. Gilda de Mello e Souza concluía o seu artigo situando O *lustre* como um romance simbólico. As observações de Gilda aproximavam-se de uma parte da crítica que via a utilização de recursos da poesia como um traço negativo do estilo clariceano, opinião não compartilhada por aqueles que enalteciam a riqueza poética da autora.

Carta de Fernando Sabino

Entre uma crítica e outra, chegavam mais cartas a Berna. Fernando Sabino mantinha sua correspondência em dia. Em carta de 3 agosto, preocupado com o desânimo de Clarice, tentava ajudá-la a sair da má fase: "*É horrível mesmo ver você presa a um círculo de giz. Sei que é uma fase, porque você disse que interrompeu seu trabalho, achando que é talvez para sempre.*" No Rio de Janeiro, os amigos não se esqueciam dela, nem poderiam, pois seu nome aparecia frequentemente nas críticas e crônicas literárias, citado, também, a propósito de outros autores. Manuel Bandeira lembrava-se de Clarice. Recebia notícias de Berna num cartão-postal. Em resposta, em 13 de agosto, dizia-lhe o que acontecera ao poeta e diplomata Ribeiro Couto, então servindo em Genebra, de quem recebera uma carta melancólica e desanimada que o espantou. Parece que os ares da Suíça predispunham a crises de melancolia e depressão. Ao falar de literatura, Bandeira recordou uma viagem de ônibus a Copacabana ao lado de Clarice: "*Você falou de si mesma e de literatura, mas fui eu que provoquei, porque me interessava conhecer o mecanismo de suas criações.*" Sobre O *lustre*, não fez nenhum comentário.

Entre tantas cartas chegadas a Berna, as de Bluma Wainer eram as mais constantes. As notícias de Paris misturavam-se às do Brasil. Bluma falava dos últimos acontecimentos no governo do general Eurico Gaspar Dutra em 2 de setembro: *"Tiros, prisões, feridos."* Concluía que a ditadura militar estava prestes a instalar-se no Brasil. Apesar disso, mantinha palavras carinhosas e reconfortantes e enviava fotos, sem deixar de dizer que *"a linda caixinha de música que você me deu, está aqui perto de mim e manda lembranças cantadas".*

Nem todos os amigos respondiam às cartas de Clarice. Ela queixava-se. A Fernando Sabino disse não ter recebido resposta de uma carta que enviou a Paulo Mendes Campos. Este, avisado por Sabino, resolveu esclarecer a situação. Escreveu para Clarice em outubro dizendo que sua carta maternal não o magoara. Quanto à falta de resposta, alegou ter escrito e se a carta não havia chegado às suas mãos era porque certamente havia sido extraviada. Sempre interessado nas produções literárias de Clarice, Fernando Sabino pediu-lhe que enviasse o conto "O crime". Quando o leu teve as melhores impressões. Achou-o bem escrito e fez sugestões, tais como substituir a palavra saco, que soava desagradável. Segundo ele, Clarice estava escrevendo bem, sem precipitação, com estilo seguro. A explicação estava talvez naquilo que Mário de Andrade lhe dizia, que agora ela estava sofrendo bem, e não muito, fato que tinha influência na escrita. Além de Paulo Mendes Campos, outro que ficava um longo tempo sem escrever era Lúcio Cardoso. Clarice procurava retomar o contato travando um diálogo imaginário carregado de ironia em 31 de outubro: "Alô, Lúcio, isto é apenas para perguntar como você vai. (...) *Que você tem me escrito muito? Sim, recebo sempre suas cartas."* Mas quando escrevia para sua única sobrinha, Marcia, filha de Tania, em 26 de novembro, ela demonstrava todo o seu afeto: *"Titia Clarice gosta muito mesmo de você."* E aproveitava para contar uma "historieta" bem interessante, sobre um personagem chamado *Menino de Sá,* do qual ela já contara outra história em cartas anteriores.

O Natal em Paris

O final do ano aproximava-se. Maury e Clarice decidiram passar o Natal em Paris, ao lado de Bluma e Samuel Wainer. Novos amigos incorporaram-se ao grupo: o jurista e professor da Faculdade Nacional de Direito onde Clarice estudara, San Tiago Dantas, e o poeta Augusto Frederico Schmidt, acompanhado da esposa Ieda. Clarice não podia imaginar que um dia poderia reencontrar o poeta numa ocasião tão especial como aquela. Ela jamais se esquecera do dia em que o havia entrevistado, nem tão pouco de seu poema "Cânticos para adolescentes". Percorrendo os *night-clubs* de Paris, todos deixaram-se envolver pelos violinos e pela boa bebida. Clarice não sabia beber. Quando o fazia ficava sonolenta ou com vontade de chorar. À medida que bebia *"começava a dizer coisas, a ficar brilhante"*. Ao amanhecer, o grupo resolveu voltar para casa. No caminho, San Tiago Dantas descobriu uma vendedora de flores numa das esquinas e cobriu Clarice de rosas. À medida que ela andava as rosas caíam pelo chão. No dia seguinte, ao despertar, de ressaca, Clarice pediu para Maury encomendar um café bem forte ao garçom. Com o café chegaram mais rosas enviadas por San Tiago. Pouco depois, ele telefonava convidando-os a juntarem-se ao grupo para o almoço. Mas já era hora de voltar para Berna. O retorno a Paris tinha sido gratificante. O contato com San Tiago Dantas e o poeta Schmidt, a consolidação da amizade com Bluma. Clarice sentia-se outra pessoa. Divertia-se, dizia mentiras, era gentil, falava demais e, no entanto, tinha a sensação de que quem fazia tudo isso era outra mulher e não ela mesma. Ao escrever de Paris para as irmãs, em janeiro de 1947, justificava-se por não estar escrevendo-lhes com mais frequência. Não que ela não tivesse tempo de escrever, ao contrário, é que *"escrever para vocês pediria uma concentração que estou evitando – porque se eu me concentrar uma vez, passo a não querer ver tanta gente e a estragar o programa"*. Ao retornar a Berna, Clarice e Maury providenciaram a mudança para uma casa localizada na rua Gerechtigkeitgasse, 48, situada na parte velha da cidade. Defronte à casa ficava a estátua da justiça e o quarto de Clarice dava para os telhados, o que facilitava as visitas constantes dos gatos. Os pardais espalhados pela vizinhança davam um toque bucólico transformando sua casa num ambiente tranquilo e singelo.

Bluma Wainer

Em poucos dias, Clarice retomou a correspondência com Bluma. Esta dizia à amiga ainda não saber ao certo como ela era, pois Clarice parecia esconder-se. Enquanto Bluma tentava decifrar quem era Clarice, San Tiago Dantas escrevia-lhe, em fevereiro de 1947, antes de deixar Paris. Para ele, conhecer o casal Valente foi *"uma das coisas que eu fiquei devendo a esta viagem, e que mais teria pena de perder"*. San Tiago considerava a amizade de Clarice preciosa; a recíproca era verdadeira. Entre uma carta e outra, Clarice procurava distrair-se nos cinemas, matava sua curiosidade nas cartomantes e tentava escrever um novo livro. As cartas continuavam sendo seu elo de ligação com o mundo. Algumas equivaliam a um buquê de flores, tal a quantidade de palavras ternas e encantadoras, como a carta de Sylvia Ferreira, filha de Alceu Amoroso Lima, em 28 de fevereiro, que a conhecera em Paris por ocasião de um jantar num restaurante oferecido por San Tiago Dantas. Sylvia saiu de Paris sem se despedir de Clarice, mas resolveu escrever-lhe confessando: "(...) *raras pessoas têm feito sobre mim uma impressão tão profunda quanto você.*" Curiosa para ler os romances de Clarice, Sylvia escreveu também para Octavio de Faria para que ele os enviasse e pediu-lhe sua opinião sobre ela. Aquela noite em Paris, de fato, marcara a filha de Alceu Amoroso Lima. Na carta dizia-se encantada pela "graça", pelo "charme" e pela "inteligência" de Clarice.

Morando desde março no novo apartamento, Clarice recebeu Bluma por uns dias. Bluma escutava atentamente a amiga falar-lhe de sua ânsia de busca. Conversavam sobre *O lustre*, e a amiga o comparava a outro romance, *A busca*, de Maria Julieta Drummond de Andrade, achando--o mais seguro. Era o primeiro livro da filha de Carlos Drummond. O que não a impedia de desejar ler o primeiro romance de Clarice. Ao retornar a Paris, Bluma escreveu imediatamente em 29 de março. Queria saber se Clarice havia melhorado. Demonstrava seu carinho procurando aconselhá-la, que pensasse o menos possível e analisasse menos ainda: "*Procure viver simplesmente, sem procurar detalhes.* (...) *Se a gente não procurar analisar, não sentirá! Ou sentirá menos a intensidade da busca.*" Bluma tentava animá-la: "*Pare um pouco e pense nas coisas boas que lhe aconteceram e acontecem.*" Mas a ânsia de busca era tão intensa a ponto de sobrepujar os momentos de paz. Berna tornava-se cada vez mais um cemitério de sensações onde Clarice sentia-se debilitada, sem vida. Escrever era penoso, mas ela insistia, pois era um modo de não sucumbir totalmente.

Na Legação de Berna a última novidade era a admissão do diplomata Hygas Chagas Pereira, em março de 1947, para ocupar o cargo de primeiro-secretário. Em sua companhia viera a esposa, Ena, e a filha, Regina, de nove anos. De resto, tudo continuava na mais perfeita ordem. A remuneração dos funcionários da legação permanecia a mesma: Mário Moreira da Silva, US$ 1.617,92; Hygas Pereira, US$ 909,92; Maury, US$ 769,99. Enquanto Maury construía passo a passo a sua carreira, Clarice procurava um modo de viver o dia a dia de Berna evitando causar-lhe transtornos. Para distrair-se gostava de colecionar rótulos das valises obtidos nos hotéis das cidades por onde passava, contando, também, com a ajuda dos amigos, como o escultor Alfredo Ceschiatti, para aumentar a sua coleção. Entre um passeio pela cidade ou uma sessão de cinema, chegava mais uma carta do Brasil, em 13 de abril. Ary de Andrade, colaborador da revista *Vamos Lêr!*, agradecia a carta gentil de Clarice, que tecera comentários sobre seu livro de poesias. Quanto a seu destino artístico, confidenciou-lhe que o crítico literário Agripino Grieco referiu-se a ela na redação da revista *A Casa*, com grande entusiasmo. Disse que ela era muito intelectualizada, muito cerebral e, como os que estavam presentes, temia uma coisa no seu destino artístico: que ela se isolando, se *"hermetizando, se cercando de tantas defesas contra o mundo exterior dentro em pouco perca a comunicabilidade e fique sozinha (agora digo eu, sozinha, brilhando como uma estrela no céu de breu)."* Clarice não gostou do comentário de Grieco ao dizer que ela era muito cerebral e intelectualizada. A partir desse conversa sobre o destino literário de Clarice, Ary de Andrade dedicou-lhe um poema, enviado junto com a carta:

*Na vidraça sua mão
uma palavra escreveu.
Se meus olhos não a leram,
meu espírito entendeu.*

*Escrita como sangue e dor
que ninguém nunca verteu,*

tocou bem fundo o mistério,
dentro dele adormeceu.

Hoje é onde, beijo, lágrima.
Amanhã, silêncio e breu
Se é carícia neste instante,
daqui a pouco, que sei eu?

Numa vidraça da vida,
certa palavra nasceu.
Veio o homem, veio a rosa
e ela ali permaneceu.

Pretensioso exegeta,
que jamais nos convenceu,
debruçou-se sobre o abismo
e depois ensandeceu.

Veio o sábio. Veio o esteta.
Veio o santo e prometeu
que o céu seria daquele
que decifrasse tal céu.
....
Mas ninguém desvendará
esse mistério tão seu.
Pois, podendo imaginá-lo
quem iria rasgar o véu?

Cartas...

Com a chegada da primavera e do sol, Clarice finalmente voltou a sentir-se viva. Feliz, quis contar às irmãs em 13 de abril os benefícios da nova estação: "*Parece que a gente nasce, e a pele bebe literalmente a claridade. Já há uns quinze dias que estou, sem interrupção, num paraíso de bom humor e de alegria de sol, de boa vontade.*" Ela tentava distrair-se indo aos concertos da catedral de Berna para ouvir Mozart, Haydn ou Bach. Essa sensação de embriaguez já havia também atingido Bluma em Paris, que pela primeira vez sentia verdadeiramente a chegada da primavera, como registrou em 6 de maio: "*Assisti o inverno acabar e a primavera chegar – fez-me um bem enorme.*" Prestes a deixar Paris – sua volta ao Brasil estava marcada para o dia 13 de maio –, ela confessou a Clarice o receio de deixar a nova Bluma enterrada em Paris e partir com a antiga Bluma. Clarice entendeu seu apelo e escreveu-lhe injetando uma nova dose de ânimo. A satisfação de Bluma ao ler a carta foi total: "*Sua carta chegou mesmo no momento em que estava precisando de uma palavrinha carinhosa e chegou você com o lilás branco cheio de palavras e pensamentos que me comoveram. Obrigada.*" A chegada da primavera prometia boas-novas. Até Lúcio Cardoso voltou a escrever para Clarice em maio. Ultimamente ele só tinha notícias da amiga por intermédio dos jornais, que elogiavam O lustre. E quando falava do livro não deixava de demonstrar o quanto o apreciava: "*continuo achando-o uma autêntica obra-prima. Que grande livro, que personalidade, que escritora! Mas isto é velho, não?*" Para distrair a amiga das paisagens brancas da Suíça, enviou sua última novela: Anfiteatro. No dia 23 de junho, Clarice respondeu ao grande amigo para agradecer o livro, e teceu observações e elogios. Falou, também, do desejo permanente de voltar ao Brasil. Não gostava de ficar "*parada gratuitamente num lugar*", preferia viajar. A saudade dos amigos permanecia; de Lúcio particularmente: "(...) *tenho saudade de você. Às vezes como seria bom você me ajudar com uma palavra ou outra.*" As dificuldades em escrever o novo livro levavam-na a buscar o seu apoio. Escrever parecia-lhe "*uma teimosia mais ou menos vital. (...) Cada vez mais parece que me afasto do bom senso, e entro por caminhos que assustariam outros personagens, mas não os meus, tão loucos eles são*". Os poucos livros que recebia do Brasil eram lidos avidamente: Sagarana, A busca e Água funda foram alguns dos quais Clarice gostou. Apesar de as cartas serem cada vez mais um *meio gelado de comunicação*, quando as recebia, ficava tomada por uma alegria indescritível.

Bluma não queria deixar Paris. O panorama político no Brasil não era nada favorável ao casal Wainer, simpatizante dos ideais comunistas, que, no governo do general Dutra, eram combatidos com veemência. Ao despedir-se, por carta, do casal Valente, em 6 de maio, agradecia-lhes por terem se tornado seus amigos. Quanto à manutenção da troca de correspondências, ela não vacilava: *"naturalmente, escreverei do Brasil – sem prometer a qualidade do noticiário, bem entendido. Isso depende de tanta coisa em que tanta gente está metida. (Dutras, Trumans, De Gaulles etc.), porém escreverei."* Enquanto Bluma retornava ao Brasil, após quase dois anos de ausência, Clarice permanecia em Berna, em plena primavera, cuidando carinhosamente de seu jardim. Entre as folhas de batata e as flores, havia um lugar para Bluma. Desde que saíra do Brasil, em julho de 1944, Clarice encontrara em Bluma uma amiga sincera, com quem podia suprir a falta de calor humano nesse período de exílio. Amigos como Ceschiatti também sempre eram bem-vindos. De Roma, o escultor narrava a Clarice, numa carta de 18 de maio de 1947, a leitura que fizera de *O lustre*, do qual gostara muito. Outro amigo, o escritor e cônsul Raul Bopp, que servia em Genebra, enviou-lhe uma página do suplemento O *Jornal*, do mês de junho, onde foi publicado um texto intitulado *Perseu no trem*, retirado do romance que Clarice estava escrevendo. Ela achou o suplemento *vagabundo* e ficou surpresa ao ver seu texto publicado na terceira página. Logo relatou o fato às irmãs em junho:

"Trabalhei em jornal e sei que a terceira página de um jornal é ótimo lugar; a terceira página de um suplemento é o lugar mais vagabundo do jornal (a menos que o suplemento, no O Jornal, *conste apenas da terceira página). Não quero que você interprete minha surpresa como vaidade. Mas fico me sentindo como intrusa – mandando coisas que eles não ligam."*

As mulheres não votam na Suíça

Nos primeiros meses de 1947 a Suíça debatia-se com problemas políticos consideráveis. Era um ano de batalhas eleitorais, conforme o mês político nº 1 escrito por Maury Gurgel Valente, e enviado à Secretaria de Estado. Tudo fazia crer na vitória dos conservadores. O suíço não era partidário das reformas preconizadas pelos partidos de oposição: *"basta ver que o direito de voto foi recusado à mulher em votação popular, ainda em 1946."* O relatório enfatizava também o complexo de neutralidade que tomara conta da Suíça após a Segunda Guerra Mundial. O mal psicológico que atacava o suíço, segundo Maury, podia ser explicado pelo pensamento de La Bruyere: *"há uma espécie de vergonha em ser feliz no meio de certas misérias."* A não participação da Suíça no conflito mundial levou-o a uma situação de isolamento, daí esse estado de espírito do suíço, querendo justificar a todo custo a sua atitude. Ao mesmo tempo em que a Suíça atravessava uma situação material confortável e debatia-se com problemas políticos que, aos olhos das outras nações europeias, poderiam parecer irrisórios, o Brasil caminhava em direção à redemocratização conduzido pelos Estados Unidos. Com o término da grande guerra, os americanos começaram a temer as tendências expansivas da União Soviética, implantando o socialismo na Europa Oriental e nos Bálcãs. A decisão de Harry Truman em resistir à subversão comunista por todo o mundo deu início à gestação da Guerra Fria.

No Rio, quase não se fala em literatura em 1947

Bluma Wainer estava atenta às transformações no cenário político e, ao chegar ao Rio de Janeiro, percebeu um clima diferente. Em carta escrita no dia 15 de julho, relatou a Clarice como os ânimos estavam quentes na capital federal: *"fala-se em golpes, inventam apreensão de armas (...), a política tomou conta de tudo e de todos, de tal maneira, que quase não se fala em literatura."* Depois de relatar notícias do panorama político e literário, Bluma confessou não estar bem: *"Minha querida Clarice, você não poderá imaginar nunca, com toda essa sua maravilhosa imaginação, o quanto me tenho chateado nesta cidade."* A ansiedade em conversar com Clarice a levou a escrever mais uma carta no dia 18 de julho. Apesar das noites estreladas, a atmosfera reinante na capital federal era pesada, opressora: *"Tristemente, confesso a você que aquela ressureição de que falamos no princípio da primavera – bem tinha medo –, ficou em Paris. Aqui, sinto voltar mais uma vez aquela apatia, aquela não vontade de nada."* As últimas manobras do governo Dutra para exterminar o fantasma do comunismo, *"fechamento do PC (agora não é mais cassação dos mandatos, é extinção)"*, também contribuíram para Bluma desejar voltar para Paris. Ela e Samuel Wainer estavam com parisite: *"Não quero nem pensar que não voltarei lá. Ao contrário, penso sempre que voltarei e não muito tarde. Não sorria pensando que deixei de gostar do Brasil, não."* Para ela as pessoas estavam pessimistas, *sem élã para nada*. Trocar o Brasil por

Paris poderia parecer um absurdo para Clarice, por isso, Bluma tentou explicar-se melhor:

"Desculpe Clarice, sei bem como você desejaria voltar, porém creia, você sabe como queria voltar eu mesma – a gente nem imagina o quanto aprende e quanto de bem nos faz estar um pouco fora. Sei, bichinha, que você já está cansada de 'ver coisas'. Mas lhe diz aqui essa sua irmã-postiça, não fique triste por não voltar agora para o Brasil. (...) verifica-se que os homens pioram em vez de melhorarem e que a realidade é bem outra e tudo isso, mesmo para você que não se mete nestas coisas de política, tenho certeza, ficaria triste mesmo sem sentir."

O relato pessimista de Bluma não se parecia em nada com a carta de Lúcio Cardoso enviada a Clarice em 26 de julho. Após incursionar pelo mundo do romance, da poesia, do teatro e da novela, Lúcio retornava ao universo teatral com um entusiasmo contagiante. Fundou o Teatro de Câmera, cujo repertório incluía entre outras *A corda de prata*, de sua autoria, e uma peça de Cecília Meireles, *O jardim*. Ao comunicar a boa-nova pediu-lhe para escrever algumas linhas apoiando a iniciativa do novo teatro. Quanto à literatura, Lúcio mostrava interesse em saber mais detalhes sobre o livro que Clarice estava preparando. Ao escrever nos jornais, confessou, lembrava-se de Clarice Lispector. Ultimamente, sentia-se um velho. Mas pior do que sentir-se assim, dizia ele, era ver em torno dele o envelhecimento daqueles de quem gostava: *"É como se assistíssemos a uma morte devagar."* No dia 13 de agosto, voltou a dialogar com o querido amigo:

"Lúcio:

Realmente tem muita gente e muita coisa envelhecendo, isso me assusta. Contanto isso nunca suceda a você, caro Lúcio. E nunca sucederá. Mesmo o Teatro de Câmera mostra que você está jovem do mesmo jeito. E você tem razão em não querer sair do Brasil. Se sair, que seja por pouco tempo, só para dar uma espiada, e voltar. É ruim estar fora da terra onde a gente se criou, é horrível ouvir ao redor da gente línguas estrangeiras, tudo parece sem raiz; o motivo maior das coisas nunca se mostra a um estrangeiro, e os moradores de um lugar também nos encaram como pessoas gratuitas. Para mim, se foi bom, como um remédio é bom pra saúde, ver outros lugares e outras pessoas, já há muito está passando do bom, está no ruim; nunca pensei ser tão inadaptável, nunca pensei que precisava tanto das coisas que possuo.

Embora agora mesmo esteja envergonhada de não viver bem em qualquer lugar onde uma catedral bata sinos, onde haja um rio, onde as pessoas trabalhem e façam compras; mas é assim mesmo."

Clarice voltava ao velho tema: saudades do Brasil. A vontade de retornar ao Rio aumentava com o passar do tempo. Por enquanto não havia previsão de quando voltaria. Sobre o texto a respeito do Teatro de Câmera ela o fez, e disse a Lúcio que caso não servisse faria outro:

"*Os autores, cenaristas e artistas que trabalham para o Teatro de Câmera asseguram a realização de seu propósito – fazer o gesto recuperar o seu sentido, a palavra o seu tom insubstituível, permitir que o silêncio, como na boa música, seja também ouvido, e que o cenário não se limite ao decorativo e nem mesmo à moldura apenas – mas que todos esses elementos, aproximados de sua pureza teatral específica, formem a estrutura indivisível de um drama. Signé: Lili, rainha do Deserto."*

Ao final da carta, revelou sua curiosidade em saber como era O *jardim*, de Cecília Meireles. Imaginava ser uma maravilha e revelou a vontade de conhecer não só a peça como a autora. Quanto a A *corda de prata*, sentia a mesma curiosidade: "*O que é, Lúcio, conte, por favor, um pouco ao menos. E escreva. Se você soubesse como me faz bem receber uma carta sua, como me anima. Eu estava precisando tanto que você me ajudasse no meu trabalho.*" O tempo passara, mas a confiança nos conselhos literários de Lúcio permaneciam inabaláveis.

Esposa de diplomata

Apesar de quase não sair de casa e ficar grande parte do dia no quarto, Clarice não podia deixar de cumprir os deveres de esposa do segundo-secretário, o que traduzia-se em festas, recepções, jantares. Com a visita de Eva Perón no período de 4 a 7 de agosto, Clarice teve de participar das recepções intermináveis em torno da primeira-dama argentina. O que ninguém poderia esperar era que Eva Perón fosse alvejada nas ruas de Berna por um tomate, e na sua passagem por Lucerna, por uma pedra. A recepção inusitada de um suíço foi tão comentada quanto o jantar oferecido pelo Conselho Federal à senhora Perón, que retribuiu a gentileza com uma recepção no hotel Bellevue, uma das festas mais concorridas já realizadas em Berna. Clarice comentou o incidente em carta às irmãs em agosto. O tomate lançado com violência sobre Eva Perón não chegou a atingi-la. A beleza da primeira-dama a impressionou e, em sua opinião, ela devia andar *"ligeiramente desgostosa em ver que nem todo o mundo gosta dela..."* Mas quem se divertiu com esse incidente foi Bluma. Em carta de 11 de agosto, riu muito ao imaginar o escândalo, *"nesta Berna tão arrumadinha, com sua gente tão bem educada! É bom, assim a gente tem a certeza de que nem tudo está perdido. Que se a gente espera, não é em vão, alguma coisa há de acontecer"*. Enquanto isso, em Paris, Octvio de Faria enviava um cartão-postal para Clarice dizendo-lhe que andara pela Itália com a esperança de encontrá-la com Maury. Desejava dizer de viva voz o que achara de O lustre. O encontro não aconteceu.

Uma viagem inesquecível

Com a chegada do mês de setembro, Maury e Clarice tiraram férias de Berna e foram passear em Portugal e na Espanha. No mar, em Biarritz, viram as ondas mais altas, o mar mais verde, turbulento e majestoso. Passaram por Córdoba e Toledo. Reviram Lisboa. A viagem foi maravilhosa. A alegria de Clarice irradiava no cartão-postal enviado a Bluma, o que a deixou feliz. Instalada no novo apartamento, em Copacabana, Bluma escreveu para Clarice, no dia 2 de outubro, revelando seu desejo de vê-la de brincos à espanhola. Mas a alegria da amiga não a contagiava. Cada vez mais ela se sentia deprimida. Nas poucas saídas que deu, viu o filme *Ivty*, e ao ver a cena na qual a personagem visitava uma cartomante, lembrou-se das visitas que ela e Clarice fizeram juntas. Ao informar as últimas notícias literárias do Brasil, disse que pretendia ir ao Congresso dos Escritores, em Belo Horizonte. Respondendo a pergunta de Clarice, informou que a melhor revista literária do momento era *Literatura*, que Clarice já conhecia, o resto eram suplementos. Ao responder a carta de Bluma, Clarice procurava sem sucesso reanimá-la. A única coisa que a alegrava era ver Clarice feliz, *"com seu descobrimento de novas portas, sua curiosidade de atravessá-las"*. As notícias do Brasil não eram nada animadoras: *"o rádio repete e torna a repetir que o Brasil rompeu relações com a Rússia. Xingam a mais não poder esse país e seus habitantes. Hoje durante a tarde, invadiram as oficinas de Tribuna Popular, quebraram tudo, jogaram as roupas dos operários na rua e naturalmente a polícia não interveio."* Quanto ao II Congresso de Escritores, Bluma adorou, apesar de não ter havido nenhuma tese de grande valor. O melhor foi ter estado em contato com *"gente antiga e nova que veio de todos os cantos do Brasil (...). Passei dez dias no meio de toda essa gente, ouvindo e rindo das histórias do Barão e Álvaro Moreyra, e fiquei contente também por ver que toda essa gente se lembrava de mim com carinho".* Bluma, enfim, sentia-se feliz, embora por pouco tempo. O congresso foi um sonho bom e agora teria de voltar à realidade nada confortante: cuidar da mãe doente e manter uma relação desgastada com Samuel Wainer. Essa apatia interminável precisava ser compartilhada com alguém e Bluma só se atrevia a escrever, nesse estado, se fosse para Clarice. A morte de sua mãe, no dia 26 de outubro, embora fosse esperada, a abateu. No dia 27 de novembro, ao comunicar a Clarice a triste notícia tentou responder as suas perguntas formuladas na última carta. Sobre Antonio Candido:

"Já mandei dizer a você que tinha gostado muito dele e que foi uma surpresa encontrar um rapaz de 29 anos. Imaginava-o bem mais velho. Além do que sabe (e sabe com segurança) é cheio de vida, de bom humor, alegre. Uma grande simpatia – você gostará dele. Infelizmente não conheço Gilda, mulher dele, pois ela não foi ao congresso."

A seguir, relatou o funcionamento do congresso, e aproveitou o assunto para lhe contar um segredo: tinha recolhido autógrafos de vários escritores para ela. Sua intenção era pedir que eles escrevessem algumas palavras, mas ficou sem jeito de pedir. *"Não tem realmente nenhum interesse as assinaturas sem nada, mas eu sou mesmo uma boba, desculpe."* E prometeu que caso fosse a São Paulo tentaria fazer isso num grupo restrito. Bluma não deixou de perguntar o que significavam os sintominhas desconhecidos relatados por Clarice: *"Será um baby? Até que seria bom. Sei que é aborrecido falarem pra gente nesse assunto, mas deixe que lhe diga: me arrependo hoje de não ter tido antes, i.e., logo que casei. (...) I'm sorry não falemos mais nisso."*

Em Barcelona, o poeta João Cabral de Melo Neto tentava imprimir numa prensa artesanal seu livro de poemas *Psicologia da composição*, enquanto aguardava ansioso uma carta de Clarice. Quando finalmente a recebeu, ficou decepcionado, o envelope só continha a carta e nada mais.

É que ele esperava receber um texto de Clarice para imprimir em sua prensa. Servindo desde 1946 no consulado geral do Brasil em Barcelona, João Cabral tinha muitos projetos. Além da impressão de pequenos livros e textos de poetas como Manuel Bandeira, pretendia fazer uma revista trimestral intitulada *Antologia*, com a colaboração do amigo diplomata Lauro Escorel e de Antonio Candido, pelos quais Clarice nutria uma grande simpatia por terem escrito críticas pertinentes sobre *Perto do coração selvagem*. Cabral também pedia a participação de Clarice na revista, aceitava sugestões e insistia para ela enviar-lhe "Coro de anjos", texto do qual ela já lhe falara em carta anterior e que ele estava curioso para ler. Cabral também punha Clarice a par de seu livro de poemas *Psicologia da composição*, enfatizando que era um livro construidíssimo, trabalhado de fora para dentro: "A *construção não é nele a modelagem de uma substância que eu antes expeli, isto é, não é um trabalho posterior ao material, como correntemente: mas, pelo contrário, é a própria determinante do material.*" E, assim, depois da longa conversa só restava Cabral aguardar ansioso, mais uma vez, pelo "Coro de anjos", que o deixara de orelhas em pé.

As últimas horas do ano de 1947 passavam lentamente sob uma tempestade de neve. Ao sair para celebrar na casa de amigos, Clarice levou um tombo, escorregou na neve, mas logo estava pronta para comemorar a passagem do ano. Antes da meia-noite, os sinos da catedral tocaram, despedindo-se do ano velho. Quando deu meia-noite, os sinos tocaram novamente, os convidados abriram a janela e diante do cenário coberto de neve cada um fez o seu pedido. Clarice pediu a Deus muita saúde e felicidade para ela e sua família, como contou às irmãs em 2 de janeiro de 1948: "*Não pedi coisas demais para não confundir Deus, que à meia-noite de Ano-Novo está tão ocupado.*" Depois colocaram discos brasileiros na vitrola e dançaram, entre outras músicas, "Tico-tico no fubá". Em função da queda, Clarice permaneceu sentada quase a noite toda. Houve quem a cumprimentasse pela queda, dizendo-lhe que era bom cair no dia 31, o que significava que estaria livre de coisas ruins no Ano-Novo; as coisas negativas ficariam no ano velho. Com a chegada do Ano-Novo, Bluma começou a ficar preocupada com a ausência de notícias da amiga. Havia três meses que não recebia uma carta sequer, por isso resolveu escrever uma, no dia 3 de março, com a esperança de obter notícias. No entanto, Clarice já havia enviado uma carta datada do dia 28 de fevereiro e que, portanto, estava a caminho. No dia 7 de março, Bluma recebeu a carta de Clarice e ficou tomada por uma sensação de alegria havia muito não sentida. A amiga acabara de comunicar-lhe que estava grávida. Imediatamente, Bluma dirigiu-se para a máquina de escrever: *"Gostaria de escrever para você o contentamento que tive, em pétalas de rosas ou coisas assim, poéticas e fora do nosso tempo (hélas). Uma porção de carinhos e beijos para você, por conta do baby. Um carinhoso abraço para Maury também. Que bom, bichinha!"*

A cidade sitiada, última linhas

Enquanto aguardava o nascimento da criança, Clarice finalizava o seu terceiro romance. O monte de originais empilhados na mesa assustava sua empregada, Rosa, que um dia lhe disse que *"achava melhor ser cozinheira, porque, se pusesse sal demais na comida, não havia mais remédio"*. Mas como Clarice não era cozinheira, o remédio foi fazer mais de vinte cópias do romance que estava escrevendo havia três anos. Entre uma cópia e outra, havia sempre um tempo para ler e escrever cartas. De São Paulo, Oswald de Andrade mandava a sua mensagem telegráfica em 14 de março de 1948: *"Responda de Berna ou do alto-mar que se parece com você."*

No Rio, Bluma continuava chateada, cansada de tudo e de todos. Na carta escrita no dia 24 de março, falou de seu jantar com Tania, onde conhecera Elisa e a sobrinha de Clarice, Marcia. Disse que falara tanto que sua garganta ficou doendo. Teve a impressão de que suas ouvintes a acharam *"tagarela em último grau"*. Preocupada com o estado emocional de Bluma, Clarice respondeu-lhe imediatamente. Sua carta carinhosa foi recebida, como sempre, com alegria. No entanto, Bluma continuava *"como um dia cinza, escuro, mas sem tempestades. Não há ventos, nem relâmpagos, nem chuvas"*, confessava na carta de 26 de abril. E preferia não conversar sobre suas tristezas. Procurava, então, contar as últimas novidades: a repressão aos comunistas, a nova lei de segurança, segundo a qual todo aquele que possuísse um livro subversivo estaria sujeito a pegar de dois a seis anos de prisão; a chegada de Fernando Sabino ao Rio, de sua intenção de trabalhar em jornal, e o novo emprego de Samuel Wainer, diretor de O Jornal. Nesse período, Wainer e Murilo Marroquim estavam na Palestina, fazendo uma cobertura favorável à criação do Estado de Israel, a pedido do patrão, Assis Chateaubriand. A velha reinvindicação do movimento sionista, *um lar para os judeus*, estava prestes a ser atendida. A Organização das Nações Unidas convocou uma assembleia presidida pelo embaixador do Brasil em Washington, Oswaldo Aranha, na qual seria decidida a partilha da Palestina. Samuel Wainer relatava estarrecido o clima de tensão que se alastrava por toda aquela região, atentados terroristas entre árabes e judeus, e a dor dos parentes da vítima como escreveu em suas memórias *Uma razão de viver*: "*Choros e gritos lancinantes, mulheres com ar trágico e vestido de preto, homens entregues a lamentações profundas.*" Na madrugada de 13 de maio de 1948, Samuel retornou ao Brasil e no dia seguinte foi proclamado o Estado de Israel.

"*Um jornaleiro lerdo e triste aproximou-se e apregoou, num esforço tenaz, mas sem veemência 'Olha o Diário! Notícia de última hora: Proclamado o Estado Judeu! Quem vai ler? Olha o diário...'*

Lizza despertou do torpor com uma pancada no coração. Comprou um jornal, desdobrou-o febrilmente (...) E nesse momento estava mais tranquila do que nunca. Nascia-lhe uma doce esperança nos destinos do mundo. A humanidade estava se redimindo. Começava, enfim, a resgatar sua dívida para com os judeus. Valera ter padecido e lutado. Quantas lágrimas, quanto sangue derramado. Eles não morreram em vão. (...)

Lizza fechou os olhos e recostou a cabeça no espaldar da poltrona. Distantes episódios ressurgiam-lhe na memória, espantosamente vívidos: – fugas, desditas, perseguições.

Começou a recordar o êxodo de que participou, numa interminável noite semeada de espectros e de terror" (NE, 7-8).

Quando Elisa Lispector escreveu essas palavras, seu segundo romance, *No exílio*, estava prestes a ser concluído. Com a proclamação do Estado de Israel, ela passou a recordar, sob forma de ficção, a história da família Lispector: desde a saída da Ucrânia até o falecimento de seu pai no Rio de Janeiro, tendo como pano de fundo a trajetória dos judeus no século XX. Alterando os nomes dos personagens principais dessa história – Pedro, Marieta, Elisa, Tania e Clarice, que passaram a chamar-se, respectivamente, Pinkhas, Marim, Lizza, Ethel e Nina –, Elisa Lispector escreveu sua autobiografia romanceada. O romance foi publicado pela editora carioca Pongetti, em 1948. Elisa dava continuidade a sua carreira literária sem merecer da crítica especializada uma atenção especial. Em Berna, sua irmã colocava o ponto final no terceiro romance. A motivação que a levou a escrever esse livro foi "*a formação de uma cidade, a formação de um ser humano dentro de uma cidade. Um subúrbio crescendo, um subúrbio com cavalos*" (OE, 149). A *cidade sitiada* estava pronto para ser publicado. Enquanto Clarice entrava em contato com a editora Agir, que publicara O *lustre*, oferecendo seu novo romance para publicação, voltava a incursionar pelo universo do conto. Já tinha escrito pelo menos três: "Mistério em São Cristóvão", "Laços de família" e "O crime do professor de matemática", este, na verdade, uma nova versão do conto "O crime", escrito cerca de dois anos antes. A resposta da editora Agir foi negativa. Querendo ver-se livre do romance o mais rápido possível, escreveu para Tania em 6 de julho pedindo-lhe para dar o livro a Lúcio Cardoso:

"*Quando você der o livro ao Lúcio, não fale para ele arranjar editora. Eu mesma escreverei talvez uma carta dizendo. Não tenho coragem de pedir a você que o leia. Ele é tão cacete, sinceramente. E você talvez sofra em me dizer que não gosta e que tem pena de me ver literariamente perdida... Enfim, faça o que você quiser, o que lhe custar menos. Espero um dia poder sair deste círculo vicioso em que minha 'alma caiu'.*"

Tania leu A *cidade sitiada* e escreveu para a irmã revelando suas impressões. Sua carta foi como se houvesse chovido rosas pela cidade de Berna. Clarice ficou tão eufórica que não conteve sua emoção ao respondê-la em julho:

"*Tania, não posso lhe dizer como agradeço a Deus, se Deus existe, o fato de você ser minha irmã. Você é o prêmio de minha vida. Você é o sal da terra, o que lhe dá a graça. A existência de você dá um sentido à vida e a justifica. De um modo geral eu não agradeço aos céus, amizade ou amor. A amizade, eu sempre posso explicar, se quiser, como sendo uma coisa provocada por mim (suponhamos, sem modéstia, pela minha simpatia). O amor, eu posso explicar dizendo que foi provocado pela atração que todo o mundo tem. Mas você – eu não posso nem quero explicar – eu agradeço.*"

Clarice concordou com quase todos os pontos abordados por Tania, prometeu estudá-los um a um e escrever-lhe o mais depressa possível, pois estava curiosa para saber a opinião de Lúcio Cardoso sobre o livro.

Pedro nasceu

Enquanto ela escrevia as últimas linhas de A *cidade sitiada*, a natureza avisava que chegara a hora da criança nascer. Se ela se lembrasse da passagem do Ano-Novo, certamente daria razão àquele que lhe chamou a atenção sobre a vantagem de se levar um tombo no último dia do ano. Quando deu sete horas e trinta e cinco minutos, na Clínica das Mulheres, no dia 10 de setembro de 1948, Clarice ouviu o choro de Pedro e, a partir daquele instante, viu a vida com outros olhos.

Três dias após o nascimento de Pedro, a jovem mamãe escreveu para os pais de Maury, Zuza e Mozart, para contar-lhes as peripécias do nascimento de Pedrinho. A resposta carinhosa dos sogros comoveu Clarice, que voltou a escrever-lhes, no dia 25 de setembro, com mais novidades. Em breve, ela e o bebê iriam para casa, para o conforto de todos, especialmente de Maury, que estava cansado da vida de hospital. Em 19 de outubro, Pedrinho estava pesando quatro quilos, quinhentos e oitenta gramas. Clarice revelava à sogra o dia a dia do netinho. Sorria por qualquer bobagem, e estava parecido com toda a família Gurgel Valente. Ele estava sob os cuidados de uma enfermeira competente, apesar de ter alguns métodos e umas manias que não eram compartilhados por Maury e Clarice.

"*Sua principal mania é a do silêncio (imagine querer mais silêncio do que o de Berna!): quer que a gente sussurre e ande na ponta dos pés – o que habituará mal a criança: em qualquer outro país a criança se assustará. Outra mania é a de agasalhar tanto a criança, a ponto de fazê-lo transpirar. Além disso ela é uma criatura nervosa que nos daria futuras complicações. Assim vamos mudá-la, e em novembro teremos uma ótima.*"

Os Valente estavam planejando tirar férias, talvez na Côte d'Azur, pois sabiam que podiam contar com a competente enfermeira. Mas nem o nascimento de Pedrinho conseguiu dar uma trégua nos compromissos sociais, conforme Clarice relatou à sogra em 19 de outubro:

"*O ministro e família almoçaram hoje aqui (seu trabalho de tricô foi muito admirado): hoje ainda temos um cock-tail. Amanhã jantamos com o presidente da confederação na casa do ministro; depois de amanhã almoço na Embaixada de França, um almoço somente para damas; e 'depois de depois de amanhã' devemos retribuir as amabilidades do ministro-conselheiro da França com um jantar... Como a senhora vê, a semana foi dedicada a beneficências diplomáticas.*"

E Pedrinho, no meio disso tudo, divertia-se com coisas mais proveitosas, a saber: *"mamadeira, berço, pipi."*

As cartas de felicitações chegavam ao Brasil. De Barcelona, João Cabral e sua esposa, Stella, desejavam votos de felicidade. Cabral aproveitava a carta para comunicar à amiga o interesse de um editor espanhol em publicar um de seus romances e pediu-lhe para escolher o de sua preferência, e as condições comerciais em que permitiria a tradução. Apesar da boa vontade de João Cabral, a tradução do romance dava sinais de que custaria a sair. Em 8 de dezembro ele comunicava que o editor ainda não havia decidido pela publicação. Continuava insistindo para Clarice ceder-lhe a peça *O coro de anjos* para imprimi-lo em sua prensa, que aliás funcionava a todo vapor. Além do seu *Psicologia da composição*, havia publicado *Mafuá do malungo*, de Manuel Bandeira, *Acontecimento do soneto*, de Lêdo Ivo, e ainda três livros de autores espanhóis. Sua última publicação era uma antologia com os poemas *mais diretamente pernambucanos* de Joaquim Cardozo. Quanto a seus próprios poemas, tinha iniciado um livro sobre o pintor Miró, que já deixara de lado; pensava também num poema longo que se chamaria "Como e por que sou romancista", inspirado no título das memórias de José de Alencar.

17 de março de 1949

Enquanto cuidava de Pedrinho, Clarice aproveitava as horas vagas para aprender a tricotar. Já residindo em novo endereço, desde dezembro de 1948, em Reiterstrasse, 4, ia uma vez por semana a um curso de modelagem, onde aprendia, entre outras coisas, a modelar uma cabeça de macaco, que tentava fazer com grande dificuldade. Já os convites para lhe ensinarem o jogo de cartas eram recusados, pois ela e Maury achavam que por uma questão de princípios o jogo seria um meio fácil de sair do tédio e teria um sentido, por assim dizer, de morfina. Clarice aguardava ansiosa uma resposta da Editora Jackson para a publicação de *A cidade sitiada*, e tinha o pressentimento de que esta seria negativa, o que de fato se confirmou. Só uma notícia muito especial como a remoção de Maury para a Secretaria de Estado poderia fazer esquecer esse infortúnio. E finalmente aconteceu. Clarice não sabia mais o que sentia, o coração batia acelerado, os pés e as mãos tornaram-se frios. A alegria era tanta que mal conseguia dormir e a cada dia emagrecia a olhos vistos. No dia 17 de março de 1949, foi publicada no *Diário Oficial* a remoção de Maury Gurgel Valente para o Rio de Janeiro.

Os três anos passados em Berna deixaram muitas marcas. O convívio com o silêncio de Berna, um silêncio insone e sem fantasmas, que ela tentou tantas vezes expressar sem consegui-lo: *"Não se pode falar do silêncio como se fala da neve. Não se pode dizer a ninguém como se diria da neve: Sentiu o silêncio desta noite? Quem ouviu não diz"* (DM, 128). Observando os suíços, percebeu a atitude mental de precaução, que lhes era peculiar. O suíço era um homem que sofria da ânsia de segurança. Quantas vezes assistindo a um concerto musical ela viu metade da plateia retirar-se antes de iniciarem as músicas modernas e, às vezes, antes de peças serem executadas pela primeira vez na Suíça. A palavra moderna soava para o suíço como escândalo, *"como aventura ainda suspeita. Porém, mais amplamente e mais profundamente, esse fato vem de que o suíço teme errar na sua admiração"*. Clarice sabia que tudo o que foi conquistado pelo povo suíço teve a marca de um nobre esforço, uma conquista paciente. Tornar-se um símbolo da paz, manter uma civilização onde a *"expressão homem civil tem realmente um sentido e uma força"* não impedia, porém, que muitos se jogassem da ponte de Kirchenfeld, sem que os jornais divulgassem para que outros não repetissem o mesmo gesto. Clarice sabia que de *"de algum modo há de se pagar a segurança, a paz, o medo de errar"* (DM, 232).

No dia 3 de junho de 1949, Mário Moreira da Silva enviou um ofício à Secretaria de Estado, ao ministro das Relações Exteriores, Raul Fernandes, comunicando a partida de Maury Gurgel Valente.

Desligamento do Segundo
Secretário Maury Gurgel Valente
Senhor Ministro,
Confirmando a comunicação que expedi anteontem, tenho a honra de informar Vossa Excelência de que o Segundo Secretário Maury Gurgel Valente partiu para o Rio de Janeiro, a fim de estagiar na Secretaria de Estado.
Ao desligá-lo dos trabalhos desta Missão diplomática, onde serviu durante três anos, cumpro um dever de pura justiça declarando

a Vossa Excelência que o funcionário em causa foi um dedicado e esforçado colaborador com quem sempre contei, prestando-me – e ao Brasil – relevantes serviços.

Dotado de rara inteligência, sólido preparo e grande capacidade de trabalho, o Senhor Maury Gurgel Valente está em posição não só de bem exercer a função do seu cargo atual, mas também de desempenhar outra qualquer de maior responsabilidade ou mais elevada categoria.

É leal, discreto, disciplinado, bem-educado, qualidades que, aliadas, às já indicadas no parágrafo anterior, o tornam um servidor exemplar, mesmo excepcional.

Assim, muito agradeceria a Vossa Excelência o obséquio de mandar anexar ao maço pessoal do Senhor Maury Gurgel Valente a cópia excedente do presente ofício, a fim de que conste dos seus assentamentos o elogio que, com especial prazer, deixo consignado nestas linhas.

Aproveito a oportunidade para reiterar a Vossa Excelência os protestos da minha respeitosa consideração.

Mário Moreira da Silva.

O que salvou Clarice da monotonia de Berna foi viver numa rua medieval, onde ficava a parte antiga da cidade. Foi esperar que a neve cessasse e desse lugar aos gerânios vermelhos e, então, eles pudessem refletir-se na água. Foi ter tido Pedro, ter escrito A *cidade sitiada*, que a consumia tanto a ponto de salvá-la daquele silêncio aterrador das ruas de Berna. Apesar de achá-la uma cidade livre, sentia-se aprisionada, segregada. Na saída do cinema, aonde ia todas as tardes, às vezes via que começara a nevar: "*Naquela hora do crepúsculo, sozinha na cidade medieval, sob os flocos ainda fracos de neve – nessa hora eu me sentia pior do que uma mendiga porque nem ao menos eu sabia o que pedir*" (DM, 270). Ao deixar Berna, no dia 3 de junho de 1949, talvez tentasse encontrar uma explicação para esse instante, como já fizera quando tentara explicar o amor e a amizade. Mas, assim como um dia, em Berna, agradecera a Deus por Tania ser sua irmã, sem querer encontrar uma explicação, agora, quem sabe, ela também chegava à conclusão de que não podia, nem queria, explicar esse momento, simplesmente agradecia.

Diário de bordo – Rio de Janeiro, 1991-1993

Os telegramas e memorandos do Arquivo Histórico do Itamaraty foram fontes primárias essenciais para se estabelecer a cronologia da viagem de retorno do casal Gurgel Valente ao Rio de Janeiro. O depoimento de Tania Kaufmann, as cartas de Clarice às irmãs somadas às entrevistas de Renard Perez e Paulo Mendes Campos permitiram reconstituir a primeira volta ao Rio de Janeiro.

RIO DE JANEIRO, 1949-1950

Desde que deixara o porto de Gênova, Clarice tentava alimentar Pedrinho com o máximo de cuidado, pois a comida do navio era muito gordurosa, de péssima qualidade. Mas, quando chegou ao Recife, uma escala antes do Rio de Janeiro, sabia que seria diferente. As poucas horas para rever a cidade e os parentes bastariam para Pedrinho poder almoçar de verdade. A prima, Vera Lispector Choze, acompanhada do marido, Maurício, foi buscá-los no porto. No caminho para a casa dos tios, Clarice revelou o desejo de rever a avenida Conde da Boa Vista, onde morava. Ao ver a avenida, achou-a estreita. Seus olhos de menina gravaram na memória uma avenida larga, grande, mas agora o olhar de mulher via as ruas de Recife com outros olhos. Ao chegarem à casa do tio Salomão e tia Mina, saborearam um almoço como só a tia sabia fazer. Horas depois, o navio partia em direção ao Rio. A escala em Recife era como um presente. Prestes a voltar para casa, tivera o prazer de rever o cais do Capibaribe, *o abismo à beira do qual brincava.*

Ver o Rio de Janeiro podia parecer um sonho, mas não era. Quando chegara ao Rio pela primeira vez, nos anos 1930, ainda não sabia como seria sua história nessa cidade. Depois de sua ida à Europa, quando pensava no Rio de Janeiro, já não era como da primeira vez. O Rio era a sua casa. Casa que não visitava desde março de 1946, quando esteve de passagem por três meses, antes de embarcar para Berna. Nesse período de três anos de "exílio voluntário" Clarice não deixava de se perguntar diariamente: *"O que é que eu faço?"* Os dias pareciam sempre domingo: *"Domingo em São Cristóvão, naquele enorme terraço daquela casa"*, onde ela e a família se instalaram por uns meses quando chegaram ao Rio, em 1935. Aqueles longos dias vazios, quando quase nada tem interesse e se tem a impressão de que se está fazendo hora, haviam chegado ao fim. Clarice queria transformar-se em outra mulher. Aquela mulher resignada, sem vivacidade, que se movia com lassidão de mulher de cinquenta anos, tinha de ficar sepultada em Berna. A ideia de rever Tania e Elisa, de retomar o contato com os amigos a enchia de esperança. Parecia-lhe imoral ter desistido de si mesma; esse era o preço que pagava por ter compactuado com a "comodidade de alma". Era preciso respeitar-se, atender as suas próprias exigências, até mesmo aquilo que pudesse ser considerado ruim. Agora, mais do que nunca, era preciso não querer ser uma pessoa perfeita, não cair na tentação de copiar uma pessoa ideal. O único meio de viver era copiar a si própria.

A cidade sitiada é publicado

Para Maury, o retorno ao Palácio do Itamaraty tinha um novo significado. Desde que circulara pela primeira vez pelas salas da Secretaria Geral do Ministério das Relações Exteriores, em 1940, muitas coisas haviam mudado. O então cônsul de terceira classe, de 19 anos, estudante de Direito, estava de volta com 28 anos, como segundo-secretário, e passaria a exercer suas novas funções na Divisão Econômica. Esta estava distribuída em: Estados Unidos e Canadá; América Latina, Império Britânico, África e Oceania, e Europa Continental, esta última onde Maury e o cônsul Amaury Banhos Porto de Oliveira estavam lotados. A família Gurgel Valente parecia predestinada para a vida diplomática. Enquanto Mozart, o irmão mais velho, construía uma trajetória brilhante na embaixada de Roma, Murilo, o caçula, iniciava-se no universo da diplomacia. Por quanto tempo Maury ficaria estagiando na Secretaria de Estado era tudo o que Clarice não queria saber. O momento era propício somente para desfrutar da cidade, brincar com Pedrinho, sentir o prazer de ser mãe, poder compartilhar suas emoções, seu amor com as irmãs e os amigos. Na rua Marquês de Abrantes, 126, apartamento 1.004, no Flamengo, o novo lar da família Valente vivia aceso pelas peraltices de Pedrinho. Entre fraldas, chupetas, mamadeiras, Clarice ainda tinha tempo para pensar em literatura. O romance que escrevera na Suíça finalmente encontrara uma editora, A Noite, a mesma que publicara seu livro de estreia. A capa do livro foi feita por Santa Rosa e desta vez a epígrafe era de Píndaro: *"No céu, aprender é ver; na terra é lembrar-se."* A nota da editora sobre o novo romance dava um panorama da trajetória de Clarice desde o lançamento de *Perto do coração selvagem*. A jovem desconhecida, apenas saída da adolescência, fora colocada no primeiro plano do romance brasileiro. Seu livro esgotou-se em poucas semanas, críticos renomados escreveram artigos entusiasmados sobre *"a nova revelação literária"*, ressaltando especialmente seu estilo. Sem esquecer de mencionar que seu livro de estreia tinha sido laureado com o prêmio de melhor romance de 1943, pela Fundação Graça Aranha, a nota fez alusão ao segundo romance, O *lustre*, com a qual Clarice reafirmava seus dotes de romancista, *"a sua ambição de fazer do romance um caminho para o conhecimento da vida e do mundo"*. Quanto ao último romance, concluía: *"Escrito na Suíça,* A CIDADE SITIADA *é um livro que nos toca profundamente, como se a autora tivesse necessidade, de uma longa distância para olhar essa cidade que existe realmente em nosso território, ver e sentir os seus personagens, acompanhar os seus passos na vida, descobrir o motivo de suas conversas e preocupações, acompanhar o desenvolvimento de um drama que espanta e comove pela sua força e pela sua beleza."*

A julgar pela nota de divulgação de A *cidade sitiada*, a editora apresentava Clarice Lispector como uma escritora consagrada pela crítica e pelo público. Na prática, o sucesso de Clarice ficava mais restrito ao círculo literário; as editoras talvez não tivessem tanta certeza de que a escritora seria capaz de vender muitos exemplares, daí a dificuldade em publicar o novo romance. Mas quando Sérgio Milliet leu A *cidade sitiada*, constatou que algo mudara. A riqueza das imagens, vista até então como sinal do poder inventivo da autora, de sua sutileza psicológica, parecia-lhe ser empregada, agora, sem um objetivo determinado. Essa *"exibição de um requinte"* constituía para o crítico um grave defeito: "(...) *o rococó mascarou com sua interminável série de ornatos a estrutura da obra, impedindo-nos de perceber e penetrar-lhe o espírito"* (Milliet, 1953: 33). Essa observação não significava que Clarice Lispector não fosse uma escritora de grande talento. Sérgio Milliet reafirmava o talento de Clarice, seu estilo estava a serviço de um temperamento feito de uma sensibilidade angustiada e de uma sensualidade tal que até as coisas mais insignificantes poderiam provocar-lhes as sensações mais profundas. Sua inteligência não se preocupava em analisar, mas em exprimir em imagens inesperadas o que foi apreendido pelos sentidos. Por fim, sugeria que Clarice fizesse uma incursão num novo gênero: o poema em prosa, onde ela poderia transitar com mais liberdade do que no romance. Neste, ela ficava limitada *"à presença de heróis diferentes uns dos outros, e findava por impor a todos a própria personalidade, homogeneizá-los, falseá-los, e finalmente desmantelar a composição toda".*

Enquanto A cidade sitiada sofria o silêncio da imprensa, Clarice dedicava-se a escrever mais alguns contos. Com o objetivo de usar uma técnica tão leve que apenas se entremeasse na história, iniciou um conto cujo enredo tratava de um adolescente em permanente conflito com seus pais, em busca de sua independência financeira. O conto foi *"construído meio a frio"*. Clarice deixava-se guiar apenas pela curiosidade: *"Mais um exercício de escalas."* Ao chegar à oitava página achou que "Começos de uma fortuna" estava concluído.

De vez em quando solicitavam alguma colaboração para os jornais. Quando lhe encomendaram uma crônica, lembrou-se do que acontecera na casa de sua irmã, Tania, quando uma galinha pronta para ser abatida fugiu da cozinha. Achou que o fato daria uma boa crônica. Em meia hora, tentando escrever sem tentar propriamente, finalizou-a, mas terminou por não entregá-la. Enquanto Clarice escrevia contos inseridos no núcleo familiar, Elisa construía seu terceiro romance, cuja personagem, Constância, saída da adolescência, começava a ansiar mais espaço e liberdade. Inconformada com a vida monótona que levava, a personagem deixava Serra Grande e mudava-se para o Rio de Janeiro. Aos trinta e oito anos, em dezembro de 1949, Elisa punha um ponto final em seu livro e o guardava na gaveta, sem perder a esperança de um dia vê-lo publicado. Já Clarice andava às voltas com mais um conto, "Amor", onde a personagem, uma dona de casa, saía temporariamente do universo doméstico e perdia-se no Jardim Botânico. Ao escrevê-lo, viu-se inesperadamente dentro do Jardim, junto com a personagem, de onde quase não conseguiram sair, *"de tão encipoadas e meio hipnotizadas"*, a ponto de ter de fazer a personagem chamar o guarda para abrir os portões já fechados, senão elas passariam a morar ali.

A virada do ano de 1949 tinha um sabor especial. Além de ser o fim de uma década, Clarice voltava a reunir-se com sua família após três anos de réveillons passados sob tempestades de neve na distante Berna. O Brasil vivia a expectativa de novas eleições presidenciais. Desde novembro, os partidos políticos haviam lançado seus candidatos. A UDN, o brigadeiro Eduardo Gomes; o PSD, Cristiano Machado; e o PTB, o ex-presidente

Getúlio Vargas. Pela primeira vez uma Copa do Mundo seria realizada no país, e a cidade do Rio de Janeiro preparava-se para sediar a Copa de 1950 construindo o cenário onde se desenrolaria este grande espetáculo esportivo, o Maracanã. O Ano-Novo prometia muitas surpresas.

No Itamaraty, Maury acumulava duas funções: permanecia na Divisão Econômica e auxiliava a Comissão de Reparações de Guerra, desde dezembro do ano anterior: Clarice dedicava-se com desvelo a Pedrinho. Acompanhava com alegria o menino balbuciar as primeiras palavras, as quedas e os momentos de satisfação ao conseguir dar os primeiros passos. Os encargos de mãe e dona de casa não a afastavam totalmente dos amigos. Fernando Sabino estava para publicar *A cidade vazia*, com as crônicas escritas no período em que morou em Nova York. Otto Lara Resende, prestes a casar-se, mantinha uma intensa atividade jornalística trabalhando em vários jornais, como o *Correio da Manhã* e o *Diário Carioca*. Paulo Mendes Campos também colaborava neste último com uma crônica diária, *Semana Literária*.

Uma entrevista na rua Marquês de Abrantes

Quando voltou de uma viagem à Europa, em 1949, Paulo Mendes Campos foi efetivado como redator no Ipase e passou a fazer textos de cinema para Jean Manzon. Às vezes publicava seus poemas em jornais. Aproveitando a presença de Clarice no Rio, resolveu entrevistá-la. Foi ao seu apartamento no Flamengo, onde encontrou Pedrinho sendo transportado da banheira para a cama. Paulo Mendes Campos fez um retrato de sua trajetória desde a saída da Ucrânia até a publicação do último livro, *A cidade sitiada*. Ao mencionar que Clarice gostava de brincar num abismo à beira do Capibaribe, fez um comentário sobre a sua obra: "*A sugestão de abismo é familiar à linguagem dessa romancista: nem o abismo noturno dos românticos, nem o abismo sofisticado de alguns modernos. Apenas uma sensibilidade permanentemente solicitada traz à conversa de Clarice Lispector a sensação de que os acontecimentos cotidianos se revelam ou se mascaram a uma luz diferente.*" Da infância em Pernambuco, lembrou do Ginásio Pernambucano, de alguns professores, e de uma peça romântica, no Teatro Santa Isabel, que a inspirou a escrever sua primeira "obra": "*Uma peça em três atos e duas páginas arrancadas ao caderno escolar."* Sobre a juventude no Rio de Janeiro, falou de sua vida escolar no colégio Sylvio Leite, no curso complementar de Direito, e no curso jurídico. Quanto a seu primeiro artigo publicado na revista A *Época*, "Observações sobre o fundamento do direito de punir", disse que os amigos se referiam a ele em tom de brincadeira. Recordou-se das muitas leituras que fez, em especial de O *lobo da estepe*; de um poema de Augusto Frederico Schmidt, de sua passagem pela Agência Nacional e pelo jornal A *Noite*, e dos amigos de redação: Lúcio Cardoso, Antonio Callado, José Condé e Octávio Thyrso. Lembrou-se de que participou de um concurso de contos da editora José Olympio, cujos originais foram perdidos, e apesar de ter guardado uma cópia, ela achava-os insignificantes. Relatou como escreveu durante *"dez sofridos meses* Perto do coração selvagem", e confessou-se surpresa com o sucesso do livro: "(...) *eu já programara para mim uma dura vida de escritora, obscura e difícil; a circunstância de falarem no meu livro me roubou o prazer desse sofrimento profissional."* E revelou que tinha um traço obscuro em seu temperamento, a sensação de estar ludibriando as pessoas: *"Tinha a impressão de que os leitores que gostaram de* Perto do coração selvagem *haviam sido enganados por mim. Fico sempre deprimida depois de uma conversa longa e me senti exatamente como se tivesse falado demais."* De suas viagens ao exterior, lembrou-se de Nápoles, onde conheceu o poeta Ungaretti e o pintor De Chirico, que lhe fez o retrato. De Berna guardou a lembrança de sua empregada, Rosa, *"leitora de romances e dona de fabulosa personalidade".* Se O *lustre* foi o livro que lhe deu mais prazer de escrever, A *cidade sitiada* foi o mais trabalhoso. Sobre o convívio com o filho, confessou ter descoberto ser mais *"áspera de voz e mais brusca de gestos do que poderia imaginar".* No momento não tinha ideia para nenhum romance, só fazia colaborações para jornais e revistas. Paulo Mendes Campos publicou a entrevista, "Itinerário de uma romancista", no suplemento do *Diário Carioca* em 25/6/1950. Pela primeira vez, os leitores de Clarice Lispector tinham informações mais detalhadas sobre sua vida.

Num dos encontros entre Clarice e os amigos mineiros no Jucas Bar, do Hotel Serrador, alguém deu a ideia de escreverem um conto sobre o mesmo assunto. O tema, proposto por Fernando Sabino, seria a história de um velho que esperava uma dançarina. Chegaram a marcar um prazo para escreverem os contos. Só Otto Lara Resende cumpriu o acordo, escreveu "O casto Redelvim". Quanto ao outro mineiro, Lúcio Cardoso, andava às voltas com o teatro e escrevera sua quarta peça, *Angélica*, encenada no Teatro de Bolso. Mas chegara à conclusão de que seu caminho era outro. Do teatro para o cinema foi um pulo. A literatura ficava de lado enquanto ele tentava dirigir um filme.

Clarice já se sentia integrada novamente à cidade, quando os deveres do ofício convocaram Maury para uma nova missão. O presidente da República nomeou por decreto publicado no *Diário Oficial*, no dia 8 de setembro de 1949, a delegação do Brasil para participar da Conferência Geral de Comércio e Tarifas, em Torquay. No dia 15 de setembro foi enviada à Embaixada de Londres a lista dos participantes.

Chefe: Alberto de Castro Menezes; delegados: Eurico Penteado, Jorge Kingston e Isnard Garcia de Freitas; assessores: Gentil do Rêgo Monteiro, João Soares Neves e Maury Gurgel Valente; secretários: Vicente Paulo Gatti, Carlos dos Santos Vera e Gilberto Allard Chateaubriand Bandeira de Mello; auxiliares: Myosotis de Albuquerque Costa, Maria Ilva Pinto Ayres, Helena Maria de Araújo, Jovita Egg e Carlota Maria de Souza Arêas.

Mais uma vez as malas saíram do armário. Pedrinho não devia estranhar tanto o novo "passeio". Desde pequeno, como a mãe, vira-se viajando em alto-mar, e quando completara um ano de idade estava pronto para uma nova aventura no inverno inglês. Apesar das chuvas constantes, a delegação brasileira partiu, com algum atraso, para Torquay, no dia 28 de setembro de 1950. Depois de um ano no Rio, Clarice voltava à vida de nômade. Sabia que em breve estaria de volta. Restava-lhe desfrutar das maravilhas do inverno inglês.

Diário de bordo – Rio de Janeiro, 1991-1993
Mais uma vez os telegramas e ofícios depositados no Arquivo Histórico do Itamaraty possibilitaram reconstituir o roteiro de Maury e Clarice em Torquay somado à correspondência de Clarice com suas irmãs.

"Clarice Lispector fichada pela Polícia Política: 1950 e 1973", capítulo integrante da primeira parte deste volume – "Itinerário de uma escritora", dialoga com "Torquay, 1950-1951".

TORQUAY, 1950-1951

A abertura da Terceira Conferência de Comércio e Tarifas, no dia 28 de setembro de 1950, contava com a participação de 23 países contratantes do Acordo Geral sobre Tarifas e Comércio, o GATT – (*General Agreement on Tariffs and Trade*). E mais um total de quinze países, oito dos quais aderiram durante a Conferência de Annecy. Entre os países participantes, o único do bloco comunista era a Tchecoslováquia. A conferência tentava normalizar o comércio internacional, seriamente alterado durante o período de depressão econômica entre as duas guerras mundiais, com a adoção de medidas protecionistas. A conferência estava dividida em dois grupos: o primeiro se ocuparia das negociações tarifárias, entre os contratantes antigos e os novos. O segundo trataria das questões comerciais, das infrações aos regulamentos da Carta de Havana e negociaria novamente os acordos tarifários antigos que expirariam em princípios de 1951.

Um dos maiores filmes de todos os tempos

Hospedada no Victoria Hotel, Clarice achava que a cidade de Torquay tinha *"cheiro de Berna"*. As pessoas eram mais ou menos feias. A moda exposta nas vitrines era horrível. As sessões de domingo à noite raramente reservavam alguma surpresa. De um modo geral, os filmes eram de faroeste ou comédia. Numa das idas ao cinema, quando pensavam encontrar mais um filme "ordinário", eis que foram surpreendidos ao ver o nome do diretor italiano Vittorio de Sica. Mesmo sem terem referências sobre o filme decidiram assisti-lo, pois se tratava de um diretor célebre. A surpresa não poderia ser mais agradável. De repente, Maury e Clarice viram-se percorrendo as ruas da Itália novamente. O sofrimento do protagonista parece ter encantado Clarice. Mal pôde esperar para escrever à irmã em

23 de outubro de 1950 para falar sobre o filme. Quando soube que Tania tinha visto *Ladrões de bicicleta* ficou radiante: "*Não é mesmo um dos maiores filmes que já fizeram? Talvez mesmo o maior.*" Mesmo achando Torquay "chatinha", Clarice não deixava de gostar da Inglaterra: "*A falta de sol, certas praias com rochas escuras, a falta de beleza – tudo isso me emociona mais do que a beleza da Suíça.*"

À irmã confidenciava que cada vez mais detestava a Suíça e esperava nunca mais estar nela. Enquanto Clarice procurava conhecer Torquay, Pedrinho não se cansava de falar de seu assunto preferido, comida. Uma hora falava sobre a *carninha gostosa*, em outra, sobre o *peixinho ótimo*. Vivia faminto e falava, falava muito, estava sempre atualizando seu repertório de palavras novas. A conversa girava em torno de *carros, ônibus e comida de novo*. Apesar da companhia da babá, Pedrinho vivia agarrado à mãe. Entre uma colher de carne e outra de peixe, Clarice encontrava tempo para passear pela cidade. Nada do que via podia ser compartilhado com as irmãs. Depois de uma visita emocionante a cavernas antigas, logo escreveu-lhes em novembro de 1950 contando suas impressões: "*Descobriram lá ossos de homens pré-históricos e restos de bichos. Foi muito bonito. Apesar de dar certa aflição. Saí de lá disposta a não me preocupar com coisas pequenas, já que atrás de mim havia tantos e tantos anos. Mas, chegando no hotel, vi que era inútil – nada tenho a ver com a pré-história, a comida de Pedrinho é mais importante.*"

Londres

Uma visita a Londres também fazia parte de seu roteiro de viagens pela Inglaterra. E logo que pôde, percorreu de carro várias cidades até chegar finalmente à capital. Diante daquela terra cinzenta, estranha e viva, Clarice sentiu tudo vibrar. Tudo o que era "*cinzento misteriosamente vibrava, como se fosse a reunião de todas as cores amansadas*". A feiura dos ingleses a atraía. Parecia-lhe uma feiura peculiar e bela. O vento fazia seus olhos lacrimejarem, deixando o rosto e as mãos com uma vermelhidão crua que ela tinha a impressão de que as pessoas tornavam-se extremamente reais. Clarice perscrutava cada canto da cidade: as mulheres fazendo compras com cestas, os homens usando chapéu-coco. A lama do rio Tâmisa, as pontes enegrecidas envoltas pela quase constante névoa. A entonação das vozes inglesas, orgulhosas e interrogativas. Aos seus olhos, as roupas malfeitas usadas pelo povo guardavam um belo estilo. No teatro, ela se emocionava: "No teatro em Londres uma coisa essencial se passa. É de tremer de frio e de emoção: o ator inglês é o homem mais sério da Inglaterra. Em poucas horas ele dá a cada um aquilo importante que se perde na vida diária." A saudade do escritor D.H. Lawrence batia fundo em Clarice ao andar nas ruas de Londres. Ao contar as últimas novidades para as irmãs, em 28 de novembro, revelava ter gostado muito da cidade, apesar de achá-la diferente do que havia imaginado: "É menos evidente. E se é uma cidade misteriosa, não tem propriamente título de 'mistério'. Não é como Paris que é imediatamente e claramente Paris. É preciso pouco a pouco entendendo, pouco a pouco reconhecendo. E depois a pessoa começa a gostar."

Certamente, um dos momentos mais agradáveis, em Londres, foi a ida ao teatro. Ao ver Tyrone Power no palco, Clarice ficou encantada, e quando escreveu para as irmãs não resistiu a um comentário: "Ele é uma uva. Muito mais uva do que no cinema. Eu pensava que ele devia ser o tipo do bonitão e do burrão. Pelo contrário."

Pedrinho

Clarice não deixava de enviar notícias aos sogros. Como Maury trabalhava o dia inteiro e chegava tarde, ela tratava de suprir a falta de cartas do marido para os pais. No dia 29 de novembro, comunicou a mudança de endereço para uma casa de família onde os quartos eram bem mobiliados e a comida melhor do que a do hotel. Pedrinho continuava falando um inglês abrasileirado, cometendo erros que resultavam, em português, em palavrão, principalmente, com o verbo "put". Ele dizia: "'looki di funny mani' (look that funny man). Ao ver numa revista um reclame de sabonete, onde aparecia uma senhora lavando-se, dizia: 'look the dirty lady'." Clarice temia que ele acabasse esquecendo o português, sem aprender totalmente o inglês.

Um aborto involuntário

Entre uma troca de fraldas e uma carta escrita, Clarice fazia anotações. Tal como já fizera quando começara a esboçar os seus romances. Em outros momentos, voltava aos contos que escrevera no Rio e em Berna. Os meses passavam, a conferência estava prestes a terminar. Numa passagem por Londres, Clarice foi levada desacordada para um hospital. Sofreu um aborto involuntário. Quando acordou, deparou-se com João Cabral de Melo Neto sentado ao seu lado, como um anjo da guarda. João Cabral estava servindo na embaixada de Londres, como vice-cônsul, desde novembro de 1950. O susto foi grande, mas Clarice logo se recuperou.

Após quase seis meses de trabalho árduo, Maury encerrava sua participação na III Série de Negociações Tarifárias e V Reunião das Partes Contratantes de Acordo Geral sobre Tarifas Aduaneiras e Comércio. A volta para o Rio estava marcada. O navio *Royal Mail* cujo itinerário incluía Londres, Vigo, Lisboa e Palmas destinava-se ao Brasil, Uruguai e Argentina, e sairia de Tilbury, no dia 24 de março de 1951.

À medida que o navio afastava-se do porto, Clarice revivia como num filme, as cenas mais marcantes: as pontes, a beleza da criança inglesa, o vento cortante, os passos apressados dos ingleses, as pontes... As pontes de Londres eram perturbadoras, outras ameaçadoras, algumas puro esqueleto. Não era a primeira vez que as pontes exercem um fascínio sobre ela. Desde que vira as de Recife, o navio afastando-se do cais, guardara essa imagem. E o porto do Rio continuava sempre à sua espera. A cada chegada, uma nova visão da cidade. A primeira vez, vindo de Recife; a segunda, de Belém; a terceira, de Nápoles; a quarta, de Berna. Agora, já se desenhava a quinta volta, enquanto a próxima devia estar esboçando os primeiros traços.

Diário de bordo – Rio de Janeiro, 1991-1993
Este capítulo foi construído com o depoimento de Joel Silveira, com as reportagens de *Comício* que pesquisei na Biblioteca Nacional, com as crônicas de Clarice Lispector publicadas em *A descoberta do mundo* e as memórias de Fernando Sabino em *O tabuleiro de damas*. O levantamento do contexto cultural, político e histórico deste e dos demais capítulos aparece nas referências bibliográficas da terceira parte desta biografia.

RIO DE JANEIRO, 1951-1952

Quando Clarice e Maury chegaram ao Rio, muitas coisas haviam mudado. A televisão brasileira, inaugurada em São Paulo em setembro de 1950, acabava de ser instalada na cidade. A TV Tupi marcava uma nova era no Brasil. A presidência da República voltava a ser ocupada por Getúlio Vargas, eleito pela primeira vez em sufrágio universal. O Vargas dos anos 50 tentava modificar sua imagem junto à opinião pública, substituir a personalidade ditatorial pela do chefe magnânimo, compreensivo e democrático. Seguindo a doutrina trabalhista de seu partido, o PTB, Vargas atualizara a filosofia social expressa em termos corporativistas durante o Estado Novo: uma fusão de medidas de bem-estar social, nacionalismo econômico e atividade política da classe operária.

No início dos anos 1950, fervilhavam novas ideias e costumes. O que já conquistara o público nos anos 1940 permanecia com toda a força, como os teatros de revista, os programas de auditório da Rádio Nacional, as chanchadas da Atlântida e os filmes de Hollywood. A chegada da televisão ainda estava restrita a uns poucos privilegiados. A capital do cinema parecia prestes a mudar de cidade. Com a inauguração da Cia. Cinematográfica Vera Cruz, em São Paulo, iniciava-se uma nova fase do cinema brasileiro, com a contratação de técnicos estrangeiros e um grande elenco nacional. Dispondo de amplos recursos, a Vera Cruz pretendia fazer um cinema dito "sério", em contraponto à chanchada nacional, produzida nos estúdios da Atlântida, no Rio de Janeiro. As artes plásticas brasileiras entravam numa nova etapa com a inauguração da I Bienal de São Paulo. A ideia de fazer uma mostra parecida com a Bienal de Veneza tinha o intuito de trazer ao Brasil os pintores da geração do pós-guerra, que nos Estados Unidos e Europa desenvolviam o abstracionismo. Entre os vinte e um países participantes foram expostas obras de Picasso, Léger, Marx Ernst, ao lado de pintores brasileiros, como Portinari e Di Cavalcanti.

Na literatura, a tendência predominante na ficção era a introspecção, a análise psicológica.

O conto brasileiro atravessava um período fértil e Clarice aproveitava o momento para trabalhar os seus contos com o intuito de publicá-los. Conhecendo o trabalho de Clarice, Fernando Sabino o apresentou a Simeão Leal, diretor da coleção "Os Cadernos de Cultura", editada pelo Ministério da Educação e Saúde. Muitos autores veteranos como Carlos Drummond de Andrade, Gilberto Freyre, Álvaro Lins e Octavio de Faria haviam publicado seus trabalhos nos "Cadernos". Simeão pedira seis contos a Clarice. Ela escolheu três dos que havia escrito em Berna – "Mistério em São Cristóvão", "Os laços de família" e "Começos de uma fortuna" – e os demais escritos no Rio – "Amor", "Uma galinha" e um mais antigo, escrito em 1943, e publicado em O Jornal em 1946, "O jantar". Enquanto aguardava a publicação em "Os Cadernos de Cultura", Clarice dedicava-se à maternidade. A vida transcorria normalmente, não fosse o delicado estado de saúde da grande amiga Bluma Wainer. Separada de Samuel Wainer desde 1948, quando retornara ao Rio de Janeiro, Bluma jamais conseguiu recuperar aqueles momentos felizes vividos em Paris. Era com pesar que via a amiga fiel, que tanto a apoiara naqueles momentos difíceis em Berna, partir tão cedo. Como Clarice, Bluma Schafir tinha sido criada no nordeste, nascera na Bahia numa família de judeus. Não completara nem 40 anos quando foi vitimada por um câncer. Quando Clarice voltou de Torquay, soube da gravidade do estado de Bluma, e como uma amiga dedicada fez-lhe companhia até os seus últimos dias de vida.

Teresa Quadros em *Comício*

A imprensa da década de 1950 também passava por grandes mudanças. Iniciava-se a era das grandes reportagens, a qualidade dos jornalistas melhorava sensivelmente. As digressões literárias do jornalismo francês, tão presentes na imprensa brasileira, cediam lugar à objetividade norte-americana. Entre os inúmeros jornais e revistas lançados nesse período, encontrava-se o tabloide *Comício*, fundado pelos jornalistas Joel Silveira, Rubem Braga e Rafael Correa de Oliveira. O semanário tinha o objetivo de discutir "*a marcha dramática e pitoresca das coisas desta nação, e, um pouco, também das outras"*. Um dos precursores da imprensa alternativa, ou nanica, o tabloide não tinha compromisso com nenhum partido do governo ou da oposição, e como seu próprio nome indicava, *"Comício era uma reunião de cidadãos com o fim de tratar de assuntos de interesse público"*. Para colaborarem no tabloide foram convidados Fernando Sabino, Otto Lara Resende, Millôr Fernandes, Paulo Mendes Campos, Sérgio Porto, Carlos Castello Branco – o Castelinho –, Antônio Maria, Lúcio Rangel e Thiago de Mello. Num universo povoado de tantos escritores e jornalistas, chamava a atenção a presença de uma colaboradora, Teresa Quadros, na realidade, Clarice Lispector. Além de admirada pela sua beleza, Clarice era mitificada pelos amigos escritores. O fato de ter residido na Europa dava-lhe um charme especial. Poucos haviam tido essa experiência. Otto Lara Resende saboreava as cartas de Clarice enviadas a Lúcio Cardoso: "verdadeiras garrafas de champanhe espumante." Ao ser convidada por Rubem Braga para integrar a equipe de colaboradores escrevendo uma página feminina, Clarice temeu ver arranhada sua imagem de romancista. Rubem sugeriu que ela adotasse um pseudônimo e ele mesmo encarregou-se de criá-lo. Assim, no primeiro número de *Comício*, publicado em 15 de maio de 1952, Teresa Quadros ocupou a página vinte e um do semanário, com cinco quadros, cada qual tratando de um assunto. A coluna deu destaque ao texto "Um retrato de mulher", sobre a atriz Sarah Bernhardt, de autoria de Bernard Shaw. Abaixo do título lia-se: Teresa Quadros. Os traços físicos de Sarah Bernhardt descritos minuciosamente davam forma ao retrato de uma mulher dotada de surpreendente beleza e talento. Os demais quadros davam algumas dicas de beleza, decoração, moda e até conselhos para se viver bem. Nas dicas de beleza, enumeradas em "Rosto novo em alguns instantes", encontravam-se sugestões para "levantar" o rosto, dando-lhe maior vivacidade quando ele aparentava cansaço:

"1. Prenda os cabelos, desnudando a nuca. Molhe um pano em água bem fria, esprema-o e aplique-o na nuca. Renove várias vezes a compressa. Você se sentirá imediatamente mais disposta. Nunca reparou que os lutadores de box, entre um 'round' e outro, são submetidos a esse rápido tratamento? Antes de entrar em novas lutas, experimente esse tônico."

Teresa Quadros estabelecia um diálogo com suas leitoras e o tom de proximidade era essencial para dar a impressão de uma conversa informal entre duas amigas, sobretudo quando ela dava conselhos, conforme podemos ler no quadro "Aprendendo a viver":

"Você também está transbordando? Então faça exatamente o que você faria com essa chaleira: tire-a imediatamente do fogo. Um deles consiste em adiar por uma semana a resolução de seus problemas. Aja como se eles não existissem. Há poucos problemas que não possam esperar uma semana. Quem sabe, você terá a surpresa de ver que eles se resolveram sozinhos. – Aproveite a mesma semana para deixar de lado pensamentos e sentimentos que 'fazem ferver', como ambição, sonhos impossíveis, ressentimentos etc. – E, como em geral sua pior inimiga é você mesma, tente por uma semana ao menos ser boa para consigo própria, ser tolerante, até meio distraída. No fim de uma semana, a água da chaleira esfriou um pouco, desceu de nível – você terá restabelecido o equilíbrio..."

A página feminina, tal como concebida por Teresa Quadros, não era uma novidade nos jornais brasileiros. Desde o século XIX, já havia um espaço para a dita "imprensa feminina", em que as colaboradoras provocavam o debate em torno da questão da emancipação da mulher, em meio a matérias de entretenimento. Os artigos abrangiam áreas como saúde, cuidados domésticos, moda, culinária e poesia. Clarice transitava pela área doméstica com naturalidade. Como mãe e dona de casa, aconselhava as mamães de primeira viagem como Helena Lara Resende, esposa de Otto, por ocasião do nascimento do primeiro filho do casal, André. Clarice foi à casa de Otto e ensinou Helena a dar banho no menino, além de dar-lhe alguns conselhos domésticos.

O segundo sexo e *Um teto todo seu*

O universo cultural do início dos anos 1950, em que o cinema americano tinha um poder de persuasão muito significativo, continuava cultivando a imagem da "menina-moça ideal", composta por atrizes como Doris Day e Grace Kelly. O cinema nacional não ficava atrás e tinha em Fada Santoro e Cyll Farney o casal ideal que passava a imagem romântica e bem-comportada do amor. Em sua maioria, as leitoras de Teresa Quadros ainda estavam presas aos limites impostos pela moral dos anos 1940: casar, sobretudo, virgem. E jamais incluir em seu vocabulário a palavra "divórcio"; mulher desquitada era malvista. Mas diante das mudanças, ainda que lentas, nos padrões de comportamento da mulher, Clarice mostrava-se atenta e revelava uma compreensão da questão da emancipação feminina condizente com o pensamento em voga, principalmente depois da publicação na França, em 1949, de O segundo sexo, de Simone de Beauvoir. A questão proposta pela escritora francesa era verificar em que pé se encontrava a questão da mulher; em sua opinião, a mulher não se reivindicava como sujeito, se comprazia no seu papel de Outro. Mostrando-se interessada nessa questão, Teresa Quadros escreveu um texto no segundo número de Comício abordando de forma irônica e crítica uma passagem do livro A Room of One's Own, de Virginia Woolf. Esse livro era o resultado de anotações organizadas para duas conferências no Girton College, em outubro de 1928, cujo tema abordava a questão da sujeição intelectual da mulher. Virginia Woolf observava os diversos obstáculos enfrentados pelas primeiras mulheres escritoras para se desenvolverem intelectualmente. No século XVI, por exemplo, na era Elisabetana, não existiu nenhuma escritora do valor de Shakespeare, o que levou a escritora inglesa a fazer o seguinte comentário: *"Isso porque um gênio como Shakespeare não nasce entre pessoas trabalhadoras, sem instrução e humildes (...). Como poderia então ter nascido entre mulheres, cujo trabalho começava de acordo com o professor Trevelyan, quase antes de largarem as bonecas, que eram forçadas a ele por seus pais e presas a ele por todo o poder da lei e dos costumes?"*

Diante disso, Virginia Woolf propôs que se imaginasse a possibilidade de Shakespeare ter tido uma irmã tão genial quanto ele, e o quanto seu fim teria sido trágico, pois o destino de uma mulher dotada de grande talento, em pleno século XVI, seria o caminho da loucura, do suicídio ou do isolamento. Em "A irmã de Shakespeare", Teresa Quadros contou, à sua maneira, a vida de Judith, a suposta irmã do dramaturgo. *"Judith teria o mesmo gênio que seu irmãozinho William, a mesma vocação. Na verdade, seria um outro Shakespeare, só que, por gentil fatalidade da natureza usaria saias."* Após descrever como seria a vida de Shakespeare, segundo Virginia Woolf, Teresa Quadros narrava como teria vivido Judith.

"E Judith? Bem, Judith não seria mandada para a escola. E ninguém lê em latim sem ao menos saber as declinações. Às vezes, como tinha tanto desejo de aprender, pegava nos livros do irmão. Os pais intervinham: man-

davam-na cerzir meias ou vigiar o assado. Não por maldade: adoravam-na e queriam que ela se tornasse uma verdadeira mulher. Chegou a época de casar. Ela não queria, sonhava outros mundos. Apanhou do pai, viu lágrimas da mãe. Em luta com tudo, mas com o mesmo ímpeto do irmão, arrumou uma trouxa e fugiu para Londres. Também Judith gostava de teatro. Parou na porta de um, disse que queria trabalhar com os artistas – foi uma risada geral, todos imaginaram logo outra coisa. Como poderia arranjar comida? Nem podia ficar andando pelas ruas. Alguém, um homem, teve pena dela. Em breve, ela esperava um filho. Até que numa noite de inverno, ela se matou. 'Quem', diz Virginia Woolf, 'poderá calcular o calor e a violência de um coração de poeta quando preso no corpo de uma mulher?'

E assim acaba a história que nunca existiu".

Dessa forma, Clarice punha em debate a importância da diferença entre os sexos na questão da igualdade. Entre receitas de bolo e conselhos de beleza, ela refletia com seriedade sobre a problemática das mulheres.

O primeiro livro de contos

Enquanto enviava a sua colaboração para *Comício*, Clarice assistia à publicação de seu primeiro livro de contos. Após o recolhimento da primeira impressão, intitulada *Mistério em São Cristóvão*, na qual seu nome saíra com dois SS, finalmente saiu a definitiva, intitulada *Alguns contos*. A coletânea de contos, segundo Sérgio Milliet, trazia de volta um traço do estilo clariceano para o qual ele já havia chamado a atenção: a deformação sintática e vocabular. No entanto, agora, com *sua penetração psicológica e principalmente sua sensibilidade,* Clarice conseguira um equilíbrio suficiente, capaz de escapar do preciosismo; traço, a seu ver, negativo, que fora usado em larga escala em *A cidade sitiada*. Milliet destacou também a espontaneidade das imagens, o que dava a impressão de imagens não selecionadas: "*É pelos erros, pelas falhas, as insistências, os excessos, que Clarice Lispector prova a espontaneidade que a valoriza e faz de sua prosa uma prosa poética cheia de surpresas*" (Milliet, 1955: 235). A incursão de Clarice num novo gênero parecia, aos olhos do crítico, pouco eficaz. Clarice não conseguia "*estruturar solidamente, em poucas páginas, o que tem a dizer*". Sua riqueza inventiva transbordava do *espaço racionado*.

De volta ao porto do Rio

A essa altura, Maury completara dois anos no cargo que ocupava na Divisão Econômica da Secretaria de Estado, incluindo os seis meses de sua participação como assessor na Delegação do Brasil na Conferência de Comércio e Tarifas, em Torquay. Desde a volta ao país, em junho de 1949, Clarice e Maury já tinham tido tempo suficiente para se reintegrarem ao dia a dia da cidade do Rio. Mas, em breve, Maury concluiria seu estágio na Secretaria de Estado e seria designado para assumir um novo posto. Mesmo descobrindo-se grávida, em junho, Clarice não pôde comemorar plenamente, pois sua permanência no Rio estava com os dias contados, o que significava que seu segundo filho também não nasceria no Brasil. Antes de deixarem o país, Clarice e Maury finalmente colaram grau na Faculdade Nacional de Direito, no dia 3 de julho, já que na ocasião da formatura, em janeiro de 1943, haviam se mudado para Belém.

Mais uma vez Clarice, Maury e Pedro se preparam para uma nova viagem, contando, agora, com a companhia de Avani, uma babá de 16 anos. A bordo do navio inglês, os Valente partiram para Nova York, no dia 2 de setembro, e daí para Washington, onde Maury ficaria lotado na embaixada brasileira. Em outra época, quando os Lispector moravam na Ucrânia, houve a possibilidade de imigrarem para os Estados Unidos. Trinta anos depois, Clarice partia para o país onde podia ter se naturalizado, se o chamado do Brasil não tivesse sido mais forte. Ela se preparava para começar uma nova fase de sua vida, grávida de três meses, longe da cidade que tanto amava. A próxima volta não tinha data marcada. O tempo era de espera. Uma lenta espera de seis meses até nascer a criança, e mais uns tantos outros para retornar a seu porto seguro, o Rio de Janeiro.

Diário de bordo – Rio de Janeiro 1990-1993

Além do Arquivo Histórico do Itamaraty que permitiu mapear o círculo de diplomatas e personalidades que passaram por Washington, este capítulo foi construído a partir de depoimentos inéditos de pessoas que residiram na capital norte-americana, convivendo ora mais próximos, ora por um breve período com Clarice e Maury. São eles: o diplomata Lauro Escorel, Mafalda Verissimo, Maria Bonomi, as esposas de diplomatas, Sílvia Seixas Corrêa e Maria Eugênia Soutello Alves, e Edith Vargas, sobrinha de Alzira Vargas. As cartas, como em todas as etapas da pesquisa, foram fundamentais, como as endereçadas a Fernando Sabino e Rubem Braga, e a Nahum Sirotsky, da revista *Senhor*, pesquisadas no arquivo de Clarice no AML-FCRB. As cartas de Sabino só seriam publicadas em 2001 em *Cartas perto do coração* (Record). Em minhas pesquisas no arquivo de Clarice na FCRB também resgatei a correspondência com os editores: Pierre de Lescure, da Plon, e o americano Roland Dickey, da *New Mexico Quartely*. A carta de Clarice para Erico Verissimo e Mafalda foi uma gentileza de Mafalda Verissimo. Ao me enviar uma cópia obtive autorização para transcrevê-la. Em 2002, a incluí em *Correspondências*.

Só três anos depois da defesa da dissertação de mestrado pude conhecer Washington em julho de 1999. Foi durante a pesquisa da tese de doutorado. Entrevistei especialistas clariceanos brasileiros e norte-americanos de diversas universidades, a parada na capital me deu a oportunidade de visitar a casa dos Gurgel Valente em Chevy Chase em companhia de Luiz, então meu marido, e de uma grande amiga clariceana, na época diplomata, Lucia Pires. Hospedados em sua casa, desfrutamos de sua adorável companhia e de sua gatinha Lóri (uma homenagem à personagem de Clarice). Conhecemos o imóvel só por fora. Os proprietários, muito simpáticos, comentaram que três pessoas já haviam passado por lá para conhecer a casa por causa da antiga moradora. De lá pra cá imagino que outros devem ter tido a mesma ideia diante da internacionalização da obra de Clarice. Para conhecer o local por dentro basta consultar o rico acervo iconográfico de Clarice Lispector do AMLB-FCRB. O período de Washington é o mais substancioso em imagens, grande parte inéditas.

WASHINGTON, 1952-1959

Chorando de saudades do Brasil, Clarice não conseguiu se animar durante a viagem, nem mesmo quando houve uma grande festa no navio, devido a sua passagem pela linha do Equador no dia 7 de setembro de 1952. Assistindo aos passageiros serem jogados vestidos na piscina, limitou-se a beber champanha gelado, ultrasseco. Assim que chegaram a Washington, em 24 de setembro, Maury assumiu seu novo posto, às 18h, perante o embaixador Walther Moreira Salles. Apresentado aos novos colegas, o primeiro-secretário Carlos Alberto Bernardes, os terceiros-secretários Fernando Buarque Franco Netto e Hélio Bittencourt, teve a grata surpresa de rever Lauro Escorel, que servia na embaixada como segundo-secretário. Como Clarice, a esposa de Escorel, Sara, estava grávida. O nascimento da criança estava previsto para o início do mês de outubro. Quando nasceu Sara Maria Escorel de Moraes, no dia 6 de outubro, Clarice pôde compartilhar da alegria do casal e aguardar mais ansiosa o nascimento de seu filho quatro meses depois.

Recomeçava a rotina de coquetéis e reuniões. Mas sempre havia espaço para encontros informais, quando os diplomatas se reuniam para falar das coisas do dia a dia. Houve um encontro entre Lauro Escorel, João Cabral de Melo Neto, Araújo Castro e Clarice. Conversando a respeito da morte, foram interrompidos pela cozinheira portuguesa, Fernanda, que solicitava a presença da patroa na cozinha. Ao retornar, talvez percebendo que o assunto principal se dispersara, Clarice resolveu propor aos amigos: "*Então, vamos voltar a falar da morte?*" Todos acharam a proposta da anfitriã um tanto inusitada, mas a reunião prosseguiu até o bate-papo esgotar-se.

Paulo nasceu

Quando Clarice entrou no oitavo mês de gravidez, Maury tinha acabado de ser nomeado pela embaixada como seu representante na comissão do IV Centenário da Fundação da Cidade de São Paulo. Dwight Eisenhower tomava posse na presidência dos Estados Unidos e o governo americano estava interessado em aderir às comemorações do referido centenário. O trabalho de Maury só foi interrompido porque Clarice teve de ser internada no George Washington University Hospital para dar à luz Paulo, no dia 10 de fevereiro de 1953, às 9h02. A família Gurgel Valente estava em festa. A situação agora se invertia, Lauro Escorel e Sara compartilhavam com Maury e Clarice o nascimento de Paulo. Mas os deveres do ofício impediram que o casal Escorel ficasse por mais tempo em Washington. Lotado desde 1946 na embaixada, Lauro foi transferido, em março, para o Brasil. Em Londres, o amigo João Cabral de Melo Neto passava por um momento delicado. Tinha sido chamado ao Brasil para responder a um inquérito administrativo, acusado de subversão pelo ministro das Relações Exteriores, João Neves da Fontoura. Colocado em disponibilidade inativa por decreto do presidente Vargas, Cabral recorreu à Justiça, e enquanto aguardava uma resposta oficial, pensava no que ia fazer sem emprego, com esposa e três filhos para sustentar. No Rio, Rubem Braga estava a par da situação de João Cabral. Ao escrever para Clarice em 23 de maio de 1953 felicitando-a pelo nascimento de Paulo, mostrou-se preocupado com o poeta, que estava de partida para Pernambuco, sua terra natal. Rubem informava a Clarice o fim do tabloide *Comício*: "Sem a influência sutil de sua presença na cidade, o pobre jornalzinho se foi." Parte da equipe, incluindo Fernando Sabino e Paulo Mendes Campos, foi trabalhar na recém-inaugurada revista *Manchete*; outra parte integrou-se a Samuel Wainer, que estava para lançar um novo periódico, *Flan*.

Erico e Mafalda Verissimo

Na embaixada acabava de chegar o governador do Rio de Janeiro, Amaral Peixoto, em companhia da esposa, Alzira, filha de Getúlio Vargas, para passarem um período de 20 dias. Outro casal que chegava a Washington era o escritor Erico Verissimo e Mafalda, acompanhados dos filhos Clarissa e Luís Fernando. Erico fora convidado para substituir Alceu Amoroso Lima na direção do Departamento de Assuntos Culturais da União Pan-Americana, ligado à ONU. Assim que chegaram, receberam a visita de Maury e Clarice, no hotel. Começava nesse momento uma grande amizade entre os Verissimo e os Valente. O nascimento de Paulo parecia atrair coisas positivas, até Tania foi a Washington visitar o sobrinho. Durante um mês, pôde "matar as saudades" da irmã. Do Rio, Fernando Sabino mandava boas notícias em 8 de agosto. Ele havia proposto ao diretor da revista *Manchete*, Hélio Fernandes, que contratasse Clarice como colaboradora. Ela escreveria uma crônica semanal, de duas a três páginas, sobre qualquer tema. Hélio ficou de dar uma resposta e propôs pagar 750 cruzeiros por crônica. Fernando Sabino protestou sugerindo o pagamento de 1.000 cruzeiros. O amigo alertava que não era preciso se incomodar com a qualidade literária: *"um título qualquer como Bilhete Americano, Carta da América ou coisa parecida se encarregará de dar caráter de seção e portanto sem responsabilidade literária."* Qualquer assunto interessava, principalmente notícias locais. Caso Clarice quisesse enviar uma crônica literária, seria bem-vinda. Assim que recebeu a carta de Fernando Sabino, Clarice respondeu imediatamente. O amigo demorou a responder, e quando o fez, comunicou que estava aguardando a colaboração de Clarice para ser publicada. Quando ela respondeu, em 10 de setembro, impôs a condição de que não assinaria a matéria. Fernando respondeu-lhe tentando convencê-la de que a direção da revista fazia questão que ela assinasse: *"Não sei se você sabe que você tem um nome. (...) acho que você deve assinar o que escrever, como exercício de humildade é muito bom."* Em sua opinião, Clarice levava vantagem enviando a colaboração do exterior, o que a eximia de responsabilidade propriamente literária. E aproveitava para dar-lhe alguns conselhos, como preparar as primeiras colaborações com vários assuntos de cada vez para despertar o interesse do leitor. Mas, em seguida, parecia arrependido: *"Mas vamos deixar disso, faça o que quiser, qualquer coisa sua interessa."* Pouco depois, Clarice enviou uma colaboração. Hélio Fernandes gostou e disse a Fernando Sabino que não publicara ainda devido a problemas de espaço. Sobre o texto enviado, ele observou em 27/10/1953 que o tom era excessivamente impessoal e noticioso, a despeito das notícias serem de interesse. E sugeria: *"O que interessa é Clarice Lispector, pelo menos uma Clarice Lispector dando notícias – mesmo assinando C.L."*

O final de 1953 aproximava-se, e Clarice não podia se queixar de monotonia. A visita de San Tiago Dantas a Washington, a chegada de Mafalda e Erico Verissimo, o nascimento de Paulo e, para completar, um contrato assinado no dia 9 de dezembro de 1953, com a editora francesa Plon para publicar *Perto do coração selvagem*. Para Maury, o ano tinha sido bem movimentado com alguns momentos de tensão no mês de setembro, devido à exoneração do embaixador Moreira Salles e a vinda de seu substituto, o embaixador João Carlos Muniz. Em outubro, participara como colaborador da XLII Conferência da União Interparlamentar, ao lado de mais cinco colegas. A embaixada recebera novos diplomatas como o primeiro secretário, Celso Raul Garcia; os segundos-secretários, Celso Barbosa Cavalcanti e Armindo Mendes Cadaxa, os terceiros-secretários, Octavio Luiz de Berenguer Cesar e Lauro Soutello Alves, o último, acompanhado da esposa, Maria Eugênia. Mas a melhor notícia chegara no dia 28 de dezembro, quando Maury e João Paulo do Rio Branco foram promovidos ao posto de primeiro-secretário e Lauro Soutello Alves, ao posto de segundo-secretário.

Pedrinho conta seus sonhos

Depois que compraram uma casa na 4.421 Ridge Street, em Chevy Chase, no distrito de Columbia, Clarice pôde organizar com mais calma o novo lar. Aos cinco anos de idade, Pedrinho conversava muito com a mãe. Contava seus sonhos e emoções em inglês. A mãe observava e anotava o que ele lhe falava. Os dinossauros eram um de seus assuntos preferidos:

"1954 – *Período em que dinossauros eram seu assunto mais importante e motivo central de seus personagens, inclusive, ao que parece, a razão dos pesadelos. Ele inventou um lugar na África chamado 'Chaburo Country', onde morava o dinossauro, que tinha minhas mãos e meus cabelos, e era movido à eletricidade. Apertava-se um botão e ele funcionava. (Depois me lembrarei de outros detalhes.)*"

Certa vez, ensinando-lhe aritmética, Clarice notou que ele estava lendo as instruções destinadas aos professores e aos pais. Ao ser advertido, retrucou: "*I can't help if my eyes are wide!*" O menino surpreendia constantemente. Clarice registrava os momentos: "*De noite, me chamou na cama. 'Mother, I'm sad.' 'Why?' 'Because it's night and I Love you.*"

Perto do coração selvagem em francês

Em setembro de 1954, faria um ano que Maury e Clarice tinham ido para Washington. Assim que Maury tirasse férias, embarcariam para o Brasil. Mas havia algo preocupando Clarice, a publicação de *Perto do coração selvagem*, em francês. Ao escrever para as irmãs, no dia 10 de maio, relatou minuciosamente os problemas com a tradução do livro. Enviaram-lhe as provas definitivas do romance sem que ela tivesse dado seu aval. Depois de dez dias trabalhando arduamente na revisão da tradução, enviou à editora as correções que tudo indicava não seriam aproveitadas. Para as irmãs terem uma ideia da tradução, ela citou alguns exemplos:

"*'Ao fim de alguns instantes, as chamas subitamente reanimadas' foi traduzida: 'ao fim de alguns instantes, tudo o que nela o chamava se acordou.' (Com certeza a tradutora vendo 'chamas' achou que se tratava do verbo chamar.) (...) Quando escrevo a palavra 'porcaria', ela traduz por 'excrementos', mesmo quando não é o caso. Sem falar em liberdades engraçadas que ela tomou. Eu escrevo: 'a criada' e ela traduz: 'a criada preta' – sendo que em nenhum pedaço do livro se fala em criado negro.*"

Chateada com a tradução malfeita, Clarice chegou à conclusão de que teria de conformar-se. O melhor era esquecer que o livro havia sido traduzido. Mas Erico Verissimo aconselhou-a a escrever uma carta à editora manifestando sua insatisfação. No dia 13 de junho, o editor Pierre de Lescure respondeu-lhe dizendo que havia escrito várias cartas e o texto havia sido enviado antes de ser impresso; que ocupava-se não somente de seu livro, outros também lhe tomavam tempo e preocupação. No dia 20 de junho, Clarice enviou-lhe uma carta de seis páginas. Dizia estar perplexa, pois não havia recebido nenhuma carta, tampouco o texto traduzido antes de ser impresso para ela dar o aval. Quando pensava que seu romance, pelo qual ela não dava muito valor, pudesse ter fatigado o editor, sentia-se desolada. Lembrou a Pierre de Lescure que a diplomata Beata Vettori havia lhe escrito, em outubro de 1953, pedindo-lhe uma autorização urgente por telegrama para que fosse remetido um exemplar brasileiro de *Perto do coração selvagem* à Plon, pois o amigo que faria a tradução não poderia fazê-la no prazo determinado pela editora. Clarice não teve outra alternativa e autorizou, contra a sua vontade, a tradução a cargo da Plon. Após muitas explicações e justificativas deu um voto de confiança a Librairie Plon, certa de que tudo seria feito para que a tradução não ficasse tão distante do pensamento da autora.

A essa altura, Clarice preparava-se para as férias no Rio. A cidade vivia um clima tenso, em face dos últimos acontecimento envolvendo o governo Vargas. A crise atingira o Ministério das Relações Exteriores, cujo ministro, João Neves da Fontoura, ao renunciar a sua pasta, denunciou uma "aliança secreta" entre Vargas e Perón contra os Estados Unidos. Para substituí-lo foi nomeado Vicente Rao. Os americanos já não se mostravam tão dispostos a apoiar nosso desenvolvimento industrial. A imprensa, com exceção do jornal *Última Hora*, não apoiava Vargas em suas iniciativas, que contrariavam os interesses das elites. Tendo o povo como seu aliado, tomou uma série de medidas a seu favor, uma das quais serviu de estopim para deflagrar a crise. Decretou o aumento de 100% do salário mínimo no dia 1º de maio. A partir daí, a UDN e os conservadores concluíram que chegara a hora de tirar Getúlio do poder.

Férias no Rio com Maury e os filhos

No dia 7 de julho, a Embaixada do Brasil solicitou ao Departamento de Estado a concessão de vistos de reentrada nos passaportes diplomáticos 002.629 e 002.630 e no passaporte regular nº 132.497, pertencentes a Maury, Clarice e os filhos, e à empregada Avani Cardoso Ferreira dos Santos. A data da partida estava prevista para o dia 15 de julho, para uma estada de três meses. Quando o avião pousou no aeroporto do Rio, Pedrinho viu uma menina e não se conteve, virou-se para Clarice e disse-lhe: *"Olha uma menina bonita!"* Agitado, confessou à mãe que quando via uma moça sentia o cheiro do seu paninho, com o qual ele dormia desde que nasceu. Quando o pano era lavado, Pedrinho reclamava a ausência de cheiro. Para ele o paninho tinha *"cheiro de mamãe!"*.

Enquanto Clarice aproveitava suas férias, sempre em companhia dos dois meninos, no Palácio do Catete pairava um clima de tensão. Na madrugada do dia 5 de agosto, Carlos Lacerda sofreu um atentado ao chegar a sua casa na rua Tonelero. Acompanhado do filho Sérgio e do major da Aeronáutica Rubens Florentino Vaz, Lacerda levou um tiro no pé, mas o major foi alvejado no peito e não resistiu. Ao tomar conhecimento do atentado, Getúlio Vargas comentou amargurado: *"Este tiro é uma punhalada em minhas costas."* Quando prenderam o assassino de Rubens Vaz, descobriram que ele fazia parte da guarda presidencial. A culpa foi imputada a Gregório Fortunato, fiel guarda-costas de Getúlio. O caminho estava aberto aos opositores do governo. As pressões eram feitas com o objetivo de levar o presidente da República a renunciar ao seu mandato. Até mesmo os oficiais das três Armas desejavam o afastamento de Vargas. No dia 23 de agosto, Getúlio declarara: *"Só morto deixarei o Catete."* A promessa foi cumprida. Getúlio se matou com um tiro no coração, em seu quarto, no Palácio do Catete. Suas últimas palavras ficaram registradas numa carta-testamento onde justificava seu suicídio: *"Se as aves de rapina querem o sangue de alguém, querem continuar sugando o povo brasileiro, eu ofereço em holocausto a minha vida. (...) Eu vos dei a minha vida. Agora ofereço a minha morte. Nada receio. Serenamente dou o primeiro passo no caminho da eternidade e saio da vida para entrar na História."* O povo saiu às ruas desnorteado sem acreditar que o "Pai dos Pobres" havia morrido. Subitamente as férias de Clarice e Maury eram maculadas por uma tragédia. Mesmo diante dessa fatalidade a vida seguia seu curso, Clarice procurava aproveitar os últimos cinco dias no Rio para comemorar o aniversário de Pedro no dia 10 de setembro, junto com a família. Os preparativos para a festa não empolgavam o menino. Somente quando vestiu a roupa nova revelou à mãe: *"Estou tão contente que existe mim."*

Elisa Lispector e Ronda solitária. Clarice e a tradução francesa de *Perto do coração selvagem*

De volta aos Estados Unidos, Clarice recebeu da Librairie Plon seu primeiro romance traduzido para o francês *Près du coeur sauvage*, enquanto no Rio Elisa lançava mais um romance, *Ronda solitária*, publicado pela editora A Noite e dedicado a sua irmã Tania. Dostoiévski era o autor da epígrafe do livro. Uma paixão em comum das irmãs Elisa e Clarice. A trajetória da personagem Constância era narrada a partir de sua infância em Serra Grande, passando por sua vinda para o Rio e posterior volta à terra natal, momento em que o pai acabava de falecer. A Constância de Elisa Lispector tinha muitos pontos em comum com as personagens Joana e Virgínia, de Clarice. Sobre Constância a narradora dizia: "*Muito cedo ainda, com efeito, havia de certificar-se de sua inadaptação para viver à maneira de toda a gente.*" Elisa seguia sua própria trajetória, aprofundando o gosto pela análise psicológica dos personagens e pelos dramas interiores. Ao receber a tradução de *Perto do coração selvagem*, Clarice enviou um exemplar com uma dedicatória para Elisa: "À *Elisa, com muita saudade, sua Clarice. Washington, dezembro 1954.*"

Novos contos

Desde que voltara do Rio, Clarice procurava um tempo disponível para atender o pedido de Simeão Leal, editor de seus primeiros contos publicados em 1952, que lhe encomendara mais alguns sob pagamento antecipado. Por isso, ela interrompeu o romance que estava escrevendo todas as manhãs com muito prazer e dedicou-se totalmente à feitura dos contos. Depois de alguns meses de trabalho escrevendo num ambiente tumultuado, cercada pelos filhos, pelo cachorro, com o telefone tocando, conseguiu escrever oito contos. "Feliz aniversário", "Devaneio e embriaguez duma rapariga", "A imitação da rosa", "A mensagem", "Os desastres de Sofia", "Tentação", "Os obedientes" e "O crime do professor de matemática", este último já havia sido publicado em jornal e apresentava, agora, uma nova versão. Os contos foram enviados a Tania para serem entregues a Fernando Sabino, incumbido de entregá-los a Simeão Leal. Quando Sabino pôs-se a ler os contos ficou fascinado, estendendo a leitura pela madrugada. Ao escrever para a amiga em 30 de março de 1955 não poupou elogios: "*E me vem você com esses contos, dizendo como quem não quer nada tudo aquilo que se pretenderia um dia.*" Fernando confessou que havia tido "*momentos de verdadeira vibração cívica*" ao ler os contos. Sua intenção inicial era ler somente um conto e deixar os demais para o dia seguinte. Começou por "A imitação da rosa", passou para "A mensagem" e não conseguiu parar mais. Quando leu "Devaneio e embriaguez de uma rapariga" o fez em voz alta, para si mesmo. Nesse momento lamentou que Mário de Andrade não estivesse vivo, e pensou: *"e como ele perdeu tempo"*. Após as inúmeras observações e elogios, Sabino prometeu que tentaria convencer Simeão Leal a fazer um *livro direito*. Os outros amigos, Paulo Mendes Campos e Otto Lara Resende, estavam curiosos para ler os contos, mas Fernando não deixaria.

As saudades do Brasil só não eram maiores porque Clarice sabia que viver em Washington em companhia dos moradores da Porter Street era um privilégio e uma alegria sempre renovadas. Seus ilustres vizinhos, Erico e Mafalda, eram mais do que amigos. Com três anos de convivência diária, acabaram tornando-se compadres. Quando Clarice e Maury pensavam num casal de padrinhos para os filhos, vinha à mente o nome dos Verissimo. Clarice e Mafalda se falavam diariamente, saíam juntas para fazer compras, trocavam ideias sobre os filhos e sobre o Brasil. Nessas horas, Clarice não deixava de expressar o quanto tinha saudades do Brasil, lembrava-se do passado, da família, de suas origens judaicas. A amizade de Mafalda era tão especial quanto fora a de Bluma Wainer. Em se tratando de amizades, Clarice tinha sorte. Além dos laços de afeto que uniam os Verissimo e os Valente, havia a literatura, paixão em comum de Clarice e Erico, sempre disposto a ajudá-la com seus conselhos. Sabendo disso, Clarice não hesitou em lhe mostrar os originais de seu romance, ainda sem título. Ao escrever para as irmãs, no dia 17 de março de 1956, disse-lhes que Erico parecia estar gostando muito do livro. O romance deixou-a exaurida, e somente após umas oito cópias conseguiu concluí-lo. Agora ela tinha vontade de se envolver com outra atividade, gostaria de ficar tão ocupada a ponto de à noite sentir-se cansada. Nas aulas semanais de inglês, não estava obtendo o resultado esperado. Dizia às irmãs não ter "jeito" para fazer curso, sua vida era uma preguiça contínua. Tudo lhe parecia difícil, fora de hora e de interesse. Outro dia, tinha escrito um conto chamado "O búfalo", após ter sentido um ódio intenso, coisa que nunca se permitira. Ao ler para Mafalda e Arnaldo Pires, um funcionário da União Pan-Americana, viu o quanto o conto provocava uma sensação de mal-estar. Para Arnaldo o conto parecia feito de entranhas. Clarice também revelou desejo de passar uns quinze dias com as irmãs. No dia

25 de maio de 1955, a embaixada providenciou os vistos de reentrada nos passaportes de Clarice e de Maria Eugênia Soutello Alves, esposa do segundo-secretário, Lauro Soutello Alves. Elas embarcaram no dia 5 de junho e ficaram por três meses no Rio.

Alzira Vargas

Nesse momento, a Capital Federal estava voltada para as próximas eleições presidenciais. Dois candidatos disputavam a presidência da República, Juscelino Kubitschek e Juarez Távora. A filha de Getúlio Vargas, Alzira do Amaral Peixoto, estava prestes a ir para Washington acompanhando o marido, Ernani do Amaral Peixoto, ex-governador do Rio de Janeiro, em 1950, nomeado embaixador do Brasil nos Estados Unidos, cuja embaixada contava, então, com sete segundos-secretários: Jorge Alberto de Seixas Corrêa, Celso Cavalcanti, Oscar Lourenzo Fernandez, Luiz Cavadas, Paulus da Silva Costa, Lauro Soutello Alves, Eberaldo Telles Machado e Hélio Bittencourt; dois terceiros-secretários, Armando Mascarenhas e Oswaldo Castro Lobo, e três primeiros-secretários, Maury Gurgel Valente, Zilah Mafra Peixoto e George Alvares Maciel. O braço direito da embaixatriz seria Clarice, que atuava como porta-voz das esposas dos diplomatas, sempre muito discreta, criteriosa e afável. Ela procurava solucionar qualquer tipo de problema relacionado ao cerimonial; assim como, por exemplo, se era adequado o uso do chapéu numa determinada recepção. As esposas dos secretários, além de cuidarem dos filhos, cumpriam uma agenda bastante movimentada. Frequentemente visitavam-se, quando, então, seus filhos brincavam juntos. Clarice sempre as convidava para um almoço informal. Silvia, esposa do segundo-secretário Jorge Alberto de Seixas Corrêa, apreciava o bom humor, a amabilidade e a beleza exótica de Clarice; e percebia uma ponta de tristeza pairando sobre ela; mesmo sabendo de seus dotes literários, jamais ouvia comentários sobre seus livros, nem sobre literatura. O relacionamento entre a embaixatriz e Clarice não poderia ser melhor. Jamais Clarice podia imaginar que a filha de Getúlio Vargas, o presidente que concedeu sua naturalização, um dia seria sua amiga. Clarice havia não só conquistado a amizade de Alzira Vargas, mas também das esposas dos diplomatas. Sua beleza e elegância eram apreciadas por Maria Eugênia, esposa de Lauro Soutello Alves, sempre tratada com carinho pela meiga Clarice, que, às vezes, tinha um ar distante que lhe imprimia o aspecto de uma pessoa "seca"; mas quem privava de sua intimidade, como Maria Eugênia, sabia que isso era uma impressão falsa. Maria Eugênia era muito amiga da esposa do secretário Oswaldo Lobo, Maria Laura Ferreira Lobo, por quem Clarice nutria uma grande simpatia. Certa vez, ao comprar um disco com gravações de fundo sonoro, específicas para novelas radiofônicas ou teatro, Clarice ligou para Maria Laura, chamada carinhosamente de Lalá, pedindo-lhe que fosse urgente a sua casa. Quando ela chegou, Clarice confessou ter comprado um disco, e como tinha receio de ouvi-lo sozinha pedia sua companhia. Ao colocar o disco na vitrola, ouviram portas rangendo, ruídos esquisitos, fantasmagóricos, respiração ofegante, gritos e gemidos. No lusco-fusco da sala, Clarice e Lalá escutavam atemorizadas o disco na vitrola enquanto a tarde caía.

Paulinho e Pedrinho com a mamãe

Desfrutar do silêncio da provinciana Washington só era possível quando os meninos estavam no colégio. A presença de Pedro e Paulo era sinal de um dia muito agitado, sempre pontuado por muitas brincadeiras e conversas. Ora era Paulinho explicando para a mãe como tinha nascido: *"I'm an airplaine wooooo! But I was by myself and I waited by myself! And then I came down to this table and here. And turned the television."* Ora era Pedrinho querendo saber qual foi a impressão de Clarice ao conhecer Maury:

"When you first saw my father", corrigiu-se e disse, *"When you first saw Maury he was a stranger to you?" "Yes." "But you wanted to marry that stranger?" "Yes." "Did you marry the one you wanted?"*

Clarice escrevia com a máquina ao colo, cercada pelos filhos, a fim de que eles pudessem interrompê-la quando quisessem. Para ela, era essencial que a vissem primeiro como mãe e não como escritora. E eles não faziam cerimônia. Certa vez, ao ver a mãe escrevendo, Pedrinho disse-lhe de um modo autoritário: *"I don't want you to write! You are a mother!"*

Em outra ocasião, ao ouvi-la lendo em voz alta uma página escrita para "ouvir" os defeitos, disse-lhe:
"*Are you reading aloud to make sense?*" (Clarice abobalhada)
"*Yes, just for that.*"
"*What is 'to make sense'? What is 'sense'?*"

Paulinho também a interrompia. Numa ocasião, ao vê-la escrevendo pediu-lhe, em inglês, que escrevesse uma história para ele. Ela argumentou que depois escreveria, pois estava fazendo anotações para um romance. O filho não aceitou. Então, Clarice tirou o papel da máquina e escreveu uma história sobre um coelho pensante. Escreveu-a em inglês para que a empregada pudesse ler para o filho, já que ele ainda não era alfabetizado.

A comadre Mafalda e o compadre Erico Verissimo

Ser mãe para Clarice não aconteceu por acaso. Ela quis ser mãe. Para criar os filhos contava com a ajuda da babá, Avani, e da cozinheira portuguesa, Fernanda. A vida girando em torno de recepções e coquetéis não a seduzia. Ela procurava cumprir as obrigações sociais, geralmente por ocasião da visita de alguma autoridade, ou na celebração de uma determinada data comemorativa, como o 7 de setembro, por exemplo. Quando os Verissimo resolveram retornar ao Brasil, Clarice e Maury ficaram desolados. Antes da partida do casal, Clarice escreveu-lhes uma carta fazendo um convite muito especial:

> *Washington, 7 de setembro de 1956, sexta-feira, 10 horas a.m.*
> *Prezados Sr. e Sra. É. Veríssimo,*
> *Como é do conhecimento dos senhores, meu marido e eu não tendo infelizmente religião (por enquanto), criamos nossos filhos na ideia de Deus, mas sem lhes dar rituais definitivos, e à espera de que eles próprios mais tarde se definam.*
> *Tendo terminado com algum esforço frase tão comprida, venho ao assunto principal que é o objetivo emocionado desta carta. Desejo perguntar-lhes se acreditam na possibilidade de padrinhos leigos. Eu acredito. No caso do Sr. É e da Sra. Fal também acreditarem, esta*

carta os convida, em nome de uma amizade perfeita, a serem padrinho e madrinha de Pedro e Paulo. A condição única é continuarem a gostar deles.

No caso dos senhores não aceitarem, no hard feelings. Mas a verdade é que, por três anos, vocês têm sido os padrinhos deles, por tácito, espontâneo e comum acordo. Restaria apenas legalizar uma situação que aos poucos estava se tornando escandalosa.

Seu eu disser que a ideia já me havia ocorrido mais de uma vez, os senhores hão de duvidar. Pois acreditem. Quando o senhor É. Veríssimo aventou a hipótese, meu coração se rejubilou, e, quando o digo, não estou brincando.

Aí, pois fica o nosso convite. A resposta deverá ser dada antes do embarque, pois em caso de uma afirmativa, quero anunciá-la às crianças.

Na esperança do convite ser aceito, ouso assinar

Comadre Clarice (sempre tive secreta inveja da comadre Luísa)

Com a partida dos "compadres", Clarice voltou-se novamente para o romance que havia escrito, agora nas mãos de Fernando Sabino. Depois de receber uma carta detalhada do amigo, com observações sobre as frases do romance, ela escreveu-lhe em seguida. Dias depois, obteve uma resposta em 26 de setembro de 1956. Sabino discordou de Clarice quanto ao tom conceituoso e dogmático do livro. Em sua opinião, algumas frases fugiam ao tom geral. O prefácio e o uso excessivo da primeira pessoa (em algumas frases) deviam ser retirados. No mais, não via necessidade de profundas alterações. Quanto a um editor para publicar o novo romance, ele já tinha contatado Ênio Silveira, da Civilização Brasileira, e sugerido lançá-lo ainda em 1956. Quanto aos novos lançamentos, fez um elogio ao livro de Guimarães Rosa, "Grande sertão: veredas, *o maior romance já publicado no Brasil.*" Sugeriu alguns títulos para o romance de Clarice. "O homem feito", título de uma de suas novelas. "Os trabalhos do Homem", ideia não aproveitada por Hélio Pellegrino. "O nascimento do herói", sugestão de Clarice, não era ruim, mas achava que não servia. Sugeriu-lhe reler o livro, pois certamente encontraria um nome nas frases próximas de "A veia no pulso", título provisório escolhido por ela. Mas o melhor que lhe ocorreu foi "A maçã no escuro", "*apesar de meio natureza morta e portanto pouco comercial como diria o editor*". Enquanto Clarice procurava encontrar um título, em Porto Alegre os Verissimo tentavam readaptar-se à nova vida. Entre uma mudança dos móveis e a chegada de uma visita, Erico encontrou um tempo para escrever para os compadres. No dia 11 de outubro, relatava como tinha sido a viagem, a decepção de Mafalda com a nova casa, as visitas inconvenientes, com *"as mesmas caras, as mesmas conversas, as mesmas miserinhas (...) adultérios, divórcios, mexericos, repetições enjoativas"*. E confessou o quanto sentiam saudade da família Valente.

A passagem de Rubem Braga por Washington, no mês de novembro, foi muito festejada por Clarice, assim como tinha sido a de Antonio Callado em outra ocasião. As visitas dos amigos eram tão escassas que quando aconteciam tinham um sabor especial. Rubem, como Fernando Sabino, era um amigo solidário e prestativo, em especial quando podia usar de sua influência e prestígio junto aos editores brasileiros. Quando soube que Ênio Silveira não pensava em publicar em breve o novo romance de Clarice, tomou a iniciativa de procurar José Olympio e sugerir-lhe que o fizesse. Na carta do dia 7 de setembro, comunicou-lhe a boa-nova, mas a preveniu: o livro só poderia ser publicado em 1958, pois a programação da editora estava fechada. Quanto aos contos entregues por Clarice a Simeão Leal, ele entraria em contato com o editor assim que ele voltasse da Índia. Rubem achava mais interessante publicar os contos primeiro em suplementos e revistas, depois em livro. A demora na publicação dos contos enviado a Simeão Leal e do novo romance angustiava Clarice. Fernando Sabino desdobrava-se para contornar as dificuldades que iam surgindo. Ênio Silveira ainda não lera os originais, mas prometera publicá-los até maio de 1957, no mais tardar em junho. Fernando sabia o quanto isso chateava a amiga e tentava consolá-la em 19 de dezembro: *"Como eu sei o que você deve estar sentindo aí, sem notícias, nem nada. Mas conte comigo sempre, eu não deixaria seu livro um só momento – só sinto não haver no Brasil as condições de publicação que ele merece."*

Tradução nos Estados Unidos

Enquanto os editores brasileiros protelavam até irritarem os escritores, nos Estados Unidos, a revista *New Mexico Quarterly* da University of

Albuquerque mostrava-se interessada em publicar o conto "Tentação". Ao verem-no publicado, em março de 1955, na revista *America*, ficaram encantados com o *frescor e o sabor que exalava do conto*. Ofereciam no máximo 20 dólares por conto e davam preferência aos mais curtos ou pelos que tivessem em torno de três mil palavras. Clarice mostrou-se interessada na proposta de Roland Dickey, pois planejava preparar traduções em inglês de alguns contos não publicados. Ofereceu-lhe, então, dois contos, um longo e um curto.

A passagem do Ano-Novo de 1957 não tinha sido das mais animadas. Clarice e Maury passaram o dia 31 numa espécie de *night-club*, com um grupo de pessoas que tentavam se animar, quando no fundo desejavam estar em companhia mais agradável. No Rio, Ênio Silveira narrava a Fernando Sabino suas primeiras impressões após a leitura de dois terços do livro. Estava *"completamente esmagado sob o impacto da leitura de Clarice Lispector"*. Iria escrever para a autora uma carta de *puro leitor; de fã incondicional*. O entusiasmo do editor contagiou Fernando. Imediatamente escreveu para Clarice em janeiro de 1957 contando a boa notícia. Quanto ao título do romance, ele ainda continuava pensando. Fernando mostrava-se feliz por Clarice ter descoberto uma afinidade entre seu romance, *O encontro marcado*, e o dela, apesar de considerar Clarice *a léguas de distância* a sua frente em maturidade. Sobre o livro de contos em poder de Simeão Leal, Fernando tinha sondado a editora Agir, interessada em publicar textos de ficção. No momento, ele havia incluído o nome de Clarice, através de *O Estado de S. Paulo*. Décio de Almeida Prado iria escrever-lhe fazendo uma proposta. Fernando também incentivava Clarice a publicar seus quinze contos, ele providenciaria tudo. Enquanto isso, em Porto Alegre, Erico Verissimo recordava com carinho os anos vividos nos Estados Unidos. Trancado em seu estúdio, com a luz apagada e *ao som de músicas de dilacerar o coração*, percorria todos os recantos das muitas casas em Washington, via o rosto e ouvia a voz de Clarice, Maury, Pedro e Paulo. Ao dar-se conta de que os compadres não escreviam há muito tempo, tomava a iniciativa, em 25 de janeiro de 1957 mas sem deixar de queixar-se: *"Se vos escrevo é porque desgraçadamente vos amo, pois a carta não mereceis, 'youbums'"* A queixa do compadre sensibilizou Clarice. Dias depois, chegava a Porto Alegre sua carta entre *foguetes e hurras*. Erico ficou tão feliz que respondeu imediatamente. Contava seu entusiasmo com

O encontro marcado, de Fernando Sabino e sua decepção ao ler *Grande sertão: veredas*. Não conseguira ir além da página vinte. Espantava-se com os comentários elogiosos a Guimarães Rosa, de que o livro era uma das grandes obras da humanidade. E perguntava pelo último romance de Clarice, *A veia no pulso*.

De Sevilha, João Cabral de Melo Neto, em 6 de fevereiro, também mostrava-se interessado no livro da amiga. Gostava do título e não via motivo para modificá-lo por soar ambíguo. Só um idiota ouvindo tal título poderia entender "aveia no pulso", protestava. Aguardava ansioso receber um exemplar. Clarice não levava a sério os elogios de João Cabral de que ela escrevia os únicos romances que ele gostaria de escrever. E, ainda, ele não havia relido nenhum romance brasileiro em toda a vida com exceção de *O lustre* e os de José Lins do Rego, este último principalmente pelos "pernambucanismos". A respeito dos contos entregues a Simeão Leal Cabral sugeria, caso ainda não tivessem sido publicados, para oferecê-los a José Olympio, e colocou-se à disposição para contatá-lo.

Após uma longa espera, Rubem Braga escreveu para Clarice em 4 de março dizendo-lhe que havia apanhado os originais com Simeão Leal, prontos para revisão, e tinha dado para sua secretária datilografar os contos novos. Braga tentava articular com Fernando Sabino a publicação em *O Estado de S. Paulo*. Revelou seu entusiasmo em 4/3/1957 ao ler os nove contos: "É engraçado como tendo um jeito tão diferente de sentir as coisas (você pega mil ondas que eu não capto, eu me sinto como um rádio vagabundo, de galena, só pegando a estação da esquina e você de radar de televisão, ondas curtas), é engraçado como você me atinge e me enriquece ao mesmo tempo que faz um certo mal, me faz sentir menos sólido e seguro. Leio o que você escreve com verdadeira emoção e não resisto a lhe dizer muito e muito obrigado por causa disso."

A carta de Rubem Braga era sinal de que as coisas tomavam um novo rumo. O conto "Amor", enviado à revista *New Mexico Quarterly*, iria ser publicado. A assistente do editor, Carolyn Adair, ficara encantada pelo texto. Ao enviar o recibo assinado, em janeiro de 1957, no valor de vinte dólares, Clarice anexou um texto com seus dados biográficos, feito por Paulo Mendes Campos, para a publicação de *Perto do coração selvagem*, em francês. Este texto foi baseado na entrevista que Clarice lhe concedeu, em 1950, no *Diário Carioca*. Clarice pedia a Carolyn Adair para acentuar a sua condição de cidadã brasileira; embora tenha nascido na Ucrânia, diz ela, sua formação e educação tinham sido totalmente brasileiras. Ficaria grata se ela destacasse mais esse fato do que o seu local de nascimento. Desde que *Perto do coração selvagem* havia sido publicado em francês, Clarice ficou com uma crise de consciência. Depois de reler a tradução constatou sua eficiência. Suas sugestões tinham sido acatadas. Diante disso, escreveu para Pierre de Lescure em 14/5/1957 pedindo-lhe que transmitisse a *mademoiselle* Montonnier sua gratidão pela forma como traduzira o livro. E temia que a tradutora não aceitasse as congratulações, depois de todos os problemas surgidos durante a revisão do original, quando Clarice mostrou-se insatisfeita com o resultado. Agora, ela procurava reparar o seu erro.

A veia no pulso

O bom relacionamento com os editores estrangeiros poderia servir de consolo para a falta de sorte com os editores brasileiros. A longa espera estava deixando Clarice angustiada. Desde que terminara A *veia no pulso*, haviam se passado dois anos. Mesmo com todos os esforços empreendidos pelos amigos, o nó parecia ter sido bem-feito a ponto de não se conseguir desatá-lo. A essa altura, o relacionamento de Maury e Clarice passava por um período turbulento. Maury estava cada vez mais ciumento, nas recepções não conseguia relaxar. Clarice perdia toda a espontaneidade que deveria aparentar, tensa com o comportamento do marido. Ela tentava poupá-lo, sempre que possível, dos problemas e preocupações com os filhos. Percebia o quanto estava sendo difícil para Maury a responsabilidade de ser pai e marido. O surgimento de um problema de família era motivo para ele sugerir a Clarice passar alguns meses no Brasil. Ela procurava contornar a situação, propondo-lhe buscar o auxílio de um analista para ajudá-lo a descobrir por que ele não encarava os problemas de frente. Mas ele relutava, e as coisas continuavam no mesmo ponto. Restava esperar. Aliás, este era o verbo mais conjugado por Clarice nos últimos meses.

De vez em quando recebia notícias do Brasil. A última carta de Augusto Frederico Schmidt tinha um quê de melancolia e desilusão. O período que passara nos Estados Unidos dera-lhe a oportunidade de estar com

Clarice mais amiúde. Quando retornou ao Brasil, recebeu uma carta sua que lhe pareceu com um pouco de poesia. Schmidt sentia-se triste desde que tinha retornado ao Brasil. A carta de Clarice era um alento. Dava-lhe forças para voltar a sonhar. Ao respondê-la, em 1º de fevereiro de 1958 resolveu sugerir-lhe um tema para um livro: a história de uma moça condenada a morrer ou mesmo condenada a viver que se via, de repente, diante do desejo de tomar consciência de sua própria existência. O livro deveria ser uma confissão simples, escrita de maneira cristalina. Podia ser feito na forma de um diário ou em forma de cartas a uma amiga. Schmidt achava Clarice a única pessoa capaz de escrevê-lo, mas desde que terminara seu último romance, Clarice não escrevera mais uma linha. Seus dias eram dedicados aos filhos e aos compromissos sociais. Depois da partida de Mafalda, sua amiga mais próxima era Alzira do Amaral Peixoto. A embaixatriz não se recuperara completamente da morte do pai. A perda de Getúlio Vargas devia pesar-lhe em demasia. A angústia que atingia as duas, de natureza diversa, podia ser um modo de aproximá-las ainda mais. Alzira não ficava isolada na embaixada, de vez em quando recebia os parentes. Quando Edith Vargas, uma sobrinha de 15 anos, esteve em Washington, percebeu que a tia não passava por um bom momento. Edith teve impressão semelhante ao conhecer Clarice. Ela parecia uma rainha, havia uma grandeza dentro dela, mas notava que algo a torturava, um sentimento de tristeza a envolvia. Em companhia da prima Celina, filha de Alzira, Edith aproveitava o período de férias para fazer uma escolinha de verão; os alunos eram os filhos e filhas dos diplomatas, entre eles Pedro e Paulo.

A chegada de Maria Bonomi

A vida em Washington parecia não reservar mais nenhuma surpresa. A União Pan-Americana ia promover uma exposição de jovens artistas brasileiros que estavam estudando em Nova York. Uma das alunas da Columbia University, Maria Bonomi, ganhara uma bolsa de estudos, e acabara de fazer uma exposição muito bem-sucedida. A União Pan-Americana decidiu convidá-la para expor suas gravuras em Washington. Antes da exposição, haveria um jantar na Casa Branca, onde os estudantes brasileiros seriam selecionados através de um sorteio. Maria foi sorteada. Ao chegar à embaixada brasileira, ela apresentou-se e pediu ajuda, pois para ir ao jantar precisava de um vestuário adequado, luvas, vestido longo, sapatos, enfim, tudo o que uma jovem estudante de artes plásticas de vinte e dois anos não tinha. Encaminharam-na à embaixatriz, que ao vê-la teve a solução para o problema: *"Eu já sei quem pode emprestar uma roupa para ela. É a Clarice Gurgel Valente."* Maria Bonomi recebeu o endereço de Clarice e foi ao seu encontro. Ao chegar, encontrou-a entretida com os filhos na sala. Fez as apresentações necessárias e esperou ser encaminhada para o quarto, onde Clarice já separara alguns vestidos. De fato, a embaixatriz acertara na indicação. O vestido de Clarice, os sapatos, as luvas, tudo coube em Maria Bonomi. Antes de sair, Clarice notou o nervosismo da jovem Maria. Procurou acalmá-la dizendo que tudo sairia bem. E lá se foi Maria Bonomi "vestida de Clarice" para o jantar na Casa Branca.

Dias depois, Maria devolveu o vestido e convidou Clarice para assistir à sua exposição. Ela mostrou interesse, prometeu prestigiá-la. Clarice não foi à inauguração, mas assistiu a uma palestra de Maria Bonomi sobre suas gravuras, uma tarefa que os estudantes tinham que cumprir. Nesse dia, Clarice convidou Maria para um chá em sua casa. O convite foi aceito. Clarice falou sobre seu próprio trabalho, que gostava de escrever, sem em nenhum momento colocar-se como uma escritora profissional; antes de tudo ela dava a entender que era a esposa do primeiro-secretário. A diferença de idade entre ambas, Clarice tinha 37 anos e Maria, 22 anos, não impediu o estabelecimento de um diálogo estimulante e agradável. Quando encerrou a exposição na União Pan-Americana, Maria Bonomi retornou a Nova York para prosseguir seus estudos. No consulado brasileiro em Nova York estava lotada, no cargo de cônsul-geral, a testemunha do casamento de Maury e Clarice, a poeta Dora Alencar Vasconcelos, que fora transferida da embaixada de Washington no mesmo mês e que seus afilhados chegavam aos Estados Unidos. Aos 47 anos, Dora era viúva e tinha um filho vivendo com ela em Nova York. Quando Maria teceu comentários sobre sua estada em Washington com a amiga Dora Vasconcelos, e mencionou o nome de Clarice, Dora pôs-se a elogiá-la. Clarice era uma mulher genial e talentosa. E sentia muito ao vê-la desperdiçar seu talento na vida entediante da embaixada. Um dia, Dora ligou para Maria Bonomi avisando-a que Clarice estava em Nova York e desejava vê-la. Dora preparou um jantar para Clarice, onde estava presente, entre outros, Vinicius de Moraes. O reencontro serviu para consolidar a amizade entre Maria e Clarice. Maria expunha à nova amiga suas inquietações, suas paixões, seus desejos mais profundos, observada pelo olhar atento de Clarice.

Casamento

Em casa, o relacionamento entre Clarice e Maury parecia prestes a naufragar. A relutância de Maury em procurar um analista levou Clarice a aventar a hipótese de que a separação seria a solução para a crise. Sentindo-se pressionado, Maury resolveu procurar um analista. Na embaixada, ele já não ocupava a direção do Setor Cultural e de Informações; tinha sido promovido a conselheiro, em junho de 1958. A carreira bem-sucedida talvez fosse um consolo para quem via o próprio casamento desmoronar lentamente. Nessa época, outros secretários haviam sido transferidos para a embaixada, entre eles Marcílio Marques Moreira, em companhia da esposa Maria Luiza, assumindo a função de terceiro-secretário desde maio de 1957. A presença de Marcílio era uma feliz coincidência, pois fora seu pai, Márcio Marques Moreira, quem dirigira o consulado em Berna, quando Maury lá servia como segundo-secretário. Permaneciam como terceiros-secretários Octávio Rainho da Silva Neves, Luiz Paulo Lindenberg Sette e Geraldo Egídio Costa Cavalcanti. Ramiro Elysio Saraiva Guerreiro acabava de ser promovido a primeiro-secretário.

Revista *Senhor* e editores

Antes de terminar o ano de 1958, Clarice recebeu uma carta do jornalista Nahum Sirotsky, em 12 de novembro de 1958, convidando-a a participar como colaboradora na revista *Senhor*, cujo lançamento estava previsto para janeiro. Sirotsky sugeriu uma colaboração em forma de carta mensal, em que Clarice poderia antecipar os acontecimentos artísticos e culturais previstos para o mês subsequente em Nova York. Poderia, também, tecer ligeiros comentários sobre os setores político e econômico. Pedia sugestões e esperava uma resposta imediata. O encarregado do Departamento de Ficção da revista, Paulo Francis, enviava logo em seguida outra carta em 25 de novembro a Clarice fornecendo-lhe mais detalhes a respeito da "carta" de Washington, semelhante a "letter from London" e "from Paris", publicada pelo *New Yorker*. Seria redigida num estilo de crônica, relatando os acontecimentos mais importantes em todos os setores. Como a revista seria mensal, Paulo Francis achava interessante que Clarice fizesse previsões para o futuro, dentro do possível. Ou ainda, matérias específicas sobre assuntos de arte. No entanto, o que mais interessava ao encarregado do Departamento de Ficção eram os textos inéditos de Clarice. Pedia-lhe para enviar-lhe o conto "A menor mulher do mundo" que fora recomendado por Paulo Mendes Campos e Fernando Sabino, além de seus últimos trabalhos (os *"compreensíveis e os incompreensíveis"*, frisou).

Se a verdadeira amizade parecia prescindir de cartas, segundo a visão de Erico Verissimo, então a dos Valente e dos Verissimo era de fato verdadeira. No dia 9 de dezembro de 1958, Erico escrevia parabenizando a comadre pelo seu aniversário no dia seguinte. Contava sobre sua próxima viagem e os planos de passarem por Nova York e, naturalmente, por Washington. Queria saber quais eram as novidades sobre *A veia no pulso* e os contos em mãos de Simeão Leal. Caso a Civilização Brasileira não publicasse o romance e Simeão resolvesse desistir dos contos, a editora Globo estaria interessada em publicar. Sobre o romance *O tempo e o vento*, Erico já estava na página mil, saturado de história, começava a achá-la ruim. Enquanto isso, em Paris, o presidente da Librairie Plon comunicava a Clarice que não poderia conservar no estoque os mais de 1.722 exemplares de *Près du coeur sauvage*, dada a necessidade de abrir espaço para estocar novos livros. Não lhe restava outra alternativa a não ser destruir mil exemplares e conservar o restante para a venda normal.

A situação tensa na 4.421, Ridge Street não dava sinais de trégua. O convite da embaixatriz a Clarice para acompanhá-la numa curta viagem à Holanda e ao Reino Unido, onde ela batizaria o petroleiro *Getúlio Vargas*, foi aceito imediatamente. A partida estava marcada para o dia 8 de janeiro de 1959. Quatro dias depois, Alzira e Clarice estariam a bordo do *Verolme United Shipyards*, em Roterdã. Na volta para Washington, o avião, diante de uma tempestade de neve, teve de desviar a rota e pousar na Groelândia. Sob um frio intenso, Alzira e Clarice viram no aeroporto alguns groelandeses altos, louros e esguios. Foi então que Clarice propôs a Alzira fazerem de conta que tinham também conhecido a cidade. A amiga entrou na brincadeira e a partir daquele momento acabavam de conhecer a Groelândia. De volta ao dia a dia de Washington, Clarice viu-se diante das provas dos contos enviados, finalmente, por Simeão Leal. No Rio, Fernando Sabino voltava a escrever em 16 de fevereiro de 1959 depois de um longo período, comunicando que Ênio Silveira prometeu publicar o livro em meados do ano, assim que Clarice devolvesse os originais. Fernando soube da proposta da revista *Senhor*, e ficou estarrecido ao ler seu conto "A menor mulher do mundo", com Erico Verissimo. Mas Clarice não queria mais publicar os contos com Simeão Leal. Escreveu-lhe no dia 10 de março apresentando suas justificativas. Havia quatro anos os originais estavam em suas mãos, nesse período ela mandara muitas cartas ao editor, todas sem respostas. Mesmo tendo recebido em torno de dois a três mil cruzeiros de adiantamento, ela estava disposta a cancelar o contrato. Pediu a cunhada Eliane Gurgel Valente, esposa de Mozart, para restituir a Simeão o dinheiro recebido, em troca dos originais. Clarice dizia que estava precisando de dinheiro e queria vender os contos separadamente, a jornais e revistas, alguns para a revista *Senhor*. O fato do livro chegar ao ponto de provas significava dizer que o Serviço de Documentação havia tido alguma despesa, que Clarice não estava em situação de indenizar. Ela lembrou a Simeão Leal seu prejuízo financeiro ao deixar de vender seus contos para jornais. A pressa em vendê-los devia-se à necessidade de juntar uma quantia suficiente para ajudá-la a começar uma nova vida no Brasil. Seu casamento havia chegado ao fim, e ela tinha de começar a luta pela sobrevivência à custa de seu próprio trabalho.

Os entendimentos com a revista *Senhor* avançavam lentamente, pois Clarice estava aguardando a resposta de Simeão Leal para dispor de seus contos. Propunha colaborar para a revista fazendo anotações diversas abrangendo vários assuntos, como o escrever propriamente dito, ou sobre impressões de coisas ou pessoas vistas. Enquanto isso, fazia um contato com a editora Agir na esperança de que eles se interessassem em publicar seu livro de contos *Laços de família*. Dos quinze contos entregues a Simeão Leal (com cento e setenta e seis páginas nas provas), ela acrescentou mais três, num total de vinte e cinco a trinta páginas datilografadas. Clarice impunha algumas condições para assinar o contrato com a editora. Autorizava a venda de uma edição, numa única tiragem de 5.000

exemplares, com a data do lançamento marcada. A autora receberia um sinal na assinatura do contrato, e pagamento integral no lançamento da obra, e não cederia os direitos autorais. Ela fazia questão de justificar as condições que impunha: *"Se parecem exigir muito, só visam na verdade me proteger contra experiências desagradáveis que não quero repetir."* O diretor da Agir, Candido de Paula Machado, respondeu-lhe imediatamente em 7/4/1959 mostrando interesse em publicar o livro. No entanto, discordava de duas condições estabelecidas por Clarice: não era possível publicar só uma edição, pois os livros que obtinham um sucesso comercial tinham mais de uma edição, uma forma de compensar os prejuízos da editora com os livros pouco vendidos: quanto à forma de pagamento, 50% dos direitos autorais de edição seriam pagos no lançamento do livro, e os restantes 50% de acordo com as vendas. Clarice não cedeu e enviou-lhe uma contraproposta. Se a Agir aceitasse suas condições, ela assinaria o contrato. No Rio, a Civilização Brasileira comunicava a Clarice que o prazo de publicação do romance seria até maio de 1960, caso ela concordasse, poderiam assinar o contrato. A essa altura já corria o boato, segundo Ênio Silveira comentara em uma carta, de que Clarice voltaria a residir no Brasil num futuro próximo.

Clarice Gurgel Valente arruma as malas

Após seis anos e meio vivendo em Washington, Clarice voltava a fazer as malas. A babá que trouxera do Brasil, Avani, não voltaria. Ava, como Pedrinho apelidou-a, aprendera muito com Clarice, como se vestir, a ter boas maneiras, a estudar. Não disfarçava a ponta de inveja que tinha da patroa, e revelava seu desejo de ver também seu nome um dia no jornal. Em março, Ava deixou a casa da Ridge Street para casar-se com um inglês. A paixão da portuguesa Fernanda por um coronel americano levou-a a também a pedir demissão. A volta ao Brasil tinha um sabor diferente. Desta vez, Clarice viria definitivamente. Tudo o que ela sempre sonhou: viver no Rio, ao lado das irmãs, dos amigos. Maury não se conformava com a separação. Tentou sensibilizar Clarice, dizendo-lhe que estava com problemas cardíacos, pois de fato descobrira que tinha um endurecimento nas artérias e teria de tomar alguns cuidados. Clarice não cedeu, procurou o médico do marido e saiu tranquilizada do consultório. O problema de Maury era explicado pela história clínica de sua família. Ao escrever para as irmãs poucos dias antes de retornar ao Rio, Clarice disse que não tinha nenhuma sensação de culpa, ela era uma das milhares de pessoas que se divorciavam diariamente. Acreditava também que, aos poucos, Maury iria entender que sua amizade era imensa e ela faria tudo por ele, tudo o que uma grande amiga faria.

Clarice deixava para trás dezesseis anos de vida em comum com Maury. Tania tentou conversar pelo telefone, aventou a hipótese de ir ao seu encontro para conversarem com mais calma. Mas Clarice estava decidida, seu casamento chegara ao fim. Restava-lhe guardar as lembranças das longas conversas com Mafalda e Erico, e do encontro com a jovem estudante Maria Bonomi, que tanto a encantara. Um dia, ela escrevera na casa da Ridge Street a propósito de seu personagem Martim: "*E nesse instante foi como se todo um futuro ali mesmo se estivesse esboçando, e ele só fosse conhecer os detalhes à medida que os criasse. Martim passara a pertencer a seus próprios passos. Ele era dele mesmo.*" De mãos dadas com Pedro e Paulo, Clarice Gurgel Valente embarcava rumo ao Brasil. O novo tempo era de Clarice Lispector.

Diário de bordo – Rio de Janeiro, 1990-1995

Para reconstituir com precisão o período mais longo de Clarice Lispector em um bairro do Rio de Janeiro foram imprescindíveis a reunião de diversos depoimentos e de documentos do ACL do AMLB-FCRB. As informações que foram recolhidas nos trabalhos de Claire Varin e Nádia Battella Gotlib foram de grande valia, particularmente sobre o depoimento de Olga Borelli. Mas muitas lacunas estavam a espera de respostas, e somente os depoimentos poderiam preenchê-las. A maioria deles foram concedidos somente para *Eu sou uma pergunta* como o da vizinha Heloísa Azevedo, moradora do 702 do edifício Macedo, na Gustavo Sampaio, e o da amiga Nélida Helena de Meira Gama. O mesmo ocorreu com os médicos que acompanharam Clarice: o cirurgião Urbano Fabrini, que fez várias cirurgias em decorrência do incêndio; e a equipe do Hospital da Lagoa: Roque Ricarte, José Vieira de Lima Filho, Luiz Carlos Teixeira e Maria Tereza Mello. Pela primeira vez também foram os depoimentos de Nélida Piñon, Paulo Gurgel Valente, Jacob David Azulay, Andrea Azulay, Rosa Cass, Pedro Bloch, Miriam Bloch, Autran Dourado, Marly de Oliveira, Ivo Pitanguy, Teresa Walkaser, Ferreira Gullar, Carlos Scliar, Antonio Callado, Marina Colasanti, Álvaro Pacheco, Gilda Murray, Renard Perez, Armindo Trevisan, Antonio Carlos Villaça, Tati de Moraes, Rachel de Queiroz, Bella Jozef, Pedro Paulo de Sena Madureira, Gilles, Armando Nogueira, Maria Alice Barroso, Eliane Zagury, Farida Issa, Odete Issa, Fauzi Arap, Helio Bloch, Edilberto Coutinho, Necys, Sérgio Fonta e Gisela Magalhães. Aqueles que haviam concedido depoimentos em trabalhos anteriores como Olga Borelli, Tania Kaufmann, Maria Bonomi e Alberto Dines trouxeram outros ângulos sobre o itinerário biográfico da escritora em *Eu sou uma pergunta*. Só com essa quantidade expressiva de depoimentos realizei o objetivo da pesquisa. Nada pode ser descartado, a fala de uma pessoa que teve um único contato com a escritora pode trazer uma informação relevante.

LEME, 1959-1977

De volta ao Rio de Janeiro, Clarice foi acolhida por Tania, que a hospedou em seu apartamento enquanto ela procurava alugar um imóvel. Em Washington, Maury aguardava uma mudança de posto a qualquer momento; a separação dos filhos deixara um vácuo profundo em sua vida, por isso procurava trabalhar intensamente como uma forma de atenuar a solidão. Como seus sentimentos não eram retribuídos no campo afetivo, restava-lhe oferecer auxílio material. Enviava quinhentos dólares mensais e colocava-se à disposição para aumentar a quantia, caso ela fosse insuficiente. Um mês após sua chegada, no dia 8 de julho de 1959, Clarice alugou o apartamento 301, da rua General Ribeiro da Costa, número 2, no Leme, por dezesseis mil cruzeiros.

Maury, Octavio, Joana e Clarice

Aos poucos ela ia refazendo sua vida, enquanto Maury, remoendo-se de culpa pela separação, escrevia uma carta em 28 de julho de 1959 pedindo perdão. E começou o seu *mea culpa* dirigindo-se a Joana, protagonista de *Perto do coração selvagem*, para ele um alter-ego de Clarice: "*Perdão, Joana, de não lhe ter dado o apoio e a compreensão que você tinha direito de esperar de mim. Você disse que não era feita para o casamento, antes de casar. Em vez de tomar isso como bofetada, eu deveria interpretar como pedido de apoio.*" Como Octavio, Maury rejeitou Joana porque tinha medo de seu mundo inquietante: "*Ao invés de dar-lhe a mão, aceitei, demais, o papel de Octavio e acabei me convencendo de que 'éramos incapazes de nos libertar pelo amor'*". Ele confessou-se incapaz de desfazer a apreensão de Joana de se ligar a um homem sem lhe permitir que a aprisione. Maury lia a tradução francesa de *Perto do coração selvagem*, e citava trechos que retratavam a vida conjugal de Octavio/ Joana, espelho de sua relação com Clarice:

"Não estava maduro para entender que, em Joana ou em Clarice 'o ódio pode transformar-se em amor', não sendo mais do que 'uma procura de amor' (...) Talvez, como Octavio, eu não tivesse amado 'como uma mulher que se abandona' e tivesse necessidade de que ela fosse 'fria e segura'."

Culpando-se por não ter dado o apoio necessário a Clarice, concluía que ela estava realizando o destino de Joana:

"Perdoe-me meu benzinho, de não ter sabido, embora sentisse difusamente a unidade de ambas, de não ter sabido, em dezesseis anos de casamento, realizar a reconciliação de ambas. Não ter sabido convencer Joana de que ela e Lídia eram e são, a mesma pessoa em Clarice. Joana não precisava invejar Lídia. Nem você precisava invejar as famosas 'mulheres doces' que se interpuseram entre nós, nesses dezesseis anos e de quem você sentia ciúmes, inconfessado e reprimido, que explodia em raiva. Ressentido como eu era, como poderia eu entender o seu apelo (pág. 181). (...) Não seria de estranhar que Joana quisesse ter um filho de Octavio, para depois abandonar o marido, devolvendo a 'beleza' do Maury ao mundo, às 'mulheres doces e meigas'. Poderia continuar citando mas teria que copiar inteiro esse grande livro, profundo documento e depoimento de uma alma de mulher adolescente, de uma grande artista. (...) Com toda sinceridade, o propósito desta carta é dizer-lhe que sofrendo ou não, ou voltando você para mim ou não, minha parcela nesse acontecimento é muito, muito grande" (APGV).

Maury tentava encontrar explicações para o fracasso de seu casamento num romance escrito por Clarice havia dezesseis anos, alguns meses antes deles se casarem. Crer na possibilidade de Clarice ter cumprido mais ou menos o destino de Joana, em outras palavras, da vida imitar a ficção, o deixava atordoado. Ele não queria que Clarice interpretasse a carta como uma acusação. Aos 38 anos, Maury dava-se conta daquele outro Maury que casou-se com 21 anos, um rapaz imaturo: *"Sei que minha imaturidade, minha distração, minha falta de apoio foram um dos polos da equação."* A releitura de *Perto do coração selvagem* e a leitura de *The Power of Sexual Surrender*, da médica americana Marie Robinson, trouxeram-lhe muitas revelações a respeito do problema. O livro tratava dos aspectos da frigidez sexual; dizia que o desenvolvimento sexual começa na infância e passa por pressões constantes e tensões diárias durante a vida. Através do autoconhecimento ou pela assistência psicológica, a mulher pode aprender o poder de entrega e conquistar a realização sexual. Ao enviá-lo, Maury deixava claro não ter a intenção de dirigir-se a Clarice com "um dedo acusador". Por isso, enviava o livro, pedia para ela refletir sobre o assunto. E alertava: *"Previna-se contra um possível choque. Será uma maneira de redimir-me de tê-la chocado tanto – com os famosos livros de 'sexologia' com que o seu 'romântico' noivo a presenteou há 16 anos."* Maury queria entender o porquê da separação, tinha a convicção de que muito ficou inconcluso entre eles (...)." *"Gostaria que, acabando o diálogo, você me ajudasse a decifrar o enigma."* No dia seguinte, remeteu um bilhete comunicando ter enviado o livro da doutora Robinson e sugeriu que fosse traduzido por Clarice ou por Erico Verissimo através da editora Globo, pois o considerava talhado para tornar-se um best-seller, com um estilo acessível e claro, além de ter um valor humano inexcedível. E justificava a remessa do livro: "Meu intuito em mandá-lo não é o de dirigir-me a você ou a ninguém com um 'dedo acusador'. Se acusação há, é a mim mesmo, que fui estúpido e cego." Terminava afirmando: *"Estou cada vez mais firme na convicção de que você é a mulher da minha vida e que a minha procura de você em outras, nas muitas Lídias, de que o mundo está cheio, tem sido um erro de quem desesperou cedo."*

Páginas femininas no *Correio da Manhã* e no *Diário da Noite*

Às voltas com os desdobramentos da separação, Clarice ainda tinha de providenciar a compra do apartamento onde morava. Com a ajuda de seu procurador assinou um contrato de promessa de venda do imóvel no dia 24 de agosto de 1959. O valor foi fixado em Cr$ 1.500.000,00 (um milhão e quinhentos mil cruzeiros), a ser pago em três parcelas de 500 mil cruzeiros. A primeira no ato da assinatura do contrato, as demais, respectivamente, em julho de 1960 e a 23 de agosto de 1965, esta última paga em cinco anos. Envolvida com os assuntos do dia a dia, Clarice não perdia tempo quando se tratava de obter algum dinheiro como colaboradora nos jornais cariocas. Depois de estrear na revista *Senhor*, em março de 1959, com o conto "A menor mulher do mundo" e, pouco depois, publicar em junho "O crime do professor de matemática", ela foi convidada para escrever uma página feminina no *Correio da Manhã*, nos mesmos moldes daquela feita no semanário *Comício*. Clarice aceitou a proposta e passou a assinar a coluna, em agosto, com o pseudônimo de Helen Palmer. Seguindo o modelo das páginas femininas do século XIX, unia entretenimento à informação. Além dos conselhos sobre beleza, culinária, moda e medicina, Helen Palmer procurava despertar o potencial das mulheres, elevar seu nível de aspirações, incitando mudanças em seu comportamento como mãe e esposa. Na coluna "Feira de Utilidades", Clarice usava um tom irônico ao alertar aquelas mulheres "antiquadas" que não acompanhavam as mudanças de sua época.

"Nós não estamos mais no tempo em que a única finalidade de uma jovem era arranjar marido. Não importava de que qualidade fosse. Um marido era o objetivo. Felizmente isso passou. (...) A mulher passou a ser respeitada por seu valor próprio, sem precisar de uma presença masculina a seu lado para se impor. Existem ainda algumas mocinhas antiquadas que vivem esse drama ridículo do 'caçar' marido. A essas, gostarei de aconselhar a acompanharem a época. Que queiram casar-se, ter seus lares e seus filhos é natural. Naturalíssimo. Mas escolham seu marido como o companheiro de sua vida, o homem que hão de amar e respeitar até o fim de seus dias. Nada de precipitação. Se o homem ideal não aparece hoje, aparecerá amanhã. Um erro na escolha de seu marido pode ser a causa de todo um futuro estragado. Não apenas do seu futuro. Mas também o de seus filhos."

Clarice falava do assunto com toda a autoridade de quem havia vivido a dor da separação. Ter fracassado no casamento devia-lhe pesar em demasia. Afinal, uma mulher de sua geração fora educada para ser mãe e esposa. Ao escrever "um erro na escolha do seu marido pode ser a causa de todo um futuro estragado", Helen Palmer, ou melhor, Clarice, estava prevendo um futuro sombrio para si mesma.

Em Washington, Maury andava aflito com o silêncio de Clarice. Escrevia-lhe constantemente buscando notícias dos filhos e se programava para passar suas férias no Rio, em novembro. Quando Clarice voltou a escrever-lhe não mencionou uma linha sequer a respeito do livro da doutora Marie Robinson. Sua carta limitou-se a tratar de assuntos domésticos: a mobília do apartamento ou a compra de alguns eletrodomésticos como geladeira e máquina de lavar. Clarice procurava conciliar as funções de mãe e dona de casa com a de escritora. Escrevia a página feminina no *Correio da Manhã*, publicava mais dois contos na *Senhor*: "Feliz Aniversário", em outubro, e "Uma galinha", em dezembro, e ainda tentava publicar *A maçã no escuro* e *Laços de família*.

50 anos em 5

Muitas eram as expectativas de Clarice para o Ano-Novo. A reconstrução de sua vida, tal como a nova capital do Brasil, era feita tijolo por tijolo, com o apoio dos amigos e parentes. A entrada nos anos 60 seria marcada pela inauguração de Brasília, um marco do Plano de Metas do presidente Juscelino Kubitschek, que ao longo dos quatro anos de governo propôs-se a industrializar o Brasil, lançando mão de seu famoso slogan: "50 anos em 5." Tal slogan podia ser aplicado à vida literária de Clarice nos últimos dez meses, mais intensa do que os seis anos em Washington. Para confirmar essa tese, um novo convite surgia para Clarice colaborar no *Diário da Noite*, sob a direção de Alberto Dines. Convidado por Assis Chateaubriand para promover uma reforma no jornal, Dines converteu-o num vespertino, formato tabloide, nos padrões ingleses. A parte não noticiosa deveria ostentar grandes nomes para atrair o público. Ilka Soares, atriz e manequim, foi convidada para assinar a página feminina, e a cantora Maysa Matarazzo, a crônica pessoal. Alguém sugeriu a Dines o nome de Clarice Lispector para fazer o papel de *ghost writer* na coluna "Nossa conversa", assinada por Ilka Soares. Ela assistia aos desfiles de moda e relatava tudo para Clarice. Fornecia-lhe também material para preparar a coluna: modelos de vestidos, receitas, dicas de beleza. A remuneração era feita separadamente, cada uma ganhava a sua parte. O lançamento do novo tabloide deu-se em abril, no mesmo mês de inauguração de Brasília, e a coluna de Ilka Soares teve boa acolhida. Como ambas moravam no Leme, vez por outra encontravam-se para conversar sobre a coluna. Além de divertido, esse tipo de trabalho contribuía para aumentar a renda de Clarice, já que ela almejava a independência.

Se a vida familiar não primava pela harmonia, a carreira literária estava em ascensão. Os contos publicados pela *Senhor* tinham ampla repercussão no meio cultural. A revista criada pelos irmãos Simão e Sérgio Waissman era uma publicação de alta qualidade; a circulação atingia cerca de vinte e cinco mil exemplares. Chefiada pelo redator-chefe, Nahum Sirotsky, a *Senhor* contava com uma equipe de primeira linha: Luiz Lobo, Paulo Francis e Carlos Scliar. Grandes talentos da literatura brasileira eram publicados pela revista, de Erico Verissimo a Guimarães Rosa. Como editor de ficção, Paulo Francis discutia com Clarice passagens inteiras dos contos, pedindo-lhe, às vezes, esclarecimentos. Se ela reconhecia que algum trecho não estava claro, reescrevia-o com a maior naturalidade. Com o tempo, os laços profissionais criaram uma cordial amizade entre os dois. Quando ia ao apartamento de Clarice, Francis passava horas conversando sobre os mais variados assuntos. Tinha a impressão de que Clarice gostava dele porque ele a tratava como uma pessoa comum, sem deferência pessoal, sem se apaixonar por ela, sem se prostrar a seus pés. Francis achava que ela tinha uma vida pessoal complicada e a educação "corujérrima" dada aos filhos devia lhe custar caro emocionalmente. Esse momento exigia uma dedicação especial aos meninos: Pedro, com 12 anos, entrava na adolescência e, Paulo, com 7 anos, vivia ainda no encantamento das primeiras descobertas, quando se aprende a ler e a escrever. Dividida entre os papéis de mãe e escritora, Clarice lutava corajosamente para alcançar seus objetivos. Certa vez, quando lhe perguntaram qual era sua opinião sobre Faulkner, ela confessou não poder emiti-la, pois jamais o havia lido. E justificou-se: os filhos necessitavam constantemente de sua atenção. Eles eram a sua prioridade: *"Faulkner é eterno. Eles não."*

A Francisco Alves publica *Laços de família*

Após anos de espera, Clarice conseguiu assinar um contrato com a Francisco Alves, no dia 5 de julho de 1960, para publicar *Laços de família*. Com uma tiragem de dois mil exemplares, foram publicados treze contos, dos quais seis já haviam sido incluídos no volume *Alguns contos* de 1952, publicado pelo serviço de Documentação do Ministério de Educação e Saúde. Os restantes, com exceção de "Devaneio e embriaguez duma rapariga" e "Preciosidade", tinham sido publicados na revista *Senhor*:

"A imitação da rosa", "Feliz aniversário", "A menor mulher do mundo", "O crime do professor de matemática" e "O búfalo". A *Senhor* foi a grande responsável pela repercussão desses contos, a ponto de despertar o interesse das editoras para publicar Clarice Lispector no Brasil oito anos após o lançamento de *Alguns contos*. No dia 27 de julho, *Laços de família* foi lançado na sede da editora Francisco Alves, em São Paulo, na rua Líbero Badaró, 292.

A recepção da crítica não tardou a chegar. Eduardo Portella publicou no *Jornal do Comércio*, em setembro de 1960, um artigo entusiasmado referindo-se a Clarice Lispector como a grande ficcionista surgida na geração do pós-guerra, que representava o terceiro estágio do movimento modernista – o instrumentalista –, voltado para a expressão literária em si, para as suas diversas e múltiplas possibilidades expressivas. A técnica utilizada pela autora violentava as concepções e esquemas naturalistas, segundo as quais o conto seria uma história, e uma história com princípio, meio e fim. Ela é mais uma romancista do gesto apenas esboçado que do movimento ostensivamente consumado. Sua extraordinária percepção emocional conduziu-a menos a descrição de fatos exteriores que ao registro de estados e situações mentais. Portella relembrou a lucidez de Antonio Candido, em 1944, ao vislumbrar na autora de *Perto do coração selvagem* um dos valores mais sólidos e originais da nossa literatura. O lançamento de *Laços de família* consolidou essa previsão. Antes de terminar o ano de 1960, Clarice assinou mais um contrato com a editora Francisco Alves, no dia 20 de setembro, para publicar A *maçã no escuro*. A edição de dois mil exemplares estava prevista para sair entre 15 de fevereiro e 15 de abril de 1961. Estimulada pelo sucesso de *Laços de família*, a Francisco Alves decidiu publicar uma segunda edição. Nos jornais, era inevitável que os críticos traçassem paralelos entre a Clarice romancista e a contista. Em "Clarice Lispector contista", Massaud Moisés sublinhou a inaptidão da autora para o conto, como já observara em outra ocasião Sérgio Milliet. A rapidez da história curta não se ajustava a sua maneira de desenvolver a narrativa de forma lenta e microscópica. A tendência de conferir a tudo um halo de transcendência levava-a a ver, para além dos mínimos pormenores, um mundo de insinuações e de cargas metafísicas e abstratas. O perigo está em atribuir a coisas que não podem ter, em si, tal caráter, importância meio fora da realidade. No entanto, acentuou como um dos pontos altos de sua narrativa a presença da poesia, traço destacado por alguns críticos nos livros anteriores.

Chega Nélida Piñon

Viver no exterior por um longo período impedira Clarice de conviver com seus leitores. Em geral, seus amigos eram escritores. Mas agora, vivendo definitivamente no Rio, podia experimentar o que era ser reconhecida. De fato, como dissera uma vez Fernando Sabino, ela tinha um nome. Na noite de autógrafos de *Laços de família*, no Clube dos Marimbás, no Rio, os laços de amizade uniram Clarice e a pedagoga Nélida Helena de Meira Gama, uma leitora assídua da revista *Senhor*. Apesar de não se encontrarem com frequência, elas se falavam constantemente por telefone. Sempre que se sentia angustiada, Clarice a procurava. Nélida Helena era amiga de Nélida Piñon, que tinha acabado de escrever seu primeiro romance, mas ainda não o havia publicado. Sabendo do interesse da jovem romancista em conhecer Clarice, resolveu fazer-lhe uma surpresa. Convidou-a para jantar e antes de chegarem ao restaurante desviou o trajeto para a rua General Ribeiro da Costa, no Leme, argumentando que entregaria uma encomenda. Quando Nélida viu o edifício Visconde de Pelotas lembrou-se de que ali morava a escritora Clarice Lispector, isto porque certa vez enviara-lhe uma caixa de chocolates, na época da Páscoa, com um bilhete anônimo escrito com uma única frase retirada do conto "Uma galinha": "Foi então que aconteceu. De pura afobação a galinha pôs o ovo." Ao chegarem ao terceiro andar, Nélida Helena tocou a campainha. Quando a porta se abriu, ao ver que se tratava de Clarice Lispector, Nélida Piñon disse para si mesma: "Nélida, administra essa emoção." Clarice disse-lhe: "Entra, Nélida." Havia duas Nélidas, mas Clarice estava referindo-se à Piñon. Os laços de família lhe tinham trazido duas Nélidas, duas amigas. Sabendo que a jovem escritora estava prestes a publicar o primeiro romance, *Guia mapa de Gabriel Arcanjo*, Clarice pediu-lhe para ver os originais.

Onze anos depois da publicação de *A cidade sitiada*, Clarice voltava a publicar um romance, em julho de 1961, *A maçã no escuro*. A noite de autógrafos na Livraria Eldorado, em Copacabana, foi um acontecimento.

O exemplar custava caro, Cr$ 900,00, fato inédito no mercado editorial até então, o que aumentava a curiosidade do público. Nesse período, ela dedicara-se mais aos contos, que marcaram a sua volta ao Brasil com a publicação de *Laços de família*. O lançamento do novo romance propiciou a Clarice rever o escritor Autran Dourado, amigo de Lúcio Cardoso, que conheceu por volta de 1949, quando retornou da Suíça. Naquela época, Autran estava sob o impacto da leitura de *Perto do coração selvagem*, que lhe pareceu um romance absolutamente novo. No primeiro encontro com Clarice, ficou fascinado com seu modo de falar fazendo combinações de palavras de maneira extravagante, a seu ver, semelhantes àquelas usadas na própria obra. Siderado pela mulher e pela escritora, cuja beleza irradiante parecia-lhe iluminada por dentro, Autran venceu sua timidez e confessou-lhe que gostaria de casar-se com ela caso fosse solteira. Ele já tinha publicado cinco livros e estava prestes a publicar o sexto, do qual Clarice teve acesso a uma parte dos originais e declarou seu entusiasmo assinalando o quanto o romance tinha de novo. Ao autografar um exemplar de *A maçã no escuro* para o amigo, registrou seu interesse: "A Autran Dourado esperando ansiosa 'A barca dos homens'." Rio, julho de 1961, meses depois, o romance de Autran era publicado pela Editora do Autor, recém-fundada por Fernando Sabino e Rubem Braga.

Rosa Cass

A maçã no escuro provocara reações entusiasmadas. Ao ler o livro, a jornalista Rosa Cass, leitora atenta de Clarice, sentiu-o como se estivesse ouvindo Bach. Nessa época, trabalhava no *Diário de Notícias* fazendo entrevistas para a seção "Revista Feminina". Um dia, entrevistando Tamara Taumanova conheceu Nélida Piñon, amiga da entrevistada, e que ao falar de Clarice Lispector com entusiasmo indagou-lhe por que não a entrevistava. Confessando-se admiradora de Clarice, expôs as dificuldades alegadas por outros jornalistas para o fazer. Nélida acabou convencendo-a. Ao telefonar para Clarice, Rosa não precisou usar nenhum artifício para persuadi-la: "Clarice, eu sou muito perguntadeira, mas não indiscreta. Você pode ficar tranquila que eu não vou perguntar a cor de suas calcinhas, não." O bom humor e a simpatia de Rosa Cass cativaram Clarice.

Rindo muito com as explicações da jornalista, aceitou conceder-lhe a entrevista. Rosa levou uma série de perguntas, a entrevistada desculpou-se dizendo que não conseguia respondê-las. Enquanto dialogavam, Rosa memorizava as passagens mais interessantes da conversa. O tempo passava, e, quando se deram conta, as duas estavam jantando. Antes de sair, a jornalista insistiu mais uma vez pra entrevistá-la, a resposta foi negativa. No dia seguinte, ao chegar à redação, Rosa recordou o dia anterior. A mesma sensação que teve ao ler A *maçã no escuro* permanecia; ao "ouvir" Clarice tinha a sensação de estar ouvindo Bach. Tomada por essa impressão começou a escrever a matéria: "Clarice Lispector e A *maçã no escuro*. Esse modo como em certa hora o mundo nos ama", publicada em 30 de julho de 1961. Na entrevista, Clarice confessou que gostaria de ser compositora, de poder dizer tudo sem palavras: "A arte é o vazio que a gente entendeu." Você imagina a dificuldade que deve ter uma pessoa para não ouvir o barulho de fora e poder escutar o silêncio dentro de si? Para escrever, sentava-se no sofá com a máquina no colo. Retirava qualquer adorno e usava calças compridas: "*Nada de colares, pulseiras ou outros enfeites*", diz ela. "*Nem arrumação. Nem arrumação. No que eu me arrumo a coisa se desarranja. É como se eu precisasse sentir-me despojada, para me encontrar comigo mesma.*" Sobre seu estilo, Clarice não acreditava que fosse demasiadamente cerebral: "*Acontece que meu tipo é mais intuitivo, decorrendo então uma certa dificuldade de eu exprimir de forma diferente. É como se a gente fosse sendo acuada na parede e não tivesse outro jeito de sair.*" Quanto aos filhos, cada um representava uma metade dela. Pedro, com seu jeito indagador e reservado, seria sua parte mais triste. Paulinho seria sua parte alegre e comunicativa, tão levado como ela foi na infância. Quando perguntada sobre a presença do pessimismo em sua obra, Clarice discordou: preferia acreditar que o impacto emocional do que escreve corre por conta da reinvenção pessoal do leitor. Seus livros seriam espécies de trilhas, de onde cada um partiria para as próprias descobertas. Após publicá-los, não mais os relia. Quando Rosa Cass comentou ter lido A *maçã no escuro* com prazer, mas por etapas, devido ao esforço de concentração, Clarice confessou ter sentido muita dor de cabeça quando o escreveu, a ponto de ter de interromper o trabalho.

O sucesso e a admiração do público não eram aceitos naturalmente por Clarice, provocavam-lhe um certo incômodo:

"Sinto-me só. É como se as pessoas ao se aproximarem de mim dessa maneira me negassem uma comunicação, impedindo-me de retribuir. Por acaso eu escrevo, e a coisa vem através da literatura. Mas se eu fosse bonita, ou se tivesse dinheiro, por exemplo, também não gostaria que as pessoas me procurassem por essa razão. O bom é ser aceita como um todo, começando até nos defeitos, nas coisas pequenas, para depois então chegar às de maior importância."

Entre uma entrevista e outra, Clarice preparava-se para ir à Polônia com Pedro e Paulo, em julho de 1962. Maury devia estar alegre e ansioso para reencontrar Clarice e os filhos. Numa noite, na casa de um dos secretários da embaixada brasileira em Varsóvia, Clarice foi sozinha ao terraço. Viu uma grande floresta negra que lhe apontava emocionalmente o caminho da Ucrânia. E subitamente sentiu o apelo: "A *Rússia também me tinha*" (DM, 353). Ofereceram-lhe uma viagem à Rússia, mas ela não aceitou. No seu íntimo, sabia que a sua terra era o Brasil.

O Prêmio Carmen Dolores Barbosa

Quando retornou recebeu a notícia de que A *maçã no escuro* tinha sido agraciado com o Prêmio Carmen Dolores Barbosa, de melhor livro do ano de 1961. A comissão julgadora foi constituída por nove jurados, entre eles o crítico literário Sérgio Milliet e os romancistas José Geraldo Vieira e Cassiano Ricardo. Como a entrega do prêmio seria feita no dia 19 de setembro de 1962, às 22 horas, em São Paulo, Clarice aproveitou a ocasião para rever Maria Bonomi. A recepção no encontro de artistas e intelectuais, contava com a presença do ex-presidente da República, Jânio Quadros, encarregado de fazer a entrega do prêmio a Clarice Lispector. Depois de um longo discurso, Jânio entregou um envelope à premiada, que, ao abri-lo, espantou-se com o valor tão irrisório: vinte cruzeiros. Mas aquela noite reservava outras surpresas à Clarice. Chamada pelo ex-presidente para uma conversa *tetê-à-tetê* num dos aposentos da belíssima casa, foi surpreendida por um arroubo incontrolável de Jânio Quadros. Ele avançou sobre Clarice imbuído de paixão, ofereceu-lhe tudo o que quisesse em troca do seu amor. Indignada com o rompante do ex-presidente, ela o empurrou, mas não conseguiu evitar o rasgo que desfigurou o seu vestido. Com a chegada de Maria Bonomi, que a acompanhou à recepção, Clarice respirou aliviada. Amparada pela amiga, pôs um xale para cobrir o rasgo. Recém-separada, ela teria de se acostumar a ser cortejada, até mesmo por Maury, que desejava a reconciliação. Após quase dois anos em Varsóvia, ele pensava em pleitear sua transferência para o consulado geral de Buenos Aires, com o intuito de ficar mais próximo da família. Antes de tomar a decisão, pediu a opinião de Clarice, colocando em suas mãos a possibilidade de uma reconciliação. Mas a essa altura, Clarice já estava apaixonada pelo poeta Paulo Mendes Campos.

Entrevista a Renard Perez

A repercussão de *A maçã no escuro* podia ser aferida pelos inúmeros pedidos de entrevistas que Clarice recebia diariamente. Depois de publicar uma longa série de reportagens sobre escritores brasileiros no suplemento literário do *Correio da Manhã*, de 1955 a 1958, editadas pela Civilização Brasileira, em 1960, sob o título de *Escritores Brasileiros Contemporâneos*, o escritor e jornalista Renard Perez decidiu dar continuidade ao trabalho. Fez mais uma série de reportagens com o intuito de entrevistar, entre outros, Clarice Lispector. Ao receber Renard Perez em seu apartamento, Clarice, já de início, observou que não tinha boa memória, motivo pelo qual não confiava que a entrevista fosse sair boa. Puro engano. Durante cerca de três horas ela falou de sua vida, enquanto Renard anotava suas palavras. Dias depois da entrevista, Clarice telefonou para Renard, confessou-lhe que jamais falara tanto e estava preocupada com o que dissera, por isso lhe pediu que levasse as anotações para ler. Ao deparar-se com a frase: "Quando os Lispector resolveram emigrar da Rússia para a América, pouco tempo depois da Revolução...", Clarice suspendeu a leitura: "Não, não foi assim! Você se enganou! Não, não foi pouco tempo depois da Revolução! Foram muitos, muitos anos depois!" Renard Perez entendeu de imediato o problema, era simplesmente o da referência que fazia à idade, pensou. E encaixou sutilmente entre parênteses a modificação. Ao retomar a leitura, Clarice não fez mais nenhum reparo. Nunca Clarice falara tanto de sua vida quanto nessa entrevista.

Lúcio Cardoso

Se Clarice tinha de conviver com a fama, Elisa Lispector, pelo contrário, prosseguia em sua carreira literária no anonimato. Incentivada por Clarice inscreveu O *muro de pedras* no concurso de romances da editora José Olympio. A comissão julgadora era composta por Rachel de Queiroz, Adonias Filho e Octavio de Faria. Lúcio Cardoso, por sua vez, ainda conseguia publicar seus livros com uma certa facilidade. Em 1961, publicou O *diário I*, onde fazia reflexões sobre si mesmo e sua criação literária no período de agosto de 1949 a março de 1951. Quando Clarice recebeu um exemplar do diário, o velho amigo fez uma dedicatória especial: "À Clarice, feminina, que tem o dom de despertar em mim a nostalgia de um deus nunca atingido. Lúcio Rio-XI-60." Lúcio mergulhava cada vez mais fundo na bebida; sua saúde bastante debilitada inspirava cuidados. Ninguém conseguia impedi-lo de autodestruir-se. Quando escreveu um poema na Galeria Dezon, em dezembro de 1962, cercado por amigos, talvez já pressentisse que algo estava por acontecer: "Como será a Morte, quero tocar na sua cauda." Dois dias depois sofreu um derrame que o fez perder a fala e a capacidade de escrever.

Literatura de Vanguarda

Em 1963, Clarice foi convidada para proferir uma palestra no XI Congresso Bienal do Instituto Internacional de Literatura Ibero-Americana, na Universidade do Texas. O congresso se realizaria com oito conferências seguidas de debates. Clarice era a única mulher do grupo. Aproveitando sua passagem pelos Estados Unidos, telefonou para Avani, a empregada que levara para Washington e acabara casando-se com um inglês. Avani manifestou o desejo de rever a ex-patroa, mas Clarice disse-lhe que não tinha condições financeiras para deslocar-se até Washington. "Pois eu pago sua passagem!" (DM,50), insistiu a empregada. Clarice não aceitou, pois nem mesmo tinha tempo para visitá-la. Na palestra proferida na universidade, cujo título era "Literatura de vanguarda no Brasil", Clarice fez questão de enfatizar sua condição de brasileira como fizera em outras ocasiões, quando enviou para a editora Plon uma nota biográfica para constar da apresentação de *Perto do coração selvagem*, em francês. Causava-lhe indignação não ser considerada uma escritora brasileira: *"Tenho que começar por lhes dizer que não sou francesa, esse erre é defeito de dicção: tenho a língua presa. Uma vez esclarecida minha brasilidade, tentarei conversar com os senhores"* (OE, 95). Clarice sentia-se honrada com o convite, mas não capaz de falar sobre o tema com desenvoltura:

"Um convite como esse cabe mais a um crítico do que a um ficcionista. Ou pelo menos a um tipo de ficcionista que não é o meu. Nem toda pessoa que escreve está necessariamente a par das teorias a respeito de literatura e nem todos têm boa formação cultural: é o meu caso."

Adotando uma postura de ficcionista sem vida intelectual, ela arriscou delinear um conceito de vanguarda:

"Vanguarda seria 'experimentação'. Mas toda verdadeira arte é também experimentação, assim toda verdadeira vida é experimentação. Mas, então, por que uma experimentação é vanguarda e outra não? Seria vanguarda a oposição ao que se estivesse fazendo no momento? Ou seria uma nova forma usada para rebentar a visão estratificada e forçar, pela rebentação, a visão – conhecimento de uma realidade?"

Colocando-se contra a existência de uma "vanguarda forçada", em que o artista se determina a ser original e vanguardista, Clarice expôs o que seria a verdadeira vanguarda: *"Só me alegra muito a originalidade que venha de dentro para fora e não o contrário."*

Como sua conferência foi proferida no sábado, quando encerrava o ciclo de palestras, ela pediu licença para sair antes do término dos discursos de encerramento para comprar brinquedos para os filhos. No curto período que passou hospedada num quarto confortável do campus da universidade, desfrutou de momentos extremamente agradáveis em companhia dos professores, e em especial de Gregory Rabassa, um americano tradutor de português e espanhol. Só uma coisa a deixou intrigada: a atmosfera onipotente e sangrenta no verão do Texas. Tinha a impressão de que algo parecia prestes a acontecer naquele lugar. Pouco tempo depois de ter retornado ao Brasil, recebeu a notícia da morte do presidente John Kennedy, assassinado no Texas. Então, pôde entender aquela sensação estranha no verão americano.

A paixão segundo G.H.

Naquele período, Clarice voltou ao romance seis anos após ter concluído A *maçã no escuro*, em 1956. Nos últimos anos em Washington, só escreveu alguns contos, insuficientes para aplacar o sofrimento de não conseguir escrever, agravado pela crise no casamento. Dois anos depois de voltar ao Rio, pensando que não escreveria mais, eis que de repente veio um livro por inteiro. O romance ia surgindo a partir de um jogo de perguntas e respostas entre ela e Marly de Oliveira. Clarice respondia às perguntas por escrito e desse material construía-se o romance. Marly era fascinada pela obra de Clarice. Além de artigos em jornal, a poeta e professora de língua e literaturas italiana e hispano-americana dedicara-lhe seu segundo livro, A *suave pantera*, cujo título foi retirado do poema homônimo feito em homenagem a Clarice. Quando o romance A *paixão segundo G.H.* ficou pronto, Clarice entregou os originais a Fernando Sabino e Rubem Braga para publicarem na Editora do Autor. Para selar a amizade tão especial, Marly de Oliveira convidou Clarice e o poeta Manuel Bandeira para serem seus padrinhos de casamento. A cerimônia foi realizada no dia 20 de janeiro de 1964, na igreja da Glória. Ao saber que Marly moraria no exterior pelo fato de ter se casado com um diplomata, Clarice ficou desolada. Parecia-lhe absurdo viver em outro país que não o Brasil.

Nelson Rodrigues e *G.H.*

No clima sombrio do Brasil de 1964, A *paixão segundo G.H.* despontava como um livro admirável. O país estava mergulhado no autoritarismo. A tomada de poder pelos militares inaugurava uma era de cassações. Premido cada vez mais pelas exigências da "linha dura", o governo Castelo Branco perseguia os comunistas e exercia a censura com rigor. O livro de Clarice recebia críticas favoráveis, o que não o isentava de comentários irônicos. Segundo Otto Lara Resende, Nelson Rodrigues não o poupou. Disse que agora fazia-se livro até de mulher comendo barata. Seu comentário, publicado no jornal *Última Hora*, provocou a ira de Clarice que lhe telefonou exigindo explicações. Nelson arrependeu-se da "brincadeira" e pediu-lhe desculpas. Já as observações de uma vertente da crítica literária de cunho filosófico, representada por Benedito Nunes, inseriam a obra de Clarice Lispector e, particularmente, A paixão segundo G.H., no contexto da filosofia da existência. O campo de análise de Benedito Nunes visava a caracterizar a atitude criadora da romancista e a concepção do mundo existencial que relacionava-se com ela, e não analisar a estrutura da criação literária propriamente dita. Em "A náusea em Clarice Lispector", publicado em O Estado de S. Paulo, em 24 de julho de 1965, o crítico destacou o aprofundamento da náusea, como revelação do Ser e via mística de união com sua inexpressável realidade, como o ponto central do romance. Segundo Benedito Nunes, a náusea para Clarice Lispector era um estado passageiro excepcional, via de acesso à existência imemorial do Ser sem nome, que as relações sociais, a cultura e o pensamento apenas recobrem. G.H. encontrou as raízes de sua identidade no corpo de um inseto cuja contemplação, desencadeando a náusea, franqueou-lhe acesso à existência divina. Portanto, o objeto de A paixão segundo G.H. era uma experiência não objetiva, onde Clarice recriava imaginariamente a visão mística do encontro da consciência com a realidade última.

A legião estrangeira

No mesmo ano de lançamento de A paixão segundo G.H., Elisa Lispector ganhou o prêmio Coelho Neto, da Academia Brasileira de Letras, com o romance O muro de pedras. Esse livro recebera também o prêmio José Lins do Rego de 1962, instituído pela editora José Olympio, cuja comissão julgadora formada por Rachel de Queiroz, Octavio de Faria e Adonias Filho escolheu Elisa entre os cento e dezenove candidatos. Ainda em 1964, a Editora do Autor lançou mais um livro de Clarice, A legião estrangeira, dedicado à sua grande amiga, a psicanalista Inês Besouchet. O livro continha duas partes: na primeira, treze contos e, na segunda, intitulada "Fundo de gaveta" – por sugestão de Otto Lara Resende –, havia uma série de textos dos mais variados gêneros: contos curtos, pensamentos e crônicas. Alguns contos, como "A legião estrangeira", tinham sido publicados a revista Senhor e, a partir de 1962, na coluna "Children's Corner" da seção Sr. & Cia, coluna assinada por Clarice, quando houve mudança na direção da revista. O livro não teve a mesma repercussão de A *paixão segundo G.H.*, mas quem escreveu sobre ele, como o escritor Adonias Filho, destacou a importância que o conto ocupava na obra de Clarice. Referindo-se à série de três livros de contos da autora, ele os enfeixou num só bloco, onde são marcados pelo estilo inconfundível: "Esse estilo, responsável pela valorização da língua como motivação literária, é que enriquece as narrativas no plano poético." Adonias Filho não compartilhava do parecer de outros críticos, como Sérgio Milliet e Massaud Moisés, que não viram com bons olhos a incursão de Clarice no conto por sua incapacidade de estruturar solidamente, em poucas páginas, o que tinha a dizer. Em sua opinião, havia um conto, o mesmo conto no sentido da construção – na seriação temática e no fundo das motivações de todos os outros contos. Era através desse processo permanente que Clarice abria mundos sucessivos de humanidade em torno do monólogo, este, o elemento predominante da ação ficcional: o clima poético, aquela construção nos romances como em O *lustre* e A *maçã no escuro*, associando-se ao monólogo, compõe o conto com tamanho rigor que a força irrompe da própria densidade lírica.

O ano de 1964 foi um ano marcante para Clarice, não só sob o ponto de vista profissional. Quatro anos depois da separação, seu desquite foi homologado. Na partilha dos bens, coube a Clarice o apartamento 701, do número 88, da rua Gustavo Sampaio, no Leme, para onde ela mudaria assim que terminasse de ser construído. Além disso, Maury contribuiria mensalmente com uma pensão correspondente a 1/6 de sua remuneração para a manutenção de Clarice, e o mesmo valor para a educação dos filhos. Em meio às mudanças na vida privada, Clarice presenciou o aumento de sua popularidade. Até o teatro rendeu-se a sua obra encenando pela primeira vez os seus textos. O espetáculo *Perto do coração selvagem*, produzido por Carlos Kroeber e dirigido por Fauzi Arap, reuniu trechos dos romances publicados até então. Clarice acompanhava os ensaios, em que podia apreciar o talento de Glauce Rocha, Dirce Migliaccio, José Wilker e Fauzi Arap. Os ensaios davam-lhe a oportunidade de rever seu amigo, o pintor Carlos Scliar, ex-editor do departamento de artes da revista *Senhor*.

Enquanto Clarice impunha-se cada vez mais como uma escritora de sucesso, Elisa Lispector, sem alcançar a mesma projeção, ao menos conseguia publicar seus livros com mais frequência. Nessa época, estava surgindo uma nova editora para onde Elisa enviou os originais de seu novo romance. Aceitando o convite feito pelo proprietário de uma gráfica – a Distribuidora Record –, para transformá-la em editora, Dinah Silveira de Queiroz convidou Renard Perez para ser seu secretário editorial. Ele havia integrado o "Café da Manhã', movimento que Dinah reuniu de 1949 a 1951, num espaço semanal de sua crônica diária em A *Manhã*, do Rio, e depois em toda uma página da folha. Além de Renard, participavam do movimento os jovens ficcionistas Samuel Rawet, Fausto Cunha e Luis Canabrava. Em 1961, Renard fizera uma entrevista com Clarice Lispector para a segunda série dos *Escritores Brasileiros Contemporâneos*, que se tornou a mais completa biografia já realizada até aquele momento. Agora conhecia Elisa Lispector e tinha a função de dar o seu aval para publicar *O dia mais longo de Thereza*. A publicação do romance, em 1965, proporcionaria o nascimento de uma grande amizade entre Renard e Elisa. Ambos irmanados pela literatura. Renard seguindo os caminhos do conto, e Elisa o do romance. A orelha ficou a cargo de Octavio de Faria, que fez comentários elogiosos à ficcionista. Mencionando o parentesco de Elisa com a grande e insuperável Clarice Lispector, ressaltou que nem mesmo essa ligação, nem a invulgar riqueza do naipe feminino que compunha a literatura brasileira impediram a romancista de assegurar sua posição inconfundível.

As chamas e uma sirene pela Gustavo Sampaio

Clarice acompanhava não somente a carreira literária da irmã, mas também a de suas amigas escritoras. Nélida Piñon lançaria seu primeiro livro de contos *Tempo das frutas*, no dia 13 de setembro de 1966. Na noite do lançamento, Clarice telefonou-lhe desculpando-se por não ir prestigiá-la. Sua voz estava fraca, quase esvaindo-se. Por volta das 3:35h da madrugada, uma mulher estava na janela de um edifício da rua Gustavo Sampaio, quando viu fumaça saindo do apartamento do sétimo andar do edifício Macedo. Apavorada, começou a gritar chamando a atenção do porteiro do edifício. Acordando sobressaltado com os gritos, o porteiro deu-se conta do incêndio e correu para o sétimo andar. Clarice adormeceu com o cigarro aceso e acordou no meio das chamas. O filho tirou-a do quarto e levou-a para o apartamento ao lado, o 702, onde moravam Heloísa e Saul

Azevedo. Paulo tocou insistentemente a campainha, a filha de Heloísa abriu a porta e viu Clarice em estado de choque, com várias queimaduras pelo corpo. Imediatamente, Heloísa levou-a para o quarto, enquanto o porteiro tentava apagar o fogo com Saul. O Corpo de Bombeiros do Posto II, em Copacabana, recebeu uma chamada do telefone 236-3142 comunicando o incêndio. A equipe partiu em disparada para a rua Gustavo Sampaio. A sirene interrompia o sono dos moradores de Copacabana. O corpo de Clarice ardia. Quando os bombeiros chegaram, o incêndio já havia sido debelado pelo porteiro e por Saul Azevedo. A equipe permaneceu dez minutos no apartamento de Clarice e registrou o incidente como um "médio incêndio".

O quarto foi inteiramente queimado, o estuque das paredes e teto caíram, os móveis e os livros foram reduzidos a pó. Restou somente um missal levemente chamuscado. Clarice ganhara-o no ano anterior por ocasião do Natal. Havia quatro anos que ela passava as noites de 24 de dezembro com a amiga Nélida Helena que, até então, dormia na véspera do Natal e só acordava 48 horas depois, por não suportar passá-lo sozinha, desde a morte de seus pais próxima dessa data. Fora Nélida Helena quem lhe dera o missal com a frase escrita: "Reze por mim." Ocorre que, nesse dia, Nélida quebrara a promessa já que, ao combinarem passar juntas o Natal, decidiram que o presente seria a presença de uma para a outra.

No apartamento de Heloísa, Clarice não dizia uma só palavra. Sua camisola estava grudada à pele e os pés, ao pisarem no tapete, deixavam marcas de sangue. As mãos e as pernas tinham sido atingidas pelo fogo, o rosto escapara ileso. Heloísa pôs uma capa em Clarice e desceu para pegar um táxi. Os carros passavam ignorando a dor de Clarice. Depois de algum tempo, um deles atendeu ao sinal de Heloísa. Ao chegarem ao hospital Miguel Couto, no Leblon, Heloísa pediu ao motorista para esperá-la. A agonia tomava conta dela. Os médicos queriam saber como acontecera o acidente. Heloísa permaneceu no hospital até às 6 horas da manhã, quando Clarice já havia recebido os primeiros socorros e estava em companhia de sua irmã, Elisa. Nos primeiros três dias, ela ficou entre a vida e a morte. Do hospital Miguel Couto foi levada para a Clínica Pio XII, na rua General Polidoro, 146, em Botafogo. A parte mais afetada de seu corpo era a mão direita, que sofrera uma queimadura de terceiro grau. Os médicos queriam amputá-la, mas uma das irmãs, Tania, pediu que esperasse mais um dia. Por fim, chegaram à conclusão de que a amputação não seria necessária. A mão afetada recebeu um excerto do abdômen e durante três meses o cirurgião plástico, doutor Urbano Fabrini, acompanhou o tratamento. Em função da gravidade de seu estado, as visitas foram proibidas. No entanto, a proibição foi burlada várias vezes, pois Clarice queria visitas: *"Elas me distraem da dor terrível."* Todos os que a visitaram foram recebidos por ela gemendo de dor, como numa festa: "Eu tinha me tornado falante e minha voz era clara: minha alma florescia como um áspero cacto." Clarice desconhecia que estava no limiar da morte. Parecia-lhe que enquanto sofresse fisicamente de um modo tão insuportável, isso seria a prova de estar vivendo ao máximo. Durante esse período, somente Tania, Elisa e Rosa Cass acompanharam-na mais de perto. Mas, um dia, Clarice recebeu a visita de uma jovem. A moça desconhecida chamava-se Farida Issa e era amiga de Nélida Piñon e Marly de Oliveira. Farida fora avisada por Nélida que Clarice estava proibida de receber visitas, mas como ela tinha ido consultar-se com o dr. Fabrini, aproveitou a ocasião para fazer uma oração por Clarice. Apaixonada por sua obra desde que lera *Perto do coração selvagem*, Farida cursava Sociologia e Política na PUC e, até então, estava mais interessada pela cultura francesa. A descoberta de Clarice Lispector despertou-lhe o interesse pela literatura brasileira, a ponto de decidir-se a escrever o seu primeiro livro nos anos 1970 e dedicá-lo a Clarice.

Urbano Fabrini

O período de tratamento na clínica Pio XII foi como se Clarice tivesse descido aos infernos. Rosa Cass acompanhava seu sofrimento. Os curativos eram feitos sem anestesia, Clarice urrava de dor ao escovarem suas feridas com sabão. Vê-la enfaixada, imobilizada, era muito doloroso para todos que estavam a seu lado. Após três meses de internação, ela teve alta e começou a segunda etapa do tratamento. Teria de fazer uma série de exercícios para recuperar todos os movimentos da mão direita. Se até então cumprira as recomendações do dr. Fabrini, agora mostrava-se rebelde, recusando-se a fazer os exercícios necessários. Só com o tempo acabou submetendo-se ao tratamento e passou a frequentar a ABBR (Associação

Brasileira Beneficente de Recuperação) para fazer exercícios específicos para a mão. Numa das idas à ABBR, Clarice encontrou-se com Lúcio Cardoso. Desde que sofrera o derrame, Lúcio vinha fazendo sessões de foniatria com Miriam Bloch; depois de algum tempo ele já conseguia pronunciar algumas palavras. Impossibilitado de escrever, Lúcio passou a pintar. Seus quadros retratavam com frequência paisagens de Minas Gerais, sua terra natal. O reencontro na ABBR foi uma alegria para Clarice, apesar de tudo. Lúcio, impossibilitado de escrever, de se comunicar; ela, sentindo dores, sem poder usar a mão direita para escrever. Subitamente eles se encontravam na dor. Ambos lutavam para viver.

Depois da madrugada do dia 14 de setembro de 1966, Clarice não seria mais a mesma pessoa. Era extremamente doloroso ter de conviver com seu corpo desfigurado pelas queimaduras, ver sua mão deformada, sem poder escondê-la, por mais que tentasse. De repente, descobrir-se mais frágil do que era. Mais urgente. A beleza que tanto encantara homens e mulheres tido sido arranhada pela tragédia. Em casa, necessitava do cuidado de uma enfermeira, por isso contratou uma auxiliar de enfermagem, Silea Marchi. Aos poucos, os amigos foram reaproximando-se. Por ser engenheiro, o primo Isaac Chut foi chamado por ela para fazer uma pequena reforma em seu apartamento, a fim de restaurar o que tinha sido destruído pelo fogo. Vendo o desânimo da prima, Isaac procurava reanimá-la contando-lhe piadas.

A secretária Maria Theresa Walkaser

Assim que pôde, Clarice voltou a trabalhar em seus textos, e tratou logo de contratar uma secretária para ajudá-la a mantê-los organizados, principalmente para copiá-los, pois o único trabalho de copiar era enfadonho. Colocou um anúncio no *Jornal do Brasil*, pedindo um secretário ou secretária para um escritor, de preferência estudante de nível superior, pois este era o tipo de emprego ideal para quem estuda, já que sobrava tempo para se fazer outras coisas. Quarenta candidatos, aproximadamente, ligaram para marcar uma hora. Entre todos muito capazes, inteligentes e ativos, escolheu Maria Theresa. Quando a jovem chegou ao apartamento, teve um impacto ao reconhecer que a escritora era Clarice Lispector. Ela tinha lido *Perto do coração selvagem* quando ainda morava em Minas Gerais e o romance provocou uma verdadeira "revolução" em sua cabeça. Decidida a vir para o Rio com o intuito de matricular-se numa Faculdade de Letras, acabou optando por cursar Filosofia na PUC. Theresa morava num pensionato no Colégio Teresiano e trabalhava como recepcionista na Sala Cecília Meireles. Clarice não hesitou em contratá-la. Além de conhecer seus livros, o que significava estar familiarizada com modo de escrever, era muito capacitada, tinha uma voz agradável e, ainda por cima, foi a única a vir de minissaia. Clarice via em Maria Theresa uma representante da juventude moderna. No dia seguinte, uma pilha de textos estavam a sua espera para serem datilografados, com a recomendação de não acrescentar nem retirar uma vírgula. Contratada para trabalhar somente no período da manhã, logo no primeiro dia Theresa acabou ficando para o jantar. Os dias iam passando e Tetê, como Clarice a chamava, sentia-se angustiada e tensa com o emprego, à medida que se dava conta de suas múltiplas funções. Clarice lhe pedia para fazer ligações, para acompanhá-la em passeios, ler histórias para os filhos e acompanhar o mais velho, Pedro, à praia. Quando tinha de fazer uma ligação, pedia para Tetê interromper o serviço, e só retomá-lo quando desligasse o telefone. Enquanto Tetê datilografava, Clarice a interrompia diversas vezes para pedir-lhe outras tarefas. Ora Tetê copiava o texto que Clarice lia depois em voz alta, ora era ela mesma que o lia para Tetê datilografá-lo. A jovem secretária percebia a angústia dela e o quanto a mão queimada a incomodava. Quando Clarice sentava-se numa poltrona da sala para escrever, tudo acontecia ao mesmo tempo: os filhos faziam constantes interrupções, o telefone tocava, a empregada a chamava para o almoço. Até então, Tetê achava que o ato de escrever realizava-se num espaço tranquilo. Ao conhecer Clarice levou um choque, tudo o que pensara caíra por terra. Aquele dia a dia caótico a atemorizava. Curiosa, Clarice sempre queria inteirar-se de sua vida. Apesar de muito cordial e paciente para explicar-lhe as tarefas, ela vivia constantemente angustiada, inquieta. Trabalhando havia quatro meses sem conseguir adaptar-se àquele universo "estranho", Tetê decidiu pedir demissão. No princípio, Clarice relutou, pediu-lhe para ficar, depois se convenceu que o melhor era deixar Tetê seguir o próprio caminho. Aos 20 anos, Maria Theresa não tinha estrutura emocional para viver diariamente no meio do caos. Estava naquela fase cujas prioridades eram o namoro e a militância política, por isso concluiu que naquele momento o melhor era ser exclusivamente uma leitora de Clarice.

Pedro Bloch e os "erres" de Clarice

Aos poucos, Clarice retornava à casa dos amigos. Numa das idas ao apartamento de Pedro Bloch encontrou-se com Guimarães Rosa, que lhe revelou ler trechos de sua própria obra quando sentia-se deprimido. Naturalmente ela comentou que nunca relia a própria obra, o que levou Ivo Pitanguy a comentar: Clarice não parece uma escritora. Mas, para surpresa de Clarice, Guimarães Rosa confessou-lhe que a lia não para a literatura, mas para a vida. E começou a citar inúmeras frases das obras de Clarice. E ela, surpresa, totalmente desconcertada com a revelação de Rosa. As reuniões na casa de Pedro Bloch ocorriam num clima de cordialidade, onde o encontro de intelectuais e escritores como Cecília Meireles, Jorge Amado e Guimarães Rosa proporcionava sempre uma intensa troca de ideias. Um dia, alguém sugeriu fazer uma série de encontros para discutirem o aspecto social dos fatos mais em evidência naquele momento. Clarice gostou da sugestão e aderiu ao grupo, que passou a reunir-se frequentemente na casa de Pedro e sua esposa, Miriam: Alberto Dines, Rosali Bloch e Zoé Chagas Freitas. A amizade fraternal entre o casal Bloch e Clarice era cultivada pelo menos desde 1964, quando ela concedeu uma entrevista a Pedro Bloch para a revista *Manchete*. Certa vez, Clarice perguntou a Bloch o que ele achava dos "erres" dela. Ele disse-lhe que seu problema não era a língua presa, esse defeito de dicção podia ter origem, por exemplo, em sua infância, quando talvez ela tenha imitado a maneira dos pais falarem. E ofereceu-se para corrigir este defeito. Depois de algumas sessões de foniatria no consultório de Pedro Bloch, Clarice ficou curada. Ao reencontrá-la meses depois o médico notou que ela tinha voltado a usar os "erres". A razão dessa atitude, segundo Clarice, devia-se a seu receio de perder suas características, pois sua maneira de falar era um traço da personalidade.

Marina Colasanti cuida de Clarice

Nessa época, ao ser convidado para ser o editor do *Jornal do Brasil*, Alberto Dines lembrou-se mais uma vez de Clarice e convidou-a para escrever uma crônica semanal, aos sábados no *Caderno B*. Sob o comando de Paulo Afonso Grisolli, o *Caderno B* atuava como uma espécie de antena da cultura e do comportamento do Rio de Janeiro. Desde sua criação em 1960, registrava e antecipava os movimentos culturais que floresciam na época: a bossa nova, o cinema novo, o teatro engajado, o tropicalismo, os movimentos das artes plásticas, do humor, da moda e da literatura. A primeira crônica de Clarice foi publicada no dia 19 de agosto de 1967. Na verdade, eram quatro pequenos textos com temas variados: "As crianças chatas", "A surpresa", "Brincar de pensar" e "Cosmonauta na terra". Clarice sentia-se deslocada na nova função, pois não se via como uma cronista. Na crônica do dia 9 de setembro ela confessava ser neófita no assunto, *"também o sou em matéria de escrever para ganhar dinheiro. Já trabalhei na imprensa como profissional sem assinar. Assinando, porém, fico automaticamente mais pessoal"* (DM, 29). Ao fazer o mesmo comentário com um amigo, obteve a seguinte resposta: *"Mas escrever é um pouco vender a alma."* Clarice concordou: *"Mesmo quando não é por dinheiro, a gente se expõe muito."*

Na redação do *Jornal do Brasil*, Clarice tinha uma leitora fiel, a jornalista Marina Colasanti, que ficara fascinada por sua obra ao ler na revista *Senhor* o conto "A menor mulher do mundo". Mais tarde, Marina foi levada pelo jornalista Yllen Kerr ao apartamento de Clarice. A jovem jornalista olhava em "silêncio de devoção" a escritora que tanto admirava. Reparava em suas mãos grandes, nas pulseiras de cobre, nos cabelos vermelhos, cobre-escuro, quase curtos, escovados para trás em mechas leoninas, na máquina de escrever portátil posta numa mesinha da sala, nos livros. Quando Clarice foi contratada pelo *Jornal do Brasil*, Marina pôde conhecer mais de perto seu universo. Ao ligar para o jornal procurando Marina, todos reconheciam sua voz inconfundível: "É a carbono franze." Como Clarice não tirava cópia de suas crônicas porque o "carbono franzia" ao ser colocado na máquina, ela as entregava num envelope pardo, grande, escrito com uma recomendação: "Atenção, não perder, não tenho cópia!" Marina estava pronta a atender algum pedido de Clarice. Diante dela, seu instinto maternal aflorava com todo o ímpeto, ela lhe parecia frágil, de vidro, uma pessoa especial.

O mistério do coelho pensante

Mesmo absorvida pelas crônicas do *Jornal do Brasil*, Clarice retomava lentamente a atividade literária. No exterior, crescia o interesse dos editores por sua obra. A *maçã no escuro* havia sido editado em Nova York, em 1967, pela Editora Knopf, com tradução de Gregory Rabassa, que Clarice conhecera na Universidade do Texas, em 1963. Esse romance ganhava sua segunda tradução, a primeira fora feita para o alemão, pela Claasem Verlag, em 1964. No Brasil, o editor da J. Álvaro, que reeditara alguns livros de Clarice, perguntou-lhe se ela não tinha alguma história infantil guardada. Clarice lembrou-se daquela história escrita em inglês, em Washington, para o filho Paulo: "Era tão pouca literatura para mim, eu não queria isso para publicar." Sem hesitar, a editora J. Álvaro ousou publicar, em 1967, o primeiro livro de Clarice escrito para crianças: *O mistério do coelho pensante*. Nesse mesmo ano, Guimarães Rosa finalmente tomou posse na Academia Brasileira de Letras após adiá-la por quatro anos. A data foi marcada para o dia 16 de novembro de 1967, data do aniversário de seu antecessor, João Neves da Fontoura. Em seu discurso de posse, a certa altura, Rosa disse: "A gente morre é para provar que viveu. (...) As pessoas não morrem, ficam encantadas." Três dias após tomar posse na Academia, Guimarães Rosa teve um enfarte e morreu. Clarice ficou extremamente abalada ao saber da morte do escritor. Jamais esqueceria o que ele havia lhe dito na casa de Pedro Bloch: "Eu não leio você para a literatura, mas para a vida."

Na última crônica do ano de 1967, Clarice recordou passagens de uma entrevista concedida para a série "Livro de cabeceira da mulher", da Civilização Brasileira. A repórter perguntou-lhe se ela era de esquerda: "*Respondi que desejaria para o Brasil um regime socialista. Não copiado da Inglaterra, mas adaptado aos nossos moldes*" (DM, 59). Quanto ao que era mais importante, se a maternidade ou a literatura, Clarice perguntou-se: "*Se tivesse que escolher uma delas, que escolheria? A resposta era simples: eu desistiria da literatura. Não tenho dúvida que como mãe sou mais impor-*

tante do que como escritora." Não era a primeira vez que Clarice destacava a importância da maternidade em sua vida. Em outra entrevista, em 1961, justificou-se por não ser uma grande leitora devido à total falta de tempo. Os filhos eram a sua prioridade.

Clarice achava válida a literatura engajada:

"Na verdade sinto-me engajada. Tudo o que escrevo está ligado, pelo menos dentro de mim, à realidade em que vivemos. É possível que este meu lado ainda se fortifique mais algum dia. Ou não? Não sei de nada. Nem sei se escreverei mais. É mais possível que não."

Em março de 1968, a Campanha Nacional da Criança premiou os melhores trabalhos de 1967 voltados para as crianças na área do livro infantil, do cinema e da televisão. O mistério do coelho pensante foi premiado com o troféu do Melhor Livro Infantil. Clarice foi à cerimônia de entrega dos prêmios, realizada no dia 13 de março, acompanhada de seu editor João Rui Medeiros. Como estava indisposta, retirou-se após receber o troféu. A premiação foi comentada em sua coluna no *Jornal do Brasil*:

"Fiquei contente, é claro. Mas muito mais contente ainda ao me ocorrer que me chamam de escritora hermética. Como é? Quando escrevo para crianças, sou compreendida, mas quando escrevo para adultos fico difícil? Deveria eu escrever para os adultos com as palavras e os sentimentos adequados a uma criança? Não posso falar de igual para igual?" (DM,79)

Crônicas no *JB*

Conviver com o rótulo de ser uma escritora hermética não a agradava. Quando possível, ela questionava essa visão, que lhe parecia falsa. Clarice não tinha pudor em externar seus sentimentos na coluna do *JB*. Suas crônicas falavam com naturalidade tanto de sua infância em Recife, quanto do período em que ficou entre a vida e a morte depois do incêndio em seu apartamento. No dia 9 de março, publicou um texto intitulado "O grito". Fez questão de ressaltar que o que escrevia no jornal não era crônica, nem artigo, nem coluna.

"Mas sei que hoje é um grito! Um grito de cansaço. Estou cansada. É óbvio que o meu amor pelo mundo nunca impediu guerras e mortes. Amar nunca impediu que por dentro eu chorasse lágrimas de sangue. Nem impe-

diu separações mortais. Filhos dão muita alegria. Mas também tenho dores de parto todos os dias. O mundo falhou para mim, eu falhei para o mundo. Portanto não quero mais amor. O que me resta? Viver automaticamente até que a morte natural chegue. Mas sei que não posso viver automaticamente: preciso de amparo e é do amparo do amor" (DM, 81).

Apesar de todo o sofrimento, ela recebia amor. Citou suas duas afilhadas que a escolheram espontaneamente como madrinha, falou de seu afilhado de batismo Cássio, filho de Maria Bonomi e Antunes Filho. E confessou ter se oferecido para ser "madrinha suplente" de uma jovem que queria seu amor. No final da crônica confessou que não escreveria mais livros, porque se escrevesse diria verdades tão duras que seriam difíceis de serem suportadas "por mim e pelos outros". A sensação de não conseguir mais escrever a invadia nesses períodos de angústia. Seus leitores ficavam abalados ao pensarem na hipótese disso concretizar-se, e ousavam ligar para ela, como o fez uma leitora sensível. Percebendo sua aflição, Clarice tentou contornar a situação dizendo-lhe para não se preocupar, e levantou a hipótese de talvez escrever mais um ou dois livros. Para alegrá-la, ofereceu-lhe dois livros autografados.

Myriam Campello, a leitora visita a escritora

O contato de Clarice com seus leitores dava-se principalmente por carta ou telefone. Sua imagem de escritora reservada e inacessível proclamada pela imprensa desfazia-se inteiramente quando tratava-se de atender a um leitor. Quando uma senhora avistou Clarice na Primeira Bienal do Livro, no Centro Comercial de Copacabana, talvez não imaginasse o quanto seria fácil aproximar-se dela. O que o amor de mãe não era capaz de fazer. Frente a frente com Clarice Lispector, fez seu pedido: se sua filha Myriam poderia levar um livro em seu apartamento para autografá-lo. E Clarice, tal como o gênio da lâmpada maravilhosa que tanto a tinha encantado na infância quando dizia pede de mim o que quiseres, sou o teu servo, resolveu atender o pedido daquela senhora. Ela sabia o quanto alegrava uma mãe realizar o desejo de um filho. Quando Myriam Campello ficou diante de Clarice não pôde conter o nervosismo. Clarice autografou o livro e notou a tensão de Myriam, que andava de um lado para o outro da sala. Ao ver a jovem de 20 anos tão aflita convidou-a para passar para a outra sala, pois assim ela teria mais espaço para andar. Myriam era tradutora, mas tinha vocação literária. O encontro com Clarice Lispector, que lhe pareceu uma raposa polar, foi um momento muito especial, inesquecível. Alguns anos depois Myriam Campello decidiu publicar seu primeiro livro.

Armando Nogueira e futebol

Na crônica semanal do *Jornal do Brasil*, Clarice podia dialogar com seus leitores e também lançar desafios, como fez com seu colega de jornal, o cronista esportivo Armando Nogueira. Ao tomar conhecimento de sua crônica, na qual declarou que de bom grado trocaria a vitória de seu time num grande jogo por uma crônica de Clarice Lispector, ela decidiu desafiá-lo, propôs-lhe perder o pudor e escrever sobre a vida e você mesmo, o que significaria a mesma coisa. Seu contato com Armando Nogueira dera-se por ocasião de um jogo de futebol no "Campo do Trinta por Trinta", aonde fora levada por Paulo Mendes Campos, que também participava das "peladas" de domingo. Além do cronista esportivo, estavam presentes, entre outros, Luiz Carlos Barreto e Haroldo Barbosa. Aquele dia fora muito agradável. Depois do futebol seguiu-se um bate-papo em volta da piscina, onde comeram pastéis acompanhados de cerveja bem gelada. Depois desse encontro, Armando e Clarice viram-se esporadicamente e ela surpreendeu-se quando lhe revelaram por telefone o desejo do cronista. Assim, no dia 30 de março de 1968, Clarice deu sua resposta na crônica "Armando Nogueira, futebol e eu, coitada" (DM, 89). Ela fez questão de dizer que não perdoava o cronista por trocar a vitória de seu time, o Botafogo, por uma crônica. Declarando-se botafoguense, confessava que não era fácil tomar partido em futebol, porque tinha um filho que torcia para o Botafogo e outro para o Flamengo. Sentia-se traindo o flamenguista, embora ele tenha sido botafoguense e, influenciado pelo pai, mudara de time. Clarice confessava sua ignorância no assunto, só assistira a uma partida de futebol em toda a vida. Para ela o futebol lembrava uma luta entre vida e morte, como de gladiadores. Às vezes, assistia aos jogos pela televisão, em companhia do filho. Quando ousava fazer alguma pergunta, daquelas bem tolas, como leiga que era, o filho respondia com paciência mal controlada para não perder os lances do jogo. Na sua avidez por participar de tudo, logo de futebol que é Brasil, sentia-se humilhada, mas não perdia as esperanças de um dia poder compreender as regras do jogo. Quanto ao desafio amigável propunha a Armando Nogueira escrever sobre o que futebol significava para ele, e não só como esporte, o que terminaria revelando o que você sente em relação à vida. Clarice achava o cronista extremamente talentoso para escrever sobre diversos assuntos além de futebol. Para ela, se Armando não fosse cronista seria de qualquer maneira um escritor. Quando os amigos de Armando leram a crônica de Clarice, passaram a cobrar-lhe a resposta. E Armando acabou aceitando o desafio escrevendo "O cronista e Clarice". Inicialmente revelou o quanto a cobrança carinhosa e impaciente dos amigos para responder ao desafio o havia angustiado, como na véspera de um jogo.

"*Que dizer de um jogo que ainda não terminou?*

E mesmo quando termine, Clarice, o match-treino, sem placar, sem juiz, nem multidão. Por tudo! Que está bom assim, embora melhor fosse uma pelada – mil meninos jogando a minha vida, alheios ao vento que às vezes persegue tanto o time da gente.

Jamais seria um bom depoimento de minha própria vida: jogo muito mal sofro a imprecisão de meus chutes. Tenho medo e respeito muito o julgamento da plateia. Embora também já tenha tido vergonha da multidão."

Certa vez, Armando assistiu no Maracanã à multidão vaiar um jogador que errava muitos passes. Humilhado, o jogador confessou-lhe no vestiário ter jogado mal por estar com um problema grave. Sua mulher estava doente, ficara em casa com a filha de cinco anos e uma irmã louca que jurava estrangular a menina. No campo ele só pensava nisso. Nesse dia, Armando teve vergonha da multidão. Descobriu que nem sempre a voz do povo é a voz de Deus e que às vezes a multidão é capaz até de torcer pelo estrangulamento de uma criança. O match de sua vida, dizia Armando, tinha sido um sofrido aprendizado de todos os sentimentos que murcham e florescem num jogo de futebol, como o ódio, a inveja, o medo, o amor. Confessava não ter alcançado um lugar de jogador, tentara ser goleiro, mas não conseguiu. Nesse período aprendeu duas lições: com o goleiro Evtuchenko, que a vida não é só atacar, é também vigiar os menores movimentos do adversário e conhecer suas artimanhas; e, com Albert Camus, que o futebol ensina tudo sobre a moral dos homens. Armando concluía: "o match de sua vida não registrava um instante sequer de felicidade."

"O match de minha vida, Clarice, está por aí, rolando numa bola que já não é de meia, nem de gude: bola de tantos sonhos perdidos pela linha de fundo – círculo, inspiração do sol, forma perfeita, esfera de fogo queimando, às vezes, a grama dos meus campos.

Que o match de minha vida possa ao menos terminar em paz – empate."

Armindo Trevisan

O match da vida de Clarice estava longe de permanecer empatado. Vivendo um momento de carência e necessitando de ajuda, ela decidiu fazer um apelo, por carta, ao poeta Armindo Trevisan. Curiosamente ele lhe fora apresentado por Murilo Mendes. Aquele encontro no Rio, em agosto de 1963, selou o início de uma amizade cujo elo era a palavra escrita. Residindo em Santa Maria, no Rio Grande do Sul, Armindo Trevisan enviou a Clarice os originais de seu primeiro livro: *A surpresa de Ser* (1964). A resposta não tardou: "Livro belíssimo. Obrigada. Clarice Lispector." A distância não impediu a aproximação. A carta continuava sendo o principal meio de comunicação entre os dois. Por isso, num momento de carência, só mesmo uma carta em 29/2/1968 poderia levar o apelo de Clarice a Armindo:

"Em parte também devo me lembrar de que sou por natureza um pouco ou bastante solitária. Mas agora que quero ver um amigo ou uma amiga, não sei mais como fazer. Além do que eles também terminaram se habituando com minha ausência. Como você vê, estou num impasse mesmo. O que fazer? Escreva-me, dê-me uma ideia" (Arquivo AT).

Armindo Trevisan ficou surpreso com a carta, encantado com a humildade de Clarice, felicitou-a por sua decisão de não bastar-se a si mesma, de romper o seu círculo pequenino, a sua janela psicológica, de ser capaz de precisar dos outros.

A amizade tão fraternal que os unia estimulava a troca de ideias no plano afetivo e literário. Numa de suas visitas ao Rio, Armindo levou-lhe os originais de um livro de poemas que tencionava publicar. Enquanto ele tomava um cafezinho, Clarice lia os poemas. De repente, interrompeu a leitura. Perguntou-lhe se não se importava que ela lesse os poemas a sós: "Não consigo ler na frente dos outros." A atitude de Clarice levou Armindo a perceber o quanto ela tinha pudor em relação a qualquer escrito. Era como se um escrito tivesse para ela um sabor de escritura, um eco do livro dos livros, a Bíblia!

A mão

Clarice procurava equilibrar-se na corda bamba. O trauma do incêndio a marcara para sempre. Os amigos mais próximos notavam as mudanças. Na casa de Nélida Piñon, na rua Cupertino Durão, 173, no Leblon, quantas vezes Clarice permanecia num longo silêncio, enquanto a amiga falava ininterruptamente tentando animá-la. Conviver diariamente com a visão da mão mutilada era extremamente penoso. Eu vejo a mão, dizia inúmeras vezes à comadre Maria Bonomi. Certa vez, estando no escritório de Otto Lara Resende em companhia deste e de Autran Dourado, teve um acesso histérico. De repente, virou-se para os dois e disse com raiva: "Digam, digam que as minhas mãos estão horríveis! Digam!" Mesmo perplexo diante do rompante da amiga, Otto respondeu-lhe: "Estão, Clarice. Se você quer ouvir isto, ouça: estão horríveis suas mãos. Você sofreu um incêndio e suas mãos estão queimadas." Dando-se conta do desatino, Clarice procurou se controlar. "Desculpa, Otto. Me traz um copo de água." A fragilidade de Clarice ficava exposta com mais intensidade. A vida tornou-se mais urgente, mas o bom humor não desapareceu. Quando Cássio, filho de Maria Bonomi, soube que a madrinha havia sofrido queimaduras passou a chamá-la de tia churrasco. Clarice ria, ria muito ao ouvir o relato da comadre sobre as impressões do afilhado.

Inês Besouchet e Gisela Magalhães

O apoio dos amigos e da família ajudavam Clarice a conviver com as "marcas" do fogo e com a angústia que lhe fazia companhia. Na psicanalista Inês Besouchet, ela tinha mais do que uma amiga. Por força da profissão, Inês acabava tendo um conhecimento especial sobre a alma humana que muito interessava a Clarice. Ela era analista 24 horas por dia, falava por meio de "parábolas", e nem sempre era fácil apreender seu discurso. As conversas entre ela, Clarice e a arquiteta Gisela Magalhães sempre tinham um ar de profundidade, mesmo quando conversavam sobre coisas banais. Em alguns momentos, Clarice se desligava do que se estava falando. Transportava-se para outro espaço onde somente ela tinha acesso. Clarice Lispector era um mito para Gisela. A leitura de *Perto do coração selvagem*, aos 18 anos, marcou-a tão intensamente a ponto de despertar uma reação de seu marido, como ela, integrante da juventude comunista. Paulo Magalhães não entendia como ela podia ler aquele "tipo de livro", uma obra sem vínculos com o regime socialista, tão em voga na época. Mas a paixão por Clarice foi mais forte: Gisela permaneceu uma leitora fiel. Como grande amiga de Inês Besouchet, que lhe proporcionou a felicidade de conhecer Clarice, pôde compartilhar daquelas conversas "transcendentais", tantas vezes interrompidas pela força do cotidiano impiedoso reabrindo cicatrizes. Nesses momentos, Clarice queixava-se da falta de dinheiro e do quanto era maçante ter de escrever no jornal para aumentar seus rendimentos. Mas nada se comparava à preocupação com o filho mais velho. Seu universo tão peculiar e inacessível revelava um comportamento fora dos padrões. Clarice não podia acompanhar os caminhos tortuosos da esquizofrenia de Pedro, precisava do auxílio da psiquiatria. Como psicanalista, Inês Besouchet podia ajudá-la a entender melhor a complexidade da mente humana e o quanto o conhecimento humano era limitado para desvendar todos os seus labirintos. Acreditando que Clarice precisava de um apoio psicológico para lidar com as "marcas" do incêndio e com seus próprios fantasmas, Inês Besouchet encaminhou-a para o psicanalista Jacob David Azulay.

Clarice no INL e na *Manchete*

A vivência de um momento delicado não impedia Clarice de continuar trabalhando num ritmo intenso. Desde dezembro de 1967, integrava o Conselho Consultivo do INL – Instituto Nacional do Livro, destinado a selecionar as obras a serem editadas por esse órgão, vinculado ao Ministério da Educação e Cultura. Ao lado de Américo Jacobina Lacombe, Celso

Ferreira Cunha, Eduardo Portella e Francisco Assis de Almeida Brasil, Clarice emitia, também, pareceres em que procurava manter-se numa posição de crítica e leitora, e não de escritora: "*Como escritora, repugna-me o lugar-comum tão usado, por exemplo, em 'O açude e outras estórias'. No entanto, analisando a expressão 'lugar-comum' vê-se que este é dirigido ao homem comum, e mesmo necessário para uma comunicação imediata. E o público é, com exceções, feito de homens comuns.*" Além do INL, Clarice continuava escrevendo sua coluna semanal no *Jornal do Brasil*, quando então foi convidada por Adolpho Bloch para fazer entrevistas com personalidades ilustres na revista *Manchete*. Em maio de 1968, ela iniciou "Diálogos Possíveis com Clarice Lispector", vinte e um anos depois de ter saído da Agência Nacional, onde entrevistou intelectuais ilustres como Augusto Frederico Schmidt e Tasso da Silveira. Agora os tempos eram outros. A Clarice dos anos 1960 já não tinha a alegria e o frescor inerente a uma jovem de 20 anos, o acúmulo de experiências trágicas dava-lhe um ar de cansaço e tristeza. Agora os entrevistados eram em sua maioria seus amigos com os quais procurava manter um diálogo muito próximo. Para conquistar a confiança deles, procurava se integrar na conversa falando também de si mesma, pois acreditava que desta forma poderia revelar facetas desconhecidas dessas personalidades. Foi o que aconteceu ao entrevistar o amigo Fernando Sabino:

"*Como é que começa em você a criação, por uma palavra, uma ideia? É sempre deliberado o seu ato criador? Ou de repente você se vê escrevendo? Comigo é uma mistura. É claro que tenho o ato deliberador, mas precedido por uma coisa qualquer que não é de modo algum deliberada*" (CLE, 32).

Em outra pergunta sobre o ato criador, voltava a opinar:

"*Fernando, você tem medo antes e durante o ato criador? Eu tenho: acho-o grande demais para mim. E cada novo livro meu é tão hesitante e assustador como um primeiro livro. Talvez isso aconteça com você, e seja o que está atrapalhando a formação de seu novo romance. Estou ficando impaciente à espera de um romance seu.*"

O mesmo ocorreu quando entrevistou o psicanalista Hélio Pellegrino, a quem Clarice devotava um carinho especial: "*Você quereria ter outras vidas? Era meu sonho ter várias. Numa eu seria só mãe, em outra eu só escreveria, em outra eu só amaria.*" A resposta foi das mais inusitadas:

"*Sou um homem de muitos amores – isto é, de muitos interesses – e para tão longos amores, tão curta a vida. Não há ninguém que consiga, no tempo de uma vida, esgotar todas as suas possibilidades. Se me fossem dadas outras e outras vidas, gostaria de ser: a) filósofo profissional; b) romancista; c) marido de Clarice Lispector, a quem me dedicaria com veludosa e insone dedicação; (...)*"

"*Hélio, você é analista e me conhece. Diga – sem elogios – quem sou eu, já que você me disse quem é você. Eu preciso conhecer o homem e a mulher.*"

"*Você, Clarice, é uma pessoa com uma dramática vocação de integridade e totalidade. Você busca, apaixonadamente, o seu self – centro nuclear de confluência e de irradiação de força – e esta tarefa a consome e faz sofrer. Você procura casar, dentro de você, luz e sombra, dia e noite, sol e lua. Quando o conseguir – e este é o trabalho de toda uma vida – descobrirá em você o masculino e o feminino, o côncavo e o convexo, o verso e o anverso, o tempo e a eternidade, o finito e a infinitude. O Yang e o Yin; na harmonia do TAO – totalidade – Você então, conhecerá homem e mulher, eu e você: nós*" (CLE, 61).

Passeata dos Cem Mil

O Brasil de 1968 vivia num clima de extrema agitação social. O movimento estudantil ganhava força e o governo militar de Costa e Silva reprimia as manifestações "subversivas". Quando o estudante Édson Luis de Lima Souto foi morto por soldados da Polícia Militar durante uma passeata, a situação ficou insustentável. Os intelectuais se mobilizaram procurando uma solução. Os confrontos de rua chegaram a um ponto limite. O comando da Polícia Militar divulgava uma nota comunicando que a partir daquele momento responderia com as armas às manifestações de desagravo da população. O governador Negrão de Lima, eleito com o apoio dos intelectuais, não estava cumprindo o que dissera em campanha: se durante seu governo alguém batesse à porta de um cidadão de madrugada seria o leiteiro, jamais a polícia. Durante uma reunião de intelectuais e artistas, Ferreira Gullar sugeriu que fossem até o palácio do governador exigir o cumprimento da promessa de campanha. Hélio Pellegrino foi escolhido o representante dos cerca de trezentos intelectuais e artistas que foram ao palácio, no dia 22 de junho, entre eles Carlos Scliar, Glauce Rocha, Oscar Niemeyer, Tônia Carrero, Caetano Veloso, Ziraldo e Clarice Lispector. Ela já demonstrara seu apoio aos movimentos estudantis alguns dias após a morte de Édson Luis. Ao fim da crônica, "Estado de graça", no dia 6 de abril de 1968, acrescentou: "*P.S. – Estou solidária, de corpo e alma, com a tragédia dos estudantes do Brasil.*" Diante do governador, Hélio Pellegrino expôs os últimos acontecimentos marcados pela intervenção violenta da polícia. Negrão de Lima procurava atenuar a gravidade da situação. No entanto, quando o deputado Márcio Moreira Alves começou a agredi-lo verbalmente os ânimos se exaltaram. O governador perdeu o controle e a situação agravou-se ainda mais. Os desdobramentos desse encontro resultaram na Passeata dos Cem Mil, no dia 26 de junho, onde mais uma vez protestou-se contra a violência da polícia, as prisões dos estudantes e a falta de liberdade. Clarice Lispector estava presente. E no dia seguinte, o jornal *Última Hora* publicou com destaque: "Sobre a marcha da liberdade", onde via-se uma foto de Clarice Lispector ao lado de Tônia Carrero.

Traduções na Argentina

Em meio ao clima tenso da ditadura militar, Clarice continuava aceitando convites para fazer palestras. Com o lançamento da segunda edição de A *paixão segundo G.H.*, mais uma vez sua obra voltava a ficar em evidência. Na Argentina, a Editorial Rueda demonstrava interesse em traduzir A *paixão segundo G.H.*, e o poeta Rodolfo Alonso, *Laços de família*. Por residir em Buenos Aires, em companhia do marido diplomata, Marly de Oliveira mantinha relações estreitas com os meios intelectuais, o que lhe facilitava a aproximação com as editoras argentinas. Interessada em ajudar a madrinha de casamento a publicar suas obras pela primeira vez no idioma espanhol, Marly não poupava esforços para divulgar a obra de Clarice através de conferências. Ao responder às cartas da madrinha, em 22 de junho de 1968, ela demonstrava uma imensa satisfação: "*Suas cartas me deram tanta alegria, Clarice, senti você tão junto de mim, que nem sei como agradecer o que você continua me fazendo.*" Ela também compartilhava seu dia a dia, falava de seu deslumbramento com a filhinha, Mônica, de apenas seis meses; exultava ao saber que Clarice estava apaixonada, ainda que não tivesse a sensação de ser correspondida. Para Marly, isso era um indício de que está cheia de vida e que vai se apaixonar muito ainda. "(...) A *impressão que você me dá é a de que está amando o mundo, pois não senti, na maneira tranquila com que falou, que havia sofrimento ou necessidade.*"

Eliane Zagury e *G.H.* em Belo Horizonte

A publicação da segunda edição de A *paixão segundo* G.H., pela editora Sabiá, destacava Clarice Lispector nos meios universitários. Assim que foi convidada para proferir uma palestra na Universidade Federal de Minas Gerais, aceitou o convite e pediu à professora Eliane Zagury para acompanhá-la a Belo Horizonte. Eliane fora apresentada a Clarice em 1960, por Fernando Sabino, na noite de autógrafos de *Laços de família*, no Clube Marimbás, em Copacabana. Mas seu conhecimento de Clarice vinha de outra época. Aos 15 anos a leu pela primeira vez e achou sua obra pessimista. Anos depois, teve a oportunidade de conhecê-la por ocasião de uma palestra proferida no colégio onde estudava. Trabalhando nos "Cadernos Brasileiros" com Nélida Piñon, Eliane tornou-se amiga de Clarice. Em Belo Horizonte, além da palestra na faculdade, ela falou para um grupo de pessoas na Livraria do Estudante. No convite para o encontro vinha impressa a seguinte frase: Quem tem medo de Clarice Lispector? Assustada com as pessoas, deu respostas negativas ao lhe perguntarem se conhecia McLuhan, Marcuse ou Lévi-Strauss, ou ainda, se sabia o que era o *nouveau-roman*. Sua resposta foi considerada atitude de superioridade, pose de artista que queria se impor, confissão de autossuficiência. Pairava no ar uma dúvida: "*Clarice terá mitificado a si mesma como a fada etérea da literatura brasileira – ou será antes apenas um ser cercado de solidão, imposta de fora ou de dentro pela contingência de sua singularidade expressiva?*"

Ao comentar a passagem de Clarice por Belo Horizonte, Laís Corrêa de Araújo fazia essas indagações em seu artigo no *Suplemento Literário de Minas Gerais* em 28/6/1968. Para ela, a convicção dos que consideravam A *maçã no escuro* como a obra-prima de Clarice tinha sido abalada com o lançamento de *A paixão segundo G.H.* Sobre este último romance Laís chamava a atenção para o que a própria escritora dissera sobre a obra na introdução: "Este é um livro." Isto seria o mesmo que dizer: um texto. O que ocorria neste livro era uma série de desdobramentos linguísticos ordenadores do pensamento, um trabalho obsedante de linguagem para intuir um universo mental. Segundo Laís Corrêa de Araújo, Clarice servia-se do triângulo teorizado por Michel Butor: poesia/ensaio/romance = nova área linguística, ou o que se chamava texto: Elementos poéticos intrínsecos à palavra, ficção enquanto uma certa estória (mesmo minimizada) e ensaio enquanto filosofia, pesquisa do ser. Ainda segundo a crítica, a obra clariceana vinha sendo focalizada pelo ângulo filosófico, segundo o trabalho de Benedito Nunes, ou mesmo como uma ficção psicológica, o que Laís discordava, pois a escritora não tinha a preocupação de criar tipos, mas de instaurar uma concepção de mundo a partir da expressão.

Lúcio Cardoso, personagem de El Greco

Enquanto o país agonizava num clima de opressão e censura, Lúcio Cardoso lutava contra a morte pintando seus quadros, já que afetado pelo derrame não conseguia mais escrever como antes. Uma crise mais grave levou-o a ser internado novamente. Clarice foi visitá-lo. Algumas pessoas amigas estavam na antessala de seu quarto e a maioria não tinha coragem de vê-lo naquele estado. Clarice entrou no quarto e ao ver o amigo tão querido parecia estar vendo o Cristo morto. Seu rosto estava esverdeado como um personagem de El Greco. Havia a beleza em seus traços. Lúcio vivera quase oito anos praticamente mudo, sem escrever. No dia 24 de setembro de 1968, aos 56 anos, não resistiu e morreu de "tanto viver".

O momento vivido por Clarice era angustiante. O Brasil de 1968 também respirava um misto de angústia, incerteza e medo. As manifestações nas ruas eram o sinal de que o país estava alerta. Quando o humorista Sérgio Porto sofreu uma tentativa de envenenamento durante a apresentação de seu show teatral no Rio, revelou que tal ato só podia ter em sua origem algum terrorista ligado às últimas agressões aos teatros do Rio e São Paulo. O incidente afetou a saúde de Stanislaw Ponte Preta, que sofria de distúrbios cardíacos. No dia 29 de setembro, Sérgio sofreu mais um enfarte que o levou à morte aos 45 anos. Em seis dias, duas mortes, a de Lúcio Cardoso e a de Sérgio Porto. Clarice não resistiu e aproveitou a proximidade das duas mortes para expor em sua coluna do JB a dor da perda dos entes queridos:

"*Não, não quero mais gostar de ninguém porque dói. Não suporto mais nenhuma morte de ninguém que me é caro. Meu mundo é feito de pessoas que são as minhas – e eu não posso perdê-las sem me perder.*

Sem pudor, com lágrimas nos olhos, choro a morte de Sérgio Porto. Ele criava, ele se comunicava com o mundo e fazia esta terra infernal ficar mais suave: ele nos fazia sorrir e rir. Não pude deixar de pensar: Ó Deus, por que não eu em lugar dele? O povo sentirá a sua falta, vai ficar mais pobre de sorrisos, enquanto eu escrevo para poucos: então por que não eu em lugar dele? O povo precisa de pão e circo.

Sérgio Porto, perdoe eu não lhe ter dito jamais que adorava o que você escrevia. Perdoe eu não ter procurado você para uma conversa entre amigos. Mas uma conversa mesmo: dessas em que as almas são expostas. Porque você tinha lágrimas também. Atrás do riso. Perdoe eu ter sobrevivido. Estou muito cansada" (DM, 140).

Fernanda Montenegro escreve: "polícia nas portas dos teatros"

Momentos de dor. Dor da perda, dor de viver num país sem liberdade. Clarice usava sua coluna no JB para demonstrar a insatisfação com o regime militar. E esta foi sua intenção ao publicar, em 19 de outubro de 1968, com a autorização de Fernanda Montenegro, a carta que esta lhe enviou de São Paulo:

"*Clarice*

É com emoção que lhe escrevo, pois tudo o que você propõe tem sempre essa explosão dolorosa. É uma angústia terrivelmente feminina, dolorosa, abafada, educada, desesperada e guardada.

Ao ler meu nome, escrito por você, recebi um choque não por vaidade, mas por comunhão. Ando muito deprimida, o que não é comum. Atualmente em São Paulo se representa de arma no bolso. Polícia nas portas dos teatros. Telefonemas ameaçam o terror para cada um de nós em nossas casas de gente de teatro. É o nosso mundo. E o nosso mundo, Clarice?"

Fernanda referia-se não a este mundo, obrigatoriamente político, polêmico, contundente, mas o de que falava Tchekhov, onde repousaremos, onde nos descontrairemos. Esse mundo, afirmava, ela não veria: *"Nossa geração falhou, numa melancolia de 'canção sem palavra' tão comum no século XIX. O amor no século XXI é a justiça social. E Cristo que nos entenda."* E completou: *"Nossa geração sofre da frustração do repouso. (...) A luta que fizermos, não o faremos pra nós. E temos uma pena enorme de nós por isso."* No final da carta constatou:

"(...) nossa geração está começando a comungar a barata. A nossa barata (Fernanda está se referindo a um livro meu). Nós sabemos o que significa esta comunhão, Clarice. Juro que não vou afastá-la de mim, a barata. Eu o farei. Preciso já organicamente fazê-lo. Dê-me a calma e a luz de um momento de repouso interior, só um momento. Com intensa comoção.

Fernanda" (DM, 145).

Nesse espaço tão livre que era a crônica semanal do *Jornal do Brasil*, Clarice permitia-se vez por outra abrir um canal de comunicação com os amigos. Ao receber uma carta do poeta Armindo Trevisan, na qual ele lhe narrava um episódio ocorrido com Mário Quintana, ele não se conteve e relatou para os seus leitores o encontro entre Quintana e uma fã de oito anos de idade. Aproveitando o fato, pediu autorização para divulgar um trecho da carta de Armindo:

"(...) você permite que eu cite um trecho de sua carta (...) Eu gosto muito de você, por isso transcrevo o pequeno trecho. Você escreve: 'Se me permite, rezarei por você; não deixe, oh não, de rezar por mim que sou bem pecador, e preciso das suas orações, sejam quais forem, porque tenho a secreta certeza de que você está mais próxima de Deus do que eu (...).'"

Atendendo ao pedido de Armindo, ela fez a sua oração:

"São quatro horas da madrugada e é uma hora tão bela que todo mundo que estiver acordado está de algum modo rezando. Rezo para que o mundo lhe seja sempre bonito de se olhar e de se sentir, rezo para que você goste da comida que come, rezo para você sempre fazer poesia, fazer poesia é em si mesmo uma salvação.

É preciso que você reze por mim. Ando desnorteada, sem compreender o que me acontece e sobretudo o que não me acontece" (DM, 153).

Ao ler a crônica, Armindo Trevisan ficou espantado por Clarice confessar publicamente sua afeição por ele. Imediatamente escreveu-lhe uma carta, no dia 21 de novembro, agradecendo-lhe o seu gesto. Quanto a Clarice dizer que andava desnorteada, ele opinava:

"*No fim das contas, andar assim é beirar o Mistério, e beirar o Mistério é tocar na fímbria do manto do Senhor! (...)*

Você está tocando a fímbria de sua Luz! Chega de extroversão! É hora de você adivinhar o resto!"

Armindo Trevisan também agradecia a oração de Clarice:

"*(...) que oração fabulosa, às quatro da madrugada! Quem pode estar acordado a esta hora, a não ser Deus? É a hora em que Ele deve – como você insinua – estar totalmente íntimo para com os homens! (...) É a sua hora, Clarice, porque nem eu sou capaz de me acordar a essa hora, apesar de ser, por natureza, uma criatura matinal...*"

Nos últimos dias de 1968, a Editora Sabiá, fundada por Fernando Sabino e Rubem Braga no ano anterior, preparava-se para fazer uma série de lançamentos. Carlos Drummond de Andrade lançaria *Boitempo*, Chico Buarque, *Roda viva*, Clarice Lispector, *A mulher que matou os peixes*. Dirigido ao público infantil, com ilustrações de Carlos Scliar, o livro era dedicado a várias crianças, entre elas a seu afilhado Cássio, à Mônica, filha de Marly de Oliveira, e à Nicole, filha de sua sobrinha Marcia. A festa de lançamento estava marcada para o dia 17 de dezembro, no Museu de Arte Moderna. Na noite do dia 13 de dezembro o ministro da Justiça, Luís Antônio da Gama e Silva, dava conhecimento ao país, por cadeia nacional de rádio e televisão, dos termos do Ato Institucional nº 5 e do Ato Complementar nº 38, que decretava o recesso do Congresso. O Poder Executivo estava autorizado a legislar em todas as matérias previstas nas constituições ou na lei orgânica dos municípios. Decretar a intervenção nos Estados e Municípios, suspender os direitos políticos dos cidadãos pelo prazo de dez anos e cassar os mandatos dos políticos. O governo assumia, assim, o controle integral sobre a sociedade civil brasileira. No dia seguinte, o *Jornal do Brasil* publicava um texto ao lado da data da publicação falando sobre a meteorologia que fazia uma referência ao clima criado no país após a promulgação do AI-5: "*Tempo negro. Temperatura sufocante. O ar está irrespirável. O país está sendo varrido por ventos fortes. Máx.: 38º em*

Brasília. Mín. 5º, nas Laranjeiras." A noite de autógrafos da Editora Sabiá foi cancelada.

A instituição do AI-5 instaurava a censura no país de forma mais contundente. Ciente disso, Clarice deixou de escrever crônicas em que pudesse haver algum sinal de contestação a ditadura militar. De resto, continuava compartilhando com os leitores do jornal a sua intimidade. No dia 11 de janeiro de 1969, dedicou uma crônica a Lúcio Cardoso. Três meses depois após a sua morte, Clarice revelou o quanto Lúcio tinha sido importante em sua vida.

"Lúcio, estou com saudade de você, corcel de fogo que você era, sem limite para o seu galope.

Saudade eu tenho sempre. Mas, saudade tristíssima, duas vezes.

A primeira quando você repentinamente adoeceu, em plena vida, você que era a vida. Não morreu da doença. Continuou vivendo, porém era homem que não escrevia mais, ele que até então escrevera por uma compulsão eterna gloriosa. E depois da doença, não falava mais, ele que já me dissera das coisas mais inspiradas que ouvidos humanos poderiam ouvir (...)

Antes, mudo, ele pelo menos me ouvia. E agora não ouviria nem que eu gritasse que ele fora a pessoa mais importante da minha vida durante a minha adolescência. Naquela época ele me ensinava como se conhecem as pessoas atrás das máscaras, ensinava o melhor modo de olhar a lua. (...)

Estou me lembrando de coisas. Misturo tudo. Ora ouço ele me garantir que eu não tivesse medo do futuro porque eu era um ser com a chama da vida. Ele me ensinou o que é ter chama da vida (...)

Lúcio e eu sempre nos admitimos: ele com sua vida misteriosa e secreta, eu com o que ele chamava de 'vida apaixonante'. Em tantas coisas éramos tão fantásticos que, se não houvesse a impossibilidade, quem sabe teríamos nos casado."

Paulinho e as saudades da mamãe

As saudades de outra época eram inevitáveis. Clarice começava a sentir a perda dos amigos. Uns mais distantes como Guimarães Rosa e Sérgio Porto, outros mais próximos, como Lúcio Cardoso. Seu campo afetivo estava circunscrito às irmãs, a alguns amigos e aos filhos. E era neles que ela se renovava diariamente. Quando Paulo embarcou para Indiana, nos Estados Unidos, no dia 25 de janeiro de 1969, para participar de um programa de intercâmbio estudantil, Clarice custou a dormir à noite, pensando no filho caçula. No dia seguinte, para disfarçar a saudade, copiou o resto do romance que acabara de escrever: *Uma aprendizagem ou o livro dos prazeres*. Ela o achava detestável, apesar dos que o leram discordarem de sua opinião. Em breve, o entregaria a Fernando Sabino para editá-lo pela Sabiá, que já publicara nesse ano a terceira edição de *Perto do coração selvagem*. Clarice escrevia para o filho relatando seu cotidiano: o novo livro, o estado de Pedro, as saudades de Siléa. A companhia de Siléa Marchi era cada vez mais indispensável. Contratada para acompanhar Clarice durante o período de convalescença após o incêndio, acabou instalando-se definitivamente em seu apartamento tornando-se uma amiga fiel e dedicada. Ela fazia de tudo um pouco para manter o cotidiano de Clarice em harmonia: desde coordenar as tarefas domésticas, até acompanhá-la às sessões de cinema das duas horas da tarde, quatro vezes por semana, onde assistiam especialmente a filmes de suspense.

Quando chegava uma carta de Paulo, era uma festa. Logo Clarice tratava de escrever para o seu "gafanhoto", como gostava de chamá-lo. Usando um tom maternal e carinhoso, ela procurava apoiá-lo nesse período especial de sua vida, inteirar-se de seu cotidiano, se ele estava adaptando-se a sua nova família. Quando falava de si e de Pedro mudava o tom da conversa. As notícias não eram nada animadoras quando se tratava do filho mais velho: "*Hoje Pedro foi almoçar com teu pai, felizmente. Eu estava ficando literalmente doente com o Pedro nesses últimos dias, pois ele agora fica em pé ou me seguindo e dizendo literalmente sem parar: mãe, mãe, mãe.*" Clarice procurava todas as alternativas de tratamento psiquiátrico para curar Pedro. E o que mais a desesperava era a impossibilidade de cura. Outro fato que a preocupava era a situação financeira. Recebendo direitos autorais irrisórios, a base de seu sustento vinha de suas colaborações para a imprensa – na revista *Manchete*, no *Jornal do Brasil* e no *Correio do Povo*, jornal de Porto Alegre onde estava publicando as crônicas do JB, desde abril de 1969 –, da pensão que recebia de Maury e do cargo de assistente de administração da Secretaria de Administração do Estado do Rio de Janeiro, que exercia desde 7 de outubro de 1968, recebendo mensalmente NCr$ 304,20. Ao que parece, quando foi convidada para ocupar esse cargo, disseram-lhe que na condição de advogada ela referendaria os processos examinados por estudantes de Direito, não precisando ir ao local de trabalho. Recusando-se a ser remunerada por tão pouco esforço, acabaram por ampliar suas funções, o que a levou a aceitar o cargo.

Jornal do Brasil

A imensa carga de trabalho levava Clarice a aproveitar os dias mais "inspirados" para escrever várias crônicas de uma só vez para tê-las sempre à mão quando precisasse. Nos últimos meses, retirava textos do livro A legião estrangeira, que vendeu pouco, e os publicava no Jornal do Brasil. O mesmo já havia feito ao publicar fragmentos de Uma aprendizagem ou o livro dos prazeres, antes de ser lançado pela Sabiá. Mesmo escrevendo com dificuldade em função das sequelas do incêndio, de vez em quando Clarice forçava-se a escrever as cartas para Paulo, à mão, com o intuito de exercitá-la, o que facilitava o seu trabalho na hora de anotar a fala de seus entrevistados para a revista Manchete. No entanto, quando necessário, não se acanhava em pedir-lhes para auxiliá-la, datilografando eles mesmos o depoimento, como fez numa ocasião Antonio Callado.

Ter um filho estudante no Brasil de 1969 era motivo de preocupação para qualquer mãe. Clarice conversava com Paulo sobre a séria crise em que o país estava mergulhado depois que o presidente Costa e Silva sofreu uma trombose cerebral e foi substituído por uma Junta Militar. Com a escolha do novo presidente da República, Emílio Garrastazu Médici, o país enveredou definitivamente nos caminhos antidemocráticos. De volta ao Brasil, Paulo já fazia planos para prestar vestibular para Economia, tão logo concluísse o clássico no colégio Andrews, onde cursava a terceira série. Nessa época, ele andava de namoro com a poesia. Clarice não procurava direcioná-lo para um determinado caminho literário, muito pelo contrário, o deixava à vontade para escrever o que quisesse. Certa vez, ao mostrar-lhe um conto, Paulo ouviu da mãe um elogio seguido de um conselho: "Está bom, mas precisa ser mais desenvolvido."

O convívio com um grupo de jovens poetas formado por Sérgio Fonta, Ronaldo Fernandes e Denise Emmer levou Paulo a fazer parte da antologia de poemas Canto aberto, na qual publicou quatro poemas. Clarice foi ao Teatro Ipanema prestigiar o lançamento do livro, onde Rubens Correa, Mário Lago e Claudio Cavalcanti revezaram-se na leitura dos poemas. A poesia de Paulo falava de amor, fraternidade, esperança e deixava transparecer num de seus versos o momento sombrio que o país vivia: *"Nós precisamos matar/a poeira dos cantos pois/já não podemos engolir/o mormaço das tardes."* A relação cordial que Paulo mantinha com Sérgio Fonta, seu parceiro na antologia publicada, levou-o a convidá-lo para jantar em sua casa. Sérgio ficou feliz com a possibilidade de jantar com Clarice, de quem já havia lido *Perto do coração selvagem* com muito entusiasmo. O jantar transcorreu num silêncio quase sepulcral. Falou-se muito pouco. O silêncio de Clarice deixava Sérgio constrangido, com receio de que ela não estivesse gostando dele. O diálogo iniciou-se somente após o jantar. Quando tudo parecia fluir naturalmente, Clarice resolveu interromper a conversa, pediu licença e dirigiu-se até seu quarto, de onde retornou com uma pedra que ganhara de uma amiga. A pedra achada em Vila Velha, no Paraná, e tinha 360 milhões de anos. Clarice a segurava de um modo muito especial, quando olhou para Sérgio e disse-lhe: *"Eu só mostro essa pedra para as pessoas que eu quero muito bem. Segura."* Sérgio sentiu algo estranho, como se uma energia especial emanasse daquela pedra. E Clarice revelou: a pedra era de antes do aparecimento do homem na Terra. Depois de guardá-la no quarto, ela retomou a conversa com Sérgio e Paulo voltando a falar de coisas banais. Mas como no conto "Amor", quando a visão do cego desnorteou Ana, Sérgio sentiu uma sensação semelhante: *o mal estava feito.* Não conseguindo esquecer a "pedra de Clarice", resolveu transformar em poesia o que vivenciara naquela noite inesquecível. No dia seguinte, ligou para Clarice comunicando-lhe que havia feito o poema. Imediatamente ela revelou o desejo de ler "O Poema da Pedra" e marcou uma hora com Sérgio.

Pedra
e Desomem.
Homem?
A distância o afasta,
Passa a pasta dos séculos
Cada vez mais.
Ser e

Não ser o primeiro
Ou a primeira
Coisa.
Homem?

E a pedra?
Desomem.
Antes de seu rastro,
De seu cheiro.
Pedra, homem.
Pedra há muito tempo pedra.
Um passado de poço.
Multi-horas
Canalizadas à sua frente,
Você nem gente,
Sem saber,
Sem berrar
Essa angústia universal.
Anterior
À cena e ao beijo escapado,
Ao grito e ao riso degolado.
A pedra e
Todos os segredos.
Os irremovíveis segredos.
A pedra e o
Silêncio. (DM, 345)

Ao terminar a leitura do poema, Clarice ficou olhando Sérgio em silêncio durante algum tempo. Os dois se comunicavam em silêncio. Sérgio não poderia descrever o que sentia naquele momento. Foi quando, então, Clarice disse-lhe que ia publicar o poema em sua coluna no *JB*. Era 17 de março de 1971. No dia 22 de maio, Clarice publicou a crônica "Antes de o homem aparecer na terra", na qual falou da visita de Sérgio a seu apartamento e transcreveu o poema da pedra.

Olga Borelli

Quando atravessava uma fase daquelas em que não se acreditava mais que o bom imprevisto também acontece, Clarice foi convidada para participar de um programa de televisão. Quando ela entrou nos estúdios, o apresentador anunciou: *"E agora entra neste recinto a escritora Clarice Lispector."* Ao vê-la pela televisão, Olga teve a sensação de que já a conhecia há muitos anos, como se seu destino estivesse de alguma forma ligado ao dela. Olga Borelli estava lendo A *paixão segundo G.H.* e decidira conhecer Clarice. Um dia, ligou para sua casa e marcou um encontro. Às três e meia da tarde de um dia deslumbrante, Olga entrou no edifício Macedo, pegou o elevador e dirigiu-se até o apartamento 701. A conversa foi longa, interrompida por silêncios. Olga convidou Clarice para autografar seus livros infantis para as crianças órfãs da Fundação Romão Duarte, onde trabalhava como voluntária. O convite imprevisto pegou Clarice de surpresa, mas como ela sabia que o imprevisto bom também acontece resolveu aceitar. Mera coincidência ou não, fora nessa mesma fundação que um dia fizera uma reportagem: "Uma visita à casa dos expostos", para a Agência Nacional, onde iniciava sua carreira jornalística. Jamais podia imaginar que retornaria vinte e nove anos depois ao mesmo local para autografar seus livros. Finda a tarde de autógrafos, Clarice pediu a Olga para acompanhá-la de volta para casa. Dois dias depois, ligou para Olga pedindo-lhe que fosse visitá-la. Clarice recebeu-a de forma calorosa. Pediu-lhe que sentasse e entregou-lhe uma folha de papel datilografada em 11/12/1970.

Olga, datilografo esta carta porque minha letra anda péssima.
Eu achei, sim, uma nova amiga. Mas você sai perdendo. Sou uma pessoa insegura, indecisa, sem rumo na vida, sem leme para me guiar: na verdade não sei o que fazer comigo. Sou uma pessoa medrosa. Tenho problemas reais seríssimos que depois lhe contarei. E outros problemas, esses de personalidade. Você me quer como amiga mesmo assim? Se quer, não me diga que não lhe avisei. Não tenho qualidades, só tenho fragilidades. Mas às vezes (não repare na acentuação, quem acentua para mim é o tipógrafo) mas às vezes tenho esperança. A passagem da vida para a morte me assusta: é igual como passar do ódio, que tem objetivo e é limitado, para o amor que é ilimitado.

Quando eu morrer (de modo de dizer) espero que você esteja perto. Você me pareceu uma pessoa de enorme sensibilidade, mas forte.

Você foi o meu melhor presente de aniversário. Porque no dia 10, quinta-feira, era meu aniversário e ganhei de você Menino Jesus que parece uma criança alegre brincando ao seu berço tosco. Apesar de, sem você saber, ter me dado um presente de aniversário, continuo achando que o meu presente de aniversário foi você mesma aparecer, numa hora difícil, de grande solidão.

Precisamos conversar. Acontece que eu achava que nada tinha mais jeito. Então vi um anúncio de uma água-de-colônia da Coty, chamada Imprevisto. O perfume é barato. Mas me serviu para me lembrar que o inesperado bom também acontece. E sempre que estou desanimada, ponho em mim o Imprevisto. Me dá sorte. Você, por exemplo, não era prevista. E eu imprevistamente aceitei a tarde de autógrafos.

Sua Clarice.

Olga ficou atônita, olhou para Clarice e ela sorriu. Decidiram, então, sair no carro de Olga para passear pela avenida Atlântica, pois queriam observar o mar, ver o sol se esconder atrás dos morros.

Editora Artenova

Nesse período, Clarice conheceu o jornalista Álvaro Pacheco, que havia fundado a Editora Artenova em 1968. Álvaro era amigo de Alberto Dines e trabalhara no *Jornal do Brasil*. Comovida com a leitura de um poema de Álvaro, decidiu telefonar-lhe para parabenizá-lo, e manifestou o desejo de conhecê-lo pessoalmente. No primeiro encontro, Álvaro Pacheco achou Clarice um pouco retraída. Com o passar do tempo, foram entrosando-se e quando a relação tornou-se mais íntima, Álvaro propôs-lhe fazer uma reedição de seus melhores contos. A edição seria feita em *pocket book* e vendida nas bancas de jornais. Pela primeira vez uma editora faria uma publicação desse gênero no país. Clarice selecionou quinze contos, oito dos quais publicados em *Laços de família* e os restantes em *A legião estrangeira*. Na mesma coleção, Álvaro Pacheco publicaria outra antologia de contos, *O homem de fevereiro ou março*, de Rubem Fonseca, que já publicara três livros do gênero. Como poeta, o editor não se restringia a publicar os livros, gostava de conversar com o autor, emitia sua opinião e fazia sugestões. À Clarice sugeriu escrever um livro "abstrato". Foi então que ela começou a juntar anotações feitas havia muitos anos, alguns trechos inclusive publicados em sua coluna no *JB*, para compor um livro. Em julho de 1971, concluiu *Atrás do pensamento: monólogo com a vida*. Um livro completamente diferente do que havia escrito até então. Nesse mesmo mês, recebeu a visita do professor Alexandrino Severino, a quem confiou os originais do novo livro para que fosse traduzido para o inglês.

Elisa Lispector: trabalho e literatura

A carreira literária de Elisa Lispector passava por um período de estagnação. Seu último livro havia sido publicado em 1965. Ao aposentar-se do Ministério do Trabalho, em 1968, Elisa foi presenteada com uma caneta de ouro pelo ministro Jarbas Passarinho, que sempre a tratou com deferência, destacando o fato de Elisa ser uma escritora. Sua trajetória no ministério foi exemplar. Exerceu funções de grande relevo, secretariando delegações governamentais no exterior, duas Conferências Internacionais do Trabalho, em Genebra, dois congressos de Previdência Social, em Buenos Aires e em Madri, e uma Conferência dos Estados da América, membros da OIT, em Petrópolis. Também representou o Brasil numa Reunião Americana realizada no Peru, promovida pela OIT, para estudar os problemas da mão de obra feminina na América Latina. O reconhecimento do ministro tinha um significado especial para ela, acostumada a viver literariamente na sombra, sem o mesmo reconhecimento que alcançara no Ministério do Trabalho. Aos 57 anos, Elisa só tinha um desejo: aproveitar todo o tempo para escrever. Do ministério ela guardaria lembranças e amizades especiais. Uma delas a da escritora Maria Alice Barroso, com quem travava longas conversas sobre a literatura sempre acompanhada por um cafezinho tomado logo após um cigarro. Quando obteve o segundo lugar do Prêmio Walmap 1967, Maria Alice teve a satisfação de ser entrevistada por Clarice para a revista *Manchete*. Apesar de ser uma leitora entusiasmada da obra de Clarice, Maria Alice admirava a irmã de sua amiga à distância.

Dinah Silveira de Queiroz, Elisa Lispector e Renard Perez

Livre para escrever seus livros, Elisa decidiu aventurar-se num novo gênero, passou a escrever contos. Reuniu dezoito deles e publicou na Editora Ebrasa, de Brasília, em 1970, com o título de *Sangue no Sol*. A orelha do livro foi escrita por Dinah Silveira de Queiroz, que apontava Elisa como uma mestra não só por seu estilo e justeza de expressões, como também por ter o dom de apresentar e conhecer as "razões humanas". Era um livro para ler devagar, degustando período por período. Segundo Dinah, ele *"jamais será esquecido, suas frases ficarão ecoando em nosso pensamento como verdade, música e poesia"*. Elisa confiava seus originais ao escritor Renard Perez, desde que o conhecera na Distribuidora Record, em 1965. Tinha muito confiança no amigo e ouvia atentamente seus conselhos. Sensível, ela muitas vezes chegava a chorar ao ouvir de Renard observações mais incisivas sobre seus textos. Quanto ao sucesso da irmã, nada dizia. Ter o mesmo sobrenome de Clarice significava muitas vezes uma carga demasiadamente pesada. Os escritores amigos sempre estavam dispostos a ajudá-la. Numa ocasião, Maria Alice Barroso sugeriu-lhe submeter uma obra sua ao Instituto Nacional do Livro (INL), do qual Maria Alice era diretora. Elisa decidiu reeditar *No exílio*, pela Editora Ebrasa, em convênio com o INL. A publicação foi feita em 1971. Clarice não achou uma boa ideia a reedição desse livro.

Provavelmente, receava que a história dos Lispector romanceada por Elisa despertasse referências às suas origens judaicas, suscitando algum debate em torno de sua condição de brasileira, o que para Clarice era insuportável. Mas Elisa via a situação por outro ângulo. Por ser mais velha e ter vivido mais tempo em sua terra natal, inclusive dialogando frequentemente com o pai a respeito, absorvera as tradições judaicas com mais intensidade do que Clarice.

Atrás do pensamento e *Rosa dos Ventos*

Em 1972, Clarice interrompeu *Atrás do pensamento: monólogo com a vida*, que passou a chamar-se *Objeto gritante*. Ao escrever em 23/6/1972 para o professor Alexandrino Severino, que tinha em seu poder uma cópia do livro, justificou-se: "(...) *achei que não estava atingindo o que eu queria atingir. Não posso publicá-lo como está. Ou não o publico ou resolvo trabalhar nele. Talvez daqui a uns meses eu trabalhe no* Objeto gritante." Clarice se sentia desfibrada. Olga Borelli percebeu isso e decidiu ajudá-la. Passou a datilografar seus textos, e ao ver que ela tinha anotações para um livro, estimulou-a a prosseguir com o trabalho. Como Clarice não se sentia disposta a estruturar o livro, Olga foi juntando as anotações. Encerrada a estruturação de um capítulo o entregava a Clarice para fazer as modificações que achasse necessárias. A segunda versão do livro *Objeto gritante* sofreu profundas alterações: as passagens demasiado pessoais e alguns dos fragmentos publicados nas crônicas do *JB* foram cortados. Das cento e cinquenta e uma páginas originais somente as primeiras cinquenta e as últimas três tinham algo em comum. Procurando reduzir ao máximo o aspecto autobiográfico da obra, ela substituiu a profissão da narradora, de escritora passou a ser uma pintora que se iniciava no ato de escrever. Receosa em publicá-lo, Clarice pediu a opinião dos amigos. Nélida Piñon limitou-se a assinalar as repetições de frases ou parágrafos ao longo do texto, já que Clarice construía seus romances em fragmentos, anotados nos mais variados tipos de papel: guardanapos, talão de cheque, prospectos etc., esquecendo-se muitas vezes de eliminá-los ao reuni-los num livro. Outro leitor dos originais de *Atrás do pensamento* foi Fauzi Arap, que dirigiu, em 1965, um espetáculo teatral com uma colagem dos textos clariceanos. Em 1967, o diretor teatral inseriu trechos da crônica "Mineirinho" no show *Comigo me desavim*, de Maria Bethânia, que, como ele, era uma leitora apaixonada de Clarice. Fauzi ficou entusiasmado com *Atrás do pensamento* e quando Bethânia estreou o show *Rosa dos ventos*, no Teatro da Praia, em 1971, ele incluiu um trecho daquele livro, declamado antes da música "*Movimento dos barcos*":

"*Depois de uma tarde de quem sou eu e de acordar a uma hora da madrugada em desespero eis que às três horas da madrugada eu acordei e me encontrei. Simplesmente isso: eu me encontrei. Calma, alegre, plenitude sem fulminação. Simplesmente isso: eu sou eu, você é você. É lindo, é vasto, vai durar. Eu sei mais ou menos o que eu vou fazer em seguida. Mas, por enquanto olha pra mim e me ama. Não, tu olhas pra ti e te amas. É o que está certo.*"

Clarice assistiu ao show e ao final foi ao camarim cumprimentar a cantora. Enquanto subia as escadas que davam acesso ao camarim, ela falava em voz alta de seu entusiasmo pelo espetáculo. Ao falar com Maria Bethânia externou toda sua emoção: "*Faíscas no palco. Esse show é eterno, esse show não termina nunca.*" Bethânia, que lera Clarice aos 13 anos, não tinha pudor de ajoelhar diante dela e dizer-lhe: "*Minha deusa.*" Clarice ficava constrangida diante de tanto carinho e admiração.

Outro leitor de *Objeto gritante* foi José Américo Motta Pessanha, que já escrevera um ensaio sobre *A paixão segundo G.H.*, publicado em 1965, nos *Cadernos Brasileiros*. Naquela ocasião, o jovem professor de filosofia expressou sem pudor as reflexões de leitor apaixonado, que era: "*O estilo de Clarice Lispector é admirável, sem dúvida, único e sem comparação em nossa literatura. Mas não é fim em si mesmo. Oracular, aponta para além dele próprio. Vale – muitíssimo – mas sobretudo como exposição de uma realidade colhida na raiz por uma sensibilidade insone, em solitária vigília, em contínuo Getsêmani.*"

Diante dos originais de *Objeto gritante*, José Américo sentia-se inseguro. Tentava situar o livro em carta de 5/3/1972: "*anotações? pensamentos? trechos autobiográficos? uma espécie de diário (retrato de uma escritora em seu cotidiano)? No final achei tudo isso ao mesmo tempo.*" O livro parecia-lhe mais próximo de *Fundo de gaveta*, a segunda parte de *A legião estrangeira*. Ele tinha a impressão de que Clarice quis escrever espontaneamente: "*(...) depois de recusar os artifícios e as artimanhas da razão (melhor talvez – das racionalizações), você parece querer rejeitar os artifícios da arte. E despojar-se, ser você mesma, menos indisfarçada aos próprios olhos e aos olhos do leitor.*"

O caráter heterogêneo da obra dava a impressão de bricolagem e poderia suscitar incompreensões. Pessanha indagava o porquê do "provisório repúdio" de Clarice pela ficção. Seria um processo interior de amadurecimento? Observou que neste livro, talvez mais do que em outra obra, o processo de escrever tornou-se imanente, "no Objeto", ao seu vivido pessoal. Fazer literatura era o modo dela sobreviver adiando abismos: "*Você se transcendia e se 'resolvia' em termos de criação literária; agora a 'literatura' desce a vocês e fica (ou aparece) como imanente a seu cotidiano; você é seu próprio tema – como num divã de um psicanalista.*"

Para Pessanha, Clarice vivia um momento de encruzilhada interior transfigurada em linguagem.

A incerteza em publicar o livro deixava Clarice angustiada. Nesse período, teve vontade de procurar o amigo Scliar para cobrar-lhe aquele velho retrato prometido havia anos, ainda não realizado por sucessivos adiamentos da própria modelo. O encontro foi marcado na casa de Scliar, em Cabo Frio, lugar do qual Clarice gostava imensamente. Quantas vezes ela lá se refugiou, na casa de Pedro e Miriam Bloch, onde deliciava-se com os banhos de mar. Como os pais de Clarice, os de Pedro Bloch e Carlos Scliar também eram russos de origem judaica. Quando Scliar foi convocado para a guerra na Itália e levou em sua mochila *Perto do coração selvagem*, jamais poderia imaginar que anos depois viria a conhecer Clarice Lispector. Ao entrevistá-lo para a revista *Manchete*, Clarice declarou que simplesmente gostava dele, independentemente da grande admiração que sentia. A recíproca era verdadeira. Enquanto Scliar fazia o retrato de Clarice, tinha a impressão de vê-la desligar-se por instantes daquele momento, transmitindo-lhe uma sensação estranha. Uma atmosfera densa e misteriosa pairava sobre a casa de Scliar. *Por que ela tinha tanta urgência em fazer o retrato?*, pensava o pintor, enquanto o terminava com uma sensação de que tinha pintado uma outra Clarice, não a que de fato conhecia.

Como ainda não decidira se valia a pena publicar o novo livro, Clarice mais uma vez o submeteu à apreciação de um amigo. Em julho de 1973, Alberto Dines leu *Objeto gritante*, agora com um novo título: *Água viva*. A leitura foi feita de um "jato só". Dines achou-o maravilhoso: "*É menos um livro-carta e, muito mais, um livro-música. Acho que você escreveu uma sinfonia. É o mesmo uso do tema principal desdobrando-se, escorrendo-se até se transformar em novos temas que, por sua vez, vão variando etc.*" Respondendo à pergunta de Clarice, se o livro estava terminado, Dines acreditava que sim. Mas, ressaltou, na mesma medida em que um movimento de uma sinfonia se contém em si mesmo. "(...) *O seu Água viva, assim como os movimentos e as sinfonias funcionam individualmente, tem sua vida própria. Mas também pode pedir continuação.*" E sugeriu dois outros movimentos, apesar de entender que o importante era ela ter concebido e produzido algo extremamente bonito e terminado.

Mercado editorial

A essa altura, Clarice estava sem editora. A Sabiá, de Fernando Sabino e Rubem Braga, fora comprada pela José Olympio. Suas obras publicadas pela Sabiá eram: *Uma aprendizagem ou o livro dos prazeres*, em duas edições, 1969 e 1970; a quarta edição de *Perto do coração selvagem* (1972), a terceira edição de A *paixão segundo G.H.* (1972) e de A *mulher que matou os peixes* (1971) e, por fim, *Felicidade clandestina*, uma coletânea das crônicas publicadas no *Jornal do Brasil*, e uma parte reunida em A *legião estrangeira* (1964). Foi então que Álvaro Pacheco decidiu lançar pela Artenova uma edição em *pocket book* de A *imitação da rosa*, em 1973; coletânea de contos já publicados no *JB*. A tiragem era de 20 mil exemplares. Ainda no mesmo ano, a Artenova publicou *Água viva*, Clarice estava havia quatro anos sem publicar romances. O último, *Uma aprendizagem ou o livro dos prazeres*, vendera relativamente bem, sendo agraciado com o prêmio Golfinho de Ouro, concedido pelo MIS (Museu da Imagem e do Som). Até aquele momento, o livro mais editado era *Laços de família*, então na quinta edição.

Depois de finalmente publicar *Água viva*, Clarice resolveu fazer uma viagem à Europa. Em companhia de Olga Borelli, embarcou no dia 10 de setembro de 1973. Durante um mês ela reviu as cidades de Londres, Paris, Roma, Zurique, Lausanne e Berna. Nesta última, mostrou à Olga a casa onde residiu. Vinte e dois anos depois de ter pisado pela última vez no continente europeu, Clarice percorria cada cidade em busca do passado. Partilhava com Olga as lembranças da senhora Clarice Gurgel Valente.

A escritora Clarice Lispector já era uma cidadã do mundo. Depois da Europa, chegava a vez da América Latina descobrir a sua obra. Na Venezuela, a Editora Monte Avila, publicava *La pasion segun G.H.*, em 1969, e *La legion extranjera*, em 1971; já na Argentina eram publicados pela Editorial Sudamericana: *Uma aprendizaje o el libro de los placeres* e *Lazos de familia*, em 1973. Na França, saía mais um livro: *Le bâtisseur de ruines* (1970) (*A maçã no escuro*), pela Gallimard. Na Tchecoslováquia, a Editora Odeon acabava de publicar *Blizko Divokého Srdce Zivota* (1973) (*Perto do coração selvagem*).

Crítica literária

Se o interesse pela obra de Clarice Lispector no exterior cresceu nos anos 1970, no Brasil os críticos literários já a vinham estudando desde os anos 1960. Depois do lançamento de *Laços de família* e de *A maçã no escuro*, os críticos incluíram Clarice Lispector no rol dos escritores de primeira linha da literatura brasileira. De Luiz Costa Lima a Affonso Romano de Sant'Anna; de Tristão de Athayde a Assis Brasil, a maior parte da crítica literária brasileira estudava o "fenômeno" Clarice Lispector. Em seu artigo "Clarice Lispector: ficção e cosmovisão", publicado de 26 a 3 de setembro de 1970, no Suplemento Literário de *O Estado de S. Paulo*, Massaud Moisés admitia que as narrativas curtas de Clarice não eram um mero exercício para os romances, enquadravam-se perfeitamente nos moldes do conto. A unidade dramática não era preenchida por uma "*ação externa progressivamente acelerada até o ápice, mas por uma ação interna*". Ela compartilhava a mesma ideia de Assis Brasil, que já fizera observação semelhante no livro *Clarice Lispector: ensaio* (1969). Massaud sublinhava também o instante no qual os personagens tinham uma súbita revelação interior, fugaz, "*como um farol nas trevas, e que, por isso mesmo, recusa ser apreendida pela palavra*". Nesse momento privilegiado, o ser "*descortina a realidade íntima das coisas e de si próprio*". Ao analisar os contos de *A legião estrangeira* e *Laços de família*, Massaud concluía que a cosmovisão de Clarice estava vinculada à fenomenologia e ao existencialismo. Além de Assis Brasil, Benedito Nunes dedicou mais de um livro exclusivamente à obra de Clarice. Depois de publicar *O mundo de Clarice Lispector* (1966), com o intuito de buscar uma recomposição temático-filosófica das obras *Perto do coração selvagem*, *Laços de família*, *A maçã no escuro* e *A paixão segundo G.H.*, Benedito Nunes reeditou-o com algumas correções substanciais, com o título de "O mundo imaginário de Clarice Lispector". Esse ensaio fez parte do livro *O dorso do tigre* (1969). Incansável ao penetrar no universo clariceano, publicou em 1973 *Leitura de Clarice Lispector*, em que analisou todas as obras da escritora até 1971.

Clarice Lispector é demitida do *JB*

A aceitação da obra de Clarice no meio literário não lhe garantia unanimidade nos demais setores culturais. Naquele final de ano, sentindo-se angustiada, telefonou para o amigo Alberto Dines e pediu-lhe que fosse visitá-la. Dines ligou para Álvaro Pacheco chamando-o para acompanhá--lo até o apartamento de Clarice. A noite transcorreu tranquila, mas no dia seguinte veio a surpresa. No dia 6 de dezembro de 1973, o *Jornal do Brasil* demitiu Alberto Dines. A diretoria do jornal acusava Dines de chefiar a indisciplina da redação. A verdade, no entanto, era outra, segundo Dines. Como estávamos vivendo a grande crise do petróleo decorrente da Guerra do Yom Kippur – e o novo presidente da República seria Ernesto Geisel, então saído da Petrobras e defensor de uma aproximação com os árabes, não era conveniente manter na direção do jornal o judeu Alberto Dines. A redação em peso prestou solidariedade a Dines, mas sua saída foi inevitável. Com ele, foram demitidas algumas pessoas, entre elas Clarice. Naquele Réveillon de 1974, na casa de Dines, Clarice confessou-lhe que estava extremamente orgulhosa por este novo "pertencimento".

Pela primeira vez, se assumia como judia. Dines via o fato dela não ostentar seu judaísmo não como um receio de rotular-se judia, mas simplesmente porque não gostava de rótulos, não era óbvia. Em outra ocasião, eles falaram sobre o judaísmo entranhado em sua obra. Clarice perguntou se isso era muito evidente. Então, Alberto Dines disse-lhe que Kafka também era muito judeu embora não fizesse literatura obviamente judaica. Clarice gostou da comparação. Dines via em sua atitude uma opção pela sombra. Clarice não queria exibir-se inteira, esta era uma opção literária e existencial. No dia 2 de janeiro de 1974, o *Jornal do Brasil* enviou uma carta "seca" comunicando sua demissão oficialmente, e um envelope com suas crônicas. Clarice resolveu mover uma ação contra o jornal, para isso contratou os serviços do dr. Viveiros de Castro.

Clarice e as amigas de origem libanesa

A guerra entre árabes e judeus atormentava Clarice, receosa de perder a amizade de suas amigas de origem libanesa. Por isso, decidiu ligar para a casa de Farida Issa, chamada carinhosamente de Fadu. Quando Odete Issa, mãe de Fadu, atendeu ao telefone, Clarice perguntou-lhe à queima roupa: *Odete, você gostaria menos de mim se soubesse que eu sou judia?* Depois tornou a ligar e fez a mesma pergunta a Fadu. As amigas convenceram-na de que a amizade estava acima de qualquer coisa. Clarice convenceu-se disso e era sempre bem-vinda na casa das amigas libanesas, onde degustava com muito prazer a culinária árabe preparada pela avó de Fadu.

Dr. Azulay

O ano de 1974 não começava bem. Ficar sem o emprego no *Jornal do Brasil* significava uma diminuição na sua renda mensal. As sessões de análise com o dr. Azulay estavam com os dias contados. O nível de ansiedade de Clarice era ilimitado. Nada a satisfazia. Dr. Azulay jamais conhecera uma pessoa que tivesse tanta consciência do sofrimento. Chegara à conclusão de que as quatro ou cinco sessões semanais deveriam ser suspensas. Clarice relutou em aceitar a decisão, mas por fim acatou-a. Dr. Azulay sugeriu-lhe fazer análise em grupo. Mas as pessoas que o integravam acabaram por confundir a escritora com a mulher. Todos queriam fazer análise no grupo de Clarice Lispector. Insatisfeita, ela saiu do grupo e procurou outro analista. Como tinha esperança de voltar a se consultar com o dr. Azulay, Clarice deixou as sessões e tornou a procurá-lo. Ele relutou em aceitá-la de volta. Disse-lhe que, após quatro anos de análise, seu método não surtira o efeito desejado, não havia razão para insistir com algo que não dera certo. Então, Clarice pediu-lhe mais uma vez que a analisasse, nem que fosse uma vez por semana. O psicanalista comoveu-se com o pedido e decidiu que a partir daquele momento não seria mais um analista, seria um amigo. Clarice passou a frequentar a casa de seu ex-analista; desde então tornou-se uma pessoa mais tranquila. Azulay concluiu que ela precisava não do analista, mas do amigo. A partir desse momento, tornou-se uma espécie de conselheiro, orientando-a fraternalmente no que fosse necessário. Nesse período, Clarice afeiçoou-se pela filha de Azulay, Andréa. A menina tinha 10 anos de idade e gostava muito de escrever. Suas cartas carinhosas comoviam Clarice, que lhe dizia que ela já era uma escritora, mas fizesse de conta que não era. Clarice desejava que Andréa fosse conhecida e admirada por um grupo grande e delicado de pessoas, porém jamais atingisse "a *cruel popularidade porque esta é ruim e invade o coração da gente*". E aconselhava a pequena escritora em 29 de junho de 1974:

"*Escreva sobre ovo que dá certo. Dá certo também escrever sobre estrelas. E sobre a quentura que os bichos dão a gente. Cerque-se da proteção divina e humana, tenha sempre pai e mãe – escreva o que quiser sem ligar para ninguém. Você me entendeu?*"

Clarice dava frases de presentes para Andréa: "*Borboleta é pétala que voa.*" E também gostava de trocá-las. Certa vez, ficou tão encantada com uma frase do dr. Azulay que lhe pediu de presente, não sem antes oferecer-lhe outra. Costumava inserir nos seus textos frases dos outros. Conversando com a esposa de Azulay perguntou-lhe se tinha medo da morte. Ela disse-lhe: "*sim.*" E acrescentou: "*vou ter tanta saudade de mim quando eu morrer.*" E Clarice aproveitou a frase num texto que estava escrevendo. Andréa Azulay era como se fosse a filha espiritual de Clarice. Nas cartas fazia questão de dar-lhe dicas de como viver e escrever. E enumerava uma série delas: não descuidar da pontuação, pois ela é a respiração da frase; não abusar de vírgulas, cuidado com as reticências; o ponto e vírgula é um osso atravessado na garganta. E completava: "*Agora esqueça tudo o que eu disse.*" Finalizava a carta recomendando-lhe que se caso fizesse sucesso ficasse contentinha mas não contentona: "*É preciso ter sempre uma simples humildade tanto na vida quanto na literatura.*" Quando fez uma história para Andréa, a certa altura escreveu: "*Mas veio a fada e avisou-lhe: se você vier a ser escritora, procure escrever em prosa, até mesmo prosa poética, porque ninguém edita comercialmente livro de poesias.*" Andréa adorava os livros de Clarice e desejava ser como ela. Quando Clarice escreveu-lhe pedindo para decifrar um pesadelo, Andréa não se conteve e respondeu em 9/7/1974: "*Ah! Clarice da prossima[sic]vez que você tiver um pesadelo não quebre mais copos, porque se suas mãos sangrarem e você não puder mais escrever; quem vai escrever coisas tão lindas que você escreve?*" Clarice ficava feliz porque Andréa existia. Seu instinto maternal aflorava nesses momentos.

Gilda Murray, Augusto Rodrigues, Clarice e o Espaço Dança

Além de Andréa, ela tinha outra "filha espiritual", Gilda Murray, que a conhecera na Fundação Romão Duarte naquela tarde de autógrafos. Amiga de Olga Borelli, Gilda então trabalhava como voluntária na fundação com seu grupo de dança. Ela ficava emocionada ao ler as crônicas de Clarice no *Jornal do Brasil*, que lhe serviam como um alimento para o espírito. Dos romances de Clarice mantinha distância, pois tinha medo de mergulhar naquele universo perturbador. Eram raras as vezes em que não chorava ao ler as crônicas de Clarice. Ao conhecê-la, resolveu "adotá-la" como mãe. A partir daí estabeleceu-se uma relação de muito afeto entre as duas. Quando Gilda decidiu deixar as aulas de dança na academia de Tatiana Leskova para criar seu próprio espaço, recebeu todo seu apoio. O pintor Augusto Rodrigues, que então conhecera por meio de Clarice, batizou a academia de "Espaço Dança", que integrava dança, teatro e artes plásticas. Profissionais de diversas áreas se uniram em torno do novo espaço: Mercedes Baptista, Klauss Vianna, Lourdes Bastos, Ziembinski, Ismailovitch, Gerry Maretzki, Mark Marc Berkowitz, entre outros. Clarice e Augusto Rodrigues eram presenças constantes nos espetáculos organizados por Gilda. A dedicação e o carinho dos "padrinhos" a deixavam extremamente feliz, mas também sentindo-se obrigada a dar tudo de si para que o "Espaço Dança" estivesse à altura deles.

A amizade de Augusto Rodrigues e Clarice vinha desde os anos 1940 quando os dois se conheceram num jantar na casa de Samuel e Bluma Wainer. Quando Clarice voltou a morar no Brasil, eles reataram os laços de amizade. O Largo do Boticário, onde Augusto morava, fascinava Clarice. Quase todos os domingos por volta das oito ou nove horas da manhã, ela ia com Olga Borelli, e às vezes com Gilda Murray visitar Augusto. Para o pintor, a visita do "anjo Clarice" não era uma visita comum. Suas conversas giravam em torno do cotidiano e atingiam um tom mais sério quando Clarice enveredava por assuntos transcendentais. Augusto por vezes se retraía, temia penetrar nesse universo. Ele procurava entender as coisas orientado por Clarice. Sentia-se como se ele fosse o discípulo e ela a mestra. Clarice queria que o amigo pintasse seu retrato. Augusto não pintou, mas como adorava fotografar, tirou uma foto de Clarice que lhe pareceu um quadro com o espírito do pintor Oswaldo Goeldi. A generosidade da amiga parecia-lhe infinita. Certa vez, quando Augusto mostrou-lhe alguns poemas, ela o incentivou a publicá-los. E como se isso não bastasse, dias depois ao ler o *JB*, deparou-se com uma crônica de Clarice dizendo que ele era poeta. Augusto não era um leitor atento da obra de Clarice, a ele interessavam mais aquelas conversas nas manhãs de domingo no Largo do Boticário, onde "lia" Clarice para a vida e não para a literatura.

Um show de Dercy Gonçalves: a aurora boreal de Clarice Lispector

Mas nem só de assuntos transcendentais vivia Clarice. Um dia, teve vontade de assistir a um show no Teatro Rival. Um pouco encabulada, ligou para a velha amiga Nélida Helena pedindo-lhe um favor: gostaria de ir ao show de Dercy Gonçalves em sua companhia. Clarice tinha pudor em revelar seu desejo de assistir a um show, diriam alguns, inapropriado para uma senhora. Durante o espetáculo, Clarice se divertia tanto a ponto de "sapatear de felicidade". Ria, ria muito, levantava os braços, dava cotoveladas. Jamais Nélida Helena vira Clarice tão feliz. Assistia, também feliz, *"à aurora boreal de Clarice Lispector"*.

A via crucis do corpo

A atividade jornalística de Clarice foi interrompida ao ser demitida do *Jornal do Brasil*. Depois de quase um ano e meio na *Manchete*, de onde saiu em outubro de 1969, e dois anos no *Correio do Povo*, que publicou suas crônicas do *JB* até fevereiro de 1971, Clarice escreveu durante seis anos no *JB*. A necessidade de manter sua estabilidade financeira levou-a a fazer traduções. Seu editor, Álvaro Pacheco, deu-lhe vários livros para traduzir. Por outro lado, sugeriu-lhe ideias para fazer novos livros. Numa sexta-feira, 10 de maio de 1974, Álvaro ligou para Clarice e sugeriu-lhe três temas. De início, ela lhe disse que não sabia fazer história de encomenda, *"mas enquanto ele me falava ao telefone – eu já sentia nascer em mim a inspiração"* (VC, 7). No domingo de manhã ela fez as três histórias: "Miss Algrave", "O corpo" e "A via crucis". Mais tarde escreveu "Por enquanto" e "O homem que apareceu". Na segunda, dia 13, escreveu "Danúbio azul", "A língua do p" e "Praça Mauá". Ao terminar as histórias ficou espantada, chocada com a realidade, e decidiu publicá-las sob pseudônimo. O editor não aceitou argumentando que ela devia ter liberdade para escrever o que quisesse. Olga Borelli leu os contos e disse que eles não eram literatura, eram lixo. Clarice concordou. Mas pensou: *"Há hora para tudo. Há também a hora do lixo (VC, 7).* A última história a ser escrita foi "Ruído de passos". Ao publicar o livro, Clarice escreveu uma "explicação", na qual se justificava por ter escrito "indecências nas histórias". Avisava que não escrevia por impulso. E previa: *"Vão me jogar pedras. Pouco importa. Não sou de brincadeiras, sou mulher séria. Além do mais tratava-se de um desafio"* (VC, 7). Tinha uma vergonha de ver seus filhos lendo as histórias. Contava que tentara publicá-lo sob pseudônimo, mas o editor não concordara. *A via crucis do corpo* tinha treze histórias. Clarice o achava um pouco triste porque descobrira que vivia num mundo-cão. No mesmo ano publicou *Onde estivestes de noite,* uma coletânea de contos inéditos acrescidos de outros publicados em sua coluna no JB, além de trechos de seu romance *Uma aprendizagem ou o livro dos prazeres.* Quando o crítico Hélio Pólvora decidiu escrever sobre *A via crucis do corpo,* em agosto de 1974, Clarice já estava em Cali, na Colômbia, participando do IV Congresso da Nova Narrativa Hispanoamericana. A essa altura acabaram de ser traduzidos na Argentina *Lazos de familia* (1973) e *La manzana en la oscuridad* (1974), ambos pela Editorial Sudamericana. Depois de *Água viva,* considerado por Haroldo Bruno como uma *"tendência de instaurar uma nova retórica da narrativa",* Clarice tendia a ser mais *"direta, mais explícita, mais agressiva nos seus dois últimos livros"*, segundo Hélio Pólvora. Em "A arte de mexer no lixo", o crítico fez questão de mandar um recado a Clarice a respeito do prefácio que ela escreveu justificando-se por ter escrito "lixo" e não literatura: *"eu gostaria de dizer a Clarice – se é que outros não se anteciparam – que suas ficções nada têm de pornográfico se comparadas às ousadias da permissividade absorvida também pela literatura. Clarice sempre foi contundente. Este, aliás, é um dos seus méritos."* Entre erros e acertos, *A via crucis do corpo,* segundo Pólvora, significava uma abertura – uma renovação que *Onde estivestes de noite* já prenunciava. Seu único receio era que Clarice se desgastasse com a repetição de pequenos livros. E concluía: "*Quanto ao mais, quanto a sua nova maneira de aceitar desafios, não tem por que se penitenciar. Sua obra é um atestado libatório, justifica buscas.*"

Ainda em 1974, Clarice voltou a escrever literatura para crianças, publicando pela José Olympio, que detinha direitos sobre sua obra publicada até 1971, A *vida íntima de Laura*, com ilustrações de Sérgio Matta. Como fizera em A *mulher que matou os peixes*, dedicou o livro à filha de sua sobrinha, Nicole Algranti e a Andréa Azulay, incluindo dessa vez Alexandre Dines, filho de Alberto Dines, Fátima Froldi e Fabiana Colasanti de Sant'Anna, filha de Marina Colasanti e Affonso Romano de Sant'Anna. Desde que Clarice se tornou colaboradora do *JB*, passara a ter contatos frequentes com Marina pelo telefone, já que a jovem jornalista era responsável pelos textos publicados no *Caderno B*. Marina se desdobrava para atender os pedidos de Clarice: "*Marina, onde é o lugar que se compram mocassins?*" Delicada e imprevisível, era como Marina a via. Sentia necessidade de aconchegá-la, protegê-la de todos os males. O convívio com a escritora estreitou-se ainda mais depois do casamento de Marina com o poeta Affonso Romano de Sant'Anna, que Clarice conhecera em Belo Horizonte. Affonso Romano já havia escrito uma série de artigos sobre a obra dela e, em 1973, publicou em *Análise estrutural de romances brasileiros* uma leitura dos contos de *Laços da família* e A *legião estrangeira*, cujo ponto central era: a escritura como epifania. Aplicado à literatura, o termo significava o relato de uma experiência que a princípio se mostra simples e rotineira, mas que acaba por mostrar toda a força de uma inusitada revelação. Segundo Affonso Romano, os contos de Clarice narravam uma revelação a partir de experiências tais como a visão de uma barata ou uma visita ao zoológico, por exemplo.

Vez por outra, Clarice achava que não sabia mais escrever. Nessas horas procurava ouvir os amigos. Certa vez, ligou para Affonso e desabafou: *eu não sei mais escrever*. Quis saber algo sobre outras literaturas, na certa para comparar com o próprio trabalho. Naturalmente, Affonso desconversou, pois sabia que isto era uma crise que acometia todo escritor. Imprevisível como era, certa vez disse a Affonso e Marina que eles nunca tinham feito um almoço para ela. Imediatamente, o casal organizou um jantar. No dia combinado tudo transcorria na mais perfeita ordem, até os convidados já haviam chegado. Repentinamente, Clarice decidiu retirar-se antes do jantar ser servido. Marina e Affonso não ficaram aborrecidos, para eles Clarice era imprevisível, impaciente, especial.

Traduções

Após a demissão do *Jornal do Brasil*, Clarice passou a fazer traduções com mais frequência. Chegava a traduzir até três livros por ano, em geral autores clássicos adaptados para um público juvenil ou best-sellers: *Chamado selvagem* (1970), de Jack London, *Tom Jones* (1973), de Henry Fielding, *A ilha misteriosa* (1973), de Júlio Verne, *Luzes acesas* (1973), de Bella Chagall, *O retrato de Dorian Gray* (1974), de Oscar Wilde, *A carga* (1974), de Agatha Christie e *A receita natural para ser bonita* (1974), de Mary Ann Crenshaw. Seu método de trabalho consistia em jamais ler o livro antes de traduzi-lo. À medida que lia ia traduzindo, pois assim era sempre levada pela curiosidade para saber o que vinha depois e o trabalho tornava-se mais prazeroso.

O café da manhã no apartamento de Pedro Paulo na General Ribeiro da Costa

Um dos editores que contratava os serviços de tradução de Clarice era Pedro Paulo de Sena Madureira, amigo de Nélida Piñon. Sabendo das necessidades de Clarice, Pedro Paulo enviava-lhe vários livros para escolher o que mais lhe agradasse. A grande diferença de idade não impedia um relacionamento muito estimulante entre Clarice e Pedro Paulo. Como tinha insônia, era comum Clarice ligar de madrugada para os amigos para conversar. Numa ocasião, ela ligou por volta das cinco horas da manhã, quando Pedro Paulo entrava na melhor parte do sono, pois ele dormia geralmente por volta das três da madrugada. Para surpresa de Pedro Paulo ela revelou que estava com vontade de tomar café da manhã. Por serem vizinhos, ela morando na Gustavo Sampaio, ele na General Ribeiro da Costa, foi fácil Clarice chegar em poucos minutos à casa de Pedro Paulo. Babá, que cuidava dos serviços domésticos, preparou um café da manhã especial: bolo de aipim, geleia, Coca-Cola, sorvete, pães, café, tudo, enfim, ao gosto da visita. Ao término do lanche, Clarice demonstrou o quanto ficara satisfeita. E para o espanto de Pedro Paulo disse-lhe que iria repetir muitas vezes esse café da manhã. Antes mesmo que ela terminasse de falar, Pedro Paulo já se imaginava acordando às cinco da manhã para recebê-la. Voltando à realidade, percebeu que ela o deixaria dormir em paz, tudo se resolveria com a Babá. *Eu já sei o caminho da roça*, disse Clarice tranquilizando, assim, o jovem editor. A partir desse dia, ao menos duas vezes por mês, Clarice tomava seu café da manhã em companhia da Babá, enquanto Pedro Paulo dormia. Apesar de deixar transparecer certa angústia nas conversas com Pedro Paulo, ela sempre demonstrava o seu senso de humor. Quando conversava sobre o processo de criação literária, falava do texto como um trabalho, como se fosse uma tecelã falando do tecido que estava produzindo. A obra não era vista como obra. Acentuava mais o ato de estar escrevendo do que a obra em si, já concluída. Entre uma Coca-Cola e um cigarro Hollywood, Clarice demonstrava mais interesse em falar dos outros do que de si própria.

Tradução com Tati de Moraes

O trabalho de tradução nem sempre era solitário. Às vezes, Clarice o compartilhava com sua amiga Tati de Moraes, ex-esposa de Vinicius de Moraes, que conhecera ainda nos anos 1940, pouco antes de embarcar para Nápoles. A afeição de Clarice por Vinicius tinha sido declarada publicamente quando ela o entrevistou para a *Manchete*. Dizendo-lhe que amava os seus poemas, ouviu do poeta naquele dia uma frase que a comoveu: *"Tenho tanta ternura pela sua mão queimada..."* E assim entendeu o quanto ele envolvia uma mulher de carinho. Atendendo a um pedido de Clarice para fazer um poema naquele instante, o "menestrel" não titubeou: *"Meu poema é em duas linhas: você escreva uma palavra em cima e a outra embaixo porque é um verso. Clarice Lispector – Acho lindo o teu nome, Clarice"* (CLE, 105).

Tati de Moraes falava constantemente com Clarice por telefone. Trabalhando com tradução, propôs à amiga uma parceria: após fazer a tradução Clarice faria a revisão. Foi assim que traduziram *A casa de Bernarda Alba*, de Garcia Lorca, e *Hedda Gabler*, de Ibsen, que aliás foi recusada pelo produtor da peça, ganhando posteriormente o prêmio de melhor tradução em São Paulo. Certa vez, ao descobrir que sua própria empregada já trabalhara para Rachel de Queiroz, confessou a Tati que iria pedir-lhe que fosse apresentada a Rachel. Tati argumentou que ela não precisava de intermediários para apresentar-se a uma colega de ofício. Mas Clarice via as coisas de outra forma.

Ulisses chegou

O amor que Clarice cultivava pelos animais desde a infância se materializava em seu cachorro Ulisses. Fora num dia em companhia de Olga Borelli que ela vira um cão de pelo curto, marrom-claro, com manchas escuras. Olga mostrava-lhe um filhote de raça quando percebeu a amiga acariciando o cão, batizado naquele instante de Ulisses. Foi amor à primeira vista. Ela, que prometera um dia a si mesma não criar mais nenhum cachorro, assim que fora obrigada a dar Dilermando, em Nápoles. Promessa, aliás, desfeita anos depois quando comprou Jack em Washington. O cachorro recebeu o nome de um professor de filosofia residente na Suíça que se apaixonara perdidamente por Clarice. Desiludido por não ter a sua amada, Ulisses deixou a Suíça. O novo Ulisses renasceria em forma de cachorro para preencher as carências afetivas de sua dona. Clarice gostava de dar apelidos para o cão, com voz doce chamava: "Vicissitude", "Pitulcha", "Pornósio". Com o tempo, Ulisses adquiriu hábitos de um ser humano: bebia café, cerveja gelada e Coca-Cola. Como a sua dona, adorava cigarros e ao ver um cinzeiro não hesitava em comer as guimbas. Às vezes, Clarice esquecia que Ulisses era um cachorro. Por isso, quando ele a mordeu no rosto ela ficou profundamente triste. O acidente ocorrido em 1974 deixou sequelas, e ela teve de submeter-se a uma pequena cirurgia plástica. Para resolver o problema procurou seu amigo, Ivo Pitanguy. A cirurgia foi relativamente simples. Nem se comparava com as da mão queimada. Pitanguy deu continuidade ao tratamento que Clarice fizera com Fabrini. A parte funcional da mão direita foi recuperada, já o lado estético só parcialmente, devido à gravidade da lesão. O tratamento desse tipo de sequela requeria paciência, era necessário acompanhar por um longo tempo o processo de cicatrização. No convívio com Clarice, Pitanguy percebeu o quanto era apurado o lado estético de sua paciente.

Como qualquer pessoa atingida por queimaduras, ela precisava de um acompanhamento psicológico do cirurgião. Amigo de Clarice e Pitanguy, o psicanalista Hélio Pellegrino foi muito útil nessa fase, conversando com o cirurgião e ajudando a amiga a superar o trauma do incêndio. Clarice não se entregava. Ao lado de uma fragilidade intensa carregava uma força capaz de ajudá-la a vencer os obstáculos.

Essa força talvez só fosse notada por aqueles que partilhavam de sua intimidade. Os jornalistas, de um modo geral, só observavam duas facetas de Clarice Lispector: a mulher que transmitia uma grande tristeza, confinada em seu apartamento, distante do mundo; e uma outra, simples no trato com as pessoas, apesar de ser diferente, frisavam. Muitos a rotulavam de narcisista, de fazer gênero. Clarice procurava desmitificar em uma entrevista ao JB: "*eu não sou uma intelectualizada. Eu sou uma instintiva e uma intuitiva. Sou uma mulher comum, que sofre como todas as pessoas do mundo as mesmas dores, os mesmos anseios.*" Sua amiga Rosa Cass sabia que ela não gostava de ser tratada como uma pessoa diferente. Ela não gostava de ser vista como escritora profissional porque queria ser vista como ser humano. Rosa compreendia o conflito de Clarice e a tratava como uma pessoa comum, apesar de achá-la uma pessoa especial. Clarice ficava profundamente magoada quando diziam que sua obra era alienada e reacionária. Certa vez, numa entrevista feita para O *papo*, por Sérgio Fonta em abril de 1972, ele perguntou-lhe se tinha lido o que o Henfil falara sobre ela em O *pasquim*; referência a sua "literatura alienada". Clarice reagiu imediatamente:

"*Vi. No começo fiquei zangada, porque ele não me conhece o bastante para saber o que eu penso ou não. Não estou isolada dos problemas. Ele não sabe o que eu penso. Fiquei meio aborrecida, mas depois passou. Se eu encontrar com ele a única coisa que eu direi é: olha, quando você escrever sobre mim, Clarice, não é com dois esses, é com C, viu? Só isso que eu diria a ele. Mais nada.*"

1975 – *Visão do esplendor, De corpo inteiro* e *A última porta*

Em 1975, Clarice publicou dois livros que reuniam seu trabalho na imprensa: *Visão do esplendor*, crônicas publicadas na seção Children's Corner, da revista *Senhor* e no *Jornal do Brasil*, e *De corpo inteiro*, uma seleção das entrevistas feitas para a *Manchete*, dedicado a seus filhos Pedro e Paulo e ao afilhado Cássio Bonomi Antunes. Já Elisa Lispector voltava à cena cinco anos depois de publicar seu último livro. Amiga de Clarice e Elisa, a professora Bella Jozef escreveu um artigo sobre *A última porta*, sublinhando que ele aprofundava as indagações de obras anteriores procurando compreender o destino do ser humano no plano da consciência da linguagem. Elisa recolocava o problema da solidão e do mistério humano. A vida, para a protagonista do romance, à semelhança da personagem Marta de *O muro de pedras*, era ânsia e procura. A trama tinha menos importância do que a atmosfera construída, e a impossibilidade de diálogo na sociedade burguesa resultava em solidão e desespero. Elisa prosseguia escrevendo à margem do sucesso. Seu pequeno círculo de amigos, entre eles Renard Perez, Maria Alice Barroso, Bella Jozef e Ary de Andrade, a estimulavam a prosseguir em sua carreira literária. Às vezes, um fato inesperado a fazia sentir o peso de ser uma Lispector. Certa vez, Bella Jozef apresentou-a um escritor argentino. Ao ouvir seu nome, o escritor a saudou como se já a conhecesse. Elisa percebeu o engano: *o senhor deve estar me confundindo com a minha irmã*. Jamais Bella Jozef ouviu qualquer comentário de Elisa sobre a obra de Clarice e vice-versa. Clarice falava muito dela mesma, e gostava de conversar com Bella por telefone nos momentos de solidão. Insegura, perguntava sempre a Bella o que achava de sua obra e pedia comparações com outros escritores. Bella não se cansava de dizer-lhe que ela era uma das maiores escritoras brasileiras e, entre as mulheres, a maior. Seu jeito imprevisível só causava surpresa para quem não a conhecia. Os amigos sabiam que homenageá-la com jantares nem sempre era uma garantia de desfrutarem de sua presença durante toda a noite. Como já fizera na casa de Marina e Affonso, ela saiu antes do jantar ser servido no apartamento de Bella Jozef.

Gilles e a maquiagem

Clarice gostava de olhar-se ao espelho quando maquiada. Desde que contratara os serviços profissionais de Gilles, não passara um dia sem maquiagem. Uma vez por mês ela sentava-se no jardim de inverno de seu apartamento cercada por revistas, pela máquina de escrever, pelos papéis, para Gilles fazer a maquiagem mensal que tinha uma duração de vinte dias: batom cor de carne, traço louro nas sobrancelhas, cílio postiço. Nesse encontro mensal, Clarice falava do dia a dia, uma vez ou outra referia-se ao passado: dizia ter se separado do marido porque queria ser escritora. Às vezes dizia a Gilles: *"Não vejo mais graça na vida."* O dia da maquiagem era marcado com uns quinze dias de antecedência. Como sofria de insônia, Clarice chegava a ligar por volta de uma hora da madrugada. Gilles sentia-se incomodado e pedia-lhe que ligasse no dia seguinte, pois já era muito tarde e ele precisava dormir. Em algumas ocasiões, Clarice marcou a maquiagem à noite. Surpreso, Gilles encontrou-a dormindo algumas vezes nessas maquiagens noturnas. Como tomava remédios para dormir, ela não conseguia evitar o sono quando o remédio fazia efeito. Ciente disso, pedia a Siléa que deixasse Gilles maquiá-la dormindo. E assim, diversas vezes, Gilles viu-se numa situação embaraçosa tendo de maquiar sua cliente numa situação tão inusitada. E a etapa mais difícil da maquiagem noturna era pôr os cílios postiços, colocados ao final de um grande esforço.

Colômbia 1974 e 1975

Quando foi convidada para participar do Primeiro Congresso Mundial de Bruxaria, em Bogotá, na Colômbia, Clarice não pensou duas vezes. Aceitou o convite e chamou Olga Borelli para acompanhá-la. Pensou o quanto seria prazeroso viajar, desfrutar do conforto de um bom hotel e poder conviver com os indígenas de Sierra Madre. À medida que Simón Gonzalez, presidente do comitê organizador do Congresso, lia seus livros, ia construindo uma imagem da autora. Ao conhecê-la no Rio de Janeiro, confirmou suas suspeitas reveladas numa das cartas que lhe escreveu sobre o congresso em 1975, Gonzalez confessou *"à querida amiga do desconhecido: sólo una persona com esos ojos llenos de beleza, magia y profundidad podían haberlos escrito"*. Depois de participar do Congresso de Narrativa, em Cali, no ano anterior, Clarice retornava à Colômbia, onde era amplamente conhecida e admirada nos círculos intelectuais. O congresso ocorreria no período de 23 a 28 de agosto de 1975. Sua palestra, intitulada "Literatura e Magia", estava marcada para o dia 26, dia do falecimento de seu pai. Clarice preparou um texto para ser lido como introdução à leitura que iria fazer do conto "O ovo e a galinha". Ele falava da magia que existia nos fenômenos naturais, na inspiração que tinha um toque de magia, já que a criação era inexplicável. Em certo momento, ao anunciar a leitura do conto, ela escreveu: "*Eu peço a vocês para não ouvirem só com o raciocínio porque, se vocês tentarem apenas raciocinar, tudo o que vai ser dito escapará ao entendimento*" (OE, 121). Mas, no dia da palestra, Clarice mudou de ideia e não leu a introdução falando de magia. O clima de Bogotá não lhe fez bem. As dores de cabeça devem ter contribuído para achar tudo muito desinteressante. Talvez em função disso, ela pediu que alguém lesse o conto "O ovo e a galinha". Clarice teve a impressão de que a maior parte das pessoas não entendeu nada. Porém, um americano ficou tão "alucinado" com "O ovo e a galinha" que lhe pediu uma cópia.

Gravura e Pintura – *A Águia* e *Madeira feita cruz*

De volta ao Rio, ela retomou uma atividade que vinha cultivando nos últimos meses. Estimulada por um amigo pintor, que lhe deu pincéis e tintas, segundo Olga Borelli, ela entrou no universo da pintura que tanto amava, experimentando traços e cores. Às vezes, ligava para Maria Bonomi para pedir-lhe conselhos técnicos. Conversavam muito sobre as artes em geral. A curiosidade de Clarice não tinha limites quando queria saber como era o processo de criação de sua comadre. Desde que viu as matrizes de suas gravuras, teve o desejo de obter ao menos uma delas. Quando Maria disse-lhe que escolhesse uma das gravuras, Clarice não titubeou: quis a própria matriz. A princípio ficou arrependida de ter ousado pedir a enorme e pesada madeira de lei, pois não se achava merecedora de possuir "tanta vitalidade" em sua casa. Por fim, acabou pendurando a matriz de *A Águia* na parede na sala. Ao olhar para a matriz, ela tinha a constante e sugestiva presença da comadre. Em uma de suas crônicas no *JB*, em agosto de 1971, revelou o quanto tinha afinidades com Maria Bonomi: "*Ela é eu e eu é ela e de novo ela é eu. Como se fôssemos gêmeas de vida. E o livro que eu estava tentando escrever e que talvez não publique corre de algum modo paralelo com a sua xilogravura. Inclusive o ela-eu-*

-eu-ela-eu é devidamente e publicamente registrado e lacrado pelo fato de eu ser madrinha de batismo de seu filho Cássio. Maria escreve meus livros e eu canhestramente talho a madeira. E também ela é capaz de cair em tumulto criador – abismo do bem e do mal – de onde saem formas e cores e palavras" (TCR, 452). Bonomi ficava impressionada com a capacidade de Clarice antecipar coisas que, depois, ela veria em suas gravuras. Por sua vez, para saciar a curiosidade da amiga, ela lhe contava histórias que tinha vivido. Ao ler um novo livro de Clarice, surpreendia-se ao identificar algumas daquelas histórias, agora ficcionalizadas. As afinidades entre as duas gerava muitas vezes o *eu é ela e de novo ela é eu*, o que assustava Maria Bonomi. Ela não se arriscava como Clarice a profundar a busca da essência da vida, por mais que fosse chamada por ela a participar dessa busca. Maria fugia dos abismos onde Clarice mergulhava de cabeça. A seu modo, procurava compartilhar com a comadre anseios e experiências. Sabia o quanto a incomodava o assédio dos homens que a viam não como a mulher, mas como a escritora. Clarice flertava com jovens poetas, mas quando o flerte podia se tornar mais "sério" ela começava a ter problemas. Sua grande paixão da juventude tinha sido Lúcio Cardoso, paixão irrealizada. Na maturidade, o poeta Paulo Mendes Campos teve importância semelhante. Mas Paulo era casado. E mais uma vez, a impossibilidade atravessou o seu caminho. O impossível a essa altura da vida já não estava mais a seu alcance.

Os quadros que pintava eram muitas vezes um meio de dialogar com suas amigas. Um dia, Clarice pintou um quadro para Nélida Piñon, onde se via a cena do calvário de Cristo: uma cruz grande ao centro entre duas outras menores. Ao fundo, o sol. No canto, à direita, escreveu: *"Esse quadro parece desenho de criança* Madeira feita cruz. *Clarice *** 1975."* Ela estava referindo-se ao segundo romance de Nélida Piñon, *Madeira feita cruz*, publicado em 1963. O quadro era fruto de um diálogo intenso sobre Cristo. Clarice ficava impressionada ao ver que o cristianismo de Nélida não era triste, nem sombrio, ao contrário de suas raízes judaicas marcadas pela dor. O diálogo sobre Cristo era partilhado também com Olga Borelli. Clarice lhe dizia ter medo Dele, achava exigentes as normas que Ele estabeleceu para se conseguir o reino dos céus. Para ela, Cristo veio para dar uma nova dimensão à religião judaica. Todas as religiões lhe pareciam semelhantes, a única que propôs uma novidade foi o cristianismo – *amai-*

-vos uns aos outros como eu vos amei. A proposta do Cristo atemorizava Clarice: amar a ponto de dar a vida pelo outro.

Clarice parecia ter prazer em presentear seus amigos com os quadros que pintava. Certa vez, viu no apartamento de Autran Dourado um desenho de Guignard. O pintor escreveu no meio do desenho: *Ao amigo Autran*. Surpresa, disse-lhe que se o Guignard havia lhe dado um quadro ela também o faria. Pouco tempo depois, pintou um quadro onde escreveu a seguinte dedicatória: "*Autran, você que como eu conheceu (vire)* (ela continua a frase no verso do quadro), *o desespero. Calma, porque isto passa.*" A admiração mútua que unia Clarice e Autran permitia uma troca de experiências muito profícua. Por isso, quando Carlos Castello Branco detectou a presença de Clarice no segundo livro de Autran, *Sombra e exílio* (1950), ele não ficou surpreso, já que admitia nutrir uma *admiração cachorra* pela obra dela. Clarice, por sua vez, reconhecia as diferenças de sensibilidade entre ambos. Quando emitia alguma opinião sobre a obra de Autran, era sucinta: "*Gosto muito, mas não me pergunte por quê.*" Autran não via sua amiga como uma escritora inspirada. Sua obra parecia-lhe muito elaborada, sofisticada. Ela tinha a meticulosidade do bom artesão. Certa vez, lendo A *maçã no escuro*, encontrou um trecho que havia lido em Nietzsche, só que escrito com outras palavras. Quando comentou com Clarice, ela lhe pediu que não comentasse com ninguém, admitindo assim que extraíra do filósofo alemão aquela passagem. Numa ocasião, quando ela não conseguiu encontrar o verbo adequado para compor uma frase, ligou para Autran. Prontamente ele se ofereceu para ajudá-la. Encontrado o verbo adequado, ligou para Clarice, que lhe agradeceu de modo inusitado: "*Muito obrigada. Eu não te dou um maço de cigarros agora porque eu tô fumando cigarro mentolado.*" Leitor da obra de Clarice desde *Perto do coração selvagem*, Autran Dourado tinha encadernado todas as obras dela. Numa das visitas que lhe fez, Clarice descobriu os livros encadernados. Num misto de surpresa e emoção ela comentou: "*Autran, você encaderna os meus livros!*" Aproveitando a ocasião, o romancista pediu-lhe para autografar os livros que estavam sem dedicatória. Em *Felicidade clandestina*, ela escreveu: "*Autran, este livro aqui não presta, bem sei. Abraço da Clarice.*" Em *A via crucis do corpo*: "*Este livro diferente.*" E na dedicatória de *Onde estivestes de noite*: "*Autran , este livro não presta. Só admito 'A procura de uma dignidade'. 'Seco estudo de cavalos' e 'A partida do trem'. Seu e de Lúcia."* (Referindo-se à esposa do escritor.)

A pintura fazia parte de um momento. O que interessava de fato era o texto. Clarice voltava agora sua atenção para A *aventura de ser dona de casa*, o primeiro livro de sua irmã, Tania Kaufmann, publicado pela Artenova, em 1975. O tema das empregadas parecia seduzir Tania e Clarice, que já falara muito de suas empregadas quando escrevia para o *JB*. A exposição bem-humorada do dia a dia de um lar e a análise das relações humanas entre patroa e empregada foi vista pela então presidente do Conselho Nacional de Mulheres do Brasil, Romy Medeiros da Fonseca, como preciosa e de grande ajuda à mulher brasileira. Tania publicava seu primeiro livro por intermédio de Clarice que fizera questão de apresentá-lo ao editor Álvaro Pacheco.

Clarice, editora da pequena Andrea Azulay

Num momento no qual parecia mais voltada para o texto dos outros, Clarice decidiu assumir o papel de editor e fazer um livro diferente. Fã da pequena Andréa Azulay, decidiu pegar algumas de suas histórias e entregá-las a Sérgio Matta para ilustrá-las. Sérgio já havia ilustrado A *vida íntima de Laura*. Dias antes de terminar o ano de 1975, ela escreveu para Andréa anunciando a boa-nova. Enviou-lhe o original de *Meus primeiros contos*, e cinco cópias, recomendando-lhe que, se quisesse, poderia dá-las de presente. A apresentação do livro foi escrita à mão por Clarice. Em 30 anos de carreira, era a primeira vez que Clarice fazia o papel de editor.

> *Apresentação*
> *Eu sou a primeira editora de Andréa Azulay e este é o seu primeiro livro. Ela o escreveu aos dez anos de idade. Nunca ninguém lhe ensinou a escrever: trata-se de um dom. Quando crescer, se quiser se dar ao penoso e dolorido trabalho de escrever, poderá vir a ser uma grande escritora. Se não quiser esse ofício não faz mal: em qualquer profissão ela será bem-sucedida. Pessoalmente é uma criança esplendorosa. E tem uma irmã lindíssima chamada Marcia Luna. Sua mãe é muito*

bonita, doce e acalentadora. Seu pai entende de tudo e orienta as filhas. Ele é o melhor crítico da literatura de Andréa. E a sua maior admiradora é:
  Clarice Lispector
  P.S. Andréa parece fruta madura. Marcia Luna se parece com um botão de rosa.

Antes de terminar 1975, Clarice sofreu uma grande perda: a morte de Erico Verissimo. Um dos *seres mais gostáveis que conheceu*. Ao entrevistá-lo para a *Manchete*, recordou com saudades aqueles tempos em Washington: "Você se lembra de como eu fazia ninho na vida e na casa de vocês?" E Erico completou: "*Quero que você saiba (e aqui falo também em nome de minha mulher) que as melhores recordações que guardo de nossa estada em Washington D.C. são as das horas que passamos em sua casa, com você e sua gente. Detestava o meu posto da União Pan-Americana. Não consegui escrever uma linha durante esses três anos burocráticos. O que sobrou de melhor desse tempo foi a nossa amizade*" (CLE, 38).

Marian Lispector escrevia

Em 1976, Pedro e Paulo já não residiam no apartamento da Gustavo Sampaio. Pedro morava, desde 1974, em Montevidéu, com Maury e sua esposa Isabel Leitão da Cunha. Maury exercia as funções de embaixador no Uruguai havia sete anos. Por sua vez, Paulo já havia atingido a maioridade e decidiu que chegara o momento de ter seu próprio espaço. Alugou um apartamento próximo de Clarice, o que não o impedia de ir à Gustavo Sampaio para almoçar com a mãe. No apartamento de Clarice moravam Siléa Marchi, a cozinheira Geni e o cachorro Ulisses. Quando Paulo se casou com Ilana Kaufmann, Clarice não podia imaginar que naquela altura da vida pudesse descobrir alguma coisa sobre sua mãe. A mãe que partira tão cedo, com a qual mal se comunicara. Pois essa mãe escrevia. Sim, essa mãe escrevia. No dia do casamento de Paulo, ela recebia essa revelação assim, de chofre. Enquanto a tia lhe dizia que sua mãe escrevia diário e poemas. Mas por que no dia do casamento de Paulo? O que esta mãe escreveu? Clarice jamais saberia.

1976 – quatro viagens

Um convite para participar da Segunda Exposición – Feria Internacional del Autor al Lector levou-a a Buenos Aires, em abril de 1976. Com quatro obras traduzidas na Argentina – a última publicada em 1975: *El via crucis del cuerpo*, traduzida por Haydée Jofre Barroso –, Clarice foi recebida pelos argentinos como uma estrela. Os círculos acadêmicos da América Latina estudavam sua obra, e Julio Cortázar já revelara o desejo de conhecê-la.

Nesse mesmo mês, comunicaram-lhe que havia sido premiada pela Fundação Cultural do Distrito Federal pelo conjunto de sua obra. Recém-chegada de Buenos Aires, recebeu em seu apartamento o jornalista e escritor Edilberto Coutinho para falar sobre a premiação. Apesar de sentir-se feliz, ela não escondeu do jornalista que desde que recebera a notícia do prêmio não conseguia pensar senão nisto: *crianças morrem de fome, crianças mortas de fome*. Edilberto sugeriu-lhe doar o prêmio de Cr$ 70 mil para as crianças carentes. Clarice reagiu imediatamente: "*os adultos ficariam com o dinheiro.*" E então lembrou-se do dia em que quis reformar o mundo. Interessada pelos problemas do sistema penitenciário, matriculou-se no curso de Direito. Só depois percebeu o quanto se enganara: "*Quem sou eu, meu Deus, para mudar as coisas?*" Nessa noite, Clarice estava de *cuca muito fresca* e podia falar sobre qualquer assunto: do fim de seu casamento ou do grave acidente de 1966. O bate-papo era regado a uísque e à medida que a bebida ia fazendo efeito, Clarice ficava ainda mais à vontade. Ao mencionar sua passagem pela Argentina, levantou-se, deu alguns passos de dança e confessou um sonho antigo: "*Eu podia ter sido uma grande estrela da dança.*" E falou de suas vocações: a dança e a pintura. Entusiasmada, mostrou-lhe dois quadros que havia pintado. Quando Edilberto perguntou-lhe por que havia escrito "*livrai-me do orgulho de ser judia*", ela respondeu: "*Eu sou judia, você sabe. Mas não acredito nessa besteira de judeu ser o povo eleito de Deus. Não é coisa nenhuma. Os alemães é que devem ser, porque fizeram o que fizeram. Que grande eleição foi essa, para os judeus? Eu, enfim, sou brasileira, pronto e ponto.*" Pela primeira vez Clarice falava abertamente na imprensa sobre o judaísmo. A noite era de revelações. Sua vaidade, confessou, não era literária, gostava que a achassem bonita. "*Eu tive muitos admiradores. Há homens que nem em dez anos me esqueceram.*" Falou também de Erico Verissimo... "*Aliás, nunca esqueço nenhum amigo. Quando morri Erico Verissimo... Ah, veja o lapso. Quando morreu Erico, senti como não posso dizer."* E referiu-se às irmãs: *"Somos três irmãs escritoras. A Elisa, todos conhecem. A terceira é a Tania Kaufmann, que escreveu um livro delicioso sobre empregada doméstica."* Se Edilberto não tomasse a iniciativa de se retirar, provavelmente Clarice passaria a noite inteira conversando. Ela estava feliz. Em 30 anos de carreira, esse tinha sido o prêmio mais vultoso. Ao receber o prêmio no Palácio Buriti, em Brasília, em abril de 1976, ela fez um agradecimento de improviso, fez questão de dizer que não era uma escritora profissional, mas uma amadora, porque não escrevia com hora marcada e só o fazia quando tinha vontade. Antes de voltar para o Rio, foi ao Santuário de Dom Bosco agradecer a Deus pela premiação.

Em Recife

Mal chegou ao Rio, Clarice recebeu um convite para ir a Recife proferir uma palestra no Bandepe (Centro Cultural do Banco de Pernambuco). O primo, Samuel Lispector, ofereceu-se para pagar sua passagem e a de Olga Borelli. Clarice ficou exultante. Hospedada no hotel São Domingos, na praça Maciel Pinheiro, onde passou sua infância, viu da janela o sobrado onde morou. Percorreu as ruas de Recife, reviu o Ginásio Pernambucano. Recife estava todo vivo dentro de si. O reencontro com tia Mina foi especial. Para expressar todo seu amor, Clarice comprou braçadas de rosas para a tia.

De volta ao Rio, ela pôde finalmente dedicar-se aos dois romances que estava escrevendo. Enquanto isso, Tania lançava o segundo livro: *Morada, moradia*. Nele o leitor poderia encontrar informações para instalar e administrar sua residência desde o apartamento conjugado até a casa de campo. A ideia do livro foi sugerida a Tania por um amigo recém-separado que encontrava dificuldades de administrar a própria casa. Como ele trabalhava na Francisco Alves, decidiu propor a elaboração de um livro que tratasse desse tema. Tania foi convidada para escrever o livro e o fez num prazo mínimo.

Nessa época, a Secretaria de Estado de Educação e Cultura removeu Clarice Lispector da Rádio Roquette-Pinto para a Divisão de Apoio

Administrativo, em 15 de julho de 1976. Ocupando o cargo de assistente de administração, ela recebia mensalmente Cr$ 1.394,48. Era com esse salário, somado às traduções, aos parcos direitos autorais e colaborações na imprensa, que ela sobrevivia.

Porto Alegre com escritores

Seis meses depois de retornar da última viagem, ela foi convidada a participar, em outubro, de um encontro de escritores em Porto Alegre. Estavam presentes, entre outros, Nélida Piñon, Lygia Fagundes Telles, Carlos Eduardo Novaes, Rubem Fonseca e Eliane Zagury. Durante o encontro, participou de mesas-redondas onde declarou ser contra a censura, apesar de nunca ter sido atingida por ela. Nessa mesma ocasião, ela concedeu uma entrevista coletiva no Sindicato dos Jornalistas onde manifestou sua indignação com os editores brasileiros, pois sentia-se explorada por eles.

MIS

O ano de 1976 estava sendo intenso para Clarice. Nunca ela havia se exposto tanto. No dia 20 de outubro foi convidada pelo MIS (Museu da Imagem e do Som) para conceder um longo depoimento sobre sua vida e obra. Como os entrevistadores eram Marina Colasanti, Affonso Romano de Sant'Anna e João Salgueiro, Clarice sentiu-se à vontade. Este seria o mais completo depoimento, o mais rico em detalhes biográficos, desde aquele outro concedido ao escritor Renard Perez, em 1961, para o *Correio da Manhã*. Como já manifestara a sua indignação com os editores em Porto Alegre, tornou a fazê-lo nesse depoimento. Quando Affonso Romano perguntou se ela era paga pelas traduções de sua obra, ouviu um *não* seguido de: "*É outro país, é outra coisa, se aqui pagam mal! Quanto mais quando é em outro país.*" Cansada de ser explorada, resolveu seguir o conselho de Nélida Piñon e contratar os serviços de uma agente literária, a espanhola Carmen Balcells.

A hora da estrela

Nos últimos meses, Clarice se sentia cansada. Escrevia dois livros ao mesmo tempo: *Um sopro de vida* e *A hora da estrela*, este último à mão. As anotações de cada livro iam se acumulando e Olga não via Clarice disposta a estruturá-las. Quando Clarice estava escrevendo *Água viva*, havia ocorrido a mesma coisa. *"Clarice, por que você não escreve? O livro está pronto." "Não, eu tenho muita preguiça, deixa pra lá."* Então, Olga ofereceu-se para ajudá-la. Pegou as anotações e começou a estruturá-las. Ao término de cada etapa, ela mostrava a Clarice o texto estruturado. Ela lia, fazia alterações, cortava o que achava necessário. Depois que terminou *Água viva*, Clarice dedicou-o a Olga, pois sem ela não teria sido possível escrevê-lo. A dedicatória não fez parte do livro quando foi publicado. O mesmo ocorreu com *A hora da estrela*, estruturado por Olga Borelli. Clarice fazia suas anotações e simultaneamente escrevia *Um sopro de vida*. As anotações dos dois livros acumulavam-se sobre a mesa. Ela identificava cada folha de papel contendo a anotação com o nome da personagem: "Angela", para *Um sopro de vida*, "Macabéa", para *A hora da estrela*.

O mistério que Clarice fez em torno de *A hora da estrela* levou Nélida Piñon a ter a impressão de que ela estava com grandes hesitações. Clarice não falava do romance que estava escrevendo. Pela primeira vez, ela trabalhava explicitamente num romance com a questão social. Sempre rotulada como uma escritora hermética e alienada, talvez quisesse dar uma prova do quanto estava presente no mundo. A recente viagem que fizera a Recife deve ter mexido em suas origens nordestinas e provavelmente influenciado na escolha da temática; a protagonista, Macabéa, era uma alagoana residente no Rio de Janeiro.

Fatos & Fotos e *Última Hora*

Enquanto escrevia o romance, Clarice tentava retornar à imprensa. Voltou às empresas Bloch, no final de 1976, para trabalhar na revista *Fatos & Fotos* fazendo entrevistas nos mesmos moldes daqueles dos "Diálogos possíveis com Clarice Lispector", feitas na *Manchete* no final dos anos

1960. Além disso, foi contratada pelo jornal *Última Hora*, em fevereiro de 1977, onde publicava crônicas semanais. Meses depois, o teatrólogo, jornalista e publicitário Hélio Bloch, irmão de Pedro Bloch, assumiu o cargo de editor-chefe do jornal. Os caminhos de Hélio e Clarice voltaram a se cruzar. No final dos anos 1960, Clarice o procurou, por sugestão de Pedro Bloch, para pedir-lhe um emprego de redatora de propaganda antes de ter aceitar o convite do *Jornal do Brasil* para escrever crônicas. Hélio aconselhou-a a não trabalhar nesse ramo, pois era extremamente desgastante para quem tinha uma obra pela frente. Clarice insistiu, e como Hélio Bloch não tinha vaga para essa função, ele indicou-lhe o escritor Orígenes Lessa, que era relações públicas da J. Thompson. Orígenes compartilhava da mesma opinião de Hélio Bloch e Clarice acabou desistindo da ideia de ser redatora de propaganda. À frente do *Última Hora,* Hélio tinha o prazer de comandar uma equipe que destacava-se pela qualidade: Guilherme Figueiredo, Adonias Filho, Odilo Costa, filho e Marisa Raja Gabaglia. Clarice aproveitava as crônicas publicadas na coluna que mantivera no *JB* e as republicava no *Última Hora.*

Na TV Cultura

Poucos meses antes de A *hora da estrela* ser publicado pela editora José Olympio, Clarice concedeu uma entrevista à TV Cultura, em São Paulo, em fevereiro de 1977, onde fez alguns comentários sobre o livro: "*É a história de uma moça tão pobre que só comia cachorro-quente. A história não é isso só, não. A história é de uma inocência pisada, de uma miséria anônima.*" Quando ela mencionou que o personagem era nordestino, o jornalista Julio Lerner perguntou-lhe onde tinha buscado subsídios para compor um personagem nordestino. Clarice então referiu-se às suas origens: "*Eu morei em Recife, eu morei no Nordeste, me criei no Nordeste. E depois, no Rio de Janeiro tem uma feira dos nordestinos no Campo de São Cristóvão e uma vez eu fui lá... E peguei o ar meio perdido do nordestino no Rio de Janeiro.*" Aproveitando experiências vivenciadas no dia a dia, como a ida à cartomante, ela construiu a trama. O encontro com a cartomante, por exemplo, levou-a imaginar que seria muito engraçado se depois da consulta um táxi a atropelasse e ela morresse após ter ouvido tantas previsões positivas. O jornalista Júlio Lerner quis saber o nome da protagonista, Clarice recusou-se: "*É segredo.*" A tal cartomante que ela frequentava chamava-se Nadir e fora recomendada por Marina Colasanti. Frequentemente, Clarice tomava um táxi em companhia de uma amiga, geralmente Olga Borelli ou Nélida Piñon, em direção à avenida Marechal Rondon, 1264 – A, casa 8, no Méier, onde encontrava D. Nadir, que além de anunciar-lhe o futuro a presenteava com alguns minutos de violino. Apesar de ávida pelo futuro, ela deixava bem claro à vidente que jamais lhe revelasse as coisas ruins. Clarice guardava muitas das previsões escritas por D. Nadir. No dia 7 de outubro de 1976, Nadir escreveu: "*Saúde tende a melhorar, nada de mais. Ex-marido vai sair do posto com filho, que está bem e progrediu muito. Vai ter alegria daquelas para os seus problemas! Assunto amoroso confirmado e na tua casa. Não é amor filial.*"

As respostas curtas e em alguns momentos ríspidas deixavam transparecer a inquietação e o desconforto de Clarice diante das câmeras da TV Cultura. Para finalizar a entrevista de vinte e três minutos, Julio Lerner perguntou-lhe: "*Mas você não renasce e se renova a cada trabalho novo?*" E Clarice: "*Bom, agora eu morri... Mas vamos ver se eu renasço de novo. Por enquanto eu estou morta... Estou falando do meu túmulo.*" Um silêncio pesado pairava sobre o estúdio depois de finalizada a entrevista. Enquanto Lerner ajudava Clarice a tirar o microfone de lapela, a estagiária Miriam chorava baixinho; Olga Borelli, que a acompanhava, permanecia calada. Clarice e Julio se olharam sem nada dizer. Ela deu um passo e o conduziu a um canto. Falando com cuidado para que ninguém mais a ouvisse, pediu-lhe para que a entrevista fosse transmitida após a sua morte. Lerner prometeu atender seu pedido.

Ferreira Gullar volta do exílio

Sabendo que o poeta Ferreira Gullar tinha voltado ao Brasil, Clarice resolveu entrevistá-lo para a revista *Fatos & Fotos*. Frente a frente com Gullar, ela revelou-lhe o quanto gostara do seu *Poema sujo* e o presenteou com um exemplar de *Água viva*. Ele, por sua vez, confessou-lhe que a achou linda quando a conheceu no final dos anos 1950; chegou mesmo a ficar apaixonado por ela. Clarice gostou da revelação: "*Por que você não me falou?"* E Gullar: *"Por que não adiantava."* Clarice quis satisfazer a curiosidade: *"E eu não sou mais bonita?"* Gullar não titubeou: *"É, ainda."* O encontro com Gullar foi tão prazeroso que dias depois Clarice convidou-o para jantar. Sabendo que ele tinha um filho com problemas psíquicos, sentiu-se mais à vontade para dialogar com ele sobre Pedro. Dilacerada por esse problema insolúvel, encontrou em Gullar um parceiro para compartilhá-lo. Confessando sua dificuldade em conviver com a doença do filho, Clarice rendeu-se aos argumentos de Gullar: *"Será que a gente não pede da vida um pouco mais do que a vida pode dar? A gente tem que admitir que as coisas são assim mesmo. A gente é ser humano, gente. Nós erramos, nós temos fraquezas, nós não aguentamos tudo. A gente tem que admitir que em certo momento nós não aguentamos tudo."* Clarice concordou. Gullar prosseguiu: *"Talvez, a gente peça da gente mais do que a gente pode dar, e daí resulta essa tortura. O que é que se vai fazer? Vai resolver o problema?"* E Clarice: *"Não, esse problema não tem solução. Você não pode se destruir por causa do seu filho. Como eu não posso me destruir por causa do meu"*, concluiu Gullar. Em outro dia, Clarice propôs que jantassem em sua "segunda casa", no La Fiorentina, na avenida Atlântica.

A noite poderia ter sido mais agradável não fosse a chegada inesperada de Glauber Rocha. O cineasta começou a elogiar os militares, o que Clarice interpretou como uma provocação, pois Gullar acabara de chegar do exílio e tinha sido submetido a um interrogatório de setenta e duas horas que o deixara quase em estado de delírio. Pairava um clima desagradável no La Fiorentina. Entre uma ida e outra de Glauber ao banheiro, de onde voltava cada vez mais agitado, Clarice pedia a Gullar para não aceitar as provocações. Percebendo a indiferença dos dois, o cineasta se retirou. Com a saída de Glauber Rocha, Clarice e Gullar puderam retomar o fio da conversa. Gullar emitiu sua opinião sobre *Água viva*: *"Esse livro é o livro que o Rimbaud escreveria se não tivesse abandonado a literatura aos 17 anos."* Clarice não se conteve: *"Mas isso é uma maravilha. É o maior elogio que eu já recebi."* E Gullar prosseguiu: *"O Rimbaud era um garoto genial e imaturo. O que você escreveu é uma coisa genial e madura."* Gullar achava *Água viva* um livro de iluminação, como as iluminações de Rimbaud, só que era mais amadurecido, mais profundo, denso. Mesmo não aceitando a comparação, Clarice disse que a "mentira" lhe agradava.

Hospital da Lagoa

De uma hora para outra, Clarice decidiu fazer uma viagem à França. Planejava ficar um mês em Paris, onde vivera momentos especiais com Maury, Samuel e Bluma Wainer, San Tiago Dantas, Augusto Frederico Schmidt e Ieda. Finalmente, ela parecia estar tranquila depois de ter passado um período turbulento, quando se internou no final de 1976 porque estava tomando muitos tranquilizantes, já que sua insônia só podia ser controlada por eles. Mafalda Verissimo esteve com ela no hospital e aconselhou-a a parar de tomar tais medicamentos. Disposta a renascer, Clarice embarcou para a França no dia 18 de junho de 1977. Estava eufórica com a viagem, mas bastou pôr os pés em Paris para a euforia ir lentamente fenecendo. No fim de cinco dias, ela decidiu retornar ao Brasil. Quando desembarcou no Rio, no dia 24 de junho, A hora da estrela já estava nas mãos do editor José Olympio, para ser lançado em outubro. Finalmente Clarice conseguia publicar a primeira edição de um livro pela editora que havia rejeitado *Perto do coração selvagem*, em 1943. Até então, a mais prestigiada editora brasileira só publicara reedições de suas obras mais conhecidas, com a exceção de uma história para crianças, *A vida íntima de Laura*. Pela primeira vez, Clarice convidava alguém para fazer um prefácio de um livro seu. Este foi assinado por seu amigo, o professor e crítico literário Eduardo Portella, com o título: "O grito do silêncio", onde sublinhou ser aquela narrativa, *"toda ela uma pergunta"*. Depois de concluir a novela e sabendo que a bailarina Gilda Murray passava por um momento doloroso, afastada dos palcos durante um longo período devido a um grave acidente de carro, Clarice fez questão de dar-lhe uma cópia de A hora da estrela onde lia-se na dedicatória: *"Vá e faça uma dança."*

Depois do lançamento de A hora da estrela, Clarice recebeu uma carta do escritor e jornalista Renard Perez, no dia 8 de outubro, e, em anexo, a de um editor japonês. Renard pedia sua autorização por escrito para a publicação do conto "Uma galinha", incluído numa antologia organizada por ele a pedido de Dinah Silveira de Queiroz e enviada à editora Publishers Shinsekai Kenkyujo, de Tóquio, que manifestou interesse em publicá-la. No dia 20 de outubro, foi postada a carta de Clarice para Renard. Na realidade, ela enviou de volta duas cartas que recebera dele. Na do editor, escreveu: *"Sim (yes). Clarice Lispector."* Na de Renard, repetiu a autorização de outra forma, em três cantos da página: *"Renard, dou licença de publicarem 'Uma galinha'"*; ao lado: *"Esse ano não foi nada bom para nós todos, não é? Você que o diga. Lamento tanto o que lhe aconteceu. Abraço da Clarice."* Ela estava referindo-se ao acidente que Renard sofreu, deixando-o dois anos numa cama de hospital. No canto esquerdo escreveu: *"Peço-lhe o grande favor de transmitir-lhe a quem de direito o meu consentimento,* e no final da carta: *Meu telefone 275-0255."*

E foi então que aconteceu. De uma hora para outra Clarice teve que ser internada em função de uma obstrução intestinal cuja causa era ignorada. Olga Borelli e Siléa Marchi a levaram para a Casa de Saúde São Sebastião, na rua Bento Lisboa, no Catete. No meio do caminho, Clarice propôs às duas amigas brincarem de "faz de conta": *"Faz de conta que a gente não está indo para o hospital, que eu não estou doente e que nós estamos indo para Paris."* O motorista do táxi perguntou timidamente: *"Eu também posso ir nesta viagem?"* E Clarice disse-lhe: *"Lógico que pode, e ainda pode levar a namorada."* Então o motorista confessou que não tinha dinheiro e sua namorada era uma velhinha de setenta anos. Imediatamente Clarice encontrou uma solução: *"Ela vai também. Faz de conta que você ganhou na loteria esportiva."* No dia 28 de outubro, ela foi submetida a uma cirurgia, onde foi constado um adenocarcinoma de ovário. O caso era irreversível. O mundo caiu sobre a cabeça de amigos e parentes. Clarice tinha poucos meses de vida. Como o seu caso era insolúvel e o custo da diária na Casa de Saúde era muito alto, as amigas Nélida Piñon e Rosa Cass se uniram com o intuito de removê-la para o hospital da Lagoa. Elas fizeram os contatos necessários e por intermédio de Vilma Nascimento e Silva, esposa do ministro da Previdência, conseguiram um quarto particular num hospital público. No dia 17 de novembro, Clarice foi internada no hospital da Lagoa. De seu quarto, no sexto andar, ela podia ver as árvores e as montanhas que cercavam a rua Jardim Botânico. Preocupada com bem-estar da amiga, Nélida Piñon propôs a um grupo de amigos unirem--se e doarem uma contribuição com a finalidade de cobrir as despesas com a contratação de uma enfermeira que passaria a noite com Clarice. Agindo dessa forma, procurava evitar que as economias da amiga fossem usadas para cobrir as despesas com o tratamento de saúde.

Recém-fundado, o Setor de Oncologia do hospital da Lagoa era dirigido pela dra. Maria Tereza Mello, e coube aos Drs. Roque Antonio Ricarte e José Vieira de Lima Filho, chefiados pelo dr. Luis Carlos Teixeira, assistirem Clarice. Como ginecologista, dr. Vieira foi convocado para avaliar a possibilidade de se fazer quimioterapia, hipótese logo descartada. Pensou-se também na radioterapia, e Clarice chegou a ser encaminhada à Casa de Saúde São Carlos, no Humaitá, onde constataram a impossibilidade da aplicação desse tratamento numa paciente terminal. Àquela altura nada mais podia ser feito. Em seu contato com Clarice, dr. Vieira encontrou-a tranquila e lúcida e aproveitando a ocasião fez elogios a sua obra. Mas o médico que mantinha mais contato com Clarice era o dr. Roque Ricarte. O jovem médico sofria com a dor de sua paciente, sempre inquieta perguntando o que iriam fazer com ela. Imobilizada pelo soro e pela sonda, ela tomava altas doses de tranquilizantes e albumina. Olga, Siléa e Tania revezavam-se diariamente para Clarice não ficar sozinha. Ela recebia poucas visitas porque não queria que a vissem naquele estado. Gullar foi um dos que manifestaram o desejo de vê-la. Em princípio ela concordou, mas em seguida pediu que Olga lhe dissesse para esperar sua volta para casa. A mesma recomendação foi feita a outros amigos, por isso, de um modo geral, somente as irmãs Elisa e Tania, e as amigas mais próximas como Olga Borelli, Siléa Marchi, Rosa Cass e Nélida Piñon visitavam Clarice.

Apesar de ninguém lhe ter dito que estava com câncer, Clarice certamente desconfiava da gravidade de sua doença. Astuciosa como era, às vezes fazia comentários que obrigavam as suas amigas a dar voltas e inventar desculpas para ela não desconfiar de nada. Certa vez, referindo-se à cartomante que frequentava, comentou com Nélida Piñon: "*Engraçado, a Nadir não previu a minha doença.*" Imediatamente, Nélida arranjou um modo de tranquilizá-la, dizendo-lhe que isso deve ter ocorrido porque Nadir não deu importância a uma doença sem gravidade.

No dia 8 de dezembro, Clarice vomitou sangue. Desesperada, levantou-se da cama com intenção de sair do quarto, mas a enfermeira a impediu. Segundo Olga Borelli, frente a frente com a enfermeira disse-lhe com raiva: "*Você acaba de matar meu personagem.*" Imediatamente foi submetida a uma transfusão de sangue. No dia seguinte, véspera de seu aniversário, ela ainda ditava as suas ideias para Olga escrever. Clarice sabia que o fim estava próximo: "*Súbita falta de ar. Muito antes da metamorfose e meu mal-estar, eu já havia notado num quadro pintado em minha casa um começo. Eu, eu, se não me falha a memória, morrerei.*"

Numa rua do Rio de Janeiro, a amiga, Nélida Helena, voltava da aula de natação quando sentiu algo bater no carro. Era uma pomba ensanguentada. Imediatamente veio à sua mente o texto de A *maçã no escuro*. Naquele momento, pressentiu que Clarice estava morrendo. No quarto 600, do Hospital da Lagoa, Olga Borelli e Tania Kaufmann viam Clarice pela última vez. Eram 10h30.

O telefone tocou na casa de Ferreira Gullar, que se preparava para fazer uma conferência em São Paulo. Do outro lado da linha disseram-lhe: "*Clarice morreu.*"

Ao passar pela Lagoa, Ferreira Gullar lembrou-se de Clarice, e o poema saiu naquele instante:

Enquanto te enterravam no cemitério judeu
de S. Francisco Xavier
(e o clarão de teu olhar soterrado
resistindo ainda)
o táxi corria comigo à borda da Lagoa
na direção de Botafogo
E as pedras e as nuvens e as árvores no vento
mostravam alegremente
que não dependem de nós.

QUARTA PARTE

CUARTA PARTE

GUIA MAPA DE RECIFE E MACEIÓ

A ideia de mapear esses caminhos surgiu a partir do depoimento do escritor Augusto Ferraz quando ele compartilhou o itinerário de Clarice Lispector em maio de 1976, em sua volta ao Recife. Eu já começara a organizar *O Rio de Clarice* desde 2008 um passeio que depois virou livro. Augusto Ferraz traçou o percurso percorrido por Clarice e Olga Borelli, em sua companhia (cf. capítulo Recife, 1976). Tomando como ponto de partida esse roteiro que Augusto Ferraz redigiu em 21 de julho de 2010 selecionei os oito bairros onde podemos visualizar os caminhos da menina, da adolescente e os da mulher adulta reconhecendo a cidade tantos anos depois. A parte "Recife de hoje" nos faz entender as reverberações de seu legado e de sua presença na cidade no século XXI.

Os caminhos clariceanos em Maceió prepararam os caminhos do Recife. Eles mostram os lugares de seus parentes nesta capital nas décadas de 1910, 1920 e 1930 do século XX.

CAMINHOS CLARICEANOS NO RECIFE

1. Recife Antigo
2. Boa Vista
3. Santo Amaro
4. Santo Antônio
5. Derby
6. Espinheiro
7. Olinda
8. Boa Viagem

1. BAIRRO DO RECIFE (TAMBÉM CHAMADO DE RECIFE ANTIGO)

Rua Cais do Apolo, 222 – Bandepe (Banco do Estado de Pernambuco)

Edifício que abrigou a sede do extinto Banco do Estado de Pernambuco – BANDEPE, fundado em 1966 e privatizado em 1998. Foi o local onde Clarice proferiu a palestra sobre "Literatura Contemporânea e de Vanguarda", em sua derradeira visita ao Recife, em maio de 1976. O auditório onde aconteceu a apresentação, localizado no 16º andar, sofreu uma reforma recentemente e virou uma sala de cinema. Atualmente, o prédio é a sede do Porto Digital – NGPD, considerado um dos maiores polos de informática do Brasil. A sala de cinema é administrada pela Fundaj (Fundação Joaquim Nabuco).

Lanchonete "As Galerias" – Entre as avenidas Rio Branco e Marquês de Olinda. Atualmente na rua da Guia, nº 183. Ao lado do Paço do Frevo. Patrimônio cultural, gastronômico e imaterial da cidade desde 2014

Esta foi a lanchonete onde a menina Clarice tomou o "Ovomaltine de bar", como ela relatou na crônica "O passeio da família" (JB, 24/4/1971). Conhecido como "maltado". Ao descrever o passeio da família ao cais do porto para espiar os navios, a "filha menor quis se sentar num dos bancos, o pai achou graça". "Para beber, escolheu uma coisa que não fosse cara, se bem que o banco giratório encarecesse tudo." "Foi quando conheceu Ovomaltine de bar, nunca antes tal grosso luxo em copo alteado pela espuma, nunca antes o banco alto e incerto, *the top of the world*." A expectativa do pai e das irmãs desejando que ela gostasse não foi frustrada pela caçula. "Lutou desde o princípio contra o enjoo de estômago, mas foi até o fim, a responsabilidade perplexa da escolha infeliz, forçando-se a gostar do que deve ser gostado, desde então misturando, à mínima excelência de seu caráter, uma indecisão de coelho" (Lispector, 1999: 342).

As Galerias foi aberta em 1928, no prédio que divide as avenidas Rio Branco e Marquês de Olinda, no Recife Antigo. O cubano Fidélio Lago instalou uma lanchonete onde se podia beber a Ice Cream Soda e o maltado, bebida de tonalidade escura que pode ser confundida com o leite achocolatado, mas tem consistência mais espessa e é mais saborosa. "'O maltado tradicional leva sorvete de baunilha e o malte da semente do cacau. Não leva chocolate', informa Jorge Gomes, proprietário da lanchonete e neto de Fidélio Lago." As Galerias trocaram de endereço e desde 2007 está situado na rua da Guia, nº 183 voltado para a Praça do Arsenal (cf. Vinícius Sobreira. Brasil de Fato. "No Recife, lanchonete completa oitenta e nove anos como patrimônio da cidade" 30/5/2017).

2. BOA VISTA

É o bairro onde morou a família Lispector. Segundo Rosa Ludermir (2003: 4-5), a presença judaica na região está situada entre os anos de 1914 e 1939. A escolha do bairro pelos judeus que imigraram para Recife não foi despropositada, no bairro havia disponibilidade de imóveis e os preços eram mais acessíveis. A presença de elementos católicos, como irmandades e edifícios, era menor do que nos bairros de Santo Antônio e São José; além disso, havia a proximidade de consumidores de seus produtos. (Cf. "Um lugar judeu no Recife: a influência de elementos culturais no processo de apropriação do espaço urbano do bairro da Boa Vista pela imigração judaica na primeira metade do século XX". Diss. Mestrado. UFPE, 2005.)

As primeiras ocupações do bairro aconteceram no século XVIII. Ele começou a se desenvolver a partir da rua Velha, de onde saem a atual rua da Glória e a rua da Matriz. Nesse núcleo inicial, foram edificadas nas primeiras décadas do século XVIII a igreja de S. Cruz, o Recolhimento da Glória e a igreja de S. Gonçalo.

Praça Maciel Pinheiro

O imponente chafariz fincado no meio da praça que um dia já se chamou Conde D'Eu foi colocado em 1875, portanto Clarice teve a felicidade de apreciar durante muito tempo essa fonte construída em pedra lavrada pelo português Antônio Moreira Ratto. Esse monumento foi uma iniciativa popular para marcar a participação dos pernambucanos na Guerra do Paraguai (1864-1870), exaltar o fim da guerra e celebrar a vitória do Brasil. Segundo Semira Vaisencher, entre os anos 1940 e 1980, o comércio da praça era, em sua essência, representado por judeus. Sonia Charifker, prima de Clarice, filha de Joel Krimgold, teve uma loja de confecções na praça. (Cf. "Praça Maciel Pinheiro" Fundaj. gov.br) e (Cf. Poraqui.com).

Rua do Aragão, 387 (2°andar)

Localizada em frente à praça Maciel Pinheiro. No sobrado colonial branco com janelas azuis, conforme a descrição de uma de suas moradoras, Tania Kaufmann, na esquina com a Travessa do Veras, este é o local da primeira residência de Clarice Lispector, onde a escritora viveu os primeiros anos de sua infância e as primeiras fabulações, aproximadamente de 1925 a 1928. Durante a década de 1930, os judeus transformaram os imóveis da rua em lojas e fábrica de móveis (Ludermir, 2003: 9), uso que até os dias de hoje se mantém, caracterizando-a como um polo moveleiro.

Rua da Imperatriz

A rua da Imperatriz Thereza Christina é mais conhecida como rua da Imperatriz. A família Lispector residiu em dois sobrados: o de n° 173 (2° andar) e o de n ° 21 (2° andar), respectivamente. O último permanece preservado, ao lado da Livraria Imperatriz. Essa via termina no encontro com a rua da Aurora, às margens do Rio Capibaribe. É uma rua onde o comércio varejista começou a surgir em meio às residências de famílias ricas. Joaquim Nabuco nasceu nessa rua no n° 147, em 1849. Sua construção mais antiga é a igreja Matriz da Boa Vista. É a rua onde o primo da mãe de Clarice, Pedro Rabin, tinha uma loja de tecidos no n° 140 em sociedade com Isaac Vaisberg, seu cunhado.

Conservatório Pernambucano de Música – rua do Riachuelo na esquina com a rua da União. (Atualmente, na Avenida João de Barros, 594 – Santo Amaro.)

Fundado em 17 de julho de 1930, funcionava em um prédio alugado. Ernani Braga foi o primeiro diretor e ocupou esse cargo durante nove anos. O maestro carioca que se mudou para Recife em 1927, já passara pela Semana de Arte Moderna, em São Paulo, ao lado do maestro Villa-Lobos e da pianista Guiomar Novaes. Com uma oferta de cursos de teoria e solfejo, piano e canto coral, o Conservatório permitiu o acesso "a uma arte que, até então, era privilégio da elite. As audições dos alunos aconteciam no sempre lotado Teatro Santa Isabel".

Elisa e Tania estudaram no Conservatório. Tania, inclusive contou em depoimento a *Eu sou uma pergunta* que o maestro Ernani Braga disse-lhe que se ela quisesse poderia ser uma grande concertista. Clarice comentou na crônica "Lição de piano": "Eu também passei para Ernani Braga que disse que eu tinha dedos frágeis. Prefiro calar-me: este também morreu" (Lispector, 1999: 52). (Cf. site do Conservatório Pernambucano de Música.)

Grupo Escolar João Barbalho – rua Formosa

Clarice ingressou no Jardim da Infância em 1926, com Leopoldo Nachbin, que se tornaria um grande matemático, conforme relatou na crônica "As grandes punições" (*JB*, 4/11/1967). Ela o entrevistou para sua coluna "Diálogos Possíveis com Clarice Lispector" na revista *Manchete* em 1968. Clarice era dois anos mais velha do que o amigo. A rua Formosa depois foi batizada de rua Conde da Boa Vista, onde Clarice residiu no nº 178. Nos dias 5, 7 e 8 de novembro de 1927, o Jardim de Infância Virginia Loreto, dirigido por Helena Pugô, realizou os exames de promoção de 1º, 2º e 3º ano e classe infantil. A lista foi divulgada em novembro de 1927 no *Diário de Pernambuco*. No segundo período, aparece o nome de Clarice ao lado de Leopoldo Nachbin com mais dezesseis alunos. Quatro faltaram. A interpretação do que significava "primeiro a terceiro período" e "as classes seriada" leva a crer que Clarice cursava o segundo ano primário. Portanto, este é o <u>único documento</u> que mostra o período em que ela estudou no João Barbalho. Deduz-se que Clarice Lispector ingressou no colégio em 1926. Em o *Diário de Pernambuco* (17/6/1924) também consta que em 12/7/1922 o Grupo Escolar João Barbalho estava instalado nos salões onde funcionava a Escola Normal Oficial. Em 13 de janeiro de 1924, o colégio passou a funcionar no antigo prédio da Higiene (Departamento de Saúde e Assistência), totalmente reformado, na rua Formosa. Além do Jardim de Infância, oferecia o Curso Primário em três anos com aulas iniciadas às 9h50 e terminadas às 14h30. Havia aulas de ginástica, exercícios de canto e música. O curso complementar ou 4ª série preparava os estudos secundários: escola normal, ginásio, academia de comércio etc. Em matéria do *Diário de Pernambuco* de 1925, consta que o colégio tinha capacidade para quatrocentas crianças e o horário de funcionamento era de 8h ao meio-dia.

Em seu artigo "Grupo Escolar João Barbalho: espaço de divulgação de uma educação nos moldes higiênicos (Pernambuco, 1922-1931)", Adlene Silva Arantes, faz uma ampla radiografia do funcionamento dos primeiros anos do colégio, quando a menina Clarice tinha seis anos de idade. Em uma das fotos ela observa: "As crianças que o frequentavam eram dos segmentos populares, uma vez que muitos deles estão de pés descalços e com vestimentas muito simples. É possível, também, percebermos a presença de algumas crianças negras." O método pedagógico adotado foi o de Maria Montessori. Ao observar que os preceitos higienistas estudados por intelectuais pernambucanos regularam a vida escolar no João Barbalho, Adlene Arantes encontra eco na crônica de Clarice "As grandes punições": "Até que um dia apareceu na classe a imponente diretora que falou baixinho com a professora. (...) Tratava-se apenas de fazer o levantamento do nível mental das crianças do Estado, por meio de testes. Mas quando as crianças eram, na opinião da professora, mais *vivas*, faziam o teste em ano superior, porque no próprio ano seria fácil demais. (...) Mas depois que a diretora saiu, a professora disse: 'Leopoldo e Clarice vão fazer uma espécie de exame no quarto ano'" (Lispector, 1999: 41).

Adlene Arantes relata que, para garantir o bom funcionamento dos grupos escolares como o João Barbalho, as orientações que deveriam ser seguidas eram: "a prática da educação física, a realização de exames antropométricos e de testes de inteligência para estabelecer o perfil dos alunos para a constituição de turmas homogêneas intelectual, física e racialmente" (Arantes, 2019: 18). (Cf. *Cadernos de História da Educação*, v. 18, n. 3, p. 601-620, set./dez. 2019.)

Livraria Imperatriz – rua Imperatriz, 17

Eternizada na crônica "Tortura e Glória" (JB, 2/9/1967), depois intitulada "Felicidade clandestina", é citada porque o proprietário era Jacob Berenstein, pai de Reveca, a colega que fez Clarice esperar muitos dias até que obtivesse o tão cobiçado *Reinações de Narizinho*, de Monteiro Lobato. Jacob Krimgold, primo de Clarice, trabalhou na Imperatriz em 1935. Com noventa anos de existência, a livraria é um dos raros lugares do tempo de Clarice que ainda permanecem ativos.

Cine-Teatro Polytheama – rua Barão de São Borja

Conhecido como "Polipulgas", "poleiro", "pulgueiro" foi fundado entre 1911 e 1916. Dirigido pelo escritor Eustórgio Wanderley, era localizado na esquina das ruas Barão de S. Borja e José de Alencar. Em 1932, passou a Empresa Luiz Severiano Ribeiro. Nas memórias de Paulo Lisker, "Lembranças do Recife matutino (anos 40 do século XX)", ele disse que se podia ir vestido como bem entendesse, até de chinelos e tamancos. Era um cinema popular. No seriado das quintas tinha *Tarzan, Zorro e Flash Gordon*. O cinema era um galpão com teto de zinco, aberto nos flancos, a ventilação era o vento natural. Havia colunas que apoiavam o teto, plantadas no meio do salão. O pátio em volta do cinema era enfeitado por três palmeiras. Quando havia um apagão (comum no Recife) ou um curto circuito, rasgava a fita. Então acendiam a luz para dar tempo ao Sr. Firmino colar as duas partes com acetona. Os vendedores entravam com seus tabuleiros de balas, rapaduras, amendoim ou castanhas de caju, chicletes ou guaraná Fratelli Vita, recorda-se Paulo Lisker. (Cf. "Estórias do cotidiano – Cinema Polytheama da minha infância no Recife", março-julho 2013. Zipora70.blogspot.com)

Para ir ao Polytheama, Clarice seguia pela rua do Aragão, dobrava à esquerda, na rua do Rosário da Boa Vista, pegava o Largo da Santa Cruz e chegava na rua Barão de São Borja, atualmente nº 108, onde ficava o cinema.

Outro caminho que podia ser feito por Clarice: saindo da Praça Maciel Pinheiro pela avenida Manoel Borba. Adiante, entrava à esquerda, na rua Gervásio Pires, e seguia até o Largo da Santa Cruz, dobrando à direita, na Barão de São Borja, para chegar ao cinema.

Em meados dos anos 1950, o cinema passou a ser a Rádio Tamandaré, onde a atriz Cacilda Becker fez uma apresentação. Foi armazém das lojas dos Bortman nos anos 1980. As mangueiras e as palmeiras que o ladeavam foram cortadas.

Colégio Hebreu Idische Brasileiro – rua da Glória, 15

Atualmente, na rua Pio IX, 792. Torre.

Atual Colégio Israelita Moisés Chvarts. A primeira sede foi inaugurada em 1925. Começou na rua da Glória, mudou para a Visconde de Goyana e, em seguida, para uma casa maior na rua Dom Bosco (cf. Dep. Anita Buchatsky Levi em *Eu sou uma pergunta*). Clarice deve ter sido transferida para esse colégio em 1929, se considerarmos as datas do Grupo Escolar João Barbalho (cf. verbete João Barbalho nesse capítulo). Ela deve ter estudado no Colégio Israelita durante três anos. Como ingressou no Ginásio Pernambucano em 1932, e na crônica "As grandes punições" disse ter mudado do João Barbalho no terceiro ano, deduz-se que deve ter sido em 1929. Ela teria repetido o terceiro ano (como relatou Samuel Lispector, porque o pai dela quis) e concluído mais dois anos. Anita Buchatsky Levi, que era estudante do colégio, declarou: "Entrava-se com seis anos e terminava-se com 11 quando fazia o admissão e passava para o ginásio" (cf. "O Colégio Israelita Moisés Chvarts: tradição e construção de identidade judaica recifense". Trabalho de conclusão de curso. UFPE).

Sinagoga Sefaradita – rua da Matriz, 84

Clarice brincava muito na calçada da rua do Aragão e na da rua da Matriz. Nesta existiu uma sinagoga sefaradi, no início dos anos 1930. A Sinagoga dos sefarditas acolhia especialmente os judeus oriundos da Espanha, Inglaterra, Itália, Sul da França, Países Baixos e do norte da África. (Cf. verbete "Sinagoga Israelita do Recife" por Semira Adler.)

Teatro do Parque – rua do Hospício, 81

Bem próximo da Praça Maciel Pinheiro e da rua da Imperatriz Teresa Cristina existe até hoje o Teatro do Parque. Na época da infância de Clarice, o Teatro do Parque, que se tornou cinema, a partir de 1921, era frequentado pela população mais abastada da cidade. O referido cinema, tanto quanto o Polytheama, marcou a infância e a vida de Clarice. Quase em frente ao Cinema do Parque, atualmente Teatro do Parque, há a rua Martins Junior, na qual, no nº 29, localiza-se a Synagoga Israelita do Recife.

Fechado durante dez anos, o teatro centenário foi reformado pela Prefeitura e finalmente reinaugurado em dezembro de 2020. É o mais antigo teatro-jardim do Brasil.

Synagoga Israelita do Recife – rua Martins Junior, 29

Originalmente conhecida como Shil Sholem Ocnitzer, em homenagem a um dos seus fundadores, a sinagoga funcionou em diversos locais no bairro da Boa Vista, desde 1910. A atual sede foi inaugurada em 20 de julho de 1926. Depoimentos levam a crer que esta foi a sinagoga frequentada pelos Lispector. Susana Berenstein Horovitz, irmã de Reveca, colega de infância de Clarice, em depoimento a *Eu sou uma pergunta* em 11/5/1994, recorda: "As famílias judias moravam naquele local porque a sinagoga era ali na Martins Junior e as pessoas costumam não andar a pé, de carro, da sexta para o sábado." Elisa Lispector escreveu que antes de sua mãe falecer "os castiçais de prata (herança materna que com sacrifício preservara durante todo o tempo de viagem e de privações) foram por ela consagrados à pequena Sinagoga local, e assim foi feito" (Lispector, 2012: 111).

A rua Martins Junior liga a rua do Hospício a rua 7 de setembro. Os caminhos de Clarice estendem-se tanto pela rua do Hospício quanto pela rua 7 de setembro, esta desembocando bem próxima aos sobrados da rua da Imperatriz, 173 (segundo local de residência de Clarice, no Recife) e 21, este, terceiro local de residência da escritora. As ruas do Hospício e 7 de setembro cruzam a avenida Conde da Boa Vista, a rua do Riachuelo e chegam até a Faculdade de Direito do Recife, erguida no centro da Praça Adolfo Cirne, e ao Parque 13 de maio, na rua Princesa Isabel.

Em 2010, a Synagoga Israelita do Recife foi reaberta em seu centenário após ser restaurada. O historiador e engenheiro Jacques Ribemboim, presidente da Synagoga, ao delinear as duas idades de ouro do judaísmo em Pernambuco, a primeira durante o período holandês, e a segunda no século XX, recorda: "nossos antepassados ergueram esta sinagoga; o Colégio Israelita, o Centro Israelita; a Sinagoga Sefaradita; o Cemitério Israelita do Barro" (cf. "O pequeno schil da Martins Junior". Edição especial limitada, numerada e assinada de "Synagoga Israelita do Recife – José Alexandre Ribemboim, Waldério Porto e Jacques Ribemboim. Recife: COMUNIGRAF, 2008).

Praça Adolfo Cirne

"Eu brincava na escadaria da faculdade e lembrava que era enorme. De passagem por Recife, eu a vi no seu tamanho natural, da mesma maneira antigamente aquele jardinzinho da praça, onde choferes namoravam empregadas, e me parecia uma relva, um mundo – era o meu mundo, onde eu escondia coisas, que depois não achava nunca mais." (Tentativa de explicação – Entrevista de Clarice Lispector a Leo Gilson Ribeiro. 1965)

Localizada na Praça Adolfo Cirne, com a Faculdade de Direito do Recife ao fundo. Adquiriu feição de praça em 1912, à medida que a vegetação crescia, valorizando o seu traçado. Decorada com pedras portuguesas, compõe o entorno da Faculdade de Direito. O nome da praça é uma homenagem ao professor de latim e francês do Ginásio Pernambucano, aluno da Faculdade de Direito

3. SANTO AMARO

Ginásio Pernambucano – rua da Aurora, 703

Fundado em 1825, é o mais antigo colégio do Brasil em atividade contínua. Clarice estudou com sua irmã, Tania, e a prima Bertha até o terceiro ano ginasial (1932-1934). Outros parentes também passaram pelo Ginásio: Samuel Lispector, Jonas Rabin, David Wainstok e Sarita Rabin. A passagem de Clarice pelo colégio foi mencionada em entrevistas e na crônica "As grandes punições" (JB, 4/11/1967): "E no exame de admissão para o Ginásio Pernambucano, logo de entrada, reencontrei Leopoldo, e foi como se não nos tivéssemos separado. Ele continuou a me proteger."

Para se conhecer a história do Ginásio uma boa fonte é a *Revista do Ginásio Pernambucano* (1932-1933), uma publicação semestral, onde constam os nomes do corpo docente na época de Clarice como o do professor de português, Eládio Ramos.

Outra fonte importantíssima é o "Relatório do diretor do Ginásio Pernambucano, Prof. Costa Pinto (História Natural), apresentado ao Sr. Exmo. Secretário da Justiça Educação e Interior pelo triênio 1931-1934". Ao lermos temos a noção exata de como o Ginásio Pernambucano no tempo de Clarice Lispector ainda estava se construindo. Ela foi contemporânea do momento em que ele passou por uma grande reforma, e conquistou todo o seu espaço voltado para as atividades escolares. O diretor mostra que o grande desafio foi fazer desse lugar exclusivamente um colégio já que inúmeras repartições o ocuparam ao longo dos anos: do Quartel de Cavalaria a Repartição de Obras Públicas. A falta de espaço e a interferência de outras pessoas na rotina do Ginásio só foram sanadas durante a gestão do Prof. Costa Pinto, graças ao "governo revolucionário", como ele designa o episódio da Revolução de 30. Àquela altura, em 1934, as obras estavam "quase concluídas", os gabinetes (com suas respectivas disciplinas) em pleno funcionamento e o colégio com capacidade de abrigar mil alunos. Na lista de melhorias ele cita a instalação de "bebedouros elétricos em substituição as antigas resfriadeiras com quatro copos para toda população do ginasial". Ao descrever minuciosamente os gabinetes de física, química e história natural, a este dá um destaque especial e menciona também as visitas do presidente Getúlio Vargas e do naturalista Rodolpho Von Ihering. No Ginásio Pernambucano, havia um ginásio para as práticas esportivas (coisa rara na época), seção de vestiário, sala médica, uma pequena enfermaria, um auditório e um *buffet* com alimentos vendidos a preços razoáveis. Todas essas melhorias foram implementadas durante o período em que Clarice Lispector estudou no Ginásio. O salão de leitura dispunha de doze mesas e nelas podiam estudar noventa e seis alunos. O diretor lamenta no relatório que ainda não havia verbas para atualizar o acervo da biblioteca.

No movimento do corpo discente de 1932 (quando Clarice ingressou no Ginásio) consta: 1º ano: cento e noventa e oito alunos, 2º ano: cento e cinquenta e oito, 3º ano: cento e trinta, 4º ano: noventa e dois, 5º ano: trinta e seis. Total: seiscentos e catorze alunos.

Em 1933, no segundo ano: cento e trinta e cinco alunos. E no ano de 1934 (último ano de Clarice no Ginásio): cento e vinte e quatro alunos.

Em anexo ao detalhado relatório encontram-se fotos de várias partes do Ginásio Pernambucano. Uma relíquia que talvez sejam as únicas imagens daquela época (cf. Arquivo Público Jordão Emerenciano – APJE).

4. SANTO ANTÔNIO

Gabinete Português de Leitura – rua do Imperador D. Pedro II

Local onde Elisa, Tania e Clarice Lispector participaram da audição de piano, às 20h, no dia 8 de março de 1930. Elas eram alunas das irmãs Kurka Hotton. Clarice tinha nove anos e interpretou "Garibaldi vai à missa", de Villa-Lobos. Elisa, com dezenove anos, tocou "Polichinello", de Rachmaninoff. Tania, com 15 anos, tocou a "Sonata nº 1". Allegro.

Adagio. Presto, de Haydn. Na crônica "Lição de piano" (*JB*, 9/12/1967), Clarice descreve a professora, Dona Pupu, "como obesa e com mãos minúsculas". No *Jornal do Recife*, consta que Elisa e Tania participaram de audições de piano como alunas das Kurka Hotton desde 1928. Neste ano, uma nota indica que as professoras Anitta e Norinha Kurka Hotton mudaram de endereço, para a Praça Maciel Pinheiro 348, 1º andar. Eram filhas do dr. Francisco Kurka Hotton, "médico, operador, parteiro formado em Praga, Bohemia, na Universidade da Tchecoslováquia, em Heidelberg, Alemanha e mais pela faculdade de Medicina da Bahia. Era especialista em cirurgia e moléstias de senhoras". O talento musical das irmãs foi noticiado várias vezes no *Jornal do Recife* desde 1923. Eram quatro: Tovelille e Norinha (cantoras), Carmen e Anitta (pianistas). (Cf. A pesquisadora Flavia Amparo forneceu-me as dicas para a pesquisa no *Jornal do Recife*. Cf. "Verbete Teatro de Santa Isabel".)

Teatro de Santa Isabel – Praça da República, 23

Os caminhos de Clarice estão ligados a um passeio ao Teatro Santa Isabel, na Praça da República, Bairro de Santo Antônio, coração do Recife. De um lado do teatro, avista-se o Palácio do Campo das Princesas, sede do governo de Pernambuco e, do outro, o Palácio da Justiça do Estado, cujo imponente edifício foi inaugurado em 1930; ao lado direito do Teatro, ainda, o antigo edifício do Liceu de Artes e Ofícios, esquina com a rua do Sol, e toda extensão da avenida Conde da Boa Vista.

O *Jornal de Recife* noticiou em 23/2/1928 que Elisa Lispector e Tania Lispector participaram de audições de piano nesse teatro histórico. No dia 25 de fevereiro, às 13h, alunas das irmãs Kurka Hotton, na primeira parte da audição Tania interpretou a 1ª suíte infantil, "Nenê vai dormir", de Villa-Lobos. Na segunda parte, Elisa e Tania interpretaram as "Danças eslavas, Op. 46, nº1", de Anton Dvorak a quatro mãos. E Elisa "Waldesrauschen, Op. 6", de Braungard.

Clarice quando estudante também teve a oportunidade de subir ao palco e dedilhar algumas notas no imponente piano do teatro segundo confessou a Augusto Ferraz durante o passeio que fizeram por Recife.

A descoberta das notícias no *Jornal de Recife* sobre as audições de piano das irmãs Lispector foram feitas pela professora e pesquisadora Flavia

Vieira da Silva do Amparo (cf. "Clarice Lispector: dos recantos do poético à produção ficcional nos jornais dos anos 40 e 50." Para os Anais de um evento em Israel sobre a obra de Clarice Lispector).

Inaugurado em 18 de maio de 1850, o Teatro de Pernambuco teve o seu nome mudado em homenagem à Princesa Isabel. O Teatro de Santa Isabel era a grande casa de espetáculos da cidade, lugar de divertimento, convivência social e também de exercício da cidadania. Segundo Joaquim Nabuco, foi no Santa Isabel que se ganhou a causa da abolição da escravatura no Brasil, referindo-se a seus discursos e eventos lá realizados.

No século XIX, as companhias que se apresentavam no Teatro de Santa Isabel eram, na sua maioria, administradas por empresários, que firmavam contratos por longas temporadas. O teatro também recebia companhias líricas estrangeiras, entre as quais, a Companhia Lyrica Italiana G. Marinangelli, que apresentou a ópera La Traviata, em 1858.

Em 1859, o teatro recebeu seu mais ilustre convidado, o Imperador Pedro II, que, visitando as províncias do Norte, passou seu aniversário no Recife e foi ali homenageado com um espetáculo de gala. (Cf. "Teatro Santa Isabel". Wikipédia.)

5. DERBY

A Praça do Derby (uma alusão a Sociedade Hípica Derby Clube que funcionou no local) foi projetada por Roberto Burle Marx entre 1924 e 1926. Conhecida como a praça do peixe-boi, graças ao tanque que abrigava um animal dessa espécie. Originalmente era a área recreativa de um hotel. Encontra-se em um dos principais corredores de transporte público, a avenida Agamenon Magalhães. (fonte: verbete "Pça do Derby" https://visit.recife.br/o-que-fazer/atracoes/parques-e-pracas/praca-do-derby/)

A Praça do Derby foi feita durante o governo de Sérgio Lorêto e do prefeito Antônio de Góis, em 1925. O bairro tem uma concentração de edifícios que pertencem à Polícia Militar de Pernambuco, além do Quartel, o Hospital, a Capela de Santa Terezinha e uma vila militar. É atualmente área de comércio e residencial, de classe média e alta. Em 1925, o edifício do mercado foi ocupado pela Polícia Militar de Pernambuco (Cavalcanti, 2013)". (Cf. p.186-187. "Vestígios do Art Déco na cidade do Recife (1919-1961): abordagem arqueológica de um estilo arquitetônico". Stela Gláucia Alves Barthel. Tese em Arqueologia. UFPE, 2015.)

6. ESPINHEIRO

Condomínio Edifício Amsterdã – rua Buenos Aires, 211, apartamento 102. Residência de Maria Diva e Augusto Ferraz

"Clarice jantou em minha residência, em minha companhia, na de Olga Borelli e na companhia de mamãe, Maria Diva (depois do jantar e de conversas animadas, Clarice dormiu na minha casa, no quarto e na cama de mamãe; tarde da noite, ao abraçar mamãe, e dela se despedir, pediu para ela retirar o luto fechado em que se encerrara com o falecimento de papai, em 31 de janeiro de 1976; pediu, retirasse ela o luto – todas as roupas de mamãe eram da cor preta – e se não fizesse isso por ela própria, fizesse pelo filho, disse, apontando para mim, que acompanhava a cena de perto."

7. OLINDA

Um dos pontos turísticos de Olinda é o Alto da Sé. O passeio de Clarice e Olga com Augusto Ferraz terminou com uma esticada até a Praça do Carmo, onde ela costumava tomar banhos de mar, e ao Alto da Sé, onde saboreou uma tapioca com queijo de coalho, feita por Dona Conceição, e deliciou-se com a vista mais bonita do Recife que já vira (cf. crônica "Banhos de mar", *JB*).

Desde o século XVII, a tapioca que se tornou patrimônio imaterial cultural da região tem representado um alimento significativo na mesa de nordestinos e nortistas, sendo muito utilizada na culinária junina. Foi o principal elemento da alimentação dos escravizados africanos. Por essa razão, os senhores de engenho e os lavradores de cana, por meio de alvarás e provisões régias (datadas de 1642, 1680 e 1690), foram obrigados a cultivar o tubérculo. Decretos posteriores vieram ressaltar essa obrigação, quando daqueles exigiu-se o plantio de, pelo menos, quinhentas covas por escravizado.

A tapioca representa uma iguaria tipicamente brasileira, de origem indígena, feita com o amido extraído da mandioca, conhecido como goma. Em outras palavras, originalmente, é uma espécie de beiju que possui, em seu interior, uma camada de coco ralado.

Na época em que Clarice Lispector visitou o local, em plena ditadura militar, o Alto da Sé era considerado um dos pontos de agitação da contracultura, e Olinda representava o foco da resistência cultural. As tapiocas eram vendidas a estudantes, intelectuais, políticos e artistas populares e eruditos, que lá promoviam concertos e teatro de vanguarda. Com o crescimento do turismo em Olinda, atraído principalmente pelo carnaval, as tapioqueiras se multiplicaram na cidade que é patrimônio cultural da humanidade. Hoje, elas estão até organizadas em uma Associação. (Cf. Semira Adler Vaisencher. "Tapioca". Pesquisa Escolar Online, Fundação Joaquim Nabuco, Recife. Disponível em: http://basilio.fundaj.gov.br/pesquisaescolar/index.php.)

8. BOA VIAGEM

Clarice foi almoçar com familiares na Praia da Boa Viagem onde reviu e abraçou a sua querida tia Mina, a que fazia os docinhos que eram uma das delícias da infância da escritora. Os endereços da família Lispector no bairro na época em que Clarice esteve no Recife em 1976 eram: Vera Lispector Choze – Av. Boa Viagem, 3196/701 ou rua Livramento, 25. Há também outro endereço anotado na letra "R" do caderno de telefones de Clarice sem indicar o nome: av. Boa Viagem 3336/701, e na página ao lado, "Recife – Vera". A Tia Mina morava na av. Boa Viagem, 2682/901.

OS CAMINHOS CLARICEANOS NO RECIFE DE HOJE

No dia de seu centenário, celebrado em 10/12/2020, Clarice Lispector se tornou cidadã pernambucana por iniciativa da Fundação Joaquim Nabuco (Fundaj). O título foi concedido pela Assembleia Legislativa de Pernambuco (Alepe). Neste ano, ela também foi reconhecida como patrona da literatura de Pernambuco. O reconhecimento foi oficializado em 11/8/2020, por meio de uma lei de autoria do deputado estadual Professor Paulo Dutra (PSB).

Estátua de Clarice Lispector

Praça Maciel Pinheiro. Boa Vista.

Esculpida por Demétrio Albuquerque. Instalada em 2005, mede aproximadamente 1,6 m é feita de concreto e ferro fundido (cf. capítulo "Recife, 1976").

Edifício Clarice Lispector

Av. Boa Viagem, 2804. Boa Viagem.

O nome do edifício foi uma ideia de Rosa Lispector, esposa de Samuel Lispector, primo de Clarice. Ele era o proprietário do terreno onde foi construído o edifício. Projetado por Luis Priolli, o engenheiro calculista foi Robson Lispector, filho de Samuel e Rosa (cf. capítulo "Recife, 1976").

Cemitério do Barro

Rua Padre Diogo Rodrigues. S/N. Bairro: Barro. Localizado a 10 km de distância, de carro, do bairro da Boa Vista.

Inaugurado em 1926, é o primeiro cemitério construído pela comunidade judaica do Recife. No local, estão enterrados membros da família Lispector, como a mãe de Clarice, Marieta, o tio Salomão Lispector e sua esposa Mina; e a filha deles, Pola Lispector.

Atualmente, os sepultamentos são realizados no Cemitério Novo Israelita, em um lote do Cemitério Parque das Flores, localizado no bairro do Tejipió.

Hospital Oswaldo Cruz

Rua Arnóbio Marques, 110. Santo Amaro. Atual Hospital Universitário Oswaldo Cruz da UFPE (Universidade Federal de Pernambuco).

Fundado em 1884, com o nome de Hospital de Santa Águeda, destinado ao atendimento em doenças infectocontagiosas. Em 1925, passou a ser chamado Oswaldo Cruz, atendendo casos clínicos e cirúrgicos da tuberculose, além da cirurgia geral e torácica.

Local do falecimento de Marieta Lispector, no dia 21 de setembro de 1930, no Pavilhão Muniz Machado, por congestão edematosa no curso de uma tuberculose.

Casa de Clarice Lispector na Praça Maciel Pinheiro

Rua do Aragão, 34. Esquina com a Travessa do Veras, ao redor da Praça Maciel Pinheiro. Data da construção: 1913.

Desde pelo menos 2003, a Santa Casa da Misericórdia, proprietária do imóvel há mais de cinquenta anos, tenta uma parceria para reformar a casa. A superintendente de patrimônio da entidade, Rilane Dueire, sempre demonstrou ao longo dos anos em entrevistas (cf. G1. "Casa de Clarice Lispector sofre com abandono e falta de patrocínio." 29/11/2015) as dificuldades em se encontrar parceiros para reformar o imóvel. Com o passar dos anos, o prédio foi invadido várias vezes, e a Santa Casa decidiu mandar fechá-lo por motivos de segurança.

A sobrinha-neta de Clarice Lispector, a cineasta Nicole Algranti, elaborou com o arquiteto Nivaldo Vitorino um projeto para o espaço. "Tentamos captar recursos várias vezes, mas não conseguimos. A gente queria R$ 200 mil para o projeto inicial", conta ela.

Os custos da recuperação do casarão, nessa época, segundo a representante da Santa Casa, foram estimados em aproximadamente R$ 2 milhões, sem considerar a ideia de transformação do espaço em centro cultural. "Isso sem os custos de implantação. A casa está com problemas estruturais, de telhado", destaca a superintendente.

Ainda de acordo com a superintendente de patrimônio, o prédio estava alugado para um estabelecimento comercial, mas foi desocupado há cerca de quatro anos, justamente para ser reformado e transformado em equipamento cultural. Segundo a Fundarpe (Fundação do Patrimônio Histórico e Artístico de Pernambuco), a casa fica em uma Zona Especial de Preservação do Patrimônio Histórico-Cultural, a Zeph 8, que é de responsabilidade municipal.

No final de 2020, em plena celebração do Centenário de Clarice Lispector, a Fundação Joaquim Nabuco anunciou que quer recuperar a casa. O custo da obra está orçado em R$ 1,8 milhão. Para levar o projeto adiante, a Fundaj está concorrendo aos recursos junto ao Ministério da Justiça e Segurança Pública no edital sobre Fundo de Direitos Difusos, que são recursos voltados para vários segmentos, entre eles o de preservação de patrimônio. A casa está protegida legalmente por meio do tombamento em nível estadual pela Fundação do Patrimônio Histórico e Artístico de Pernambuco (Fundarpe) e em análise preliminar no Instituto do Patrimônio Histórico e Artístico Nacional (Iphan) para tombamento federal. Apesar de sua importância, o imóvel encontra-se abandonado, em avançado processo de degradação e já se constatando perda de elementos arquitetônicos originais. A ideia é que este Centro seja voltado ao conhecimento da literatura brasileira e a memória de Clarice Lispector.

Centro de Referência Clarice Lispector

Rua Doutor Silva Ferreira, 122 – Santo Amaro. Criado em 2003.

O Centro de Referência Clarice Lispector acolhe e orienta mulheres em situação de violência doméstica e/ou sexista. Formado por uma equipe multidisciplinar de psicólogas, assistentes sociais, advogadas e educadoras sociais, os casos são acompanhados e referenciados para rede municipal de proteção à mulher. O Centro ainda dispõe de um espaço lúdico com atividades direcionadas aos filhos e filhas das mulheres atendidas. Todo o atendimento é gratuito e funciona de segunda a sexta-feira, das 7h às 19h. O Centro de Referência Clarice Lispector conta ainda com um disk orientação, o Liga, Mulher, que funciona de domingo a domingo, das 7h às 19h.

Criado há quinze anos, é vinculado à Prefeitura do Recife, já atendeu 8.875 mulheres vítimas de violência doméstica. Quem procura o espaço recebe assistência jurídica e psicológica. A coordenadora do Centro, Avani Santana, revela que nos últimos anos a procura pelos serviços cresceu muito (cf. Uol.rádio jornal. 4/9/2018. Mais de 7 mil medidas protetivas a mulheres já foram concedidas este ano.)

Cinema São Luiz – rua da Aurora, 175. Boa Vista

Exibição do documentário A descoberta do mundo sobre a vida e obra de Clarice Lispector.

Nesse lendário cinema foi exibido o documentário da pernambucana Taciana Oliveira em 10 de dezembro de 2015. O São Luiz foi inaugurado no térreo do edifício Duarte Coelho em 1952. Até 1958, aproximadamente, era obrigatório o uso de paletó entre os seus espectadores. Em meados da década de 1960, aos sábados pela manhã, exibia filmes de alto nível

(Cinema de Arte). Estava fechado havia quase dois anos depois que o Grupo Severiano Ribeiro decidiu que o espaço seria administrado pela Fundação do Patrimônio Histórico e Artístico de Pernambuco (cf. Fonte: https://www.recantodasletras.com.br/cronicas/3612211José Calvino, 2012).

Bloco das Flores – Recife

O primeiro bloco lírico de Pernambuco foi fundado em 15 de fevereiro de 1920 com o nome de Flores Brancas, mas em 1923 virou Bloco das Flores, pelas mãos do comerciante e ator, o português Pedro Salgado.

O Bloco das Flores é a agremiação com o maior número de frevos em sua homenagem, mais de vinte composições. Com flores, perfume, lindas canções e fantasias, desfila levando a paz do lirismo aos amantes do Carnaval de Pernambuco. Com o tema "Flores para Clarice" (2015) e fantasias criadas por Carmen Alves, ele reviveu o passado. A concentração foi na Praça Maciel Pinheiro bem em frente a casa onde morou Clarice Lispector na Praça Maciel Pinheiro. A presidente do bloco é Jane Emirce de Melo e seu maestro Macaiba (cf. http://www.fernandomachado.blog.br).

A canção "Flores para Clarice", de Katia e Pandora Calheiros ecoou nas ruas de Recife nessa homenagem em 2015: "Restos de um carnaval / Fantasia original / Toda vestida de rosa / Com seu sonho virginal / A desfilar pelo Recife / Seu primeiro Carnaval. / Passeando pelas flores, / declamando os amores / Desse bloco magistral / Bloco das Flores / Nos traz Clarice / Vestida de rosa / Pelo Recife / Vestindo restos de um Carnaval, / La vem Clarice com seu esplendor / Em sua marcha triunfal / Um sonho se realizou. / Pelas ruas da cidade; Cheia de felicidade / Era a rosa mais linda, / Com sua simplicidade" (cf. Publicado em 16/02/2015 . Bloco das Flores & Clarice Lispector.)

Bloco Cansei de ser Profunda – Olinda

O bloco Cansei de Ser Profunda foi fundado em 2010 por um grupo de jornalistas e professoras. No lugar do estandarte, os integrantes do grupo carregam o rosto da escritora Clarice Lispector. Ele saía pelas ladeiras de Olinda no Sábado de Zé Pereira. (Cf. Os melhores e mais irreverentes blocos de Carnaval de Olinda. Raphael Souza.)

Em outra matéria sobre o bloco – 8/2/2013, Estandarte do bloco "Cansei de Ser Profunda", que satiriza a escritora Clarice Lispector –, vê-se que o casamento da literatura com o carnaval dá certo. "Seus integrantes dizem que a agremiação surgiu de um depoimento de Clarice em seu leito de morte. E como no Carnaval o que vale mais é a versão e menos o fato, uma das folionas, que se diz sobrinha de segundo grau de Clarice, explica o nascimento: "É uma história muito longa. Mas aconteceu na casa onde Clarice passou sua infância, na praça Maciel Pinheiro. Ela, já cansada, volta ao Recife. Ao se deparar com a degradação da praça, reuniu a família toda, em seu leito de morte, me chamou ao pé do ouvido e disse: 'Cansei de ser profunda.' E ali mesmo expirou e morreu", conta a suposta sobrinha Eunice "Lispector". Outro rapaz, que segurava o estandarte do bloco, continuou a história: "Vadinho", 24 anos, disse que escolheu seu nome em referência ao personagem do livro *Dona Flor e seus dois maridos* e que resolveu trazer Clarice para a folia para que ela visse que ainda tem coisa boa no mundo" (cf. carnaval.uol.com.br. Bloco pernambucano cansei de ser profunda satiriza escritora Clarice – 10/2/2013 livrosepessoas.com).

CAMINHOS CLARICEANOS EM MACEIÓ

Clarice morou cerca de três anos em Alagoas, entre os dois e quatro anos de idade. O estado entrou para a geografia dos caminhos clariceanos por nele ter nascido a personagem Macabéa de A *hora da estrela*. À medida que o tempo foi passando, todos os parentes foram migrando, ou para Recife ou para o Rio de Janeiro. A família Lispector foi a primeira.

Foi José Rabin, esposo de Zinha Krimgold Rabin, cunhado de Marian Lispector, que viabilizou a vinda da família Lispector para Maceió em 1922. Ele e a esposa passaram a residir juntos na cidade quando se casaram em 1914.

Em 1921, nove judeus moravam em Maceió, segundo as memórias de Jacob Schneider, que esteve na capital para acompanhar Yehuda Wilensky, o primeiro agente sionista designado para incentivar o movimento no Brasil (cf. "O movimento sionista e a formação da comunidade judaica brasileira (1901-1951)", de Carlos Eduardo Bartel. Dout. UFRGS, 2012).

Em 1947, no encontro promovido pela Organização Sionista Unificada do Brasil reuniram-se representantes de Maranhão, Pernambuco, Sergipe e Alagoas. Marcos Chut, cunhado da mãe de Clarice Lispector, foi o representante de Maceió (cf. Bartel e revista Aonde Vamos, 8/5/47, pp. 4-7; p. 25).

A lista, a seguir, são as ruas citadas pelos primos de Clarice Lispector, Isaac Asrilhant, Henrique Rabin e Isaac Chut, onde segundo eles, circularam as famílias Lispector, Rabin, Asrilhant e Chut.

Rua do Imperador – José e Zinha Rabin residiam neste endereço.

Rua General Hermes, 420 – Nos anos de 1915 e 1916, local de nascimento de Henrique e Sarita Rabin, filhos de José e Zinha.

Avenida João de Barros, 1308 – Residência de Joel Krimgold e de sua esposa Berta com os filhos Anita, Jacob, Sonia, Tania e Clarice.

Rua João Pessoa, 401 (Centro) conhecida como rua do Sol – Clarice Krimgold e sua família residiram entre 1927 e 1943 (Atual Consulado da Itália; Anita e o marido Boris Azrilhant e o filho Isaac residiram também nessa rua.

Rua Barão de Atalaia – Isaac Asrilhant residiu com seus pais Anita e Boris Asrilhant.

Liceu Alagoano – Onde Henrique Rabin, filho de José e Zina, fizeram o curso secundário.

Grupo Escolar Pernambucano – Onde os filhos de José e Zinha, Sarita Rabin e Henrique, estudaram.

Bairro da Mangabeira – Onde se localizava e a residência de Marcos Chut, pai de Isaac Chut.

Bairro do Farol – Onde José Rabin e Zinha residiram.

Rua da Praia – Onde Isaac Chut residiu com sua família.

A Maceió que acolheu as famílias Lispector, Krimgold, Chut, Asrilhant e Rabin vive desde março de 2018 uma tragédia. Quatro bairros sofreram danos irreversíveis por causa da extração mineral de sal-gema pela Braskem iniciada em 1990, há quarenta anos. Mesmo recebendo o alerta do responsável pela gestão do meio ambiente em Alagoas de que a extração não era recomendada, a empresa obteve a licença. Atualmente, Pinheiro, Mutange, Bebedouro e Bom Parto são bairros fantasmas. Seus moradores – cerca de 57 mil pessoas – foram obrigados a mudarem-se por causa dos tremores de terra que provocaram o afundamento do solo. É o maior desastre socioambiental em curso no Brasil. Um trecho do bairro do Farol, onde os Lispector e os Rabin viveram, começou a apresentar sinais de que pode ser o próximo a sofrer danos semelhantes aos vivenciados pelos outros bairros (cf. *A Braskem passou por aqui: a catástrofe de Maceió*. Documentário de Carlos Pronzato. 2021).

REFERÊNCIAS BIBLIOGRÁFICAS

(Constam somente as obras em formato de livro, tese ou dissertação. As matérias da imprensa ou extraídas de sites na internet estão referenciadas no próprio corpo do texto, com algumas exceções.)

PRIMEIRA PARTE – Itinerário de uma mulher escritora

Clarice Lispector fichada pela Polícia Política: 1950 e 1973

BLOCH, Pedro. "'Clarice Lispector.' Pedro Bloch entrevista." Rio de Janeiro: Bloch, 1989 (a obra vista pelos filhos).
BORELLI, Olga. *Esboço para um possível retrato*. Rio de Janeiro: Nova Fronteira, 1981.
GOTLIB, Nádia Battella. *Clarice – Fotobiografia*. São Paulo: Editora da Universidade de São Paulo/Imprensa Oficial, 2008.
KUPERMAN, Esther. "ASA – Gênese e trajetória da esquerda judaica não sionista carioca." Revista *Espaço Acadêmico*. Nº 28. Setembro, 2003.
LISPECTOR, Clarice. *Correspondências* (Org. Teresa Montero). Rio de Janeiro: Rocco, 2002.
____. *Clarice Lispector – Entrevistas* (Org. Claire Williams). Rio de Janeiro: Rocco, 2007.
_____. *A descoberta do mundo*. Rio de Janeiro: Rocco, 1999.
LERNER, Júlio. *Clarice Lispector, essa desconhecida*. São Paulo: Lettera, 2007.
MORAES, Dênis de. "O humor de Henfil contra quem oprime." Blog da Boitempo, 5/6/2013.
NASCIMENTO, Dmitri Félix. "O Serviço Nacional de Informações (SNI): o sindicalismo em Pernambuco como alvo." Revista *Crítica Histórica*. Ano V. Número 10/Dez 2014.
VENTURA, Zuenir. *1968: o ano que não terminou*. 3 ed. Rio de Janeiro: Planeta, 2008.

Perfil em 3 x 4 (inseridas a partir da ordem de entrada no capítulo)

Documento de transferência de Clarice Lispector da Rádio Roquette-Pinto para a Divisão de Apoio Administrativo da Secretaria de Estado de Educação e Cultura.

Rio de Janeiro, 15/7/1976. (Cf. ACL/AMLB-FCRB. Documentos) (atividade profissional).

LISPECTOR, Clarice. "Carta a Fernando Sabino. Washington, 11/12/1956." *Todas as cartas*. Rocco, 2020, p. 584 (sobre *Grande sertão: veredas*.)

_____. "Carta a João Cabral. Washington, 7/5/1957." *Todas as cartas*. Rocco, 2020, p. 637 (sobre *Duas águas*).

_____. "Carta a João Cabral de Melo Neto e Stella". Washington, 25/1/1957. *Todas as cartas*. Rocco, 2020, pp. 606-610. (Como é difícil me traduzir.)

_____. "Entrevista Marques Rebelo." *De corpo inteiro*. Artenova, pp.34-39 (A literatura lhe trouxe amigos).

LISPECTOR, Clarice. "Coluna nº 6. Tereza Quadros." *Comício*. 12/6/1952 (Wanda Landowska).

_____. "Carta a Eliane Gurgel Valente e Mozart. Washington, 10/5/1954." *Todas as cartas*, 2020, p. 502 (um ator que lhe parece muito belo).

LISPECTOR, Clarice. "As lembranças do gesto de dar." In: *Correio feminino*. (Org.) Aparecida Maria Nunes. Rocco, 2006 (um provérbio de estimação).

Entrevista de Clarice Lispector a Yllen Kerr. *Jornal do Brasil*, 18/9/1963 (bondade).

LISPECTOR, Clarice. "Aprendendo a viver." In: *A descoberta do mundo*. Rocco, 1999 (Thoreau).

LISPECTOR, Clarice. *Água viva*. [Objeto gritante]. S.l., s.d. 191 fls. Produção intelectual. Ficção. ACL/FCRB. CL/pi 02 – 142 (em sala de aula) (ser jovem).

_____. "Me dá licença, minha senhora." In: *Correio feminino*. Op. cit., p. 145-146 (sucesso).

_____. "Hélio Pellegrino." In: *Clarice Lispector – Entrevistas*. Clarice Lispector (Org.) Claire Williams. Rocco, 2007 (um dos seres humanos mais completos que conheço).

_____. "Carta a Tania Kaufmann." Berna, 22/2/1947. In: *Todas as cartas*. Rocco, 2020.

Depoimento Gilda Murray. São Paulo, 19 de setembro de 2015. (João Carlos A. Brasil).

Entrevista: "São perguntas e respostas extraídas de Do Rio e do mundo – D. Renault Personalidade – Clarice Lispector. 21/6/1955. Jornal A Noite." (Duas qualidades que você tem, é supersticiosa? Coleciona alguma coisa? Faz esporte? Diversão preferida, se fosse para uma ilha que livros levaria? Como vê seu próprio temperamento? Um de seus defeitos. Quais as coisas que a alegram? E as que a aborrecem? Quais os cronistas que lê comumente? Gostaria de viver em outra época?)

LISPECTOR, Clarice. Entrevista Clóvis Bornay. Artenova: *De corpo inteiro*, 1975, pp.162 (uma fantasia no carnaval).

LISPECTOR, Clarice. "Propaganda de graça" (JB, 15/12/1973). In: *A descoberta do mundo*. Rio de Janeiro: Rocco, 1999 (máquina de escrever).

_____. "A beleza explica." In: *Correio feminino*. Op. cit. 101-105 (um rosto bonito, um corpo bonito, sex-appeal).

_____. "Elegância e beleza depois dos quarenta." In: *Correio feminino*. Op. cit., p. 35 (uma mulher elegante).

_____. "Ser feliz... para ser bonita." In: *Correio feminino*. Op. cit., p. 24 (para ser bonita).

Caderno de telefones de Clarice Lispector. Diversos. CL/d 04 – 308. ACL/AMLB-FCRB (hotéis em Paris). O hotel de L'Abbaye foi o mesmo em que Otto Lara Resende, esposa e filha se hospedaram em viagem a Paris em janeiro de 1989. Na anotação de Otto o endereço é: Hotel de L'Abbaye 10, Rue Cassete. (A pesquisadora Elvia Bezerra diz que é em "Saint Germain de Près". Otto comenta que Zélia e Jorge Amado ficavam nesse hotel. Cf. Instituto Moreira Sales. "Cadernos de Paris. Otto Lara Resende". 28/1/2021 por Elvia Bezerra.

Entrevista de Clarice Lispector a Yllen Kerr. *Jornal do Brasil*, 18/9/1963 (Deus escreve torto?).

LISPECTOR, Clarice. "Entrevista Jorge Amado." In: *Clarice Lispector – Entrevistas*. (Org. Claire Williams). Rocco, 2007 (Salvador).

_____. "O último cosmos da Bahia na visão do meu amor." 8/5/1977. *Última Hora* ("O melhor vatapá em Salvador" e "Outro prato de sua preferência da culinária baiana").

LISPECTOR, Clarice. "Encontro Perfeito." (*JB*, 18 nov. 1967). *A descoberta do mundo*. Rio de Janeiro: Rocco, 1999 (uma atriz que se parece com você).

Entrevista de Clarice Lispector a Yllen Kerr. *Jornal do Brasil*, 18/9/1963 (o mundo terminará com um bang ou um soluço?).

LISPECTOR, Clarice. "Carta a Andrea Azulay. Rio de Janeiro, 27/6/1974." *Correspondências*. Rio de Janeiro: Rocco, 2002 (banheiro).

Documento de transferência de Clarice Lispector da Rádio Roquette-Pinto para a Divisão de Apoio Administrativo da Secretaria de Estado de Educação e Cultura. Rio de Janeiro, 15/7/1976. (Cf. ACL/FCRB. Documentos)

Portaria nomeando Clarice para integrar o Conselho Consultivo do INL. Rio de Janeiro, 7/12/1967. (Cf. ACL/FCRB. Documentos)

SEGUNDA PARTE – VIDA-VIDA E VIDA LITERÁRIA

A árvore genealógica

DOLINGER, Rachelle Zweig. *Mulheres de valor: uma memória das mulheres que se destacaram na comunidade judaica do Rio de Janeiro*. Rio de Janeiro: Garamond, 2004.

GOTLIB, Nádia Battella. *Clarice, uma vida que se conta*. 6ª edição revista e aumentada. Imprensa Oficial/USP, 2009.

LERNER, Júlio. *Clarice Lispector, essa desconhecida*. São Paulo: Via Lettera, 2007.
LISPECTOR, Elisa. *Retratos antigos. Esboços a serem ampliados*. (Org. Nádia Battella Gotlib). Minas Gerais: UFMG, 2012.
_____. *No exílio*. Brasília: Ebrasa/INL, 1971.
MALAMUD, Samuel. *Recordando a Praça Onze*. Rio de Janeiro: Ed. Kosmos, 1988.
_____. *Escalas no tempo*. Rio de Janeiro: Record, 1986.
MASSON, Jeferson. "Elisa Lispector – Registros de um encontro." Dissertação de mestrado. PUC-Rio, 2015.
MOSER, Benjamin. *Clarice*. São Paulo: Companhia das Letras, 2017.
RIBEIRO, Paula. "Cultura, memória e vida urbana: judeus na Praça Onze no Rio de Janeiro (1920-1980)". Tese de doutorado em História Social. USP, 2008.
VARIN, Claire. *Langues de feu*. Montreal: Trois, 1990.
WAINSTOK, David. *Caminhada: Reminiscências e reflexões*. Rio de Janeiro: Editora Lidador, 2000.

Culinária em família: Clarice Lispector, Marian Lispector e Marcia Algranti

ALGRANTI, Marcia. *Conversas na cozinha*. Rio de Janeiro: Senac Nacional, 2008.
_____. *Cozinha judaica. 5.000 anos de histórias e gastronomia*. 6ª ed. Rio de Janeiro: Record, 2018.
_____. *Pequeno dicionário da gula*. Rio de Janeiro: Record, 2004.
_____.*Cozinha para homens e mulheres que gostam dos seus homens*. Rio de Janeiro: Imago, 1997.

Os laços com o pai: a herança literária, musical e judaica

COSTA, Andréa Telo da. "Os judeus em Niterói. Imigração, cidade e memória." 1910-1980. UFF, 2009.
LEWIN, Helena. (Coord.) *Identidade e cidadania: como se expressa o judaísmo brasileiro*. Rio de Janeiro: Centro Edelstein de Pesquisas Sociais, 2005.
ROSENTHAL, Israel. *Tenente Rosenthal, Vovô Israel*. (Org.) Marcos Rosenthal Jochimek, Israel Blajberg e Daniel Mata Roque. Rio de Janeiro: Academia Militar Terrestre do Brasil, 2021.

Clarice diplomada mineira

ANDRADE, Carlos Drummond de. *A lição do amigo. Cartas de Mário de Andrade a Carlos Drummond de Andrade*. São Paulo: Companhia das Letras, 2015.
CAMPOS, Paulo Mendes. *Brasil brasileiro: crônicas do país, da cidade e do povo*. (Org.) Flávio Pinheiro. Rio de Janeiro: Civilização Brasileira, 2000.
CANÇADO, José Maria. *Os sapatos de Orfeu*. São Paulo: Scritta, 1994.

CARVALHO, Marco Antonio. *Rubem Braga – um cigano fazendeiro do ar*. Rio de Janeiro: Ed. Globo, 2007.
CAVALCANTI, Lauro. *Dezoito graus: a biografia do Palácio Capanema*. Rio de Janeiro: Olhares, 2018.
MAGALHÃES, Aline Montenegro. *Culto da saudade na Casa do Brasil: Gustavo Barroso e o Museu Histórico Nacional*. Fortaleza: Museu do Ceará, Secretaria da Cultura do Estado do Ceará, 2006.
RANGEL, Rosângela Florido. "Sabadoyle: uma academia literária alternativa." Dissertação de mestrado. Fundação Getúlio Vargas, 2008.
SABINO, Fernando & ANDRADE, Mário de. *Cartas a um jovem escritor e suas respostas*. Rio de Janeiro: Record, 2003.
SABINO, Fernando. *Cartas na mesa*. Rio de Janeiro: Record, 2002.
SANTOS, Juliana. "Ficção e crítica de Lúcia Miguel Pereira: a literatura como formação." Tese de doutorado. UFRGS, Porto Alegre, 2012.

Diário de Nápoles na Segunda Guerra Mundial por Clarice Gurgel Valente

CAMERINO, Olímpia de Araújo. *A mulher brasileira na Segunda Guerra Mundial*. Rio de Janeiro: Capemi Editora Gráfica,1983.
CANSANÇÃO, Elza. *E foi assim que a cobra fumou...* Rio de Janeiro: Marques Saraiva Gráficos, 1987.
LISPECTOR, Clarice. *Correspondências*. (Org.) Teresa Montero. Rio de Janeiro: Rocco, 2002.
_____. *Minhas queridas*. (Org.) Teresa Montero. Rio de Janeiro: Rocco, 2005.
_____. *Todas as cartas*. Prefácio e notas bibliográficas Teresa Montero. Posfácio Pedro Karp Vasquez. Pesquisa textual e transcrição das cartas Larissa Vaz. Rio de Janeiro: Rocco, 2020.

A maçã no escuro e *A paixão segundo G.H.*: Marly de Oliveira, Paulo Mendes Campos e Fauzi Arap, um diálogo literário e existencial

ARAP, Fauzi. *Mare Nostrum*. São Paulo: Senac, 1998.
BISHOP, Elizabeth. *Uma arte: as cartas de Elizabeth Bishop*. Trad. Paulo Henriques Brito. São Paulo: Companhia das Letras, 1995.
CAMPOS, Paulo Mendes. *O colunista do morro*. Rio de Janeiro: Ed. do Autor, 1965.
DELMANTO, Júlio. "História social do LSD no Brasil: os primeiros usos medicinais e o começo da repressão." Tese de doutorado em História Social. USP, 2018.
LISPECTOR, Clarice. *Todas as crônicas*. (Org.) Pedro Karp Vasquez. Pesquisa textual, Larissa Vaz. Rocco, 2014.
_____. *A paixão segundo G.H*. Rio de Janeiro: Nova Fronteira, 1979.

_____.*Outros escritos*. (Org. Lícia Manzo & Teresa Montero). Rio de Janeiro: Rocco, 2005.
MOREIRA, Lauro. "Sempre Clarice." Site Família Ares e Mares.
_____. "Meus encontros com Clarice." YouTube. 4/12/2020.
OLIVEIRA, Marly de. *Antologia poética*. (Org.) João Cabral de Melo Neto. Rio de Janeiro: Nova Fronteira, 1997.
_____. "A cidade sitiada." *Jornal do Commercio*. Rio de Janeiro, 17 julho 1966.
_____. "Crítica da crítica." *Jornal do Brasil*, Rio de Janeiro, novembro 1961.
_____. "Interpretação da obra de Clarice Lispector." *Jornal do Commercio*, Rio de Janeiro, 9 janeiro 1966.
_____. "A maçã no escuro." *Jornal do Commercio*, Rio de Janeiro, 24 julho 1963.
_____. "A paixão Segundo G.H." *Correio da Manhã*, Rio de Janeiro, 13 marco 1965.
_____. "A paixão segundo G.H." *Jornal do Commercio*, Rio de Janeiro, 31 julho 1966.
_____. "Sobre Clarice Lispector." *Correio da Manhã*, Rio de Janeiro, 28 julho 1963.
PIÑON, Nélida. "Depoimento." Fliaraxá. (Tema: Patrona Clarice Lispector. Com Marina Colasanti e Nélida Piñon). Moderação: Simone Paulino. YouTube, 31/10/2020.
RESENDE, Otto Lara. *O Rio é tão longe. Cartas a Fernando Sabino*. Introdução e notas Humberto Werneck. São Paulo: Companhia das Letras, 2011.
SOUSA, Carlos Mendes. *Clarice Lispector – Pinturas*. Rio de Janeiro: Rocco, 2013.

Os "tumultos criadores" na ficção de *Água viva* e na matriz de *A Águia*: um diálogo sobre a vida entre Clarice Lispector e Maria Bonomi

BONOMI, Maria. "Brasília: Esplendor." In: *Clarice na Cabeceira – Crônicas*. (Org.) Teresa Montero. Rio de Janeiro: Rocco, 2010.
LAUDANNA, Mayra. *Maria Bonomi: da gravura à arte pública*. Imprensa Oficial do Estado de São Paulo, 2007.
LISPECTOR, Clarice. "Atrás do pensamento: monólogo com a vida." 1971. Datiloscrito. Estados Unidos. Universidade de Vanderbilt.
_____. *Água viva* (edição com manuscritos e ensaios inéditos). (Org.) Pedro Karp Vasquez. Rio de Janeiro: Rocco, 2019.
MONTERO, Teresa. "Água viva: antilivro, gravura ou show encantado." In: *Água viva* (edição com manuscritos e ensaios inéditos). (Org.) Pedro Karp Vasquez. Rio de Janeiro: Rocco, 2019.
MONTERO, Teresa. *O Rio de Clarice. Passeio afetivo pela cidade*. Belo Horizonte: Autêntica, 2018.
OITICICA, Ricardo. "O Instituto Nacional do Livro e as ditaduras – Academia Brasílica dos Rejeitados." Tese de doutorado. PUC-Rio, Março, 1997.

PESSANHA, José Américo Motta. "O conselho do amigo. Carta à Clarice Lispector." In: *Água viva* (edição com manuscritos e ensaios inéditos). (Org.) Pedro Karp Vasquez. Rio de Janeiro: Rocco, 2019.
RONCADOR, Sônia. "Clarice Lispector esconde um objeto gritante: notas sobre um projeto abandonado." In: *Água viva* (edição com manuscritos e ensaios inéditos). (Org.) Pedro Karp Vasquez. Rio de Janeiro: Rocco, 2019.
_____. *Poéticas do empobrecimento: a escrita derradeira de Clarice*. São Paulo: Annablume, 2002.
SEVERINO, Alexandrino. "As duas versões de Água viva." In: *Remate de Males* nº 9. Org. Berta Waldman e Vilma Arêas. Campinas, Unicamp, 1989.

"Soy loco por ti America": A América Latina lê Clarice Lispector nos anos 1970

AGREDO, Gustavo. "A revista *Mito*: fragmentos de uma modernidade contraditória." Dissertação de mestrado. UFSC, 2018.
ANDRADE, Maria Julieta Drummond. "Em forma de pomba." In: *Um buquê de alcachofras*. Rio de Janeiro: José Olympio, 1980.
BORELLI, Olga. *Clarice Lispector. Esboço para um possível retrato*. Rio de Janeiro: Nova Fronteira, 1981.
COUTINHO, Edilberto. "Três mulheres e uma constante – Lygia Fagundes Telles, Maria Alice Barroso e Clarice Lispector." In: *Criaturas de papel: temas de literatura & sexo & folclore & carnaval& futebol & televisão & outros temas da vida*. Civilização Brasileira: Brasília: INL, 1980 (pp. 155-170).
MONEGAL, Emir Rodriguez. *El Boom de la Novela Latinoamericana*. Caracas: Editorial Tiempo Nuevo, 1972, pp. 27 e 93.
MONTERO, Teresa. "Yes, nós temos Clarice. A divulgação da obra de Clarice Lispector nos Estados Unidos." Tese de doutorado. PUC-Rio, 2001.
NEPOMUCENO, Eric. "Los libros son mis cachorros." *Crisis*, Buenos Aires. Ano IV, nº 39, jul./1976.
PISA, Clelia & LAPOUGE, Marivonne. *Brasileiras: voix, écrits du Brésil*. Paris: Éditions des Femmes,1977.
Conexões Itaú Cultural. 31/5/2013. "Tradutor Gonzalo Aguilar fala sobre o lançamento de livro de contos de Clarice Lispector na Argentina."

Clarice Lispector pela lente dos fotógrafos

LISPECTOR, Clarice. *Aprendendo a viver – Imagens*. (Org. Teresa Montero. Edição de textos. Edição de imagens Luiz Ferreira). Rio de Janeiro: Rocco, 2005.
SANTOS, Daniela Arbex & OLIVEIRA, Gleissieli Souza. "Fotografia e memória: estudo sobre a influência do fotojornalismo da Bloch editores na construção e manutenção da memória brasileira." 9º Encontro Nacional de História da Mídia – UFOP – MG. 30/5 a 1/6 de 2013.

DOCUMENTOS (em Arquivos)

"Entrevista de Clarice Lispector a Araken Távora. Programa *Os Mágicos*. TVE." – Arquivo Nacional. BR RJANRIO.FS.O.FIL 896. A instituição que gerou o filme foi a Fundação Centro Brasileiro da TV Educativa (TVE), e a que custodia é o Arquivo Nacional.

"Clarice Gurgel Valente." SNI – Serviço Nacional de Informações (Agência Rio)". Arquivo Nacional do Rio de Janeiro – ref. BR DFANBSB V8 MIC GNC AAA 730 58091 d 001.de 001. (6 de junho de 1973)

"Alberto Dines" – Arquivo Nacional do Rio de Janeiro – Fundo: Divisão de Segurança de Informações/Ministério da Justiça e Negócios Interiores (DSI/MJ). BR.AN, RIO.TT.0.MCP.15. BR.AN,RIO.TT.0.MCP.PRO.16.

"Ferreira Gullar" – Arquivo Nacional do Rio de Janeiro – Prontuário n°36. José Ribamar Ferreira – BR DFAN BSB V8.MIC.GNC.AAA.77108 286 – "retorno ao Brasil de intelectuais comprometidos com a subversão". Dossiê.

Passaporte de Clarice Lispector. Documentos Pessoais. Cl/dp 16 – 299 AMLB/FCRB

"Processo de Naturalização de Isaac Wolfenson." – Arquivo Nacional do Rio de Janeiro – ref. BR RJANRIO VV.0.0.1951 005838 – 1951.

"Ficha verde (DESPS/DPS) – Clarisse[sic] Lispector." APERJ – Arquivo Público do Estado do Rio de Janeiro. 1950.

"Documento sobre a Intentona Comunista em Recife e Maceió." (ref. Jacob Krimgold) BR RJANRIO 180APL 0183 v 14 d 0001 de 0001" – Arquivo Nacional. 1936-1938.

TERCEIRA PARTE – EU SOU UMA PERGUNTA.
Uma biografia de Clarice Lispector

Referências bibliográficas

Geral

Anuário do pessoal. Ministério das Relações Exteriores. Departamento Geral de Administração. Divisão de Pessoal. Atualizado até 31/12/83.

Atlas geográfico. Departamento Central da Geodésia e Cartografia junto ao Conselho de Ministros da URSS. Moscou, 1983.

BARROS, Souza. *A década de 20 em Pernambuco (uma interpretação)*. Rio de Janeiro: Gráfica Editora Acadêmica, 1972.

CARNEIRO, Maria Luiza Tucci. *O antissemitismo na Era Vargas: fantasmas de uma geração*. São Paulo: Brasiliense, 1988.

REFERÊNCIAS BIBLIOGRÁFICAS

COUTINHO, Afrânio. *Introdução à literatura no Brasil*. 9ª ed. Rio de Janeiro: Civilização Brasileira, 1978.

DOSTOIÉVSKI, Fiódor. *Crime e castigo*. Rio de Janeiro: Ed. Ouro, 1964.

FLOYD, David. "A revolução de 1905." In: *História do século 20 – 1900/1914*. São Paulo: Abril Cultural, 1968.

_____. "A derrubada do czar." In: *História do século 20 – 1914/1919*. São Paulo: Abril Cultural, 1968.

GOLDBERG, B.Z. *Los judios russos em la Union Sovietica*. Buenos Aires: Candelabro, 1976.

GRUNT, Alexander. "A Rússia na guerra." In: *História do século 20 – 1914/1919*. São Paulo: Abril Cultural, 1968.

HAHNER, June. *A mulher brasileira e suas lutas sociais e políticas. 1850-1937*. São Paulo: Brasiliense, 1981.

HESSE, Hermann. *O lobo da estepe*. Trad. Ivo Barroso. Rio de Janeiro: Civilização Brasileira, 1969.

HOSKING, Geoffrey. "Rasputin e as forças negras." In: *História do século 20 – 1914/1919*. São Paulo: Abril Cultural, 1968.

JOZEF, Bella. "A última porta. Ruptura e metacriação." In: *Suplemento Literário de Minas Gerais*. Belo Horizonte, 17/5/1975.

LISPECTOR, Elisa. *Além da fronteira*. Rio de Janeiro: José Olympio, 1988.

_____. *A última porta*. Rio de Janeiro: Documentário, 1975.

_____. *Corpo a corpo*. Rio de Janeiro: Antares; Brasília: INL, 1983.

_____. *No exílio*. Brasília: Ebrasa/INL, 1971.

_____. *O dia mais longo de Thereza*. Rio de Janeiro: Dist. Record, 1965.

_____. *O muro de pedras*. Rio de Janeiro: José Olympio, 1963.

_____. *O tigre de bengala*. Rio de Janeiro: José Olympio, 1985.

_____. *Ronda solitária*. Rio de Janeiro: Editora A Noite, 1954.

_____. *Sangue no sol*. Rio de Janeiro: Ebrasa, 1970.

_____. *Retratos antigos*. (Org. Nádia Battella Gotlib). Minas Gerais: UFMG, 2012.

KAUFMANN, Tania. *A aventura de ser dona de casa*. Rio de Janeiro: Artenova, 1975.

_____. *A idade de cada um. Vida plena na terceira idade*. 2ª ed. Rio de Janeiro: Vozes, 1985.

_____. *Morada, moradia*. Rio de Janeiro: Francisco Alves, 1976.

KAUFMAN, Tania Neumann. "Etnia, credo ou nação: explicações de uma identidade." Universidade Federal de Pernambuco. Recife, 1991. Dissertação de mestrado em Antropologia.

MANSFIELD, Katherine. *Felicidade e outros contos*. 2ª ed. Trad. Julieta Cupertino. Rio de Janeiro: Revan, 1992.

MARGULIES, Marcos. *Os judeus na história da Rússia*. Rio de Janeiro: Bloch, 1971.

MORAES, Fernando. *Olga*. São Paulo: Alfa-Omega, 1989.

REINHARD, Marcel. "Emigração." In: *História do século 20* – 1900/1914. São Paulo: Abril Cultural, 1968.
SCHMIDT, Augusto Frederico. *Poesias completas (1928-1955)*. Rio de Janeiro: José Olympio, 1956.
SIMPSON, George. W. Ucrânia. *Um atlas de sua história e geografia*. Curitiba: s/ Ed, 1953.
SNEH, Simcha. "O genocídio cultural na União Soviética." In: *Um genocídio cultural. A política antijudaica na União Soviética*. Rio de Janeiro: Comentário, 1969.
SOBRINHO, Barbosa Lima. "Revolução de 30." In: *Nosso século* – 1930/1945. São Paulo: Abril Cultural, 1980.
VALENTE, Paulo Gurgel et alii. "Canto aberto." Rio de Janeiro, set.1970. Mimeo.
WATSON, Hugh S. "O estado czarista." In: *História do século 20* – 1900/1914. São Paulo: Abril Cultural, 1968.
WIZNITIZER, Arnold. *Os judeus no Brasil Colonial*. Trad. Olivia Krahenbuhl. São Paulo: Livraria Pioneira/USP, 1966.

Sobre Clarice Lispector

(São listados somente os livros e artigos consultados para a elaboração de *Eu sou uma pergunta*.)
ABDALA JR., Benjamin & CAMPEDELLI, Samira. *Clarice Lispector*. Col. Literatura Comentada. São Paulo: Abril Cultural, 1981.
ACCIOLY, Breno. "Um romance selvagem." In: *O Jornal*. Rio de Janeiro, 30 de janeiro de 1944.
ALMEIDA, Martins de. "Perto do coração selvagem." In: *O Jornal*. Rio de Janeiro, 6 de agosto de 1944.
AZULAY, Andrea. "Meus primeiros contos." Rio de Janeiro, 1975. Mimeo.
BORELLI, Olga. Clarice Lispector. *Esboço para um possível retrato*. Rio de Janeiro: Nova Fronteira, 1981.
BLOCH, Pedro. *Pedro Bloch entrevista*. Rio de Janeiro: Bloch, 1969.
CAMPOS, Paulo Mendes. "Conversa com Clarice." In: Perto de Clarice. Homenagem a Clarice Lispector. Rio de Janeiro: Casa de Cultura Laura Alvim, 23 a 29 de novembro de 1987.
CANDIDO, Antonio. "Perto do coração selvagem." In: *Folha de S. Paulo*. São Paulo, 18 de julho de 1944.
CARDOSO, Lúcio. "Perto do coração selvagem." In: *Diário Carioca*. Rio de Janeiro, 12 de março de 1944.
DELGADO, Luiz. "Uma alma diante da vida." In: *Jornal do Comércio*. Recife, 22 de abril de 1944.
ESCOREL, Lauro. "Perto do coração selvagem." In: *Diário da Bahia*. Bahia, 9 de fevereiro de 1944.

_____. Prêmio Fundação Graça Aranha de 1943." In: *O jornal*. Rio de Janeiro, 13 de outubro de 1944.

FIGUEIREDO, Guilherme. "O sentimento da palavra." In: *O Diário de notícias*. Rio de Janeiro, 23 de janeiro de 1944.

FILHO, Adonias. *Modernos ficcionistas brasileiros*. Rio de Janeiro: Tempo Brasileiro, 1965.

GOTLIB, Nádia Battella. *Clarice: uma vida que se conta*. São Paulo: Ática, 1995.

GULLAR, Ferreira. *Literatura Comentada*. São Paulo: Abril Cultural, 1981.

IVO, Lêdo. "O país de Lalande." In: *Jornal de Alagoas*. Maceió, 25 de fevereiro de 1944.

LINS, Álvaro. *Os mortos de sobrecasaca*. Rio de Janeiro: Civilização Brasileira, 1963.

LISPECTOR, Clarice. Depoimento a Affonso Romano de Sant'Anna, Marina Colasanti e João Salgueiro. Rio de Janeiro, 20 de outubro de 1976. Coleção Depoimentos 7. MIS.

_____. "Entrevista." *O Pasquim*. Rio de Janeiro, 3 a 9 de junho de 1974.

_____. "Entrevista a Júlio Lerner." TV Cultura. São Paulo, fevereiro de 1977. In: Revista *Shalom*. São Paulo, nº 296, 1992.

LYRA, Roberto. "Romances." In: Semana literária. *A Noite*. Rio de Janeiro, 30 de janeiro de 1944.

MENDES, Oscar. "Um romance diferente." In: *O diário*. Belo Horizonte, 6 de agosto de 1944.

MILLIET, Sérgio. *Diário crítico (1944)*. V.2. São Paulo: Brasiliense, 1945.

NUNES, Benedito. *O dorso do tigre*. São Paulo: Perspectiva, 1969.

PEREZ, Renard. *Escritores brasileiros contemporâneos*. 1ª série. Rio de Janeiro: Civilização Brasileira, 1960.

_____. *Escritores brasileiros contemporâneos*. 2ª série. Rio de Janeiro: Civilização Brasileira, 1971.

PROENÇA. Edgar. "Um minuto de palestra..." In: *O Estado do Pará*. Belém, 20 de fevereiro de 1944.

QUEIROZ, Dinah Silveira de. "A verdade na República das Letras." In: *O jornal*. Rio de Janeiro, janeiro de 1944.

RIBEIRO, Francisco Aurélio. *A literatura infanto-juvenil de Clarice Lispector*. Vitória: Nemar, 1993.

RIBEIRO, Leo Gilson. "Que mistérios tem Clarice Lispector?" In: *Jornal da Tarde*. São Paulo, 5 de fevereiro de 1969.

SANT'ANNA, Affonso Romano de. *Por um novo conceito de literatura brasileira*. Rio de Janeiro: Eldorado, 1977.

SEVERINO, Alexandrino. "As duas versões de *Água viva*." In: *Remate de Males*, 9. Campinas, 1989. (Org. Berta Waldman e Vilma Arêas) Número dedicado a Clarice Lispector.

VARIM, Claire. *Langues de feu. Essais sur Clarice Lispector*. Québec: Trois, 1990.

_____. *Reencontres brésiliennes*. Québec: Trois, 1987.
WALDMAN, Berta. *A paixão segundo Clarice Lispector*. 2ª ed. São Paulo: Escuta, 1993.

Obras de Clarice Lispector

Perto do coração selvagem. Rio de Janeiro: Editora A Noite, 1943.
O lustre. Rio de Janeiro: Agir, 1946.
A cidade sitiada. Rio de Janeiro: Editora A Noite, 1949.
Alguns contos. Rio de Janeiro: Ministério da Educação e Saúde (Os Cadernos de Cultura), 1952.
Laços de família. Rio de Janeiro: Francisco Alves, 1960.
A maçã no escuro. Rio de Janeiro: Francisco Alves, 1961.
A legião estrangeira. Rio de Janeiro: Editora do Autor, 1964.
A paixão segundo G.H. Rio de Janeiro: Editora do Autor, 1964.
O mistério do coelho pensante. Rio de Janeiro: José Álvaro, 1967.
A mulher que matou os peixes. Rio de Janeiro: Sabiá, 1968.
Uma aprendizagem ou o livro dos prazeres. Rio de Janeiro: Sabiá, 1969.
Felicidade clandestina. Rio de Janeiro: Sabiá, 1971.
A imitação da rosa. Rio de Janeiro: Artenova, 1973.
Água viva. Rio de Janeiro: Artenova, 1973.
Onde estivestes de noite. Rio de Janeiro: Artenova, 1974.
A via crucis do corpo. Rio de Janeiro: Artenova, 1974.
A vida íntima de Laura. Rio de Janeiro: José Olympio, 1974.
Visão do esplendor: impressões leves. Rio de Janeiro: Francisco Alves, 1975.
De corpo inteiro. Rio de Janeiro: Artenova, 1975.
A hora da estrela. Rio de Janeiro: José Olympio, 1977.
Para não esquecer. São Paulo: Ática, 1977.
Quase de verdade. Rio de Janeiro: Rocco, 1978.
A descoberta do mundo. Rio de Janeiro: Rocco, 1984.
Como nasceram as estrelas. Rio de Janeiro: Rocco, 1987.

DOCUMENTOS

Consultados na primeira edição de *Eu sou uma pergunta*

Arquivo Histórico do Itamaraty. Rio de Janeiro. Consulados brasileiros. "Ofícios e relatórios." 1944/1959. (diversos)
Arquivo Público Estadual Jordão Emerenciano. Pernambuco: "Petições de naturalização – 1925, de Pedro Rabin e Abraham Rabin." Seção de documentos escritos. Diversos. Fundos nº 96.

REFERÊNCIAS BIBLIOGRÁFICAS 749

Arquivo do Cemitério do Barro – Recife. Registro de óbitos. [Marieta Lispector]
Arquivo Nacional – (AN)
Processo de naturalização de Clarice Lispector. Rio de Janeiro, 1942. Ref. IJJ6N2220. Rel.131.
Processo de naturalização de Clarice Krimgold. Pernambuco/1949. Ref.IJJ6N2890.
Processo de naturalização de Elisa Lispector. Pernambuco/1934. Ref. IJJ6N434.
Processo de naturalização de Pedro Lispector. Pernambuco/1931. Ref.IJJ6N320.
Processo de naturalização de Jorge Rabin. Pernambuco/1931. Ref. J107931.
Processo de naturalização de Joel Krimgold. Ref. J529693.
Processo de naturalização de Pedro Lispector. Pernambuco/1931. Ref.IJJ6N320.
Processo de naturalização de Samuel Lispector. Pernambuco/1949. Ref. IJJ6N2971.
Processo de naturalização de Samuel Rabin. Recife/1931. Ref. IJJ6N349.
Processo de naturalização de Tania Lispector. Rio de Janeiro/1936. Ref.IJJ6N653.
Processo de naturalização de Zinha Rabin. Alagoas/1934. Ref. Z11935.
Relação dos vapores que entraram no Porto do Rio de Janeiro – Malte. Julho/1927. RV – 277.
Serviço de Registro de Estrangeiros. Solicitação de carteira de identidade de Clarice Lispector. Reg. 634838. Rio de Janeiro, 23/8/1939. (AN)
Arquivo da Faculdade Nacional de Direito (UFRJ):
Vida escolar de Clarice Lispector, Faculdade Nacional de Direito. Rio de Janeiro, 1937/1943.
Vida escolar de Maury Gurgel Valente. Faculdade Nacional de Direito. Rio de Janeiro, 1936/1943.
Arquivo do Colégio Andrews. 1938. Certificado de exames.
Iconografia: Fotografia enviada por Pedro e Marieta Lispector a Hona e Boris Azrilhant. Recife, 16 de setembro de 1927. Arquivo Particular de Boris Azrilhant Neto.

À *procura da própria coisa: uma biografia de Clarice Lispector* é fruto da edição revista e aumentada de *Eu sou uma pergunta* (Rocco, 1999) somada a três décadas de pesquisas da professora Teresa Montero.

Entre o expressivo material inédito de natureza documental e iconográfica, cumpre destacar raridades: a única entrevista de Clarice Lispector em seu apartamento no Leme, filmada pela TVE e conduzida por Araken Távora para o programa *Os Mágicos* (em 1976); e as fichas de Clarice registradas pela Polícia Política entre 1950 e 1973, garimpadas no APERJ e no Arquivo Nacional. Estas revelam novos aspectos de sua participação nos movimentos contra a ditadura militar no Brasil.

Por outro lado, a trajetória literária de Clarice Lispector ganha nova luz, em particular com o relato detalhado de sua última viagem ao Recife (também documentada em imagens inéditas), material que oferece reflexões sobre a composição de sua obra mais popular, *A hora da estrela*. Os bastidores da criação de *A paixão segundo G.H.* e *Água viva*, somados à faceta da escritora como crítica literária na revista *Senhor*, são outras preciosidades reveladas neste volume.

Livro que mostra a construção de uma biografia como resultado de um trabalho coletivo, Teresa Montero destaca a importância dos arquivos públicos e dos pesquisadores na preservação do patrimônio cultural e do legado clariceano. Ela apresenta Clarice como uma mulher cuja obra serve de base para se poder mais profundamente sentir e pensar.

SOBRE A AUTORA

Teresa Montero é uma das maiores especialistas na vida e na obra de Clarice Lispector. Publicou pela Rocco, em 1999, uma biografia seminal, *Eu sou uma pergunta*. Fruto de sua dissertação de mestrado em Literatura

Brasileira na PUC-Rio, em 1996, reuniu inúmeras fontes primárias e entrevistou dezenas de pessoas que conviveram com Clarice. Sua tese de doutorado "Yes, nós temos Clarice" (PUC-Rio, 2001) é um marco nas pesquisas sobre a internacionalização da obra da escritora. Promotora de passeios culturais que culminaram na publicação de *O Rio de Clarice: Passeio afetivo pela cidade*, Teresa Montero foi responsável por iniciativas públicas de reconhecimento do legado clariceano, ao lado de outras personalidades, tais como a implantação de sua estátua no Leme (de autoria de Edgar Duvivier) e a criação do Espaço Clarice Lispector no Jardim Botânico. Organizou diversas coletâneas para a Rocco, tais como *Correspondências*; *Minhas queridas*; *Aprendendo a viver – Imagens* (com Luiz Ferreira) e *Outros escritos* (com Lícia Manzo). Foi também corroteirista de *A descoberta do mundo* (2021), dirigido por Taciana Oliveira.

Impressão e Acabamento:
BMF GRÁFICA E EDITORA